W9-BKZ-672

RHÉTORIQUE ET POÉTIQUE
AU XVIe SIÈCLE EN FRANCE

STUDIES
IN MEDIEVAL AND
REFORMATION THOUGHT

EDITED BY

HEIKO A. OBERMAN, Tucson, Arizona

IN COOPERATION WITH
THOMAS A. BRADY. Jr., Eugene, Oregon
E. JANE DEMPSEY DOUGLAS, Claremont, California
PIERRE FRAENKEL, Geneva
GUILLAUME H. M. POSTHUMUS MEYJES, Leiden
DAVID STEINMETZ, Durham, North Carolina
ANTON G. WEILER, Nijmegen

VOLUME XXXVI

KEES MEERHOFF

RHÉTORIQUE ET POÉTIQUE
AU XVIe SIÈCLE EN FRANCE

LEIDEN
E. J. BRILL
1986

Kees Meerhoff, *Rhétorique et Poétique au XVIe Siècle en France* (SMRT 36)

ERRATA

p. 25, ligne 20	Cicéronien	*lire*	cicéronien
p. 57, ligne 6	*veteri*	*lire*	*veteres*
p. 65, ligne 16	ignora	*lire*	ignota
p. 110, ligne 22	*Langes*	*lire*	*Langues*
p. 144, ligne 34	n'at-il	*lire*	n'a-t-il
p. 207, note 19, fin	argument stirés	*lire*	arguments tirés

RHÉTORIQUE ET POÉTIQUE
AU XVIe SIÈCLE EN FRANCE

DU BELLAY, RAMUS ET LES AUTRES

PAR

KEES MEERHOFF

LEIDEN
E. J. BRILL
1986

LUTHER NORTHWESTERN
SEMINARY LIBRARY
2375 Como Avenue
St. Paul, MN 55108

Cet ouvrage est édité avec l'aide de la Nederlandse Organisatie voor Zuiver-Wetenschappelijk Onderzoek (Organisation néerlandaise pour le développement de la recherche scientifique)

PQ231
.M44

ISBN 90 04 07706 5

Copyright 1986 by E. J. Brill, Leiden, The Netherlands

All rights reserved. No part of this book may be reproduced or translated in any form, by print, photoprint, microfilm, microfiche or any other means without written permission from the publisher

LUTHER NORTHWESTERN
SEMINARY LIBRARY
2375 Como Avenue
St. Paul, MN 55108

PRINTED IN THE NETHERLANDS BY E. J. BRILL

S- 20 86

A SOPHIE BERTHO

TABLE DES MATIÈRES

PRÉFACE

Ecrire un livre est un travail solitaire. La recherche préalable à l'écriture l'est beaucoup moins, surtout lorsqu'on a opté pour la recherche seiziémiste. L'on dépend alors entièrement de la gentillesse d'autres chercheurs, et avant tout des bibliothécaires. Ces derniers ne m'ont pas déçu, bien au contraire. Partout en France, en Italie, en Suisse, aux Pays-Bas, j'ai rencontré la même bienveillance, le même empressement à me rendre service. Je tiens à remercier tous ceux et toutes celles qui ont de la sorte rendu possible mon travail; je rends hommage à leurs qualités professionnelles et humaines.

Quant aux chercheurs, ils m'ont également été d'un grand secours. Leurs observations, conseils et lettres m'ont été précieux. Il me faut mentionner ici tout d'abord le Professeur S. A. Kibédi Varga qui, spécialiste de la rhétorique lui-même, m'a toujours beaucoup stimulé et a contribué de façon substantielle à ma recherche. C'est aussi avec plaisir que je reconnais ma dette à l'égard du Docteur P. Tuynman, directeur de l'institut d'études néo-latines à Amsterdam. Je n'oublierai pas de sitôt les nombreux entretiens que j'ai eus avec lui, parfois à des heures tardives. Généreusement, il a mis à ma disposition ses vastes connaissances; il m'a corrigé avec une sollicitude presque paternelle, — et avec beaucoup d'humour.

L'aide de mes amis m'a été tout aussi indispensable. Je remercie en particulier mon ami Roger Moss de m'avoir fait comprendre que dans cette étude consacrée en grande partie au concept d'imitation je ne pouvais éviter de parler également de moi. Ses remarques ironiques m'ont fait prendre conscience du fait que Hollandais d'origine, mais écrivant en français, j'ai dû me soumettre, moi aussi, à la pratique de l'imitation...

Mon amie Sophie Bertho a pris sur elle la tâche ingrate de corriger le manuscrit, tout en achevant elle-même une thèse sur Henri Michaux*. Les corrections qu'elle a proposées étaient toujours des améliorations, ses observations critiques m'ont mis en garde contre bien des imprudences!

C'est en témoignage de ma profonde gratitude que je dédie ce livre à Sophie Bertho, 'marraine' de ma fille Sofie qui vient de naître.

Reste à m'acquitter d'une dernière dette de reconnaissance: je tiens à remercier le Professeur H. A. Oberman de l'honneur qu'il m'a fait en admettant mon étude dans la prestigieuse série *Studies in Medieval and Reformation Thought* qu'il dirige.

---

*Sophie Bertho, '*Un certain Plume*' *d'Henri Michaux. Analyse des thèmes et du discours*. Diss. Université de Hambourg, 1984.

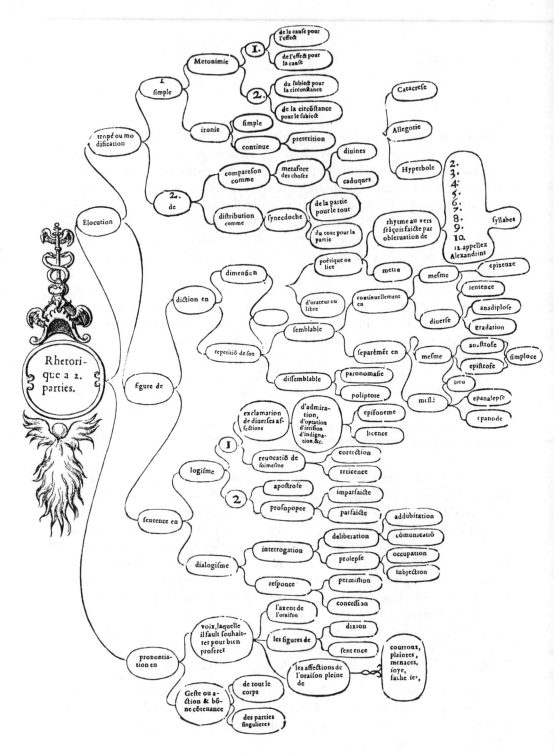

Visualisation de la rhétorique ramiste, traduite en français par Chr. de Savigny dans les *Tableaux accomplis de tous les arts liberaux*, Paris 1587. Voir IIIe partie, chap. 5 § 2 et chap. 9 § 2.

Phot. Bibl. nat., Paris

INTRODUCTION

> La dernière chose qu'on
> trouve en faisant un ouvrage,
> est de savoir celle qu'il faut
> mettre la première.
>
> *Pascal*

§ 1. *Actualité de la rhétorique; rhétorique et poétique au XVIe siècle*

On peut se dispenser aujourd'hui d'expliquer pourquoi l'on a choisi la rhétorique comme objet de ses recherches. L'utilité, voire la nécessité des études rhétoriques est généralement admise, même par ceux qui ne songeraient pas à s'en occuper en personne.

Il n'y a pas longtemps, il fallait compter avec de fortes résistances, il fallait combattre un certain nombre de préventions héritées du siècle dernier. Quand Henri Chamard, l'éminent promoteur des études seiziémistes en France, déclarait qu'un tel (il parlait de Barthélemy Aneau, auteur que nous allons retrouver dans la seconde partie de la présente étude) était 'très versé dans la rhétorique', il prononçait là en fait un jugement sans appel: un 'rhéteur' ne saurait avoir d'idées valables concernant les *belles lettres*; et la pédanterie 'insupportable' du vocabulaire dont se servait Aneau en était la meilleure preuve.

Depuis les années soixante les choses ont bien changé. D'une part, les recherches des formalistes russes et des structuralistes tchèques ont fini par s'imposer un peu partout; elles ont communiqué une toute autre vision de la littérature et de la théorie littéraire; elles ont donné une forte impulsion à l'étude plus formelle du 'fait littéraire'. D'autre part, les recherches historiques des dernières décennies ont mis en relief l'importance primordiale de la rhétorique dans l'œuvre des auteurs les plus 'personnels', les plus 'émouvants', ainsi St. Augustin, Pétrarque, Shakespeare, Pascal, pour n'en citer que les plus célèbres.

Relevons un seul exemple à ce propos. Lorsque, en 1949, Henri-Irénée Marrou offrit au monde scientifique la réédition de sa thèse sur *Saint Augustin et la fin de la culture antique* (1937[1]), il y ajouta un petit volume intitulé *Retractatio* où, à la page 665, on lit l'aveu suivant:

> Je ne puis relire sans rougir le chapitre que j'ai consacré à la rhétorique chez Saint Augustin et notamment à la *dispositio*. 'Saint Augustin compose mal...' (p. 61): jugement d'un jeune barbare ignorant et présomptueux. Depuis que la rhétorique antique a cessé d'être enseignée dans nos écoles, les intellectuels français ne connaissent plus cette technique fondamentale et notre communion avec les classiques en est bien diminuée, sinon compromise...

L'on sait que l'auteur s'était racheté entre-temps en publiant la monumentale *Histoire de l'éducation dans l'Antiquité* (1948), qui a beaucoup contribué au renouveau des études rhétoriques, en France et ailleurs.

Mais nous n'entendons pas faire ici l'historique du regain de l'intérêt porté aux questions rhétoriques. Le lecteur en trouvera les éléments dans l'introduction à un autre ouvrage qui a fait date dans l'histoire des recherches rhétoriques, la thèse de M. Marc Fumaroli, *l'Age de l'Eloquence*[1]. Nous voudrions nous borner désormais à faire quelques remarques sur les ouvrages qui ont été consacrés à l'étude des rapports entre rhétorique et poétique au XVIe siècle en France. Cette étude, disons-le tout de suite, en est encore à ses débuts. Dans un recueil de communications faites en avril 1979 à la Newberry Library de Chicago et publié à la fin de l'année 1983 sous le titre *Renaissance Eloquence*, M. Paul Oscar Kristeller remarque:

> Rhetoric and poetics were considered sisters by the humanists, for they were thought to provide the rules for writing well in prose and in verse, respectively ...[Thus] there was in the Renaissance, as for some time before, a close parallelism between rhetorical and poetical theory, and a good deal of mutual influence between the two areas. The historians of rhetoric will do well to study and emphasize these influences, especially since the historians of poetics, under the spell of romantic preconceptions, have ignored or deplored them and have not attempted to understand them[2].

Cependant, un petit nombre de chercheurs a déjà commencé à défricher le terrain. Signalons quelques travaux qui nous ont servi de guide. Dès 1964, M. Grahame Castor a publié une étude importante consacrée aux arts poétiques français du XVIe siècle, intitulée *Pléiade Poetics*. L'auteur y défend une thèse que nous prenons volontiers à notre compte, à savoir que pour comprendre les arts poétiques de cette époque il est indispensable de s'attaquer aux *systèmes terminologiques et conceptuels* dont se servent les auteurs de ces traités[3]. Nous espérons que la présente étude démontrera,

---

[1] M. Fumaroli, *L'âge de l'éloquence. Rhétorique et 'res literaria' de la Renaissance au seuil de l'époque classique.* Genève 1980. Cf. p. 1, début: 'Cet ouvrage se veut une contribution au développement d'une discipline qui demeure en France peu assurée de sa légitimité et de sa possibilité même: l'histoire de la rhétorique dans l'Europe moderne.'

[2] P. O. Kristeller, 'Rhetoric in Medieval and Renaissance Culture', dans *Renaissance Eloquence. Studies in the Theory and Practice of Renaissance Rhetoric*, éd. J. J. Murphy, Berkeley/Los Angeles/Londres 1983, p. 1-19. Passage cité: *ibid.*, p. 16. Cf., dans le même volume, J. J. Murphy, 'One Thousand Neglected Authors: The Scope and Importance of Renaissance Rhetoric'; A. L. Gordon, 'The Ascendancy of Rhetoric and the Struggle for Poetic in Sixteenth-Century France', etc. Voir aussi la bibliographie sélective, *ibid.*, p. 437-446.

[3] G. Castor, *Pléiade Poetics. A Study in Sixteenth-Century Thought and Terminology.* Cambridge 1964. Voir notamment pp. 4-6: 'To a large extent our difficulty in dealing with the poetic theory of the sixteenth century is a terminological one.' (...) 'It is my contention that the basic problems of sixteenth century poetic theory were not being tackled on the

une fois de plus, la validité de cette thèse et la rentabilité de ce type d'approche.

En 1969 a paru une étude qui a révolutionné les recherches sur l'œuvre de Joachim du Bellay et son entourage: *Coronation of the Poet. Joachim du Bellay's Debt to the Trivium*, par Robert Griffin[4]. Vers la même époque un chercheur canadien, M. Alex L. Gordon, achevait la rédaction d'un ouvrage dont le titre se passe de commentaires, *Ronsard et la rhétorique*[5]. Toute la première partie de cet ouvrage ('De la rhétorique en général au XVIe siècle') constituera la base de toute recherche dans le domaine de la rhétorique et la poétique du XVIe siècle. L'aperçu que donne M. Gordon des rhétoriques de l'Antiquité classique, des rhétoriques scolaires latines, des rhétoriques et arts poétiques français du XVIe siècle est clair, concis, indispensable. La seconde partie de son livre montre de façon convaincante tout le profit qu'on peut tirer de l'approche rhétorique d'une œuvre maîtresse de la Renaissance française.

Il convient de terminer le relevé — bien rapide — des études sans lesquelles la nôtre n'aurait peut-être jamais vu le jour en citant le travail de M. A. Kibédi Varga, *Rhétorique et littérature. Etudes de structures classiques* (Paris, 1970). Comme son titre l'indique, ce travail veut être une contribution à l'étude de la littérature et de l'éloquence du 'grand siècle' français. En tant que tel, il démontre la continuité de la tradition rhétorique à une époque qui fait suite à celle dont nous allons nous occuper dans l'ouvrage présent.

Il serait facile d'allonger la liste des recherches rhétoriques récentes en prenant en considération les travaux consacrés à la littérature ou aux arts poétiques d'autres époques et d'autres pays. Nous y renonçons d'autant plus volontiers qu'à présent ces travaux sont à la portée de tout le monde, ayant perdu le caractère 'marginal' qu'ils avaient naguère aux yeux de la

---

surface level of the various *arts poétiques* at all, but rather within the actual terminological and conceptual systems which those treatises employed. In order to understand what the sixteenth century theorists were about, therefore, we should not cover merely the same ground with them, paraphrasing as we go, but we should also carefully examine the connotations and implications of the individual terms which they use. This method, it seems to me, offers a more satisfactory insight into the nature of the problems with which the sixteenth century theorists of poetry were dealing.'

Cf. également E. R. Curtius, *Europäische Literatur und lateinisches Mittelalter*, Berne/Munich 1948[1], 1967[7], chap. 8, 'Poesie und Rhetorik', début (p. 155): 'Die moderne 'Literaturwissenschaft' hat es bisher versäumt, den Grund zu legen, auf dem allein sie ein haltbares Gebäude errichten könnte: eine Geschichte der literarischen Terminologie.'

[4] Berkeley/Los Angeles 1969. Voir surtout la première partie, comprenant les chapitres 'Logic and Renaissance Poetics' et 'Rhetoric and Renaissance Poetics'.

[5] Genève 1970. M. Gordon cite (p. 7), à l'appui de son propre point de départ, l'ouvrage 'remarquable' de L. Terreaux, *Ronsard correcteur des ses œuvres. Les variantes des Odes et des deux premiers livres des Amours*, Genève 1968.

majorité des 'littéraires'. Non, la Rhétorique se porte bien, comme en témoignent la fondation (en 1977) d'une *Société internationale pour l'histoire de la rhétorique* ainsi que la création, sous les auspices de la Société, d'une nouvelle revue *Rhetorica*, dont le premier numéro a paru en 1983[6].

§ 2. 'Nombre(s)' et 'rythme', concepts rhétoriques et poétiques

La mise au point qui précède aura convaincu le lecteur qu'en ce qui concerne l'étude des rapports entre rhétorique et poétique au XVIe siècle, l'heure des grandes synthèses n'est pas encore venue. Il faudra délimiter un terrain, dans l'espoir que les résultats de la recherche pourront s'intégrer à l'avenir dans un ensemble plus large, à partir duquel une saisie globale pourra être envisagée.

Le champ d'observation que nous avons délimité pour la présente recherche est constitué par un nombre de textes théoriques où il est question du *rythme*, soit en prose, soit en poésie. L'étude de ce concept offre au chercheur des possibilités tout à fait inattendues. Elle lui permet d'avoir prise sur une problématique centrale de l'âge renaissant, *la confrontation entre langues classiques et langues modernes*. En effet, plusieurs théoriciens de l'époque se posent la question de savoir quel est le rapport entre le 'rythme' ancien et la *rime* moderne. Ils font, dirions-nous aujourd'hui, des 'recherches étymologiques', où, bien entendu, ils se basent uniquement sur les données de l'Antiquité classique. C'est dire que dans leurs considérations ils ont recours aux traités de rhétorique d'Aristote, de Quintilien et surtout de Cicéron. Ils y rencontrent des concepts tels que ῥυθμός, ὁμοιοτέλευτον, *numerus*, qu'ils rapprochent du concept de *rime* afin d'établir les similarités ou les différences éventuelles entre ces termes.

Cette question, futile à première vue, mettait en cause toute la prosodie des langues modernes. Il s'agissait en somme de défendre la poésie vernaculaire dont la prosodie paraissait tellement 'pauvre' à côté de celle des Anciens, *la seule* qu'on eût étudiée à l'école[7]! Il était donc urgent d'établir les 'titres de noblesse' de la rime, étant donné que celle-ci, avec la longueur du vers (c'est-à-dire le nombre variable des syllabes), constituait tout l'*artifice* de la poésie moderne.

En soi, la question concernant le rapport entre le rythme et la rime s'explique facilement. Cependant, lorsqu'on se met à lire les textes qui

---

[6] La plupart des auteurs cités dans les pages qui précèdent sont membres de cette Société. Celle-ci publie régulièrement un *Rhetoric Newsletter* où sont relevés les travaux déjà parus et les 'travaux en cours' des adhérants.

[7] Cf. les remarques judicieuses de l'abbé Ch. Batteux à ce sujet: *Les Beaux-Arts réduits à un même principe*, Paris 1746, p. 188-90; voir surtout D. Attridge, *Well-weighed syllables. Elizabethan verse in classical metres*. Cambridge 1974, chap. 7: 'Attitudes towards accentual verse'. Etude exemplaire, mais encore peu connue en France.

s'occupent de cette question, la clarté s'évanouit; les raisonnements suivis par les théoriciens sont tellement alambiqués qu'on commence à se
demander s'il n'y a pas toute une problématique, autrement vitale, derrière cette simple question. Et cela d'autant plus qu'on rencontre fréquemment le terme 'rythme' ou 'nombre' dans un contexte qui n'a rien
à voir avec la rime.

Afin de mettre en lumière cette problématique il nous faudra recommencer à zéro; il nous faudra raconter, comme le fera également le protagoniste du *Dialogue de Rethorique* de Speroni, 'l'histoire de (nostre) estude'.

Au commencement de notre recherche il n'y avait eu pour nous qu'un
petit nombre de chapitres ou de fragments dans quelques écrits théoriques bien connus de la Renaissance française: *La maniere de bien traduire*
d'Etienne Dolet, l'*Art Poëtique françois* de Thomas Sebillet, la *Deffence et
Illustration* de Joachim du Bellay, le *Quintil Horatian* de Barthélemy
Aneau, la *Rhetorique Françoise* d'Antoine Fouquelin. Ces chapitres ou ces
fragments nous étaient incompréhensibles, ou tout du moins difficiles à
suivre. Le commentaire de ces passages — s'il existait — portait souvent
la trace de la perplexité, sinon l'irritation du commentateur. Il était bien
visible que celui-ci n'en avait pas compris davantage que nous. Il n'en
fallait pas plus pour exciter notre curiosité. Or, dans tous les cas, les
auteurs en question parlent, et souvent avec beaucoup d'insistance, des
nombres ou des *rythmes*, soit dans les textes classiques, soit dans ceux de la
langue 'vulgaire'. A propos de la traduction en français d'ouvrages
anciens Dolet disait par exemple que 'sans grande observation des nombres ung Autheur *n'est rien*'. Le ton, on le voit, est assez tranchant. Autre
exemple: dans sa critique d'un passage de la *Deffence* où Du Bellay parle
des 'nombres' du discours classique, Aneau prend celui-ci à partie avec
une véhémence qui montre bien que le sujet lui tient à cœur. Cependant,
le commentaire sur ce passage du savant éditeur de la *Deffence*, Henri
Chamard, est très lacunaire.

Nous avons été amenés ainsi à supposer qu'il s'agissait là d'un sujet
assez 'chaud' à l'époque, qu'il y avait eu des débats sur 'la question du
nombre' qui jusqu'ici n'avaient pas été pris en considération par les chercheurs. Petit à petit nous avons découvert plusieurs pistes qui allaient
toutes dans la même direction. La première, c'était l'œuvre latine
d'Etienne Dolet, et notamment sa réplique véhémente au *Ciceronianus*
d'Erasme qu'il avait écrite cinq ans avant la parution de *La maniere…* .
La seconde, c'était les noms cités par Aneau dans le passage auquel nous
avons fait allusion tout à l'heure: Erasme, encore une fois, et Melanchthon. Une troisième était constituée par le modèle 'plagié' par Du
Bellay dans le passage contre lequel Aneau avait réagi avec une telle
aigreur: il s'agissait du *Dialogue des Langues* de Sperone Speroni.

En publiant en 1535 le *De imitatione ciceroniana...*, Dolet s'était lancé dans la *querelle du Cicéronianisme*. Dans cet ouvrage, il s'était servi du *nombre oratoire* comme d'un *critère* permettant de distinguer la 'bonne' imitation des modèles de la 'mauvaise'. Bien entendu, il parlait de l'imitation en latin de modèles classiques.

En citant les noms d'Erasme et de Melanchthon dans sa réplique à Du Bellay, Aneau s'était référé lui aussi à la question de l'imitation en latin de modèles classiques. Car dans les textes des deux Humanistes — textes que nous avons pu retrouver non sans peine — la question de l'*imitatio ciceroniana* était abordée de front, et dans cette question le nombre oratoire avait également un rôle majeur à jouer.

Dans le *Dialogue des Langues* enfin, Speroni avait mis en scène un débat entre un Cicéronien 'pur et dur', et un Cicéronien converti au culte de sa langue maternelle, le célèbre Cardinal Bembo. Dans ce débat encore, le nombre oratoire apparaissait comme le critère d'après lequel on évaluait la valeur respective des langues classiques et celle des langues 'vulgaires'.

Bref, dans tous les cas considérés, il était question, d'une manière ou d'une autre, 1) du 'nombre' comme critère, et 2) de la querelle du Cicéronianisme. Nous savions déjà que le terme 'nombre(s)' était du ressort de la rhétorique classique, qu'il appartenait notamment au vocabulaire technique de Cicéron et de Quintilien. Ce terme avait le sens de 'cadence', effectuée par l'agencement des syllabes longues et brèves: rythme de la poésie, rythme des périodes oratoires. Nous savions aussi que déjà chez Cicéron, le 'nombre oratoire' fonctionnait comme critère qui lui avait permis de distinguer la 'bonne' prose oratoire — celle qu'il se vantait d'avoir produit dans ses discours, et dont il avait fait la théorie dans *De Oratore III*, et surtout dans l'*Orator* — de la prose 'ordinaire', dépourvue des effets enchanteurs du rythme. Mais nous soupçonnions qu'il ne fallait pas en rester là, qu'il fallait examiner encore comment ce terme 'nombre(s)', et plus en général, comment la théorie du rythme poétique et oratoire fonctionnait dans les débats *plus récents*: les débats des Humanistes au sujet de l'*imitatio veterum*. Il fallait, autrement dit, formuler une première hypothèse: *cette question du 'nombre' qui semblait préoccuper de façon si intense les théoriciens français doit se retrouver dans les débats contemporains, ou immédiatement antérieurs, des auteurs néo-latins.*

Cette hypothèse s'est montrée extrêmement fructueuse. Ces débats ont existé, tous les grands Humanistes y ont participé d'une façon ou d'une autre. Dans ces débats se confrontèrent notamment les Humanistes cicéroniens — ceux qui préconisaient l'imitation exclusive de Cicéron — et les Humanistes 'éclectiques', dont Ange Politien, et Erasme ensuite, avaient été les porte-paroles. Tout le monde connaît le 'slogan' qu'on lit dans le huitième livre des *Lettres* de Politien: 'Non exprimis, inquit aliquis, Ciceronem. Quid tum? non enim sum Cicero; me tamen, ut opinor, exprimo'[8]. Ne soyons pas des *simiae Ciceronis* ('singes de Cicéron'); essayons avant tout de garder notre authenticité, notre 'différence'.

Ces débats ont donc eu leur répercussion sur les débats concernant la langue et la littérature vernaculaires? Oui, bien sûr. Pour l'instant, il suffira de citer un exemple. Lorsque Du Bellay, à la fin du quatrième chapitre du second livre de la *Deffence*, parle de l'imitation des Anciens comme moyen d''illustration' de la langue française, il dit de l'*immitateur* tel qu'il l'entend:

> ...qu'il sonde diligemment son naturel, & se compose à l'immitation de celuy dont il se sentira approcher de plus pres. *Autrement son immitation ressembleroit celle du singe.*

Ici, Du Bellay prend à son compte les mots de l'Humaniste italien à l'intention des Cicéroniens 'de stricte observance'. On serait tenté de croire que les défenseurs de la langue 'vulgaire' ont en général puisé leurs arguments dans les écrits des Humanistes 'éclectiques'. Cette supposition est exacte dans bien des cas. Il suffit de penser à l'image des abeilles ('Bienengleichnis') qu'on retrouve dans la plupart des écrits théoriques de l'époque, en France et ailleurs: à l'exemple des abeilles qui vont d'une fleur à l'autre pour en tirer le miel, l'*immitateur* moderne devra lire le plus grand nombre d'auteurs possible, et en tirer ce que chacun a de meilleur[9]. Qu'on pense également à l'un des exemples que nous avons cités ci-dessus, B. Aneau, qui renvoie dans sa critique d'un passage de la *Deffence* à Erasme, que l'on considérait à l'époque comme l'un des anti-Cicéroniens les plus féroces.

Ce n'est là, cependant, qu'une partie de la vérité. Rappelons deux autres noms que nous avons cités tout à l'heure: P. Bembo, protagoniste dans le *Dialogue des Langues* de Speroni, et Etienne Dolet. Pourquoi Speroni a-t-il choisi Bembo comme l'un de ses personnages? Parce que celui-ci s'était fait un nom dans les cercles savants — et non seulement en Italie — en tant que Cicéronien rigoureux, qui s'était converti inopinément au culte de sa langue maternelle. Itinéraire similaire à celui de Dolet, qui dans ses ouvrages latins s'était manifesté d'abord comme Cicéronien intransigeant, mais s'était consacré ensuite à la défense et l'illustration de la langue française. Bien entendu, la 'conversion' des deux champions du Cicéronianisme n'avait pas manqué de faire scandale parmi les Humanistes. L'odieuse défection! Mais en fait, cette conversion n'était

---

[8] Lettre au Cicéronien Paolo Cortesi, reproduite dans *Prosatori latini del Quattrocento*, *éd.* E. Garin, Milan/Naples 1952 (*réimpr.* Turin 1977), p. 902.

[9] Cf. J. von Stackelberg, 'Das Bienengleichnis: Ein Beitrag zur Geschichte der literarischen *Imitatio*', dans *Romanische Forschungen* 68 (1956), p. 271-293; G. W. Pigman III, 'Versions of Imitation in the Renaissance', dans *Renaissance Quarterly* 31 (1980), p. 4sqq.

pas aussi illogique qu'on le croirait au premier abord. Manifestement, les deux auteurs — ils le disent, d'ailleurs — ont été sensibles au *Cicéron défenseur de sa propre langue maternelle*, au Cicéron qui dans *De finibus bonorum et malorum* était parti en guerre contre l'affectation hellénisante de son époque. En cultivant à leur tour l'italien ou le français, Bembo et Dolet sont restés fidèles à leur grand exemple. Or, en tant que Cicéroniens, ils ont essayé de construire une 'théorie du discours vulgaire' *calquée* sur la théorie de la prose d'art latine telle qu'elle avait été développée dans les écrits de Cicéron. Dans ces écrits, nous l'avons vu, la théorie du nombre oratoire occupe une place de choix; voilà pourquoi on trouve dans les ouvrages vernaculaires de Bembo et de Dolet des considérations sur les 'nombres' en vulgaire.

Ces données nous ont permis de formuler une seconde hypothèse, plus précise que la précédente: *les auteurs italiens ou français qui parlent du nombre oratoire dans leurs écrits théoriques étaient au courant de la querelle du Cicéronianisme qui divisa des générations de latinistes. Dans quelques cas notables, ils ont même été impliqués directement dans cette querelle.*

Or, nous montrerons au cours de notre étude qu'un des principaux points de litige dans la querelle du Cicéronianisme a été précisément la question de savoir s'il était *possible d'imiter* 'aujourd'hui' — c'est-à-dire à l'époque renaissante, dans l'écriture néo-latine — les 'nombres' des Anciens. Cette question devait se poser tout naturellement aux érudits humanistes, nourris des traités de Cicéron et de Quintilien. Comme on le sait, c'était à cette époque que les manuscrits du *Brutus*, du *De Oratore*, de l'*Orator* et des *Institutiones Oratoriae* avaient été redécouverts (les traités cicéroniens en 1421, les *Institutions* en 1416); la théorie du nombre oratoire s'était donc présentée aux Humanistes avec toute la séduction de la nouveauté. Cette théorie leur procurait en outre une arme redoutable dans la lutte contre le latin 'barbare' — mais vivant — du Moyen Age. Voilà sans doute pourquoi 'la querelle du nombre' a été si vive dans les milieux érudits du XVe et du XVIe siècle.

Les défenseurs de la langue et de la littérature vernaculaires se sont recrutés, presque sans exception, parmi les Humanistes latinisants et hellénistes. Nous avons vu plus haut qu'un des mobiles qui ont amené les Humanistes à cultiver leur *vulgaire* a été l'exemple de Cicéron en tant que défenseur du latin. Ce point de départ commun peut cependant donner lieu à des réponses très diverses quant à la question de savoir *de quelle façon* il faudra mener la lutte pour son vulgaire. Faudra-t-il se contenter d'exploiter de façon plus consciente les ressources linguistiques et littéraires de sa langue? Faudra-t-il faire un choix parmi les exemples du passé national? Ou faudra-t-il plutôt recommencer à zéro, la langue actuelle étant trop pauvre pour qu'on puisse en tirer quelque chose? Que l'*imitation* des grands auteurs du passé fût la seule solution possible au problème, là-dessus tout le monde était d'accord. La question était uniquement de savoir *quels* auteurs il faudrait imiter: *tous* les 'bons' auteurs du passé national, ou quelques-uns seulement, ou bien encore les auteurs qui avaient écrit dans une langue plus riche que celle dans laquelle on avait la malchance de s'exprimer?

Nous n'entendons pas dresser ici l'inventaire de toutes les théories de l'imitation qui ont été créées au cours du XVIe siècle, et dont la diversité reflète la multiplicité des solutions possibles au problème de l''illustration' de la langue vernaculaire. Nous voudrions au contraire souligner le fait que, quelle que soit la solution pour laquelle on a opté, le point de départ de la démarche proposée reste *identique*: afin de cultiver son vulgaire il est indispensable d'*imiter*. Ce point de départ correspond très exactement à la situation concrète dans laquelle se trouvaient les Humanistes qui n'ont jamais cessé d'être des imitateurs. *Personne* ne pouvait se soustraire à la pratique de l'imitation, pour la simple raison que le latin qu'on parlait et écrivait avait dû être *appris*, soit en lisant les auteurs romains du passé, soit en écoutant le précepteur qui, lui aussi, avait un jour acquis la langue en imitant les Anciens. Or, tel est bien le paradoxe majeur du mouvement humaniste: à mesure qu'on réussissait à parler ou à écrire un latin plus pur, à mesure qu'on s'éloignait davantage du latin 'barbare' du Moyen Age, la langue latine se faisait plus *livresque*, puisque plus authentiquement 'classique'[10]. La querelle du Cicéronianisme a été l'aboutissement logique de l'exigence de pureté et d'élégance classiques qui caractérise le mouvement; et le fameux 'retour aux sources' a eu un résultat contraire à celui dont les Humanistes ont rêvé: il a scellé l'arrêt de mort du latin en tant que langue vivante; il a plié les esprits les plus brillants à la servitude de l'imitation; il a hâté plutôt que freiné l'avènement de la nouvelle culture vernaculaire.

Le dogme de l'imitation comme moyen d'émancipation de la langue vulgaire s'enracine ainsi dans la pratique de l'enseignement et de l'écriture à un stade fort évolué de l'Humanisme latinisant.

Examinons, à titre d'exemple, deux projets de défense du vulgaire: les *Prose* (1525) de Bembo et la *Deffence* (1549) de Du Bellay[11]. Commençons

---

[10] 'Quando parlate et scrivete latino, non è altro che Cicerone trasposto più tosto *da charta a charta*, che da materia a materia...', dira Bembo à son antagoniste cicéronien, dans le *Dialogo delle Lingue* de Speroni. Voir *infra*, I, chap. 1 (vers la fin) et note 20.

[11] Voir W. Krömer, 'Die Ursprünge und die Rolle der Sprachtheorie in Du Bellays *Deffence et Illustration de la langue françoyse* (Zum Problem der Sprache ohne Klassiker in der Renaissance)', dans *Romanische Forschungen* 79 (1967), p. 589-602; H. Harth, *Introd.* à l'éd. et la trad. du *Dialogo delle Lingue*, Munich 1975, § 4: 'Die Rezeption des *Dialogo delle Lingue* durch Du Bellay'; R. Baehr, 'Die literarhistorische Funktion und Bedeutung der ''Def-

par faire remarquer que pour les deux, la valeur d'une langue se mesure
au nombre d'*auteurs* de qualité qui illustrent cette langue. La *Literaturfähigkeit* est le critère absolu d'après lequel la langue est jugée, puisque c'est
elle qui décide de la forme que devra prendre l'imitation.

La langue qu'il s'agit de défendre a-t-elle déjà ses *auctores* comme les
langues classiques? Oui, dira Bembo, nous avons nos *Trois Couronnes Flo-
rentines*: Dante, Pétrarque, Boccace. Non, dira Du Bellay, nous n'avons
encore aucun auteur qui soit vraiment digne d'être imité; nous serons
obligés d'aller chercher ailleurs nos modèles, dans l'espoir qu'en imitant
ceux-ci, nous serons capables un jour d'en produire nous-mêmes; c'est
seulement alors que nous aurons établi le droit à l'existence de la langue
française.

En admettant l'existence de modèles nationaux, Bembo peut créer une
théorie de l'imitation qui est la *réplique exacte* de celle qu'il avait déjà proposée auparavant, au sujet de la culture de la langue latine: Pétrarque
sera le modèle absolu de la poésie italienne — Dante lui ayant préparé la
voie —, tout comme Virgile est le modèle absolu de la poésie latine. Boccace sera le modèle absolu de la prose italienne, comme Cicéron est celui
de la prose latine. Dès lors, il sera possible de 'régler' la langue italienne
en construisant une grammaire basée exclusivement sur les ouvrages des
auctores du Trecento; de la sorte, la langue italienne obtiendra l'*auctoritas*
qui lui permettra de rivaliser avec succès avec les deux langues de l'Antiquité. Pour Bembo, l'*imitatio* des modèles nationaux est la condition de
possibilité de l'*aemulatio* avec les Anciens.

Il est bien évident qu'en niant l'existence de modèles nationaux, Du
Bellay se trouve forcé de procéder d'une tout autre façon. Dans la *Deffence*, il proclame en quelque sorte le *degré zéro de l'écriture*. Tout est encore
à créer, il n'y a aucun exemple, en prose ni en poésie, qui vaille qu'on s'y
arrête. La seule possibilité de survie de la langue française est l'imitation
d'auteurs étrangers: les Anciens tout d'abord, les auteurs néo-latins et
quelques auteurs italiens.

La théorie de l'imitation de Du Bellay est à la fois la plus radicale et la
plus paradoxale qu'on ait jamais proposée. Si, en effet, nous appliquons
cette théorie *à la 'Deffence' elle-même*, nous serons obligés d'en conclure que
celle-ci, en tant qu'ouvrage rédigé en français, est une véritable création
ex nihilo. Une gageure prométhéenne qui se propose comme *le premier
exemple valable* de la prose française... Or, la *Deffence* ne saurait avoir de
valeur que dans la mesure où elle est *le résultat de l'imitation* de la prose

fence et Illustration de la langue Francoyse'' ', dans *Stimmen der Romania. Festschrift... W.
Th. Elwert, éd.* G. Schmidt et M. Tietz, Wiesbaden 1980, p. 43-59. Cf. *infra*, I, chap. 1 et
II, chap. 3 et 5, où nous reviendrons plus en détail sur les *défenses* de Bembo et de Du
Bellay.

classique ou italienne. Car, d'après la théorie, c'est là la condition *sine qua non* de la création en langue française: la *Deffence* sera une perpétuelle *mise en abyme* de la théorie, ou elle ne sera pas. Cela veut dire que toutes les fois que Du Bellay se base sur la prose française antérieure, il entre en contradiction avec sa propre théorie; inversement, toutes les fois qu'il 'plagie' la prose classique ou italienne, il reste fidèle à ses propres impératifs. Comme on le sait, la quasi-totalité de la *Deffence* a effectivement été 'dérobée' aux auteurs latins et italiens. La *Deffence*, là où elle réussit à effectuer ses préceptes, est semblable au palais des mirages qu'on admire au Musée Grévin; or, n'a-t-elle pas réussi à nous présenter *une théorie imitée de l'imitation*?

Nous sommes bien conscients du fait que notre présentation de la théorie de l'imitation de Bembo et de Du Bellay a été plutôt sommaire, qu'elle ne rend pas compte de la finesse des analyses qu'on trouve dans les *Prose*, ni de la complexité de l'argumentation dans le manifeste de la Pléiade. Mais pour l'instant notre propos n'est pas là. La question que nous voudrions soulever ici, c'est celle du *métadiscours*, de la *terminologie* utilisée dans ces ouvrages.

Nous avons dit que la théorie qu'on observe dans les *Prose* est une réplique de la théorie élaborée auparavant, à propos de l'*imitatio veterum*. Du Bellay dira de Bembo: 'je doute si onques homme immita plus curieusement Ciceron, si ce n'est paraventure un Christophle Longueil' (*Deff.* II, 12). Dans ses œuvres latines, Bembo s'est montré en effet l'imitateur inconditionnel du grand Arpinate. Engagé dans la querelle du Cicéronianisme, il a pris position en faveur de l'imitation exclusive de la prose cicéronienne. Dans sa lettre *De Imitatione* (1513) il a défendu son point de vue de la seule façon praticable pour lui, en se servant du métadiscours cicéronien. Or, c'est ce même métadiscours qu'il a appliqué ensuite aux ouvrages des grands modèles vernaculaires. Lorsque, au second livre des *Prose*, il veut rendre compte de l'harmonie de la poésie de Pétrarque, il utilise les termes mêmes dont Cicéron s'était servi en décrivant la prose latine: *sonus, numerus, variatio*.

Et où Du Bellay, de son côté, a-t-il pris ses catégories métadiscursives? De toute façon, *pas* dans les arts poétiques publiés auparavant, où étaient décrits des procédés et des genres poétiques qu'il veut bannir précisément de la république des lettres. Il a été obligé de chercher son métadiscours là où il entend chercher ses modèles: chez les Anciens, les auteurs néo-latins et les Italiens. L'imitation qu'il prône au niveau de la pratique de l'écriture — et qu'il entend effectuer aussi dans son premier recueil de poésies, publié au même moment que la *Deffence* — *se double* donc d'une imitation *au niveau de la théorie*. On a souvent reproché à Du Bellay son

manque d''originalité'; considéré du point de vue théorique — le point
de vue exposé dans la *Deffence* — il y aurait plutôt lieu de l'en féliciter[12].

Dans les deux cas (celui de Bembo et celui de Du Bellay) nous obser-
vons donc une *translatio* massive du métadiscours ancien au domaine vernaculaire. Il va sans dire — et ici, nous rejoignons ce que nous avons
exposé plus haut — que cette *translatio* a été l'objet de discussions passion-
nées, en Italie aussi bien qu'en France. Dans ses *Dialoghi*, Speroni mettra
en scène quelques-uns de ces débats; les *Prose* n'y seront guère épargnées.
La *Deffence* de même sera en butte aux attaques de plusieurs poètes et
théoriciens français, qui mettront en cause à la fois la pratique poétique
de Du Bellay et la théorie exposée dans son manifeste.

Cette *translatio* du métadiscours, médiatisée, nous l'avons vu, par la
pratique et la théorie néo-latines, n'est en effet point innocente. Ce métadiscours avait été créé pour rendre compte des techniques littéraires classiques, déterminées en grande partie par une donnée 'naturelle' lourde
de conséquences: l'existence des syllabes longues et brèves. Celles-ci invi-
tent — tout naturellement — à un jeu avec la *quantité syllabique*: mètre de
la poésie, nombre de la prose. L'adoption du métadiscours ancien par les
théoriciens du vulgaire devait ainsi aboutir à une optique bien particulière, où la prose et la poésie classiques sont promues au rang de *norme* par
rapport à laquelle la littérature vernaculaire sera jugée. Car une fois
qu'on a décidé d'accepter le 'code' des Anciens, on se trouve obligé de
compter avec ce qui est décrit à l'aide de ce code.

Il est bien vrai que la quantité syllabique ne domine pas tout le métadiscours classique. La quasi-totalité de la théorie des tropes et des figures
par exemple pourra être 'transférée' au domaine vulgaire sans qu'on se
heurte une seule fois au problème de la quantité. Mais de toute évidence,
cela ne se passera pas de la même façon lorsqu'on tentera d'y 'transférer'
également la théorie du nombre poétique et oratoire. Dans ce dernier
cas, on se heurtera à de sérieux problèmes. Une telle démarche implique
en effet qu'on accepte la technique 'quantitative' de la poésie et de la
prose classiques comme norme pour la littérature vernaculaire.

Deux voies semblent rester ouvertes aux théoriciens ayant pris une
telle décision: ou bien, ceux-ci construiront une théorie où la littérature
vernaculaire est présentée comme n'ayant *pas encore* accédée à la 'perfection' classique, et où la littérature vernaculaire se trouve par conséquent

---

[12] Il faudrait nuancer bien entendu ce que nous venons d'affirmer. Le 'degré zéro de
l'écriture' proclamé dans la *Deffence* est impossible à réaliser intégralement; les lois de
l'intertextualité ne sauraient être éludées, ni dans la pratique de l'écriture poétique, ni
dans le métadiscours. L'*Olive* et la *Deffence* s'insèrent nécessairement dans la tradition
française, du seul fait qu'elles ont été écrites en français. *Mutatis mutandis*, la même chose
vaut évidemment pour Bembo.

en position de manque. Ils inviteront les poètes vulgaires à l'imitation de la technique ancienne, c'est-à-dire à la création de *'vers mesurés* à l'antique'. Cette prouesse une fois réalisée, rien n'empêchera plus alors la création d'une prose 'nombreuse', étant donné que celle-ci, aux dires de Cicéron lui-même, a été créée à l'image de la technique métrique des poètes. On sait que cette option a été défendue dans tous les pays de l'Europe à l'époque renaissante[13].

Ou bien encore, les théoriciens, tout en reconnaissant la différence entre littérature 'quantitative' et littérature 'non-quantitative', essaieront d'appliquer *directement* la théorie du nombre à la littérature vernaculaire telle qu'elle est. D'une façon ou d'une autre, ils réussiront à 'contourner' le problème de la quantité. Bien entendu, cette deuxième option donnera lieu à un métadiscours 'brouillé', à des raisonnements déroutants, où *l'occultation* de la quantité syllabique sert à la fois d'enjeu et de préalable à l'argumentation.

En examinant les textes théoriques d'inspiration humaniste nous constaterons que les deux 'options' présentées ici, pour la clarté de l'exposé, en opposition l'une avec l'autre, ne s'excluent pas forcément. Tous les moyens sont bons pour prouver l'égalité, virtuelle ou déjà actuelle, de son propre 'vulgaire' avec les langues classiques. Mais plus on sera porté à souligner la valeur propre de la langue vulgaire — la valeur de sa différence —, plus on aura tendance à tenter l'application directe du métadiscours classique à la littérature vernaculaire. Car tout compte fait, la promotion de *vers mesurés* équivaut à un aveu d'impuissance, ou de toute façon à la reconnaissance de l'infériorité des procédés littéraires actuels du vulgaire. Parler en termes cicéroniens de ces procédés sera par contre la plus belle preuve de l'équivalence effective de la littérature vulgaire avec la littérature classique. Un même métadiscours 'couvrira' la littérature ancienne et moderne: le prestigieux métadiscours cicéronien[14]. Ce métadiscours avait été créé par Cicéron — non sans avoir étudié au préalable les traités de rhétorique grecs! — pour codifier une *prose* raffinée, une prose qui s'était parée des sortilèges de la poésie afin de pouvoir s'insinuer plus profondément dans le cœur de ceux qui l'écoutaient. Or, en étudiant les écrits théoriques de l'époque renaissante nous constaterons que les Humanistes ont essayé de transférer la théorie classique de la prose rythmique non seulement dans leurs théories de la *prose* vernaculaire, mais encore, voire surtout, dans leurs *arts poétiques*.

Comment ces Humanistes défenseurs du vulgaire s'y sont-ils pris? Comment ont-ils su parler en termes de 'nombres' et de 'rythmes' non

---

[13] Voir Attridge (1974), en particulier chap. 9.
[14] En privilégiant ainsi le métadiscours cicéronien, nous simplifions quelque peu les choses. Nous serons plus exacts au cours des analyses tentées ci-après.

seulement de la prose, mais également de la poésie? A première vue, leur
entreprise de 'transfert' semble désespérée. Nous avons vu que la théorie
classique de la prose 'nombreuse' se base nécessairement sur le phénomène de la quantité syllabique; sans syllabes longues et brèves, sans
pieds métriques, l'on ne saurait parler de 'nombres'.

A moins de soumettre ce concept à un 'travail' qui le videra, d'une
façon ou d'une autre, de son contenu originel. Ou bien d'en élargir la
signification au point qu'il deviendra possible de le charger de sens nouveaux, entretenant un rapport métaphorique ou métonymique avec le
sens propre.

L'objectif majeur de notre étude sera d'établir que la *manipulation* du
concept de nombre(s) ou de concepts voisins tels que rythme, modulation, etc., a été la condition *sine qua non* de la *translatio* de ces concepts
dans les théories vernaculaires. Pour l'instant, nous écarterons la question de savoir si cette manipulation — à supposer qu'elle existe — a été le
résultat d'un effort *conscient* de la part des auteurs qui se servent de ces
concepts. Si, au cours de notre travail, il nous arrive de parler de '*stratégie*' à ce propos ('stratégie glissante', 'stratégie obscurcissante') nous
entendons par là une stratégie *textuelle*, c'est-à-dire ce grâce à quoi le texte
fonctionne et l'argumentation progresse. Nous reviendrons sur cette
question dans la troisième partie de notre étude, consacrée à la rhétorique ramiste[15].

La manipulation des concepts implique, nous l'avons déjà dit, un travail sémantique sur la terminologie, un 'jeu' avec le sens. Cette manipulation peut prendre des formes très diverses; et ce ne sera que l'analyse
concrète des textes qui pourra la mettre à jour. Dans les pages qui suivent
nous allons en donner un seul exemple, sans entrer dans trop de détails.
L'exemple concerne un texte de Sebillet, où celui-ci parle de la rime
française, et des rapports éventuels de ce terme avec le ῥυθμός classique
(*A.P.* I, 3). Comme on sait, ce dernier terme est considéré par les rhétoriciens romains (Cicéron, Quintilien) comme synonyme de *numerus*. Le
texte de Sebillet sera cité plus loin, dans le chapitre que nous lui consacrons. Nous allons montrer ici très succinctement que le texte fonctionne
grâce à un 'glissement conceptuel' qui permet à l'auteur de passer du
non-quantitatif (la rime) au quantitatif (le rythme) et vice versa; en plus,
que ce glissement est relayé par une théorie métaphysique du nombre
(ἀριθμός) dont nous allons donner tout d'abord une esquisse.

---

[15] La rhétorique *ramiste* est l'œuvre collective de Pierre de la Ramée, d'Omer Talon et
d'Antoine Fouquelin.

§ 3. *Exemple de manipulation métadiscursive*

D'après une théorie qui remonte à Pythagore et à Platon, l'univers a été créé selon des proportions numériques. Cette harmonie première régit le mouvement des étoiles, elle fait 'chanter' le cosmos ('l'harmonie des sphères')[16]. La musique doit imiter cette harmonie; comme celle-ci en effet, elle est déterminée par le Nombre. Aristote, dans sa *Rhétorique* (III, 8) applique cette idée à la poésie, et à la prose rythmique[17]. Crassus, au troisième livre du *De Oratore*, met en parallèle la révolution des astres et la période oratoire, qu'il désigne l'une et l'autre par le mot *circuitus*[18].

Cette théorie, qui confère un rôle si éminent à l'art, et surtout à la musique, la poésie et la prose 'nombreuse', a séduit les hommes de la Renaissance. Elle a trouvé son écho dans les cercles néo-platoniciens; Marsile Ficin par exemple en donne une puissante évocation dans son épître *De divina furore*, en renvoyant expressément à la *République* de Platon[19]. A son tour, Pontus de Tyard s'en fait l'interprète dans le *Solitaire Premier, ou discours des Muses, et de la fureur poëtique* (1552[1])[20]. Jean Dorat, le maître de la Pléiade, exprime souvent cette même conception dans ses poèmes, comme l'a très bien mis en lumière Mme Demerson, dans la monographie qu'elle a consacrée à ce personnage si sous-estimé par la critique[21].

Dans les cas considérés jusqu'ici, les auteurs rapprochent un concept très abstrait, le 'Nombre' générateur de l'harmonie, et des notions plus concrètes, telle que nombre poétique et nombre oratoire. De ces dernières notions, seul l'aspect de la régularité 'numérique' est actualisé; *la façon dont* cette régularité est réalisée (l'agencement des pieds métriques) reste complètement dans l'ombre. Ce qui compte, c'est le fait même d'une musicalité causée par la *cadence*.

En principe, rien n'empêche d'appliquer ce concept très abstrait de Nombre à la poésie vernaculaire, à condition que l'on se garde de descen-

---

[16] Cf. Platon, *Resp.* 531Dsqq., 617B (la 'symphonie' des sphères). Platon renvoie aux théories pythagoriciennes.

[17] Cf. *infra*, III, chap. 2, § 3.

[18] Cic. *De Orat.* III, 45, 176sqq. Cf. le bel aperçu de M. Fumaroli, (1980), p. 50-51.

[19] Reproduite dans A. Buck, e.a., *Dichtungslehren der Romania...*, Francfort 1972, p. 114-5. Ce beau passage mériterait d'être cité en entier. Ficin renvoie à Platon, *Resp.* 617B. Cette conception n'était pas inconnue au Moyen Age, comme en témoigne p. ex. le poème composé par Henri d'Avranches (début 13e s.); ce poème est cité par P. Klopsch, dans la très instructive *Einführung in die Dichtungslehren des lateinischen Mittelalters*, Darmstadt 1980, p. 86.

[20] *Ed.* S. F. Baridon, Genève/Lille 1950, p. 18-19. L'on connaît la dette de Pontus à l'égard de Ficin.

[21] Geneviève Demerson, *Dorat en son temps. Culture classique et présence au monde.* Clermont-Ferrand 1983, notamment p. 68sqq. ('Musique et *numerus*').

dre aux basses réalités matérielles. Bien sûr, la poésie vernaculaire a ses 'nombres': le *nombre* des syllabes, la *cadence* de la rime.

Nous verrons que Thomas Sebillet, dans son *Art Poëtique* (1548), rapprochera de la sorte le rythme classique de la rime française, tout en prétendant bien distinguer les deux. Il ne pourra le faire qu'en occultant la quantité syllabique, par laquelle le rythme diffère essentiellement de la rime. A cet effet, il se servira de notions suffisamment abstraites, qui, en vertu de leurs connotations musicales, s'appliquent aussi bien au rythme qu'à la rime. Ces notions sont la *modulation* et la *consonance*[22]. Voilà un exemple du *glissement conceptuel* qui permet de passer d'un registre à l'autre, du quantitatif au non-quantitatif. Ce 'glissement' est rendu possible grâce à une métaphysique du Nombre, par laquelle les contours s'estompent, et les différences conceptuelles sont abolies. Qu'il s'agisse de musique, de poésie (métrique ou non-métrique) ou de prose oratoire, tout est ramené à un principe aussi vénérable qu'abstrait.

Le cas de Sebillet est d'autant plus instructif que la métaphysique du Nombre est très explicitement formulée dans le texte de l'*Art Poëtique*, quelques pages avant le chapitre concernant le rythme et la rime. Le passage mérite d'être cité, puisqu'il est la justification implicite de la manipulation terminologique qu'il convenait seulement d'indiquer ici, mais que nous allons analyser plus en détail par la suite dans le chapitre consacré à l'*Art Poëtique*. Voici ce passage:

> ...Pourtant appelloit Platon les Poétes enfans dés dieuz: le pére Ennius lés nommoit sainz, et tous lés savans lés ont toujours appelléz divins, comme ceuz qui nous doivent estre singuliérement recommandéz à cause de quelque don divin, et céleste prérogative, laquéle est clérement montrée par les *nombres* dont les Poétes mesurent leurs carmes, *la perfection et divinité desquelz soutient et entretient l'admirable machine de cest univers*, et tout ce qu'elle clost et contient[23].

Or, nous montrerons plus loin qu'Antoine Fouquelin adopte ces mêmes notions (*modulation* et *consonance*) dans la *Rhetorique Françoise* (1555). Nous n'avons pas encore parlé de cette rhétorique ramiste; c'est que celle-ci nous offrirait un exemple qui serait en quelque sorte *trop* bon. Car la *Rhetorique Françoise* est la 'traduction' d'une rhétorique latine, où la théorie du nombre poétique et oratoire occupe une place éminente. Fouquelin transformera cette théorie dans le but explicite d'y faire entrer une théorie du vers français. Pour lui aussi, le problème majeur a été 'l'évacuation' de la quantité syllabique, qui avait constitué la base de la théorie latine qu'il a voulu 'traduire' en français. En empruntant les notions de

---

[22] Voir *infra*, II, chap. 3.
[23] Th. Sebillet, *Art Poëtique François*, éd. F. Gaiffe, Paris 1932[2], p. 9-10.

modulation et de consonance au texte de Sebillet, Fouquelin parviendra à 'glisser', tout comme son modèle, du rythme ('nombre') à la rime[24].

Mais, nous objectera-t-on, même s'il est vrai que Fouquelin s'est servi des termes 'modulation' et 'consonance' dans sa *Rhetorique*, est-il bien certain qu'il les ait empruntés à Sebillet? Quelle en est la preuve? Question légitime, à laquelle il ne nous est pas possible de répondre dès à présent. Du moins pourrons-nous expliciter notre façon de procéder dans les pages suivantes; car il est bien exact de dire que notre argumentation, à travers tout le livre, repose sur le fait que les textes dont nous allons parler sont en rapport étroit les uns avec les autres.

§ 4. *Densité du réseau intertextuel*

Le 'pivot' de notre étude est constitué par la *Deffence* de Joachim du Bellay. Tous les autres textes que nous allons examiner sont liés, de façon immédiate ou médiate, au grand manifeste de la Pléiade[25]. Pour chaque texte isolé, il s'agira donc de déterminer le type de rapport qu'il entretient avec la *Deffence*. Dans bien des cas, cette mise en rapport gardera un côté hypothétique, pour la simple raison que les références explicites sont rares, qu'en général les auteurs répugnent à citer leurs 'sources' dans une note en marge ou en bas de page. La notion de *plagiat* telle que nous l'entendons aujourd'hui leur était étrangère; il suffit de penser à la pratique de l'écriture néo-latine, entièrement basée sur le principe de la 'digestion' de textes antérieurs, dont l'*auctoritas* même dispensait de toute reconnaissance de dette. Pour l'auteur vernaculaire de même, être cité sans référence était un honneur plutôt qu'une offense, puisqu'il accédait ainsi au panthéon des *auctores* consacrés.

Cette pratique du 'libre échange' ne crée pas que des difficultés au chercheur moderne. Car en vertu du principe indiqué ci-dessus, l'on n'hésite point à copier *textuellement* des passages d'un auteur jugé digne d'être 'imité'. Dans tous ces cas, il suffira au chercheur d'avoir bonne mémoire pour être à même d'identifier le texte-source. C'est un fait bien connu à quiconque s'occupe de textes renaissants que la *relecture* des textes-clé constitue un facteur non négligeable de son travail.

---

[24] Voir *infra*, III, chap. 5, § 3.

[25] Ce choix initial *exclut* donc d'emblée les textes dont la visée première n'est pas la 'défense' du vulgaire au niveau théorique, même ceux où il est également question du 'rythme' ou du 'nombre'. Citons par exemple le premier chapitre du livre VII des *Recherches de la France* de Pasquier (Paris, 1560-), ou le sixième chapitre du *Recueil de l'origine de la langue et poesie françoise, Rymes et Romans*, par Cl. Fauchet (1581). Pasquier et Fauchet parlent d'abord en historiens; leur but primaire n'est pas la création d'un métadiscours du vulgaire. Voir F. Wolfzettel, *Einführung in die französische Literaturgeschichtsschreibung*, Darmstadt 1982, p. 22-29.

Cependant — et c'est là un piège dans lequel le 'sourcier' risque toujours de tomber — il est fort bien possible que le texte qu'on a identifié comme 'la source' d'un autre texte soit à son tour emprunté à un troisième texte; car à l'époque humaniste, la machine de l'intertextualité ne s'arrête que rarement.

Il faut par conséquent être extrêmement prudent lorsqu'on entend établir des rapports immédiats entre deux textes; à moins de posséder une preuve solide — c'est-à-dire une référence explicite — il faudra toujours disposer de *plusieurs* éléments concordants avant d'en conclure à une quelconque 'influence'.

Il était indispensable de faire ces observations élémentaires avant d'examiner comment le *corpus* de la présente étude s'est constitué. Etant donné que la *Deffence* y fonctionne comme 'pivot', c'est ce texte qu'il convient de considérer tout d'abord. La seconde partie de notre étude s'intitule 'Autour de la *Deffence*'. Dans cette partie nous avons réuni un certain nombre de textes qui ont paru avant ou après la publication du manifeste de la Pléiade et qui, pour la plupart, y sont traditionnellement associés. La seconde partie se compose ainsi de trois éléments constitutifs: les textes parus avant la *Deffence*, la *Deffence* elle-même, les textes parus après la *Deffence*[26].

Les rapports entre *La maniere de traduire* de Dolet, l'*Art Poëtique* de Sebillet d'une part, et la *Deffence* d'autre part, sont connus depuis longtemps. Les textes écrits en réaction à la *Deffence* (la *Préface* à la traduction de l'*Iphigénie* de Sebillet, la *Réplique* de Des Autelz et le *Quintil Horatian* d'Aneau) se passent de commentaires. Restent les textes de Jacques-Louis d'Estrebay et de Sperone Speroni. De celui-ci, nous étudions le *Dialogue de Rethorique*, c'est-à-dire le texte qui fait suite au *Dialogue des Langues* dans le recueil publié par Speroni en 1542. L'on sait que Du Bellay a 'plagié' ce dernier dialogue. En ce qui concerne le premier, s'il est probable que Du Bellay l'ait lu[27], les emprunts qu'il y fait sont presque nuls. Il nous incombera par conséquent d'établir par quels liens la *Deffence* est unie à ce dialogue[28]. Quant à D'Estrebay, il n'est cité nulle part dans la *Deffence*; mais nous allons démontrer qu'il est pris à témoin par Aneau, dans le passage où celui-ci attaque les considérations de Du Bellay sur le nombre oratoire[29]. C'est donc afin de pouvoir évaluer cette attaque à sa

---

[26] Voir la *Table des matières*.

[27] Voir P. Villey, *Les sources italiennes de la 'Deffense et illustration de la langue françoise' de Joachim du Bellay*, Paris 1908, *réimpr.* 1969, p. 21. Cf. R. Griffin (1969), p. 28-29: 'His [*i.e.*, Du Bellay] massive borrowings from Sperone Speroni's seventh dialogue, the *Dialogo delle Lingue*, argues for a community of spirit, and the same would apply to the eighth dialogue which dealt with rhetoric and which Du Bellay undoubtedly knew.'

[28] Voir *infra*, II, chap. 3 et chap. 5, § § 2, 3.

[29] Voir *infra*, II, chap. 1 et chap. 6, § § 3, 4.

juste valeur que nous étudions les travaux de D'Estrebay, auteur important qu'on a eu tort de reléguer à l'arrière-plan[30].

Dans la troisième partie de notre étude nous parlerons de la rhétorique
ramiste. Nous mettrons en lumière le rôle qu'ont joué Sebillet, et surtout
Du Bellay, dans son évolution qui s'échelonne sur une vingtaine
d'années (1545-1567) et qui a connu des 'rebondissements' assez specta-
culaires. Nous allons démontrer d'une part, que les liens entre les écrits
de défense de la langue française et la rhétorique ramiste ont été beaucoup plus étroits qu'on ne l'a soupçonné jusqu'à présent[31]; et d'autre
part, que la théorie du nombre oratoire a fonctionné comme le 'relais'
essentiel dans son évolution.

En examinant la table des matières du présent ouvrage le lecteur aura
remarqué que nous avons détaché le *Ciceronianus* de Ramus des autres
textes ramistes, consacrés entièrement à la rhétorique. Le *Ciceronianus* a
une portée plus générale. Ramus y expose ses idées concernant la 'véritable' *imitatio ciceroniana*. Le titre de l'ouvrage fait écho à celui d'Erasme,
publié en 1528. Voilà pourquoi nous avons préféré l'étudier dans notre
première partie, destinée à rappeler brièvement l'histoire de la 'querelle
du Cicéronianisme' dans laquelle 'la question du nombre oratoire' a joué
un rôle majeur, et qui a également donné une forte impulsion au mouvement de défense de la langue vulgaire.

Nous montrerons que le *Ciceronianus* de Ramus comporte un 'programme' de défense des langues vulgaires inspiré de la *Deffence* de Du
Bellay, programme qui, en plus, a été réalisé au cours de l'évolution de la
rhétorique ramiste.

De la sorte, cette première partie de notre étude est intimement liée à
celles qui suivent; le 'réseau intertextuel' s'avérera être tellement dense
qu'il nous est impossible d'en donner ici une esquisse, même générale.
Chacun cite, 'plagie', se réfère aux autres textes.

Deux données garantissent, nous semble-t-il, l'homogénéité du *corpus*
textuel que nous allons prendre en considération. La première, c'est la
délimitation de notre 'champ d'observation'. Nous allons étudier uniquement des textes où il est question du 'nombre', ou de son équivalent
grec, le 'rythme'. La seconde, c'est la densité du réseau où ces mêmes
textes fonctionnent, 's'allumant de reflets réciproques'[32]. Pour l'instant,

---

[30] Voir *ibid*. En 1981, nous avons essayé de 'réhabiliter' ce rhétoricien méconnu au
troisième congrès de la Société pour l'histoire de la rhétorique tenu à Madison (Etats
Unis).

[31] Pour une fois, notre point de vue diffère de celui de P. Sharratt, tel qu'il l'a exposé
dans son article 'The Present State of Studies on Ramus', dans *Studi francesi* 16 (1972), p.
207-8.

[32] S. Mallarmé, *Variations sur un sujet*, dans *Œuvres Complètes*, éd. H. Mondor et G. Jean-
Aubry, p. 366.

cette homogénéité du *corpus* a le statut d'une *hypothèse*, que seule la lecture des pages qui suivent pourra confirmer ou infirmer. La remarque de Du Bellay avec laquelle s'ouvre la *Deffence* s'appliquerait donc également à notre étude:

   '*L'autheur prye les Lecteurs differer leur jugement jusques à la fin du livre, & ne le condamner sans avoir premierement bien veu & examiné ses raisons.*'

Paris, hiver 1979 — Amsterdam, été 1984

L'OMBRE DE CICÉRON

> Quidquid in me est, hoc totum acceptum refero Ciceroni quem elegi ad eloquentiam docendam...
>
> Poggio Bracciolini,
> *Epist.* XII, 32

PRÉLIMINAIRES

Les Humanistes ont mis du temps à tirer les conséquences découlant de la pratique et même de la théorie de leur plus illustre exemple: Cicéron. Imiter celui-ci, qu'est-ce à dire, sinon faire *autre chose* que lui? Comme, justement, il l'avait fait lui-même en 'imitant' les grands orateurs grecs, et surtout Démosthène, c'est-à-dire en adaptant leurs discours à ses propres besoins, en se servant de leur technique dans ses discours à lui, prononcés *évidemment* en latin[1].

Cicéron avait imité les philosophes et orateurs grecs en raison de la 'déficience' — prétendue ou réelle, peu importe — de sa langue maternelle. La postérité a jugé qu'en imitant les Grecs, il avait 'illustré' le latin de son époque, et par conséquent des temps à venir.

Mais pour les Humanistes, les choses ne se passent pas de la même façon: pour aucun d'entre eux, la langue latine n'est la langue maternelle. Cependant, ils se sont trouvés confrontés au *fait* que tout ce qui avait été écrit de valable dans le domaine du savoir, et également dans une large mesure dans le domaine de la littérature, avait été rédigé soit en grec soit en latin. D'où la naissance d'une langue néo-latine — imitée du pur latin classique, et en rupture avec la tradition 'barbare' du latin médiéval — qu'on aurait souhaité vivante, mais qui ne l'était pas, faute d'être parlée dans un ou plusieurs pays donnés. Et l'on comprend qu'à mesure que le sentiment de ne pas parler de langue vivante, réelle, a été refoulé par eux, l'acharnement à cultiver cette plante des serres chaudes se soit alors accru. D'où aussi la naissance de cette idée qui allait donner lieu à tant de controverses, tant de malentendus et tant d'erreurs: imiter Cicéron, c'est *copier* Cicéron, ce qui voulait dire pour certains: le copier jusque dans ses idiosyncrasies et ses erreurs. D'où, par contre-coup, la Querelle du Cicéronianisme. Pendant plusieurs siècles, elle a eu le caractère récurrent — et contagieux — de la rougeole. Enjeu unique, jusqu'au milieu du XVIe siècle: comment faut-il imiter? Faut-il imiter seulement Cicéron, ou bien également d'autres auteurs? Aucun de ces savants Cicéroniens et anti-Cicéroniens ne s'est demandé si, en voulant imiter 'réellement' Cicéron, on ne serait pas amené à cultiver...sa langue maternelle. L'idée n'en semble même pas être venue à Erasme[2]. Il faudra que cette

---

[1] Que Cicéron ait également fait des exercices de déclamation en grec n'importe pas ici.

[2] Voir R. Giese, 'Erasmus' Knowledge and Estimate of the Vernacular Language', dans *Romanic Review* 28 (1937), p. 3-18; L.-E. Halkin, 'Erasme et les langues', dans *Revue des langues vivantes* 35 (1969), p. 566-579. Dans son livre fondamental intitulé *The Cornuco-*

idée soit exprimée *en latin* pour que la querelle du Cicéronianisme s'épuise dans le paradoxe, au moins provisoirement. Ce sera avant tout l'œuvre de Pierre Ramus. Mais il a fallu qu'avant lui il y ait eu des conversions éclatantes de Cicéroniens repentis — qu'on songe à Pietro Bembo, à Etienne Dolet — et que cette idée soit devenue monnaie courante dans les cercles éclairés des promoteurs de la langue nationale qui étaient tous d'ailleurs des latinistes de qualité; qui étaient même *essentiellement* des latinistes ayant laissé une œuvre bilingue: en latin et en 'vulgaire', et ne pouvant par conséquent pas même concevoir une apologie de la langue maternelle en dehors des termes dans lesquels le débat concernant l'imitation cicéronienne s'était joué: ce n'est pas un hasard si, dans le *Dialogue des Langues* de Speroni par exemple, deux des principaux interlocuteurs sont des Cicéroniens, l'un repenti, et l'autre d'autant plus acharné. Les paroles de Bembo, devenu le champion de la langue toscane, sont imprégnées de Cicéronianisme: la discussion est à ce prix. Et qu'on n'aille pas croire qu'il s'agit là d'un cas isolé: cela se passe de la même façon dans la *Deffence et Illustration de la Langue Francoyse* de Joachim du Bellay, et non seulement à cause du fait que ce dernier a plagié Speroni. Car lorsque Du Bellay ne plagiait pas Speroni, il pillait Cicéron ou Quintilien 'en direct'.

Bref, l'émancipation de la langue 'vulgaire' aura été possible grâce au dialogue, soit avec Cicéron lui-même, soit avec l'un de ses lieutenants; dialogue qui n'est pas allé sans confusion et malentendus, et qui a donc à mainte reprise frôlé le burlesque.

---

pian Text — Problems of Writing in the French Renaissance (Oxford 1979), Terence Cave remarque à juste titre: 'Erasmus's theory of imitation, if extended logically, would [indeed] imply the use of the vernacular..' (p. 55).

IMITATION CICÉRONIENNE: DU LATIN AU VULGAIRE

Claudius: (...) Sonasne probe sermonem Gallicum?
Balbus: Imo et Latinum sono Gallice.
Claudius: Nunquam igitur scribes bona carmina.
Balbus: Quur ita?
Claudius: Quia periit tibi syllabarum quantitas.
Balbus: Mihi satis est qualitas.

Erasme, *Colloques* (LB I 635A)

Je ne veux point icy vous ramentevoir l'aage de nos peres; nous vismes en nostre enfance uns Longueil, Contarein, Bembe, Sadolet, Pole, Bonamie, & plusieurs tels autres qui s'acquirent le bruit de sçavans parmy le peuple, pour dicter bien unes lettres en langue Latine, & toutesfois lettres dans lesquelles il n'y a qu'un amas de paroles bien choisies de Ciceron, & proprement rapportées à leur ouvrage, en forme de marqueterie. De ma part je ne voudrois pas qu'on acquît un bruit pour sçavoir seulement bien dire...

Etienne Pasquier, *Lettre à Monsieur Bigot*

§ 1. *Le critère du nombre oratoire*

Le premier livre imprimé en France est un recueil de lettres dans le style Cicéronien: les *Epistolae ad exercitationem accommodatae* par le bergamasque Gasparino Barzizza[1]. En tête du recueil, une préface signée Guillaume Fichet, qui est en train de publier sa *Rhétorique* (1471); ce sera le premier livre édité aux presses de la Sorbonne.

De la sorte, Cicéron préside à la naissance de l'imprimerie, et par la même occasion à la renaissance des lettres en France. Son porte-parole est Barzizza, 'le premier apôtre du Cicéronianisme'[2]. C'est à lui que fut

---

[1] *Gasparini Pergamensis Epistolae*. Paris, U. Gering, M. Crantz et M. Friburger (*ca.* 1470). Cf. J. F. Sandys, *Harvard Lectures on the Revival of Learning*, Cambridge 1905, chap. VI: 'The History of Ciceronianism'; *ibid.*, p. 153: Barzizza. Voir aussi R. P. Sonkowsky, 'A Fifteenth-Century Rhetorical Opusculum', dans *Classical Medieval and Renaissance Studies in honor of B. L. Ullman*, éd. Ch. Henderson, Jr., vol. II, Rome 1964, p. 259-281; avec bibliographie. Pour d'autres références, cf. les articles de G. W. Pigman III, 'Barzizza's Studies of Cicero', dans *Rinascimento*, 2e série, 21 (1981), p. 123-163 et 'Barzizza's Treatise on Imitation', dans *BHR* (= Bibliothèque d'Humanisme et Renaissance) 44/2 (1982), p. 341-352.

[2] R. Sabbadini, *Storia del Ciceronianismo...*, Turin 1885, pp. 13, 32. Sur la diffusion des textes cicéroniens au XVe siècle on peut consulter à présent l'essai de J. O. Ward, 'Renaissance Commentators on Ciceronian Rhetoric', dans J. J. Murphy éd. (1983), p. 126-173, et J. J. Murphy, 'Rhetoric in the Earliest Years of Printing, 1465-1500', dans *The Quarterly Journal of Speech*, 70 (1984), p. 1-11.

confié la tâche de déchiffrer le célèbre *codex laudensis* qui contenait, outre le *De Inventione* et la *Rhétorique à Hérennius*, le texte complet du *De Oratore*, du *Brutus* et de l'*Orator*[3]. Les deux petits traités de rhétorique qu'il a écrits, *De Compositione* et *De Eloquentia*, sont divisés selon la méthode de Quintilien (*Inst. Or.* IX, 4, 22) en trois parties: *ordo, iunctura, numerus*. Le modèle qu'il préconise est évidemment Cicéron[4].

Ordo, iunctura, numerus, ou, en termes cicéroniens: *compositio, concinnitas, numerus* (les deux séries ne se recoupent que partiellement) sont des mots désignant les éléments de la composition harmonieuse du discours oratoire. Ils ont leur place dans la pédagogie latine et néo-latine et, nous le verrons, également dans les ouvrages de 'poétique' écrits en langue vulgaire. Nous l'avons déjà fait remarquer (et nous essayerons de le démontrer par la suite): les défenseurs de la langue italienne ou française ont été hantés par le spectre de Cicéron; les plus importants d'entre eux, en effet, ont été impliqués de près ou de loin dans cette querelle du Cicéronianisme qui a eu Barzizza comme initiateur.

---

[3] Ce manuscrit fut découvert dans la seconde moitié de l'année 1421 par Gerardo Landriani, évêque de Lodi (d'où *laudensis*), dans une caisse abandonnée dans une église. Ecrit en 'minuscule lombarde' (VIIIe ou IXe s.) il était d'une lecture très difficile. Cf. R. Sabbadini, *Storia e critica di testi latini*, Padoue, Antenore, 1971[2] (1914[1]), p. 84sqq; J. Martha, *Introd.* à l'édition du *Brutus* de Cicéron, coll. Budé, Paris 1960, p. ix n. 3.

[4] On peut lire le *De Compositione* dans l'édition J. A. Furietti, Rome, Salvioni, 1723. Cf. *ibid.*, p. 14: 'Meâque itaque sententiâ orationes ipsae Ciceronis...nos melius admonebunt, quàm ulla dicendi praeceptio, aut ars à maioribus tradita.' Conseil bien humaniste: retour aux textes mêmes, méfiance de règles apprises par cœur et appliquées sans discernement. En outre, Barzizza condamne l'ornementation tout extérieure telle qu'elle était couramment pratiquée dans les textes médiévaux: 'Caput (autem) omnium praeceptorum illud visum est, ut rebus de quibus dicendum est, ars numerorum serviat, & non res arti: à qua ratione qui discedet, omnem suae elocutionis dignitatem perturbabit.' (*Ibid.*; cf. Quint. X, 2, 13 et IX, 4, 126). Ce sont les derniers mots du traité. Sur ces données fondamentales de la rhétorique renaissante, à l'opposé du formalisme médiéval, cf. l'essai de G. Vallese, 'Retorica medievale e retorica umanistica', dans *Studi da Dante ad Erasmo di letteratura umanistica*, Naples, Ferraro, 1970, p. 55-93.

De eloquentia tractatus se trouve en appendice aux fameux *Synonymes* de Stefano Fieschi, Paris 1498. ('Variations' latines avec traduction française. Il y a également des éditions latine-allemande, latine-italienne, latine-hollandaise: voir catalogue B.N., 51, col. 803-4).

Notons 1° que le traité de rhétorique (1456) du pape Pie II (Piccolomini) se base entièrement sur l'ouvrage de Fieschi et Barzizza: la première partie suit la division *iunctura — ordo — numerus*, la seconde est consacrée aux lettres: formulaire de phrases appropriées dans le goût des *Synonymes*. Fieschi et Barzizza sont d'ailleurs cités en tête de chacune des deux parties: voir Aeneae Sylvii Senensis *Artis Rhetoricae praecepta*, dans: *Opera quae extant omnia...* Bâle 1551, p. 992-1034. Cf. Vallese, *art. cité* (1970), § 5. Voir encore D. Mazzuconi, 'Stefano Fieschi da Soncino: un allievo di Gasparino Barzizza', dans *Italia Medioevale e Umanistica* 24 (1981), p. 257-285.

2° dans sa *Rhétorique* de 1471, Fichet s'inspire également de Quintilien-Barzizza: 'Compositio est, quae iuncturas, ordines, membra, numerosque amplectitur...' suivent des préceptes détaillés sur la *collocatio inconcinna* à éviter, ensuite sur la *concinna iunctura* (*Rhetorica*, 3e livre — non paginé).

L'histoire de cette querelle n'est plus à écrire: on s'en est déjà occupé. Elle ne nous intéresse que dans la mesure où elle a eu des répercussions dans le débat concernant la langue et la littérature vulgaires. Débat rédigé en latin, puis en italien et en français, puis de nouveau en latin. Né — c'est ce que nous espérons montrer — de cet autre combat qui s'est livré d'abord en Italie, puis transformé en opéra-comique par un esprit malin venu du Nord (mais aux arrière-pensées très sérieuses)[5] pour reprendre de plus belle en France.

La querelle du Cicéronianisme, rappelons-le, porte essentiellement sur l'imitation: faut-il imiter uniquement Cicéron, ou bien Cicéron parmi d'autres? Et qui pourront être ces autres? Pour les Cicéroniens 'purs et durs', cette préoccupation majeure: comment prouver que Cicéron a été le meilleur? Qu'est-ce qui le distingue de tous les autres? La plupart d'entre eux répondront: sa *compositio* a été supérieure, surtout en ce qui concerne l'emploi du nombre oratoire (*numerus*). Telle a été l'opinion de Paolo Cortesi, héros de la 'première bataille' cicéronienne. Dans son dialogue *De hominibus doctis*, écrit en 1490 ou peu auparavant, l'un des interlocuteurs, Alexandre, dit qu'il a rencontré beaucoup de gens qui ne croyaient pas que Cicéron ait fait un usage conscient du nombre oratoire; Antoine, le porte-parole de Cortesi, lui rétorque choqué:

> Quid tam perversum est judicium istorum hominum, ut in eo nullum esse numerum affirment, quum tam multa praecepta de orationis numero reliquisse videant? Mea quidem sententia est, orationem Latinam numerosa quadam structura contineri oportere; quae adhuc omnino a nostris hominibus ignoretur.[6]

---

[5] A propos du 'Cicéronianisme' d'Erasme on consultera avec profit les notes précédées d'un bref article intitulé 'Erasmus: functionele rhetorica bij een christen-ciceroniaan' ('Erasme: rhétorique fonctionnelle chez un Cicéronien chrétien') de la main de P. Tuynman, in *Lampas* IX/2 (1976), p. 163-195. Cf. aussi G. Vallese, 'Erasmo e Cicerone: le lettere-prefazioni erasmiane al *De Officiis* e alle *Tusculanae*', et 'Novum opus novae scholae: Erasmo e il *De duplici copia verborum ac rerum*', articles recueillis dans son ouvrage *Studi di Umanesimo*, Naples, Ferraro, 1972², chap. III et IV; également en français, mais sous une forme réduite, dans *Colloquia Erasmiana Turonensia* (1969), éd. J.-Cl. Margolin, Paris / Toronto 1972, vol. I, pp. 232-239, 241-246 (cf. *ibid.*, vol. II, p. 571-9 la conférence de Ch.Béné, 'Erasme et Cicéron'); du même auteur, 'L'umanesimo al primo Cinquecento: da Christoforo Longolio al *Ciceronianus* di Erasmo', in *o.c.* (1970), chap. V. On trouvera déjà une interprétation similaire (mais beaucoup plus globale) dans W. Rüegg, *Cicero und der Humanismus*, Zurich 1946, 2e partie: Erasme.

[6] *Ed.* Florence 1734, p. 38. Voir maintenant l'*éd.* critique procurée par G. Ferrau', Palerme, Il Vespro, 1979; passage cité: *ibid.*, p. 157. Cf. C. J. Classen, 'Cicerostudien in der Romania im 15. und 16. Jahrhundert', dans G. Radke (*éd.*), *Cicero — ein Mensch seiner Zeit*, Berlin 1968, p. 213-14: '...ein als früher Zeugnis literarkritischer Betrachtung höchst instruktiver '*De hominibus doctis dialogus*' (1489), der alle *oratores* seit Dante allein unter dem Gesichtspunkt beurteilt, wieweit sie Cicero erfolgreich (d.h. im Detail) nachahmen.' — Méthode reprise plus tard par Erasme, mais dans une perspective inverse... On trouvera quelques références aux travaux consacrés à Cortesi dans l'article de J. F. D'Amico,

Et dans son livre *De Cardinalatu*, paru en 1510 'in castro Cortesio' (à quelques kilomètres de San Gimignano), Cortesi affirme à plusieurs reprises qu'il reviendra, en une autre occasion, plus amplement sur le nombre oratoire[7]. Malheureusement, pour autant qu'on sache, il n'a pas tenu sa promesse.

Le Cardinal Bembo, protagoniste cicéronien dans la 'seconde bataille', s'applique également à imiter la cadence des périodes cicéroniennes: son biographe anonyme rapporte qu'il 'poneva assai studio nella scelta delle parole (..) Poneva studio in collocarle per far la composizion *numerosa*'[8].

Enfin, dans son dialogue *De Imitatione Ciceroniana* (1535), réaction virulente contre le *Ciceronianus* d'Erasme, Etienne Dolet fait aussi du *numerus* le critère décisif qui permet de séparer Cicéron de tous les autres:

> Latinè loquatur Livius, Plinius uterque, Quintilianus, Gellius, Columella, Vegetius, Vitruvius, Seneca: non aliis tamen verbis, atque Cicero, utuntur, sed aliter compositis, hiulcè saepe & vastè contextis, nec ad numeros latinos, & germanam linguae latinae phrasim cadentibus[9].

La conclusion qu'en tire Dolet est la suivante: il faut *lire tous* ces auteurs, mais *imiter* uniquement Cicéron (cf. *ibid.*, p. 61, en marge). Car en quoi consiste l'imitation véritable? Qu'est-ce qu'il convient d'imiter avant tout? Trois choses: la *copia verborum*, la *sententiarum varietas* et la *ratio componendi*. Et c'est cette dernière qui va servir de critère:

> Lenitatem compositionis efficiunt sonus ipse, & numerus, quibus stilum à stilo facile distinguas.

> (*Ibid.*, p. 68)

'Paolo Cortesi's Rehabilitation of Giovanni Pico della Mirandola', in *BHR* 44/1 (1982), p. 37-51.

C'est T. S. Zielinski qui affirme: '...durch Cortesi ist wohl die Beachtung des Rythmus Forderung des Ciceronianismus geworden': *Cicero im Wandel der Jahrhunderte*, Leipzig/Berlin 1912[3], p. 346. Cf. aussi R. Sabbadini, *Il Metodo degli Umanisti*, Florence 1922, p. 70: 'Il ritmo è criterio umanistico per eccellenza.' (*Ibid.*, pp. 54-6, 69-70 sur l'*Actius* de G. Pontano).

[7] *De Cardinalatu*, ff. 23vo, 97ro. Cf. aussi f°95vo et les annotations à la fin du livre, s.v. *Numeri*.

[8] Cité in H. Gmelin, 'Das Prinzip der Imitatio in den romanischen Literaturen der Renaissance', dans *Romanische Forschungen* 46 (1932), p. 179.

'Première bataille', 'seconde bataille': ces termes sont de Sabbadini (1885). Dans la première, P. Cortesi s'oppose à Politien, éclectique; dans la seconde, P. Bembo s'oppose à J.-F. Pic de la Mirandole, le neveu du 'grand' Pico.

[9] Stephani Doleti *Dialogus, De Imitatione Ciceroniana, adversus Desiderium Erasmum, pro Christophoro Longolio*, Lyon, S. Gryphe, 1535, p. 59. Edition fac-similé dans l'ouvrage de E. V. Telle (1974) cité ci-après, n. 22. Cf. déjà E. V. Telle, 'Dolet et Erasme', dans *Colloquia Erasmiana Turonensia*, déjà cités (1972), vol. I, p. 407-439.

Suit un exposé du nombre oratoire, caractéristique de la *Tulliana phrasis*, puisé mot à mot dans l'*Orator*. Etrange effet de réduplication! Qui parle? On dirait Cicéron, parlant de lui-même à la troisième personne... Mais non, on est quand-même au XVIe siècle: voici la conclusion générale, coïncidant — on s'en doutait — avec une attaque contre Erasme; à l'observation de Thomas More (lieutenant d'Erasme dans le dialogue) que 'non tamen quibuslibet ingeniis congruit Tulliana phrasis', Simon de Neufville (c'est-à-dire Dolet) répond:

> Tullianam phrasin quibuslibet ingeniis non congruere prudenter colligis, Erasmo modo congruit nullo, Tullianae dictionis fugitantiori: quibuslibet tamen convenit Latinae linguae cupidis, quíque id in optatis & votis habent, purè, splendidè, ornatè, copiosè, gravitérque dicere.
>
> (*Ibid.*, p. 71)

Et voilà Erasme exclu du cercle des initiés de la pureté latine...

Il va sans dire que le nombre n'est pas seulement un critère important pour mesurer le degré de perfection des auteurs classiques, mais sert également à distinguer les 'vrais' Cicéroniens des autres écrivains néo-latins: même Longueil, le 'chevalier errant' du Cicéronianisme, a dû subir la critique de Majoragio au sujet de ses clausules, celles-ci étant, selon l'Italien, loin d'être irréprochables...[10]

Et ce n'est évidemment pas un hasard si les Cicéroniens de la Renaissance ont choisi ce critère-là: Cicéron lui-même avait présenté le nombre comme le *summum* de l'art oratoire, dans le *De Oratore*, et surtout dans l'*Orator*, écrit largement *pro domo*.

Cependant, une quinzaine de siècles séparaient Cicéron des Cicéroniens néo-latins, et entre-temps le sentiment de la quantité s'était perdu. Ce qui rendait ce critère plus que problématique: car si l'on ne sait plus prononcer correctement les mots latins, comment alors l'appliquer? Ce sera l'une des thèses essentielles du *De recta latini graecique sermonis pronuntiatione* d'Erasme, paru en même temps que le *Ciceronianus*, en 1528: aujourd'hui, nous avons des *oreilles d'âne*!

Dans le *Ciceronianus*, Erasme passe ouvertement à l'attaque. La scène est fameuse: voici Nosopon-Longueil, livide, au bord du tombeau, dévoré par un seul désir: obtenir le titre glorieux de Cicéronien. A cet effet, il ne lit plus que Cicéron depuis des années, et il a compilé trois lexiques: dans les deux premiers, d'énormes volumes, sont inscrits tous les mots et tours de phrases propres à Cicéron. Dans le troisième (*Nosopon*: 'Additum est tertium.' *Buléphore*: 'Hui, etiamne tertium?') sont rassemblés tous les pieds métriques dont Cicéron s'est servi au commence-

---

[10] Cité dans Th. Simar, *Christophe de Longueil*, Louvain 1911, p. 144n.2. Livre faible, mais bien documenté.

ment ou à la fin des *commata, cola* et périodes; en outre les rythmes (*numeri*) des parties médianes; enfin les différentes sortes de rythme (*modulatio*) les plus aptes à accompagner tel ou tel 'contenu'[11]. Ce troisième lexique est le plus important de tous: 'il n'y a pas un seul endroit dans l'œuvre de Cicéron dont je n'aie fait l'analyse métrique!' Réaction des deux autres:

> *Buléphore*: Ista moles vel elephantum baiulum desideret.
> *Hypologue*: Prorsus ἀμαξιαῖον onus narras.

Et Nosopon de répondre fièrement: 'Pourtant, je n'exagère nullement!'[12].

Si la critique d'Erasme reste ici implicite, le ton railleur ne saurait tromper personne. Son opinion peut se résumer comme suit: puisque, aujourd'hui, tout le monde confond les longues et les brèves, il est complètement oiseux d'enseigner à grands frais les mystères du nombre oratoire:

> Quorsum attine*t* celebres et graves viros tot voluminibus praecipere de numerosa dictione?
>
> (*De Pronunt.*, LB I, col. 945D)

Autrement dit: soyons modestes, reconnaissons nos limites[13]. De toute

---

[11] '...quibus sententiis quam modulationem accommodet': la traduction allemande de Theresia Payr (Erasmus, *Ausgewählte Werke*, tome VII, Darmstadt 1972, p. 19) dit excellemment: '...wie er Rhythmus und Inhalt aufeinander abstimmt.' Tout le passage a été très mal traduit par P. Mesnard, *La Philosophie Chrétienne*, Paris 1970, p. 268.

[12] Passages cités: *De Pronunt.*, LB I, col. 946B ('oreilles d'âne'); *Cicer.*, LB I, cols. 975C, 976F.
A propos d'Erasme, et en rapport à ce qui va suivre, notons encore deux choses: 1° Un correspondant d'Erasme vivant à Padoue rapporte dans une lettre datée du 6 juin 1526 (*éd.* Allen, n° 1720) que certains Italiens méprisent son style qui ne serait pas assez 'cicéronien'. Le foyer de ce mouvement anti-érasmien se trouvait à Bologne, 'ubi Lazarus quidam regnavit Aristarchus, non dicam Erasmiomastix.' Ce *quidam* n'est autre que Lazzaro Buonamico, protagoniste d'un dialogue de Speroni que nous retrouverons bientôt. 2° Un correspondant espagnol (Allen, n° 1791) apprend à Erasme que des érudits italiens comme B. Castiglione, Navagero et Andrea lui opposent Giovanni *Pontano*: 'stylum Erasmi dicunt nihil esse ad huius stylum'! Pontano, poursuit le correspondant, a écrit un dialogue 'affecté' *de numeris orationis Vergilianae* intitulé *Actius* (1507). Cet écrit a dû faire les délices des Cicéroniens... (Il faut admettre que ce dialogue est plein d'observations pénétrantes et écrit d'un style très pur: Cf. G. Pontano, *I Dialoghi*, a cura di C. Previtera, Florence 1943, p. 146sqq.). Erasme de son côté parle dédaigneusement de cette 'nouvelle secte des Cicéroniens...renouvelée par Longueil' (Allen, n° 1719). Voir encore la lettre importante à François Vergara écrite à Bâle, le 13 octobre 1527, où il se moque des 'singes' cicéroniens: elle contient *in nuce* le *Cicéronien* publié peu après. (Allen, n° 1885).

[13] Selon Erasme, la prononciation du latin serait particulièrement défectueuse en France (LB I, 965F)! Cf. A. Renaudet, 'Erasme et la prononciation des langues antiques', in *BHR* 18 (1956), p. 192. Il avoue d'ailleurs que la sienne est loin d'être parfaite. Voir aussi les remarques de A. D. Leeman à propos de Quint. IX, 4: 'Each part of a speech is said to demand a special treatment of metrical patterns, in accordance with its special atmosphere. It would be interesting to analyze a speech of Cicero from these points

façon, le *pectus* de Cicéron n'est-il pas beaucoup plus intéressant que
'l'écorce' de ses écrits? Si l'on veut imiter Cicéron, mieux vaut déterminer par quels moyens il a su émouvoir son public; et l'on verra alors que
le nombre n'a pas été parmi les conditions nécessaires de sa force persua-
sive: 'Ex intimis enim venis, non in cute nascitur oratio.' Trente ans plus
tard, Ramus sera du même avis. Mais on comprend que les 'vrais' Cicéroniens ne l'entendaient pas de cette oreille. Or, ce sont justement eux
qui ont eu une influence déterminante sur le discours théorique concernant la langue vulgaire, par le simple fait qu'au début, ceux-là mêmes
qui luttaient pour la restauration de la pureté latine ont également lutté
pour la défense de leur langue maternelle *tout en se servant du vocabulaire
cicéronien* [14].

Quel a été 'le premier et le plus important document' d'une *rhétorique
du 'vulgaire'* en Italie? C'est le chapitre *De sermone* qu'on trouve dans le *De
Cardinalatu* de Cortesi [15]; le point de départ de la discussion: 'Quod Cardi-
nali debent uti lingua italica'; justification: '(Quare) sermo italicus est
suavior caeteris' — propositions imprimées en marge. Dans la suite,
Cortesi cite Dante et Pétrarque comme les deux grands 'emendatores linguae vulgaris': avant eux, personne ne se souciait de la forme du vers
italien:

> Ante enim...versus marra dolati videbantur, cum nec caderet numerose
> rithmus necdum increbuisset splendidior verborum usus.

Le vocabulaire de Dante, il est vrai, était encore trop 'audacieux', et la
mesure (*mensio*) de ses vers laissait à désirer; mais Pétrarque possède à
merveille le secret de la *collocatio*:

---

of view. Only it would be an impossible task to fulfil, as we would not know how to dissect
the sentences in accordance with their rhythmic flow—the great Unknown in any dead
language. (...) It seems wiser to listen to Cicero and Quintilian, and to be a little ashamed
of ourselves, incompetent as we are of the ancient art of prose.': *Orationis Ratio*, Amsterdam 1963, p. 309.

[14] Cf. P. Villey, (1908[1]), p. 74: 'Entre ces deux courants extrêmes, celui de la pure
tradition vulgaire et celui de la pure tradition classique, un courant intermédiaire s'était
formé et avait grandi: il était représenté par des hommes très cultivés, souvent érudits qui,
partisans résolus de la langue vulgaire, voulaient l'illustrer en y acclimatant les genres littéraires des anciens. Ceux-là n'ont cessé de conseiller l'imitation de l'antiquité, de trans-
porter dans les œuvres en langue vulgaire les préceptes que les purs humanistes desti-
naient aux œuvres latines.'

[15] Je reprends les mots de C. Dionisotti, dans *Gli umanisti e il volgare fra quattro e cinquecento*, Florence 1968, p. 76: '...il relativo capitolo [*i.e.* De sermone] del *Cardinalatu* resta il
primo e più importante documento, anteriore al secondo libro delle *Prose* del Bembo, di
una retorica del volgare.' Ce chapitre a été partiellement reproduit par Dionisotti (1968),
p. 62sqq. = *De Card.* II, ix, à partir de f°93vo. Le chapitre entier couvre les ff.84ro-99ro. La
terminologie est résolument cicéronienne. Notons que f°90vo, Cortesi cite les *Adages*
d'Erasme.

> Modo autem hoc sermonis genus subtilius (*scil.*, de Pétrarque) est a nostris dempto linguae contemptu renovatum, cognitumque primum quo modo structura distingui schematon numerorumque varietate posset.
>
> (*in* Dionisotti, *o.c.*, p. 64-65)

Cadere numerose; *structura*, σχήματα, *numeri*: mots familiers au lecteur de l'*Orator*, appliqués ici à la technique du vers italien. Termes ayant servi à décrire la prose latine 'nombreuse', transposés maintenant à la poésie italienne. Et, attention, en cours de route le sens de ces mots a considérablement changé: *numerose* veut dire ici 'régulier', voire '*compté*'. Qu'est-ce qui est compté? De toute évidence, ce ne peut être que *le nombre des syllabes*. Voilà la grande nouveauté inaugurée par le poète. Pétrarque, le premier, a su varier ses vers par un grand nombre de figures (de mots?) et par une *métrique différenciée*: octosyllabes, hendécasyllabes, etc. De nouveau, *numerus* égale '*syllabarum numerus*'. Un peu plus loin se trouve le passage où Cortesi promet de parler ailleurs plus en détail du rythme (*numerus*), mais nous savons déjà que nous devrons rester sur notre faim...[16].

Le cas du cardinal Bembo est quelque peu différent: si Cortesi s'est toujours exprimé en latin, le cardinal s'est 'converti' à un moment donné à l'italien. Conversion qui a fait scandale à l'époque: l'*ultra* de la pureté latine passé au camp ennemi! Par ailleurs, dans sa lettre *De Imitatione* (Rome, 1513) Bembo fait rarement allusion au nombre oratoire[17]. Si pourtant il convient de lui consacrer quelques mots ici, c'est pour deux raisons bien précises[18]:

1. Dans ses *Prose del volgar lingua* (1525), la 'défense et illustration de la langue italienne', il se base entièrement sur le vocabulaire cicéronien dans sa discussion de la poésie italienne (livre II): *sonus* et *numerus* (cf. *Or.* 49, 163) y sont des catégories majeures. Nous y reviendrons dans le chapitre sur Du Bellay[19].

2. Il joue un rôle de tout premier ordre dans le dialogue *delle Lingue* de Sperone Speroni (1542): celui du Cicéronien 'repenti' à côté de Lazzaro

---

[16] A part le chap. *De sermone* il vaudrait la peine d'étudier les chap. *De rhetorica* (I, iii) et *De metaphoris in sermone utendis* (I, x). Cf. aussi I, ix, 1: 'Quod sermo Cardinalium debet imitari artificium dicendi'. A notre connaissance, personne ne l'a fait jusqu'à présent. Un exemplaire de ce livre rare se trouve à la B. N. à Paris: cote Rés. E274.

[17] Cf. *Le Epistole 'De Imitatione' di Giovanfrancesco Pico della Mirandola e di Pietro Bembo*, a cura di G. Santangelo, Florence 1954. Traduites in Iz. Scott, *Controversies over the Imitation of Cicero...*, New York 1910, Part II.

[18] Cf. l'excellent chap. de Gmelin sur Bembo, (1932), chap. III. P. 202, Gmelin dit: 'Das Entscheidende bei Bembo ist nun, daß für ihn die Bemühungen um das Latein und das Volgare völlig parallel gingen und daß er die Stilgewohnheiten des einen auf das andere übertragen hat.'

[19] Cf. *infra*, II, chap. 5 § 2-3. On trouvera un résumé des *Prose* dans Ch. S. Baldwin, *Renaissance Literary Theory and Practice*, 1939[1], *réimpr.* Gloucester (Mass.), 1959, pp. 28-9. Cf. aussi la très complète notice sur Bembo, rédigée par C. Dionisotti, dans le *Dizionario biografico degli Italiani*, VIII, Rome, 1966, p. 133-151.

Buonamico, le Cicéronien 'endurci'. Il y défend des positions comparables — mais pas identiques — à celles qu'il avance dans les *Prose*. Bien entendu, la discussion se fait dans la stricte terminologie cicéronienne. Comme nous consacrons par la suite un chapitre entier, et même plus, aux dialogues de Speroni, nous n'insistons pas davantage à présent. En lisant ces pages, il faudra garder en mémoire ce qui a été esquissé ici, en l'occurence, la querelle du Cicéronianisme qui est à la base de ces dialogues[20].

Quant à Etienne Dolet, lui aussi a lutté sur deux fronts: en tant que Cicéronien, pour la pureté de la langue latine; en tant qu'imprimeur et auteur 'progressiste', pour la défense de sa langue maternelle[21]. En cette dernière qualité, il sera cité par Du Bellay à la fin du premier livre de la *Deffence et Illustration*; et l'importance qu'il accorde aux *nombres* dans les traductions en français, il faut la comprendre à partir de ses convictions cicéroniennes. Les motifs de sa hargne contre Erasme ont été mis en

---

[20] Pour Bembo, il s'agit d'établir avant tout 'die Übertragbarkeit der klassischen Rhetorik und Poetik auf die Volkssprache', comme le dit Helene Harth dans son Introd. au *Dialogo delle lingue* (Sp. Speroni, *D. delle L.*, Hrsg., übers. u. eingel. v. H. Harth, Munich 1975, p. 29). Ce n'est donc qu'avec la plus grande circonspection que Bembo attaque la 'Cicéromanie' de son adversaire: 'Direi, finalmente, quando esser volessi maligno, più tosto doversi adorar dalle genti il sole oriente, che l'occidente; la lingua greca e latina già esser giunte all'occaso; nè quelle esser più lingue, ma charta solamente e inchiostro; ove quanto sia difficile cosa l'imparare a parlare, ditelo voi per me, che non osate dir cosa latinamente con altre parole, che con quelle di Cicerone. Onde, quanto parlate e scrivete latino, non è altro che Cicerone trasposto più tosto da charta a charta, che da materia a materia, *benchè questo non è sì vostro peccato, che egli non sia anche mio*, e d'altri assai e maggiori e migliori di me; peccato però non indegno di scusa, non possendo farsi altramente. Ma queste poche parole dette da me contra la lingua latina, per la volgare *non dissi per vero dire* (...)'; d'où la réplique du *Cortigiano*: 'Parmi, Monsignor, che così temiate di dir male della lingua latina, come se ella fosse la lingua del vostro Santo da Padova'! (*éd.* Villey (1908), p. 129 [voir *infra*, II, chap. 5, § 2 n. 23]; *éd.* Harth, p. 100). Ces propos mettent un terme à la longue réplique de Bembo à Lazzaro au sujet du *nombre* en langue vulgaire, à laquelle Du Bellay a beaucoup emprunté et dont nous citerons des extraits *infra*, II, chap. 6 § 2. On remarquera le dessein ironique de Speroni en représentant le cardinal de cette façon: hésitant, se rétractant...

D'où sans doute la réflexion suivante dans *l'Ercolano* de Varchi (c'est Varchi lui-même qui parle, en réponse à son interlocuteur le comte Cesare Ercolano qui vient d'avouer qu'il n'a jamais bien compris si Speroni, dans le *Dialogo delle lingue*, a voulu faire l'éloge de la langue toscane, ou plutôt son procès): 'Messer Speroni pare a me che volesse lodare la lingua Toscana, ma mi pare anco che servasse più il decoro, o volete che convenevolezza nella persona di Messer Lazzaro quando la biasima, e offende, che non fa nella persona del Bembo, e d'altri, quando la loda, e difende.'! (B. Varchi, *L'Ercolano*, II, 9, p. 318 de *l'edizione de' classici italiani*: voir *infra*, II, chap. 1, § 1 n. 4).

[21] *La Maniere de bien traduire...* (1540) a été réimprimé aux éd. Slatkine, Genève 1972, avec des textes de J. de Beaune, Th. de Bèze et Joachim Périon. L'opuscule a été partiellement reproduit par B. Weinberg, *Critical Prefaces of the French Renaissance*, Illinois 1950, p. 77sqq. On pourra se rendre compte de l'ampleur de la lutte de Dolet pour le français en lisant les *Préfaces françaises*, recueillies par Cl. Longeon en 1979 (Genève, Droz).

lumière par E. V. Telle, dans un ouvrage désormais indispensable[22].
Dans son étude récente, Marc Fumaroli a souligné l'impact des œuvres
de Dolet pour le développement de l'éloquence française[23], tandis que
nous espérons montrer plus concrètement dans un chapitre ultérieur son
'fonctionnement' dans le réseau que forment les différentes théories poétiques vers le milieu du XVIe siècle en France.

§ 2. *Le* Ciceronianus *de Pierre de la Ramée*

> Desine mirari veteres, ô Gallia: Homerum
> Ronsardus praestat, Virgiliumque tibi
>   N. Nancel

2.1 *La défense et illustration de la langue vulgaire*

Remigio Sabbadini a méconnu le rôle de Ramus dans la querelle du
Cicéronianisme: il le taxe d'*épigone* et ne daigne pas lui consacrer plus de
deux lignes[24]. Le premier qui ait su l'estimer à sa juste valeur a été C.
Lenient, dans sa thèse latine *De Ciceroniano bello apud recentiores*[25]. Celui-ci
considère Ramus à juste titre comme 'le vrai émule et disciple d'Erasme'
et le loue pour ce qu'il a 'd'audacieux et de nouveau', son plaidoyer pour
la langue vulgaire 'qui va à l'encontre des opinions reçues dans les
écoles!' Enfin, Lenient souligne le succès inédit du *Ciceronianus* dans toute
l'Europe, et surtout en Allemagne, où Ramus est rangé aux côtés de

---

[22] *L'Erasmianus sive Ciceronianus d'Etienne Dolet (1535)*, Genève 1974. Notons que Telle
ne cite ni Scott (1910) ni même l'excellent article/livre de Gmelin (1932): lacunes caractéristiques d'un certain exclusivisme français?

[23] '*La Manière de bien traduire d'une langue en autre* est [ainsi], aux côtés du *De Imitatione ciceroniana* une étape majeure dans la lente *translatio studii*, qui, du latin humaniste au français,
rendit possible 'L'Eloquence françoise' du XVIIe siècle': M. Fumaroli (1980), p. 114. Se
basant sur les travaux de Sabbadini, Scott et Gmelin, Fumaroli donne une esquisse commode des tenants et aboutissants du Cicéronianisme en Italie et en France. Cf. également
H.-J. Lange, *Aemulatio veterum sive de optimo genere dicendi. Die Entstehung des Barockstils im
XVI. Jahrhundert…*, Berne/Francfort 1974, p. 107 sqq. Le livre ouvre des perspectives inté-
ressantes sur l'étude rhétorique de divers problèmes d'histoire littéraire et de stylistique.
Ajoutons que son auteur n'échappe pas toujours au piège de l'anachronisme.

[24] Sabbadini (1885), p. 73: 'Con la sua morte [*i.e.* d'Erasme, mort en 1536] sostò la
guerra ciceroniana e sosto anche io. La guerra si rinnovò qualche tempo dopo fra gli epi-
goni: il Ramo dall'una parte, il Carpentario e il Perionio dall'altra (..); ma quelle lotte
non hanno più importanza.' Il est d'ailleurs plus grave de constater qu'une commenta-
trice moderne adopte sans plus le point de vue de Sabbadini: cf. Th. Payr, *éd.*, (1972),
Introd. p. LII ('unbedeutende Nachspiele').

[25] Paris, Veuve Joubert, 1855. Sur Ramus: pp. 50-58. Cf. du même auteur *La Satire en
France ou la littérature militante au XVIE siècle*, Paris 1866, pp. 526-535: 'La querelle des Cicéroniens'; p. 531-2: page admirable sur les *Brutinae Quaestiones* et le *Ciceronianus* de Ramus.

Cicéron lui-même et d'Aristote[26]. Indépendamment de Lenient, Izora Scott donne un résumé du *Ciceronianus* [(1910), p. 100-103)] sans y ajouter de commentaire: apparemment, Scott ne voit pas la singularité de la position prise par Ramus. Gmelin [(1932), p. 337-343)] en revanche l'a très bien vue: lui aussi reconnaît la parenté entre les deux *Ciceroniani* (celui d'Erasme et celui de Ramus). A la page 342 de son ouvrage, Gmelin dit:

> Das Neue und Entscheidende ... ist aber nun bei Ramus, daß er die Muttersprache den klassischen Sprachen an Wichtigkeit und Entwicklungsmöglichkeit völlig gleichstellt und für die Vulgärsprachen dieselbe Schulung fordert wie für den lateinischen Redner. Damit vollzieht er für das Französische etwas Ähnliches wie es Bembo für das Italienische getan hatte, die Übertragung der humanistischen Stiltheorien auf die Vulgärsprache (...) Ramus [schließt sich] unmittelbar an das Programm der Plejade an, zu dem sein Rednerideal wie eine Ergänzung erscheint.

On ne saurait mieux dire. Chez Fumaroli [(1980), p. 454-460] enfin il y a une 'analyse raisonnée' du *Ciceronianus* qui ne laisse rien à désirer, sinon que l'auteur ne dit rien des rapports existant entre Ramus et la Pléiade, et notamment entre le *Ciceronianus* et la *Deffence et Illustration* de Du Bellay.

Ramus a écrit son ouvrage au cours de l'année 1556; le privilège et la lettre dédicatoire (adressée comme toujours à son 'Mécène', le Cardinal Charles de Lorraine) sont datés de décembre 1556; André Wechel l'a édité en 1557[27]. Près de trente ans séparent par conséquent le *Ciceronianus* de Ramus de celui d'Erasme: entre-temps, Du Bellay avait publié son pamphlet (1549), et Fouquelin sa *Rhetorique françoise* (1555). Or, ce dernier était l'élève de Ramus, et s'inspire manifestement de Du Bellay (voir *infra* III, chap. 5, § 1). Rien d'étonnant donc à ce qu'on repère également des résonances de la *Deffence* dans le texte de Ramus, passionné de

---

[26] Lenient (1855), p. 50: Ramus, 'Erasmi vere aemulus ac discipulus'; p. 55: '...cuiquidem libello, Erasmiani sane dialogi memoria, Ciceronianum nomen apposuit. Hoc autem opusculum non, ut Erasmi, mordacibus jocis et lepidis salibus diffluebat, sed magis grave ac severum erat, dictione placidum et modestum, nec non facundum et elegans, rebus autem ipsis et sententiis plerumque audax et novum, in quo firmioris judicii libertas et constantia simul eniterent.'; p. 56: '...neque Latinae tantum, sed Graecae etiam, Ciceronis exemplo, et Hebraicae, et, quod magis notandum, patriae et vernaculae, prout cuique fuerit, Francicae, Germanicae aut Anglicae, linguae pariter studendum (...) Audax sane consilium, et quod jamdudum acceptas in scholis opiniones perverteret!'; le succès du *Cic.*: p. 58.
Cf. également H. Gillot, *La Querelle des Anciens et des Modernes en France*, réimpr. Genève 1968 (¹ Nancy 1914), p. 64-66: trois pages excellentes.

[27] P. Rami...*Ciceronianus, ad Carolum Lotharingum Cardinalem*. Parisiis, Apud Andream Wechelum,..1557. Ong *Inv.* n° 487. (Voir *infra*, III, chap. 1 + n. 9.) Exemplaire à la B.U.d'Utrecht, cote 212H15. Publié plus tard en combinaison avec les *Brutinae Quaestiones* (1547¹): Ong. *Inv.* n° 709. Exemplaire à la bibl. de l'Université Libre d'Amsterdam, cote XB. 5567 [Cf. *infra*, Annexe II]. Contient le fameux Σκελετόν de Freigius: la vie de Cicéron dichotomisée.

sa langue maternelle dès les années cinquante. Ajoutons tout de suite que
les divergences entre Du Bellay et Ramus sont tout aussi notables que les
similarités: le but du premier est d'abord d'exhorter les poètes à élever la
poésie nationale au niveau de la haute poésie classique, tandis que
l'objectif du second est avant tout d'ordre pédagogique[28].

Ramus s'explique clairement dans la lettre-préface, écrite au collège
de Presles:

> Explicato Bruto, Mecoenas, studia Ciceronis, eiúsque cum suis Atticis con-
> tentiones, dierum aliquot declamatione recolligere statueram, ut tanti ora-
> toris imitatio discipulis nostris facilior esset: sed ingressus in cursum,
> memoriâ locos ex alijs alios suppeditante, totam Ciceronis vitam, perpetua
> ferè ipsius oratione, in hanc commentationem nescio quo modo inclusi: ut
> commentarios Ciceronis, tanquam Caesaris aspicerem: vel potiùs (ut
> verum dicam) centones ex varijs diversorum locorum veluti panniculis con-
> textos, & quidem valdè insolentis artificij genere.

> (*Cic.*, f°Aij^ro-vo)

Le livre n'est en fait que 'l'amplification' des cours qu'il a donnés au
sujet du *Brutus* cicéronien. Son but: inciter les étudiants à l'imitation de
Cicéron au moyen d'un récit de la vie exemplaire de celui-ci; récit puisé
en premier lieu dans le dialogue cité, et dans les lettres à Atticus; accessoirement dans les biographies de Plutarque et d'autres. Il s'agit donc
d'une véritable 'imitation existentielle' (Gmelin), ayant comme fil con-
ducteur cette question: *comment s'est fait* ce 'vir bonus bene dicendi peritus'? Quelles ont été les *causes* de son succès, autrement dit, quels ont été
les *magistri, artes, exercitationes* de Cicéron?[29] Corollaire implicite de la

---

[28] Cette approche toute pratique n'en a pas moins des implications philosophiques
importantes, qui avaient déjà été l'enjeu de la 'Pétromachie' (c'est-à-dire la querelle entre
Pierre Ramus et Pierre Galland évoquée par Du Bellay). Cf. à ce propos Ch. B. Schmitt,
Cicero Scepticus. A Study of the Influence of the 'Academica' in the Renaissance, La Haye 1972, p.
80 (Ramus); p. 93 (Galland): 'Galland has little sympathy for the Ramist attempt to conjoin philosophy and eloquence. He, in fact, makes light of this move and sees it as merely
a conjunction of loquacity and foolishness (*locquacitatis et stultitiae coniunctionem*). Moreover,
Ramus is accused of turning aside from the teaching of philosophy and the introduction in
its place of the works of the poets. In his attempt to conjoin philosophy and eloquence,
Ramus neglected the philosophical side and what he teaches is not philosophy at all, but
mere poetry.'
   Cf. également C. Vasoli, 'Retorica e dialettica in Pietro Ramo', in *Testi Umanistici su la
Retorica*, éd. E. Castelli [*Archivio di filosofia* 3 (1953)], p. 116-7: '...(la) lunga introduzione
del *Ciceronianus* [che] vuol essere appunto l'esempio concreto di una retorica tradotta in
termini pratici e pedagogici. Anche l'*imitatio* ciceroniana... è qui rivolta supratutto a
dimostrare l'importanza delle lettere nella conoscenza dei principi essenziali del sapere, il
sua valore nell'educazione morale(...) *La* retorica ramista costituisce infatti, insieme alla
dialettica, il vero principio unificatore dei diversi strumenti e delle differenti dimostrazioni
intellettuali.'
[29] *Cic.*, p. 4, 5. Pigman III (1980), p. 2 dit à ce propos: 'Ramus briefly discusses imitation in a manner similar to Erasmus, but the bulk of his work treats the imitation of
Cicero's entire career as the surest way to become *vir bonus dicendi peritus* and emphasizes
character formation.'

question: en imitant Cicéron, nous serons capables des mêmes 'exploits' que lui. Nous, Français du XVIe siècle, avocats, théologiens, prédicateurs. Et ce qu'il importe d'imiter, ce n'est pas tant son vocabulaire que sa façon de procéder, c'est-à-dire son assiduité au travail, sa manière d'imiter les Grecs. Il faut imiter Cicéron écoutant, lisant, écrivant, bref *imitant*[30]:

> Sic Atticos imitatus est Cicero, sic Graecos & Latinos Francice imitari possumus.
>
> > (*Cic.*, p. 63)

Cicéron ne s'est pas borné à imiter un seul exemple, bien au contraire. Que dire dès lors de ces soi-disant 'Cicéroniens' qui veulent à tout prix s'en tenir au seul Cicéron? N'en parlons même pas![31]. Il faut imiter *tous* les bons auteurs, ou plutôt, ce que chacun a de meilleur — même Démosthène a sommeillé de temps en temps[32]. Donc tout aussi bien les Classiques que les Français. A quoi s'ajoute pour le théologien la connaisssance des textes hébreux:

> *U*t Ciceroni Graecus sermo, Latini, ita Franco oratori, Ciceronis imitatori, Hebraeus, Graecus, & Latinus, popularis, id est, Francici sermonis gratiâ quaeritur: Francica enim lingua, civium suorum caussas in foro tractabit: Francica lingua, religionem, & sanctos mores populo suadebit: Francica lingua, quacunque in re & ubicunque versabitur, apud cives & populares suos orabit: Quare ut Graecae & Latinae, sic Francicae, id est patriae & vernaculae linguae ludus aperiendus est, magistérque audiendus: ratio tamen usúsque coniungatur, ut singula coniunctáque verba Graeca & Latina, singulis & coniunctis, paribus & vernaculis à doctore reddantur: cúmque Graecae & Latinae linguae puritate, puritas nostrae perdiscatur.
>
> > (*Cic.*, p. 14)

Il doit donc y avoir des professeurs français qui enseignent la langue française, soit au moyen de la traduction de textes classiques, soit en analysant les ouvrages des meilleurs orateurs et poètes français 'qui se

---

[30] L'écoute des orateurs est préférable à la lecture, au témoignage de Cicéron (*Brut.* 88, 304-5). 'Spiritus orationis atque animus ille pleniùs & uberiùs in viva oratione animadvertitur, quàm legitur in mortua.': *Cic.*, p. 58. Cf. aussi les remarques de Ramus sur le Xe livre de l'*Inst. Or.*, in *Scholae in liberales artes*, éd. W. Ong (1970), col. 388-9 (= *Rhet. Distinctiones*, 1549[1]). Voir Lausberg, *Handbuch* (1960), p. 528sqq. Allons donc écouter les orateurs français *in foro* ou *in templo*: leurs exemples concrets valent plus que mille préceptes et règles (*Cic.*, p. 59). Bien sûr, Cicéron a également beaucoup lu; imitons-le là aussi; mais que la lecture aille de pair avec l'écriture: Cicéron n'a-t-il pas toujours lu la plume en main? (*Cic.*, p. 176). Cf. Fumaroli (1980), p. 457-8.

[31] *Cic.*, p. 18, 35; *Scholae*, col. 390. Cf. Erasme, lettre no. 1706 (mai 1526), éd. Allen: 'Si revivisceret ipse Cicero, rideret hoc Ciceronianorum genus.'

[32] *Cic.*, p. 126 où Ramus cite Quint. X, i, 24. Cf. Horace, *A.P.*, v. 359.

sont employés à enrichir (*ditare*) et illustrer (*illustrare*) leur patrie par la gloire du bien dire' (*Cic.*, p. 16)[33].

Ditare et *illustrare*; ailleurs *amplificare* et *decorare*: tels sont les mots dont se sert Ramus pour décrire le processus fécondant de l'imitation. Il croit en la perfectibilité des langues, la langue française incluse; et il la décrit en termes *vitalistes* dans lesquels on repère sans peine l'influence de Du Bellay:

> Omnium linguarum infantia quaedam est, iuventus, perfectio, senectus: nec quicquam repentè magnum efficitur[34].

La langue grecque n'a-t-elle pas eu son enfance? Elle s'est enrichie (*locupletari*) et épanouie par les soins des grammairiens et orateurs (*ibid.*). Suit l'image de la culture et de l'ensemencement (*cultus, satio*) si chère à Du Bellay (et à Speroni, à qui Du Bellay l'a empruntée):

> Ergo Ciceronis multorúmque Ciceronis similium assiduitas & industria, linguam Latinam, tanquam novalem terram aliquam, hoc etiam cultu, hac satione foecundare nimirum potuit. Quod hoc loco propterea disputavi, ut

---

[33] Fumaroli (1980), p. 455 donne un excellent résumé de tout ce passage (*Cic.*, p. 14-17). Cf. aussi Gmelin (1932), p. 343: '...*Neu* ist die Allgemeinheit und der weite, freie Sinn, mit dem ein überzeugter Humanist hier das Französische den antiken Sprachen auch stiltheoretisch gleichstellt und die alte ciceronianische Tradition im Geiste des Erasmus hinüberführt in die moderne Prosaliteratur.'

Norden (1971[6]), p. 780 + n. cite Vivès, *De tradendis disciplinis* (1531) qui utilise le terme [*linguam*] *opulentiorem reddere*, Thomas Elyot (1533) '*augment* our Englyshe tongue' et Du Bellay '*amplifier* la langue Francoyse'.

Pour l'influence du *Ciceronianus* sur Guillaume du Vair, voir R. Radouant (*éd.*), *Guillaume du Vair, 'De l'Eloquence françoise', Edition critique précédée d'une étude sur le Traité de Du Vair*. Paris, [1908], p. 85sqq. ('Du Vair semble l'avoir suivi [*i.e.*, Ramus] en disciple convaincu.')

[34] *Cic.*, p. 77. Cf. p. ex. Du Bellay, *Deff.* I, 9 (*éd.* Chamard, 1970[4], p. 56-7): 'Mais que par longue & diligente immitation de ceux qui ont occupé les premiers ce que Nature n'ha pourtant denié aux autres, nous ne puissions leur succeder aussi bien en cela que nous avons deja fait en la plus grand'part de leurs ars mecaniques, & quelquefois en leur monarchie, je ne le diray pas: car telle injure ne s'entendroit seulement contre les espris des hommes, mais contre Dieu, qui a donné pour loy inviolable à toute chose crée de ne durer perpetuellement, mais passer sans fin d'un etat en l'autre, etant la fin & corruption de l'un, le commencement & generation de l'autre.'. Ramus, *Oratio de studiis philosophiae & eloquentiae conjungendis* (1546), éd. Bergeron, Paris 1577, *réimpr.* Genève, 1971, p. 306: 'At neminem adhuc illorum similem videmus: quam ob rem? an Deus ille parens ingeniorum & artifex, excellentibus ingeniis procreandis defatigatus est? ego veró id existimare magnae impietatis scelus esse duco. Quid ergo? institutio & educatio legitima nobis deest, sit idem ingeniorum cultus, qui quondam fuerat, non similes antiquis flores nos visuros speremus, sed pares fructus consecuturos confidamus.' Le thème de ce discours revient dans le *Cic.*: pp. 66, 69 (à propos de Cic. *Brut.* 89, 306): que l'Université de Paris s'emploie avant tout à étudier la philosophie de l'ancienne (Nouvelle) Académie 'in qua, philosophiae studia cum studiis eloquentiae conjunguntur.' Cf. le commentaire pertinent de Fumaroli (1980), p. 458-9, et Schmitt (1972), p. 79-80.

intelligeretur, nullam esse linguam tam inopem támque barbaram, quae diligentia ditari & excoli non possit.[35]

D'où l'exhortation de Ramus, quasiment identique à celle de Du Bellay à la fin de la *Deffence*, la 'Conclusion de tout l'Œuvre':

Itaque Ciceronianus noster, Francus, Italus, Hispanus, aut cuiusvis gentis alumnus, vestigia Ciceronis ingressus, de patria facundia nunquam desperabit: Graeciae & Italiae opimioribus illis spoliis patriam suam decorabit & amplificabit: ornamenta ipse nova pariet...etc.[36]

Si Ramus adopte le vocabulaire de Du Bellay, c'est toujours la cause de l'authentique Cicéron qu'il entend servir; ici comme ailleurs, il tourne en fait les arguments de celui-ci — et de Quintilien, le premier 'Cicéronien' — contre les 'faux' Cicéroniens qui sévissaient toujours dans la première moitié du XVIe siècle. Exactement comme l'avait fait Erasme, en somme, qui pourtant n'avait pas encore songé à en tirer toutes les conséquences, et notamment pas celle-ci: être Cicéronien aujourd'hui, cela veut dire cultiver sa langue maternelle[37]. C'est le grand mérite de Ramus de l'avoir assumée, surtout lorsque l'on considère qu'il n'a cessé toute sa vie de commenter les ouvrages de Cicéron et qu'il connaissait par cœur les traités des Cicéroniens[38]. Si, à côté de Dolet, il y a eu un Cicéronien en France, c'est bien Ramus. Mais, nous l'avons vu, son Cicéronianisme a été guidé, sinon bouleversé, par les travaux de la Pléiade, qu'il salue d'ailleurs en passant[39]. Déjà en 1555 il avait trouvé en les poètes de la

---

[35] *Cic.*, p. 77-8; Du Bellay, *Deff.* I, 3-4: la culture de la langue. P.ex. *éd. citée* (1970⁴), p. 23 'pauvre & sterile'; p. 24 'diligence & culture' et tout ce qui suit (voir *infra*); p. 29: 'Et qui voudra de bien pres y regarder, trouvera que nostre Langue Francoyse n'est si pauvre, qu'elle ne puysse rendre fidelement ce qu'elle emprunte des autres, si infertile, qu'elle ne puysse produyre de soy quelque fruict de bonne invention, au moyen de l'industrie & diligence des cultivateurs d'icelle...' *Deff.* I, 2: 'Que la Langue Francoyse ne doit estre nommée barbare.'

[36] *Cic.*, p. 78. *Deff.* (1970⁴), p. 195-7: 'La donq', Francoys, marchez couraigeusement vers cete superbe cité Romaine: & des serves despouilles d'elles...ornez voz temples & autelz (...) Pillez moy sans conscience les sacrez thesors de ce temple Delphique...' Cf. P. Sharratt (1972), p. 22-4.

[37] Quintilien 'ist...der erste theoretische Ciceronianer und von größter Bedeutung für den Cicerokult des Humanismus geworden': Gmelin (1932), p. 119-20. Sur le *Ciceronianus* d'Erasme, cf. A. D. Leeman, *Hieronymus' Droom* ('Le rêve de S. Jérôme'), Leyde, 1952, p. 23 n. 54: 'Toon en inkleding zijn ontleend aan Lucianus' Lexiphanes, maar de strekking is vooral Cicero en Quintilianus, die zich tegen slaafse navolging keren, tegen de Ciceroniani uit te spelen.' Cf. P. Tuynman *art. cité* (1976), p. 180 n. 10: 'Erasmus bestrijdt ...de Ciceronianen...met de essentie van Cicero's rhetorische opvatting en praktijk.' Cf. *ibid.*, notes 65 et 67 (Ramus).

[38] *Cic.*, p. 3-4: 'Itaque de Ciceronis imitatione, infinita ferè volumina ab Italis, Gallis, Germanis conscripta quotidiè legimus.'; p. 18: 'perlectis de Ciceronis imitatione libris, quos quidem invenire potui..'

[39] *Cic.*, p. 17: 'Poëtas tardiùs Francia peperit: fateor, sed partus tarditatem cum singulari quadam & nobili prole uberrimè tandem compensavit.' Plus tard, dans la préface à sa *Grammaire* (1572), Ramus citera la *Deffence expressis verbis*: 'Ioachim du Bellay, le vray

Pléiade des alliés pour la version française de sa *Dialectique*: ce sont eux qui ont traduit les exemples des poètes latins en français. Au début des années cinquante, leur manifeste avait fait trop de bruit pour être ignoré: Ramus l'aurait-il voulu, qu'il ne l'aurait pu; et ceci d'autant plus qu'on trouve également des traces profondes de la querelle du Cicéronianisme dans la *Deffence et Illustration*: Du Bellay fait allusion à Longueil, à Bembo, à Erasme, à Dolet[40]. La fameuse théorie de l'*innutrition*, Du Bellay l'a-t-il trouvée chez Quintilien, chez Erasme, chez Dolet ou même chez Bembo? Il serait difficile de se décider pour l'un ou pour l'autre. Il vaut mieux dire que toute cette théorie de l'imitation a été d'abord réactualisée par la querelle du Cicéronianisme, et 'récupérée' ensuite par les défenseurs de la langue vulgaire[41].

Catulle des Francoys, a mis en lumiere une illustration de la langue Francoyse...':
f°[vii]ʳᵒ.

[40] *Deff*. I, 11: Du Bellay cite un passage du *Cic.* d'Erasme (sans le nommer) où celui-ci parle du fameux discours de Longueil à Rome: LB I, col. 1017EF; il y fait également allusion au rêve de S. Jérôme: 'Ceux la certes meritent bien la punition de celuy qui ravy au tribunal du grand Juge, repondit qu'il etoit ciceronien.' [(1970⁴), p. 77-8. Cf. aussi Chamard, *éd.* 1904, p. 151 n. 2]. *Deff*. II, 12: '...ce docte cardinal Pierre Bembe, duquel je doute si onques homme immita plus curieusement Ciceron, si ce n'est paraventure un Christophle de Longueil.' (1970⁴), p. 189-90) Dolet: *Deff*. I, 12, (1970⁴), p. 85-6. Chamard, *ad loc.*, remarque: 'notre auteur ne pouvait manquer d'être reconnaissant à Dolet d'avoir lui-même en 1540, après un très brillant passé de latiniste cicéronien, donné l'exemple inattendu d'une conversion à la langue vulgaire...'

[41] 'Innutrition' chez Quintilien: X, i, 19: 'Repetamus autem et tractemus, et ut cibos mansos ac prope liquefactos demittimus, quo facilius digerantur, ita lectio non cruda, sed multa iteratione mollita et velut confecta, memoriae imitationique tradatur.' Erasme, *Cic.*, LB I, col. 1022C (qui combine Quint. X, i, 19 et X, ii, 19, ce que fait — peut-être — également Du Bellay); Dolet, *De Imit. cic.*, p. 63, et la note de Telle *ad loc.*, p. 332; Bembo, lettre à Longueil (*Epist. famil.* V, 17): '...ut Ciceronem ipsum, quem tibi unum scribendi magistrum, me auctore, proposuisti, eundem universum non solum vores sed etiam concoquas atque in sucum et in sanguinem convertas tuum.' Cité par Sabbadini (1885), p. 54. Presque mot à mot chez Du Bellay, *Deff*. I, 7: '(Les Romains) Immitant les meillleurs aucteurs Grecz, se transformant en eux, les devorant, & apres les avoir bien digerez, les convertissant en sang & nourriture...etc.' [(1970⁴), p. 42]. Egalement imité par Pierre de Paschal, 'le Cicéronien de la Brigade', dans une lettre à Ch. Garnier citée par Chamard (Du Bellay, *O.P.* VI/1, Paris 1931, p. 120n.: 'Hortor te etiam atque etiam ut Ciceronem unum tibi imitandum proponas, eumque in succum ac sanguinem convertas tuum.'. Cf. P. de Nolhac, *Ronsard et l'Humanisme*, rééd. Paris 1966, p. 257sqq., surtout p. 267.

Pigman (1980), p. 8 + n. 13 cite encore Sénèque (*Ep. mor.* 84), Macrobe (*Sat.* I. pr. 7), Pétrarque (*Fam.* 22, 2, 12, *Seniles* 2, 3) Politien (dans *Prosatori*, p. 904), Calcagnini, Florido, etc.

Ramus, bien sûr, citera également Quint. X, i, 19: *Cic.*, p. 58. L'image de la mastication et de la digestion est d'ailleurs un vrai 'topos', également à l'extérieur de la tradition cicéronienne. Cf. p.ex. cette remarque d'un chartreux du XIIe s.: 'Quid enim prodest lectione continua tempus occupare, sanctorum gesta et scripta transcurrere, nisi ea etiam masticando et ruminando succum eliciamus et transglutiendo usque ad cordis intima transmittamus?' (Guigues II, *Scala Paradisi*), cité par S. Dresden, 'Het herkauwen van teksten' ('La rumination de textes'), in *Forum der Letteren* XII (1971), p. 153. Cf. aussi l'art. *Méditation* par M. Goossens dans le *Dictionnaire de Spiritualité*, t. X, Paris 1980, en particulier cols. 908-9.

2.2 *Asianisme et nombre oratoire*

Nous n'avons pas encore abordé la question suivante, capitale en ce qui concerne notre propos: Ramus se prononce-t-il au sujet du *nombre oratoire*, comme tous les Cicéroniens et la plupart des anti-Cicéroniens? Oui, évidemment. En parle-t-il également en rapport avec la langue française? Déception. Mais déception provisoire, puisque dans les autres ouvrages qu'il a écrits à cette époque il a pu en parler, et amplement. Dans cette perspective, l'an 1557 est même une année-charnière dans le développement de la rhétorique ramiste. Nous aurons toute l'occasion d'y revenir par la suite. Pour l'instant, nous dirigerons notre attention vers un passage central du *Ciceronianus*, au cœur du débat Atticisme / Asianisme que Fumaroli considère avec raison comme l'un des 'thèmes essentiels' de l'ouvrage. Et comment pourrait-il en être autrement? Ce débat est également l'un des *Leitmotive* du *Brutus* de Cicéron.

Dans le *Brutus*, la mort d'Hortensius sert de prétexte à Cicéron pour s'étendre sur l'histoire de l'éloquence grecque et romaine: le prologue et l'épilogue sont un très bel hommage à la mémoire de son meilleur rival, décédé *au bon moment*: plus que jamais en effet la république était menacée; et sans république, point d'éloquence: impossible de débattre le pour et le contre sous un régime tyrannique[42].

Hortensius avait été le grand exemple de Cicéron: modèle pour l'*imitatio* et l'*aemulatio* (cf. *Brut.* 92, 317sqq); mais Hortensius avait un penchant nettement 'asianiste' qui ne pouvait manquer d'influencer Cicéron[43], d'autant plus que celui-ci avait lui-même des goûts 'exubérants' qui

---

[42] Outre le prologue et l'épilogue, cf. *Brut.* 12, 45: 'At in regum (!) dominatione devinctis populis, dicendi cupiditas nasci non solet.' Il faut lire les p. 62-3 du *Cic.* à la lumière de cette problématique: contrairement à ce qui s'est produit jadis à Rome, la royauté française n'entravera nullement l'éloquence: 'At si qua tantis bonis unquam Respub. florens ac beata fuit, una Francia Francisci Regis, deinde Henrici filii regia liberalitate verè floret, veréque beata est. Quapropter nullam hîc ignaviae caussam praetexamus.' (p. 63).
Il est vrai que de telles affirmations sont des lieux communs dans le milieu des poètes et universitaires en place (ou désireux de 'se caser'); cf. p.ex. Jacques Peletier du Mans, Préface de l'*Art Poëtique d'Horace traduit en vers François* (1545): 'Et maintenant elle (*scil.* la langue Francoise) prend un tresbeau et riche accroissement souz notre treschretien roi Francois, lequel par sa *liberalité roialle* en faveur des Muses s'efforce de faire renaitre celui secle tresheureux...etc.' (*éd.* Boulanger). N'oublions pas toutefois que par l'ordre du roi (1543) les cours de Ramus avaient été suspendus et ses livres interdits: 'Ses ennemis firent paroître leur joye avec un éclat surprenant. Les Princes les plus fastueux ne font point tant de fracas après la prise d'une grande Ville. La Sentence fut publiée en Latin & en François, dans toutes les ruës de Paris, & dans tous les lieux de l'Europe où on la put envoyer.': B. Gibert, *Jugemens des Savans...*, Amsterdam 1725, p. 204. (Copié de P. Bayle, *Dict. hist. et crit.*, *s.v.* Ramus).
[43] Ramus, *Cic.*, p. 72. La question de l'asianisme de Cicéron ponctue le texte du *Cic.*: cf. pp. 2 (*Brut.* 13, 51), 70-2: Hortensius asianiste (*Brut.* 95, 325), et surtout 91-126, etc. Cf. aussi A. D. Leeman (1963), chap. VI: 'Cicero and the Atticists'.

étaient encore aggravés par son séjour en Asie. Voici ce qu'en dit Ramus:

> Valdè autem vereor, ne iudicij habitum cum deteriore commutarit: utque olim Attica, ita modò Romana eloquentia, moribus Asiaticis óblita, salubritatem orandi suavitatémque perdiderit, retulerítque adipatam quandam & Asiaticam insanitatem ab Asiae magistris.

(*Cic.*, p. 91)

Cette constatation permet à Ramus de s'expliquer sur la nature de la 'bonne' imitation: et l'on comprend qu'il optera pour l'éclecticisme. Tout n'est pas 'cicéronien' dans Cicéron; ses adversaires atticistes ont eu raison quelquefois en lui reprochant sa *licentia*:

> Equidem illam (credo) quae ab adversarijs Atticis Ciceroni vivo obiecta est: quòd Asiaticus esset & multis modis redundans, compositione mollis, genere toto orationis & actionis elatior & ardentior, quae Rhetoricae vitia sunt: quòd in repetitionibus nimius, in digressione levis, quae sunt Logicae: quòd in salibus immodicus, in ostentatione insolens, quae sunt Ethica, urbanitati & modestiae opposita vitia...

(*Cic.*, p. 92)

L'un après l'autre Ramus fait passer en revue ces 'vices' dans les domaines de la rhétorique, de la logique et de l'éthique, tantôt acquiesçant aux objections des 'Attiques', tantôt s'y opposant. Il suffira pour notre propos de nous en tenir à la première catégorie des vices cicéroniens, à savoir les vices 'rhétoriques' (*Cic.*, p. 92-99): là, en effet, Ramus recense les différents *tropes* et *figures* qui ont été sujets à la critique atticiste (notons que selon la rhétorique ramiste, l'*elocutio* se réduit à ces deux composantes). Au sujet des tropes, Ramus prend la défense de Cicéron[44]; ensuite, il en vient aux figures: figures de mots (p. 94-5), figures de pensée (p. 95-9). Quant aux premières, Ramus avoue qu'il doit renoncer ici aussi bien à la défense qu'à la critique; tout dépend du jugement des oreilles en ces matières, et notre perception peut bien être totalement diverse de celle des anciens Romains[45]. Il n'y aura par conséquent qu'un seul critère: l'*aptum*; et un seul juge souverain: le public.

Qu'est-ce que Ramus va donc nous proposer maintenant? Un aperçu ... de la rhétorique ramiste (écrite par son 'frère' Omer Talon) mais aussi tout de même, son jugement. Nous verrons plus loin à quel point les ramistes ont lutté avec cette théorie des figures. Il convient, à présent,

---

[44] *Cic.*, p. 94: 'Sic elegantiae & gratiae laus partes omnes occupavit, ut offensioni nullus locus ferè relinquatur.'

[45] *Cic.*, p. 94. 'Quis verò sensus Romanis illis auribus, de Romanae orationis compositione fuerit, aut qualénam iudicium, difficilis est aestimatio...' Précisons que les ramistes n'ont pas toujours fait preuve de cette modestie exemplaire, bien au contraire. Quoi qu'il en soit, Ramus reste ici fidèle à l'enseignement d'Erasme.

de constater seulement que selon Ramus, le *nombre* et ses 'espèces et formes' ressortissent aux *figures de mots*:

> Quare à tropis ad verborum figuras considerandas accedamus: hoc enim nomine numerus & numerorum species & formae comprehensae sunt, ut in Audomari Talaei fratris nostri Rhetoricis notatum est.(...) Nulla parte mihi Cicero Ciceronianus minùs est, quàm in compositionis & numeri doctrina: tot scholasticis ineptiis eam refersit, ut in Brutinis quaestionibus exposuimus: Nulla parte Cicero magis Ciceronianus videtur, quàm in orationis compositione & structura: tam eleganter & venustè orationem composuit.

(Cic., p. 94-5)[46]

Il est clair que l'affaire du nombre lui tient à cœur: à deux reprises, il renvoie à un ouvrage du *corpus* ramiste: d'une part, à la *Rhétorique* de Talon, et d'autre part à ses propres *Brutinae Quaestiones* (1547) où il avait vivement pris à partie l'*Orator* de Cicéron. Dans une belle antithèse, il montre son aversion pour la *théorie* du nombre, et son admiration pour la *pratique* de l'Arpinate.

Ensuite, il donne son jugement sur cette pratique: parfois les discours de Cicéron sentent la *poésie*: 'vice intolérable' d'après la théorie classique du rythme oratoire. Cet aspect de son art ne doit certainement pas être imité:

> Versus nonnunquam effudit imprudens, & principia, clausulásque carminum, principia & clausulas orationis fecit: sed rarissimè: Id nostro Ciceroniano Ciceronianum non erit.

(Cic., p. 95)

Mais en général, Cicéron reste inégalé dans sa maîtrise de la *compositio*. Comment Ramus la décrit-il? En termes très vagues, lorsqu'il s'agit du nombre proprement dit; en termes très détaillés, au sujet des figures de mots, indissociables du rythme selon la théorie ramiste. L'assurance de Ramus à l'égard des figures de mots — si 'spatiales', si facilement repérables — cache mal son embarras devant le phénomène insaisissable du rythme oratoire. Et nous verrons encore qu'en fait toute la rhétorique ramiste se définit par l'effort constant d'escamoter le nombre au profit des figures: à un moment donné, le nombre est considéré comme n'étant *rien d'autre* qu'une figure de mots. Cette priorité accordée aux effets de

---

[46] En fait, la phrase est ambiguë: y a-t-il encore autre chose que le nombre qui ressortirait aux figures de mots? Dans les chapitres consacrés à ces questions nous montrerons qu'à cette époque (1556-1557), la rhétorique ramiste est en plaine crise: la *Rhetorique Francoise* de Fouquelin vient d'être publiée (1555); Fouquelin y a donné un statut nouveau au nombre qui sera adopté dans la *Rhetorica* latine de Talon (1557). Encore plus tard, Ramus bouleversera de nouveau le système...

symétrie et de correspondance sonore (*concinnitas*) est déjà clairement discernable ici[47]:

> Caeterùm cùm aequabiliter & aptè, tum ita variè dissimilitérque totum orationis cursum moderatur ac temperat: ita frequentibus verborum figuris totum corpus exornat, dum prima primis, postrema postremis, prima mediis, media postremis, omniáque inter se paria, concinnitate sua numerum quendam faciunt, vel gradatim aliis consequentia, praecedentium loco redeunt, vel collusione vocum similium, aut casuum varietate veluti concinunt...
>
> (*Ibid.*)

Or, c'est évidemment cette recherche de l'harmonie, de la musique verbale, qui a paru insupportable aux yeux des Atticistes[48].

> ...ut hîc reprehensores suos non alia re potiùs offendat, quàm immodicis orationis floribus, & nimia suavitatis affluentia... Quare redundans quaedam & Asiatica luxuries hîc est ab Atticis animadversa.
>
> (*Ibid.*)

Ramus poursuit en parlant des figures de pensée qu'on trouve dans les discours; et il est clair qu'il admire l'usage que Cicéron en fait, bien que là aussi celui-ci ait été repris par les Atticistes; et d'après Ramus l'on ne peut effectivement pas nier que Cicéron est né Asianiste (*Cic.*, p. 96).

A la fin de son exposé concernant les 'vices rhétoriques' de Cicéron, Ramus dit en guise de conclusion générale de cette section:

> Ciceronianus itaque noster modum quendam in his ardoribus adhibebit, velut harmoniae, cuius ipse tibia sit & tibicen: auditor verò, iudex & moderator: ut ornatus orationis ad naturam non solùm caussae, sed etiam personae cùm dicentis, tum audientis accommodetur.
>
> (*Cic.*, p. 99)

Ici comme ailleurs, Ramus se sert des termes même de Cicéron pour critiquer celui-ci[49]: procédure qui montre à quel point il est toujours resté Cicéronien, malgré les sorties violentes qu'il s'est permises de temps en temps — et notamment dans les *Brutinae Quaestiones* — à l'égard de celui que somme toute il a aimé, commenté et imité sa vie durant.

---

[47] Norden cite déjà ce passage dans son chapitre sur 'l'origine du style antithétique aux XVIe et XVIIe siècles: Isocrate et Cicéron chez les Humanistes', (1971[6]), p. 803 n. 2.

[48] Cf. Norden, (1971[6]), pp. 219 n. 1, 262, 939 ('Unter Ciceros Zeitgenossen haben...die Attizisten, *vor allen Brutus*, die rhythmische Komposition der Rede gemißbilligt'). Nous soulignons.

[49] Cf. la digression sur le jugement du public: *Brut.* 49, 183sqq.; *ibid.*, 51, 192: 'Une flûte (*tibia*) dans laquelle on souffle et qui ne rend aucun son est bonne, pour le musicien (*tibicen*), à être jetée. La flûte de l'orateur, si je puis m'exprimer ainsi, ce sont les oreilles du public.' (Trad. J. Martha).

RÉSUMÉ

Résumons en quelques mots les résultats de notre brève recherche:

1. L'imitation cicéronienne, tant au niveau du style qu'au niveau de la théorie, s'est révélée d'une importance primordiale, non seulement dans le domaine néo-latin, mais également dans celui des langues vulgaires.

2. A l'intérieur de la tradition latine, cette imitation a donné lieu a une vive querelle, dont l'enjeu n'était pas tant la question de savoir s'il faut imiter Cicéron — tout le monde en était persuadé — que la question de savoir si, oui ou non, il faut l'imiter exclusivement.

3. D'où alors, du côté des Cicéroniens 'de stricte observance', la nécessité de trouver un critère qui distingue Cicéron de tous les autres écrivains classiques.

4. Ce critère, ils croient l'avoir trouvé dans le *nombre oratoire*: la maîtrise de Cicéron serait là inégalée.

5. Parallèlement, Erasme, attaquant la secte des Cicéroniens, s'en prend au culte que ceux-ci vouent au nombre: comme nous avons aujourd'hui perdu le sens de la quantité, il est vain de s'occuper trop du nombre et de l'enseigner aux novices.

Ramus, bien que visiblement inspiré par Erasme, ne se prononce pas clairement à ce sujet.

6. Curieusement, les Cicéroniens ont été les premiers à s'intéresser au sort de leur langue maternelle.

7. Ils ont décrit les procédés de la langue vulgaire à l'aide du vocabulaire technique de Cicéron, d'où l'infiltration de ce vocabulaire dans les 'poétiques' vulgaires. Evidemment, la théorie du nombre y joue un rôle considérable.

8. En 1557, Ramus prend la défense de la langue française dans un traité latin intitulé *Ciceronianus*: est Cicéronien celui qui enrichit et illustre sa langue maternelle. Dans la partie de son ouvrage consacrée à cette question, il s'inspire de Du Bellay. Comme tous ceux qui ont participé à la querelle du Cicéronianisme, il a son mot à dire au sujet du nombre oratoire, sans toutefois lier cette question à celle de la promotion de la langue vulgaire. Dans la rhétorique de son élève Fouquelin en revanche, le nombre aura une place de tout premier ordre.

9. Remarquons encore que lorsque Ramus s'inspire de Du Bellay, il n'y a là rien d'étonnant: ce dernier se sert en effet d'exactement les mêmes données que lui. Les sources majeures de la *Deffence* sont Quintilien, Cicéron, et les traités cicéroniens et anti-cicéroniens modernes.

SECONDE PARTIE

AUTOUR DE LA 'DEFFENCE'

Est-ce là defense & illustration,
ou plustot offense & denigration?

Barthélemy Aneau

Avant la 'Deffence'

CHAPITRE PREMIER

JACQUES-LOUIS D'ESTREBAY (1481-ca. 1550)

§ 1. *Essai de réhabilitation*: *ses raisons*

'Jacques Louis d'Estrebay, rhéteur qui figure au premier rang dans les fastes littéraires du XVIe siècle, mérite d'être arraché à l'obscurité où il croupit aujourd'hui.'

Voilà comment, il y a un peu plus de cent cinquante ans, l'abbé Boulliot, auteur d'une *Biographie ardennaise*[1], commence son article sur l'un des humanistes les plus méconnus de la Renaissance française. Manifestement, le louable effort de l'abbé n'a pas été couronné de succès: non seulement D'Estrebay continue à être ignoré dans les annales des érudits où pourtant il aurait figuré avec honneur à côté des Robertello, Dolet, Estienne, etc., mais la *Biographie* elle-même est tombée dans un oubli total.

Or, deux raisons bien précises nous amènent aujourd'hui à faire une deuxième tentative de réhabilitation:

1. D'Estrebay (ou: Strébée, forgé d'après *Strebaeus*) a consacré le meilleur de ses efforts à l'étude et à la propagation de l'œuvre de Cicéron; en tant que tel, il mérite une place, même modeste, dans l'histoire du Cicéronianisme dont nous avons fait l'esquisse dans la première partie de notre travail;

2. Il est *cité par Barthélemy Aneau*, le 'censeur' de la *Deffence* de Du Bellay, à un endroit particulièrement important dans la polémique, et où il est justement question du nombre oratoire. Ces deux raisons suffisent, nous semble-t-il, pour justifier l'inclusion de ce 'bon rhétoricien' (c'est ainsi que l'appelle Aneau) dans notre étude.

Au sujet de D'Estrebay, les témoignages ne font pas défaut: au cours de ces dernières années, nous en avons recueilli une quarantaine dont nous citerons les plus significatifs, afin de démontrer l'intérêt de cet auteur.

Ce sont d'abord ses compatriotes (Estrebay est un hameau dans les Ardennes, proche de Reims) et ses collègues qui ont chanté son éloge: les poètes néo-latins Jean Visagier (ou Voulté), Nicolas Bourbon et Nicolas

---

[1] l'Abbé Boulliot, *Biographie ardennaise, ou histoire des Ardennais...*, Paris 1830, t. I, p. 395-406.

Chesneau lui ont consacré des épigrammes, Antoine Pin et Léger
Duchesne ont loué sa solide érudition. Voici un fragment du poème de
Visagier:

> Strebaee optime, lux tuae domus, laus
> Qua jam Belgica terra gloriatur,
> Notus in domina urbe Galliae tam
> Quam Romae Fabius...

Pour Thévet de même, Strébée est un 'homme de tres-digne sçavoir, &
l'un des mieux disans de Paris'[2].

Sa notoriété s'est accrue par la polémique avec Joachim Périon à propos de sa traduction de la *Politique* d'Aristote (le même Périon s'en prendra plus tard aux *Brutinae Quaestiones* de Ramus) d'où il sort en vain-
queur, ce qui n'est pas peu dire: Périon était considéré à l'époque comme
l'un des Cicéroniens les plus distingués, témoin le recueil d'épîtres 'cicéroniennes' qu'Henri Estienne a publié encore en 1581, et où il figure à
côté des Bembo et des Longueil...[3].

Très vite, la renommée de Strébée a passé les frontières; lorsqu'en
1554, l'Italien Jovita Rapicio publie un livre sur le nombre oratoire, il se
trouve forcé de tenir compte de l'ouvrage de Strébée sur le même sujet[4].

---

[2] J. Vulteii Remensis *Epigr.*, lib. I, p. 80, 86, 92; lib. II, p. 170.; *Hendec.*, lib.I, f° 30
(1537/1538); Nic. Borbonii Vandoperani *Nugae*, p. 44, 464 (1538); Nic. Querculi *Epigr.*,
lib. II, f° 29ʳᵒ (1553): sur la mort de Strébée. A. Pin, *Epître* à Jacques Gouvéa, en tête du
commentaire sur le troisième livre de Quintilien (1538): 'Delegisti Iacobum Lodoicum,
virum singulari virtute, iudicio, eruditione..'; Leog. a Quercu *Oratiuncula, Lutetiae
habita...in Atheneo Barbarano* (1557), f° Aijᵛᵒ: 'J. L. Strebaeus, cuius eruditio quàm fuerit
multiplex, quàm recondita, quàm solida, satis loquuntur eius laboriosae in Ciceronem
annotationes.' A. Thévet, *Les vrais pourtraits et vies des hommes illustres...* (1584), f° 568ʳᵒ. Cf.
C. Gesner, *Bibl. Univ., App.* (1555), f° 54ᵛᵒ: 'I. L. Strebaeus Rhemensis, natione Gallus,
scripsit doctiss. commentaria (..) Claruit nostra aetate Parisiis.' Sur les poètes, cf. Boulliot (1830), p. 402; J. Quicherat, *Histoire de Sainte Barbe*, t. I, Paris 1860, p. 155-7; L. Fèb-
vre, *Le problème de l'incroyance...* (1968;¹ 1942), I, i, 1 et bibliogr; J.-Cl. Margolin, 'Le cercle humaniste lyonnais d'après l'édition des "Epigrammata" (1537) de Jean Visagier',
recueilli dans les *Actes du colloque sur l'Humanisme lyonnais au XVIe siècle* (mai 1972), Grenoble, P. U., 1974, p. 151-183.

[3] Cf. Strébée (1543). Voir *Annexe* I, no. 9; J. Perionii *Oratio in Strebaeum qua ejus calumniis
et conviciis respondet. Ejusdem Orationes II pro Aristotele in Petrum Ramum*, Paris 1551. Le savant
Huet s'est prononcé clairement en faveur de Strébée: cf. *De Claris Interpr.* (1683), p. 212,
cité in Boulliot (1830), p. 405. Le recueil d'Etienne: P. Bunelli & P. Manutii...*Epistolae
Ciceroniano stylo scriptae...* Genève 1581 (¹1577); Périon: p. 289sqq. ('Nec verò in eo (*scil.* la
traduction de l'*Ethique* d'Aristote, 1548¹) solùm laboravi ut Latina, verùm ut apta etiam &
numerosa esset oratio': *ibid.*, p. 295). Sur ce recueil de l'anti-cicéronien H. Estienne (II),
cf. M. Fumaroli, 'Genèse de l'épistolographie classique...', in *RHLF* 78/6 (1978), p.
894 + n. 27; *Idem.*, (1980), p. 110, n. 133. Sur Périon cicéronien et traducteur d'Aristote, voir l'article d'André Stegmann, 'Les observations sur Aristote du bénédictin J.
Périon', dans *Platon et Aristote à la Renaissance* (colloque Tours 1973), Paris 1976, p. 377-
389; et surtout Ch. B. Schmitt, *Aristotle and the Renaissance*, Cambridge (Mass.)/Londres
1983, p. 72-79.

[4] Iovitae Rapicii Brixiani *De numero oratorio libri quinque, ad Reginaldum Polum...*, Venise,

A la fin du siècle, Scévole de Sainte-Marthe composera un premier portrait 'en pied' de Strébée, et le classera parmi les 'Français illustres'. Ce panégyrique établira solidement son nom en France et à l'extérieur: les chroniqueurs du XVIIe et XVIIIe siècles ne feront en général rien d'autre que concentrer ou bien amplifier ce portrait presque 'romantique', qui pourtant ne semble pas exagéré[5]. En voici un extrait:

> Entre ceux qui ont faict profession d'enseigner à Paris, celuy-cy a presque esté le premier qui a joint l'Eloquence à l'estude de la Philosophie. Car voyant que de son temps la pureté de la Langue Latine estoit non seulement negligée, mais encore honteusement mesprisée, il ne se contenta pas de parler luy mesme avec ornement, mais encore par un beau traitté qu'il fit exprés de l'Art Oratoire & du choix des parolles [en latin: de electione & oratoria collocatione verborum opere], il traça aux autres un chemin pour parvenir plus aisément à la perfection de l'Eloquence. (...)
> [Parlant ensuite de la traduction des œuvres complètes d'Aristote, que Strébée n'a pas pu achever:] Ce n'est pas que ce docte Interprete manquast

_____

Alde, 1554. Jacopo Ravizza ou Iovita Rapicio est cité par Varchi pendant la très-intéressante discussion concernant le nombre qu'on trouve dans l'*Ercolano* (écrit vers 1560, publié en 1570 à Venise et à Florence chez Giunti): 'Ma ora non è tempo d'insegnare il leggi nè del numero poetico,...nè meno dell'oratorio, del quale ha composto Latinamente cinque libri Messere Jovita Rapicio da Brescia con dottrina, ed eloquenza singolare.' Parlant de la *concinnitas* quelques pages plus loin, Varchi renvoie également au *De Electione* de Strébée: '...ma queste cose non si debbono dichiarare ora; però vi rimetto al libro che scrisse Latinamente della scelta delle parole Messere Jacopo Strebeo con somma dottrina, e diligenza...' B. Varchi, *l'Ercolano*, Ed. de'Classici italiani XCV, Milano 1804, *réimpr.* Milano 1979, T.II, pp. 295, 299. A propos de Varchi, H. W. Klein remarque: '...er stellt die erste große Zusammenfassung aller Argumente zugunsten der Volkssprache dar, er bietet einen lückenlosen Überblick über alle Fragen, die das Cinquecento im Sprachenstreit bewegten. Fast alle Namen und Meinungen des Jahrhunderts werden erwähnt.': *Latein und Volgare in Italien*, Munich 1957, p. 81. Voir *infra*.

[5] Vu les allusions à la pauvreté que Strébée lui-même fait dans *De Electione* (1538), f° 61ro: 'Non metuit pauperiem, qui ex arte dicendi nomen amplissimun sibi comparavit. Cui fama bona est mihi sanè dives est. Cui tantùm fortunae divitiae, pauper.' Les *Eloges des Français Illustres* de Scévole de Sainte-Marthe furent publiés en latin (Poitiers, 1598) et connurent de nombreuses rééditions; en 1644, ils furent traduits en français par Guillaume Colletet. Nous citerons d'après cette traduction (Paris, 1644), p. 82-4: Iacques-Louys Strébée. (Cf. l'éd. latine de 1606, p. 34-5).

Chroniqueurs du XVIIe siècle: C. Tollius, *De infelicitate litt.* (Amsterdam 1647), p. 71-2; G. M. König, *Bibl. vetus et nova* (Altdorf 1678), p. 781; P. D. Huet, *De claris interpr.* (Paris 1683), p. 212. Références chez les rhétoriciens: J. L. Palmireno, *Campi eloqu.* (1574), p. 16; A. Valladier, *Partit.Orat.* (1621), p. 684; Th. Farnaby, *Index rhet.* (1633), *passim*; N. Caussin, *De eloqu. sacra et prof.* (1643), p. 366-7; J. Masen, *Palaestra styli rom.* (1669), pp. 4, 12, 87 ('nihil purius elegantiusque'); J. Scheffer, *De stylo*, (1690), p. 33; G. H. Linck, *Diss. de orat. concinna* (1709), pp. 9, 13; abbé Colin, trad. *Orator* (1737), p. 214.

Chroniqueurs du XVIIIe siècle: D. G. Morhof, *Polyhistor* (Lübeck 1708), I, vi, 1, 21; L. Moréri, *Grand Dict.* (Paris 1718), vol. V, *s.n.*; C. Zeltner, *Theatrum viv. erudit.* (Nuremberg 1720), p. 511-14; A. Baillet, *Jugemens des Savans...* (Amsterdam 1725), t. II, p. 392; B. de la Monnoye, dans *Bibl. Fr.* de La Croix du Maine, *éd.* Rigoley de Juvigny (Paris 1772-3), t. II, p. 138; Chr. Saxius, *Onomasticon Lit.* (Utrecht 1780), t. III, p. 197-8; J.-M. Coupé, *Soirées litt.* (Paris 1795), t. XVI, p. 91.

de courage ny de force pour venir à bout de ses loüables entreprises; mais
c'est que la pauvreté qui l'assiegeoit de toutes parts, ne luy permettant pas
de vacquer à un si noble exercice, l'en retiroit tous les jours malgré luy, &
l'obligeoit pour vivre & pour subvenir à ses necessitez de faire des choses
contraires à ceste puissante inclination qu'il avoit aux bonnes lettres. Il
estoit né d'une basse famille aupres de Rheims en Champagne; mais
comme il estoit pourveu d'un courage plus grand que ne portoit sa naissance, qui mesprisoit naturellement les biens, il recognut aussi, mais ce fut
trop tard pour son repos, que la fortune est un fondement necessaire pour
appuyer la vertu, & pour la faire esclatter davantage, puis qu'en effect il fut
contraint de retourner encore à sa premiere profession qui estoit d'enseigner les Enfans, & de faire l'office de Correcteur dans quelques-unes des
plus celebres Imprimeries de Paris. Avec ces petits & mecaniques emplois il
soulageoit sa pauvreté, & consoloit sa vieillesse affligée. Et ce fut enfin dans
ceste mauvaise fortune, qu'à la honte de son siècle cét excellent homme finit
miserablement ses jours.

A part les particularités biographiques qui ont fait les délices des chroniqueurs des siècles suivants, Scévole mentionne ici pour la première fois
l'ouvrage majeur de l'humaniste rémois: *De electione et oratoria collocatione
verborum Libri duo* paru en 1538 chez Michel Vascosan, à Paris. Ce 'beau
traitté' est le remaniement systématique et critique du commentaire sur
l'*Orator* de Cicéron que Strébée avait publié deux années plus tôt, et dont
un des meilleurs historiens de la rhétorique a dit qu' 'il seroit difficile de
faire rien de meilleur.' L'ouvrage de cet historien nous fournira le
deuxième témoignage vraiment précieux, écrit cent ans avant l'excellente
mise au point de l'abbé Boulliot. Il s'agit des *Jugemens des Savans* par Bal-
thasar Gibert[6]. L'auteur nous apprend en tête de son article sur *Jacques
Louis Strébée de Rheims* que celui-ci était 'contemporain d'Erasme, & Précepteur des Neveux du Cardinal le Veneur, qui étoit Evêque de Lisieux.'
Ajoutons qu'avant d'être précepteur, il avait été professeur de rhétorique
au Collège Sainte Barbe[7].

A propos du commentaire sur l'*Orator*, Gibert considère Strébée
comme

> l'homme du monde, [à mon avis], qui a le mieux travaillé sur cet Ouvrage,
> & qui l'a le mieux entendu, puisqu'il l'entend comme s'il l'avoit fait.
>
> (*Jug.*, p. 89)

---

[6] *Jugemens des Savans, sur les auteurs qui ont traité de la Rhetorique, avec un précis de la doctrine de
ces auteurs.* L'ouvrage, capital pour l'histoire de la rhétorique, constitue le huitième tome
des *Jugemens des Savans* d'Adrien Baillet (Amsterdam 1725, *réimpr.* Hildesheim/New York
1972), déjà cité. Sur Strébée, consulter les chapitres sur l'*Orator* de Cicéron (p. 89-97) et
sur *De Electione*, p. 175-6.

[7] Cf. Quicherat (1860), *l.c.*

Il reprend plus loin ses louanges:

> Si les personnes passionnées pour l'Eloquence, veulent s'instruire des régles de l'Art dans les Ouvrages de Ciceron, on peut dire qu'ils ont beaucoup d'obligation à Strébée. Il seroit difficile, il me semble, de faire rien de meilleur que ses Commentaires...
>
> *(ibid.*, p. 175)

Et sur *De Electione*:

> L'Auteur nous apprend qu'il fit cet Ouvrage à ses heures perduës, & cependant rien ne peut être ni plus poli ni mieux entendu. Ce qui le porta à écrire, fut le désir de chasser la barbarie qui s'étoit introduite parmi ceux qui parloient Latin. (...) Il fait voir pourquoi de tant de personnes qui se mêlent d'écrire, il y en a si peu qui s'entendent au choix des mots & à leur juste arrangement. Ils n'ont point d'habiles Maîtres, ils puisent dans de mauvaises sources, dans des Recueils de formules, d'élegances, de mots & de phrases. Ils ne vont point aux Originaux (...)
> Après ces préambules, l'Auteur s'attache à donner, par des préceptes, & par des exemples, une juste idée de toutes les différences des termes, selon qu'ils sont honnêtes ou contraires à l'honnêteté, bas ou sublimes, propres ou figurez; enfin selon qu'ils sont graves, sonores, barbares, rustiques, inusitez; ou qu'ils ont de la douceur & autres semblables caractéres. Tout cela est expliqué dans le premier Livre de Strébée, d'un style qui fait plaisir, & qui est ni trop long, ni trop concis; mais pur, clair, noble, vif, élegant, & majestueux en même temps; & d'une maniere qui ne laisse rien à desirer.
> Je dis la même chose de la seconde Partie de son Ouvrage, où il traite de l'arrangement des mots. Il fait observer quelles sont les lettres, voyelles, ou consones, qui ont entr'elles du rapport, qui se concilient aisément, ou qui se heurtent & s'entrechoquent, ce qui rend la prononciation plus douce ou plus rude. Il joint l'explication de tout ce qui rend le Discours harmonieux, & il suit par tout les principes de Ciceron & de Quintilien, quoiqu'il traite son sujet avec plus de soin & avec plus d'éxactitude. Il prouve qu'il y a des nombres dans la Prose, & qui sont plus difficiles que ceux qui entrent dans les vers... Il parle en habile homme & de la Periode & des Styles (...) L'Auteur parle ensuite des styles vicieux, & il en dit tout ce qui s'en peut dire.
> Ce qu'il y a de particulier, il ne goûtoit point la Poësie Françoise, à cause qu'elle est toujours sujette à la rime. Il reconnoît néanmoins que ce qui lui déplait dans nos vers, fait quelquefois une beauté dans la Prose Latine, & il le goûte dans cette Langue, à cause qu'on l'y employe rarement. Au reste sa maniere d'écrire & de s'énoncer est par-tout noble, harmonieuse & proportionnée à sa matiere. Ses préceptes sont solides, les exemples courts, faciles, choisis avec jugement. En un mot, son Livre est un Ouvrage utile à quiconque veut écrire en Latin, ou parler cette Langue, comme les meilleurs Auteurs l'ont parlée.
>
> *(ibid.*, p. 175-6)

Mais, comme nous l'avons dit au début, Strébée n'a jamais réussi à 'percer'. Le médiocre article que lui est consacré dans un volume récent du

Dictionnaire de biographie française n'y changera rien, bien au contraire[8]. Edouard Norden l'a encore lu, comme il a tout lu; lui aussi parle de 'ausgezeichnete, heute mit Unrecht der Vergessenheit verfallene Werke'; quelques-uns des élèves de Norden mentionnent Strébée avec estime[9]. Bref, si l'on voulait faire une étude sérieuse de l'humaniste rémois on n'en serait certes pas détourné par manque de documentation.

Pour nous il suffit de décrire aussi brièvement que possible la position que Strébée a prise dans le débat concernant Cicéron et le nombre oratoire, afin de pouvoir estimer plus tard à sa juste valeur sa présence dans le passage du *Quintil Horatian* d'Aneau, où Strébée se trouve en compagnie de deux autres humanistes qui n'ont pas besoin d'être réhabilités, à savoir Erasme et Melanchthon.

§ 2. *Le nombre oratoire dans le Commentaire sur l'*Orator *(1536)*

Le lecteur trouvera en appendice la liste des ouvrages de Strébée que nous avons pu retrouver; elle est, croyons-nous, un peu plus exacte quant à la chronologie et quant au nombre d'ouvrages retenus, que celle dressée jadis par Boulliot; en la consultant, on constatera sans peine que l'activité de Strébée s'est concentrée dans les années trente autour de Cicéron, et dans les années quarante autour d'Aristote qu'il a voulu traduire intégralement en latin.

L'ouvrage majeur de Strébée, *De Electione*, a vu le jour entre la parution des deux grands commentaires sur l'*Orator* et sur le *De Oratore* (1540). Dans la préface à *De Electione* Strébée nous informe qu'il avait déjà commencé la rédaction du second commentaire lorsqu'il fut sollicité par le Cardinal Le Veneur de se charger de l'éducation des neveux de celui-ci[10]. De la sorte, le *De Electione* est le fruit d'une longue méditation sur

---

[8] Tome XIII, Paris 1975, col. 140: l'article de R. Limouzin-Lamothe. L'auteur prétend e.a. que Strébée a traduit 'plusieurs traités d'Aristote, Cicéron et Sénèque'!

[9] E. Norden (1971[6]), p. 42. n, cf. 803. n. 2, 880-1. K. Polheim, *Die lat. Reimprosa*, Berlin 1925, p. 464: 'Strebaeus behandelt beide Figuren [*scil.* homoioptoton et homoioteleuton] in engster Verbindung mit der Periodenlehre und dem Prosarhythmus, richtig und für viele vorbildlich, wie er denn überhaupt als feiner Kopf kluge Beobachtungen anstellt...' Extraits *De Electione* (éd. Bâle, 1539): p. 474-5. L. Laurand, *Etude sur le style des discours de Cicéron*, Paris 1926, II, p. 223-5; p. 225: 'Les rhétoriques publiées à la fin du XVIe s. ne nous apprennent rien de plus que l'ouvrage de Strebaeus.' H. J. Lange (1974), p. 66: '..seine [*i.e.*, de Strébée] von den Zeitgenossen und den Nachfahren als Grundlagenwerk verehrten *De electione...libri II.*'; *ibid.*, pp. 68, 73, 74; 172-4. Le *Répertoire* de F. Buisson mentionne seulement *De Electione*; le *Complément* du Répertoire paru en 1979 (Paris, *I.N.R.P.*) y ajoute une référence erronée; il s'agit de la réédition bâloise de 1539, non pas de 1529. Cf. également J. J. Murphy, *Renaissance Rhetoric — A Short-Title Catalogue* (New York/London 1981), *s.n.* Cicero et Strebaeus (nos. 209, 768): ce catalogue pourtant précieux n'indique les premières éditions que par hasard. Cf. encore I. D. McFarlane, *Buchanan*, Londres 1981, pp. 29-30, 401; J. J. Murphy *éd.* (1983), pp. 28, 155, 337n.

[10] *De Elect.*, Epître dédic., f° ij[ro].

l'œuvre de Cicéron. Car ce ne sont pas seulement l'*Orator* et le *De Oratore* que Strébée a 'illustrés' de ses commentaires, mais également l'*Epistola ad Octavium* et le dialogue *De partitione oratoria*.

Mais, nous l'avons déjà fait remarquer, le *De Electione* est d'abord et essentiellement l'élaboration du commentaire sur l'*Orator*. Ce commentaire, paru en 1536, a connu plusieurs rééditions. Celle de 1540 a l'avantage d'être complétée d'un index détaillé, et c'est à cette édition-là que nous renverrons dans la suite[11].

Dans l'épître dédicatoire à Gabriel Le Veneur, évêque d'Evreux, Strébée s'excuse de la 'témérité' de son entreprise: les érudits de son temps ne confessent-ils pas ne rien comprendre à l'ouvrage de Cicéron? Un homme célèbre n'a-t-il pas déclaré tout récemment qu'il considère comme fous tous ceux qui prétendent pouvoir suivre et mettre en pratique les préceptes de Cicéron concernant les nombres oratoires et les genres du style?[12] Pourtant, Virgile lui-même l'a déjà dit: 'Labor omnia vincit Improbus'. Strébée s'est donc mis au travail. Travail qui en a valu la peine, car l'*Orator* est le chef-d'œuvre de Cicéron, comparable à la Vénus d'Apelle ou au Zeus de Phidias. Et Cicéron s'est surpassé surtout dans ses observations sur les nombres oratoires:

> Numerorum (autem) magna vis est in animis nostris, adeò ut sine illis oratio videatur agrestis & incondita (...). In summa dicam, hoc numerus est in oratione, quod modorum solatium in hominum vita. Quemadmodum sine ulla musica, ratio vivendi tristior est & languidior, ita sine voluptate numerorum, nimis iniucunda & infirma est oratio.
>
> (*Comm.*, ff. iv-v)

Voilà le message de Cicéron pour notre siècle (memoriae seculi nostri). Message essentiel surtout pour la jeunesse studieuse; et tout ce que Strébée a entendu faire en écrivant ce Commentaire, c'est leur tendre la main et leur montrer le chemin qui mène vers Cicéron (*Comm.*, *ibid.*).

Il est clair, dès lors, que Strébée s'efforcera avant tout d'expliciter les passages concernant le nombre oratoire; et l'on constate en effet qu'il a pris le plus grand soin à mettre de l'ordre dans les allégations parfois confuses de Cicéron. Son approche toutefois est sympathisante, nullement agressive comme le sera celle de Ramus dix ans plus tard.

Strébée commence en explicitant la définition générale de la *collocatio verborum* (*Or.* 44, 149); comparons le texte et le commentaire:

---

[11] Exemplaires à la B.N. (cote X. 3118/1) et à la B. U. de Leyde (cote 573 F 14). Cité: *Comm.* Voir *Ann.* I, n° 3b.

[12] *Comm.*, f°ij^ro: 'Nec ignotum quod homo nostra aetate nominis amplissimi, non sine multorum consensu, memoriae prodidit, eum dementem & insanum videri, qui quod Cicero de numeris oratoriis, & eloquendi generibus hic scriptum reliquisset, id non modò scire se, sed etiam consequi posse profiteretur.' Strébée fait-il allusion à Erasme (1528), à Melanchthon (1531) ou à Bucoldianus (1534)? Voir *infra*, chap. 6 § 4B.

(a) *Cicéron*: Collocabuntur igitur verba, aut ut inter se quam aptissime cohae-
reant extrema cum primis eaque sint quam suavissimis vocibus, aut ut
forma ipsa concinnitasque verborum conficiat orbem suum, aut ut comprehensio numerose et apte cadat.

(b) *Strébée*: Collocationem verborum partitur in iuncturam, qua inter se quàm
aptissime cohaerent extrema verbi prioris cum primis syllabis proximi
verbi: in voces sonósque verborum: in numerum quendam apte cadentem,
quo forma ipsa concinnitásque verborum, id est figura aut similiter cadens
& desinens, aut paria ac contraria referens, conficit orbem suum, id est
absolvit periodum: tandem in numerum artificiosum, quo comprehensio, id
est periodus citra figuram verborum numerose & apte cadit. In his est compositio verborum.

(Comm., p. 145)

Dès le début, donc, Strébée distingue entre *iunctura*, *concinnitas* et *numerus*,
en précisant que par *concinnitas*, Cicéron entend les quatre figures gorgianiques qui peuvent 'balancer' une période d'une tout autre manière que
le *nombre* proprement dit; le nombre au sens strict — qui se fait par un
savant 'mélange' de syllabes longues et brèves — Strébée l'appelle *numerus artificiosus*, terme qui ne se rencontre nulle part dans l'*Orator*; il souligne de nouveau que dans ce cas, la période se construit indépendamment
des figures gorgianiques ('citra figuram verborum').

    Quelques pages plus loin il répète cette division:

Collocationem partitus erat in iuncturam & voces, in concinnitatis orbem,
in numerosam comprehensionem. Etc.

(Comm., p. 161)

On remarquera que Strébée appelle *numerosa comprehensio* la 'période
nombreuse', autrement dit qu'il se sert de l'adjectif *numerosus* pour désigner le *numerus artificiosus*; notons dès maintenant, que dans *De Electione* il
établira une distinction entre *numerosa concinnitas* et *numerus*, c'est-à-dire
qu'il réservera le terme *numerosus* pour les gorgianismes.

    Ce n'est pas dire que dans le *Commentaire* il ne distingue pas clairement
entre *concinnitas* et *numerus*; mais il se sert d'autres termes. A propos d'*Or.*
49, 164-7 il revient sur cette distinction:

...Hinc numerus est duplex, alter est è figura verborum, quam dicit concinnitatem, alter autem ex ipsa compositione & collocatione verborum, quae
artificiose constituta(...). Hic enim positus est in schemate, quòd suapte
natura cadit ad aurium voluptatem. alter ille consonat è longis brevibusque
syllabis. unde sunt rhythmici pedes...

(Comm., p. 163-4)

Les remarques qui suivent aussitôt après sont du plus haut intérêt, et
nous verrons également qu'elles feront longue vie. Dans le passage correspondant de l'*Orator* en effet, Cicéron parle de la *concinnitas* comme du

stade primitif du nombre oratoire; en quelques mots il en retrace l'évolution qui va de Gorgias, via Isocrate, jusqu'à Thrasymaque. Or, ce qu'il y a d'intéressant dans le commentaire de Strébée, c'est qu'il met en parallèle les procédés — primitifs — de la *prose grecque* du temps de Gorgias avec les procédés de la *poésie* 'vulgaire' de son propre temps:

> [Les *veteri* (avant Isocrate) ne connaissaient pas le nombre;] ...sed, *quod etiam rustici faciunt*, rhythmum quendam similiter exeuntem, aut certum numerum syllabarum metientem delectandi gratia quaerebant. Talia sunt quae proponit è sua Miloniana...etc.
>
> (*Comm.*, p. 164)

'*Rhythmum* quendam similiter exeuntem': ces mots trahissent bien la nationalité française de notre auteur. *Rhythmus*: cela veut dire, sans aucun doute possible, *rime, rithme*. Ce n'est pas Cicéron qui lui a fourni ce terme...

Ce mot *rhythmus* reviendra sous sa plume deux années plus tard, mais cette fois-ci dans le sens de *poème*. Or, comme on sait, cela est également l'une des significations du mot français *rithme*, étrangement polysémique.

Mais ce qu'il importe avant tout de souligner, c'est que ces remarques se produisent à l'intérieur d'un contexte strictement cicéronien. Disons-le dès maintenant: la poétique française, comme la poétique italienne, naîtra de cette confrontation avec le texte cicéronien. Et ce sera *toujours* le nombre oratoire, sous les espèces de la *concinnitas*, qui servira de relais.

Dans la suite du *Commentaire* Strébée analyse d'abord les exemples de la *concinnitas* que Cicéron a puisés dans ses propres discours (*Pour Milon, Contre Verrès*) pour donner ensuite des exemples analogues pris dans les discours de Gorgias que Strébée cite en grec (*Comm.*, p. 165). Pour élucider la différence entre rythme et mètre il citera de même le huitième chapitre du troisième livre de la *Rhétorique* d'Aristote, également en grec. (*Comm.*, p. 171). A propos d'*Or.* 51, 170 il avait déjà observé:

> Numerum accipit (*scil.* Cicero) ῥυθμόν, non μέτρον. propterea distinguit ad tollendam ambiguitatem. Numerus etenim apud Latinos etiam μέτρον significat.
>
> (*Comm.*, p. 168)

Cette distinction et celles dont nous venons de parler constitueront la base des chapitres les plus importants du second livre de *De Electione*. Après cet aperçu du commentaire sur l'*Orator*, rapide sans doute mais suffisant pour notre propos, c'est vers l'œuvre maîtresse de l'humaniste rémois qu'il convient de se tourner.

§ 3. De Electione *(1538)*: *D'Estrebay et la querelle du Cicéronianisme*

Chasser la 'barbarie' des écoles, remettre en honneur la tradition de l'*ornate dicere* telle qu'elle avait été instaurée par les grands écrivains de l''âge d'or' de la langue latine, voilà le but essentiel de Strébée[13].

Pour lui, comme pour la plupart de ses contemporains, l'exemple le plus parfait de la pureté latine est Cicéron. Pourtant, il ne dédaigne pas les autres écrivains, comme le font les Cicéroniens 'de stricte observance': les écrits de Pline ou de Sénèque serviront également de modèles à la jeunesse studieuse. Ainsi, Strébée a commenté dans ses cours le second livre de l'*Histoire Naturelle*, et présenté une belle édition des *Questions Naturelles*; son but n'étant pas seulement de mettre à la disposition des étudiants les trésors des sciences naturelles de l'Antiquité, mais aussi et surtout la pure éloquence latine:

> Agedum boni adolescentes, quibus scientia naturalis est curae, cognoscite & latinum philosophum, ut non intelligere modò, verumetiam rectè loqui possitis...[14]

On comprend dès lors que Strébée se trouve, dans la querelle du Cicéronianisme, sur la même ligne qu'Erasme: jamais son admiration pour le 'prince de l'éloquence latine' ne devient dévotion béate. L'ouvrage privilégié pour s'expliquer à ce sujet, c'est évidemment *De Electione*; et Strébée n'y manquera pas. Mais c'est encore dans sa polémique avec Périon qu'il se prononce contre le Cicéronianisme 'puéril' dont fait preuve ce dernier:

> ...nec dicat *(scil.* Périon), Cicero non ita loquitur, sed sic, Nemo scriptor bonus ita loquitur. Saepe reliqui verba à Cicerone contexta, ne mea puerilis esset, ut istius (= Périon) imitatio[15].

Dans quels chapitres du *De Electione* peut-on s'attendre à rencontrer des sorties contre les Cicéroniens? Dans le premier livre, c'est avant tout au

---

[13] Faisant écho à Ste Marthe, Zeltner dit à ce propos: 'Primus certe Lutetiis puriorem loquendi & scribendi modum induxit, & a barbarie maxima, ibidem dominium obtinente, Scholas expurgavit': (1720), p. 513.

[14] L. A. Senecae...*Naturalium Quaestionum ad Lucilium libri septem*, *à Matthaeo Fortunato, Erasmo Roterodamo, & Lodoico Strebaeo diligentissime recogniti.* Paris, M. Vascosan, 1540. Préface signée D'Estrebay. Passage cité: f° 2ᵛᵒ. Cf. *ibid.*, f° 1ᵛᵒ: 'Quo fit, ut ii nobis debeant esse gratiores, qui non ad intelligendum modò, sed etiam ad eloquendum nos adiuvant. Nunc bona iuventus corrumpitur impurissimo & foedissimo genere loquendi...etc.' Le cours sur Pline: f° 2ʳᵒ. Voir *Ann.* I, no. 7.

[15] *Quid inter Lodoicum Strebaeum & Ioachimum Perionium non conveniat in Politicwn Aristotelis interpretatione*, Paris, M. Vascosan, 1543, f° 3ᵛᵒ. Cf. *ibid.*, ff. 2ᵛᵒ, 16ᵛᵒ sqq. Voir Stegmann (1976) et Schmitt (1983), p. 73sqq. + notes 28, 29 (p. 166). Périon dit e.a.: '...in Aristotelis libris...convertendis, unum mihi Ciceronem ad imitandum [proposui]...'. Baillet dira de lui: 'il [= Périon] a souvent fait le Cicéronien à contretems': (1725), p. 337 n. 12; cf. p. 397-8. Voir *Ann.* I, no. 9.

chapitre consacré aux *verba vetera* & *nova* (I, 18); et dans le second, aux chapitres à la fin concernant les niveaux de style (II, 17sqq.). Le néologisme
en effet a joué un rôle de premier ordre dans la querelle du Cicéronianisme: Erasme n'avait-il par été scandalisé par le fait que les Cicéroniens
tels que Bembo — prélat de l'Eglise, pourtant — préfèrent 'Jupiter
O.M.' au simple 'Dieu le Père'? Le vocabulaire chrétien, inconnu de
Cicéron, est pour Erasme l'un des enjeux de la querelle. Comment!
Rejeter les néologismes introduits dans la langue pour désigner les mystères et les cérémonies de la nouvelle religion? Ce serait aller à l'encontre
du précepte-pilote de toute la rhétorique cicéronienne: celui de l'*aptum*.
La parole ne doit-elle pas justement épouser la réalité? Les *verba* ne
doivent-ils pas s'adapter aux *res*? Quelle folie que de vouloir couper la
parole à l'Histoire! Et quel coup mortel, en vérité, pour l'ἦθος de
l'orateur...

Ce raisonnement si lucide d'Erasme — que nous ne faisons que
paraphraser — a résonné dans la tête de Strébée au moment où il a écrit
De Electione, paru dix ans après le *Ciceronianus*, et quelques années seulement après le fracassant pamphlet du jeune Dolet *contra D. Erasmum, pro
C. Longolio*. Impossible à Strébée de ne pas prendre position. Il prend
position, on s'en doute, en faveur d'Erasme. Cela ne veut pas dire qu'il
adopte toutes les opinions de celui-ci, et notamment qu'il partage sa
méfiance à l'égard du nombre oratoire héritée probablement
d'Augustin[16]. On peut dire que là, Strébée a essayé de concilier Erasme
et Dolet en considérant qu'il serait dommage d'ôter à la langue latine ce
qu'elle a de plus raffiné et de plus 'gai' à la fois (on se rappelle ce qu'il en
dit dans son Commentaire): ici, Strébée se montre beaucoup moins rigo-
riste que son collègue hollandais... Mais en ce qui concerne les néologismes chrétiens, il est entièrement de l'avis d'Erasme, comme le sera vingt
ans plus tard Ramus[17]; et les exemples qu'il donne à ce propos correspondent en grande majorité à ceux donnés dans le *Ciceronianus*:

> Non sum (tamen) in ea opinione, in qua recentiorum quidam ridicule
> superstitiosi & sunt & fuerunt: Nullum omnino verbum usurpandum esse
> putant, nisi quod apud Ciceronem invenitur. Quos & ipse Cicero, cui tan-
> tum deferunt honorem, duabus sententiis damnat [Il les cite] (...)
> Ne igitur nostra culpa languescamus inopia: veterum quos doctissimi
> quique magno consensu probaverunt, authoritate nitamur. Eorum verba,

---

[16] Voir *infra*, chap. 2 § 3 *n*. 17.
[17] Ramus, *Cic.* (1557), p. 27-8: 'Quare Ciceronis imitator verba quaedam, nunquam à
Cicerone usurpata, pro Ciceronianis usurpabit: Sed tamen nihil temerè, nihil sine iudicio. Religio Christiana, Reipub. forma, res multas Romanis veteribus inauditas nobis
attulit, quarum nominibus uti Ciceronianus noster minimè formidabit. Papa, Cardinalis,
Archiepiscopus, Episcopus, Abbas Monachus, Presbyter, Diaconus, & eiusmodi infinita
religionis nostrae verba sunt: Connestablus, Admirallus,..etc.'

quum licebit, praeferamus novis. Si non erunt idonea, tum recentiora animo & aurio iudicio ponderemus, & audeamus aliquid doctis viris authoribus. Nova traxerunt in usum Christiani, cuius generis sunt haec, Christus, fides, baptismus, sacramentum, eucharistia, spiritus sanctus, ecclesia catholica, evangelium, apostolus, evangelista, evangelizare, baptisma, baptizare, paradisus, purgatorium, excommunicatio. Sunt alia usu omnium iam recepta, quibus me iudice utare licet, & maxime si magis idonea reperire non possis. Non dico tamen deitatem pro divinitate, pietatem pro misericordia (...etc.)...& alia sexcenta quae barbaries & ignorantia sine ulla necessitate invexit in linguam latinam.

(De Elect. I, 18, f°44ro-vo)[18]

Combattre les Cicéroniens à l'aide de l'enseignement de Cicéron lui-même: telle avait été exactement la tactique d'Erasme, que Strébée n'avait qu'à reprendre.

Inutile de pousser plus loin notre enquête: la position de Strébée est claire. Ceux qui douteraient encore de la 'connivence' des deux humanistes liront avec profit l'éloge que le Rémois a fait du style du grand

---

[18] Erasme, Cic., LB I, col. 995B, 997A: exemples de néologismes. Sur ces questions, voir les remarques de Fumaroli (1980), p. 102 n. 115 et l'article de G. W. Pigman (III), 'Imitation and the Renaissance sense of the past: the reception of Erasmus' Ciceronianus', in Journal of Medieval and Renaissance Studies 9/2 (1979), p. 159sqq. ('Erasmus' central argument against strict Ciceronianism depends on what one can call historical decorum.'). Comme toujours, le nom de D'Estrebay manque dans cette étude bien documentée par ailleurs. Ibid., p. 163, Pigman cite le passage de Ramus qui précède celui que nous venons de relever. Il ajoute: 'Ramus' Ciceronianus of 1557 provides a more interesting example of the neglect of Erasmus' arguments for historical decorum. For Ramus does approve using Christian words in Christian contexts [Il cite.] This looks like an enunciation of a historical principle, but the context shows that it is not. Ramus' method in his Ciceronianus is to justify a program of study from Cicero's own practice. In this passage Ramus is approving Cicero's habit of using an obsolete word or expression or of adopting a Greek word if an ordinary Latin word is not ready to hand.' Cette argumentation ne nous semble pas fondée. Car l'implication des affirmations de Ramus est sans aucun doute: 'Si Cicéron avait vécu aujourd'hui, il aurait admis ce genre de termes, étant donné qu'il n'a pas hésité à introduire des néologismes dans la langue de son époque'! Bien plus: Ramus dépasse la 'contradiction interne' dans l'argumentation historique d'Erasme — contradiction signalée par Pigman lui-même aux pp. 174 et 175 de son étude — en soutenant la thèse: 'Si Cicéron avait vécu aujourd'hui en France, il aurait cultivé la langue française'! Conclusion: contrairement à ce que prétend Pigman, Ramus se sert dans les deux cas de l'argument du 'decorum historique'; et c'est sur la base de ce même argument qu'il rejette 'l'hérésie' du Cicéronianisme étroit. 'Quid, inquies, aut qualénam istuc est, quod Ciceronianum appellas? Equidem quod rectae & emendatae loquendi consuetudini congruum & consentaneum usquam fuerit, id Ciceronianum vel maximè reputo: hanc enim regulam Cicero sibi proposuit.': Cic., p. 18-19. Même à propos de Melanchthon Pigman semble hésiter (cf. ibid. (1979), p. 167-8: '..not out of a strong conviction that one must adapt one's modes of speech to the standards of one's times'), bien que l'emploi conscient et systématique de l'argument historique chez celui-ci crève les yeux. Melanchthon dit littéralement: 'Serviendum est enim temporibus et locis. (...) Quare merito ridentur inepti quidam, qui pro fide persuasionem, pro Evangelio coelestem Philosophiam, et alia similia dicunt.' Ces Cicéroniens sont in-epti, parce qu'ils ne respectent pas le principe-pilote de la rhétorique cicéronienne, à savoir l'aptum. Nous reviendrons sur ces passages qu'on trouve dans les Elementa rhetorices de Melanchthon: voir infra, chap. 6, § 4B.

Roterdamois dans le chapitre *De elocutione tenui* au second livre du *De Electione* (II, 19)[19].

§ 4. Numerus *et* concinnitas *dans* De Electione

Dans le *Commentaire* de 1536, D'Estrebay avait été obligé de suivre les développements de Cicéron pas à pas, son apport personnel se bornant à la mise en parallèle des conceptions de ce dernier avec celles d'Aristote ou de Quintilien ainsi qu'à un travail d'explicitation déjà méritoire. On se rappellera par exemple que si Strébée distingue nettement les procédés de la *concinnitas* de ceux du *numerus* proprement dit, il se sert du terme *numerus* pour désigner aussi bien les uns que les autres. C'est que Cicéron lui-même n'avait pas fait autrement dans certains passages de l'*Orator*; ainsi, il termine son exposé des figures gorgianiques en disant: 'Ergo et *hi numeri* sint cogniti...' à quoi correspond la remarque de Strébée: '*eos numeros* Gorgias invenit...' (*Comm.*, p. 173).

Dans *De Electione* Strébée a les mains plus libres; il est clair qu'après avoir fini son commentaire, il a fait un effort considérable dans le sens de l'élucidation des concepts et leur définition exacte. Laissant de côté à peu près tout ce qui dans l'*Orator* avait trait à la philosophie, à la morale, et en général tout ce qui appartient au côté 'signifié' du langage, Strébée se borne dans *De Electione* à l'aspect purement formel. Dans le premier livre, il s'occupe en détail des *verba singula*, dans le second il parle des *coniuncta*. Dans ce second livre, Strébée se concentre en premier lieu sur la 'mise en place' des mots, la *collocatio*. Partant de l'unité minimale: le phonème, il ajoute chaque fois un élément nouveau: la combinaison de deux phonèmes, de deux mots, de deux syntagmes, pour aboutir à des considérations sur la période oratoire avec sa clausule 'métrique'. Voici un aperçu des matières traitées au second livre, couvrant quelque 150 pages:

Chap. 1-2 Prose libre / prose d'art
Chap. 3-6 la *coagmentatio*
Chap. 7-10 la *concinnitas*
Chap. 11 la différence entre *numerus*, *concinnitas numerosa* et *metrum*

---

[19] *De Elect.*, f° 118vo: '...Illum dicendi purissimum candorem multis in locis habuit eloquentiae latinae princeps, habuit & Caesar...(...) Hoc genere floruit temporibus nostris Desiderius Erasmus, cuius opera multa sunt acute subtiliterque conscripta, pauca verò senilia [allusion à Dolet?], quae ex industria deiecit infra dignitatem purae & candidae tenuitatis. Apud eum copiosus & enucleatus est sermo, sententiae crebrae ac minutae, ioci multi, nec ingrati sales: verba bona atque usitata: figurae plurimae, nec abhorrentes ab usu frequenti. Ambitus ita contracti, ut spiritum maiorem non desiderent. Numerus saepe nullus, saepe pressus ac venustus. Omnia quae suscepit, docet, & diludiciora non ampliora facit. Laudabilia sunt haec omnia in oratore, cui statutum est, humilem, sed tutam, docendi rationem consectari.'

On voit que Strébée adopte la division tripartite de Cicéron, mais omet le mot *compositio* qui pourrait prêter à confusion (entre genre et espèce) pour le remplacer par un terme plus 'matériel': *coagmentatio*[20].

La préface au second livre est une vibrante diatribe contre ces 'bourreaux (carnifices) de la langue latine' qui méprisent l'étude du style, qui au lieu de se conformer aux règles de la *collocatio* se laissent aller à une *impura colluvio verborum*, et ne convoitent que la vaine faveur des masses. Très habilement, Strébée fait d'avance 'la leçon par l'exemple': dans cette *vituperatio*, tous les procédés stylistiques dont il va parler en détail sont d'ores et déjà mis en œuvre, exhibés.

Cette *colluvio* est donc la dégradation de l'*oratio soluta* que Strébée va démarquer contre la prose plus 'travaillée' qu'il préconise:

> Omnis oratio vel est soluta, vel colligata. Soluta dicimus, quae numerorum vinculis, & compositione verborum caret. Qui fundit eam, non elaborat ut omnia verba inter se consonent, atque sine hiante iunctura copulentur, non observat quos ordine statuat pedes & quomodo clausulam finemque deponat. Curam adhibet ut latina sit, & emendata.
>
> (*De Elect.*, f° 61vo)

Voilà déjà une définition *a contrario* de la prose artiste: elle doit être euphonique, symétrique et 'nombreuse', obéir aux lois de la *coagmentatio*, de la *concinnitas* et du *numerus*. Par la suite, Strébée va s'occuper uniquement de cette prose 'liée'. Faisant écho à Cicéron, il la définit positivement:

> Colligatur oratio (si Ciceroni credimus) coagmentatione, concinnitate, numero. Coagmentatio est eorum structura verborum, quae molliter in iunctura cohaerent (...)
> Concinnitas est oratio cadens apte, beneficio figurarum, quae paria paribus referunt, quae antitheta componunt, quae similiter cadunt, aut quae eodem modo definiunt extrema. Haec enim quatuor schemata per se perficiunt orbem, atque delectant aurium sensum.
> Numerus est orationis modus ex apta pedum collocatione.
>
> (*De Elect.*, f° 65ro)

Par une *coagmentatio* judicieuse, on évite l'hiatus, et en général tout ce qui heurte l'oreille; par l'emploi des *figures gorgianiques* (*isocolon*, *antithèse*, *homéotéleute* et *homéoptote*: effets de rime et de balancement) on obtient cette *concinnitas* qui équilibre la phrase. Les pieds métriques doivent être pré-

---

[20] Cf. Cic. *Or.* 44, 149; Streb. *De Elect.*, f° 65ro. Sur l'ambiguïté de *compositio* chez Cicéron, voir Yon *éd.* (1964), p. CXLI; Cicéron s'est servi du verbe *coagmentare*: *Or.* 23, 77.

sents dans tout le discours, et surtout à la clausule d'une période, mais toute exagération — le rythme dégénérant en mètre — doit être considérée comme un 'vice intolérable' (cf. Cic. *Or.* 65, 220).

Après avoir parlé longuement de la *coagmentatio*, Strébée passe à l'étude de la *concinnitas*, à laquelle il paraît attacher une importance qu'on pourrait juger excessive. D'une part, il s'efforce de bien distinguer, au niveau terminologique, la *concinnitas* qui est *numerosa* du *numerus* lui-même, ne craignant pas de faire figure de 'correcteur' de Cicéron. D'autre part, il consacre *un chapitre entier* à chacune des figures gorgianiques, leur accordant de la sorte une indépendance que Cicéron ne leur avait jamais attribuée[21]. Enfin — comme il l'avait déjà fait dans son Commentaire — il confronte les procédés de la *prose* classique avec ceux de la *poésie française*. Ayant dit auparavant qu'il faut faire un usage économe de ces procédés, force lui est de condamner en bloc la poésie vulgaire: quel ennui, et quelle misère que de se servir indéfiniment de la même figure! (Il s'agit, bien sûr, de la rime.) Et de railler la folle présomption de ces poètes qui se croient en droit de se parer du prestige de l'art oratoire aussi bien que de l'art poétique sous prétexte qu'ils composent des *rithmes*: comme si *rithmer* n'était que la translitération de ῥυθμίζειν! Le passage mérite d'être cité en entier:

> ...Dicit aliquis, Quid hoc ad numerum? haec concinnitas & conformatio in paucis est verbis eodem pacto finientibus, numerus autem insertus est omnibus partibus orationis. Confitendum est hanc concinnitatem, & eum numerum qui est ex temporum spaciis, plurimum differre. Nec dicimus has figuras esse numeros, sed esse numerosas, quoniam illas sponte numerus consequitur. Id notius erit exemplo familiari. Videmus eos qui *rhythmos gallicos* scriptitant, ferè totos esse in similiter cadentibus vel desinentibus (*quod mihi ieiunum*, & *miserum est*, in eadem semper versari figura) assequi tamen concinnitatum beneficio, ut & oratores & poëtae à plerisque dicantur. Poëtas imitantur certo quodam syllabarum numero, Oratores aliquo quasi rhythmo, ex quo ῥυθμίζειν creduntur à vulgo. Quid habent oratorium, nisi hunc forte rhythmum? & quid habent numerosum, nisi eodem modo finitum? Oratores observant pedes, non autem, ut illi, certum numerum syllabarum.
>
> (*De Elect.*, f° 86ʳᵒ)

Dans les chapitres suivants, Strébée continue son travail de définition et de délimitation des concepts: il distingue non seulement nombre et

---

[21] A ce propos, Norden dit à juste titre: 'Strebaeus...sieht in jenen Stellen Ciceros (or. 38ff. 164ff.) von der Konzinnität das wesentlichste Erfordernis für die *suavitas* der Rede', (1971⁶), p. 803. n. 2. Norden, on le sait, a démontré l'importance capitale de Gorgias pour le développement de la prose d'art classique et moderne. Cf. aussi O. Navarre, *Essai sur la rhétorique grecque avant Aristote*, Paris 1900, chap. III. Vu l'importance que Strébée accorde aux figures gorgianiques, on ne peut nier qu'il y a chez lui une tendance à favoriser le style épidictique.

'numerosité', mais encore vers, mètre, pied, etc.[22]; il établit clairement
la différence entre les niveaux de style et leurs propriétés intrinsèques;
bref, il élabore une théorie cohérente de la prose d'art. Mais il serait trop
long de suivre les explications de Strébée, aussi claires et intelligentes
qu'elles soient. Il suffit pour notre propos d'avoir montré que D'Estrebay
confronte plus d'une fois les procédés de la *prose* d'art classique à ceux de
la *poésie* 'vulgaire', à l'intérieur d'une théorie qui doit tout à Cicéron. En
tant que tel, D'Estrebay fait figure de jalon dans cette paradoxale évolution du Cicéronianisme telle que nous l'avons esquissée auparavant et
qui va donc du latin au vulgaire.

Ce sera en vulgaire — en français — que les travaux de Strébée seront
repris, utilisés comme preuves dans un débat où le *numerus* est l'enjeu
majeur. Débat ambigu, rendu possible grâce à (ou au prix de) cette confusion massive entre *numerus* et *numerositas* que Strébée n'a cessé de
combattre.

Avant d'en arriver là, il convient d'examiner deux ouvrages en vernaculaire dont Du Bellay s'est inspiré en écrivant sa *Deffence*: il s'agit de *La
maniere de bien traduire* d'Etienne Dolet et des *Dialogi* de Sperone Speroni.
A l'arrière-plan de ces deux ouvrages, il y a de nouveau l'ombre de
Cicéron.

---

[22] Cf. *De Electione*, II, cap. 11: 'Numerus à numerosa concinnitate, & à metro versuque
differt.' F° 92ro: 'Numerus enim spacia & intervalla syllabarum longa ac brevia metitur, &
ex illorum temperata compositione demulcet aures. Figurarum concinnitates non ex temporibus, & quantitatum differentia, sed aut ex aequabilitate partium, aut simili concentu
relatorum creant voluptatem.'; f° 93ro: 'Liberior est oratio, versus his quasi vinculis astrictior: illa numero similis, hic totus ex numeris'; f° 94ro: 'Non alii sunt pedes in oratione
quam in versu, sed est eorum varia atque diversa collocatio; f° 95ro: 'Pes igitur à numero
differt, ut à toto cursu gradus unus, & una proiectio. Ubi numerus, illic pedes: ubi pedes,
non statim numerus.' Etc., etc. Résumons: La *numerositas* donne une espèce d'harmonie
première, par le balancement des *cola* et les correspondances sonores qui délimitent agréablement ceux-ci. Contrairement à ce qui se passe en poésie, où le rythme est récurrent, il
importe dans la prose de varier autant que possible les effets métriques: la diversité des
pieds est la 'revanche' sur la monotonie virtuelle des couplages opérés par la *concinnitas*.
Cf. pour attester les tendances épidictiques de Strébée le passage suivant: 'Habet ἰσόκωλον
elegantiorem concinnitatem, quando iungitur aut similiter desinentibus, aut eodem pacto
cadentibus (...). At haec tria per se aliqua ex parte numerosa, tum demum pulcherrima
sunt, quum pedibus aptis, & eorum numero iuvantur': *De Elect.*, f° 89^{ro-vo}. Antoine Fouquelin et Omer Talon dont nous parlerons plus loin sont du même avis: voir *infra*, III,
chap. 5 § 3, fin et chap. 6, § 2, cit. (v).

CHAPITRE II

LA MANIERE DE BIEN TRADUIRE D'ETIENNE DOLET (1540)

> ...Cicerone plurimum sum semper usus, atque oblectatus: neque me ad alios ita ferè applicavi.
>
> Dolet, *Oratio II in Tholosam*

§ 1. *Cicéron et Du Bellay*

Au début du traité éthique *De finibus*, Cicéron prend la défense de sa langue maternelle contre ceux qui, tout en étant Romains, préfèrent le grec comme langue philosophique. Il s'insurge contre 'hi quidem eruditi Graecis litteris, contemnentes Latinas', et se demande avec étonnement d'où vient ce 'tam insolens domesticarum rerum fastidium': pourquoi ce mépris du *sermo patrius*? Puis, il passe à l'attaque, et taxe de snobs, de 'faux jetons' tous ceux qui dédaignent leur propre langue:

> Mihi quidem nulli satis eruditi videntur quibus nostra ignora sunt.

Bien plus: non seulement ce sont des snobs, mais ils ont même carrément tort:

> Ita sentio et saepe disserui, Latinam linguam non modo non inopem, ut vulgo putarent, sed locupletiorem etiam esse quam Graecam!

Ce disant, Cicéron force sans doute un peu les choses; mais quelle meilleure défense que l'attaque? Car l'on sait que partout ailleurs, il est prêt à reconnaître la dette que les Romains ont eue, et ont toujours, envers les Grecs. Pour Cicéron, l'imitation reste la base de la création latine, et cela vaut aussi bien pour les orateurs que pour les poètes[1].

Dans le dernier chapitre du livre Ier de son manifeste, Du Bellay cite quelques-unes des phrases relevées ci-dessus (*Deff.* I, 12: 'Deffence de

---

[1] Passages cités: Cic. *De finib.* I, i, 1; iii, 10; ii, 4; ii, 5; iii, 10. Cf. aussi le passage qui fait suite à celui que nous venons de citer: 'Quando enim nobis, vel dicam *aut oratoribus bonis aut poetis*, postea quidem quam fuit *quem imitarentur*, ullus orationis vel copiosae vel elegantis ornatus defuit?'. Pour l'ensemble de la question, voir H. W. Klein (1957), p. 22 n. 5: 'Cicero wird von Dantes Zeit an immer wieder als Kronzeuge für die Verteidigung der Muttersprache herangezogen ... Dante weist als erster auf die Parallelität zwischen der Verteidigung des Lateinischen gegen das Griechische und der des Volgare gegen das Lateinische hin. Diese Parallele gehört später zu den wichtigsten Argumenten der Vulgärhumanisten.' Dante, *Convivio* I, xi, 4 dit en effet: 'Contra questi cotali grida Tullio nel principio d'un suo libro, che si chiama Libro di Fine de' Beni, però che la suo tempo biasimavano lo latino romano e commendavano la grammatica greca, per similianti cagioni che questi fanno vile lo parlare italico e prezioso quello di Provenza.'

l'aucteur'); contrairement à son habitude, il indique le titre de l'ouvrage,
de même que son auteur: 'ce pere d'eloquence latine Ciceron'. M. Chamard dit fort bien à ce propos:

> Cicéron (se) pose en champion de la langue nationale contre la langue grec-
> que. C'est un rôle analogue, de défense nationale, que se donne à lui-même
> du Bellay. Mais en ce faisant, il imite encore: il imite Cicéron, dont il se
> trouve suivre l'exemple et dont il copie le langage[2].

Autrement dit: Du Bellay imite Cicéron...qui prône l'imitation. Au
moyen d'une belle 'mise en abyme', il donne la leçon par l'exemple.
Dans ce dernier chapitre, Du Bellay veut à la fois résumer sa position ('Il
est tens de clore ce pas') et amorcer le sujet du second livre, conçu comme
un *art poétique* (là-dessus, le Censeur ne s'était pas trompé[3]). Seulement,
dans le dernier passage cicéronien que nous avons cité et que Du Bellay
cite également, Cicéron parle *des orateurs et des poètes*; par conséquent, Du
Bellay se trouve forcé de délimiter son propre terrain, et de reléguer la
moitié du travail (concernant l'art oratoire) à quelqu'un d'autre. C'est
alors qu'il se souvient fort à propos d'une promesse qu'Etienne Dolet
avait faite il y a une dizaine d'années à peine: n'était-il pas logique que
Du Bellay, dans ce contexte cicéronien, se souvienne du Cicéronien le
plus célèbre en France à cette époque, et dont la conversion à la langue
vulgaire avait été aussi inattendue qu'éclatante?

§ 2. *Du Bellay et Dolet*

Voici comment Du Bellay parvient à faire le passage du premier au
second livre de son ouvrage, tout en se ménageant le droit de ne plus parler, dans la suite, que des poètes:
(a) fin du premier livre:

> En quoy (Lecteur) ne t'ebahis, si je ne parle de l'orateur comme du poëte.
> Car outre que les vertuz de l'un sont pour la plus grand' part communes à
> l'autre, je n'ignore point qu'Etienne Dolet, homme de bon jugement en
> notre vulgaire, a formé l'*Orateur Francoys*, que quelqu'un (peut estre) amy de
> la memoire de l'aucteur & de la France, mettra de bref & fidelement en
> lumiere.

(b) début du second livre:

> Pour ce que le poëte & l'orateur sont comme les deux piliers qui soutiennent
> l'edifice de chacune Langue, laissant celuy que j'entens avoir eté baty par

---

[2] *Deffence*, éd. Chamard (1970[4]), p. 84. n. 1.
[3] Cf. les remarques d'Aneau au début du second livre, *éd. cit.*, (1970[4]), p. 87-8. n.: 'Ce
chapitre & tous les autre suivans de ce second livre ne conviennent au tiltre de ton œuvre,
ains à la poësie, qui est non la defense & illustration de la langue Françoise, mais une
espece d'ouvrage en icelle langue (...) & d'icelle jointe à ton œuvre, impertinemment tu as
fait tout un livre second. Tout ainsi comme si tu eusses proposé en tiltre, non pas une
defense & illustration, mais un art poëtique.'

les autres, j'ay bien voulu, pour le devoir en quoy je suys obligé à la patrie, tellement quellement ebaucher celuy qui restoit, esperant que par moy, ou par une plus docte main, il poura recevoir sa perfection[4].

Avant de faire appel à Etienne Dolet, Du Bellay renvoie de nouveau à Cicéron, tout comme l'avait fait d'ailleurs son prédécesseur et ennemi de circonstance Thomas Sebillet. Cicéron en effet dit au premier livre du *De Oratore*:

> Est enim finitimus oratori poeta, numeris adstrictior paullo, verborum autem licentia liberior...etc.
>
> (I, 16, 70)[5]

Si Du Bellay ne cite pas comme Sebillet la deuxième partie du passage où figure le mot *numeri*, on peut être certain qu'il y a pensé, soit grâce à l'*Art Poëtique* qu'il avait sous les yeux en rédigeant son pamphlet, soit en se référant d'avance à l'opuscule de Dolet, où il pouvait lire en toutes lettres que l'intention de l'auteur était de parler plus amplement 'd'yceulx nombres oratoires' dans le grand livre à venir: l'*Orateur Francoys*.

La plaquette dans laquelle Dolet annonce cet ouvrage s'intitule, on le sait, *La maniere de traduire d'une langue en aultre*; elle a paru à Lyon en 1540 'chés Dolet mesme'. Dolet justifie son dessein en s'addressant à son protecteur Guillaume du Bellay ('Monseigneur de Langei') à qui il a dédié l'opuscule:

> Je n'ignore pas (seigneur par gloire immortel) que plusieurs ne s'ebaissent grandement de veoir sortir de moy ce present œuvre, attendu que par le passé j'ay faict et fais encores maintenant profession totale de la langue Latine. Mais à cecy je donne deux raisons; l'une, que mon affection est telle envers l'honneur de mon païs que je veulx trouver tout moyen de l'illustrer, & ne le puis myeulx faire que de celebrer sa langue comme ont faict Grecs & Rommains la leur. L'aultre raison est que non sans exemple de plusieurs je m'addonne à ceste exercitation.[6]

---

[4] *Éd.* (1970[4]), p. 85-89. Dans son édition de 1904, Chamard renvoie à l'adieu *au Lecteur* à la fin de la *Deff.*, dont nous parlerons plus loin. Cf. Dolet, *La maniere* f° a3ᵣₒ: 'Parquoy tu te doibs contenter de mon invention & en attendre ou par moy ou par autres la parfection avec le temps': voir *infra*. Egalement Longeon (1978: cité *infra*, n. 10), p. 45.

[5] Cf. Sebillet, *A.P.* I, 3: '(Car) la Rhétorique est autant bien espandue par tout le pöeme, comme par toute l'oraison. Et sont l'Orateur et le Pöete tant proches & conjoinz, que semblables & égauz en plusieurs choses, différent principalement en ce, que l'un est plus contraint de nombres que l'autre.' Dans une note, Sebillet renvoie à 'Ciceron I. liv. de l'Orateur a Quint son frere.'

Notons en outre que De Bellay continue à s'inspirer de Cicéron: après le passage (b) que nous venons de citer, il traduit plusieurs passages de l'*Orator* sans nommer sa source (*Or.* 2, 8; 3, 9; 3, 10): voir les notes de Chamard *ad loc*.

[6] *La maniere*, f° a2ᵣₒ. Voici le titre complet de l'ouvrage: *La maniere de bien traduire d'une langue en aultre. D'advantage. De la punctuation de la langue Francoyse. Plus. Des accents d'ycelle. Le tout faict par Estienne Dolet natif d'Orleans. A Lyon, chés Dolet mesme. M.D.XL.*

Parmi les Anciens illustrateurs de leur langue maternelle, il cite en premier lieu Démosthène et Cicéron; parmi les modernes, il nomme entre autres Pétrarque et Bembo, et le rhétoricien français Pierre Fabri[7].

Ce qui frappe dans cepassage, c'est la similarité du dessein de Dolet avec celui de Du Bellay: même patriotisme, même désir d'imiter les Anciens[8]. Ajoutons: même climat cicéronien. Dans la *Deffence*, la référence à Dolet est emboîtée dans de multiples citations cicéroniennes, tandis que Dolet lui-même se glorifie de son passé de Cicéronien (il fait 'profession totale de la langue Latine'); et nous verrons encore qu'il n'oublie pas non plus son pamphlet contre Erasme écrit cinq ans plus tôt.

Avant de nous occuper plus en détail de l'opuscule de Dolet, il convient de signaler que Du Bellay s'en est probablement souvenu encore à un autre endroit. Le passage en question se trouve tout à fait à la fin de la *Deffence*, dans l'adieu *au Lecteur*; Chamard n'a pas relevé ce parallèle[9].

§ 3. *Cicéron et Dolet: le nombre oratoire dans la prose française*

Pour le latiniste distingué qu'était Dolet, il n'y avait pas de moyen plus indiqué pour 'illustrer' sa langue que la traduction. Fort du 'don de

---

[7] Cf. *Deff.*, *éd.* (1904) où tout ce passage est cité en note (pp. 161-2), et Weinberg, *o.c.* (1950), p. 78. n.*b.* pour les références aux autres auteurs cités: G. Budé, Ch. de Bovelles, J. Dubois. Voir aussi H. Chamard, *Histoire de la Pléiade*, Paris 1961 (1939[1]), t. I, p. 175-6; et surtout C. Dumont-Demaizière, *Introd.* à l'éd. et la trad. du *Liber de differentia...* (1533) de Bovelles, Paris 1973, p. 49-50. Curieusement, Mme Dumont a omis le nom de Dolet dans la liste (peu fournie) des contemporains qui font référence au travail de Bovelles: cf. *ibid.* (1973), p. 61-2.

[8] Cf. Chamard (1904), p. 162. n.: 'On saisit le rapport étroit des idées ici présentées avec celles de la *Deffence*. Nul doute que du Bellay n'eût maintes fois relu cette page...'

[9] *Deff.* (1970[4]), p. 201: 'Toutesfois tu doibz penser que les Arz & Sciences n'ont receu leur *perfection tout à un coup* & d'une mesme main: aincoys par succession de longues années, chacun y conferant quelque portion de son industrie, sont parvenues au point de leur excellence...: et si je congnoy' que la nation Francoyse ait agreable ce mien bon *vouloir*, vouloir (dy-je) qui aux plus grandes choses a tousjours merité quelque louange.' *La maniere*, f° a2[vo] -a3[ro]: '...Car je sçay que quand on voulut reduire la langue Grecque & Latine en art, cela ne fut absolu par ung homme mais par plusieurs; ce qui se faira pareillement en la langue Françoyse, & peu à peu par le moyen & travail des gens doctes elle pourra estre reduicte en telle perfection que les langues dessusdictes... Te soubvienne aussi en cest endroict qu'il est bien difficile qu'une chose soit inventée & *parfaicte tout à ung coup....* joinct aussi qu'en choses grandes & difficilles le *vouloir* doibt estre assés.' Dans le même passage, Dolet dit qu'il a écrit son ouvrage 'à fin telle que les estrangiers ne nous appelleront plus barbares.' Cf. *Deff.* I, 2: 'Que la langue Francoyse ne doit estre nommée barbare.' (Cf. également Jacques de Beaune, *Discours comme une langue vulgaire se peult perpetuer*, Lyon 1548, rééd. Genève 1972, f° B3[vo] sq.) Il est caractéristique de la position prise par Dolet de voir que le même argument avait déjà servi dans l'épître-préface à François I en tête du second tome des *Commentarii* (1538), cette fois-ci pour motiver l'édition d'un ouvrage *latin*: '..id etiam vehementius incitavit, scilicet ut qui ad hoc ferè usque tempus barbariem Gallis innatam putarunt, à Gallis tandem Latinè loqui discant, aut certè Gallos Latinè scire noscant.': cité in Et. Dolet, *Préfaces françaises*, *éd.* Cl. Longeon, Genève 1979, Introduction, p. 17. n. 18.

grace que le Createur (lui) a faict tant en la congnoissance de la langue Latine que de (sa) maternelle Françoyse' (*La maniere*, f° b^ro), il s'était mis au travail: en avril 1542 paraîtront les *Epistres Familiaires de Marc Tulle Cicero, pere d'eloquence Latine*; en janvier 1543, les *Questions Tusculanes de M. T. Ciceron*, auxquelles il fait déjà allusion dans *La maniere* (f° b2); en mai 1544 enfin, en appendice au *Second Enfer*, *Deulx Dialogues de Platon* (il s'agit de l'*Axiochus* et de l'*Hipparchus*, dialogues pseudo-platoniciens; Dolet traduit en fait la version latine d'Agricola)[10].

Au préalable, Dolet avait fait part 'au peuple Françoys' de ses réflexions concernant *la maniere de bien traduire*, avec en appendice des observations sur la ponctuation et les accents en français[11]. L'opuscule avait paru en juin 1540, et faisait partie d'un projet plus ambitieux qui devait comprendre e.a. une grammaire, un art oratoire et un art poétique (*La maniere*, f° 4vo), le tout sous le titre de l'*Orateur Françoys*.

> Mais pource que ledict œuvre est de grande importance, & qu'il y eschet ung grand labeur, sçavoir, & extreme jugement, j'en differeray la publication (pour ne le precipiter) jusques à deux ou troys ans.
>
> (*La maniere, ibid.*)

Nous avons vu qu'en 1549, l'ouvrage n'avait pas encore paru; et il ne verra jamais le jour. C'est également le cas pour le deuxième projet, à peine moins vaste: celui d'écrire un *dictionnaire français*, que Dolet annonce dans l'épître *Au lecteur* en tête de la traduction des *Epistres Familiaires*:

> Si j'ay travaillé pour acquérir los & bruict en la langue Latine, je ne me veulx efforcer moins (& ce pour plaisir, sans m'abastardir de l'aultre) à me faire renommer en la mienne maternelle Françoyse. Ce poursuivant, je ne pretends seulement produire ce, qui entierement est sorty de moy (comme desja on a veu par troys Traictés de mon Orateur Françoys: & comme on le voirra entier au commencement du grand Dictionnaire vulgaire, que bien tost imprimeray[12].

---

[10] Cf. Cl. Longeon, *Bibliographie des œuvres d'Etienne Dolet*, Genève 1980: n°s 158sqq, 240sqq, 250sqq. A propos des *Epistres*, Longeon remarque: 'Cette traduction connut un vif succès. Des rééditions en furent faites tout au long du XVIe siècle et d'une partie du XVIIe siècle': *ibid.*, p. 121. L'épître liminaire de la traduction de Platon a été reproduite par Longeon en appendice à sa réédition du *Second Enfer*, Genève 1978, p. 126-127 ('..je vous puis promettre qu'avec l'ayde de Dieu je vous rendray dedans ung an revolu tout Platon traduict en vostre langue.'). Sur cette traduction, cf. A.-M. Schmidt, *art. cit.*, p. 31sqq.; sur *La maniere, ibid.*, p. 38-9. Schmidt résume les règles que Dolet impose aux traducteurs, et remarque à propos de la cinquième: 'Dolet l'a copiée sans doute dans quelqu'un des traités oratoires de Cicéron, son maître (en note: voir *De Imitatione Ciceroniana*, 1535) et elle n'a pour nous qu'un mince intérêt.' — Pour nous, par contre...

[11] Voir Longeon (1980), n°s 93-112; Weinberg (1950), p. 77.

[12] F° a2; l'épître est datée du 1er mars 1542. Citée in Longeon (1979), p. 19 et Longeon (1980), p. 192. Cf. Longeon (1978), p. 86. n.

Dolet me vivra pas assez longtemps pour réaliser ces 'œuvres recomman-
dables à la posterité & aage futur'[13].

Dans *La maniere* il ne parle en principe que de la prose. Mais comme
Strébée, il ne peut se défendre d'aborder également les problèmes poétiques: dans *Les accents de la langue Françoyse* il prend position dans le débat
concernant la *coupe féminine*, entré dans l'histoire comme 'la querelle des
Rhétoriqueurs'. Ce débat a encore dû secouer les esprits à cette époque,
vu le ton hargneux de Gracien du Pont dans son *Art et science de rhetoricque
metriffiee* (1539), qui y consacre de longues pages. Contrairement à Du
Pont, Dolet est favorable à la coupe féminine[14].

---

[13] Cf. l'acte de la condamnation à mort, publié par Cl. Longeon, *Documents d'archives
sur Etienne Dolet*, Saint Etienne 1977, p. 75-77: 'Il sera dict que lad. court a condemné et
condemne led. *Dollet* prisonnier, pour reparation desd. cas, crimes et delictz à plain conte-
nuz aud. procès contre luy faict, à estre mené et conduict par executeur de la haulte justice
en ung tombereau depuis lesd. prisons de la conciergerie du palais jusques à la place *Mau-
bert*, où sera dressée et plantée en lieu plus commode et convenable une potence, à l'entour
de laquelle sera faict ung grant feu auquel, apres avoir esté subzlevé en lad. potence, son
corps sera jecté et bruslé avec ses livres, et son corps mué et converty en cendres. (...) Et
neantm. a ordonné et ordonne lad. court que, auparavant l'ex(ecu)tion de mort dud. *Dollet*, il sera mis en torture et question extra-ordinaire pour enseigner ses compaignons.'
(...) 'Et neantmoings est retenu in mente curie que, où led. *Dollet* fera aulcun scandalle ou
dira aulcun blaspheme, la langue luy sera couppée et bruslé tout vif.'

L'exécution eut lieu le 3 août 1546; Dolet venait d'avoir 38 ans. A propos de la citation
dans la *Deffence*, Chamard note: 'Comme on en a fait la remarque, il y avait quelque courage à du Bellay d'en parler ainsi qu'il en parle, trois ans à peine après sa mort.': (1970[4]),
p. 85. n. 3.

Outre les ouvrages de Telle et de Longeon, cf. sur Dolet L. Febvre [1968 (1942[1])], I, 1:
'Les bons camarades', ainsi que la bibliographie à la p. 476 de l'éd. de poche.

[14] Sur la 'coupe féminine', cf. P. Laumonier, *Ronsard poète lyrique*, Paris 1932[3] (*réimpr.*
Genève 1972), p. 765-6. Voir Du Pont (1539), f° X[ro]; Dolet (1540), p. 25. Dolet ajoute:
'De cecy je parleray plus amplement en l'art poëtique.'

Gracien du Pont — Sieur de Drusac — et Dolet se haïssaient: cf. R. C. Christie,
Etienne Dolet, réimpr. Nieuwkoop 1964 (1880[1], 1899), p. 113-7; également chap. IV, sur
l'ambiance à Toulouse. Dans ses *Carmina*, Dolet a adressé plus d'un poème extrêment
injurieux au Sieur de Drusac, dont voici un spécimen (*Carminum Liber primus*, in Stephani
Doleti *Orationes duae in Tholosam*, Lyon, Séb. Gryphe, 1534, p. 197 (I, 17)):

> Mirum est sagacem in omnibus naturam, eo
>   Errore lapsum, dum tibi
> Formaret ingens corpus, ut qua oportuit
>   Parte esse guttur, podicem
> Locaverit: nam non loqui te quispiam
>   Ore arbitretur, sed potius
> Cacare, ita obscoenè loqui mavis quidem,
>   Quàm quo decet castum modo,
> Ac aptiora culo verba fundere
>   Studes, quàm honesto gutturi.

Nous entrons dans ces détails, parce qu'ils montrent une fois de plus l'imbrication mal-
saine des problèmes littéraires et religieux dénoncée par Lucien Febvre. Gracien n'hésite
pas à stigmatiser les défenseurs de *nouveaultez* telles que la coupe féminine comme des com-
plices de l'Antéchrist, incarné dans le 'malheureulx damné Leuther' (f° LV[vo]). On sait
que cette tactique a contribué à créer une ambiance qui a fait plus d'une victime: Dolet
brûlé vif, Aneau et Ramus massacrés...

Ce que Dolet dit de la traduction d'ouvrages grecs ou latins en français est très juste, mais devenu monnaie courante pour nous. Il comprime ses idées dans cinq règles. Notons que pour les règles 3 et 4, il s'est très probablement inspiré de Cicéron, tandis que dans les deux premières, il donne comme exemple tel passage des *Questions Tusculanes* et 'quelcque oraison' du même auteur. Voici l'essentiel de ces quatre règles:

1. '...il fault, que le traducteur entende parfaictement le sens, & matiere de l'autheur qu'il traduict...'

2. '...(il fault), que le traducteur ait parfaicte congnoissance de la langue de l'autheur, qu'il traduict: & soit pareillement excellent en la langue, en laquelle il se mect a traduire...'

3. '...il ne se fault pas asservir jusques à la, que lon rende mot pour mot...'[15]

4. '...il te fault garder d'usurper mots trop approchants du Latin, & peu usités par le passé: mais contente toy du commun, sans innover aulcunes dictions follement, & par curiosité reprehensible...'[16]

---

[15] Cf. Cic., *De opt. gen. or.* v, 14: 'In quibus non verbum pro verbo necesse habui reddere...etc.'. Cicéron parle de sa traduction de deux discours célèbres, le *Contre Ctésiphon* d'Eschine et *De la Couronne* de Démosthène (IVe s.): en traduisant, il ne faut pas 'compter' les mots comme des pièces de monnaie, mais les rendre 'au poids' (appendere).

En 1575, Blaise de Vigenère a traduit ce traité cicéronien. Voici la traduction du passage auquel nous faisons allusion: '...J'ai [*i.e.*, Cicéron] torné des Attiques les tant fameuses oraisons de deux tres-eloquens Orateurs, contradictoires l'une à l'autre, Aeschines & Demosthenes: & si ne les ay point tornees comme traducteur, mais comme Orateur, avec les mesmes sentences & formes d'icelles, ainsi qu'ornemens & figures, & les paroles appropriees à nostre usage & coustume: enquoy il ne m'a point semblé necessaire de rendre mot pour mot, mais ay gardé seulement la naïfveté, & la force de tous les vocables: aiant pensé que je n'estois pas tenu de les donner par compte au lecteur, ains comme en bloc seulement les luy peser à la balance.': *Le Traicté de Ciceron de la meilleure forme d'orateurs. Le sixième livre des Commentaires de Caesar...Et, la Germanie de Cornelius Tacitus. Le tout mis en François par le Sieur de Vigenere, comme pour un essay de representer en nostre langue la diversité des styles Latins.* Paris, M. de Vascosan, 1575, f° 10ᵣₒ. Cf. *ibid.*, préface, f° 2ᵥₒ: '...En la traduction des bons autheurs, ce n'est pas assez d'exprimer leur intention, mais faut insister encore en leurs manieres de parler, & les mettre en evidence tout autant qu'il se peut faire. N'estant pas loisible de s'en eslongner, qu'on ne leur face un trop grand tort: & à ceux quant & quant qui n'entendans point la langue verroient volontiers, non seulement ce qui se dict, mais la maniere dont il est dict: la teneur des sentences, & la structure, proprieté & elegance des paroles, au plus pres de leur grace & naifveté naturelle, & de *leur composition numereuse*, aumoins là où elle a esté observée.' On voit que 'l'excercice de style' de Vigenère a plus d'un point en commun avec *La maniere* de Dolet! Sur Vigenère, cf. l'important essai de Marc Fumaroli, 'Blaise de Vigenère et les débuts de la prose d'art française: sa doctrine d'après ses préfaces', in *L'Automne de la Renaissance, 1580-1630* (Colloque Tours, 1979), *éd.* J. Lafond et A. Stegmann, Paris 1981, p. 31-51, et en particulier pp. 35-6, 48; sur l'ensemble de la question traitée dans le chap. présent, voir les deux articles de G. P. Norton, 'Translation Theory in Renaissance France: Etienne Dolet and the Rhetorical Tradition', et 'Translation Theory in Renaissance France: The Poetic Controversy', publiés dans *Renaissance and Reformation/Renaissance et Réforme* 10 (1974), p. 1-13 et 11 (1975), p. 30-44. Les études de Norton confirment et complètent notre propre point de vue.

[16] Cf. Cic. *De opt. gen. or.*, vii, 23: '...verba persequens eatenus, ut ea non abhorreant a

La cinquième règle retiendra surtout notre attention: elle est une preuve éclatante de cette *translatio* (du latin au vulgaire) dont nous avons parlé dans la partie précédente; Dolet y entend transférer le critère de la *compositionis lenitas* — appliqué à la langue latine — au français. A plusieurs reprises, il insiste sur l'importance primordiale de ce critère, comme il l'avait déjà fait dans *De Imitatione Ciceroniana* cinq ans auparavant: l'harmonie du français sera effectuée au moyen de la *Tulliana phrasis*[17]. Qu'on compare le passage suivant avec la cinquième règle de *La maniere*:

> Itaque, quod huc pertinet, quid in Cicerone diligentius observes, quàm quae numerosa sunt, & sonora? Exercitatus, scio, stilus hanc compositionis suavitatem praestat, ubi nisi adsit naturae felicitas, labore te infinito & puerili confeceris, nihil effeceris. Conducit tamen apud Ciceronem numerosae orationis studiosissimum, accuratè circumspicere, qua potissimum ratione verba inter se collocet, numerosamque & aptam comprehensionem extruat.
>
> (*De Imit. Cic.*, p. 68-9)

La cinquième règle, que nous reproduisons ci-dessous, marque la fin de son essai sur la traduction. Pour la première fois dans l'histoire, il sera question de l'harmonie du style en français, qui se confond pour Dolet avec l'observations des *nombres* en prose, donc avec le style périodique. Le passage était encore célèbre au XVIIIe siècle[18].

---

more nostro...' Cicéron y emploie également le mot *regula*. Pour les deux citations, cf. aussi Cic. *De finib.*, III, 4, 15, relevé par Boulanger dans son édition de l'*Art Poëtique* de Peletier (I, 6: *Des Traduccions*), (1930), p. 110 n. 28.

[17] Le nombre comme critère se retrouve, répétons-le, chez Cicéron lui-même: cf. p. ex. *De Orat*. III, 44, 175 'Neque est ex multis res una, quae magis oratorem ab imperito dicendi ignaroque distinguat, quam quod ille rudis incondite fundit quantum potest et id, quod dicit, spiritu, non arte determinat, orator autem sic illigat sententiam verbis, ut eam numero quodam complectatur et astricto et soluto.' A comparer avec la phrase de Dolet qui précède celles que nous allons citer: 'Lenitatem compositionis efficiuntur sonus ipse, & numerus, quibus stilum à stilo facile distinguas.' (*De Imit. Cic.*, p. 68). Cf. aussi les remarques du Cicéronien L. Bruni à propos de la traduction grec-latin, dans son traité *De interpretatione recta* (1425): '...nec aliter servare sensum commode poterit [*scil.* le traducteur], nisi sese insinuet ac inflectat per illius [*i.e.*, de l'auteur à traduire] *comprehensiones* et *ambitus* cum verborum proprietate orationisque effigie.' (L. Bruni Aretino, *Humanistisch-philosophische Schriften*, éd. H. Baron, Leipzig 1928, p. 83-7). Bruni, comme de juste, faisait grand cas du nombre oratoire: cf. p. ex. sa lettre à Battista Malatesta, citée par E. Garin, *L'educazione in Europa 1400/1600*, Rome/Bari 1976, p. 124-5. Sur cette question, voir les remarques pertinentes de H.-B. Gerl, *Philosophie und Philologie*, Munich 1981, pp. 104sqq., 127-8.

[18] Cf. B. Gibert (1725), p. 184 et l'abbé Goujet, *Bibliothèque Françoise*, t. I (1741), p. 206: 'Tout ce que Dolet dit dans le même ouvrage sur l'harmonie du discours, quoique dans son vieux langage, est expressif & sensé. Cet endroit mérite d'être lû tout entier.'

— Après avoir terminé la rédaction de ce chapitre nous avons pris connaissance de l'article de Ch. Bruneau, 'La phrase des traducteurs au XVIe siècle', in *Mélanges d'histoire littéraire de la Renaissance offerts à H. Chamard*, Paris 1951, p. 275-84. M. Bruneau consacre quelques mots à *La maniere* de Dolet, et résume parfaitement notre propre point de vue;

Il est à peine nécessaire de faire remarquer combien Dolet reste fidèle à la terminologie classique. Quant à la question de savoir comment il faudra 'transférer' les *numeri* proprement dits au domaine français, silence complet, ou plutôt: vagues promesses. Du moins a-t-il le mérite de ne pas se perdre dans des raisonnements aussi embrouillés que caducs, comme le feront ceux qui lui succéderont: il affirme, c'est tout.

> Venons maintenant à la cinquiesme reigle que doibt observer ung bon traducteur; laquelle est de si grand' vertu que sans elle toute composition est lourde & mal plaisante. Mais qu'est-ce, qu'elle contient? Rien aultre chose, que l'observation des nombres oratoires: c'est asscavoir une liaison, & assemblement des dictions avec telle doulceur, que non seulement l'ame s'en contente, mais aussi les oreilles en sont toutes ravies, & ne se faschent jamais d'une telle harmonie de langage. D'yceulx nombres oratoires je parle plus copieusement en mon *Orateur*; parquoy n'en feray icy plus long discours. Et derechef advertiray le traducteur d'y prendre garde; car sans l'observation des nombres on ne peult estre esmerveillable en quelcque composition que ce soit, & sans yceulx les sentences ne peuvent estre graves & avoir leur poix requis & legitime. Car pense-tu que ce soict assés d'avoir la diction propre & elegante sans une bonne copulation des mots? (...)
> En somme, c'est peu de la splendeur des mots, si l'ordre & collocation d'yceulx n'est telle qu'il appartient. En cela sur touts fut jadis estimé Isocrate, orateur Grec, et pareillement Demosthene. Entre les Latins, Marc Tulle Ciceron à esté grand observateur des nombres. (...) Conclusion quant à ce propos, sans grande observation des nombres ung Autheur n'est rien: & avec yceulx il ne peult faillir a avoir bruict en eloquence, si pareillement il est propre en diction, & grave en sentences, & en arguments subtil. Qui sont les poincts d'ung Orateur parfaict, & vrayment comblé de toute gloire d'eloquence.
>
> (*La maniere*, f⁰ b4)[19]

après avoir cité la cinquième règle de Dolet, l'auteur remarque en effet: 'Malheureusement le terme de 'nombres oratoires' dissimule des notions complexes qui devraient, dans l'esprit des translateurs, éveiller des idées extrêmement vagues. L'harmonie de la prose latine était fondée sur l'alternance de syllabes brèves et de syllabes longues, la syllabe longue correspondant à peu près, pour l'oreille, à deux brèves: le français ne connaît rien de pareil (..). L'accent du mot latin était un accent de hauteur (..); notre accent est un accent d'intensité. Le début du mot latin était frappé d'un accent secondaire dont nous ignorons la nature. Nous ignorons également ce que pouvaient être l'accent et le rythme de la phrase antique (...). Il en résulte que les exemples cités par Cicéron ou Quintilien, reproduits à satiété par les rhéteurs anciens et modernes, n'étaient pratiquement d'aucun secours pour les translateurs du XVIe siècle.' (*Ibid.*, p. 278-9). Voilà qui est bref, clair et juste. Ajoutons que Norton (1974), p. 8, ne semble pas s'être rendu compte du problème évoqué par Bruneau.

[19] Cf. Dolet, *De Imit. Cic.*, p. 68-71; en marge, *ibid.*, 'Numeri orationis'; 'Vocalium concursum vitat Cicero' (cf. Cic. *Or.* 44, 150); 'Quomodo continuandi numeri in oratione'; 'Ordo numeros oratorios efficit' (cf. *Or.* 65, 219); 'Usitati orationis solutae pedes'. Sur la combinaison âme/oreille, cf. *Or.* 53, 177; *De Orat.* III, 45, 177.

La méfiance d'Erasme à l'égard de la prose 'nombreuse' ne s'explique-t-elle pas en partie par le 'relent de paganisme' qui serait inhérent à une recherche excessive de la forme, inexcusable à une époque où l'unité de l'Eglise est en danger!

Nous en parlons maintenant, frappés par le contraste entre une phrase de Dolet et celle

'Sans grande observation des nombres ung Autheur *n'est rien*': le ton est tranchant, mais — comment faire? Que faire, notamment, de la quantité des syllabes — l'agencement des pieds — sur laquelle se base le concept même du nombre? Dolet, désireux avant tout de transférer les préceptes cicéroniens au vulgaire, se sert d'une terminologie qui n'a aucune base pratique en français. Comment conçoit-il une période 'nombreuse'? Nous en aurons une idée en nous tournant vers le traité de la 'punctuation' qui fait suite à ses remarques sur la traduction. Dolet en effet y donne l'exemple d'*ung periode parfaict*[20]:

> L'empereur congnoissant, que paix valoit mieulx, que guerre, a faict appoinctement avec le Roy: & pour plus confirmer ceste amytié, allant en Flandre il a passé (chose non esperée) par le Royaulme de France: ou il a esté repceu en grand honneur, & extreme joye du peuple. Car qui ne se res-jouyroit d'ung tel accord? qui ne loueroit dieu de veoir guerre assopie, & paix regner entre les Chrestiens? O que long temps avons desiré ce bien! ô que bien heureux soient, qui ont traicté cest accord! que mauldicts soient, qui tascheront de la rompre!

On voit que Dolet prend soin de bien distinguer subordonnées et principales, mais pour nous l'intérêt n'est pas là; ce qui est remarquable, c'est

---

qu'on lit dans *De doctrina christiana* de St. Augustin (IV, 20, 41), source majeure d'Erasme. Dolet: 'sans l'observation des nombres...les sentences ne peuvent estre graves & avoir leur poix requis & legitime'. St. Augustin: 'Sed cavendum est ne divinis gravibusque sententiis, dum additur numerus, pondus detrahatur.' (cité par Norden, (1971[6]), p. 949).

Pour la réplique de Dolet aux arguments 'métaphysiques' d'Erasme, cf. Telle (1974), p. 55-61.

[20] Cf. *La punctuation de la langue francoyse*, in *o.c.*, p. 18-20. Dolet utilise le terme *comma* pour désigner le double point (:), et *colon* pour point final. Il défend cetter terminologie dans une sortie *contre les detracteurs*. P. 19 en marge: *Qu'est ce que periode*; 'Premierement il te fault entendre, que tout argument, & discours de propos, soit oratoire, ou poëtique, est deduict par periodes.

Periode est une diction Grecque, que les Latins appellent Clausula, ou compraehensio verborum: c'est a dire une clausule, ou une comprehension de parolles.

Ce periode (ou aultrement clausule) est distingué, & divisé par les poincts dessusdicts. Et communément ne doibt avoir que deux, ou trois membres: car si par sa longueur il excede l'alaine de l'homme, il est vicieux.' P. 20 en marge: *Exemple d'ung periode parfaict*. 'Si tu en veulx avoir exemple, je te voys forger ung propos, ou il y aura troys periodes.' L'exemple suit.

Curieusement il considère le mot *periode* comme masculin, de même que du Bellay (*Deff*. II, 9), repris par B. Aneau. Cf. F. Brunot, *Hist. de la langue fr.* (1927[3]), II, p. 406. Sur l'art de la période au XVIe s., cf. A. François, *Hist. de la langue fr. cultivée*, Genève 1959, I, p. 217sqq. Dolet, cinquième règle: *ibid.*, p. 222.

Notons par ailleurs que Dolet se montre conscient de la différence entre le français et les langues classiques au début de son troisième traité, *Les accents de la langue francoyse*: 'Les gens doctes ont de coustume de faire servir les accents en deux sortes. L'une est en prononciation, & expression de voix: expression dicte quantité de voyelle. L'aultre en imposition de marcque sur quelcque diction.

Du premier usage nous ne parlerons icy aulcunement: car il n'en est poinct de besoing. Et d'advantage il a moins de lieu en la langue Francoyse, qu'en toutes aultres: veu que ses mesures sont fondées sur syllabes, & non sur voyelles: ce qui est tout au rebours en la langue Grecque, & Latine.'

que pour démarquer nettement les *cola* les uns des autres, il utilise les ressources de la *concinnitas*, c'est-à-dire des figures de mots: antithèses[21] (paix/guerre; bienheureux/maudit), anaphores, rimes, etc. La clausule 'métrique'[22] ne fait pas défaut non plus. Le tout fait l'impression de phrases bien 'bricolées', mais manquant de grâce et de naturel.

En théorie, le nombre oratoire; en pratique, des effets de balancement et de correspondance sonore: voilà ce que nous a rapporté l'analyse de l'opuscule de Dolet. Les poéticiens à venir vont-ils abandonner la théorie du nombre pour s'en tenir aux 'basses' réalités de la prose ou de la poésie françaises? On se doute de la réponse.

§ 4. *Dolet dans le 'réseau' des nouveaux poéticiens français.*

La traduction est un moyen puissant pour l'illustration de la langue française: là-dessus, tous les poéticiens du XVIe siècle sont d'accord. Le roi François I favorisait les traducteurs, et les récompensait en les nommant valets de chambre ou secrétaires auprès de sa personne. Aussi, les traducteurs lui dédiaient-ils à l'envi leurs 'versions'[23].

Ainsi, Dolet dédie sa traduction des *Tusculanes* au roi, et Du Bellay le salue comme père des lettres françaises dans la *Deffence* (I, 4): 'Et qu'ainsi soit, philosophes, historiens, medicins, poëtes, orateurs Grecz & Latins ont apris à parler Francois.'

Il n'est donc pas étonnant que le traité de Dolet ait été 'très goûté du public': entre 1540 et 1548, date de la parution de l'*Art Poëtique* de Sebillet, *La maniere* a été cinq fois rééditée[24].

Nous avons vu que Du Bellay cite l'ouvrage à un endroit stratégique de la *Deffence*; et nous verrons bientôt qu'il s'y réfère encore dans un autre contexte. Mais il n'a pas été le seul à s'en servir: on en trouve également des échos dans d'autres ouvrages de l'époque. Nous pensons en particulier à Sebillet et à Peletier du Mans.

---

[21] Cf. *De Imit. Cic.*, p. 69: Antitheta crebro confert (*scil.* Cicero), quae numerum oratorium ipsa necessitate gignunt, & sine industria conficiunt.' Voir Cic. *Or.* 50, 166.

[22] Ou plutôt quelque chose qui ressemblerait au *cursus planus* du latin médiéval: '...tascherónt de le rómpre (...x́x/xx́x), abstraction faite de la frontière des mots. Cf. Lausberg (1960), § 1052 (1); M. G. Nicolau, *L'origine du 'cursus' rythmique...*, Paris 1930, pp. 1, 42, Exemple: *retributiónem merétur*. Seulement, Dolet dédaignerait sans doute ces *cursus* barbares (et tout le problème est là)! Voir encore Klopsch (1980), p. 158.

[23] Cf. Chamard (1904), p. 78 n. 3. Voir aussi E. Pasquier, *Choix de Lettres..*, éd. D. Thickett, Genève 1956, p. 118sqq ('Lettres sur la traduction': introd.); Norton (1975); Cave (1979), p. 54sqq.; L. Guillerm, 'L'Auteur, les modèles, et le pouvoir ou la topique de la traduction au XVIe siècle en France', dans *Revue des Sciences Humaines* 52/180 (1980), p. 16sqq.

[24] Cf. Chamard (1904), p. 162. n.; Longeon (1980), n°s 94-98.

(a) *Sebillet* (1548)

Sebillet, vers la fin de son *Art Poëtique* (II, 14), vante les mérites des poèmes traduits en français:

> La Version ou Traduction est aujourd'huy le Pöéme plus frequent & mieus receu dés estimés Pöétes & dés doctes lecteurs, a cause que chacun d'eus estime grand œuvre & de grand pris, rendre la pure & argentine invention dés Pöétes dorée & enrichie de notre langue.
>
> (éd. Gaiffe, p. 187-8)

Dans la suite, il donne quelques conseils aux futurs traducteurs, dans lesquels on reconnaît sans peine quelques-unes des règles de Dolet:

> Mais garde & regarde que tu ays autant parfaite congnoissance de l'idiome de l'autheur que tu entreprendras tourner, comme de celuy auquel tu deliberas le traduire. (...)
>
> Ne jure tant superstitieusement aus mos de ton auteur, que iceus delaissés pour retenir la sentence, tu ne serves de plus prés a la phrase & propriété de ta langue, qu'a la diction de l'etrangére. La dignité toutesfois de l'auteur, & l'energie de son oraison tant curieusement exprimé...etc.
>
> (p. 189-90)[25]

(b) *Du Bellay* (1552)

On sait que Du Bellay, dans la *Deffence* (I, 6), proscrit la traduction de poètes, malgré le fait qu'il en faisait fréquemment lui-même. Ses motifs avaient été douteux: 'j'ai grand'peur que ce soit surtout pour faire échec aux Marotiques', écrit Chamard: c'est-à-dire en premier lieu pour faire échec à Sebillet[26].

Au moment où il publie ouvertement une traduction de Virgile et d'Ovide[27], sa position devient intenable; aussi fait-il volte-face dans l'épître-préface à Jean de Morel en tête de l'ouvrage:

---

[25] Cf. Dolet, 1ʳᵉ règle, déjà citée; 3ᵉ règle (*La maniere*, fº b3ʳº): '...Car s'il (= le traducteur) a les qualités dessusdictes..., sans avoir esgard à l'ordre des mots il s'arrestera aux sentences & faira en sorte que l'intention de l'autheur sera exprimé, gardant curieusement la propriété de l'une & l'aultre langue. Et par ainsi, c'est superstition trop grande...etc.'
Notons encore que F. Gaiffe se trompe en affirmant que le terme 'apostrophe' est une invention de Sebillet (*A.P.*, I, 6, *De la couppe fémenine*...), *éd. cit.* (1932²), p. 48. n. 3: 'Ce terme est propre à Sebillet; ses prédécesseurs appellent ce phénomène *synalimphe*...etc.' 'Sebillet établit plus loin la différence — purement orthographique du reste, mais fort nette — entre l'*apostrophe* et *la synaléphe.*' Ces deux termes et l'explication de leur différence se retrouvent dans le traité *Des accents* de Dolet: (1540), p. 30 en marge: *L'origine de synalelphe, & apostrophe en la langue Francoyse.* Dans le cas de la synalèphe, le e-'féminin' s'écrit, mais ne se prononce pas; dans le cas de l'apostrophe, le *e* ne s'écrit ni ne se prononce: *ibid.*, p. 30-31. Cf. *A.P.*, *l.c.*, p. 55-6: il est manifeste que Sebillet s'inspire de Dolet.
[26] Chamard (1939¹), I, p. 187. La réaction ne se faisait pas attendre: Sebillet lui-même d'abord, et après lui Aneau ((1970⁴), p. 4. n. etc.) et Des Autelz (*Replique*, p. 58-59). Voir *infra*, chap. 5 § 1 et chap. 6-8.
[27] *Le Quatriesme livre de l'Eneide de Virgile, traduict en vers francoys. La Complaincte de Didon à Enée, prinse d'Ovide.* Paris, Vincent Certenas (*sic*), 1552. Reproduit par Chamard, dans *Œuvres Poétiques* VI/2, Paris 1931.

Je n'ay pas oublié ce qu'autrefois j'ay dict des translations poëtiques: mais je ne suis si jalouzement amoureux de mes premieres apprehensions, que j'aye honte de les changer quelquefois...

(*éd. cit.*, p. 251)

Or, dans cette préface, il donne également son avis sur 'les loix de traduire'. Qu'on compare ce qu'il en dit avec les règles données par Dolet: on y découvrira mainte similarité[28].

(c) *Peletier* (1555)

La même chose vaut, nous semble-t-il, pour le chapitre *Des Traduccions* dans l'*Art Poëtiqu¢* de Jacques Peletier du Mans, quoi qu'en dise son éditeur moderne[29]. Celui-ci, en effet, prend soin de noter les parallèles en bas de page, se contredisant par la même occasion (cf. notes 10, 24, 27, 29).

A la fin du chapitre *Des Traduccions* (*A.P.* I, 6), Peletier fait une digression sur la *quantité* dans les langues classiques, et renvoie à un autre ouvrage de sa main, probablement l'*Apologie a Louis Meigret* (1550). A ce propos, il parle de 'la loç de Sinalef¢' comme Dolet l'avait fait avant lui (ce que Boulanger ne manque pas de signaler). Revenant ensuite à son point de départ, Peletier s'exprime en des termes très proches de ceux utilisés par Dolet, et prend Cicéron à témoin (s'agit-il d'un passage du *De finibus*, comme le veut Boulanger, ou plutôt du *De optimo genere oratorum*, source probable de Dolet?):

E l'è ancor¢s f¢t pour montrer étr¢ vrei c¢ que j'è dìt alheurs, qu¢ les silab¢s Latin¢s e Grequ¢s se doç¢t prononcer brieu¢s e les longu¢s, longu¢s. Suiuant notr¢ propos, les Traduccions d¢ mot a mot n'ont pas grac¢: non qu'¢l¢s soét contr¢ la loç d¢ Traduccion: m¢s seul¢mant pour r¢son qu¢ deus langu¢s n¢ sont jam¢s uniform¢s en fras¢s. Les concepcions sont comun¢s aus antãd¢mans d¢ tous homm¢s: m¢s les moz e manier¢s d¢ parler sont particuliers aus nacions. E qu'on n¢ m¢ vien¢ point aleguer Ciceron: l¢quel n¢ lou¢ pas l¢ Traducteur consciancieus. Car aussi n¢ féj¢. E n¢ l'antàn point autr¢mant, sinon qu¢ l¢ Tranlateur doç¢ garder la propriete e l¢ naïf d¢ la Langu¢ an laquel¢ il tranlat¢.

(*éd. cit.*, p. 109-110)[30]

Ce qu'il y a d'intéressant ici, c'est le couplage des problèmes de la quantité et ceux de la traduction: Peletier serait-il encore plus proche de Dolet qu'on ne l'a jamais soupçonné? Mais comme Peletier ne fait pas partie de

---

[28] *Ed. cit.* (1931), pp. 248-50, 252: ll. 87-101; 142-152. Dolet: règles 2-4. Cf. aussi Chamard (1939[1]), t. I, p. 174-6.

[29] Cf. l'édition de Boulanger, Paris 1930, *ad loc.*, p. 105. n. 1.

[30] L'influence d'Aneau sur ce chapitre serait également à étudier: cf. *éd.* Chamard (1970[4]), p. 102. n. 2, où Aneau attaque la théorie de l'imitation de Du Bellay: voir *infra*, chap. 5, n. 18.

notre *corpus* (il n'est cité expressis verbis ni par Du Bellay, ni par Aneau)
nous nous contenterons de signaler ici quelques particularités qui mériteraient d'être étudiées dans un contexte plus large que celui auquel nous
nous consacrons.

i) Peletier a écrit un traité *De Ciceroniana Lectione* qui est resté en
manuscrit (Bibl. Nat., *Fonds Latin*, nº. 17 886-317 feuillets).

Nous n'avons pas eu l'occasion de l'étudier.

ii) Dans son *Apologie a Louis Meigret*, il prend les thèses d'Erasme à son
compte (il le cite *ibid.*, p. 16):

> ...car tout¢s sillab¢s longu¢s s¢ prononçoét longu¢s: e briëu¢s, briëu¢s: C¢
> qu¢ nous obs¢ruons si mal qu¢ s'il etoèt possibl¢ qu'il r¢vint quelqu¢ Rõ-
> mein d¢ l'autr¢ mond¢, pour nous ouir parler Latin, il seroèt ampeschè nõ
> seul¢mant a nous antandr¢, m¢s aussi a pouoèr sauoèr quel langag¢ nous
> parl¢rions, tant nous auons depravè la natur¢ll¢ Prolation Latin¢ an c¢la e
> an autr¢s mil andro¢z...

> (*o.c.*, p. 26: cf. p. 212)[31]

iii) Dans les *Discours non plus melancoliques que divers...*[32] dont Peletier
aurait été l'un des principaux collaborateurs, on remarque deux chapitres susceptibles de nous intéresser:

1. Chap. 7, *Des Accens*, & *de la mode qu'on prononce aujourdui le Grec* & *Latin*
   (p. 23-26);
2. Chap. 13, *De la quantité des Syllabes*, & *de ceus qui corrigent les vers de Terence*
   (p. 50-54).

Dans le chapitre 7, l'auteur parle d'abord de la théorie des accents qu'on
trouve dans les grammaires grecques et latines:

> toute syllabe se doit en parlant ou eslever ou baisser, ou les deus ensemble
> (p. 23)

Mais, ajoute-t-il,

> Nous avons es grammaires Gregeoises & Latines force de regles de ces
> accens, lesquelles sont bonnes & vraies, de ce je ne doute point: mais je vous
> asseure que je ne m'en peu jamais aider, & ne vous sçaurois prononcer un
> seul mot ni de Grec ni de Latin de bonne sorte...

> (*ibid.*)

En effet, *aujourdui* tout le monde parle et prononce le latin *a la mode de sa
barbarie*, si bien que

---

[31] Cf. Erasme, à propos de la quantité négligée par les modernes: *De Pronunt.* (1528),
LB I, col. 945E, 946C, cité *infra*, chap. 6, § 4B.

[32] Poitiers, Marnef 1557. Privilège 7 mars 1547 (!). Achevé d'imprimer 13 mai 1556.
Exemplaire B.N., cote Z. 7143.

Le livre est un ensemble disparate d'histoires, faits divers, opinions relatés d'un ton
enjoué qui fait penser à celui des *Nouvelles* de l'époque. Cf. Boulanger, *éd.* (1930), p. 109
n. 22, 25; Chamard (1904), p. 13, qui mentionne 'à la fin du chap. XV une violente sortie
contre l''ode' et contre le pindarisme de Ronsard.'

si nous avons quelque accent ou autre chose telle, en nostre langage naturel, nous l'appliquons en ce Latin, si le parlons: de sorte que si Jule Cesar trouvoit aujourdui Paul le tiers seigneur de sa Romme[33], disant la grand messe pour une feste de Saint Pierre, il ne l'entendroit guere mieus, que fait un François ou un Espagnol l'Italien a la premiere rancontre.

(p. 24)

L'argumentation, on le voit, est identique à celle relevée sous (ii): 'toutes les syllabes me semblent avoir un mesme fil & teneur' (p. 25). D'où, à la fin de ce chapitre, avis aux futurs grammairiens français:

...je voudrois fort que nos Grammariens François avisassent bien comment se prononce nostre langage: escoutassent bien d'un cousté & d'autre, devant que faire leurs regles...

(p. 26)

La problématique est similaire au chapitre 13: cette fois-ci l'auteur met en question la prétention de ceux qui entendent corriger des vers de Térence en y appliquant les règles métriques officielles; opération d'autant plus hasardeuse qu'il s'agit en l'occurence d'un texte comique, où très souvent l'on tire des effets comiques de la prononciation maladroite de certains mots:

O les grans fols! Barbares, qui ne scavés ni sçaurés jamais prononcer droit la moindre syllabe, qui soit en ce Latin, osés vous mettre là la main?... Lessés cela quenalhe, & vous allés dormir, ni touchés profanes a ces saintes reliques...

(p. 53)

D'ailleurs, même en dehors du contexte théâtral il serait vain de s'occuper aujourd'hui de la quantité des syllabes; une comparaison sommaire des systèmes prosodiques anciens et modernes le montre clairement:

...les Gregeois & Latins ont mesuré leurs vers & mettres, par la quantité des syllabes, c'est a dire par certain espace de temps, qui se mettoit a prononcer les vers: là ou nous autres de France compassons nos vers & rimes par certain nombre de syllabes, sans regarder si les syllabes sont longues ou courtes.

(p. 51)

C'est la *nature* qui a enseigné aux peuples anciens la modulation 'metrique'; or,

puis que nostre langage naturel est sans quantité..., quand nous venons a parler les langages estrangers, nous ne gardons la quantité naturelle desdits langages (...) *voyla pourquoy ne trouvés aujourdui homme, qui en parlant garde ceste quantité en Grec & Latin*, pour ce qu'il n'y a plus de gens qui parlent naturele-

---

[33] Cette remarque atteste que la date du privilège coïncide avec celle de la rédaction (voir note précédente): le pape Paul III est mort, on le sait, en 1549. Cf. G. Gadoffre, *Du Bellay et le sacré*, Paris 1978, p. 175sqq.

ment ces langages, dont on puisse ouir la vraye prononciation, & ne se trouvent, qu'aus livres, qui sont muets, comme sçavés.

(ibid.)

Par conséquent, écrire maintenant des vers latins a quelque chose d'extrêmement artificiel, livresque:

> Quand donques aujourdui je veus faire un vers Latin, je vay voir en Virgile, quelle quantité ont les syllabes des mots que je veus mettre en mon vers: autrement ne puis rien faire, & ne congnois que la premiere syllabe d'*Arma* soit longue & l'autre courte, sinon que Virgile me l'enseigne, ou quelque autre ancien d'authorité.

(p. 51-2)

Mais, poursuit l'auteur, qui a appris à Virgile les règles de la quantité? Les poètes nés avant lui? 'Non, c'est nature...'. Et d'en appeler a l'*authorité* de Cicéron afin d'appuyer ses dires:

> Que si quelqu'un doute de ce que je di, qu'il ailhe lire le troiziesme livre de l'Orateur de M. Ciceron.[34]

(p. 52)

Voilà des observations qui rentrent tout à fait dans la perspective érasmienne, et contrastent agréablement avec les raisonnements méandreux de la plupart des écrits théoriques contemporains qui, pour cette raison même, font l'objet de la présente étude...

De toute façon, ces quelques citations constituent une preuve accessoire du fait que la question du *nombre* a fort préoccupé l'esprit de ceux qui se trouvaient dans l'entourage immédiat de la Pléiade[35]. Ceci étant posé, il importe peu de savoir si, oui ou non, il y a eu une 'influence' directe de Dolet sur ces débats.

Ce qui est certain, en revanche, c'est que Dolet a joué son rôle dans l'élaboration de la *Deffence*: comme nous l'avons vu, il est cité à un endroit particulièrement stratégique, à la charnière du livre I et II, et dans un contexte cicéronien. Si Du Bellay, à cette occasion, ne se prononce pas au sujet du nombre oratoire, nous verrons plus loin qu'il s'en est fort occupé, tout comme son devancier Sebillet. Et comment pourrait-il en être autrement? Même en dehors de la problématique cicéronia-

---

[34] 'Vers la fin', précise notre auteur (*ibid.*). Or, à la fin du troisième livre du *De Oratore*, Cicéron parle justement du *numerus* et ensuite de l'*actio* ou *pronuntiatio*.

[35] Nous avons très peu parlé de Ronsard au cours de notre étude; ce n'était pas une 'tête théorique', comme le montre p. ex. son *Abbregé de l'Art Poëtique François* (1565): 'Je te diray en peu de paroles ce qu'il me semble le plus expedient...' Il va de soi pourtant qu'il était au courant de l'enjeu des diverses disputes; vu p. ex. sa référence au Cicéronianisme qu'on trouve dans la Préface à la *Franciade* (1587), où il mentionne 'Longueil, Sadolet (et) Bembe', dont les écrits 'cicéroniens' avaient été fréquemment réédités dans un seul recueil au cours du XVIe siècle.

niste, la nécessité s'en faisait sentir aux poéticiens français, à cause de la parenté — réelle ou fictive — entre le mot 'rime' (écrit *rhythme*, *rhime*, etc.) et le pendant grec du *numerus oratorius*: le ῥυθμός, terme qui leur était d'ailleurs en premier lieu connu à travers les commentaires des rhétoriciens latins sur Aristote.

CHAPITRE III

INTERMEZZO:
LE *DIALOGO DELLA RHETORICA* DE SPERONE SPERONI (1542).

> Scripsit autem [*scil.*, Petrar-
> cha] hoc tempore primam par-
> tem sonulorum (ita enim
> vocant vernaculo sermone) et
> carminum moralium hetrusca
> oratione in laudem Laurae
> suae (mutaverat enim nomen,
> quo magis conveniret carmini)
> et multa bellissime ad nominis
> sonum finxit. Est autem genus
> carminis non pedibus, sed solo
> numero syllabarum dimen-
> sum, syllabis similiter desinen-
> tibus constans, quod vulgus
> rythmos vocat, quamvis longe
> alius esse rythmum his notum
> est, qui versus faciendi ratio-
> nem tenent. Superavitque in
> eo omnes qui ante se vel post
> scripserunt ea oratione.
>
> *Rodolphe Agricola*[1]

Les *Dialogues* de Sperone Speroni degli Alvarotti[2] sont autant de *mises
en scène* qui font penser aux 'jeux de rôle' de nos jours. Speroni fait parler
ses protagonistes *à la façon de* telle célébrité de l'époque; le Bembo du *Dia-*

---

[1] *Vita Petrarchae illustrata per eruditissimum virum Rodolphum Agricolam Phrisium ad Antonium
Scrofinium Papiensem*, Pavie, 1477. Texte reproduit dans L. Bertalot, *Rudolf Agricolas Lobrede
auf Petrarca*, Florence 1928. Passage cité: *ibid.*, p. 9.

[2] *I Dialogi di Messer Speron Speroni*, Alde fils, Venise 1542. Nous citerons d'après la traduction française de Claude Gruget, publiée en 1551 chez V. Sertenas à Paris, et nous
reproduirons quelquefois entre crochets ou en note des mots ou phrases du texte italien
correspondant. Dans tous les cas, nous indiquerons la référence au texte italien (1542) et à
la version française (1551). Nous avons déjà signalé la réédition du *Dialogo delle lingue* par
Hélène Harth (1975); elle est précédée d'une excellente introduction à laquelle nous
devons beaucoup. En 1912, G. De Robertis avait réédité les dialogues *Delle lingue* et *Della
rhetorica* (Lanciano, 1912). Cette réédition est médiocre, ainsi que l'introduction qui la
précède. Voir également l'article de M. Marti, 'Sperone Speroni, retore e prosatore', in
Convivium, nouvelle série, 1 (1954), p. 31-46; E. Garin, 'Réflexions sur la rhétorique',
§ 2, in *Moyen Age et Renaissance*, Paris 1969, II, 2; adaptation d'un article du même auteur,
'Alcuni aspetti delle retoriche rinascimentali', in *Testi Umanistici su la Retorica, éd.* E. Castelli, *Archivio di filosofia* 3 (1953); de même que les articles de Krömer (1967) et de Baehr
(1980), déjà cités.

logue des Langues par exemple tient des discours comparables à — et non pas: identiques à — ceux prononcés par le 'vrai' Bembo, l'auteur des *Prose della volgar lingua*. Speroni présente celui-ci comme le grand défenseur de la langue toscane, mais qui se rappelle encore très bien son passé de Cicéronien: Bembo hésite, se rétracte parfois en répondant à celui qui représente la partie adverse, Lazzaro Buonamico, le Cicéronien 'pur et dur'. Les contemporains ne se sont pas mépris sur l'ambiguïté rôle joué par le Cardinal: nous avons déjà cité les remarques de Varchi à ce propos[3]. Or, chez Varchi, le doute retombe sur *l'auteur* des dialogues qui a peut-être manqué au *decorum* en représentant de la sorte l'auguste personnage: qu'est-ce qu'il a voulu faire, ce Speroni? Il est pourtant évident que lui aussi est favorable à la défense et à l'illustration de la langue 'vulgaire'...

L'exemple du dialogue *des Langues* nous apprend deux choses essentielles à propos de l'œuvre de Speroni. La première, c'est qu'on aurait tort d'identifier sans plus l'auteur avec son protagoniste. La seconde, c'est que *la possibilité même* d'une dramatisation du débat où s'opposent défenseurs et adversaires de la langue vulgaire suppose, chez l'auteur des dialogues, une maîtrise de la problématique mise en scène qu'on chercherait en vain en France à la même époque: il est clair que dans ce domaine encore, les Italiens ont un avantage de plusieurs décennies sur les Français[4].

Il nous semble que ces deux données prises ensemble nécessitent la réinterprétation des emprunts faits par Du Bellay au *Dialogue des Langues*. Trop souvent en effet on a identifié l'auteur avec le personnage qu'il a créé — qu'on pense au commentaire de la *Deffence* écrit par Chamard —; et l'on n'a guère examiné jusqu'ici *dans quel contexte* les passages fraudés ont été pris; examen qui s'impose, ne serait-ce qu'à cause de l'ambiguïté fondamentale qui caractérise les propos du Cardinal. Il se pourrait d'ailleurs que celle-ci ait échappé à l'attention de Du Bellay lui-même, ou du traducteur officiel des *Dialogues*, Claude Gruget, qui remarque candidement dans son introduction:

---

[3] Voir *supra*, I, chap. 1, n. 20.

[4] La distance que garde Speroni à l'égard de la problématique traitée n'a donc rien à voir avec une quelconque 'spirituale fiacchezza' comme le veut De Robertis (1912), p. 25; cf. Marti (1954), p. 33. En ce qui concerne la confusion entre l'auteur du dialogue et son protagoniste: elle est courante dans la littérature sur la *questione della lingua* en Italie. Van den Branden p. ex., résumant les travaux des spécialistes sur la question, prétend que les points de vue de Bembo et de Speroni coïncident ('L'ouvrage [*scil.*, les *Dialogi*] n'apporte pas d'éléments vraiment nouveaux; pour l'essentiel, il confirme ce qui avait été exposé dans les '*Prose*' '): L. van den Branden, *Het streven naar verheerlijking, zuivering en opbouw van het Nederlands in de 16e eeuw* ('Les efforts pour glorifier, purifier et promouvoir le néerlandais au XVIe siècle'), Arnhem 1967 (Gand, 1956[1]), p. 231. Rien de plus faux. (En soi, l'ouvrage est par ailleurs excellent.)

> Le septiesme (*scil.* dialogue) est des langues: ou se peut recueillir de grant fruit, comme l'a bien sceu faire l'un de noz excellentz François, en parlant de l'honneur de nostre langue[5].

Cependant, nous n'entendons pas parler ici du *Dialogue des Langues*; nous comptons y revenir dans le chapitre consacré à la *Deffence* de Du Bellay. Nous allons étudier le dialogue suivant, celui *de Rethorique*. On y retrouve les thèmes majeurs du dialogue qui précède: défense du vulgaire, comparaison de la poétique classique avec la poétique vulgaire, querelle du Cicéronianisme, etc. Mais quelques-uns de ces thèmes sont ici approfondis, notamment celui du *nombre oratoire et poétique*, que Bembo avait abordé également, mais de façon incidente. Or, étant donné que parmi les 'larcins' de Du Bellay se trouvent les passages concernant le nombre, on peut supposer raisonnablement qu'il ait également pris connaissance du dialogue *de Rethorique*, où ce sujet est abordé de front. Il nous semble en outre que même si une *translatio* directe ne peut être établie, ce dialogue mérite notre attention, puisqu'il illustre admirablement la *connexion* de la problématique du Cicéronianisme avec celle de la défense de la langue et littérature vulgaires. Nous verrons en effet que le débat concernant le *volgare* se fait entièrement *en termes cicéroniens*, et l'on soupçonne qu'ici encore, Speroni ait pris un malin plaisir à façonner un dialogue ayant un protagoniste auquel incombe le rôle peu flatteur de personnage héroï-comique: dans cette perspective, le dialogue *de Rethorique* et celui *des Langues* offrent d'insidieuses similarités.

Comme Bembo l'avait tenté avant lui, Brocard[6], le protagoniste du huitième dialogue, essayera donc d'appliquer le métadiscours de l'éloquence classique aux ouvrages des deux modèles de la littérature italienne moderne, Pétrarque et Boccace. Pour décrire 'l'artifice' de ceux-ci, il se servira du vocabulaire technique de Cicéron. Le voici qui affirme de façon péremptoire — comme le fait Dolet en France — que *sans le nombre, 'l'oraison' n'est rien*:

> [Mais] la Rhetorique, & la poësie sont l'artifice des voix des hommes, non comme graves, & subtilz, ains comme propres paroles, en tant qu'elles sont signe de l'intellect, si bien accordées, qu'il en sort une *consonance*, laquelle parlant par Metaphore, & estant par les premiers Rethoriciens comparée au nombre musical, fut nommée nombre, *sans lequel l'oraison n'est point oraison*...[7].

---

[5] (1551), f° VI[ro]. Cf. Baehr (1980), p. 53 + n. 45.

[6] Sur Antonio Brocardo, Vénitien, ami de Speroni et auteur de *Rime* (1538), voir la notice de C. Mutini dans le *Dizionario biografico degli Italiani*, XIV, Rome 1972, p. 383-4 (avec bibliographie). L'auteur cite le texte de Speroni et s'en sert comme d'un document historique. Ce qui prête à réflexion.

[7] (1542), f° 138[ro-vo]; (1551), f° 180ro.

Mais à l'issue de son exposé sur le nombre en latin et en *volgare* le ton
assuré aura disparu, pour faire place à la perplexité, à un sentiment aigu
de faillite: '*Molti sono gli errori onde io mi trovo impacciato...*' Avant d'arriver
à cet aveu désenchanté, un long parcours a été accompli. Quelle est donc
la situation initiale du dialogue *de Rethorique*? Il y a trois interlocuteurs:
Valère, Brocard et Sorance. Sorance tient le rôle de l'élève attentif (*studiosissimo giovane*) désireux d'être enseigné par l'expert *in poëticis*, Brocard.
Celui-ci en effet parlera presque sans interruption. Parfois Valère intervient, mais ses réflexions ne sont que le repoussoir permettant à Brocard
de continuer son exposé. Le lieu de l'entretien est Bologne[8]. L'enjeu: les
rapports entre la langue latine et la langue italienne, et en particulier
entre la rhétorique latine et la rhétorique 'vulgaire', si tant est que cette
dernière existe... Au commencement du débat, Sorance déclenche la discussion — ou plutôt, le monologue de Brocard — en ces termes:

> [Et puis] je suis en doute si l'art oratoire de la langue Latine convient aux
> autres langues, principalement avecques la vulgaire dont nous usons au
> jourd'huy en laquelle il me semble, que pour delecter un melancolique,
> nous n'avons à escrire que des nouvelles, en imitant Bocace: chose vrayement eslongnée de la nature des trois causes que les Latins ont nommées la
> seule & generale matiere de l'art de leur retorique...[9]

Le premier souci de Brocard sera de définir ce qui, selon lui, est l'essence
de la rhétorique. Dans un deuxième temps, il parlera de la compatibilité
ou l'incompatibilité du latin avec l'italien. D'abord donc, la rhétorique et
son objet, le discours. Ce qui frappe d'emblée dans la définition du discours proposée par Brocard, c'est son caractère réducteur:

> ...Sans y songer d'avantage il m'est avis, que la *delectation* est la vertu de
> l'oraison: & qu'elle prend sa beauté en la force de persuader qui
> l'escoute...[10].

Le *diletto* a une fonction essentielle dans le discours. Ce préalable a bien
entendu des conséquences importantes pour la définition de l'art oratoire; la voici:

> Rhetorique n'est autre chose qu'un gentil artifice de bien & gracieusement
> dresser les paroles, avec lesquelles nous faisons entendre entre nous hommes
> les ungs aux autres, les conceptions de nostre esprit...[11].

---

[8] (1542), f° 140ro; (1551), f° 182vo. Notons que Speroni ainsi que Brocardo ont étudié à
Bologne, où jusqu'en 1525 le célèbre Pomponazzi occupait la chaire de logique et de philosophie. Cf. Harth (1975), p. 7; Mutini (1972), p. 383. L'on sait que 'Pomponazzi' joue
un rôle important dans le *Dialogue des Langues* sous le nom de Peretto; cf. Garin (1969), p.
110sqq; Harth (1975), p. 35sqq.

[9] (1542), f° 132[ro-vo]; (1551), f° 172ro.

[10] (1542), f° 133ro; (1551), f° 173ro.

[11] (1542), f° 134ro; (1551), f° 174vo.

Dès lors en effet, l'élocution, la 'tierce partie' de l'art oratoire, peut à bon droit revendiquer la place d'honneur dans le système:

> ...Entre lesquelz sans doute, elocution est la premiere partie, quasi comme le cueur, encore si je la nommois ame, je penserois bien dire: pource que d'icelle derive le propre nom d'eloquence, comme vif derive de vie...[12].

On sait que ce même argument *ex etymologia* sera avancé par Du Bellay, la source commune étant sans aucun doute le célèbre passage du *De Oratore* de Cicéron[13]. Nous retrouvons donc ici les préoccupations d'un Strébée: *electio* et *collocatio* sont les techniques rhétoriques par excellence, ou, comme le dit l'Italien, 'en l'assiette des paroles consiste tout l'art oratoire' (f° 181ʳᵒ). Rien d'étonnant dès lors que Brocard, et Gruget après lui, essaient de définir l'élocution en termes 'choisis', au moyen desquels ils peuvent en quelque sorte faire la leçon par l'exemple:

> [*M*ais] la tierce (*i.e.*, l'élocution) par le son du vocable, est la propre partie des paroles, lesquelles non actuellement [à caso], ains avec jugement, nous elisons, & esleuës qu'elles sont, nous les agençons & entrelassons par ordre [*eleggiamo*, & *elette leghiamo*]...[14].

La conséquence de cette primauté accordée à l'élocution est celle-là même que nous avons signalée chez Strébée: la tendance à limiter l'art oratoire à l'un de ses *genera*, savoir le *genre démonstratif*. Conséquence qui était restée implicite chez Strébée, mais que Brocard n'hésite pas à énoncer ouvertement:

> ...On peut facilement conclure, que comme entre les trois parties de l'oraison, l'elocution est la premiere, & la cause demonstrative est la plus noble, & plus capable de toute decoration, que ne sont les deux autres...
> ..la cause demonstrative, ornement de la Rhetorique, est l'œil & la lumiere qui esclarcit sa vie, & l'esleve de degré en degré, jusques là ou les deux autres [causes] n'ont pouvoir de parvenir[15].

Le genre démonstratif, '*occhio* & *luce*' de la rhétorique. C'est ainsi que le raisonnement de Brocard aboutit à établir une équation parfaite: *rhetorica = genus demonstrativum = elocutio*[16]. Dans la suite, Brocard s'efforce à

---

[12] (1542), f° 138ᵛᵒ; (1551), f° 180ᵛᵒ.

[13] Cic. *De Orat.* II, 90, 366; *Or.* 19, 61. Du Bellay *Deff.* I, 5. Cf. aussi G. Fichet, *Rhetorica* (1471), [p. 19-20]: *loci derivationis* et *denotationis*. On sait que de tels arguments avaient du points pendant toute la période renaissante: voir notamment les travaux de Fr. Rigolot.

[14] (1542), (1551), *ibid.*; '...non actuellement, ains avec jugement...': cf. Cic. *Or.* 12, 38, '...de industria[que] non ex insidiis...', à propos des gorgianismes dans le genre démonstratif. Voir *infra*, n. 21.

[15] (1542), ff. 141ʳᵒ, 144ʳᵒ⁻ᵛᵒ; (1551), ff. 183ᵛᵒ, 188ʳᵒ.

[16] (1542), ff. 140ᵛᵒ⁻142ʳᵒ; (1551), ff. 183ᵛᵒ⁻185ʳᵒ. Nous simplifions. En fait, Brocard propose une mise en équivalence autrement déroutante: *inventio — movere —* style élevé — genre judiciaire; *dispositio — docere —* style bas — genre délibératif; *elocutio — delectare —*

démontrer le bien-fondé de cette priorité du genre démonstratif: le genre a une haute mission civile, sinon civilisatrice[17]. Il indique aux citoyens le chemin de la vertu, et les détourne du vice. Le dénouement du dialogue sera un magnifique éloge de la rhétorique, exactement dans cette perspective: la rhétorique, en tant qu'art du probable — et non pas comme science du vrai immuable — aura une fonction éminente dans la Cité. En politique, dira Brocard en substance, il ne s'agit jamais de discussions portant sur le vrai ou le faux; ce sont seulement les débats sur le *préférable* qui comptent. D'où la nécessité d'une *éthique*; or, le genre démonstratif a précisément pour fonction de recréer une communion sur les valeurs admises, son but ultime étant la consolidation des fondements de la société. — On aura reconnu non sans étonnement les thèses de Ch. Perelman[18].

Mais Brocard n'achèvera pas ses observations sur la primauté du genre démonstratif. Valère propose de changer de sujet, revenant en fait à la question que Sorance avait posée au début[19]: Brocard pourrait-il leur révéler comment l'orateur *vulgaire* [*il thoscano oratore*] parvient à produire la 'délectation' dans l'âme de ses auditeurs ou de ses lecteurs?[20] Cependant, le lecteur du dialogue s'apercevra bien vite de ce que la coupure dans l'exposé de Brocard n'est en fait qu'apparente. Celui-ci en effet consentira à la demande de son interlocuteur — il va parler de l'éloquence vulgaire — mais en insistant sur les *similarités* entre les procédés du genre démonstratif et ceux mis en œuvre par Pétrarque et Boccace, les 'orateurs' de langue vernaculaire. Si donc coupure il y a au niveau de la 'narration', il n'y a aucune solution de continuité au niveau *terminologique*. Soulignons encore une fois que le dialogue est une *conversation mise en scène* par Speroni, où Brocard figure comme le personnage principal qui sera *pris au piège* de ses propres paroles; c'est en cela précisément que réside la force dramatique de son rôle. Car malgré l'éblouissante finale à laquelle

---

style moyen — genre démonstratif. A bon droit Valère observe que Brocard va à l'encontre de l'enseignement de Cicéron (f° 184vo).

[17] (1542), f° 142vo; (1551), f°185vo: 'Croyez de vray, que quand je considere diligemment les trois causes d'oraison, par leurs fins, par leurs ofices, & par leur suget, je ne puis croire autrement, que la demonstrative ne soit la principale sur toutes, estant sa fin honeste, son suget vertueux, & son ofice delectable à l'esprit l'incitant à bien faire.' Cf. (1542), f° 144ro; (1551), ff. 186ro, 188ro.

[18] Cf. 'Logique et rhétorique', dans Ch. Perelman/L. Olbrechts-Tyteca, *Rhétorique et Philosophie*, Paris 1952, p. 13-14: '...Les anciens ne pouvaient voir que ce genre [*scil.*, épidictique] portait, non sur le vrai, mais sur les jugements de valeur auxquels on adhère avec une intensité variable. Il est donc toujours important de confirmer cette adhésion, de recréer une communion sur la valeur admise. (...) Aussi le genre épidictique est-il central dans la rhétorique.'

[19] (1542), f° 132ro-vo; (1551), f° 172ro, cité *supra*.

[20] (1542), f° 145vo; (1551), f° 190ro.

nous faisions allusion tout à l'heure, le dialogue s'achèvera en aporie, dans la bonne tradition platonicienne. Le caractère tragi-comique du personnage de Brocard tient au fait que celui-ci essayera d'aller 'jusqu'au bout', qu'il restera fidèle à son propre (méta-)discours. Aussi Speroni a-t-il multiplié les protestations de modestie et les aveux d'ignorance dans ce discours ('Je m'en arrête là', 'Je vous raconte tout ça uniquement pour que vous soyez en mesure de faire mieux que moi', etc.). C'est ainsi que l'auteur a dramatisé, avec une maîtrise stupéfiante, la problématique centrale de son dialogue, laquelle pourrait se résumer comme suit: *jusqu'à quel point pourra-t-on se servir des catégories métadiscursives classiques en parlant de la poésie et de la prose 'vulgaires'?*

Vues dans cette perspective, les affirmations de Brocard concernant le genre démonstratif ont une fonction stratégique bien déterminée: elles servent à la fois de préalables et de relais à la discussion qui va suivre. La *continuité* du discours du protagoniste est assurée par le fait que le genre démonstratif est traditionnellement considéré comme étant le plus 'poétique' parmi les trois genres oratoires: le passage de l'*ars oratoria* classique à la poésie vernaculaire (Brocard parlera d'abord de Pétrarque, et ensuite de Boccace) se fera donc en principe sans trop de difficultés. Speroni a ménagé, semble-t-il, un bon point de départ à son héros...

Le passage de l'Ancien au Moderne se fait en étapes. Brocard franchira la première en faisant ressortir l'importance des procédés de la *concinnitas* dans le genre démonstratif (nous sommes presque à la fin de la 'première partie' de son exposé). De toute évidence, ses allégations se basent sur les considérations de Cicéron développées notamment dans l'*Orator*, et nous verrons tout à l'heure que Brocard continue à se servir du vocabulaire cicéronien en parlant de la 'poétique' vulgaire. Par conséquent, l'on soupçonne Speroni d'avoir voulu mettre en scène les affres d'un *Cicéronien* aux prises avec sa langue maternelle... Mais n'anticipons pas. Contentons-nous de faire remarquer que dans le passage qui suit, Brocard parle à la fois — mais séparément — de l'adéquation des *verba* aux *res*, et des gorgianismes:

> [Mais] en la démonstrative, il est besoing non seulement d'acorder les paroles aux conceptions, mais encor les mettre par ordre si proprement, que *le pareil, avec le pareil, & le semblable avec le semblable, se refereront* par bon artifice, & *repliquant* & *redisant* quelque fois ces mesmes paroles, les conjoindre une autre fois à leurs *contraires*, imitant en celà la prospective des paintres, qui assez souvent mettent du noir contre du blanc...etc.[21]

---

[21] (1542), f° 143ro; (1551), ff. 186vo-187ro. Cf. Cic. *Or.* 11, 37-12, 38: ... [genus], quod Graece ἐπιδεικτικὸν nominatur, quia quasi ad inspiciendum delectationis causa comparatum est...Ab hac [forma] et verborum copia alitur et eorum constructio et numerus liberiore quadam fruitur licentia. Datur etiam venia concinnitati sententiarum et arguti certique et circumscripti verborum ambitus conceduntur, de industriaque non ex insidiis sed

Voici donc recensés les *isocoles*, *homéotéleutes* et *antithèses* dont on se sert légitimement dans les 'causes démonstratives'. Suivra bientôt la 'coupure' — qui n'en est pas une — provoquée par la question de Valère à propos de l'éloquence vulgaire. Brocard se dit prêt à répondre à cette question; mais il ajoute modestement:

> ...les preceptes que j'ay à vous bailler sur ce propos, ne sont autre chose que l'histoire de mon estude...[22]

Ses interlocuteurs se hâtent de lui assurer qu'ils seront ravis d'écouter le récit des expériences personnelles d'un si grand maître... Et Brocard, flatté, de relater de quelle façon il s'y est pris à maîtriser l'éloquence vulgaire: d'abord, il a lu et relu les ouvrages de Pétrarque et de Boccace; puis, sur le conseil de son père, il a construit une *grammaire vulgaire* basée sur ces ouvrages[23]. Une fois muni de ces connaissances théoriques, il a essayé de faire des vers lui-même, mais sans grand résultat. Il s'est donc remis au travail, et il a composé *deux dictionnaires*:

> ...avec grand soing je fiz un vocabulaire de nostre langue [*un rimario, ò vocabolario volgare*[24]], auquel je mis distinctement, & par alphabet, tous les termes des quelz ces deux [*i.e.*, Pétrarque et Boccace] avoient usé. Outre ce je rassemblé si curieusement en un autre livre, leur façon d'escrire les choses [*i modi loro del descriver le cose*], comme le jour, la nuict, le courroux (...), qu'il ne me sortoit parole ny conception que je n'eusse pour exemple les nouvelles de Bocace, & les sonnetz de Petrarque[25].

---

aperte ac palam elaboratur, ut verba verbis quasi dimensa et paria respondeant, ut crebro conferantur pugnantia comparenturque contraria et ut pariter extrema terminentur eundemque referant in cadendo sonum; quae in veritate causarum et rarius multo facimus et certe occultius.'

[22] (1542), f° 146ro; (1551), f° 190vo. La modestie de Brocard n'est pas dénuée de coquetterie. Les protestations réitérées de son 'ignorance' et de son 'ineptie' ('sciocchezza') sont autant de *captationes benevolentiae* d'un orateur sûr de ses mérites. Elles ressemblent fort à celles de Crassus, protagoniste du *De Oratore*. Voir notamment *De Orat*. I, 24, 111 ('meae ineptiae'). Ce n'est d'ailleurs pas le seul cas où l'on observe des similarités entre le personnage cicéronien (qui est également *persona Ciceronis*) et celui de Speroni. Les questions traitées par Crassus dans le troisième livre du *De Oratore* (*elocutio, ornatus, amplificatio, numerus*, etc.) reviennent toutes dans le dialogue italien; et l'épilogue du même livre, où Crassus fait l'éloge du jeune Hortensius, espoir de l'éloquence romaine — répétant de la sorte le geste de Socrate à la fin du *Phèdre*: voir Leeman (1963), p. 113 — semble préfigurer l'épilogue du texte italien, où Brocard exhorte le jeune Sorance à poursuivre ses études oratoires. Mais à la différence de Crassus, Brocard ne sortira pas indemne de la conversation. Et nous verrons bientôt que son échec retombe sur l'auteur d'un dialogue 'cicéronien' en langue vulgaire — dialogue qui, comme le *De Oratore*, se divise en trois livres!

[23] (1542), f° 146vo; (1551), f° 191^{ro-vo}.

[24] Un tel *rimario* a réellement existé. Selon toute vraisemblance, Speroni fait allusion au *Rimario de tutte le cadentie di Dante e Petrarcha raccolte per Pellegrino Moreto* (1532). Nous avons trouvé la référence dans le catalogue manuscrit de la Bibl. Mazarine à Paris, cote C. 20806. Mais l'ouvrage lui-même manque.

[25] (1542), f° 147ro; (1551), f° 192ro.

Arrêtons-nous ici un instant. En lisant ce passage, deux personnages viennent à l'esprit, l'un fictif, l'autre réel. Le premier, c'est Nosopon, le 'malade imaginaire' du *Ciceronianus* d'Erasme. Celui-là aussi avait, on s'en souvient, compilé plusieurs dictionnaires — dont un dictionnaire de *cadences*! — afin d'être en mesure d'imiter correctement l'éloquence cicéronienne[26]. L'autre, c'est évidemment Bembo, qui dans les *Prose* de 1525 avait préconisé une méthode de défense et d'illustration du *volgare* italien *calquée* sur celle des Cicéroniens outrés — dont il était[27] —: la littérature vulgaire ne pourra se développer qu'à l'imitation scrupuleuse des *Tre corone fiorentine*, Pétrarque et Boccace avant tout; parallèlement, la langue italienne devra être codifiée sur la base des ouvrages de ces grands modèles. La cultivation du *volgare* trouve précisément sa justification dans l'existence des modèles 'autochtones', tout comme la littérature néo-latine n'est concevable que par l'imitation exclusive des grands modèles du siècle d'or classique: Virgile pour la poésie, Cicéron pour la prose[28].

Que conclure de ce qui précède, sinon que 'l'histoire de [son] estude' telle que la présente Brocard correspond de façon très exacte au projet classiciste des *Prose* de Bembo, l'un des protagonistes de Speroni dans la dialogue précédent? Autrement dit, que c'est le portrait de *Bembo, le Cicéronien malgré lui* que Speroni nous offre ici en spectacle? Le 'docte Cardinal', ressemblant un peu trop à la 'bête noire' d'Erasme? Cette conclusion nous paraît inévitable[29]. Or, si Speroni s'est abstenu de critiquer ouvertement Bembo dans le dialogue *des Langues*[30], laissant au lecteur intelligent la tâche de tirer ses propres conclusions, il revient à la charge dans le dialogue présent, puisque Brocard s'exclame aussitôt après le récit de sa manière de procéder:

> Or voyez maintenant en quelle decadence [bassezza] je suis tombé, & en quelle estroite prison, & avec quelz lacs je me suis enchesné[31].

---

[26] Voir *supra* I, chap. 1. L'on sait qu'il y a eu plusieurs dictionnaires cicéroniens 'réels'; le plus connu est celui de l'Italien Nizolius (1538).

[27] Voir surtout Gmelin (1932), chap. III. *Ibid.*, p. 212: 'Seine [*i.e.*, Bembo] geschichtliche Tat ist die Übertragung des puristischen Imitatioprinzips aus dem Humanismus in die Vulgärliteratur.' Egalement F. Ulivi, *L'imitazione nella poetica del Rinascimento*, Milan 1959, chap. II ('Il classicismo del Bembo'). *Ibid.*, p. 55, l'auteur souligne à juste titre le caractère rhétorique de l'esthétique bembiste, centrée sur l'*elocutio*.

[28] Thèse défendue dans sa lettre *De Imitatione* (1513): l'éclectisme causerait la corruption du style. Voir *supra*, I, 1.

[29] Nous ne sommes pas assez familiers avec l'œuvre de Speroni pour affirmer que celui-ci connaissait le dialogue d'Erasme. Mais cela nous semble très probable.

[30] Mais la critique implicite est féroce: Speroni y met en relief le caractère contradictoire des deux thèses majeures des *Prose*: celle de la perfectibilité des langues d'une part, celle de la normativité de la production littéraire des 'trecentistes' (Pétrarque et Boccace) de l'autre. Cf. les remarques excellentes de H. Harth à ce propos, que nous citerons *infra*, n. 60.

[31] (1542), f° 147ʳᵒ; (1551), f° 192ʳᵒ. Cette critique à l'adresse de Bembo, le 'Cicéronien

Voilà qui est on ne peut plus clair; d'ores et déjà, la condamnation de la procédure prônée par Bembo semble être sans appel. Mais Speroni n'en restera pas là: il ne sera satisfait qu'au moment où il aura prouvé que cette méthode appliquée par Bembo est en fait en contradiction flagrante avec la pratique imitative *de Cicéron lui-même*, en se servant — à l'instar de l'Erasme du *Ciceronianus* — des dires du Maître afin de confondre les théories des prosélytes... Cette fois encore, ce sera Brocard en personne qui prononcera la 'sentence'[32]. Décidément, Speroni n'est pas tendre pour les Cicéroniens défenseurs de leur vulgaire!

Ce n'est d'ailleurs pas le seul piège que Speroni tend à son protagoniste. Brocard poursuit 'l'histoire de son étude'; dans son désir de 'dévorer' tout ce qui a été écrit par ses héros, il a lu les œuvres complètes de Pétrarque et de Boccace, c'est-à-dire leurs ouvrages latins aussi bien que leurs écrits en *volgare*. Or, il se trouve forcé d'avouer que la production latine des *Corone* est bien inférieure à celle écrite en toscan[33]; mais, pressé d'éliminer tout ce qui pourrait porter atteinte à la perfection de ses modèles, il se hâte de chercher une explication pour cette regrettable carence. Or, l'explication qu'il donne s'avérera être mortelle pour le plaidoyer en faveur de l'existence du *nombre* dans les écrits vulgaires de ses héros, plaidoyer qui va suivre. Autrement dit, la disculpation qu'il avance ici comme en passant a une fonction stratégique essentielle pour l'ensemble du dialogue:

---

du vulgaire', démontre une fois de plus les rapports étroits qui existent entre le *Dialogue des Langues* et le *Dialogue de Rethorique*. La scène dans sa totalité invite à une *lecture 'transitive'* des *Dialogues*; et le lecteur admire l'habileté de Speroni dans la construction de son ouvrage. A notre avis, cette technique raffinée — le protagoniste du dialogue A critiquant la position d'un des protagonistes du dialogue B — mériterait une étude approfondie.

[32] (1542), f° 155vo; (1551) f° 203ro, cité *infra*.

[33] C'est là une autre conséquence de sa position cicéronianiste. Aux siècles précédents on avait admiré les œuvres latines de Pétrarque et de Boccace, et passé sous silence (sauf exception) les écrits vulgaires considérés comme des passe-temps indignes de l'attention des érudits. Mais l'admiration avait cessé (et s'était même changée en mépris) après la publication des recherches grammaticales et stylistiques de latinistes plus récents, qui avaient établi l'étalon autrement rigoureux du 'véritable latin classique' (on n'a qu'à penser aux *Elegantiae* de Valla). Bien entendu, les Cicéroniens se trouvaient parmi les promoteurs les plus inflexibles de cet étalon, et estimaient que ni Pétrarque ni Boccace n'étaient 'à la hauteur'. Norden (1971[6]), p. 766 n. 1 cite e.a. le jugement du Cicéronien P. Cortesi (voir *supra*, I, 1) dans le dialogue *De hominibus doctis* (1489): '...Declarant eius [*scil.*, de Pétrarque] rhythmi, qui in vulgus feruntur, quantum ille vir consequi potuisset ingenio, si latini sermonis lumen et splendor affuisset: sed homini in faece omnium saeculorum nato illa scribendi ornamenta defuerunt...' Sur Boccace: '...excurrit [enim] licenter multis cum salebris ac sine circumscriptione ulla verborum; totum genus inconditum est et claudicans et ieiunum...' [*éd.* Ferrau' (1979), p. 114-6] Au début du XVe siècle, L. Bruni avait déjà condamné le style latin de Dante ('at certe latinitas defuit'; 'nemo est tam rudis, quem tam inepte scripsisse non puderet'), cité *ibid.* (1971[6]), p. 765 n. 3. Voir aussi Gmelin (1932), p. 180-1 (Poggio, Bruni, Barzizza, Cortesi).

[enchesné.] Mais j'ai bien à vous dire d'avantage, que je n'ay encor dit: c'est qu'apres avoir comme fort curieux, & admiratif de leurs œuvres, parcouru tout ce qu'ilz avoient escrit, tant en latin, que vulgaire, & voyant leurs œuvres latines, au respect des vulgaires, estre indignes de leur nom: Je jugeay que celà procedoit, pource que *à chacune langue correspont chacune particuliere grammaire, & par consequent variables artz poëtiques, & variables artz oratoires*[34].

La conclusion que Brocard vient d'énoncer ne l'a pas empêché de continuer à s'inspirer des grands modèles de l'Antiquité: il avoue en effet que pendant un long moment, il s'est efforcé d'écrire des *vers mesurés à l'antique*; ce n'est qu'après l'avortement douloureux de cette tentative qu'il s'est résigné enfin à 'prendre une autre voye', c'est-à-dire à composer des *rime* italiennes ordinaires:

...je fuz encore induit à favoriser la façon de noz vers, lesquelz contre les preceptes Latins, sans piez & avec ryme, ne sont moins doux aux aureilles...[35].

Mais pas de création sans exercice préalable, et pas d'*exercitatio* sans *imitatio*; seulement, les modèles à imiter seront désormais italiens:

Vaincu donc des raisons, & des predites experiences, je retourné à mes premieres estudes, & lors je m'exercité plus que jamais, en la lecture de Petrarque...[36].

Brocard 'revient à ses premieres études', c'est à dire qu'il se plie de nouveau à la discipline bembiste. Voilà donc la troisième étape dans le passage de l'Ancien au Moderne franchie, la seconde étant l'examen rapide des œuvres latines de Pétrarque et de Boccace. A présent, Brocard va aborder de front la question de l'éloquence vulgaire, en considérant dans le détail les procédés mis en œuvre dans la poésie de Pétrarque. Or, comme nous l'avons déjà fait remarquer, il insistera partout sur les simi-

---

[34] (1542), f° 147ʳᵒ; (1551), f° 192ʳᵒ. Au niveau de la structure dramatique générale, ce passage correspond à celui où Sorance avait formulé sa question initiale ('je suis en doute si l'art oratoire de la langue Latine convient aux autres langues..' [f° 172ʳᵒ]) et conduira inévitablement à l'aporie de la fin de l'exposé de Brocard, où celui-ci reconnaît que 'l'art oratoire & poëtique du latin, n'est pas semblable à celle du Tuscan...': f° 202ᵛᵒ, cité *infra*.

[35] (1542), f° 148ʳᵒ; (1551), f° 193ʳᵒ. Avant de prendre cette décision, il avait 'poëtisé vulgairement, avec l'artifice latin: (1542), f° 147ʳᵒ; (1551), f° 192ᵛᵒ. Cet intermezzo semble rompre le fil du discours, consacré aux *modèles italiens*. Il montre jusqu'à quel point Brocard reste prisonnier de l'Antiquité, non seulement en théorie (son métadiscours) mais encore en pratique (imitation de modèles classiques). L'incohérence de son discours est sans doute délibérée, Speroni tenant à nous montrer un érudit 'zigzaguant' de l'Ancien au Moderne. Pour les expériences de poésie métrique en Italie, voir p. ex. les *Versi e regole de la nuova poesia toscana* de Cl. Tolomei, Rome 1539. Sur cet ouvrage, cf. Attridge (1974), pp. 123, 125.

[36] (1542), f° 148ʳᵒ; (1551), f° 193ᵛᵒ. Brocard reste évidemment fidèle à la procédure traditionnelle (*exercitatio = imitatio*). La question de savoir si cette procédure est proprement cicéronienne sera soulevée plus loin, et recevra la réponse qu'on devine.

larités entre les procédés de la grande prose classique et ceux utilisés dans la poésie vulgaire de Pétrarque. Première constatation: comme les Anciens, Pétrarque a observé les règles de l'*electio* et de la *collocatio*:

> ...il sembleroit qu'il [*i.e.*, Pétrarque] les [*scil.*, les motz] eust *esleuz*, & *colligez* par le conseil, & commun consentement de toute l'Italie[37].

On se rappelle que Brocard, dans la première partie de son exposé, avait mis en équivalence l'élocution, la délectation et le genre démonstratif; le voici qui souligne à présent le caractère épidictique de la poésie de Pétrarque: celui-ci manipule en maître les procédés d'*amplification* caractéristiques du genre démonstratif; il se sert de brillantes métaphores pour exalter la beauté de Laure:

> Mais je ne vous celeray pas une chose, c'est que parlant de sa dame, & *magnifiant* ores le corps, ores l'ame, ores le pleur, ores le riz, ores son marcher, ores son sejour & repos, ores le desdain, ores la pieté, ores son aage, & finalement ores vive & morte la descrivant, en laissant le plus souvent les propres noms, il decoroit par grand' merveille toute chose particulierement souz la figure d'autre chose, nommant la teste fin or, & couverture d'or, les yeulx soleilz, estoiles, & saphirs, ...(etc.)[38].

Troisième similarité: comme le font les orateurs épidictiques, Pétrarque exploite toutes les possibilités offertes par l'*antithèse* et par les *correspondances sonores*; il excelle, autrement dit, dans les procédés de la *concinnitas*:

> Outre ce, je compris qu'il aymoit à mettre deux *contraires* l'un contre l'autre, desirant conjoindre à chascun d'eulx son propre effet, & sa propre action: Du discord desquelz en *correspondant* l'un à l'autre par mesure, sortoit dehors ce contentement que chascun sent, toutesfois peu de gens en sçavent la cause. Ainsi cest artifice estoit fort merveilleux, & digne d'estre diligemment observé: car *telz contraires*, & *telz sons* (quasi comme le fil en la toille) *en traymant l'oraison estoient si bien ordonnez*, qu'encor qu'ilz fussent fort serrez, si n'estoient ils point aspres, aussi n'estoient ilz point trop molz, ny trop eslargiz, ains fermes, pleins, & *egaulx* en toutes leurs parties: estans leurs *jointures* bien conjointes ensemble. Ce qui est de tant plus grande vertu, quant plus nous sommes tenuz de la pratiquer en noz vers (subgetz à la ryme) qu'en la prose[39].

En fait, Brocard réunit ici deux notions distinctes, à savoir la 'consonance' effectuée par les figures gorgianiques qu'il appelle *concento*, mais

---

[37] (1542), (1551), *ibid*.

[38] (1542), f° 148vo ('descrivendo, & magnificando'); (1551), f° 194ro.

[39] (1542), ff. 148vo-149ro; (1551), f° 194vo. Cicéron rapproche également le discours 'nombreux' et la poésie dans ses considérations sur l'antithèse: *Or.* 49, 166 [Cicéron vient de citer son propre *Pro Milone* 4, 10]: 'Quod fit item *in referendis contrariis*, ut illa sunt, quibus non modo *numerosa oratio* sed etiam *versus* efficitur...Versum efficit ipsa relatio contrariorum.'

que Gruget traduit à tort par 'contentement'[40], et la 'jointure' euphonique (*iuntura*). Ces deux notions s'apparentent à celle de *nombre*; aussi Brocard s'engage-t-il tout de suite après dans le débat concernant le *numero*
en latin et en vulgaire. Il poursuit en effet en affirmant que dans le discours nous prenons non seulement en considération l'*electio* et la *collocatio*
des mots, 'ains aussi la forme & fin determinée' (f°194vo); or, celle-ci n'est
autre que le *nombre*[41]. C'est avant tout le nombre qui produit la *délectation*,
laquelle constitue la fin dernière de l'élocution:

> Vous devez sçavoir que nostre nombre, aussi bien que celuy des autres lan-
> gues, à proprement parler, est la mesure de la grandeur du vers, lesquelles
> paroles bien disposées, & bien conclues, delectent beaucoup...l'esprit...[42].

En définissant le nombre ancien et moderne comme 'la mesure de la
grandeur du vers', Brocard simplifie singulièrement les choses. Cette
définition convient mal au rythme oratoire des Anciens, mais elle convient à merveille à la 'mesure' du vers *rimé* ('bien conclu') moderne. Dès
le début, Brocard fausse quelque peu la perspective, quitte à souligner
tout de suite après que le nombre des Anciens est tout autre chose que
celui des Modernes. Ce ne sera d'ailleurs pas la dernière fois que nous
rencontrerons une telle 'stratégie terminologique glissante'[43]. — Mais
Brocard fait mieux que présenter une définition tendancieuse du nombre; il passe à l'attaque, en affirmant que le nombre moderne est, tout
compte fait, *supérieur* à celui des Anciens. Ceux-ci en effet n'hésitent pas à
'tronquer' leurs mots en 'mesurant' les pieds de leurs vers; comprenons:
ils ne respectent pas 'l'intégrité' du mot, ni dans les vers ni dans les clausules métriques de la prose [44], là où les Modernes comptent les syllabes

---

[40] Texte italien: '...l'uno all' altro con misura correspondendosi, usciva fuora il *concento*
che sente ogn'uno...'
[41] Pour tout ce passage, cf. Cic. *De Orat.* III, 43, 171sqq.; *Or.* 49, 164sqq. ('forma';
'finire'). Voir aussi plus loin à propos de la prose de Boccace, (1542), f° 151vo, (1551), f°
197vo ('passando più oltra al *componer* delle parole, & al *finir* delle clausule'), cité *infra*.
[42] (1542), f° 149ro; (1551), f° 195ro. A la différence de Gruget, nous traduirions non pas
'lesquelles paroles', mais plutôt 'dont les paroles' (texte italien: '...verso: le cui parole ben
disposte...'). Ajoutons que Cicéron, lui aussi, considère le nombre comme la source par
excellence de la *delectatio*: cf. p. ex. *De Orat.* III, 44, 174; *Or.* 58, 197.
[43] Dans le cas présent, cette stratégie est 'téléguidée' par le dramaturge du dialogue,
tandis que dans les textes que nous allons analyser dans les chapitres suivants, les 'glissements conceptuels' font partie d'un métadiscours ayant la prétention de représenter un
état de choses 'réel', 'véritable'.
[44] Brocard se sert à ce propos des termes 'pas' et 'embrassées' ('passi, ò braccia'); il
veut dire sans doute que chez les Anciens, les mots 'enjambent' les uns sur les autres.
Souvent en effet, seule la dernière partie de l'avant-dernier mot 'compte', p. ex. dans la
clausule (*nobili*)*tate praeferrent*, $-\cup$, $--\underset{\cdot}{\cup}$. Nous empruntons cet exemple à la thèse latine
de A. W. de Groot, *De numero oratorio latino*, Groningue/La Haye 1919, p. 14
('Cicero....structuram hanc...aliis videmus praetulisse'). Cf. du même auteur *La prose
métrique des Anciens*, Paris 1926, p. 2 ('la division des mots dans cette série lui [*scil.*, à
Plutarque] est indifférente').

de mots entiers, ne craignant pas même d'ajouter une difficulté supplémentaire, la césure, qui, elle aussi, doit respecter les 'frontières' entre les mots. Ces données démontrent de façon définitive la supériorité de la prosodie moderne sur celle des Anciens, on en conviendra avec lui... Ecoutons-le:

> Vray est que les Latins mesurerent leurs vers d'une sorte, & entre nous vulgaires les mesurons d'une autre: Ilz divisoient leurs dictions en silabes, dont les aucunes estoient longues, les autres breves, & lesquelles silabes ensemblément ordonnées, faisoient variables mesures, & variables formes de nombres (que les autheurs nomment piez) les unes nommées iambiques, autres trochées, spondées, dactiles, & anapestes, & avec telles especes, ilz mesuroient & nombroient leurs vers, quantité par quantité. Mais nous, en mesurant noz vulgaires vers, *avec moins d'art*, & *plus de raison*, finalement nous en raportons autant de fruit, que les Latins: pource que sans avoir regard à la longueur, ou brieveté des silabes, ains en les contant seulement, nous les joignons ensemble: ce fait avec un grand contentement [diletto] des auditeurs, ilz rendent la clausule entiere, qui se convertit en un vers. Et est ceste forme de mesure, fort pure & nette: car elle ne trouble point les silabes, en coupant & rompant par le mylieu les dictions, desquelles telles silabes font partie: ains les conserve sauves & entieres, parmy tout le vers, les laissant en leur propre lieu, avec leur son, & intelligence. Ce que ne font les Latins, du moins si bien: pource que considerant les silabes, non comme partie de diction, ains comme quelquefois brieve, & quelquefois longue, lors qu'ilz scandient leurs carmes, *ilz tronquent leurs paroles*, & font des nombres qui ne sont nombres, ains pas, ou embrassées, ou autres telles choses: dequoy ilz mesurent l'oraison, non autrement que si elle estoit une superficie bien continuée, & d'un seul poix [pezzo] (...). Je ne vueil pas pourtant que vous croyez, que la vulgaire mesure soit vray nombre [puro numero], & que toutes les fois que l'on assemble onze silabes ensemble, elles facent un vers Tuscan, ains est besoing quand on veult bien scandier, qu'au paravant que de parvenir à la derniere silabe, on face arrest, & coupe (que les François nomment quadrature ou sezure selon la quantité du vers) sus la quarte, sixte ou huictiesme silabe...[45].

Dans la suite, Brocard ajoute encore bien des choses, notamment à propos de la rime dans la poésie italienne. Nous ne nous y attarderons pas. A un moment donné il s'arrête, annonçant qu'il désire poursuivre son

---

[45] (1542), ff.149vo-150ro; (1551), ff.195ro-196ro. Remarquons que la parenthèse à la fin du passage cité a été intercalée par le traducteur. Gruget commet une erreur assez comique en distinguant entre '*quadrature*', 'coupe (ou césure) après la *quatrième* syllabe' (dans le vers 'héroïque', p. ex.) et '*sézure*', 'coupe après la *sixième* syllabe' (dans l'alexandrin). Sur le mot 'quadrature' ou 'quarreure', cf. H. Chamard, dans son édition critique de la *Deffence* (1904), p. 289n. Notons encore que le terme italien que Gruget traduit par 'faire arrest, ou couper' — la césure — est *sedere*, équivalent du verbe *insistere* dont Cicéron se sert à propos de la fin des périodes (la clausule) et des *cola*: voir p. ex. *Or.* 63, 212 et 66, 221-222. Dans le dernier passage, Cicéron compare précisément les quatre 'membres' de la période moyenne avec des vers hexamètres ('E quattuor igitur quasi hexametrorum instar versuum quod sit constat fere plena comprehensio.').

exposé sur l'éloquence vulgaire en parlant de la *prose* italienne, en particulier celle de Boccace:

> Je pourrois bien vous dire beaucoup d'autres choses de la ryme: mais je
> n'ay pas le temps d'en parler: à ceste cause passons à la prose, c'est nostre
> propre matiere, le *nombre* de laquelle, s'il s'y en trouve, nous le prenons du
> vers, & le transplantons, & antons en icelle. De la povons nous facilement
> conclurre, que *ses nombres ne sont ny dactiles, ny spondées, ains ceux là mesme(s) que
> nous trovons aux vers...*[46]

A la lecture de ce passage il est clair que Brocard entend persévérer dans
ses efforts à prouver l'existence du 'nombre' dans les textes littéraires italiens. Il est manifeste aussi que Brocard est déterminé à rester fidèle au
métadiscours cicéronien: à l'instar de Cicéron, il prétend que le nombre
de la poésie été 'transplanté' dans la prose[47]. Inutile de nous représenter
ce que telle affirmation aurait pour résultat dans la pratique: il suffit que
Cicéron l'ait dit pour que Brocard le répète. Il n'est donc point surprenant de constater que celui-ci se rétracte aussitôt après ('en fait ce
nombre-là n'est pas le vrai nombre...'), mais qu'il continue néanmoins
de 'faire valoir' le même vocabulaire cicéronien. Bref, le pauvre Brocard
se débat, victime de son propre discours; Speroni tire l'échelle, petit à
petit.

Voici donc maintenant Boccace, maître de l'*electio* et de la *compositio*,
grand artisan des clausules 'nombreuses' productrices de la *delectatio*:

> Quand je considere à part moy, maintenant les termes dont Boccace à
> usé..., puis la composition d'iceulx, puis la fin de quelques clauses
> [clausule], & apres les sugets [materie] des nouvelles, il ne me semble voir
> que nombres, & perfections en toutes partz. (...) L'elegance & antiquité des
> vocables, avec leurs agreables sons, adoucissoient grandement mes oreilles,
> naturellement desireuses de plaisir [diletto]. La perfette representation qui
> se faisoit à l'esprit, de la nature de quelque chose par sa proprieté, ou par la
> transmutation [traslatione] d'icelle, me delectoient outre mesure[48].

Malheureusement, en ce qui concerne le passage suivant, nous serons
obligés de citer le texte italien, car Gruget, le traducteur français, a
décidé de supprimer quelques 'longueurs'; or, dans ce passage, Brocard
parle justement des procédés de la *concinnitas* qu'on décèlerait dans les
Cent Nouvelles de Boccace:

---

[46] (1542), f° 150vo; (1551), f° 196vo. Faut-il souligner que Brocard parle ici des *vers 'thos-
cans'*?

[47] Cic. *De Orat.* III, 44, 174 ('a poëtica ad eloquentiam *traducenda* duxerunt'), *Or.* 52,
174; 56, 188-190 ('eosdem[que] [numeros] esse oratorios qui sint poëtici').

[48] (1542), f° 151ro; (1551), f° 197ro-vo. Voir Cic. *Or.* 49, 163; 164. Cf. *Or.* 34, 119
('materia'). M. Marti (1954), p. 39 parle à propos de cette partie de l'exposé de Brocard
de 'il nebuloso tentativo di definire ed illustrare la prosa 'numerosa'.'

Fanno anchora in un altra guisa numerose le sue Novelle *i pari, i simili, & i contrarij*; liquali, si come è loro natura, alcune volte in alcune clausule piamente correspondendosi acquetandomi, non potevano non contentarmi. Per laqual ragione, à me pareva di poter dire gli avenimenti di Pinuccio, & di Nicolosa, di Spinelloccio & del Ceppa, di Cimone, di Salabetto, d'Ambrogiuolo, & di Bernabò, beffa à beffa, ingiuria ad ingiuria, & caso à caso totalmente *quadrando*; le lor novelle far numerose. Numerosa altresi possiamo dire la oratione, ove il fante di frate Cipolla Guccio imbratta, ove la bellezza della valle delle donne, la grossezza di Ferondo, la vanità di madonna Lisetta, la confessione di ser Ciappelletto, & finalmente la mortalità di Firenze ci è descritta; si fattamente, che piu oltra non si desidera...[49]

Il est manifeste que Brocard tient à donner ici un double sens aux notions de *concinnitas* et de *numerosum*. Il parle d'une part de la 'consonance' effectuée par les gorgianismes, et d'autre part d'une sorte de *consonantia verbi ac rei*, corollaire de la traditionnelle *adaequatio intellectus ac rei* et qu'on pourrait appeler 'l'adéquation sémantique'[50]. Brocard revient plusieurs fois sur cette idée d'adéquation, qu'il appelle également 'convenance'[51]. Ce second sens du concept de 'numérosité' n'entretient plus qu'un rapport tout métaphorique avec le *numerus* ou le *numerosum* cicéroniens. Brocard s'en aperçoit lui-même; mais il ne renonce pas pour autant à son entreprise, bien au contraire ('passons plus outre'). Il redouble d'efforts, comptant s'en tenir jusqu'au bout au vocabulaire sacré de l'*Orator*:

Mais je vous avertiz que *le nombre, duquel je vous ay parlé jusqu'à present, n'est pas le bon* duquel j'ay entrepris vous parler, si est-ce toutesfois qu'il n'est pas du tout à rejetter: veu qu'il peut facilement servir de guide, & de lumiere, à trouver celuy que nous cherchons: Parquoy *passons plus outre*, & venons à la proposition des paroles, & à la difinition des clauses [al componer delle parole, & al finir delle clausule]; desquelles deux choses, il n'est possible que l'une se puisse nombrer sans nombre [che senza numero sia numerosa], l'autre est fontaine des nombres, & de tout ce qui fait l'oraison perfette (...) Aussi toutes les fois que nous expliquons noz pensées en bons termes, & si bien ordonnez que la composition [fabrica] d'iceulx n'en semble aparente,

---

[49] (1542), (1551), *ibid*. Cf. Cic. *Or*. 49, 164; 52, 175; 58, 197.

[50] Conception qui semble inspirée de la philosophie du langage de Pomponazzi; cf. H. Harth (1975), p. 35sqq., à propos du discours de Peretto-Pomponazzi dans le *Dialogue des Langues*.

[51] P. ex. (1551), ff. 200vo, 201ro, 202ro. Dans ce contexte, Brocard compare la prose nombreuse avec la musique (basée également sur 'le nombre') et la peinture. La comparaison avec la peinture est particulièrement instructive. Nous citons le passage en italien, la version française étant moins claire. (1542), ff. 153vo-154ro (Brocard vient de parler de la musique): 'Adunque egli è officio dell'oratore dir parole non solamente ben risonanti, ma intelligibili, et à concetti significati correspondenti; che si come nei ritratti di Titiano, oltra il dissegno, la simiglianza consideriamo; & sendo tali (si come son veramente) che i loro essempij pienamente ci rappresentino, opra perfetta, & di lui degna gli esistimiamo: cosi anchora nell'oratione con la testura delle parole, con i loro numeri, & con la loro concinnità le intentioni significate paragoniamo: procurando che le parole pronuntiate si pareggino alle sententie; & con quello ordine le significhino, che l'ha notate la mente.'

> ny aspre: Adonc sans autre nombre, l'oraison est numereuse, & telle l'est
> celle des nouvelles [*scil.*, de Boccace]. (...)
> Tout ainsi bien souvent, voire tousjours, sont coustumiers de pulluler en
> elles [*i.e.*, les paroles], variables nombres d'oraison les uns graves, les autres
> gracieux, & doulx: avec lesquelz Boccace, non tant de nature, ou inopine-
> ment, comme par un agreable artifice, a lié ses sentences l'une en l'autre:
> les agençant en l'esquierre [in quadro], & embrassant perfettement les clau-
> ses, en leurs bornes & limites (...)
> Encor devez-vous sçavoir que comme la composition de la prose est une
> ordonnance du son des paroles: aussi leurs nombres sont ordonnez, de leurs
> silabes, *avec lesquelz nombres, qui delectent les oreilles, la bonne art oratoire commance,*
> *continuë, & acomplit l'oraison* (etc.)[52]

Brocard poursuit encore un bon moment en cette veine; enfin, comparant le nombre de la prose avec celui de la poésie, il retrouve sa conception de l'adéquation sémantique:

> [Toutesfois] pour-ce que le poëte ne cherche autre chose que delecter, &
> l'orateur en delectant persuader, il est besoing que les parolles de l'orateur
> se conforment totalement aux conceptions significatives...[53]

Il est clair que Brocard entend se servir de cette notion d'adéquation
comme d'un critère. Car, selon lui, c'est à cause de cette 'consonance
sémantique' que la prose est supérieure à la poésie, et du même coup plus
'nombreuse'! La poésie ne ferait appel qu'aux oreilles, la prose en outre
à l'esprit:

> Encore j'ose bien dire que tout ainsi que la musique de trois voix, est plus
> perfette que celle de deux:...ainsi la prose en laquelle la langue s'accorde
> aux oreilles, & à l'esprit, est oraison plus numerale [numerosa], que celle du
> vers, [&] à laquelle noz oreilles, & notre langue, seulz entre les autres mem-
> bres du corps, sont coustumiers de s'accommoder[54].

Mais c'est aussi à ce moment précis que Brocard se rend compte qu'il est
allé trop loin, et que le métadiscours qu'il s'entête à 'exploiter' n'a vraiment plus rien à voir avec les faits qui font l'objet de la discussion. Ce qui
manque, c'est ...la *consonantia verbi ac rei*! Parler de 'nombre' et de 'numérosité' au sujet de la 'consonance sémantique' tout en prétendant rester
fidèle à l'orthodoxie cicéronienne, c'est trop, même pour lui. Il s'arrête,
désemparé, et fait amende honorable. Ecoutons les répliques échangées

---

[52] (1542), ff. 151vo-152vo; (1551), ff. 197vo-198vo. Cf. Cic. *Or.* 49, 164 ('componere',
'finire'); 54, 181 ('fons'); 65, 219 ('aperta'; cum ita structa verba sunt, ut numerus non
quaesitus sed ipse secutus esse videatur'); 61, 208 ('in quadrum numerumque redigere'),
etc.

[53] (1542), f° 154ro; (1551), f° 201ro.

[54] (1542), f° 154vo; (1551), f° 202ro. Comme Cicéron, Brocard estime que 'les perfetz
orateurs sont en moindre nombre que les poëtes': (1551), f° 201vo. Cf. Cic. *Or.* 58, 198
('quo etiam difficilius est oratione uti quam versibus').

entre lui et Sorance, qui bouclent la boucle dramatique et assurent le dénouement aporétique du dialogue:

> BROC. Beaucoup de telles erreurs sont, ou je me treuve empesché [Molti sono gli errori onde io mi trovo impacciato], & toutesfois elles procedent toutes de la racine, dont je vous ay par cy devant parlé: C'est assavoir que *l'art oratoire & poëtique du latin, n'est pas semblable à celle du Tuscan*: Et devroit estre ceste erreur congneuë de chascun. Et par là je prens argument, *que mes longues & pueriles observances, sont fautes: principalement celle des nombres*: de laquelle mes oreilles, cupides de meilleur son, ne se peuvent sufisamment contenter.
>
> SOR. *Si vous n'avez recours aux Iambiques, & Dactiles, vous aurez peu de matiere à parler sur les nombres*, combien que je ne voye point par quel moyen, sans les mesures latines, vostre prose vulgaire se puisse faire numerable [numerosa].
>
> BROC. Non fay-je pas moy: mais par aventure quelque aultre le verra [Ne io il vedo, ma altri forse se'l vedera].
>
> SOR. Il faudroit premierement faire des vers exametres & pentametres, en nostre langue: leur donnant ces piedz, avec lesquelz les latins estoient coustumiers de marcher. Puis venant à la prose, & disposant telz piedz en autre sorte, se travailler de leur donner un nom[bre] [faticarsi di numerarla]: *mais cela seroit impossible*, c'est pourquoy Petrarque ne Bocace n'y ont point essayé. Nous donc qui militons souz eulx, suyvant leur trace, mettons peine de les suyvre...[55]

Voilà le champion du *volgare* et le Cicéronien malgré lui terrassé. Il se rend à l'évidence. Mais Speroni a encore un dernier coup — le coup de grâce — à lui asséner. Cette méthode d'imitation de modèles nationaux pour laquelle il a opté afin de parvenir à la perfection littéraire, ce 'modèle bembiste' auquel il s'est conformé, est-ce là une approche proprement *cicéronienne*? En se posant cette question, et en y répondant 'en son âme et conscience', Brocard reconnaît la faillite intégrale de son entreprise. Mais il est bien évident que Speroni vise, au-delà de l'entreprise 'personnelle' de ce dernier, le système classiciste de Bembo, le 'docte Cardinal', qui a voulu 'transplanter' les principes de l'*imitatio ciceroniana* dans son ouvrage de défense de la langue italienne:

> BROC. Asseurez vous que j'en fiz ainsi, lors que j'estois d'opinion que nostre art oratoire, & poëtique, ne povait estre autre chose, que l'imitation de tous deux, & n'escrivois en prose, ny en vers, que selon leur mode: Et encor maintenant le feroy-je plus volontiers que jamais me sentant vaincu du plaisir de la lecture, & du desir de l'honneur que le monde fait à ceulx qui leur ressemblent; *Si ce n'estoit que Ciceron en quelqu'un de ses livres de l'art oratoire, blasme grandement telle maniere d'estude*, & prise au contraire la forme de traduire d'une langue en autre, les poëmes, & oraisons des plus fameux. Ce qu'à la verité je n'ay fait jusques à huy, craignant par les

---

[55] (1542), f° 155[ro-vo]; (1551), ff. 202vo-203ro.

raisons devant dites, que la sentence de Ciceron servant aux deux plus antiques langues ne servist à nostre moderne[56].

Le passage de Cicéron auquel renvoie l'infortuné Brocard se trouve dans le premier livre du *De Oratore*. Crassus, l'un des interlocuteurs, y parle de ses propres exercices oratoires; il y récuse en termes très forts l'imitation de modèles 'autochtones':

> Parmi mes exercices d'entraînement quotidien, j'avais coutume, au temps de ma première jeunesse, de m'imposer surtout celui dont je savais que Carbon...faisait un fréquent usage: il consistait à choisir un morceau de vers ou de prose, le plus beau possible, à en pousser la lecture aussi loin que le permettait l'étendue de ma mémoire, puis à reproduire vers ou prose, mais avec d'autres mots, et les meilleurs que je pouvais trouver. *Je m'aperçus bientôt du vice de cette méthode.* Les expressions, qui étaient à chaque fois les plus propres, les plus élégantes et les plus heureuses, Ennius s'en était déjà emparé, si c'était sur ses vers que je m'exerçais, ou Gracchus, si je m'étais attaqué à l'un de ses discours; de la sorte, ou je répétais les mêmes termes, et l'exercice ne servait à rien, ou je recourais à d'autres mots, et l'exercice devenait nuisible [ita, si eisdem verbis uterer, nil prodesse; si aliis, etiam obesse], parce que je m'habituais à recourir à de moins bons. Dans la suite je m'avisai (j'étais alors un peu plus mûr) de prendre des harangues écrites en grec par de grands orateurs, et de les traduire librement (etc.)[57]

Par la simple allusion à ce texte mise dans la bouche de Brocard, Speroni met en question l'approche de Bembo sur laquelle Brocard avait calqué la sienne. *La méthode d'imitation du Cicéronien Bembo n'est pas cicéronienne*: telle est la conclusion que Speroni nous invite à faire.

Brocard vient d'avouer l'échec de sa tentative de parler du *volgare* en termes cicéroniens; le voici amené à mettre en doute l'approche imitative dans sa totalité. Qu'en est-il de ses affirmations concernant la valeur civique de la rhétorique? Celles-ci ne font l'objet d'aucune censure explicite. Ni Brocard lui-même, ni les autres interlocuteurs ne les mettent en question. Mais les lecteurs attentifs du dialogue, que feront-ils?[58] Ils se demanderont peut-être si les allégations de Brocard dans la première partie de son exposé sont compatibles avec celles du dénouement du dialogue. En effet, dans la première partie, Brocard avait souligné la valeur

---

[56] (1542), f° 155vo; (1551), f° 203ro. Dans ce passage, Gruget a omis deux mots essentiels. Dans l'original italien on lit en effet: '...se cio non fosse che Cicerone in alcun libro della sua arte oratoria, cotal guisa di studio *da Carbone* adoprato, grandemente suol biasimare..'. La mention du nom de Carbon permet d'identifier, sans méprise possible, le texte cicéronien auquel Brocard fait allusion: voir note suivante.

[57] Cic. *De Orat.* I, 34, 154-5. *Ed. et trad.* E. Courbaud, Paris, Belles Lettres, 1957^4, p. 55-6. Cf. La Bruyère, *Caractères* (1688-1696) I, 17. Marmontel, *Eléments de Littérature* (1787^1), art. *rhétorique*, etc.

[58] L'un de ces 'lecteurs attentifs' est John Monfasani, dans son étude *George of Trebizond*, Leyde 1976, p. 332 n. 58. Ajoutons que Monfasani tombe dans le piège habituel en confondant l'auteur du *Dialogo della rhetorica* avec son protagoniste.

civique du *genre démonstratif*; dans l'épilogue — où il exhorte le jeune Sorance à poursuivre ses études rhétoriques — il met l'accent sur l'importance du *libre débat* dans la cité, débat dont les conclusions ne seront jamais que *probables*. Or, cet éloge du '*probabilisme rhétorique*' est en fait inconciliable avec la primauté accordée auparavant au genre démonstratif, étant donné que celui-ci porte par définition non sur des questions sujettes au débat, mais sur des *faits établis* (actions méritoires, etc.): l'on ne saurait louanger les actions éventuelles d'une personne. Dans le cas présent, Speroni laisse aux lecteurs le soin de tirer leurs propres conclusions. Mais nous avons vu qu'en ce qui concerne les deux problèmes fondamentaux du dialogue (le problème du métadiscours et celui de l'imitation), Speroni a guidé la réaction de ses lecteurs, puisque c'est le protagoniste en personne qui reconnaît sa propre faillite.

Une analyse littéraire plus poussée démontrerait qu'au niveau de l'économie dramatique, tous les thèmes du dialogue sont étroitement liés, et que Speroni a savamment distribué les 'pièges' tendus à son protagoniste[59]; mais une telle analyse serait hors de notre propos. Ce que nous avons voulu montrer, c'est que Speroni a dramatisé une *problématique d'actualité*, qui est celle-là même qui nous occupe dans la présente étude. Il a créé un personnage en *lutte* avec son propre métadiscours et qui, en tant qu'humaniste, est incapable de se défaire de son héritage cicéronien. Ce personnage est une caricature, il est une sorte d'archétype des Cicéroniens défenseurs de leur langue maternelle. Mais la caricature a été prise sur le vif; le discours de Brocard dans le *Dialogue de Rethorique* ressemble à s'y méprendre au discours de certaines personnes bien réelles de l'époque.

Bien entendu, le discours de Brocard est piégé: il commet un peu trop d'imprudences à la fois. C'est que Speroni tient les ficelles, qu'il tient à accuser, à souligner, les contradictions implicites que mettent en œuvre le discours de certains contemporains (Bembo, en l'occurence)[60]. Mais il suffit de penser à un Etienne Dolet en France[61] pour se rendre compte à

---

[59] P. ex., l'explication donnée par Brocard afin d'excuser la médiocrité des écrits latins de Pétrarque et de Boccace est en contradiction flagrante avec ses efforts à décrire leurs écrits vernaculaires en termes cicéroniens. Ajoutons que l'analyse de la structure dramatique démontrerait l'état d'achèvement du dialogue, et démentirait ainsi l'opinion de Marti (*art. cité* (1954), p. 31) selon laquelle le dialogue serait 'incomplet' ('monco').

[60] Voir *supra*. Cf. H. Harth (1975), p. 31: 'In der Tat hat Speroni gewisse in der Sprachprogrammatik der *Prose* latent angelegte Widersprüche in seinem Dialog bis zur offenen Manifestation verschärft.' Cela vaut non seulement pour le *Dialogue des Langues*, mais encore pour le *Dialogue de Rethorique*; et ceci d'autant plus que les deux dialogues se complètent, demandant par conséquent ce que nous avons appelé 'une lecture transitive'. On s'en convaincra derechef en lisant notre chapitre 5, § 2.

[61] Nous ne sommes pas d'accord avec Mme Gen. Demerson lorsqu'elle dit que 'le schéma d'un Cicéronianiste tel que Bembo...n'est pas recevable de ce côté-ci des Alpes':

quel point le personnage principal de la 'comédie' de Speroni[62] a été peint 'd'après nature', ou plutôt à quel point Speroni, en créant ce personnage, a su tenir en équilibre 'la fiction et la vérité'.

Rien d'étonnant, donc, à ce que nous retrouverons les deux thèmes fondamentaux du dialogue dans les ouvrages que nous allons aborder ci-après. Dans tous ces textes en effet, les discussions porteront sur le choix des modèles à imiter; selon Thomas Sebillet par exemple, les modèles seront aussi bien les 'bons & classiques pöetes françois' que les Anciens (*Art Poëtique*, I, 3)[63], là où pour Du Bellay, toute imitation de modèles nationaux est rigoureusement exclue (*Deffence* I, 8)[64]. Le système d'imitation préconisé par Du Bellay est ainsi à l'opposé de celui de Bembo; et l'on peut se demander si Du Bellay, en adoptant ce système, s'est souvenu du passage de Speroni que nous avons cité tout à l'heure. Il est certain, de toute façon, que sa théorie de l'imitation reste fidèle à l'enseignement de Cicéron, ce que l'on n'a pas assez dit. De leur côté, les trois critiques de la *Deffence* (Aneau, Sebillet, Des Autelz) attaqueront tous cette même théorie, et s'insurgeront contre le mépris affiché par Du Bellay à l'égard des poètes nationaux.

En ce qui concerne le problème du métadiscours, nous verrons que tous les auteurs que nous allons faire passer en revue s'y sont heurtés d'une manière ou d'une autre. Les uns vont essayer de concilier leur théorie de la *rime* ('la rhythme') avec celle du *rythme* prosaïque des Anciens; les autres vont se pencher sur la question de savoir dans quelle mesure la théorie du *nombre* oratoire est applicable à la prose ou à la poésie françaises. Nous verrons, en d'autres termes, que la Poétique française a été élaborée en référence constante aux grands textes de l'art oratoire classique.

---

o.c. (1983), p. 49. Au contraire, il nous semble que l'itinéraire de Dolet (du Cicéronianisme intransigeant à la défense de la langue française) est tout à fait comparable à celui de Bembo. Cf. *ibid.* (1983), pp. 34, 45 où l'auteur cite *La maniere de bien traduire* et *De imitatione ciceroniana*.

[62] Selon Speroni, le dialogue doit être 'un giardino dilettevole'; proche de la *comédie*, *varietà* et *novità* en sont les caractéristiques essentielles. Cf. H. Harth (1975), pp. 14-5, 17.

[63] Voir la comparaison du système de Bembo avec celui de Sebillet dans les articles de Krömer (1967), p. 597-8 et de Baehr (1980), p. 50.

[64] L'on sait que dans ce passage, Du Bellay s'oppose expressément à Sebillet: voir la *Deffence*, éd. (1970⁴), p. 47 + n. 1, 3.

CHAPITRE IV

L'*ART POËTIQUE FRANÇOIS* DE THOMAS SEBILLET (1548)

Nous n'entendons pas faire la 'chronique', même raisonnée, des arts poétiques du XVIe siècle; nous voudrions plutôt mettre en lumière une problématique, déterminée mais complexe, qu'on peut observer dans un certain nombre d'ouvrages, et qui déborde le cadre du XVIe siècle français. De la sorte se constituera un réseau de textes s'éclairant mutuellement, notre commentaire servant de trait d'union entre eux. Bien entendu, c'est seule notre mise en rapport qui crée en quelque sorte la problématique, et qui, rétroactivement, en démontre la cohérence.

La *Deffence* de Du Bellay, on le sait, a été écrite dans une large mesure en réaction à (contre) l'*Art poëtique* de Thomas Sebillet. Pourtant, il n'est pas dans notre intention de mettre en relief les multiples échos de l'*Art Poetique* qu'on trouve dans la *Deffence*; la critique s'en est d'ailleurs déjà occupée[1]. L'ouvrage de Sebillet ne nous intéresse que dans la mesure où il éclaire d'autres textes plus ou moins contemporains.

Le chapitre que nous allons examiner nous permettra déjà de faire d'une pierre deux coups: il a été mis à profit aussi bien par Du Bellay — comme on n'a pas manqué de signaler[2] — que par Fouquelin, comme nous le verrons plus tard.

Ce chapitre, qui s'intitule *Qu'est ce que le Francois doit appeller Ryme?* a plutôt déconcerté la critique; les notes de l'édition Gaiffe en portent témoignage. Et en effet, le texte offre un exemple frappant de ce qu'on pourrait appeler un 'raisonnement glissant', ou '*stratégie textuelle glissante*' (soulignons que 'stratégie textuelle' ne veut pas dire, pour nous, 'effort *conscient* de la part de l'auteur'). Stratégie qu'on pourrait résumer en disant qu'elle sépare tout en confondant, ou qu'elle analyse tout en refusant de faire le partage. L'enjeu du texte s'impose comme le *rythme* et la *rime*; donc: la *rime* sera *à la fois* distincte du rythme et identique au rythme, et par là au prestigieux nombre oratoire. L'outil de la stratégie consiste en l'ambiguïté des termes. Dans ce cas précis, l'ambiguïté de la définition du mot ῥυθμός donnée comme en passant, mais dont les termes — *consonance* et *modulation* — disséminés à travers le texte et mis en rap-

---

[1] Cf. Chamard, *éd. Deff.* (1904), *table des noms*; idem, (1939[1]): mise au point, I, p. 163 n. 4; index analytique (t. IV). H. de Noo, *Thomas Sebillet et son 'Art Poëtique Francoys' rapproché de la 'Deffence et Illustration de la langue françoyse' de Joachim du Bellay*, Utrecht 1927, 'travail consciencieux certes, mais qui n'apporte rien de neuf' (Chamard, *l.c.* (1939[1])).

[2] Chamard (1970[4]), p. 151 n.2 et surtout (1904), p. 271n.

port avec d'autres, assurent l'efficacité rhétorique. Avant d'aborder le texte de Sebillet, examinons l'un et l'autre de ces termes, à commencer par *modulation*.

Cicéron et Quintilien se servent des mots *modulatio* et *modulari* dans le contexte du *numerus oratorius* pour désigner la 'modulation' ou 'mesure' opérée par une suite déterminée et mélodieuse de syllabes longues et brèves[3]. Mais ces termes ont été repris par une foule de grammairiens de la basse latinité pour désigner plus vaguement les variations d'intensité de la voix, déterminées par l'*accent* dans sa fonction rythmique[4], le sentiment de la quantité des syllabes s'étant entre-temps perdu. Nous retrouvons donc ici la problématique soulevée par Erasme. Bien sûr, dans les deux cas — latin classique et latin 'moderne' — il est question d'*harmonie* ou de *mélodie*, mais les moyens pour l'atteindre sont radicalement différents: quantité dans le premier cas, accent d'intensité dans le second. C'est dire qu'écrire en vers métriques était devenu une opération hasardeuse et artificielle, pratiquée seulement par quelques 'doctes'.

Voici, à titre d'exemple, la définition du rythme poétique donnée par Bède le Vénérable dans son traité *De arte metrica*, souvent réimprimé au XVIe siècle[5]:

> ...videtur autem rhythmus metris esse consimilis, quae est verborum modulata compositio, non metrica ratione, sed numero syllabarum ad iudicium aurium examinata, ut sunt carmina vulgarium poetarum (..); quod liquidius ita definitur: metrum est ratio cum modulatione, rhythmus modulatio sine ratione...

Voilà qui s'applique parfaitement non seulement aux *rhythmi* — vers accentués et rimés en latin médiéval —, mais encore aux *rymes* françaises! Et l'on constate que c'est effectivement à partir de textes de ce genre que s'est constituée, dès le Moyen Age, une poétique du vers français[6]. Seulement — et cela est essentiel — Sebillet entend parler en 'véritable humaniste': ce ne sont pas Victorinus ou Bède qu'il cite en bas de page, mais bel et bien Quintilien[7], rapprochant de la sorte le système classique du système de la langue 'vulgaire'.

---

[3] Cic. *De Orat.* III, 48, 184-5; *Or.* 18, 58 (modulari), cf. 53, 177 (mensio). Quint. I, 10, 22; IX, 4, 139, cf. 89 (modulatio); IX, 4, 31 (modulari).

[4] Cf. Nicolau (1930), p. 132-3.

[5] H. Keil, *Gramm. Lat.* VII, p. 258-9, chap. 'De rhythmo'; textes comparables chez M. Victorinus (IVe s.) et Audax (VIe s.): voir Nicolau, *l.c.* Cf. P. Klopsch, *Einführung in die mittellat. Verslehre*, Darmstadt 1972, p. 28.

[6] Cf. l'article de P. Zumthor, 'Du rythme à la rime', in *Langue, texte, énigme*, Paris 1975, p. 125-143. Essentiel.

[7] *Ed.* Gaiffe (1932²), p. 18: 'Quintilian, livre 9, chap. 4 des institutions oratoires'; 'Quintilian, livre 9, chap. 3.' Première référence à la définition des *numeri* (IX, 4, 45); seconde référence à la définition du *similiter desinens* (IX, 3, 75-7). On observe d'ailleurs les mêmes ambiguïtés chez Robert Estienne, *Dictionarium latino-*

Cela est encore plus flagrant dans son maniement du second terme technique, *consonance*, lequel, fonctionnant dans la théorie classique, signifie également *harmonie* ou *euphonie*[8]. En tant que tel, il est plus ou moins synonyme de 'modulation', ayant les mêmes connotations musicales. Appliqué à la versification française, le même terme désigne bien sûr l'homophonie finale, *consonantia similiter desinens*: rime. C'est dans ce sens qu'il avait déjà fonctionné dans les poétiques latines du Moyen Age, par exemple dans la *Poetria de arte prosaica, metrica et rhythmica* de Jean de Garlande (XIIIe s.)[9]. Voici donc de nouveau un terme ambigu, convenant à merveille à la stratégie glissante caractéristique du texte de Sebillet. Mais, soulignons-le encore une fois, c'est la référence à Quintilien qui est vitale.

Le mot *consonare* ne se trouve pas dans Cicéron; chez Quintilien, en revanche, et dans le chapitre trois du neuvième livre que cite justement Sebillet, *consonare* est utilisé en général pour désigner l'harmonie du discours, et en particulier pour désigner le *similiter desinens* ou autres correspondances sonores[10]. C'est par conséquent déjà chez Quintilien que le terme est ambigu: une aubaine pour Sebillet.

Ce qui importe chez ce dernier, ce n'est pas l'association en soi des mots *rythme*, *rime*, *consonance* et *modulation*, courante à travers tout le Moyen Age, comme l'a montré Zumthor dans son article savant[11]. Ce qui est important, dans le texte de Sebillet comme bientôt dans la *Deffence*, c'est la tentative de connecter *de facto* le ῥυθμός antique et la 'rime'

---

gallicum, Paris 1543; p. ex. *Numerosa oratio*: 'Qui ha mesure' (col. 484AB); *Rhythmus*: 'Rime'; *Rhythmicus*: 'Qui compose en rime' (col. 634B). *Modulari carmen*: 'Composer par mesure'; *modulatè*: 'De mesure, ou Par mesure' (col. 455A).

[8] Ainsi, on lit dans le fameux dictionnaire de Calepino [(1502¹); nous citons d'après l'éd. bâloise de 1551], *s.v. Consono*: '...Per translationem significat concordare. Hinc Consonantia, vocum concordantia, quae Graecè εὐφωνία dicitur.' Et chez Censorinus (Fr. 11. 1): 'harmonia est consonantia.' On trouve même chez un commentateur de Grégoire de Nysse 'consonantiam modulationis', comme traduction de τὴν ἁρμονίαν τοῦ μέλους (Migne gr., 44, 152A): voir *Thesaurus linguae lat.* (Teubner), *s.v.* Cf. également Strébée, *Comm.*, pp. 163-4, 173-4, cité *infra*, chap. 6, § 4, B.

[9] Partiellement reproduite par E. Habel, 'Die Exempla honestae vitae des Johannes de Garlandia', in *Rom. Forschungen* 29 (1911), p. 134-5. Cf. E. Faral, *Les Arts Poétiques du XIIe et du XIIIe siècle, réimpr.* Paris 1962, pp. 46, 378; P. Zumthor (1975), p. 128; P. Klopsch (1980), p. 161, reproduit la définition de Jean de Garlande: '*rithmus* est *consonancia* dictionum in fine similium sub certo numero sine metricis pedibus ordinata.'; *idem* (1972), p. 31, où c'est citée une *ars dictaminis* du XIIIe s. dans laquelle on lit la curieuse contamination que voici: 'in finali *concinnantia*'!

[10] Cf. Lewis & Short, *A Latin Dict.* (Oxford 1958 etc.), *s.v. consono*, p. 434C. Quint. IX, 3, 45; 73; 75; 77. Harmonie à la Gorgias, dont on retrouve les éléments dans le texte déjà cité de Garlande. 'Delectatus est his etiam M. Tullius', remarque Quint. IX, 3, 74. Cf. également la définition du *numerus* donnée par Georges de Trébizonde: 'Numerus, est quae ex observatione collocationis, atque clausulae pedum conficitur orationis *sonoritas*, atque *modulatio*': G. Trapezuntij *Rhetoricorum libri V...*, Paris, Chr. Wechel, 1538, p. 498.

[11] Cf. Zumthor (1975), schéma p. 137.

française, à l'aide d'une terminologie qui se veut 'classique', avec références à l'appui: Quintilien chez Sebillet, Cicéron chez Du Bellay. Associer formellement tout en ayant l'air de dissocier, le but étant bien entendu d'élever la langue française, *dans les termes mêmes*, au niveau des langues classiques[12].

Pour faire ressortir ces 'glissements progressifs' dans le texte de Sebillet et afin d'en faciliter la lecture, nous allons en souligner les 'noyaux stratégiques' les plus instructifs — les plus insidieux —[13]:

> ...le François l'appelant (l' = le carme) Ryme, encore qu'il ait suivy quelque apparence de ce qui est principal au carme, a toutesfois improprement approprié a ses usages ce qu'il a autrement avec industrie pris de plus riche que soy. Car bien qu'il y ait au carme *consonance et modulation*, laquéle le Grec denotoit par le vocable ῥυθμός, néantmoins ne le simple carme François, ne tout l'œuvre basty de carmes François peut estre proprement de la nommé Ryme, attendu que les vers et le Pöéme seront mieuz diz avoir pour ornement et forme *consonance et modulation*, qu'euz mesmes appelléz ainsi. Ce que le Romain a notamment observé quand il a appellé ῥυθμός non les vers ne les periodes, ains lés nombres et espaces dés temps qu'il y a diligemment observéz. Vray est que ce qui est plus communément appellé Ryme en nostre langage François, *avec plus de raison* semblera avoir receu ceste appellation; j'enten ceste *parité*, resemblance, et *consonance* de syllabes finissantes les vers François, laquelle non receue par les autres langues en la desinence de leurs carmes, a toutesfois esté admise par elles pour ornement de leur oraison solüe suivant le plaisir qui en touche l'aureille: et l'a nommée le Grec ὁμοιοτέλευτον, le Latin Similiter desinens, proprement tous deuz. Le François l'a appellée Ryme, corrompant le mot ῥυθμός par l'elision du θ: et parlant moins proprement, pour ce qu'autre est le ῥυθμός du Grec, autre la Ryme du François, comme avons ja montré. *Tolérablement cependant* si nous regardons que la resemblance des syllabes finissantes les vers françois, *n'est autre chose que consonance* portant par l'organe de l'ouye délectation à l'esprit. Délectation dy-je causée par l'effet de la Musique, qui soutient latemment la *modulation* du carme, en l'harmonie de laquéle les unisons et octaves (qui ne sont que *paritéz* differemment assises, ainsy qu'en la ryme) font les plus douz et parfaiz accords. De la est-ce que le rude et ignare populaire ne retenant des choses offertes que les plus rudes et apparantes, oiant et lisant les carmes françois, en a premiérement et plus promptement retenu et pris la ryme: du nom de laquéle partie a aussi premiérement failly en nommant tout le vers et l'œuvre; puys renforçant ceste faute d'une autre engendrée de la première, a appellé Pöétes Françoys, rymeurs, s'arrestant a la nue escorce... etc.

---

[12] Cette finalité est absente, nous semble-t-il, dans les textes médiévaux. C'est même ce qui sépare essentiellement ceux-ci des textes humanistes.

[13] Il ne suffit donc pas de souligner la continuité là où il y a plutôt rupture (par rapport au Moyen Age) comme le fait Zumthor (Mais son but diffère du nôtre: Zumthor veut retracer l'étymologie du mot *rime*, dans une perspective diachronique par définition). Ni de constater que 'les théories de Sebillet manquent...de netteté; il semble sans cesse confondre le rythme, l'harmonie et la mélodie'; 'il est à peine besoin de remarquer l'erreur que commet notre auteur en traduisant ῥυθμός par *consonance* et *modulation*', comme le fait F. Gaiffe (1932²), pp. 17 n. 4, 19 n. 3.

Comme on voit, la stratégie fonctionne grâce à la métaphore de la *musique* qui permet d'aller d'un registre d'idées à un autre; et ce serait ici qu'on pourrait parler 'proprement' de *consonance*: 'douz et parfaiz accords' de termes identiques dans des contextes différents opérant *latemment* la conciliation de l'inconciliable.

Du Bellay, relançant la discussion concernant le rythme et la rime, reprendra — outre le sujet même de la discussion — certains termes utilisés par Sebillet, dont *consonance* (*Deff.* II, 8), et son raisonnement ne se présente pas non plus sans 'glissements'. Là où Sebillet invoque l'autorité de Quintilien, Du Bellay se met sous l'égide de Cicéron[14]. Ce faisant, il remet (vu ses autres remarques concernant le nombre oratoire) le débat dans la perspective du Cicéronianisme. Et même si lui-même ne le fait pas de façon délibérée, son Censeur, Barthélemy Aneau, le lui rappellera.

De son côté, Fouquelin, 'traducteur' de la rhétorique latine de son maître Omer Talon, pillera le même texte de Sebillet à un endroit particulièrement stratégique de l'ouvrage, où il s'agira notamment d'incorporer la théorie du vers français dans la rhétorique traditionnelle — bien que déjà revue et corrigée par Ramus et Talon — à l'aide d'un impressionnant travail sur les termes, et avant tout celui de *nombre*, dont il élargit singulièrement la signification. Et ce sera toujours dans la section concernant le rythme et le nombre que Ramus insérera définitivement la poétique vernaculaire dans la rhétorique latine: couronnement d'une longue évolution dont nous allons suivre les étapes dans la troisième partie de notre étude.

---

[14] Dans sa brève analyse du texte de Du Bellay, Zumthor omet la référence à l'*Orator* (20, 67) et au lexique d'Hésychios, capitale à nos yeux: (1975), p. 142-3. Voir *infra*, chap. 5, § 3.

CHAPITRE V

LA DEFFENCE ET ILLUSTRATION DE LA LANGUE FRANÇOYSE DE JOACHIM DU BELLAY (1549)

> *Tu* ne fais autre chose par tout l'œuvre, mesme
> au second livre, que nous induire à greciser & lati-
> niser en François, vituperant tousjours nostre
> forme de poësie, comme vile & populaire, attri-
> buant à iceux [les Grecz & Romains] toutes les
> vertus & louanges de bien dire & bien escrire, &
> par comparaison d'iceux monstres la povreté de
> nostre langue, sans y remedier nullement & sans
> l'enrichir d'un seul mot, d'une seule vertu, ne
> bref de rien, sinon de promesse & d'espoir, disant
> qu'elle pourra estre, qu'elle viendra, qu'elle sera,
> etc. Mais quoy? quand, & comment?...
>
> *Barthélemy Aneau*[1]

§ 1. *Une mosaïque contradictoire*

La lecture de la *Deffence et Illustration*, publiée au mois d'avril 1549 chez Arnoul l'Angelier à Paris, a quelque chose de déconcertant. La perplexité qui s'empare du lecteur est due en partie au fait que la *Deffence* a visiblement plusieurs fonctions simultanées à remplir. Elle est d'abord le manifeste d'une jeune école poétique; en tant que telle, elle fait la critique — une critique souvent impitoyable et injuste, de toute façon très partiale — des poètes français de l'époque et du passé. Cette *Deffence* est une attaque: elle entend faire *table rase*, dénigrer voire détruire tout ce qui n'est pas conforme aux exigences formulées dans le manifeste même. D'où la virulence des critiques qu'elle a suscitées; aux yeux de ceux[2] qui ont réagi contre la *Deffence*, il s'agissait de sauver en quelque sorte l'honneur de la poésie vernaculaire, si maltraitée par l'auteur du manifeste. Il est vrai que Du Bellay n'avait rien négligé pour irriter ses lecteurs. Pour

---

[1] Le texte du *Quintil Horatian* dont est tirée l'épigraphe a été reproduit par H. Chamard dans son édition critique de la *Deffence*, mêlé aux notes en bas de page. En général, nous citerons d'après l'éd. procurée par Chamard en 1948 (1970[4]); mais nous renverrons également de temps à autre à la 'grande' édition critique publiée en 1904. Passage cité: (1970[4]), p. 28 n.

[2] Thomas Sebillet, Guillaume des Autelz et Barthélemy Aneau, le 'Quintil Horatian'. Cf. Chamard (1939[1]), t. I, chap. 6: 'L'attaque et la défense de la *Deffence*, 1549-1550'. Voir *infra*, chap. 6-8.

commencer, il s'était contenté de signer le pamphlet par ses seules initiales (I. D. B. A. — Ioachim Du Bellay Angevin) tout en permettant à son maître Jean Dorat de révéler sa véritable identité, mais dans deux épigrammes liminaires, l'un en grec, l'autre en latin. La procédure est emblématique de la *Deffence* dans sa totalité: '..tu ne fais autre chose par tout l'œuvre..., que nous induire à greciser & latiniser en Françoys..', reproche le *Quintil Horatian* à Du Bellay[3].

Une autre fonction de la *Deffence* est de servir de *préface* à l'*Olive*. Le premier recueil de Du Bellay a paru, on le sait, chez le même éditeur et au même moment que la *Deffence*. Dans l'*Olive*, Du Bellay 'illustre' les préceptes donnés dans la *Deffence*. Aussi les trois critiques du manifeste attaquent-ils à la fois la *théorie* exposée dans la *Deffence* et la *pratique* telle qu'elle se fait jour dans l'*Olive*. A son tour, Du Bellay insiste sur cette fonction 'préfacielle' dans le second avant-propos à l'*Olive* (1550) écrit en réponse à ses 'détracteurs'[4]. En somme, il est hors de doute que l'auteur, en publiant en même temps les deux textes, a voulu offrir au public à la fois *la leçon* et *l'exemple*.

Une troisième fonction de la *Deffence* enfin est de répondre à l'un des premiers *arts poétiques* d'inspiration humaniste, d'autant plus redoutable qu'il était souvent très proche des positions défendues par Du Bellay lui-même: il s'agit bien sûr de l'*Art Poëtique Françoys* publié en 1548 par Thomas Sebillet. Fréquemment, on le sait, Du Bellay fait allusion à l'ouvrage de son prédécesseur, 'soit qu'il copie ses expressions, soit qu'il critique ses idées, soit qu'il les reprenne en les complétant'[5]. Ainsi, Du Bellay reprend le passage de l'*Art Poëtique* où Sebillet avait parlé de la *rime* et dont nous avons parlé dans le chapitre précédent. Nous verrons en effet que lui aussi s'est fort préoccupé de ce mot 'rime' (ou 'rythme'): il n'y consacre pas moins de deux chapitres (*Deff*. II, 7 et 8).

[3] (1970[4]), p. 28 n. Précisons que l'épigramme grec se trouve en tête de la *Deffence*, et l'épigramme latin en tête de l'*Olive*: voir (1970[4]), p. 10 et *Olive*, éd. Chamard, *Œuvres Poétiques* I, Paris 1908 (nouvelle éd. mise à jour et complétée par Y. Bellanger, Paris 1982), p. 4. Voici les remarques ironiques d'Aneau dans le Préambule du *Quintil Horatian*, (1970[4]), p. xiii-xiv: '...tu veux faire comme la blanche dame Vergiliane [Galatée], qui aiant jetté la pomme, s'en fuit cacher derriere les saulx, mais toutefois veult bien premierement estre veuë & cogneuë. (...) Tu te contentes ton surnom estre declaré expressement par les deux tresdoctes & bien faitz epigrammes Grec & Latin de ton amy Dorat. (Etc.)'

[4] 'Je craignoy'...que telle nouveauté de poësie [*scil.* comme celle pratiquée dans l'*Olive*] pour le commencement seroit trouvée fort estrange & rude. Au moyen de quoy, voulant prevenir cete mauvaise opinion, ...je mis en lumiere ma *Deffence et Illustration de la Langue Françoise*: ne pensant toutefois au commencement faire plus grand œuvre qu'une epistre et petit advertissement au lecteur.' *Ed. cit.* (1908[1]), p. 14. — A la fin du chap. suivant nous reviendrons brièvement sur la publication conjuguée des deux ouvrages, à propos de la critique de B. Aneau.

[5] H. Chamard (1939[1]), p. 163 n. 4. Dans son éd. critique de 1904, Chamard recense tous les passages où Du Bellay se réfère à l'*Art Poëtique Françoys*: voir *table des noms*, *s.v.* Sibilet, (1904), p. 361: 35 allusions relevées.

L'on comprendra que le plus souvent, les allusions à Sebillet ont un caractère désobligeant, sinon polémique. Certains passages de la *Deffence* semblent avoir été conçus dans le but exprès de contredire celui-ci. Il est clair que dans un ouvrage déjà composé avec une certaine désinvolture cela ne facilite pas les choses pour le lecteur, qui risquerait de s'y perdre s'il n'avait pas à sa disposition le commentaire historique du savant éditeur de la *Deffence*.

Dans la seconde édition critique procurée par Chamard (1948[1]; 1970[4]), celui-ci cite une remarque faite par lui-même dans la première édition (1904):

> J'écrivais en 1903: 'La *Deffence* est, pour un bon tiers, une mosaïque, ou, si l'on aime mieux, une marqueterie faite de morceaux de toute provenance, assemblés souvent au hasard. *Je crois qu'on pourrait augmenter la proportion de ces emprunts.*' Je ne pensais pas si bien dire. Des collègues ou des amis m'ont signalé d'autres emprunts que ceux que j'avais découverts...etc.[6]

Chamard ajoute qu'il a profité notamment des suggestions de Louis Delaruelle, qui avait attiré son attention sur les *Adages* d'Erasme. Il dit à ce propos: 'La question se pose, en effet, de savoir si ce n'est pas dans cet ouvrage, très en faveur dans les écoles, que vient à du Bellay le meilleur de sa science antique.' D'autre part, l'éditeur avoue être redevable de 'la jolie trouvaille de Pierre Villey' qui avait découvert les emprunts considérables que Du Bellay avait faits au *Dialogue des Langes* de Speroni. Terence Cave de son côté, dans le bel ouvrage intitulé *The Cornucopian Text* (1979), a insisté sur les similarités entre le *Ciceronianus* d'Erasme et le pamphlet de Du Bellay, surtout en ce qui concerne la théorie générale de l'imitation et celle de la traduction. Le rejet 'stratégique' de la traduction comme moyen d'amplification de la langue qu'on trouve chez l'Angevin serait analogue à l'attaque d'Erasme contre les Cicéroniens. Terence Cave conclut:

> [Indeed], both Du Bellay and Erasmus appear to be in similar strategic positions: both caricature their adversaries (translators and Marotics in one case, Ciceronians and Longueil in the other), and appear to reject indiscriminately techniques which they themselves are quite capable of using and may not always consider in such a pejorative light; both use their targets as a sounding-board for their own positive and fertile theoretical meditations[7].

---

[6] (1970[4]), p. vi; (1904), p. xv.

[7] T. Cave (1979), p. 59sqq., notamment pp. 64, 66-7. On se rappelle que Du Bellay fait allusion au *Ciceronianus* (1528): *Deff.* I, 11 [(1970[4]), p. 77-8 + n.] Voici la description du processus d'imitation qu'on trouve chez Erasme: [C'est Buléphore qui parle] 'Amplector imitationem, sed quae adiuvet naturam, non violet, quae corrigat illius dotes, non obruat; probo imitationem, sed ad exemplum ingenio tuo congruens aut certe non repugnans, ne videare cum gigantibus θεομαχεῖν. Rursus imitationem probo non uni addictam praescripto, a cuius lineis non ausit discedere, sed ex omnibus auctoribus aut certe praestantissimis, quod in quoque praecellit maxime tuoque congruit ingenio, decerpentem nec

Ainsi, la liste des emprunts, références et allusions faits aux théoriciens antérieurs ou contemporains est virtuellement infinie: Du Bellay a 'greffé' son texte sur d'autres textes, qu'il a 'dévorés', 'digérés', 'convertis en sang & nouriture' (*Deff.* I, 3; 7), faisant cette fois encore, mais à l'intérieur de son ouvrage théorique, la leçon par l'exemple. *La théorie de l'imitation de Du Bellay est elle-même le fruit de l'imitation*; et le texte de la *Deffence* se présente comme une perpétuelle *mise en abyme*. Des théoriciens anciens, Du Bellay a imité avant tout Cicéron, Horace, Quintilien; des modernes néo-latins, il a 'digéré' Politien, Valla, Vida, Erasme[8] et probablement aussi Bruni, Ricci, Bembo, Longueil, Dolet, c'est-à-dire surtout ceux qui ont été impliqués d'une façon ou d'une autre dans la querelle du Cicéronianisme. Des modernes italiens, il a peut-être lu Bembo, certainement Speroni; et il vaudrait la peine d'examiner s'il a également connu l'œuvre bilingue de Christophe Landin, défenseur de la littérature vernaculaire bien avant Bembo. Il est bien évident en tout cas que le théorie de l'imitation de Landin est très proche de celle prônée par notre auteur[9]. Quant aux Français, Du Bellay a pris connaissance des ouvrages de Lemaire de Belges, de Fabri, de Dolet et bien entendu de Sebillet; il a, à ce qu'il prétend, également feuilleté les arts poétiques des Rhétoriqueurs[10].

Le relevé qui précède est sans doute loin d'être exhaustif; mais il montre suffisamment que la *Deffence* a été composée comme un *patchwork* d'autres textes, ou, comme le formule Terence Cave, que le texte de Du Bellay 'mirror[s] its own prescription'[11].

---

statim attexentem orationi quicquid occurrit bellum, sed in ipsum animum velut in stomachum traicientem, ut transfusum in venas ex ingenuo tuo natum, non aliunde emendicatum esse videatur ac mentis naturaeque tuae vigorem et indolem spiret.': *Cic.*, LB I, col. 1022C-D. Pour les passages similaires chez Du Bellay, voir Chamard (1904), *table des choses*, *s.v.* Imitation.

[8] Pour les Anciens, cf. Chamard (1904), *table des noms* et (1939[1]), t. I, chap. 2 et 5; pour les néo-latins, cf. Chamard (1904) *ibid.* et (1970[4]), notes; T. Cave (1979), *l.c.*; E. Garin (1969), p. 100 n. 1 (Valla, Politien).

[9] Villey (1908), p. 71sqq.; H. Baron, *The Crisis of the Early Italian Renaissance*, Princeton 1966, chap. 15: 'Florentine Humanism and the Volgare in the Quattrocento'; du même auteur, 'The 'Querelle' of the Ancients and the Moderns as a Problem for Renaissance Scholarship', in *Journal for the History of Ideas* 20 (1959), p. 3-22; A. Buck, in A. Buck / M. Pfister, *Studien zur Prosa des Florentiner Vulgärhumanismus im 15. Jahrhundert*, Munich 1973, Ire Partie, 'Die geistesgeschichtlichen und literarischen Grundlagen', notamment § 4, 'Die humanistische Rechtfertigung des 'volgare' '. Sur Landin, voir R. Cardini, *La critica del Landino*, Florence 1973, chap. 4, 'Cristoforo Landino e l'umanesimo volgare'. Cardini a réédité les textes de Landin chez Bulzoni: *Scritti critici e teoretici*, Rome 1974, 2 vol. Ajoutons que les rapports éventuels entre Landin et Du Bellay mériteraient une étude approfondie.

[10] Sur Jean Lemaire, voir *infra* § 3 et III, chap. 7 n. 17; sur Fabri, cf. Chamard (1970[4]), p. 148n. 1; sur Dolet, voir *supra*, chap. 2; sur les *arts de seconde rhétorique*, cf. *Deff.* II, 9 début et les notes de Chamard, *ad loc.*

[11] Cave (1979), p. 66; cf. *ibid.*, p. 77 ('It is striking that this theme of textual self-

Mais les difficultés qu'on rencontre à la lecture de la *Deffence* ne se réduisent pas à la multiplicité de ses fonctions 'pragmatiques', ni au jeu de l'intertextualité. Les lecteurs (les contemporains de Du Bellay aussi bien que les modernes) se voient en outre confrontés à toute une série de contradictions internes — qui sont d'ailleurs sans doute dues en partie à la technique d'écriture que nous venons de mettre en lumière. Ces 'contradictions' ont fait l'objet d'un article remarquable, paru en 1978 dans la revue américaine *PMLA*[12]. Mme Ferguson, l'auteur de cet article, insiste sur l'*ambivalence* de Du Bellay à l'égard des Anciens dont il préconise l'imitation. Ceux-ci en effet sont 'fascinating but threatening': 'one cannot propose to give them a new birth without some uneasiness; nor can one help wishing, at times, to kill them.' A ce propos, Mme Ferguson souligne à juste titre 'Du Bellay's vacillation between sacramental reverence and violence'[13].

Bien entendu, cette ambivalence à l'égard des Anciens trouve son pendant dans l'ambivalence à l'égard des Modernes, qui seraient à la fois inférieurs aux Anciens et virtuellement — actuellement, parfois — supérieurs. Dans ce contexte, il est utile de rappeler la caractérisation de la *Deffence* qu'on lit dans l'*Histoire de la Pléiade* de Henri Chamard, à laquelle nous avons déjà renvoyé plusieurs fois:

> Ce fameux manifeste est une œuvre complexe, inspirée à la fois par le sentiment le plus patriotique et l'esprit le moins national; c'est une apologie de la langue vulgaire contre ceux qui la dédaignent et lui préfèrent les langues

---

portraiture is a direct product of the problem of imitation as a form of intertextuality'; 'the involutions of a theoretical discourse which seeks to circumscribe the constraints of intertextuality while being itself subject to those very constraints'). Tout le chap. 2 du *Cornucopian Text* est d'ailleurs fondamental pour les problèmes esquissés ici.

[12] M. W. Ferguson, 'The Exile's Defense: Du Bellay's *La Deffence et Illustration de la Langue Françoyse*', in *PMLA* 93 (1978), p. 275-289. Recueilli, avec d'importants remaniements, dans l'ouvrage du même auteur, *Trials of Desire. Renaissance Defenses of Poetry*, New Haven/London 1983, chap. 2. A notre avis, les remaniements effectués dans cet ouvrage ne sont pas toujours des améliorations. Pour cette raison nous renverrons uniquement à l'article de 1978. Voir p. ex. *ibid.* (1978), p. 276 (cf. p. 286): '*La Deffence*...does not offer a unified poetic theory at all; rather, it presents a significant pattern of contradictions.' Déjà Chamard avait fait remarquer qu'il y a 'tout au fond de l'ouvrage une sorte de contradiction, et comme une antinomie foncière...': (1939[1]), t. I, p. 166. Cf. encore H. Harth (1975), p. 47 ('In der *Deffence*...ergeben sich...eine ganze Reihe von Inkonsequenzen und sachlichen Widersprüchen'), et M. Deguy, *Tombeau de Du Bellay*, Paris 1973, p. 33-4: un beau passage consacré à la contradiction.

[13] *Ibid.* (1978), p. 277. L'auteur observe à juste titre que cette attitude ambiguë vis-à-vis des Anciens se retrouve dans les œuvres poétiques de Du Bellay. A ce sujet, voir la belle étude de A. M. Scholar, *Variety and Variation in Du Bellay's 'Antiquitez de Rome'*, Cambridge 1976 (Thèse, non publiée). Mme Scholar a fait une analyse *rhétorique* des *Antiquitez*, recueil où éloge et blâme de la grandeur romaine fusionnent dans une ambiguïté qui fait tout le prix du recueil. On regrette que l'auteur ne se soit toujours pas décidé à publier ses recherches. Il y a un exemplaire dactylographié de la thèse à la bibliothèque de l'Université Libre d'Amsterdam, cote TK. 5362.

anciennes, et c'est une critique de nos vieux poètes dont le faible talent n'a pas su l'illustrer; c'est un plaidoyer pour le français contre les humanistes du temps présent, qu'un amour excessif de la culture antique a rendus ennemis de leur langue natale, mais c'est aussi un plaidoyer pour l'Humanisme contre les Français du temps passé, trop ignorants pour avoir su le prix de la culture antique. Le *pour* et le *contre* s'y balancent en une savante antithèse: *pour* le français *contre* les humanistes hostiles au français, *pour* l'Humanisme *contre* les Français dépourvus d'Humanisme[14].

De la sorte, Du Bellay se bat à la fois contre ceux qui admirent trop les Anciens et ceux qui ne les admirent pas assez; parallèlement, il s'insurge contre ceux qui admirent trop les Modernes et ceux qui ne les admirent pas assez. Sa théorie de l'imitation porte les marques de cette oscillation constante, qui mène droit au dilemme suivant: le poète français qui pratique l'imitation doit être *à la fois* similaire à son modèle et différent de son modèle. Similaire, puisqu'il doit s'approprier les 'vertus' de la littérature ancienne; différent, puisqu'en tant que Français, il doit sauvegarder jalousement la 'propriété' de la langue française[15]. Celle-ci en effet 'n'est si pauvre, qu'elle ne puysse rendre fidelement ce qu'elle emprunte des autres, [ni] si infertile, qu'elle ne puysse produyre de soy quelque fruict de bonne invention' (*Deff*. I, 4).

L'image de la stérilité présumée de la langue française s'insère dans tout un ensemble métaphorique où celle-ci est comparée à un organisme vivant, susceptible d'être *cultivé*. Dans son article cité ci-devant, Mme Ferguson appelle cet ensemble '*la défense organique*', laquelle, avec 'la défense historique' et 'la défense linguistique' constitue selon elle 'une toile de défenses' ('web of defenses') aux fils enchevêtrés. Chacun des fils de la toile est 'un lieu de contradictions'[16]. Ainsi, dans la 'défense historique', il y a contradiction entre une conception cyclique et une conception 'progressive' de l'histoire dont Du Bellay se sert concurremment (*Deff*. I, 9 et 10)[17]. La 'défense linguistique' est la plus complexe: elle ne se distingue guère de la promotion — ambiguë — de l'imitation des Anciens; mais nous n'allons pas refaire le procès de la théorie bellayenne de l'imitation, intenté dès le XVIe siècle par Barthélemy Aneau, l'implacable *Quintil Horatian*[18]; les contradictions qu'on y décèle ont été bien analysées

---

[14] Chamard (1939[1]), t. I, p. 165-6.

[15] Cf. Ferguson (1978), p. 283; Cave (1979), pp. 65, 70 ('Du Bellay's text is located between a living but unconsecrated language and a consecrated but dead culture').

[16] Ferguson (1978), p. 279.

[17] *Ibid*. (1978), p. 280-1; cf. Cave (1979), p. 70-1. H. Baron (1959) a montré que le conflit entre ces deux conceptions traverse toute l'époque renaissante; à la p. 21 de son article il cite la *Deffence*.

[18] (1970[4]), p. 102 n. 2, où Aneau se sert de la division traditionnelle *res / verba* pour confondre la théorie de *l'imitation des Grecz & Romains*: 'Je ne voy comme se peut entendre cecy. Car si és Grecs & Romains nous fault cercher, que sera-ce? Ou les choses, ou les

dans l'article auquel nous empruntons la trame de cette partie du paragraphe. Nous y renvoyons volontiers le lecteur. La 'défense organique'
en revanche est de nature à retenir notre attention, car à l'intérieur de
celle-ci Du Bellay parle pour la première fois de ces *nombres* qui font la
gloire de la 'grande éloquence' latine. Il va sans dire qu'avec la question
de savoir si les *numeri oratorii* sont *imitables* en français le problème central
de l'imitation, celui de l'identité et de la différence, resurgira.

En outre, ce passage sera sévèrement critiqué par le *Quintil Horatian*; et
c'est à cette attaque de la *Deffence* que nous consacrerons une importante
partie du chapitre suivant. Enfin, les textes (contradictoires) que nous
allons rapprocher ci-après sont intéressants, puisque empruntés à la *source
italienne* de Du Bellay, Sperone Speroni.

§ 2. *Nature et culture: le nombre oratoire*

La contradiction interne qu'on remarque dans les premiers passages
de la *Deffence* que nous allons étudier peut être résumée comme suit:

(1) *les langues ne sont point comparables aux arbres ni aux plantes*;

(2) *les langues sont tout à fait comparables aux arbres et aux plantes*. Derrière
ces énoncés contradictoires se dessine la problématique qui domine la
Deffence dans son ensemble: la langue française aurait-elle une inaptitude
naturelle à atteindre la perfection à laquelle sont parvenues les langues
classiques? Est-il possible de *cultiver* la langue française? Si oui, comment
faudra-t-il la cultiver? Questions essentielles, auxquelles celle concernant
la possibilité de l'imitation des Anciens est intimement liée. L'ambiguïté
des rapports entre la 'nature' et la 'culture' d'une langue se retrouve
dans la question de savoir quel est le statut 'ontologique' du *nombre oratoire*

---

parolles? Si les choses, *tu te contredis*: qui au premier livre [I, 4; (1970[4]), p. 31] as dit la
nature des choses & la cognoissance & commune tractation d'icelles estre egale en toutes
nations & langues. Et encores si les choses on en doit retirer, ou ce sera par translation ou
par tractation. Si par translation, tu la defens. [I, 5; (1970[4]), p. 36-7] Si par tractation,
c'est redite de mesme chose en autre langue à nous propre, & rien pour cela enrichie de
parole. Or si tu dis que les braves paroles il y faille cercher, ce sera escorcherie sanglante.
Si la mesure & forme des vers, elle est grandement dissemblable. Si les manieres de parler,
phrases & figures, je dy & maintien que nulle d'icelles ne default aux poëtes François, non
plus que aux Latins & Grecs. Si la science & les ars, cela est y cercher le savoir des choses,
ample & belle matiere de poësie, & non la forme de poësie, ne du style plus hault. Et cela
ne sera pas illustrer ne enrichir la langue de plus hault & meilleur style, mais enrichir
l'esprit de plus haulte science & cognoissance des ars qui en ces deux langues ont esté
mises, ce que est tresbon & principal, mais non à ton propos. Parquoy, pour l'enrichissement & illustration, & plus hault & meilleur style, je ne say quelle imitation tu y cerches, ne
toy avec ne sais.' — Nous avons mis entre crochets les passages de la *Deffence* auxquels le
Quintil fait allusion. A propos du chap. I, 4 [(1970[4]), p. 30-1] Aneau avait déjà remarqué:
' 'La langue fidele interprete de toutes les autres & les sciences se peuvent fidelement &
copieusement traicter en icelle': ces deux lieux sont *contradictoires* au chapitre suyvant.' Cf.
Chamard (1939[1]), t. I, p. 212-3 et Ferguson (1978), p. 282sqq.

dans les langues anciennes: le nombre est-il le produit de la 'nature' de ces langues (le 'produit naturel'), ou bien faut-il y voir le résultat de la culture, les hommes l'ayant introduit dans le système langagier 'par artifice'? Ce sera l'un des points majeurs dans le débat où s'opposeront Du Bellay et Aneau[19]. Débat où d'ailleurs l'ambiguïté ne sera guère dissipée, étant donné que celle-ci résulte d'abord de l'ambiguïté des termes individuels — nature, culture — eux-mêmes, et de la complexité des rapports qu'ils peuvent entretenir. Par ailleurs, le fait que Du Bellay n'hésite pas à faire un usage *métaphorique* du verbe *naître*, lié par l'étymologie au substantif *nature*[20], dans un contexte où il parle précisément de l''artifice' et du 'libre arbitre' des hommes, ne facilite pas les choses, on en conviendra[21].

Le premier chapitre de la *Deffence* porte le titre *L'Origine des Langues*. Titre bien ambitieux pour un chapitre de moins de cinquante lignes, comme le remarque le *Quintil*: '...de si grande chose promise comme est l'origine des langues, le chapitre n'en traite rien, sinon chose vulgaire & commune, telle que un rustic en diroit bien autant...' Mais qu'à cela ne tienne. Le commencement du chapitre est une rêverie sur l'état non-corrompu de l'homme d'avant la Chute, suivie d'une *complaincte* de son état actuel: l'homme déchu a *inventé* une multiplicité de langues, là où avant Babel il avait communiqué avec ses semblables dans une langue unique, totalement transparente[22]. La diversité des langues n'est donc point un phénomène *naturel*. Les différences qu'on observe entre elles ne sont pas des différences de nature, mais des différences relatives, dues à la *culture* plus ou moins intense de chaque langue individuelle. Autrement dit, toute langue est perfectible; le niveau de son développement dépend uniquement de 'l'artifice & industrie' de ceux qui la parlent:

> Si la Nature (dont quelque personnaige de grand' renommée non sans rayson a douté si on la devoit appeller mere ou maratre) eust donné aux hommes un commun vouloir & consentement, outre les innumerables commoditez qui en feussent procedées, l'inconstance humaine n'eust eu besoing de se forger tant de manieres de parler. Laquéle diversité & confusion se peut à bon droict appeller la Tour de Babel. Donques les Langues ne sont

---

[19] Voir *infra*, chap. 6 § 4, A.

[20] Cf. p. ex. A. Walde, *Lateinisches Etymologisches Wörterbuch*, Heidelberg 1910[2], *s.v. gigno*.

[21] Il est vrai que Du Bellay suit tout simplement l'exemple de Peretto-Pomponazzi, impliqué dans une discussion avec J. Lascaris, le fameux helléniste, dans le *Dialogue des Langues*. Cf. Villey (1908), p. 26sqq.; Harth (1975), p. 35-7.

[22] Motif commun à une foule de traités 'linguistiques' avant et après la *Deffence*. Voir l'étude impressionnante d'Arno Borst, *Der Turmbau von Babel. Geschichte der Meinungen über Ursprung und Vielfalt der Sprachen und Völker*. 6 vol. Stuttgart, 1957-1963. La *Deffence* est citée *ibid.*, III/1 (Stuttgart 1960), p. 1124-5.

nées d'elles mesmes en façon d'herbes, racines & arbres: les unes infirmes & debiles en leurs espéces: les autres saines & robustes, & plus aptes à porter le faiz des conceptions humaines: mais toute leur vertu est née au monde du vouloir & arbitre des mortelz. Cela (ce me semble) est une grande rayson pourquoy on ne doit ainsi louer une Langue & blamer l'autre: veu qu'elles viennent toutes d'une mesme source & origine: c'est la fantasie des hommes: & ont eté formees d'un mesme jugement à une mesme fin: c'est pour signifier entre nous les conceptions & intelligences de l'esprit. Il est vray que par succession de tens les unes, pour avoir eté plus curieusement reiglées, sont devenues plus riches que les autres: mais cela ne se doit attribuer à la felicité desdites Langues, ains au seul artifice & industrie des hommes[23].

Voici donc énoncée la première proposition que nous avons relevée au début du paragraphe: 'Les Langues ne sont *nées* d'elles mesmes en façon d'herbes, racines & arbres'; et, un peu plus loin, l'emploi métaphorique de verbe *naître*: 'mais toute leur vertu est *née* au monde du vouloir & arbitre des mortelz'[24]. L'argument que Du Bellay va tirer de ce passage est tout à fait prévisible: si *toutes* les langues sont perfectibles, personne ne pourra maintenir que la langue française soit grevée d'une inaptitude naturelle à atteindre une *felicité* pareille à celle des langues anciennes. Il suffit de la *cultiver*, comme on cultive... les arbres et les plantes. C'est effectivement le raisonnement adopté par l'auteur au troisième chapitre de la *Deffence*. Voilà pourquoi on trouve dans ce chapitre la seconde proposition, qui semble contradictoire à celle que nous venons de rappeler: 'les langues sont tout à fait comparables aux arbres et aux

---

[23] *Deff.* I, 1; (1970[4]), p. 11-13. Chamard remarque *ad loc.*: 'Tout ce passage sur l'origine des langues est inspiré, souvent même traduit, du *Dialogue des Langues* de Sperone Speroni...' Voir Villey (1908), p. 32. Au chap. 4 de son étude, Villey met côte à côte les textes de Du Bellay et de Speroni, et reproduit également la traduction de Cl. Gruget (1551): *ibid.* (1908), p. 43-67. Les passages en question se trouvent aux pp. 43-4. Dans la suite nous nous bornerons, quant aux emprunts à Speroni, à marquer la référence au texte du *Dialogue* reproduit par P. Villey d'après la première éd. (Venise, 1542) et mis *en appendice* à son étude déjà citée. Pour le passage présent, la référence est (1908), p. 138. Le lecteur trouvera les références correspondant à l'éd. originale dans le chap. 4 de Villey, et dans les notes de Chamard (1970[4]). Les quelques passages du *Dialogue* que nous citerons dans la suite seront donc reproduits en italien, conforme à l'usage en vigueur parmi les chercheurs actuels (Krömer, Baehr, Ferguson, etc.). Nous avons déjà dit que c'est Peretto qui parle dans le passage du *Dialogue* que Du Bellay a utilisé ici. Mme Harth observe: 'Auffällig ist [zunächst], daß Du Bellay, dem es ja in erster Linie um die Erneuerung der poetischen Sprache geht, seine Argumente nicht nur, ja nicht einmal primär, bei Bembo, dem Verteidiger der Literaturfähigkeit des volgare, sondern beim Aristoteliker Pomponazzi sucht.': (1975), p. 42. Cf. *ibid.*, p. 44-5, sur l'interprétation toute personnelle du passage de Speroni par Du Bellay: les remarques de Mme Harth sont ici d'une grande finesse.
[24] Cf. Speroni, *éd.* (1908), p. 138: 'Non *nascono* le lingue per sè medesme, a guisa di alberi o d'herbe...ma ogni lor vertù *nasce* al mondo dal voler di mortali.' Gruget élimine la métaphore dans sa traduction: au lieu de *naist*, il met *provient.* Cf. Villey (1908), p. 43-4.

plantes'[25]. Le lecteur devra donc faire un effort de réflexion pour être à même de suivre les chemins quelque peu tortueux de Du Bellay; il lui faudra 'neutraliser' la contradiction en se rendant compte que d'après Du Bellay les langues *différent* des plantes en ce qui concerne leur *origine*, mais qu'elles sont *pareilles* aux plantes quant à leur *culture* ultérieure. Les plantes ont été créées par la Nature, ou par Dieu, alors que les langues ont été créées par les hommes dans leur déchéance 'post-adamique'. Mais cette différence d'origine une fois donnée, les langues aussi bien que les plantes pourront être cultivées. Et voilà la contradiction levée.

Est-ce à dire que dans le passage que nous allons citer tout à l'heure, toute confusion conceptuelle soit dissipée? Ce n'est pas le cas. On y retrouve les mêmes antinomies; *nature* et *culture* resteront les notions-clé du passage, au cœur duquel surgira l'*artifice* rhétorique par excellence, le nombre oratoire, jadis *cultivé* en Grèce par Isocrate, et ensuite en Italie par Cicéron[26]. Nous allons mettre en italiques les mots ayant un quelconque rapport avec les antinomies *ars/natura*, *culture/nature*, afin de montrer l'articulation de ce passage. Ajoutons tout de suite que l'essentiel de l'argumentation a été de nouveau emprunté au *Dialogue* de Speroni, mais cette fois-ci à la première partie du texte, où s'affrontent le latiniste Lazzaro Buonamico, et le Cardinal Pierre Bembo, le Cicéronien converti au vulgaire. C'est dans les arguments de ce dernier que Du Bellay fait un tri assez circonspect, en se réservant le droit de revenir plus loin sur ceux de la partie adverse. En effet, les dires de Du Bellay dans le chapitre neuf du premier livre sont en rapport étroit avec les affirmations que nous allons lire à présent, puisque dans les deux cas c'est la discussion entre Buonamico et Bembo qui sert de toile de fond. Voici donc le début du troisième chapitre du premier livre de la *Deffence*, intitulé *Pourquoy la Langue Francoyse n'est si riche que la Greque & Latine*:

> Et si nostre Langue n'est si copieuse & riche que la Greque ou Latine, cela ne doit estre imputé au default d'icelle, comme si d'elle mesme elle ne pouvoit jamais estre si non pauvre & *sterile*: mais bien on le doit attribuer à l'ignorance de notz majeurs, qui ayans (comme dict quelqu'un, parlant des anciens Romains) en plus grande recommendation le bien faire que le bien dire, & mieux aymans laisser à leur posterité les exemples de vertu que les preceptes, se sont privez de la gloyre de leurs bien faitz, & nous du fruict de l'immitation d'iceux: & par mesme moyen nous ont laissé nostre Langue si pauvre & nue, qu'elle a besoing des ornementz & (s'il fault ainsi parler) des

---

[25] Cf. Ferguson (1978), p. 279: 'The 'industrie' mentioned in the first chapter is now [*i.e.*, au chap. 3] explained in terms of an agricultural metaphor, and the initial distinction between plants and languages collapses completely.' C'est que cette fois-ci, Du Bellay traduit les paroles du Bembo de Speroni, en non plus celles de Peretto.

[26] Ce sont d'abord ces deux noms que le *Quintil* citera dans sa critique de ce passage: voir *infra*, chap. 6, § 4, B, D.

plumes d'autruy. Mais qui voudroit dire que la Greque & Romaine eussent
tousjours eté en l'excellence qu'on les a vues du tens d'Homere & de
Demosthene, de Virgile & de Ciceron? Et si ces aucteurs eussent jugé que
jamais, pour quelque diligence & *culture* qu'on y eust peu faire, elles n'eussent sceu produyre plus grand fruict, se feussent ilz tant eforcez de les mettre au point ou nous les voyons maintenant? Ainsi puys-je dire de nostre
Langue, qui commence encores à fleurir sans fructifier, ou plus tost, *comme
une plante & vergette*, n'a point encores fleury, tant se fault qu'elle ait apporté
tout le fruict qu'elle pouroit bien produyre. Cela, certainement, non pour le
default de la nature d'elle, aussi apte à engendrer que les autres: mais pour
la coulpe de ceux qui l'ont euë en garde, & ne l'ont *cultivée* à suffisance, ains
comme une plante sauvaige, en celuy mesmes desert ou elle avoit commencé à *naitre*, sans jamais l'arrouser, la tailler, ny defendre des
ronces & epines qui luy faisoint umbre, l'ont laissée envieillir & quasi mou-
rir. Que si les anciens Romains eussent eté aussi negligens à la culture de
leur Langue, quand premierement elle commenca à pululer, pour certain
en si peu de tens elle ne feust devenue si grande. Mais eux, en guise de bons
agriculteurs, l'ont premierement transmuée d'un lieu sauvaige en un
domestique: puis affin que plus tost & mieux elle peust fructifier, coupant à
l'entour les inutiles rameaux, l'ont pour echange d'iceux restaurée de
rameaux francz & domestiques, magistralement tirez de la langue Greque,
les quelz soudainement se sont si bien entez & faiz semblables à leur tronc,
que desormais n'apparoissent plus adoptifz, mais *naturelz*. De la sont *nées* en
la Langue Latine ces fleurs, & ces fruictz colorez de cete grande eloquence,
avecques ces nombres & cete lyaison si *artificielle*, toutes les quelles choses,
non tant de sa propre *nature* que par *artifice*, toute Langue a coutume de produyre. Donques si les Grecz & Romains, plus diligens à la *culture* de leurs
Langues que nous à celle de la nostre, n'ont peu trouver en icelles, si non
avecques grand labeur & industrie, ny grace, ny nombre, ny finablement
aucune eloquence, nous devons nous emerveiller si nostre vulgaire n'est si
riche comme il pourra bien estre, & de la prendre occasion de le mepriser
comme chose vile & de petit prix?[27]

Au commencement de ce long passage, Du Bellay revient sur la thèse
défendue au premier chapitre: aucune langue n'est supérieure à une
autre *par nature*; le degré de perfection de telle langue dépend, et dépend
uniquement, de la volonté de culture ('artifice & industrie') de ses usa-
gers. Or, force nous est de constater que la volonté de culture des
Français du temps passé a été mince, car contrairement à ce qui s'est
passé en Italie, la France n'a pas encore produit d'*auteurs-modèles*. Il est
probable que Du Bellay pense ici surtout à ses ancêtres *les Gaulois* auxquels il avait déjà fait allusion au chapitre précédent: ceux-ci en effet
étaient des guerriers, vaillants il est vrai, mais peu loquaces, et encore
moins portés à mettre par *écrit* le récit de leurs exploits, ou leur 'doctrine'
('les preceptes')[28]. De toute façon, Du Bellay passe sous silence toute la

---

[27] *Deff.* I, 3; (1970[4]), p. 22-27.
[28] Cf. *Deff.* I, 2: 'Les Romains ont eu si grande multitude d'ecrivains, que la plus part
de leur gestes…s'est conservée entiere jusques à nostre tens. Au contraire les faiz des

tradition littéraire plus récente, que visiblement il juge indigne d'être imitée! Le *Quintil*, comme de juste, s'insurge contre ce procédé désobligeant[29]. Et l'on sait que Du Bellay, tout en saluant quelque 'précurseur' ici et là, est effectivement hostile à l'imitation de modèles nationaux, anciens aussi bien que modernes[30]. Ce qui reste, donc, c'est l'imitation des auteurs étrangers, et en premier lieu des Anciens. Imitons les Romains qui n'ont pas dédaigné d'imiter les Grecs, 'car il n'y a point de doute que la plus grand' part de l'artifice ne soit contenue en l'immitation', dira-t-il ailleurs, en traduisant Quintilien[31]. Ici, Du Bellay s'inspire plutôt d'un autre passage des *Institutions Oratoires* (X, 2, 4sqq.), pour se tourner tout de suite après vers le *Dialogue* de Speroni, et traduire à peu près littéralement toute une partie de la réplique de Bembo à l'adresse de Lazzaro (A partir des mots: 'Ainsi puys-je dire de nostre Langue...'). Pour bien comprendre le raisonnement de Du Bellay, il est par conséquent indispensable d'étudier de plus près les reproches que fait Lazzaro Buonamico à la langue vulgaire, et les réactions de Bembo à ces mêmes reproches[32].

---

autres nations, *singulierement des Gauloys*...ont eté si mal recueilliz, que nous en avons quasi perdu non seulement la gloyre, mais la memoyre.': (1970[4]), p. 19-20. *Deff.* II, 8, Du Bellay reviendra sur la question gauloise en citant les *Illustrations* de Lemaire de Belges [voir *infra*, § 3]. L'idée que les Gaulois ont toujours *refusé* de rien mettre par écrit constitue un thème très courant (et une excuse efficace!) dans toute la littérature consacrée à l'exaltation de 'nos ancêtres les Gaulois', très abondante à cette époque. Les sources antiques de cette idée, et en général de toute la 'mythologie gauloise', sont César, *De Bello Gall.*, VI, 12-13; Pline l'Ancien, *Nat. Hist.*, XVI, 95; Diodore de Sicile, *Bibl. Hist.*, V, 31, auxquelles s'ajoutent les 'découvertes' d'Annius de Viterbe (le pseudo-Bérose, notamment). Au chap. 7 de la IIIe partie de notre étude nous retrouverons la plupart des noms et des idées indiqués ici.

[29] (1970[4]), p. 23 n. 1.

[30] Voir surtout *Deff.* I, 8: c'est 'chose grandement à reprendre, voyre *odieuse* à tout lecteur de liberale nature, voir en une mesme langue une telle immitation...': (1970[4]), p. 47. Même refus, qui va jusqu'au dégoût, chez Ronsard, *Les quatre premiers livres des Odes* (1550), préface *au lecteur*, *éd.* Laumonier, t. I, p. 45: '...l'imitation des nostres m'est tant *odieuse* (d'autant que la langue est encores en son enfance) que pour cette raison je me suis éloigné d'eus, prenant stile apart, sens apart, euvre apart, ne desirant avoir rien de commun avecq' une si *monstrueuse* erreur.'

[31] *Deff.* I, 8; (1970[4]), p. 45; Quint. X, 2, 1.

[32] Voir Villey (1908), p. 22sqq.; Harth (1975), p. 20sqq. Mme Harth remarque à propos de l'argumentation de Lazzaro: 'Die Argumente, die der Paduaner Gelehrte in maiorem linguae latinae gloriam geltend macht, führen dabei dem Leser in gedrängter, bisweilen bis zum Klischee vereinfachter Form, traditionelle humanistische Sprachtopoi vor...' Cf. *ibid.*, p. 21: 'Der Apologet des Latin eröffnet seine Lobrede mit einem an Cicero anknüpfenden, typisch humanistischen Gedankengang.' Ici encore, Speroni présente le personnage de Lazzaro comme la caricature du personnage historique; *persona* dans la comédie sérieuse qu'est le *Dialogue des Langues*, tout comme le *Dialogue de Rethorique*. Sur le Lazzaro historique, cf. l'article de R. Avesani dans le *Dizionario Biografico degli Italiani*, t. XI, Rome 1969, p. 533-40 ('Già al tempo della sua permanenza a Bologna il B[uonamico] si era creata la fama di puntiglioso ciceroniano', p. 536). Voir encore l'aperçu analytique du *Dialogue des Langues* dans Harth (1975), p. 57sqq.

D'après Lazzaro, il est inconcevable que la langue vulgaire puisse jamais avoir ses Cicéron, Virgile, Homère ou Démosthène[33], puisque, étant barbare (cf. *Deff.* I, 2), elle est 'non capace *nè di numero, nè di ornamento.*' Elle tire son origine des parlers barbares les plus divers; en conséquence, elle est très irrégulière du point de vue grammatical: 'questa povera lingua' a 'i nomi non declinabili, i verbi senza conjugatione et senza participio'[34]. Bembo va prendre la défense de son 'innocente lingua'; il va essayer de prouver qu'elle n'est point 'si barbara, *nè sì priva di numero et d'harmonia*' comme l'a dépeinte Lazzaro[35]. Aujourd'hui, dit Bembo, la langue vulgaire commence à être réglée; la poésie et la prose modernes ne sont aucunement moins 'nombreuses', ni moins 'capables d'ornements' que celles des langues anciennes:

> I versi hanno lor piedi, lor harmonia, lor numeri; le prose, il lor flusso di oratione, le lor figure et il loro elegantie di parlare; repetitioni, conversioni, complessioni, et altre tai cose; per lequali non è forse, come credete [*scil.*, Lazzaro], diversa una lingua dall' altra: chè se le parole sono diverse, l'arte del comporle et dell' adunarle è una cosa medesma nella latina et nella thoscana. Se messer Lazaro ci negasse questo, io li domanderei, onde è adunque che le Cento Novelle non sono belle egualmente, nè i sonetti del Petrarca tutti parimente perfetti?[36]

Selon Bembo, donc, le *volgare* a des 'nombres', ou du moins une certaine 'numérosité'; deuxièmement, *l'art poétique et oratoire* de la langue vulgaire est identique à celui des langues anciennes; troisièmement, l'œuvre vulgaire *de Boccace et de Pétrarque* lui sert à établir l'existence de cet art poétique et oratoire du vulgaire. Et voilà tous les reproches de Lazzaro démentis,...avec une série d'arguments similaires, sinon identiques à ceux de Brocard dans le *Dialogue de Rethorique!*[37]. Bien entendu, ce sont là des arguments que Lazzaro n'admet point: 'Monsignore, io negai la lingua moderna haver in sè *numero, nè ornamento, nè consonantia*, et lo nego di nuovo...' Et cela pour la simple raison, que le *volgare*, quoi qu'en dise Bembo, n'a ni syllabes longues, ni syllabes brèves, et par conséquent rien qui ressemble aux pieds métriques, lesquels seuls pourront produire

---

[33] (1908), p. 117; cf. *ibid.*, p. 35. Même série de noms chez Du Bellay, à la fin du chap. 3: '[La Langue Francoyse] se poura égaler [un jour] aux mesmes Grecz & Romains, produysant comme eux des Homeres, Demosthenes, Virgiles & Cicerons,..' (1970[4]), p. 28. Cf. aussi Ramus, *Oratio* (1546), in Bergeron (1577), p. 306.

[34] (1908), p. 117-8; Du Bellay répondra à tous ces reproches, *Deff.* I, 9. Voir *infra.*

[35] (1908), p. 119.

[36] (1908), p. 121-2. On remarquera que les figures de mots que Bembo relève (*repetitio*: épanalepse; *conversio*: épistrophe; *complexio*: symploque) sont très voisines des gorgianismes proprement dits, et ont la fonction de 'carrer' la phrase. Nous verrons plus loin [III, 5] que Fouquelin assimile l''epistrophe ou conversion' à la *rime.*

[37] Voir *supra*, chap. 3.

l'harmonie telle qu'il l'entend[38]. Bembo, le Cicéronien repenti, ne saurait être insensible à ces arguments. Il bat en retraite[39]. C'est avec bien moins d'assurance qu'avant qu'il poursuit la défense de son *volgare*, en le comparant à une *picciola et sottile verga*: désemparé, il est forcé de reconnaître que la gloire de la langue toscane est encore 'en herbe'. Or, c'est cette comparaison, avec tout le développement qui suit, que Du Bellay a copiée mot à mot. Celui-ci n'a donc point adopté les affirmations les plus péremptoires du 'docte Cardinal'. Il se garde bien de dire avec ce dernier qu'on retrouve 'ces nombres & cete lyaison si artificielle' des langues classiques dans la langue vulgaire. Il relègue la gloire du français à l'avenir, au grand mécontentement du Censeur, qui remarque à juste titre que du point de vue de Du Bellay, la langue française est riche uniquement 'de promesse & d'espoir'[40]. Et il est vrai que pour l'instant Du Bellay ne dit rien sur la 'transplantation' des artifices métriques des Anciens en langue vulgaire, bienqu'il semble en reconnaître implicitement la possibilité:

> [..de petit prix]. Le tens viendra (peut estre), & je l'espere moyennant la bonne destinée Francoyse, que ce noble & puyssant Royaume obtiendra à son tour les resnes de la monarchie, & que nostre Langue (si avecques Francoys n'est du tout ensevelie la Langue Francoyse) qui commence encor' à jeter ses racines, sortira de terre, & s'elevera en telle hauteur & grosseur, qu'elle se poura egaler aux mesmes Grecz & Romains, produysant comme eux des Homeres, Demosthenes, Virgiles & Cicerons, aussi bien que la France a quelquesfois produit des Pericles, Nicies, Alcibiades, Themistocles, Cesars & Scipions[41].

Du Bellay revient sur la question du nombre oratoire au chapitre neuf du même livre[42]. Le chapitre s'intitule *Response à quelques objections*. Comme

---

[38] (1908), pp. 122, 126-7. Lazzaro fait la comparaison entre la prosodie ancienne et la prosodie vulgaire, et ensuite entre la prose nombreuse des Anciens et celle, inculte, du *volgare* ('la prosa [volgare], io non so dire per qual ragione sia numerosa chiamata', et la suite.) Toutes ces observations de Lazzaro sont aussi judicieuses qu'inattaquables.

[39] Sa perplexité est même assez comique; Speroni n'épargne guère son protagoniste: 'Questa cosa di numeri, come si stia, e se così la prosa come il verso thoscano n'ha la sua parte, et in che modo la si habbia, per essere assai facile da vedere, ma lontana dal nostro proponimento, hora con esso voi non intendo di disputarla; anzi confessando quello esser vero, che ne diceste, non tanto perchè sia vero, quanto perchè si veda ciò che ne segue...etc.': (1980), p. 127. Dans le *Dialogue de Rethorique*, Brocard prendra la relève: il va revenir amplement sur *questa cosa di numeri*, avec le résultat que l'on sait.

[40] Aneau, (1970[4]), p. 28 n. 1. Voir l'épigraphe.

[41] Du Bellay, (1970[4]), p. 27-8. Fin du chapitre 3. Cf. Speroni, *éd.* (1908), p. 128 — c'est toujours Bembo qui parle —: 'tempo forse verrà, che altra tanta eccelentia sia la volgare dotata...' et ce qui suit. Cet emprunt n'est pas signalé par Villey ni par Chamard. Bien entendu, la rêverie au sujet de la *translatio imperii* est le fait de Du Bellay, inspiré peut-être par son maître Dorat: cf. Gen. Demerson (1983), p. 25sqq.

[42] *Deff.* I, 9. Il est désormais facile à retrouver les passages qui sont thématiquement liés, grâce au traitement automatique auquel une équipe danoise dirigée par Suzanne Hanon a soumis la *Deffence*: *Etudes romanes de l'Université d'Odense*, vol. 6, Odense 1974.

nous l'avons déjà fait remarquer, ces 'objections' que Du Bellay entend réfuter ici sont celles-là mêmes de Lazzaro Buonamico, que nous avons résumées plus haut. C'est dire que l'auteur s'inspire dans ce chapitre des mêmes passages du *Dialogue* de Speroni que ceux relevés à propos du chapitre trois. Au début du chapitre neuf, il répond explicitement aux reproches de Lazzaro, et à la fin, il puise dans la réplique de Bembo à ces reproches[43].

On se rappelle que Lazzaro avait donné une esquisse peu flatteuse de la langue vulgaire: elle serait barbare, irrégulière, pauvre, dépourvue d'harmonie, celle-ci étant déterminée avant tout par le *sonus* et le *numerus*[44]. Dans la *response* de Du Bellay que nous allons citer ci-dessous, nous retrouvons tels quels ces quatre éléments. Comme souvent dans la *Deffence*, cette réponse est un curieux mélange de manœuvres offensives et défensives: d'une part, Du Bellay tente d'établir l'injustice des reproches formulés par Lazzaro; mais d'autre part, ébloui malgré lui par le prestige des langues anciennes, il allègue de nouveau la 'simplicité' de ses ancêtres les Gaulois, en se servant de la figure caractéristique de la *praeteritio* ('Je ne veux alleguer...'). Ce double mouvement se retrouve dans son raisonnement concernant le nombre en 'vulgaire': d'un côté, Du Bellay se montre confiant quant à la possibilité d'introduire les artifices métriques des Anciens dans la langue française; de l'autre côté, il promet de revenir au second livre de la *Deffence* sur la façon dont les Français *compensent* les *pieds* et les *nombres*: 'voilà ce que nous aurions pu faire, et voici ce que nous faisons en fait: quelque chose de très différent.' (Voir § suivant). La formule qui clôt le passage est révélatrice à cet égard: 'Je dis *seulement* qu'il *n'est pas impossible*...'; ce serait une erreur que de n'y voir qu'une litote. Mais lisons ce passage:

Apres avoir le plus succinctement qu'il m'a eté possible ouvert le chemin à ceux qui desirent l'amplification de notre Langue, il me semble bon & necessaire de repondre à ceux qui l'estiment *barbare* & *irreguliere*, *incapable de cete elegance* & *copie*, qui est en la Grecque & Romaine: d'autant (disent ilz) qu'elle n'a *ses declinations*, *ses piez* & *ses nombres* comme ces deux autres Langues. Je ne veux alleguer en cet endroict (bien que je le peusse faire sans honte) la simplicité de notz majeurs, qui se sont contentez d'exprimer leurs conceptions avecques paroles nues, sans art & ornement: non immitans la curieuse diligence des Grecz, aux quelz la Muse avoit donné la bouche ronde (comme dict quelqu'un) c'est à dire parfaite en toute elegance & venusté de paroles: comme depuis aux Romains immitateurs des Grecz. Mais je diray bien que nostre Langue n'est tant irreguliere qu'on voudroit bien dire: veu qu'elle se decline, si non par les noms,

---

[43] Emprunts signalés par Villey (1908), p. 36-7, et par Chamard (1970[4]), *ad loc.*

[44] Cic. *Or.* 49, 163 (cf. 55, 185): 'Duae sunt [igitur] res, quae permulceant aures, sonus et numerus.'

pronoms & participes, pour le moins par les verbes, en tous leurs tens, modes & personnes. Et si elle n'est si curieusement reiglée, ou plus tost liée & gehinnée en ses autres parties, aussi n'ha elle point tant d'hetheroclites & anormaux, monstres etranges de la Grecque & de la Latine. *Quand aux piedz & aux nombres, je diray au second livre en quoy nous les recompensons.* Et certes (comme dict un grand aucteur de rethorique, parlant de la felicité qu'ont les Grecz en la composition de leurs motz), je ne pense que telles choses se facent par la nature desdites Langues, mais nous favorisons tousjours les etrangers. *Qui eust gardé notz ancestres* de varier toutes les parties declinables, *d'allonger une syllabe & accoursir l'autre,* & en faire des piedz ou des mains? Et qui gardera notz successeurs d'observer telles choses, si quelques scavans & non moins ingenieux de cest aage entreprennent de les reduyre en art? (...) Je dy seulement qu'il n'est pas impossible que nostre Langue puisse recevoir quelquefoys cest ornement & artifice aussi curieux qu'il est aux Grecz & Romains. Quand au *son,* & je ne scay quelle naturelle douceur (comme ilz disent) qui est en leurs Langues, je ne voy point que nous l'ayons moindre, au jugement des plus delicates oreilles.[45]

Chamard estime que ce passage est 'curieux', puisqu'il 'nous montre que dès 1549 l'idée des vers *métriques* ou *mesurés,* à l'imitation des anciens, hantait les jeunes humanistes du collège de Coqueret.'[46] Mais il faudra préciser que Du Bellay ne cesse d'osciller entre optimisme et pessimisme. A preuve ce qu'il remarque en passant dans le second livre (II, 4) sur l'introduction de l'hendécasyllabe dans la poésie française:

...Adopte moy aussi en la famille Françoyse ces coulans & mignars hendecasyllabes, à l'exemple d'un Catulle, d'un Pontan & d'un Second: ce que tu pouras faire, *si non en quantité, pour le moins en nombre de syllabes*[47].

---

[45] (1970[4]), p. 48-54. Cf. *Dial. des L.,* éd. (1908), pp. 117, 122, 125 (*suono, naturale dolcezza*), 126 ('di questa cotal melodia [*scil.* celle effectuée par les syllabes longues et brèves] non ne sono capaci gl'orecchi del vulgo, nè lei altresi possono formare le voci della lingua volgare'), 127 ('piedi o mani'). Dans tous les cas, c'est Lazzaro qui parle. Chez Speroni, un troisième personnage intervient dans la discussion entre Lazzaro et Bembo: c'est le *cortegiano.* Celui-ci parle e.a. de la prononciation actuelle du latin. A ce propos, il emploie une formule qui ressemble à s'y méprendre à celle utilisée par Erasme dans *De Pronuntiatione* (1528): 'Ecco io son contento di confessarvi, che *le mie orecchie in tal caso non siano humane, ma d'asino..*' (Cf. Erasme, *De Pronunt.,* LB I, col. 946B: *aures asininae*). Nous avons relevé cette formule érasmienne *supra,* I, chap. 1; nous la citerons avec son contexte *infra,* II, chap. 6, § 4, B. Sur les emprunts éventuels de Speroni à Erasme, voir encore *supra,* II, chap. 3.

[46] (1970[4]), p. 52 n. 2. Dans un chapitre de sa *Rhetorica* (1567...) consacré également au *nombre* et au *rythme,* Ramus se montre convaincu, comme Du Bellay, de la possibilité d'introduire les *vers mesurés* dans les langues modernes; ces vers seront produits par des poètes *érudits* (Du Bellay: 'scavans & non moins ingenieux'): voir *infra,* III, chap. 8, § 3.

[47] (1970[4]), p. 124-5. Chamard [*ad loc.*] estime aussi que c'est un 'conseil bien étrange et bien obscur'. Cf. la 'censure' de ce passage par Aneau, *ibid.*: 'Je te demande, legislateur, les vers François des chants royaux, balades, chapeletz, rondeaux, epistres, elegies, epigrammes, dixains & translations, sont ilz pas tous hendecasyllabes & decasyllabes, selon la derniere masculine ou feminine? Comment veux tu donq' que nous adoptions en nostre famille (pour avec toy parler jurisperitement en François) ceux qui nous sont naturelz & legitimes, & que les autres langues par aventure ont prins de nous? C'est mal entendu le droit.'

Notre auteur a bien vite abandonné son espoir exprimé au premier livre! Ce qui reste donc en fait, c'est cette idée de 'compensation' qu'il a promis d'expliquer au second livre. Etant donné cette promesse, les passages de la *Deffence* que nous allons analyser dans le paragraphe suivant sont liés de façon *explicite* à ceux que nous venons de faire passer en revue. C'est dire qu'il faudra les lire dans la perspective du débat où s'étaient affrontés un Cicéronien endurci et un Cicéronien converti au culte de sa langue maternelle. Car nous pensons avoir établi que c'est bien ce débat qui sert de toile de fond aux chapitres trois et neuf du premier livre de la *Deffence*, où Du Bellay a parlé, à l'instar de ses modèles italiens, de ces *nombres* prestigieux, et de leur éventuelle 'transplantation' en terre vernaculaire.

§ 3. *L'harmonie de la poésie française: nombre, rythme, rime*

La 'théorie du vers français' que nous propose Du Bellay au second livre de la *Deffence* sera développée en référence constante à la prosodie et à l'art oratoire classiques. Dans quelle mesure le vers français est-il identique, ou du moins similaire au vers ancien? Comment, en revanche, faire ressortir au maximum la différence spécifique de la prosodie française, ses vertus propres et inaliénables, là où il faudra admettre que les similarités sont en nombre limité? La notion de *compensation* est symptomatique de l'approche bellayenne: en elle, la référence à l'Antiquité est en quelque sorte matérialisée, puisqu'elle révèle que l'art poétique et l'art oratoire des Anciens fournissent les critères d'après lesquels la poétique française sera élaborée, sinon jugée. Ici comme ailleurs en effet, Du Bellay met la langue française, et avec elle la poésie, en position d'*accusée*[48] dont il devra plaider la cause. Bien entendu, cela n'a pas de quoi nous étonner, puisque dans ce second livre Du Bellay revient sur les allégations de Lazzaro, qui avait précisément fait le procès de la langue vulgaire.

L'attitude défensive de Du Bellay à l'égard des langues anciennes est patente dès le début du chapitre sept du second livre, *De la rythme & des vers sans rythme*. Il s'y montre soucieux avant tout d'établir que la prosodie française est 'à la hauteur' de celle des Anciens, qu'elle 'fait le poids'. En conséquence, il prend grand soin de faire résonner les mots-clé du pre-

---

[48] Voir les remarques d'Aneau à propos du titre du manifeste: 'Ce tiltre est de belle parade, magnifique promesse, & tresgrande attente: mais à le bien considerer, il est faulx…. Car il n'est point defense sans accusation precedente. …Qui accuse ou qui a accusée la langue Françoise? Nul certes…': (1970⁴), p. xi.

Ce sont des notions telles que 'défense' et 'compensation' qui ont amené Mme Ferguson à proposer une explication 'psychanalytique' de ce type de manifeste. Cf. Ferguson (1978), et surtout (1983), chap. 1 ('An Apology for Defenses') et l'appendice ('Freud's Concept of 'Defence' ').

mier livre, insistant par ailleurs sur les *difficultés* que les poètes français ont à vaincre dans la création d'un poème vernaculaire; ces difficultés, suggère-t-il, ne sont pas moindres que celles auxquelles les poètes anciens se voyaient confrontés...

Qu'en est-il donc de 'ces nombres, & cete lyaison si artificielle' dont se vantent les Anciens? Ont-ils leur *équivalent* en vulgaire? Certes: la poésie française n'a-t-elle pas son *syllabarum numerus*, et la *lyaison* n'y est-elle pas assurée précisément par *la rythme*?[49] La *contrainte* que présente celle-ci n'est-elle pas comparable à celle du nombre dans le discours oratoire des Anciens?[50]

Et voici Du Bellay amené à mettre en parallèle d'une part la *quantité* syllabique des langues classiques avec la *rime* française, et d'autre part les *pieds* métriques avec le *nombre déterminé des syllabes* du vers français:

> Quand à la rythme, je suy' bien d'opinion qu'elle soit riche, pour ce qu'elle nous est ce qu'est la quantité aux Grecz & Latins. Et bien que n'ayons cet usaige de piez comme eux, si est ce que nous avons un certain nombre de syllabes en chacun genre de poëme, par les quelles, comme par chesnons, le vers Francois lié & enchainé est contraint de se rendre en cete etroite prison de rythme, soubz la garde le plus souvent d'une couppe feminine, facheux & rude gëolier, & incongnu des autres vulgaires. (...) [Mais] la rythme de notre poëte sera voluntaire, non forcée: receüe, non appellée: propre, non aliene: naturelle, non adoptive: bref, elle sera telle, que le vers tumbant en icelle ne contentera moins l'oreille, qu'une bien armonieuse musique tumbante en un bon & parfait accord. Ces equivoques donq' & ces simples rymez avecques leurs composez, comme un *baisser* & *abaisser*, s'ilz ne changent ou augmentent grandement la signification de leurs simples, me soint chassez bien loing: autrement, qui ne voudroit reigler sa rythme comme j'ay dit, il vaudroit beaucoup mieux ne rymer point, mais faire des vers libres, comme a fait Petrarque en quelque endroit, & de notre tens le seigneur Loys Aleman, en sa non moins docte que plaisante *Agriculture*.

---

[49] Cf. la note de Chamard *ad loc.*, (1970⁴), p. 144 n. 1 [rythme]: 'Orthographe conforme à l'étymologie rhythmus (ῥυθμός).' Du Bellay reviendra sur l'étymologie du mot au chapitre suivant. D'après Norden, il n'y a aucun lien étymologique entre *rime* et *rythme*, mais 'wir haben eine Übertragung auf Grund bloßer Klangähnlichkeit zu konstatieren': (1971⁶), p. 825n.

[50] Cf. Cic. *Or.* 56, 187: 'Perspicuum est [igitur] numeris *astrictam* orationem esse debere..'. Rappelons que Lazzaro avait comparé, lui aussi, la prosodie ancienne avec celle des modernes: 'I versi [volgari] veramente, inquanto son fatti d'undici sillabe, non paiono in tutto privi di piedi; chè il sillabe in loro hanno luogho et officio di piedi; ma in quanto quelle cotali possono esser lunghe, et brevi a lor voglia, mai non dirò che sia diritto il lor calle; salve et Monsignor [Bembo] non dicesse le rime esser l'appoggio de versi, che gli sostengono et fanno andare dirittamente. La qual cosa non mi par vera: perochè, per quello ch'io n'oda dire, il rime sono più tosto come catena al sonetto et alla canzone, che piedi o mani di versi loro.': (1908), p. 126-7. Du Bellay avait repris plus haut l'expression 'piedi o mani' [*Deff.* I, 9; (1970⁴), p. 52, citée *supra*]. Voici qu'il se servira dans le passage suivant de l'image de la *catena* [Cf. Villey (1908), p. 155] déjà utilisée, ô ironie speronienne, par l'interlocuteur de Lazzaro, mais dans l'un de ses ouvrages réels, les *Prose*: voir note suivante.

> Mais tout ainsi que les peintres & statuaires mettent plus grand' industrie à faire beaux & bien proportionnez les corps qui sont nuds, que les autres: aussi faudroit-il bien que ces vers non rymez feussent bien charnuz & nerveuz, afin de compenser par ce moyen le default de la rythme[51].

C'est par une série d'antithèses symétriques dans le goût latin[52] que Du Bellay décrit la *rythme* requise dans la poésie française, pour la comparer ensuite à une 'bien armonieuse musique'. Le destinataire de l'analogie semble être de nouveau le Cicéronien du *Dialogue* de Speroni, qui, lui, avait comparé la poésie vulgaire à une 'musique de tabourins, ou plutost de harquebuses & fauconneaux qui estourdit le cerveau, & le brouille...'[53]. Les remarques sur les 'equivoques' et les 'simples rymez avecques leurs composez' visent Sebillet, ainsi que l'observation sur les *vers blancs* qui suit[54].

Cette dernière observation de Du Bellay, si anodine en apparence, compromet d'ailleurs singulièrement ses affirmations au début du chapitre: si la rime n'est pas vraiment indispensable au vers français, la mise en équivalence rime / quantité syllabique est sapée du même coup[55]. Ce qui reste en propre à la poésie française, c'est donc uniquement le nombre déterminé de syllabes, et accessoirement la coupe féminine. Nous

---

[51] (1970[4]), p. 144-7. Il convient de souligner la similarité de ce texte avec certains passages qu'on trouve dans le second livre des *Prose della volgar lingua* du cardinal Bembo (1525), où celui-ci donne un exposé brillant de la poétique italienne. La trame de l'exposé est toute cicéronienne, comme l'a bien noté l'éditeur Dionisotti (Cf. *Prose et Rime di Pietro Bembo, éd.* C. Dionisotti, Turin 1978 (1960[1]), p. 146, n. 4 et 5): '*D*ue parti sono quelle che fanno bella ogni scrittura, la gravità e la piacevolezza; e le cose poi, che empiono e compiono queste due parti, sono tre, il suono, il numero, la variazone.' (*Ed. cit.*, p. 146; Cic. *Or.* 54, 182 (*gravitas* et *suavitas*); *Or.* 49, 163 (*sonus* et *numerus*); pour *variatio*, cf. p. ex. *Or.* 52, 174.) [...] È suono quel concento e quella armonia, che nelle prose dal componimento si genera delle voci, nel verso oltre acciò dal componimento eziandio delle rime.' (p. 147). [...] È il vero che egli [*scil.* il suono] nel verso piglia eziandio qualità delle rime; le quali rime graziosissimo ritrovamento si vede che fu, per dare al verso volgare armonia e leggiadria, che in vece di quella fosse, la quale al latino si dà per conto di piedi, che nel volgare così regolati non sono.' Ensuite, à propos de la *terza rima*: 'E perciò che questi terzetti per un modo insieme tutti si tengono, quasi *anelli* pendenti l'uno dall' altro, tale maniera di rime chiamarono alcuni *Catena*.' (p. 151). Ici, la ressemblance avec le passage de Du Bellay que nous venons de citer est frappante; mais en ce qui concerne le *nombre*, Bembo est beaucoup plus clairvoyant que Du Bellay: il distingue nettement les syllabes longues et brèves qu'on trouve chez les Anciens des syllabes accentuées et non-accentuées qui constituent le système harmonique des langues modernes (*Ibid.*, p. 159-169). Il faut se garder par conséquent de conclure sans plus à une influence directe: cf. Villey (1908), p. 13.

[52] Comme l'observe à bon droit Chamard (1970[4]), p. 145 n. 3.

[53] (1908), p. 122, dans la traduction de Gruget, citée par Villey *ibid.*, p. 24.

[54] Cf. Chamard (1970[4]), *ad loc.*

[55] Rappelons que Du Bellay avait dit au premier livre (I, 9): 'Quand aux piedz & aux nombres, je diray au second livre [II, 7] en quoy nous les recompensons' (= compensons). Ici, il parle à propos des vers blancs de la nécessité de compenser 'le default de la rythme'. Il s'agirait en somme de 'compenser' ce qui, à son tour, était déjà une 'compensation' pour la quantité syllabique des Anciens!

avons vu que Du Bellay en souligne le caractère rigoureux par tout un arsenal de mots impressionnants, dont il peut espérer qu'ils feront le poids pour contre-balancer la rigueur du système métrique ancien: 'chesnons', 'lié & enchainé', 'contraint', 'etroite prison', 'facheux & rude gëolier'...

Le début du chapitre suivant (II, 8) est toujours consacré à *la rythme*, ainsi qu'à la parenté éventuelle de ce mot avec *le rythme* ancien. Il est manifeste que Du Bellay, en rédigeant ces lignes, a eu en tête le chapitre de l'*Art Poëtique* de Sebillet (I, 2) dont nous avons parlé dans notre chapitre précédent. Mais en même temps il poursuit sa défense de la poésie vulgaire, accusée par Lazzaro dans le dialogue italien. C'est dire que le *métadiscours cicéronien* ne cesse de hanter notre auteur, non seulement ici, mais encore à la fin du chapitre prochain (II, 9) et dans tout le chapitre dix. Enfin, Du Bellay revient derechef sur ses ancêtres les Gaulois. Cette fois-ci, il n'allèguera point leur 'simplicité' ou leur 'ignorance', mais au contraire leur antique savoir: comme à l'égard des Grecs et des Romains, Du Bellay oscille à l'égard de ses propres *majeurs* entre la censure et l'éloge. Bien entendu, la référence aux Gaulois, ici comme ailleurs, fait partie de la réponse à Lazzaro[56].

Voilà donc les trois thèmes majeurs de ce chapitre déroutant mais qui, remis dans son contexte, ne manque pas de cohérence 'intratextuelle': 1) le/la rythme; 2) le métadiscours cicéronien; 3) les Gaulois. Le titre témoigne du dessein 'archéologique' de l'auteur: *De ce mot rythme, de l'invention des vers rymez, & de quelques autres antiquitez usitées en notre Langue.* Ajoutons, avant de l'aborder, que l'éditeur de la *Deffence* n'a pas caché sa perplexité en recensant le contenu du chapitre[57] dont voici le début:

Tout ce qui tumbe soubz quelque mesure & jugement de l'oreille (dit Ciceron) en Latin s'appelle *numerus*, en Grec ῥυθμός, non point seulement au vers, mais à l'oraison. Parquoy improprement notz anciens ont astraint le nom du genre soubz l'espece, appellant *rythme* cete consonance de syllabes à la fin des vers, qui se devroit plus tost nommer ὁμοιοτέλευτον, c'est à dire finissant de mesmes, l'une des *especes* du rythme. *Ainsi* les vers, encores qu'ilz ne finissent point en un mesme son, generalement se peuvent apeller

---

[56] Voir *supra*, § 2 et *Deff.* I, 2; 3; 9, (1970⁴), pp. 18sqq., 23, 49. Cf. aussi la *Conclusion de tout l'Œuvre*, (1970⁴), p. 196-7: les 'Gallogrecz', et l' 'Hercule Gallique'. Sur Lazzaro partisan de la *Barbarenthese*, cf. Harth (1975), p. 23-4, qui renvoie à la préface au troisième livre des *Elegantiae* de Valla (1471). Voir les propos de Lazzaro dans le *Dial. des L.*, (1908), p. 113 ('la volgare non è altro che la latina guasta e corotta...dalla forza di barbari...'), p. 117-8. Cf. encore Baron (1966), p. 340 + n. 17 (Flavio Biondo, 15e s.) et Norden (1971⁶), p. 771-2 (Ubertus Folieta, 1574) qui cite un passage d'une violence inouïe.

[57] Chamard (1939¹), t. I, p. 200: 'Je ne suivrai pas du Bellay dans ses explications plus ou moins embrouillées sur le sens du mot *rime* ou *rythme*; encore moins dans ce qu'il dit de l'invention des vers rimés, due, selon Jean Lemaire de Belges, à Bardus, cinquième roi des Gaules.'

rythme: d'autant que la signification de ce mot ῥυθμός est fort
ample, & emporte beaucoup d'autres termes, comme κανών, μέτρον, μέλος
εὔφωνον, ἀκολουθία, τάξις, σύγκρισις *reigle, mesure, melodieuse consonance de voix,*
consequution, ordre & comparaison. Or quand à l'antiquité de ces vers que nous
appellons rymez, & que les autres vulgaires ont empruntez de nous, si on
adjoute foy à Jan le Maire de Belges, diligent rechercheur de l'antiquité,
Bardus V. roy des Gaules en feut inventeur: & introduysit une secte de
poëtes nommez bardes, les quelz chantoint melodieusement leurs rymes
avecques instrumentz, louant les uns & blamant les autres, & etoint (comme
temoingne Dyodore Sicilien en son VI. livre) de si grand' estime entre les
Gaullois, que si deux armées ennemies etoient prestes à combattre, & les
ditz poëtes se missent entre deux, la bataille cessoit, & moderoit chacun son
ire. Je pourroy' alleguer assez d'autres antiquitez, dont notre Langue
aujourd'huy est ennoblie, & qui montrent les histoires n'estre faulses, qui
ont dit les Gaulles anciennement avoir eté florissantes, non seulement en
armes, mais en toutes sortes de sciences & bonnes lettres. (..)[58]

Etant donné le contexte 'cicéronien' du présent chapitre, on ne s'étonne
pas de voir Du Bellay en appeler à l'autorité de Cicéron lui-même pour
cautionner le développement qui va suivre. Ce développement sera 'glissant': tout comme son prédécesseur Sebillet, Du Bellay semble *à la fois
nier et affirmer* la filiation directe du *rythme* grec à la *rime* française. D'une
part, il affirme regretter la confusion entre *le rythme* et *la rythme*; d'autre
part, il suggère la parenté des procédés anciens et ceux des modernes:
'Ainsi les vers...generalement se peuvent apeller rythme, d'autant
que...; or quand à l'antiquité de ces vers...'

Examinons d'abord le côté 'négatif': le rejet de la confusion rythme /
rime. Du Bellay conçoit le rapport entre le rythme et l'homéotéleute
comme une relation de type genre / espèce. Or, s'il est vrai que dans les
deux cas il est question d'une 'cadence', celle-ci est très différente quant
aux moyens mis en œuvre, et donc aussi quant à l'effet produit. Car la
cadence du *rythme* est effectuée par la quantité syllabique (agencement
des longues et des brèves), alors que celle de l'*homéotéleute* se produit indépendamment de la quantité. Autrement dit, en posant cette relation
genre / espèce, Du Bellay *rapproche* d'ores et déjà les deux procédés
'rythmiques' fort distincts, éliminant de façon implicite la différence spécifique des langues anciennes, essentiellement déterminées par la quantité. Dès le début donc, et à l'intérieur même du 'geste séparateur', Du
Bellay prépare la voie au développement 'conciliateur' qui va suivre.

Cette manœuvre 'positive' s'amorce par le mot 'Ainsi', et à présent
nous comprenons pourquoi: Du Bellay va développer la définition cicéronienne qu'il vient de citer, sans tenir compte désormais de la quantité

---

[58] (1970[4]), p. 150-3. Une partie du passage cité sera relevée de nouveau *infra*, III,
chap. 7, n. 17. Cic. *Or.* 20, 76; cf. 49, 162; 56, 190.

syllabique. Ayant établi que le 'rythme' peut se produire sans rime, en vers aussi bien qu'en prose, il en conclut qu'on appelle à bon droit 'rythmes' les *vers blancs*, et donc *à plus forte raison* les *vers rimés*! Dans les deux cas, n'est-ce pas, les oreilles perçoivent une cadence... Afin d'étayer son raisonnement aussi spécieux que flottant, il allègue ensuite la signification 'fort ample' du mot 'rythme'. Et de citer toute une série de 'synonymes' grecs, tirés en bloc de l'article ῥυθμός du *Lexique* d'Hésychios[59], et dont le dernier ('comparaison') n'entretient même plus de rapport métaphorique avec les faits sous discussion. Résumons son argumentation développée à partir de la définition cicéronienne:

1. Le *rythme* se définit par une quelconque cadence;
2. Même les vers non rimés ont une cadence;
3. Par conséquent les vers français, qu'ils soient rimés ou non, peuvent s'appeler 'rythmes'.

Du Bellay poursuit son argumentation en citant les *Illustrations* de Lemaire de Belges: non seulement on appelle à bon droit *rythmes* ou *rymes* les vers français, ceux-ci sont encore fort *anciens*, et ont eu une fonction très importante dans la société gauloise. Conclusion à tirer par le lecteur: 'nous' n'avons rien à envier ni aux Grecs, ni aux Romains; et la poésie française n'est (donc) point inférieure à celle des Anciens, quoi qu'en ait dit Buonamico dans le dialogue italien.

Ne nous y trompons pas: les principaux éléments de ce passage, dont l'articulation est encore si défectueuse, seront repris dix ans plus tard par Ramus: le nombre, le rythme, la rime et la 'rhétorique' gauloise seront intégrés par celui-ci dans une argumentation beaucoup plus rigoureuse, au terme de laquelle la poésie vernaculaire accédera à une dignité sans précédent[60].

Avant d'aborder la suite du chapitre huit, il nous faudra parler brièvement d'une remarque isolée qu'on trouve dans le passage cité: selon Du Bellay, le vers rimé est une invention française (gauloise); les 'autres vulgaires' ont copié ce procédé. Cette remarque tend également à mettre la littérature française au même niveau que celle des Anciens: la poésie française a été digne d'*être imitée*, tout comme la poésie des Grecs et des Romains. Il se pourrait d'ailleurs que cette fois-ci encore, Du Bellay se soit inspiré des propos de Lazzaro. Celui-ci en effet, fidèle à son dessein de rabaisser au maximun le *volgare*, avait prétendu que l'art oratoire et poétique (*l'arte dell' orare et del poetare*) de l'italien a été 'dérivé' de celui des Français et des Provençaux[61]. Pour Lazzaro, ceci avait constitué une

---

[59] Chamard (1970[4]), p. 151 n. 4. Voir Hesychius Alexandrinus *Lexicon*, éd. M. Schmidt, Halle, 1861, *réimpr.* Amsterdam 1965, t. III, p. 433.

[60] Voir *infra*, III, chap. 7 et 8.

[61] (1908), p. 117.

preuve supplémentaire de la 'barbarie' de la langue italienne. Pour Du Bellay, ce même fait constitue une preuve de la supériorité du français sur les autres langues modernes, et en premier lieu sur la langue italienne, qu'à d'autres endroits de la *Deffence* il considère comme l'égale des deux langues classiques[62].

Quoi qu'il en soit, les vers rimés sont rangés par Du Bellay parmi ces *antiquitez* de la langue française dont les Français sont en droit de s'enorgueillir. Dans la suite du chapitre il en relève deux autres: l'acrostiche et l'anagramme. Après les travaux de Fr. Rigolot et de Geneviève Demerson nous n'avons plus à souligner l'importance de ces procédés, que Chamard avait jugés 'puérils'[63], dans la création poétique à l'époque renaissante. N'oublions pas que Du Bellay vient de parler de la *collocatio verborum*; à présent, il enchaîne tout naturellement en analysant ce qu'on pourrait appeler la *collocatio litterarum*. L'acrostiche n'est-il d'ailleurs pas un procédé symétrique à celui de la rime, une 'lyaison artificielle' des premières lettres des vers? Et l'anagramme n'est-elle pas une preuve éclatante de la 'puissance du signe', en français aussi bien qu'en grec ou en latin? Jean Dorat, en 'tournant' le nom de Ronsard à la fois en grec et en français n'a-t-il pas prouvé l'équivalance de ces deux langues?[64]

Ayant ainsi par divers moyens établi les 'titres de noblesse' de la langue et de la littérature françaises, Du Bellay reviendra une dernière fois sur la *composition & structure de motz* à la fin du chapitre neuf, 'nouvel exemple du manque absolu de composition que présente la *Deffence*' (Chamard, *ad loc.*). Le prochain chapitre (II, 10), *De bien prononcer les vers*, est la continuation logique des observations sur la *compositio* harmonieuse, étant donné que la *compositio* aussi bien que l'actualisation de celle-ci, la *pronuntiatio*, dépendent essentiellement du jugement des oreilles (*aurium iudicium*). A la fin du chapitre neuf et au chapitre dix Du Bellay rejoint donc la définition cicéronienne du *rythme* présentée au début du chapitre huit[65]. Par la même occasion, il revient sur ses affirmations

---

[62] Cf. p. ex. (1970[4]), p. 180 ('d'excellens ouvraiges poëtiques Grecz, Latins & Italiens'). A l'égard des Italiens encore, Du Bellay oscille entre l'admiration et le défi: cf. la concordance de S. Hanon (1974), déjà citée, *s.v.* Italie, Italien (p. 95); Villey (1908), p. 3sqq.; Chamard (1939[1]), t. I, chap. 2, § 5; chap. 4, § 3.

[63] Chamard (1970[4]), p. 154 n. 1. Sur l'anagramme et d'autres 'jeux' formels, cf. F. Rigolot, *Poétique et Onomastique*, Genève 1977, p. 130sqq. Voir également J. Starobinski, *Les mots sous les mots*, Paris 1971, p. ex. p. 140-1 (Ange Politien), et surtout l'important chap. 4 ('*Interpretatio*') dans l'étude de Gen. Demerson (1983).

[64] Cf. *Deff.* I, 8; (1970[4]), p. 154: '[Il] ne me semble mal à propos, montrer l'antiquité de deux choses [*scil.* l'acrostiche et l'anagramme] fort vulgaires *en notre Langue*, & non moins anciennes *entre les Grecz.*'

[65] Comparer *Deff.* II, 8 ('Tout ce qui tumbe soubz quelque mesure & jugement de l'oreille (dit Ciceron)...'); II, 9 ('bien remplissans l'oreille..'); II, 10 ('..la poësie (comme dit Ciceron) a eté inventée par observation de prudence & mesure des oreilles..' [*Or.* 53, 178]): (1970[4]), pp. 150, 166, 167.

au chapitre neuf du premier livre, où il avait parlé du *numerus* et du *sonus* (*vers mesurés, naturelle douceur*) dans la langue française[66]. En d'autres termes, il s'occupe ici de nouveau de la question de l'*harmonie* en vulgaire, laquelle, d'après Lazzaro, serait impossible à réaliser[67]. Or, Du Bellay va répondre à l'objection de son antagoniste comme il l'avait déjà fait avant: en se servant des armes de son adversaire, c'est-à-dire du métadiscours cicéronien. En conséquence, il va appliquer les règles de la *prose* d'art classique à la *poésie* française, ne craignant pas d'introduire quelques néologismes là où le vocabulaire traditionnel ne suffit pas à ses besoins. Au début du passage que nous allons citer, Du Bellay traite quelques problèmes prosodiques traditionnels (césure, alternance des rimes) dans la langue consacrée des arts poétiques de l'époque. Mais la fin du passage est du pur Cicéron:

> (...) J'ay quasi oublié un autre default bien usité, & de tres mauvaise grace. C'est quand en la quadrature des vers heroïques la sentence est trop abruptement couppée, comme: *Si non que tu en montres un plus seur.*(..) Il y en a qui fort supersticieusement entremeslent les vers masculins avecques les feminins, comme on peut voir aux *Psalmes* traduictz par Marot. (..) Je treuve cete diligence fort bonne, pourveu que tu n'en faces point de religion jusques à contreindre ta diction pour observer telles choses. Regarde *principalement* qu'en ton vers n'y ait rien *dur, hyulque ou redundant.* Que les *periodes* soint *bien joinctz, numereux, bien remplissans l'oreille,* & telz qu'ilz n'excedent point ce *terme* & *but,* que naturellement nous sentons, soit en lisant ou ecoutant[68].

Or, c'est cette *numerosa compositio* qui devra être actualisée par un débit approprié: *apta modulatio vocis.* Dans le dernier fragment que nous citerons, rhétorique classique et poétique française fusionnent une fois de

---

[66] (1970[4]), p. 51-54 [voir *supra*, § 2] ('Quand au son, ...je ne voy point que nous l'ayons moindre [*scil.* que les Grecz & Romains], au jugement des plus delicates oreilles.'

[67] Lazzaro sur l'*harmonia*: 'Ma il numero et l'harmonia dell' oratione e del verso latino non è altro, che artificiosa dispositione di parole; dalle cui sillabe, secondo la brevità e la lunghezza di quelle, nascono alcuni numeri, che noi altri chiamamo piedi; onde misuratamente camina dal principio alla fine il verso e l'oratione.(...). Et di questa cotal melodia non ne sono capaci gl'orecchi del vulgo, nè lei altresi possono formare le voci della lingua volgare; la cui prosa, io non so dire per qual ragione sia numerosa chiamata...': (1908), p. 126.

[68] (1970[4]), p. 163-6. 'La quadrature des vers heroïques' = la césure des vers décasyllabes. Le vers ('Si non...') que blâme Du Bellay est le dernier vers du sonnet *à l'Envieus,* mis par Sebillet en tête de son *Art Poëtique*: voir Chamard (1970[4]), p. 163n. 5, p. 164n. 1. *Hyulque* ('Il semble bien que ce mot soit une invention de notre auteur': Chamard, *ad loc.*) signifie littéralement 'fendu, entr'ouvert'; 'mal joinct', dit correctement Aneau. Le mot entre dans la série *hians, hiulcus, asper,* comme opposé à *iunctus, cohaerens, aptus, coagmentatus*: voir Ch. Causeret, *Etude sur la langue de la rhétorique et de la critique littéraire dans Cicéron,* Paris 1886, p. 124sqq. Du Bellay utilise également des mots comme 'dur', 'aspre', 'rude'. Cf. p. ex. Cic. *Or.* 44, 150: '...ne extremorum verborum cum insequentibus primis concursus aut *hiulcas* voces efficiat aut *asperas.*'; *De Orat.* III, 43, 171. *Numereux*: 'Ce mot forgé sur le latin semble bien être encore une crétation de du Bellay.' (Chamard, *ad loc.*)

plus, cautionnant en termes cicéroniens l'avènement de la nouvelle
poésie:

> Ce lieu ne me semble mal à propos, dire un mot de la pronunciation, que les
> Grecz appellent ὑπόκρισις, afin que s'il t'avient de reciter quelquesfois tes
> vers, tu les pronunces d'un son distinct, non confuz: viril, non effeminé:
> avecques une voix accommodée à toutes les affections que tu voudras expri-
> mer en tes vers. Et certes comme icelle pronunciation & geste approprié à la
> matiere que lon traite, voyre par le jugement de Demosthene, est le princi-
> pal de l'orateur: aussi n'est-ce peu de chose que de pronuncer ses vers de
> bonne grace: veu que la poësie (comme dit Ciceron) a eté inventée par
> observation de prudence & mesure des oreilles: dont le jugement est tressu-
> perbe, comme de celles qui repudient toutes choses apres & rudes, non seu-
> lement en composition & structure de motz, mais aussi en modulation de
> voix. Nous lisons cete grace de pronuncer avoir eté fort excellente en Vir-
> gile, & telle qu'un poëte de son tens disoit que les vers de luy, par luy pro-
> nuncez, etoint sonoreux et graves: par autres, flacques & effeminez.[69]

La question initiale, celle de savoir si le français a 'des nombres' ne se
pose même plus. S'il fallait y répondre quand même, on dirait peut-être
avec l'auteur du Manifeste de 1549: *oui et non.*

§ 4. *Hors-d'œuvre: de la théorie à la pratique*

Notre étude veut être une étude du métadiscours, de la théorie littéraire dans une époque bien délimitée. Elle n'a pas à s'occuper par conséquent de l'application de la théorie dans la pratique de l'écriture. Mais
dans le cas de Du Bellay, la distinction entre théorie et pratique n'est pas
aussi nette que chez la plupart des autres théoriciens français. Un Chape-
lain ou un Marmontel n'ont jamais entendu faire œuvre d'artiste dans
leurs production théoriques; aussi le style de ces ouvrages ne présente-t-il
aucune commune mesure avec leurs œuvres littéraires proprement dites.
Mais nous avons vu dans l'Introduction du présent travail que Du Bellay
entend faire la leçon par l'exemple; son manifeste veut être l'illustration
de la *nouvelle prose*, c'est-à-dire l'*imitation* en langue française de la grande
prose classique (et italienne), ayant à chaque page 'quelque vestige de
rare & antique erudition'[70]. Vue sous cet angle, l'étude du style de la *Deffence* serait du plus haut intérêt. Nous ne prétendons point réaliser une
telle étude dans les quelques pages qui suivent. Nous voudrions simplement donner un échantillon de l'analyse stylistique de la *Deffence* en examinant comment Du Bellay a 'digéré' un fragment du *Dialogue* de Speroni, de quelle façon il l'a 'converti' en son propre 'sang & nouriture'.

---

[69] (1970[4]), p. 166-8. Le lecteur trouvera les références à Cicéron dans les notes de Chamard.
[70] *Deff.* II, 4; (1970[4]), p. 113. C'est la raison pour laquelle Aneau attaque le style
'in-epte' de la *Deffence* au même titre que celui de l'*Olive*: voir chapitre suivant, § 1.

Cette analyse, pour élémentaire et lacunaire qu'elle soit, incitera peut-être quelque chercheur plus qualifié que nous à continuer dans cette direction.

Nous prendrons comme exemple l'une des phrases les plus célèbres de la *Deffence*, une véritable 'période oratoire', que Du Bellay lui-même aurait peut-être appelée 'nombreuse' (ou plutôt: *numereux*). Nous citons d'abord le texte italien, ensuite l''imitation' de Du Bellay; pour la commodité du lecteur, nous diviserons les périodes en 'membres'.

> Bisogna, gentilhuomo mio charo, volendo andar per le mani e per le bocche delle persone del mondo,
> lungo tempo sedersi nella sua camera;
> et chi morto in sè stesso,
> disia di viver nella memoria de gli huomini,
> sudare et agghiacciar più volte,
> et quando altri mangia et dorme a suo agio,
> patir fame et vegghiare. [Bembo, au *Cortegiano*]

> Qui veut voler par les mains & bouches des hommes,
> doit longuement demeurer en sa chambre:
> & qui desire vivre en la memoire de la posterité,
> doit comme mort en soymesmes suer & trembler maintesfois,
> & autant que notz poëtes courtisanz boyvent, mangent & dorment à leur oyse,
> endurer de faim, de soif & de longues vigiles[71].

Mme H. Aebly, dans une thèse injustement négligée[72], a déjà analysé ce passage; mais dans ce cas précis ses remarques nous paraissent insuffisantes. Ses conclusions générales quant aux 'imitations' de Du Bellay restent pourtant valables: 'Les changements effectués par Du Bellay [*scil.*, dans l'*Olive*] sont nombreux, mais dans l'ensemble ils ne se distinguent guère de ceux que nous avons trouvés dans la *Deffence*: concentration, construction plus rigoureuse, amélioration des proportions, accentuation de l'antithèse ou du parallélisme.'[73] Ces observations s'appliquent à merveille au fragment que nous avons choisi. Dans notre période en effet on constate que la phrase est devenue à la fois plus 'carrée' et plus souple: l'apostrophe 'gentilhuomo mio charo' est évidemment supprimée, la répétition inélégante 'delle persone del mondo' / 'degli huomini' corrigée et concentrée. La construction est unifiée sur le plan de la syntaxe et de la sonorité: 'Bisogna...volendo andar...sedersi' / 'et chi... disia di viver / [Bisogna] sudare...' devient 'Qui veut voler...doit... demeurer / & qui desire vivre / doit... suer...'; 'volendo andar / disia di

---

[71] (1908), p. 132; (1970⁴), p. 105-6. Cf. Horace, *A.P.*, v. 412-14.

[72] H. Aebly, *Von der Imitation zur Originalität. Untersuchungen am Werke Joachim du Bellays.* Thèse Zürich, 1942. Analyse du passage cité: *ibid.*, p. 19.

[73] *Ibid.* (1942), p. 26. Nous traduisons.

viver...' devient 'veut voler / desire vivre...', les autres verbes étant soit des infinitifs en -er, soit des verbes finis en -ent (Comparer chez Speroni les infinitifs en -ar[e], mais aussi en -ersi, -ir, les verbes finis en -a et en -e). Il y a également des ajouts remarquables: outre le premier qui, il y a comme, boyvent, soif, tandis que 'quando altri' est renforcé, conforme à la 'stratégie offensive' qu'on remarque un peu partout dans la Deffence: 'autant que notz poëtes courtizans'. En revanche, le parallélisme 'mangia et dorme / patir fame et vegghiare' (ab/ab) est quelque peu relâché (abc / bac), mais avec la compensation 'longues vigiles' qui fait écho à 'longuement' (cf. 'maintesfois') et qui 'arrondit' élégamment la période[74].

Chez Speroni comme chez Du Bellay, la période a sa régularité propre; mais chez le dernier elle tend à devenir isocole. Chez les deux, elle est construite selon le principe parallélisme + antithèse (antithèses: andar / sedersi; morto / viver; mangia et dorme / patir fame et vegghiare); mais par l'unification syntaxique et phonique opérée par Du Bellay, ce principe est infiniment plus sensible sans être fastidieux. Autrement dit, Du Bellay se montre plus fidèle aux procédés de la concinnitas; sa période a un rythme qui n'a pas son équivalent dans le modèle italien. Que ce rythme n'ait qu'un rapport d'analogie avec le ῥυθμός classique sera clair après tout ce que nous en avons dit. Pour la prose française, et à plus forte raison pour la poésie, ce n'est pas le numerus qui est praticable, mais bien la numerositas comme elle a été définie chez Strébée[75]; et c'est ce que Barthélemy Aneau, le 'Censeur' de la Deffence, avait déjà très bien vu.

---

[74] Cf. les 'pieds plus stables' de Quintilien (IX, 4, 83) qui sont 'abschlußmarkierend': Lausberg (1960), § 1000.

[75] Cf. Strébée, De Elect. (1538), fᵒ 86ʳᵒ, cité supra, chap. 1, § 4. Nous restons ici délibérément dans les limites du discours théorique de l'époque, qui n'a jamais reconnu le rôle fondamental joué par l'accent. (Mais voir supra, n. 51, les Prose de Bembo). Comme d'habitude, la théorie présente un retard de plusieurs siècles par rapport à la pratique. Il en va comme de la prose nombreuse des Anciens: celle-ci a été pratiquée bien avant qu'elle n'ait été codifiée dans les traités de rhétorique. Cf. infra, III, chap. 8, § 3, les observations de Quintilien à ce sujet.

Après la 'Deffence'

CHAPITRE VI

LE '*QUINTIL HORATIAN*' DE BARTHÉLEMY ANEAU (1550)

Quintils: Audacieus, severes, repreneurs, odieus. Quinctil ou Quintil Varon, estoit homme qui volontiers lisoit les vers des poëtes romains, & en jugeoit fort librement: A ceste cause ceux-la sont appellés Quintils, qui jugent temerairement les labeurs studieus d'autrui.

Censeur: Rigoureus, mordant, farouche, severe, sourcilleus, aspre, dur, triste, aigre, fascheus, grave, rebours, odieus, rude, catonien, difficile, reformant, vieil, rebarbatif.

Maurice de la Porte, *Epithetes*
(1571)

§ 1. *Corriger*

Or escoute donq' patiemment, & entendz sans courroux la correction de ton œuvre
Aneau

Selon les déductions d'Henri Chamard, Barthélemy Aneau a publié en 1550 son attaque contre la *Deffence* de Du Bellay et contre l'*Olive*, le premier recueil du poète. L'édition originale du *Quintil Horatian* a disparu, et nous n'en possédons que des réimpressions publiées à la suite de l'*Art Poétique* de Thomas Sebillet, dont la première édition date de 1548[1].

La première réimpression a paru en 1551 à Lyon, chez J. Temporal; elle est signalée par Félix Gaiffe dans l'introduction à son édition critique de l'ouvrage de Sebillet, et l'on peut s'étonner qu'elle ne soit même pas

---

[1] *Le Quintil Horatian sur la 'Deffence et illustration de la langue francoyse'*. Cf. la remarque de Chamard (1904), p. 11: 'Pamphlet anonyme paru à Lyon, à la fin de févr. ou dans les premiers jours de mars 1550. Attribué longtemps à Charles Fontaine,... il est en réalité de Barthélemy Aneau, principal du Collège de la Trinité.(...)' L'épigraphe a été tirée du préambule du Quintil sur le premier livre de la *Deffence* 'et la suyte': (⁴1970), p. XI.

mentionnée par Chamard dans sa seconde édition critique de la *Deffence* ([1]1948). La deuxième a paru à Paris en 1555, la troisième à Lyon en 1556. Person a reproduit le *Quintil*, à la suite de la *Deffence*, d'après l'édition parisienne. Chamard l'a jugée 'médiocre', et lui a préféré l'édition lyonnaise de 1556 qu'il a reproduite dans ses éditions de la *Deffence* (1904 et 1948) mêlée aux notes en bas de page. Sauf indication contraire, nous nous servirons de cette deuxième édition de Chamard ([1]1948, [4]1970) comme de la plus facilement accessible.

Or, ces deux éditeurs modernes s'accordent à voir dans le 'Censeur' de la *Deffence* une personne rétrograde, totalement dépourvue d'esprit. 'Sa critique de détails est quelquefois ingénieuse, le plus souvent futile', dit par exemple Person, qui ne souffle mot d'une critique d'ordre général. Chamard est un peu plus équitable, mais on sent que c'est à son corps défendant: 'Il (*scil.* le Quintil) répondit à Du Bellay par un factum écrit d'un ton rogue et d'un style pédantesque, mais dont la critique — bien que souvent étroite et superficielle — ne manque après tout ni d'à propos, ni de bon sens, ni même de finesse.' Tout récemment encore, Guy Demerson estimait que 'le Quintil Horatian incarne le conservatisme chauvin'; de toutes parts donc, le pauvre Aneau est considéré comme le type même du maître d'école et comme 'le suprême héritier, le partisan irréductible des rhétoriqueurs' en lutte contre toute espèce de nouveauté. Les erreurs mêmes des écrivains de la Pléiade, en revanche, n'ont jamais 'rien de vulgaire' comme l'a affirmé Ste Beuve[2]: c'est que l'Histoire a donné raison à la Pléiade, et tort aux Molinet et Saint-Gelais.

Mais à l'époque où Aneau a écrit son commentaire, où en étaient les choses? Pontus de Tyard avait publié ses *Erreurs*, Du Bellay son *Olive* et Ronsard ses *Odes*; il n'y avait encore presque rien de la maîtrise ultérieure; on en était aux obscurités, à l'étalage d'un savoir hautain, bref aux *juvenilia*.

Ces jeunes poètes avaient donc de quoi irriter quelqu'un comme Aneau, qui était non seulement professeur de rhétorique au Collège de la

---

[2] Cf. F. Gaiffe (1932[2]), Introd., p. XIII; E. Person, Introd. à son édition de la *Deffence*, Paris 1892[2], p. 35; H. Chamard (1904), p. XVII-III, (1970[4]), p. VII-III; H. Chamard, 'La date et l'auteur du 'Quintil Horatian'', in: *RHLF* 5 (1898), p. 54-71; H. Chamard, article 'Quintil Horatian', in *Dict. des Lettres Fr. II*, Paris 1951, p. 583 (cf. *ibid.*, l'art. 'Barthélemy Aneau'). G. Demerson, *La mythologie classique dans l'œuvre lyrique de la 'Pléiade'*, Genève 1972, p. 220.
Plus positifs sont: F. Buisson, *Sébastien Castellion*, I, Paris 1892, p. 22-4; E. & E. Haag, *La France Protestante* (Paris 1846 etc.). T. I, p. 101-9; J. Balteau, art. 'Aneau', in *Dict. de Biographie fr.*, T. II, Paris 1936, col. 1028-9 (bibliogr.); G. Brasart-de Groër, 'Le Collège, agent d'infiltration de la Réforme — Barthélemy Aneau au Collège de la Trinité', in *Aspects de la propagande religieuse*, Genève 1957, p. 167-75 (bien documenté); G. Dexter, 'L'imagination poétique', in *BHR* 37 (1975), p. 49-62; C. G. Meerhoff, 'Défense du Quintil Horatian', in *Rapports* 51 (1981), p. 173-80. D'importantes indications bibliographiques dans J. Baudrier, *Bibliographie lyonnaise* (1895-1950; *réimpr.* 1964), *passim*.

Trinité à Lyon, mais également sincère amateur des autres poètes de l'époque, c'est-à-dire d'un Clément Marot aussi bien que de certains 'rhétoriqueurs' proprement dits. Il apparaît de plus comme amateur d'une poésie variée (divertissante, intime, religieuse), à condition qu'elle soit bien construite, et que le travail du *factiste* soit clairement discernable. Signalons enfin que poète lui-même, il était admis dans le cercle de l'école lyonnaise, ami de Marot et de Rabelais.

Si l'obscurité de la poésie est déjà grave, l'obscurité de la prose est ressentie par quelqu'un comme Aneau, 'très versé dans la rhétorique'[3], comme une faute impardonnable. Selon lui, Du Bellay ne respecte pas les règles conformes à la téléologie du discours: son manifeste est *in-epte* (Cic. *De Orat.* II, 4, 17), *froid*[4], voire ridicule:

> ...*Je* ne vouldraie escrire ou dire à la forme des poëtes, sinon que je vousisse faire rire les gens, & se mocquer de moy en parlant poëtiquement en propos commun, comme tu fais...   (p. 87)

> ...*L'*oraison solue ne reçoit affectation de tant de figures, principalement en genre doctrinal...   (p. 4)

> Entendu (aussy) que ton œuvre est de genre doctrinal, & principalement justice [= institué?] pour enseigner, si est ce que je n'y voy aucune methode didascalique..., ains me semble une commentation de diverses pieces assemblées sans ordre & point ne se suyvantes...   (p. 21)

Aneau lui rappelle donc les 'vertus' élémentaires de la *prose didascalique*[5]:

---

[3] Chamard (1898), p. 64: 'Il [Aneau] est très versé dans la rhétorique. Il sait les règles de la composition... Les figures de la rhétorique lui sont familières...; il rappelle que la prose ne doit pas abuser des figures...; il reproche à Du Bellay sa trop grande *friandise* de métaphores...'

[4] Dans sa traduction de l'*Epistola de philosophia christiana sive de contemptu mundi* de l'évêque lyonnais St. Eucher parue en 1552, Aneau cite en français cette phrase admirative d'Erasme, qui avait édité l'Epître au début du XVIe siècle: 'Et (ce que plus est à esmerveiller) son oraison est tellement mesurée...., que neantmoins en nul lieu n'est froide, ne sotte...': *S. Euchier a Valerian...*, Lyon 1552, p. 6-7 (voir *infra*, n. 33). Erasme avait écrit: 'ut nusquam *frigeat*, aut *ineptiat* (souligné par nous. Epître-préface adressée à Alard d'Amsterdam. Voir *infra*, n. 44). Pour ces termes techniques — *inepte, froid* —, cf. Lausberg (1960), p. 516-9; § 1076: 'Wird das *aptum* zwischen *res* und *verba*...oder zwischen der literarischen Gattung und den *verba* in der Weise durchbrochen, daß die *verba* höher hinauswollen, als es der ausgedrückten *res* oder der literarischen Gattung entspricht, so liegt der Fehler des ψυχρόν ...vor.' Selon Aneau, il manque chez Du Bellay tout ce qui fait le prix de l'Epître de St. Eucher. Sur l'ensemble des éditions érasmiennes de l'*Epître*, voir F. Vander Haeghen, *Bibl. Erasm.*, Nieuwkoop 1961, 2e série, p. 24-5. Sur l'évêque lyonnais, voir A. Thévet (1584), f° 125, et l'art. de R. Darricau in *Dict. de Biogr. fr.*, T. XIII (Paris 1975), col. 233-4. Le meilleur article sur St. Eucher est celui de L. Cristiani dans le *Dict. de spiritualité...*, t. IV, Paris 1960, col. 1653-1660. (*Ed.* d'Erasme: col. 1654; trad. d'Aneau: col. 1659).

[5] Aneau, *éd.* (1970⁴), p. 4. On décèle sans peine l'influence de la terminologie de Melanchthon sur Aneau (voir aussi notes suivantes). Cf. Ph. Melanchthon, *Elementa rhetorices* (¹1531), qui recommande également un *verecundum usum* de métaphores; aux trois

style modéré, clarté, méthode. Ce qui l'amène à viser droit au cœur de la
Deffence:

> ...en faisant semblant de illustrer la langue Françoise, tu l'obscurciz, & enri-
> chis les autres pour l'apouvrir...   (p. 27, cf. p. 50)

Cette approche rhétorique sera une constante de son attaque contre la
Deffence; et nous avons vu qu'elle lui permet une critique fondamentale de
la théorie de l'imitation chez Du Bellay, à partir des concepts de base *res*
et *verba*[6]. Il lui arrive de critiquer des points de détail, en censurant par
exemple le passage que voici (*Deff.* I, 5)

> ..c'est une chose accordée entre les meilleurs aucteurs de rethorique, qu'il y
> a cinq parties de bien dire, l'invention, l'eloquution, la disposition, la
> memoire & la pronuntiation..

A ce propos, Aneau remarque:

> Ce ne sont pas *parties de bien dire*, mais *offices de l'orateur*. Sinon que tu enten-
> des *parties* en pluralité pour *offices*, ce que ne recognoit la langue Françoise.
> Et d'advantage, la division d'iceux cinq offices est superflue en ce lieu.
>
>   (p. 32)

Et il est vrai que la terminologie préconisée par Aneau serait mieux
venue ici. Il tient à réserver le terme *parties* aux cinq *partes orationis*
(exorde, narration, etc.) comme le fait également Melanchthon, dont les
Eléments de rhétorique avaient été édités à Paris dans les années quarante[7].
Aneau cite d'ailleurs Melanchthon dans le passage qui va nous occuper
ci-après. Dans Melanchthon (*o.c.*, col. 419), en effet, on trouve un chapitre intitulé *De officiis oratoris* où il parle de l'invention, etc., et un peu plus
loin un chapitre *De partibus orationis*, où sont traités l'exorde, etc. (col.
431).

Aneau restera fidèle à cette terminologie: dans sa traduction de l'*Epître* de
St Eucher, il décrit la composition de l'épître dans les termes suivants[8]:

---

genera causarum (judiciaire, etc.) il en ajoute un quatrième: le *genre didascalique*. Cf. *Opera
omnia* (*Corpus Reformatorum*) XIII, col. 494. Col. 421 ('De tribus generibus causarum'):
'...Ego addendum censeo διδασκαλικὸν genus... Est autem διδασκαλικὸν genus, methodus
illa docendi, quae traditur in dialectica, cuius particulam retinuerunt rhetores in statu
finitivo.' Cf. col. 423sqq: *De genere didascalico*. Au XVIIe siècle, ce système sera encore
adopté par M. A. Reyher, *Cheiragogus Oratorius, sive Rhetorica practica...*, Gothae 1671,
§ 600sqq. Sur cette question, voir aussi le jugement de Gibert: (1725), p. 191. Cf. W. Dil-
they, *Ges. Schriften* II, Stuttgart/Göttingen 1975[5], p. 119.

[6] Aneau, (1970[4]), p. 102n.; cité *supra*, chap. 5, § 1 n. 18. Cf. *Deff.*, (1970[4]), pp. 33-4,
58-9.

[7] Phil. Melanthonis *Elementorum Rhetorices libri II*, Paris, S. de Colines, 1532 et R.
Estienne (I), 1534.

[8] Notons qu'Aneau citera Melanchthon de nouveau dans la préface à sa traduction du
troisième livre des *Métamorphoses* d'Ovide: 'Toutesfois soit observé ce que a tresbien
annoté *le Chevalier de Terre noire* [Φιλ-ίππος Μέλαν-χθών] sur Hesiode: c'est que tousjours ne

Les *parties de l'Oraison* toutes y sont, à savoir l'Exorde, & la Peroration es deux extremitez.   (*S. Euchier*, p. 9)

Mais en général Aneau ne s'arrête pas à ces questions de détail; sa critique est fondamentale, et les catégories rhétoriques sont autant d'armes redoutables en sa main. Elles vont lui servir également dans la critique du premier passage de Du Bellay concernant le *nombre* (*Deff.* I, 3). Ajoutons que s'il est vrai — comme je le suppose — qu'Aneau a lui aussi lu le *Dialogo delle lingue* de Speroni, il s'avère être un polémiste averti et subtil, ce que personne, jusqu'à présent, n'a mis en valeur.

Comme le texte du Quintil présente de multiples problèmes d'interprétation, nous nous arrêterons d'abord à ce second point, qui d'ailleurs nous mènera de nouveau à Strébée. Dans ces 'remarques préliminaires' nous nous bornerons à donner des extraits du fragment cité plus loin *in extenso*.

§ 2. Le 'Quintil Horatian' lecteur de Speroni?

Comme on sait, Du Bellay a traduit de l'italien la plupart des arguments qui constituent son plaidoyer pour le français: il a pillé le *Dialogo delle lingue* comme il a pillé l'*Orator* de Cicéron ou l'*Institutio Oratoria* de Quintilien. Cela vaut également pour le passage de la *Deffence* qui nous intéresse ici (I, 3) où Du Bellay prend à son compte les arguments de Bembo en faveur du 'volgare'. Qu'on se rappelle:

De la sont nées en la Langue Latine ces fleurs, & ces fruictz colorez de cete grande eloquence, avecques ces nombres & cete lyaison si artificielle, toutes

---

fault exactement chercher es fables Poëtiques raison, suycte, & Lyaison convenante & consequente, en une chescune menue partie d'icelles, mais sufct aucunement avoir trouvé, & monstré ce que en somme les Poëtes ont voulu en toute la fable signifier...': *Trois premiers livres de la Metamorphose d'Ovide, Traduictz en vers François. Le premier et second, par Cl. Marot. Le tiers par B. Aneau* (...) *Avec une preparation de voie à la lecture & intelligence des Poëtes fabuleux* [par B. Aneau]. Lyon, G. Rouillé, 1556 [voir Baudrier IX, 236], ff. C5^vo-6ro. (Cf. *ibid.*, f° A6^vo, une autre référence au *Chevalier*). Aneau traduit — ou plutôt: paraphrase — une remarque de Melanchthon qu'on trouve dans les *Enarrationes* de celui-ci sur les *Travaux et les Jours* d'Hésiode, à propos du vers 42: 'Porro, ut hoc quoque obiter admoneam, non est semper in fabulis ratio quaerenda; sed satis sit aliquousque deprehendisse, quid significare poeta voluerit': *Opera omnia* (*Corpus Reformatorum*), XVIII, col. 200. Les *Commentaires* de Melanchthon avaient été publiés en 1532 à Haguenau, puis en 1533 et 1543 à Paris, chez Antoine Augerau et Jacques Bogard respectivement. (cf. *ibid.*, cols. 157-8 + n.). Ils sont précédés de deux préfaces (*ibid.*, cols. 167-190) conçues sous forme de déclamations (cf. *C.R.* XI, cols. 111-115 [1526?]; cols. 239-251 [1533]). Melanchthon y revient avec insistance sur la nécessité d'imiter quelques auteurs de choix seulement: conception qu'on retrouve dans les *Elementa* (voir *infra*, § 4B + n.). Le style de ces (rares) auteurs est supérieur, et se prête donc à merveille à l'imitation; la sagesse contenue dans leurs œuvres ne contredit en rien l'enseignement de l'Ecriture Sainte: elle est *divine*, comme la sagesse biblique. Dans ces quelques pages, Melanchthon exprime l'essence de son humanisme chrétien.

les quelles choses, non tant de sa propre nature que par artifice, toute Langue a coutume de produyre.   (p. 25-6)

Dans tout ce passage, Du Bellay transcrit presque textuellement Speroni[9]:

> Quindi nacquero in lei que' fiori et que' frutti si coloriti dell'eloquentia, con quel numero et con quell'ordine istesso, ilquale tanto essaltate; liquali, non tanto per sua natura, quanto d'altrui artificio aiutata, suol produrre ogni lingua.

Comme partout, Du Bellay laisse de côté tout ce qui appartient à la forme dialoguée, ici donc: *ilquale tanto essaltate*; dans le dialogue italien, c'est Bembo qui parle, et s'adresse à Lazzaro Buonamico, le Cicéronien intransigeant et dédaigneux.

Mais nous avons vu aussi qu'en fin de compte, Du Bellay est prudent: s'il copie ici les arguments de Bembo, il se montre plus réticent dans la suite du premier livre; il semble faire un tri dans les affirmations parfois impétueuses du Cicéronien converti qu'est le cardinal italien. Il ne dit pas carrément: le français a des 'pieds' et des 'nombres' comme les langues classiques, mais parle de 'compensation'[10].

On pourrait croire qu'Aneau partagerait la prudence de Du Bellay; or, il n'en est rien. On doit constater qu'Aneau est bien plus proche de Bembo que ne l'est Du Bellay lui-même: aussi attaque-t-il celui-ci avec une hargne sarcastique. Son argument est double: il dit d'une part que ces 'nombres & lyaisons' ne sont pratiquement plus observés dans la langue latine, et affirme d'autre part — comme Bembo pour l'italien — qu'en français ils sont 'observez, bien cogneuz et entenduz.' Nous reviendrons plus loin sur la portée de ces affirmations.

---

[9] *Ed.* (1970[4]), p. 26 n. 2. Cf. Villey (1908), p. 47 et *append.* p. 127-8. Notons dès maintenant que Villey estime que 'ni Barthélemy Aneau, ni les autres contradicteurs de Du Bellay n'ont reconnu ses emprunts à Speroni, mais un autre contemporain les a très bien vus.': *ibid.* (1908), p. 107. (Cet 'autre contemporain' est évidemment Claude Gruget.) Dans l'hypothèse que nous avancerons — non sans hésitation — nous essayons de montrer le contraire pour ce qui est d'Aneau. L'on sait d'ailleurs que dans les cercles littéraires de Lyon, Speroni n'était point un inconnu; ainsi, Maurice Scève avait dès 1544 (date de publication de la *Délie*) 'exploité' le recueil de dialogues de Speroni, et notamment le premier dialogue, celui *D'Amore*. Voir E. Parturier, *éd. Délie*, Paris 1961[3] (1939[1]), p. lxxvii; I. D. McFarlane, *éd. Délie*, Cambridge 1966, p. 482sqq. (Append. A); cf. J. Risset, *L'anagramme du désir*, Rome 1971, p. 80-2. Par ailleurs, la première traduction française des *Dialogues* de Speroni avait paru à Lyon, chez Jean de Tournes, en 1546: *De la cure familiere Avec aucuns preceptes de mariage, extraictz de Plutarque. Aussi un Dialogue de la dignité des femmes, traduict des Dialogues de M. Speron, Italien.* Ces deux dialogues ne figurent pas dans la traduction de Claude Gruget que nous avons citée *supra*, chap. 3. Dans la préface à sa traduction (1551), Gruget renvoie à la traduction lyonnaise; il remarque qu'il ignore le nom du traducteur. Voir Villey (1908), p. 19 + n. 1.

[10] Voir *supra*, chap. 5 § 2. Pour Bembo, cf. *Dial. des L.*, *éd.* (1908), p. 121-2.

Voici un extrait de ce qu'il dit à cet endroit:

> D'avantage ces nombres & lyaisons d'ond tu fais tant de mine & mystere,
> pour les cuyder par aventure avoir apprins & entenduz par la lecture ou
> escriture du bon rhetoricien maistre Jaques Loys, ne sont aujourd'huy ny
> entenduz ny cogneuz ny observez, au moins bien peu, en la langue Latine,
> comme tresbien l'ont demonstré Erasme et Melanchthon. Au contraire, en
> la Françoise (que tu en dis estre despourveuë) y sont observez, bien cogneuz
> & entenduz les nombres & lyaisons....   (p. 26)

Reprenons maintenant le premier fragment de Speroni, qui contient la
phrase rejetée par Du Bellay, et confrontons-le avec le texte du Censeur
cité ci-dessus:

> *Speroni*: '...con quel numero et con quell'ordine istesso, *ilquale tanto
> essaltate*...'

> *Aneau*: '...ces nombres & lyaisons *d'ond tu fais tant de mine* & *mystere*...'

Si Aneau a effectivement lu le *Dialogue*, il citerait ici exactement la phrase
sarcastique que Du Bellay a supprimée; ce qui a pour effet de mettre Du
Bellay à la place de Lazzaro qui n'a que du mépris pour sa langue maternelle. Or, c'est aussi le reproche qu'Aneau fait à Du Bellay.

Dans ce cas précis, il pourrait à la rigueur s'agir d'une pure coïnci-
dence; mais si nous nous tournons vers le deuxième fragment que Du
Bellay a omis dans son modèle italien, ce serait vraiment trop accorder au
Hasard que d'y voir une autre coïncidence. Voici d'abord Speroni:

> ...ilquale tanto essaltate: liquali, non tanto per sua natura, quanto d'altrui
> artificio aiutata, suol produrre ogni lingua. Perochè 'l numero *nato per magis-
> tero di Thrasimacho, di Gorgia, di Theodoro*; *Isocrate finalmente fece perfetto*. Dun-
> que se Greci e Latini huomini più solleciti alla coltura della lor lingua, che
> noi non semo alla nostra...

Traduction de Du Bellay:

> ...toutes les quelles choses, non tant de sa propre nature que par artifice,
> toute Langue a coutume de produyre. Donques si les Grecz & Romains,
> plus diligens à la culture de leurs Langues que nous à celle de la nostre...
>   (p. 26-7)

C'est de nouveau la partie supprimée que le Censeur reprend dans son
attaque contre Du Bellay: c'est ce qui s'appelle combattre quelqu'un
avec ses propres armes... Le voici:

> ...les nombres & lyaisons *inventez premierement en Grece par Thrasymac de Chalce-
> doine* & *Gorgias Leontin de Sicile, Theodore Bizantin,* & *puis par Isocrat temperez* &
> *moderez*. Car ceux nombres que Ciceron en l'*Orateur parfait* leur attribue...
>   (*Ibid.*)

Dès lors, on peut avancer l'hypothèse suivante: en lisant la *Deffence*,
Aneau a reconnu le dialogue de Speroni; il a préféré de ne pas reprocher

ouvertement à Du Bellay de s'être paré des plumes d'autrui sans le nommer[11]; au lieu de cela, il a tourné ce même texte contre celui qui l'avait utilisé à des fins douteuses selon lui. Il a fait davantage: il a non seulement reconnu le modèle italien, mais retracé également la source de ce dernier, à savoir l'*Orator* de Cicéron, qu'il avait lu dans l'édition commentée de Strébée parue chez Michel Vascosan en 1536. Il suggère en outre que Du Bellay connaît aussi bien que lui les travaux de Strébée; c'est pourquoi il dit ironiquement:

> ces nombres & lyaisons d'ond tu fais tant de mine & mystere, pour les cuyder *par aventure* avoir apprins & entenduz par la lecture ou escriture du bon Rhetoricien *maistre Jaques Loys...*

Voilà donc comment, probablement, les choses se sont passées. Ce n'est donc pas uniquement Du Bellay qui se complaît à faire une jolie mosaïque de textes glanés par ci, par là...

§ 3. *D'Estrebay dans le texte du 'Quintil'*

Nous revoilà mis sur la trace du 'bon Rhetoricien Jaques Loys'. Henri Chamard a cherché vainement à l'identifier: dans son édition de 1904 (p. 72, n. 1b) il remarque:

> Ni La Croix du Maine ni Du Verdier ne mentionnent ce Jacques Loys. Peut-être(?) est-ce un ancêtre de Jean Loys (1553-1610), père de Jacques Loys (1585-1611), tous deux natifs de Douai, tous deux auteurs de poésies (Douai, 1612, in-8) dont quelques-unes sont dans le goût des rhétoriqueurs. Sur ces Loys, v. Goujet, Bibl. Franç. XIV, 179-187; et surtout la thèse latine de M. Potez, *Qualis floreret apud Duacenses res poetica gallice scripta* (1897), chap. V, p. 97-118.

Mais dans la seconde édition ([1]1948) il a supprimé la note, sans doute parce qu'il a jugé sa conjecture trop incertaine. On comprendra que pour nous il est sûr qu'il s'agit en fait de Jacques-Louis d'Estrebay, rhétoricien célèbre à l'époque (témoin encore le ton ironique que le Censeur adopte à l'égard de Du Bellay).

Or, sur la page de titre de la première édition du *Commentaire* on lit (voir aussi l'*Annexe* I, no. 3a):

> M. T. Ciceronis ad M. Brutum Orator, illustratus *Iacobi Lodoici Rhemi Commentariis*

---

[11] Cf. Aneau (1970[4]), p. 4: 'Je ne veux reprendre en cest endroit (ce que neantmoins tu defens aux autres de faire) tout le commencement de ceste epistre estre emprunté & translaté de Horace, ne ton œuvre quasi total estre rapiecé & rapetassé d'iceluy decousu de son ordre. Car telles usurpations bien appropriées en leur lieu sont tresbonnes & louables.' (Il s'agit de l'épître dédicatoire de Du Bellay au cardinal Jean du Bellay).

Jacques Louis, originaire du diocèse de Reims, ou: détaché à Reims comme professeur de rhétorique[12]. Voilà qui explique les difficultés d'identification auxquelles Chamard s'est heurté. D'ailleurs, déjà au verso de la page de titre apparaît le nom 'complet' du rhétoricien: *Iac. Lod. Strebaei Rhemensis commentarii*. C'est donc cette édition-là que le 'Quintil' a dû consulter; la réimpression de 1540 porte en effet:

> M. Tullii Ciceronis ad M. Brutum Orator, *Iacobi Lodoici Strebaei Commentariis* ab authore ipso recognitis illustratus.

C'est également le cas des autres réimpressions.

Il y a un petit problème qui reste: que veulent dire les mots '*lecture ou escriture* du bon Rhetoricien...'? Nous proposons l'interprétation suivante: par 'lecture', Aneau entend le Commentaire, tandis qu'il met 'escriture' pour désigner le travail plus original de Strébée, à savoir *De Electione*, où celui-ci comme nous avons vu donne une place d'honneur aux procédés de la *concinnitas* auxquels Aneau fait justement allusion.

Quoi qu'il en soit, nous voilà prêts à affronter le texte difficile du Censeur. Comme le fragment présente de nombreuses difficultés, nous reproduirons cette fois-ci le texte de la première édition connue, celle parue chez Jean Temporal en 1551, en corrigeant seulement deux fautes d'impression manifestes[13]; la version de Chamard n'étant souvent pas très fidèle à l'original de 1556 qu'elle prétend suivre.

§ 4. *Interprétation de la critique du 'Quintil Horatian'*

Voici donc *in extenso* le texte d'Aneau dont nous avons précédemment cité des fragments. Il se présente comme une réaction aussi virulente que singulière contre les dires de Du Bellay concernant le *nombre* dans les langues classiques, et parallèlement comme une tentative assez audacieuse d'annexion du *nombre* au domaine de la poésie française. En tant que tel, il fait pendant aux affirmations du cardinal Bembo dans le *Dialogo delle lingue* de Speroni.

    Ces nombres, & ceste lyaison que par artifice toute langue ha acostumé de produire[14].

---

[12] Panzer, *Ann. Typogr.* (1793-1803) note encore (XI, p. 131): 'Jacobus Ludovicus Strebaeus, *Vid.* Jac. Ludov. Rhemi'; ailleurs (XI, p. 85; cf. VIII, p. 197): 'Jac. Lodoicus Rhemus (*i.e.* Strebaeus).' Voir *annexe* I.

[13] * l'yaison = lyaison; * Feançoise = Françoise. Exemplaire provenant de la bibliothèque municipale de Troyes, coté X.17.3137. Nous avons dit que Chamard ne mentionne pas l'éd. 1551 dans son éd. critique de la *Deffence*. Il la connaît, pourtant: voir H. Chamard, *éd. Œuvres Poétiques* de J. du Bellay, III, Paris 1912, p. V-VI. Dans l'édition de la *Deffence* (1970⁴), le passage que nous citerons ci-dessous se trouve aux pp. 26-27; cf. *éd.* Person (1892²), p. 194 et *éd.* Chamard (1904), p. 72.

[14] Avant de passer à l'attaque, le Censeur cite chaque fois la phrase la plus importante du passage incriminé. Comme Chamard fragmente le texte du 'Quintil' en le reprodui-

A   Cela est impropre, & faux: Car tout ainsi que la terre d'un vergiers, (afin que je suyve ta metaphore) ne produict pas le nombre des plantes, ne l'ordre quincuncial des arbres, ny la lyaison des entes, & treilles. Ains toutes ces choses le travail de l'hortulan les y adjouste & adrece. Ainsi la langue ne produict d'elle mesme, ne les nombres ne les lyaisons, qui ne font rien à la richesse, & abondance de la langue, sinon à l'ornement, & sonorite. Ains est l'Orateur qui ainsi bien les scet adrecer, ordonner, & conjoindre.

B   D'avantage ces nombres & lyaisons d'ond tu fais tant de mine & mistere, pour les cuyder par adventure avoir apprins & entenduz par la lecture ou escriture du bon Rhetoricien maistre Jaques Loys, ne sont aujourd'huy ny entenduz ny congneuz, ny observez au moins bien peu en la langue Latine: comme tresbien l'hont demonstré Erasme & Melanchthon. Au contraire, en la Françoise (que tu en dis estre depourveue) y sont observez bien cogneuz, & entenduz les nombres & liaison inventez premierement en Grece par Thrasymach de Chalcedoine, & Gorgias Leontin de Sicile, Theodore

C   Bizantin, & puys par Isocrat, temperez & moderez. Car ceulx nombres que Ciceron en l'Orateur parfaict leur attribue, qui sont Pair contre pair, semblables fins, contraires, & quarreures, Que sont ce autres choses sinon les nombres, rymes, cadences unisonnantes, rencontres & croysures de nos vers François? avec les lyaisons des couppes, & des syllabes quatre à quatre, six à six, & au contraire?

D   Comme les exemples mesmes, qu'il en amaine & les escriptz de Isocrat en
E   peuvent tesmoigner. Mais tu sembles celuy qui cerche son asne & est monté dessus. Et en faisant semblant de illustrer la langue Françoise, tu l'obscurciz, & enrichis les autres pour l'apouvrir, luy ostant ce que est à elle, au moins par portion de communauté. Mais tu ne le pensois pas ainsi estre.

(*éd.* 1551, p. 187-8)

4.A. *Hortus numerosus*

Natura/ars: L'image de la *greffe* avait permis à Du Bellay d'illustrer la possibilité d'un enrichissement de la langue (*Deff.*, p. 25): les Romains — tels que Cicéron — ont *enté* des rameaux grecs sur l'arbre latin, si bien que 'desormais n'apparoissent plus adoptifz, mais naturelz.' Objections d'Aneau: peut-on ainsi 'transplanter' les *numeri* et la *conjunctio* d'une langue à l'autre? Bien sûr que non: Cicéron lui-même n'at-il pas dit que ces procédés n'ont été inventés que très tard, en grec et surtout en latin (*Or.* 50, 168; 51, 171)? Ces procédés ressortissent d'emblée au domaine de l'*ars*, ce sont des éléments de 'luxe'; il est par conséquent 'impropre, & faux' de prétendre que 'ces nombres, & ceste lyaison' pourraient jamais être les produits *naturels* d'une langue, et à plus forte raison d'une langue greffée sur une autre[15].

---

sant en note immédiatement au-dessous du passage en question, il a omis ces 'chapeaux'. Mais cf. l'*éd.* Person (1892²), *appendice*, p. 187-212. Les majuscules en marge correspondent aux paragraphes de notre interprétation qui suit.

[15] Cf. Lausberg (1960), p. 479: 'Eine irgendwie geartete Abfolge von langen und kurzen Silben ist jeder beliebigen Äußerung (im Griech. und Lat.) eigen: Quint. 9, 4, 61 (...) Dieser Beliebigkeits-*numerus* ... ist ein Naturphänomen (*natura*), noch keine Kunst

On constate en outre que le Censeur ajoute un élément à la métaphore de Du Bellay, bien qu'il prétende la suivre exactement; dans son développement, il parle non seulement de *nombres* et de *lyaison(s)*, mais également d'*ordre*. Pourquoi cet ajout? Il semble y avoir plusieurs possibilités:

a) Il a pris ce mot dans le texte de Speroni; dans le *Dialogo* on lit en effet: 'con quel numero, et con quell'*ordine* istesso...' Cela constituerait une preuve accessoire pour l'hypothèse que nous avons avancée ci-dessus, au § 2.

b) Il a repris la division tripartite de Quintilien concernant la *compositio* (au sens large de *collocatio verborum*); en tant que professeur de rhétorique, Aneau n'ignorait certainement pas l'*Institution Oratoire* — il la cite d'ailleurs quelque part. De plus, Strébée (mentionné un peu plus loin, comme on sait) y renvoie dans son *Commentaire* (p. 145) et la discute longuement dans *De Electione*[16]. Quintilien distingue les composantes suivantes dans la *compositio* (IX, 4, 22): *ordo, iunctura, numerus*, correspondant chez Aneau à *ordre, lyaison, nombre*. Ce qui donne le schéma suivant:

Quint.		*Aneau*	
1. ordo	2. ordre	2. ordonner	
2. iunctura	3. lyaison	3. conjoindre (*cf*. Quint. IX, 4, 47: coniunctio)	
3. numerus	1. nombre	1. adrécer	

Le problème auquel se heurte une telle interprétation est la signification du mot *lyaison*, qu'Aneau met tantôt au singulier, tantôt au pluriel. Aurait-il donc confondu *coniunctio* au sens strict de *coagmentatio* (comme l'utilise Quintilien) avec *coniunctio* au sens de *compositio, collocatio verborum*? Car il est évident que par la suite il utilise *lyaison(s)* dans le sens de 'correspondance sonore et/ou syllabique', ce qui impliquerait une confusion du genre et de l'espèce.

c) Il a ajouté *ordre* sans arrière-pensée; il ne fait qu''étoffer' un peu plus la métaphore de Du Bellay; aussi l'abandonne-t-il dans la suite. Parallèlement, il prendrait *lyaison* dans un sens très vague, repris peut-être dans l'un des passages de l'*Orator* auxquels il va renvoyer tout à l'heure ou bien dans les *Eléments* de Melanchthon qui s'en inspire également:

(ars). (...) Die ars benutzt diesen Zustand als Rohstoff: sie bringt durch Regeln Ordnung in die Abfolge der langen und kurzen Silben. Es gibt also neben dem Beliebigkeits-*numerus* einen kunstgerechten-*numerus*.' Or il est évident que Du Bellay se réfère à l'*oratorius numerus* (Quint. IX, 4, 57): 'Ces nombres & cete lyaison si *artificielle*...', 'non tant de sa propre nature que par *artifice*...' (p. 26). En d'autres termes: il n'y a aucune lien logique entre l'idée de *greffe* d'une part, et le *numerus* d'autre part; il n'a par conséquent pas le droit de dire 'De la sont *nées*...' (naître/nature). Voir *supra*, chap. 5, § 2.

[16] *De Elect.*, (1538), f° 65vo: 'Nunc quaerendum mihi videtur, cur ordinem Cicero praeteriit, quem statuit Quintilianus in componendis partibus? Sic est huius partitio: (suit la division de Quintilien)..' Dans la suite, Strébée reproche à Quintilien de confondre syntaxe et sémantique. Ramus sera du même avis: voir *infra*, III, chap. 3, § 4 + n. 48.

> ...Nam cum concisus ei Thrasymachus minutis numeris videretur et Gorgias, qui tamen primi traduntur arte quadam *verba iunxisse*...primus instituit (*scil.* Isocrates) dilatare verbis et mollioribus numeris explere sententias.
>
> (*Or.* 13, 40)[17]

Ce sens flou cadrerait très bien avec la stratégie 'glissante' que nous avons également observée chez Speroni et Du Bellay, et dont Aneau n'use pas moins: ce qui lui permet d'appliquer sans plus ce terme aux 'jointures' du vers français. A preuve aussi la perversion sémantique du mot 'nombre' à travers tout ce passage (qui s'avérera d'ailleurs encore plus massive):

— par rapport à la métaphore de Du Bellay: 'nombre' au sens arithmétique;
— 'nombres' en rapport avec les procédés de la *concinnitas*;
— 'nombres, rymes' dans le contexte du vers français.

Voilà trois explications de l'emploi du terme qui ne s'excluent que partiellement. Au lecteur de choisir celle qui lui paraît la plus probable; personnellement nous penchons vers la troisième possibilité.

Remarque

Aneau écrit: 'l'ordre *quincuncial* des arbres', c'est-à-dire disposés comme suit:

```
     .       .       .       .       .
        .       .       .       .       .          quincunx
     .       .       .       .       .
```

N'oublions pas que le fond du débat concerne l'articulation *natura / ars*, et que les Anciens comparent souvent le discours oratoire — la prose artiste — avec une nature 'bien tempérée'. On en trouve un exemple fameux chez Quintilien, qui s'exclame dans son chapitre *De Ornatu*:

> Irai-je estimer mieux soigné tel sol, où l'on m'aura montré des lis et des violettes poussant spontanément plutôt qu'une terre avec une riche moisson ou des vignes chargées de grappes? Irai-je préférer le platane stérile et les myrtes taillés à l'orme marié à la vigne et aux oliviers féconds? (...) Est-ce donc à dire qu'on ne doit pas accorder aussi une beauté aux arbres fruitiers? Qui le nie? Aussi disposerai-je mes arbres en rangs et à intervalles réguliers. Quoi de plus joli à voir que *la disposition en quinconce*, qui, de quelque angle

---

[17] Nous ne suivons donc pas la correction proposée par Yon: *verba vinxisse* (cf. Yon, *in loco*, et la note, p. 126 de l'éd. cit.), d'abord parce qu'il y a *consensus codicum*, et surtout parce que le texte de Strébée donne également *iunxisse*. Or, nous partons du fait qu'Aneau a lu l'*Orator* dans l'édition de Strébée. Cf. Streb. *Comm* (1540), p. 37 (texte), p. 40 (comm.). *Ibid.*, sur le style de Thucydide: '...& asperae sunt *iuncturae*, & intersistentes *numeri* morantur. Ideo non satis est rotundus...in historia, quae molliter fluere debet, & catenae more coniungi.'

qu'on la regarde, présente des lignes droites? (...) Jamais la vraie beauté ne
se sépare de l'utilité.

(VIII, 3, 8-11)[18]

Il se peut que le Censeur se soit souvenu de ce passage de l'*Institution Oratoire*; mais Cicéron parle également quelque part des 'proceritates arbo-
rum et directos *in quincuncem ordines* (*De Senect.* 17, 59). Par ailleurs, il y a
un passage dans *De Electione* où Strébée parle justement de la *collocatio*
consciente produisant la *concinnitas*:

> Eam vult instrui (*scil.* Crassus, in Cic. *De Orat.* III) collocationem, quae
> quasi quendam numerum versumque conficiat. Non amat scopas dissolu-
> tas, & inordinatum dicendi genus, quod ut arte, sic & omni decore caret.
> Artem semper comitatur decor. *Ars* invenit *in arboribus quincuncem*, in vitibus
> limites, & paria intervalla, in oleribus areas, in urbibus insularum descrip-
> tiones, in aedibus cellas, & instrumenta seposita, in civibus ordines, in exer-
> citibus instructiones, in disciplinis generum formarumque seriem, in
> poëmate contextum, in rebus oratoris dispositionem, in verbis collocatio-
> nem, quae speciosa veluti quadratum corpus, & robusta sicut acies esset:
> quam qui despicit, quodammodo ordines caelorum, siderum, erronum, ele-
> mentorum, corporum, & artificialium omnium quae naturam proxime imi-
> tantur, temere & stulte despicit.

(*De Elect.*, f° 4)

Dans cet extraordinaire passage qui chante — dans la meilleure tradition
cicéronienne — les bienfaits de la culture, la prédominance de l'Art sur la
Nature, les principaux éléments du texte d'Aneau se trouvent réunis en
faisceau.

4.B. *L'enjeu du Cicéronianisme: Erasme, Melanchthon, Strébée*

Dans le second paragraphe de sa critique du passage de Du Bellay,
Aneau revient sur l'idée d'une production naturelle, 'automatique', des
numeri dans une langue. Mais là où Du Bellay avait parlé du latin classique, Aneau se réfère à la situation *actuelle* du latin humaniste. Ce faisant,
il déplace le débat de singulière façon.

Pourquoi le Censeur opère-t-il ce déplacement? Parce qu'il entend
attaquer l'*évolutionnisme* implicite de Du Bellay. S'il était vrai, dit Aneau
en substance, que 'toute langue', donc aussi la langue latine, devient
plus parfaite — plus 'nombreuse' — avec le temps, alors le latin actuel
serait *eo ipso* plus 'orné' que le latin classique! C'est pour combattre cette
idée évidemment fausse qu'il prend à témoin Erasme et Melanchthon

---

[18] Traduction J. Cousin (Budé, Paris 1975). Quint. VIII, 3, 9: 'Nam et in ordinem
certaque intervalla redigam meas arbores. Quid illo quincunce speciosius?' Renversant la
métaphore, Columelle parle d'un *numerosus hortus* dans son traité en vers *De re rustica* (X, 6:
de arboribus). Cf. aussi Virgile, *Géorg.* II, 277; 284.

qui, eux, ont souligné le fait que personne, à l'heure actuelle, n'est plus capable d'observer correctement les règles de la quantité. Aneau se montre donc ici au courant de l'enjeu essentiel de la querelle du Cicéronianisme qui met en cause la possibilité même de l'*imitatio ciceroniana*, étant donné que celle-ci a comme ultime pierre de touche la production du nombre oratoire dans le discours.

Mais si Aneau récuse avec Erasme et Melanchthon la possibilité d'imiter *aujourd'huy* ce que la langue latine avait de plus 'artificiel' (au sens donné à ce mot au XVIe siècle), il se base en même temps sur les ouvrages de celui qui a chanté plus que nul autre les mérites du nombre oratoire et qui s'est efforcé de le réintroduire dans le latin contemporain, ne doutant par conséquent pas un instant de la possibilité de l'entreprise: il s'agit, bien sûr, de Jacques-Louis d'Estrebay.

Examinons d'abord les emprunts faits par Aneau à Erasme et à Melanchthon, et revenons ensuite sur la façon dont il se sert des travaux de Strébée.

Nous venons de voir que pour combattre l'évolutionnisme implicite chez Du Bellay, Aneau déplace la discussion du domaine classique au domaine contemporain: 'ces nombres & lyaisons...ne sont *aujourd'huy* ny entenduz ny congneuz, ny observez au moins bien peu en la langue Latine'. C'est afin d'étayer cette dernière thèse qu'il fait appel aux observations d'Erasme et de Melanchthon au sujet du nombre oratoire.

D'Erasme, Aneau cite ailleurs (p. 102) le *De Copia*; mais nous savons déjà qu'il nous faut chercher plutôt du côté du *Ciceronianus* ou du *De recta latini graecique sermonis pronuntiatione* qu'Erasme avait publiés ensemble, en 1528.

Dans le *Ciceronianus*, Erasme se moque de l'énorme dictionnaire du malade imaginaire qu'est Nosopon, contenant toutes les clausules des périodes cicéroniennes, et jusqu'à l'organisation métrique des discours dans sa totalité; dans *De Pronuntiatione*, il dénonce la prétention de ceux qui se croient en mesure de prononcer le latin comme le faisaient les Anciens: *aujourd'hui* (*hodie*), tout le monde confond massivement les syllabes longues et brèves. Par conséquent, il est inutile d'inculquer aux jeunes latinistes les règles concernant le nombre oratoire[19]. Cette constata-

---

[19] Le dialogue *De recta latini graecique sermonis pronuntiatione* et le dialogue intitulé *Ciceronianus sive de optimo dicendi genere* ont été publiés en 1528 chez J. Froben à Bâle, et quelques mois plus tard chez Séb. Gryphe à Lyon chez Simon de Colines et Robert Estienne à Paris. Gryphe les réédite en 1531, Estienne en 1530 et 1547. La bibliothèque de l'Université Libre d'Amsterdam possède une réédition parue en 1530 chez Froben (cote XA 5534). Dans une lettre, Erasme affirme qu'il a écrit les deux dialogues 'par une même enfantement' (*eodem...nixu*: Allen n° 2088, t. VIII, p. 17, 1.4): la formule nous paraît significative. Citée dans l'ouvrage récent — et décevant — de J. Chomarat, *Grammaire et rhétorique chez Erasme*, Paris 1981, t. I, p. 356 n. 52, cf. t. II, p. 815. Voir également Fuma-

tion, si anodine en apparence, est lourde de conséquences, car voilà les
Cicéroniens fraudés de leur critère ultime[20]. En tant que tel, le passage
dialogué qui suit est une justification implicite des thèses avancées dans le
Ciceronianus: ce n'est pas un hasard si Erasme a publié les deux ouvrages
en même temps.

> *Ursus*: (...) Tot autores apud Graecos scriptores de numeris orationis
> scripserunt, inter quos sunt Aristoteles ac Theophrastus, si rhetores
> contemnimus; tot apud Latinos, praesertim M. Tullius et Quintilianus.
> At oratio numerosa quibus rebus constat?
> *Leo*: Pedibus opinor.
> *Ursus*: Recte (...). At pedes unde constant?
> *Leo*: Ex brevium ac longarum syllabarum inter se connexione.(...)
> *Ursus: Si tum confundebatur longarum ac brevium discrimen, quemadmodum hodie
> facimus*, quorsum attinebat celebres et graves viros tot voluminibus
> praecipere de numerosa dictione?
> (...) Sin indocta multitudo bene modulatis delectabatur, rursus male
> compositis offendebatur[21], qua fronte nos nobis loqui videmur, qui
> praeter accentus nullum in syllabis discrimen facimus, atque hic ipse
> accentus frequenter in causa est, ut pro brevi sonemus longam? *Frustra
> tam operose praecipitur*, qui pedes congruant initiis et clausulis incisorum,
> membrorum et periodorum, si nostri arbitrii est pro brevibus longas, pro
> longis sonare breves. (...)
> Quid causae, nisi quod aures habemus asininas[22]? quibus non placet
> lusciniae cantio modulatissima (...).
> *Leo*: (...) Si haec sunt vera quae narras, ut sunt profecto verissima, nullus
> hoc tempore sonat Latine.
> *Ursus*: Adde, ne Graece quidem, utcunque nobis placemus.
>
> (*De Pronunt.*, LB I, 945C-946C)

Le passage de Melanchthon auquel renvoie le Censeur s'inscrit exactement dans la même perspective: il s'agit du chapitre avant-final des *Elementa rhetorices*, où Melanchthon discute les possibilités et les limites de
l'*imitatio ciceroniana*. Comme Erasme, et quasiment dans les mêmes termes, Melanchthon dénonce le Cicéronianisme outré de certaines personnes qui ne sont que des assembleurs de centons, ne respectant en rien le
principe de l'*aptum* et refusant de se servir des néologismes chrétiens, si
indispensables pourtant aux yeux de l'érudit protestant:

> (...) Neque vero is imitari Ciceronem dicendus est, qui excerptas ex illo sen-
> tentias ac versus, quasi Centones consuit, quemadmodum facere nonnullos
> videmus. (...) Serviendum est enim temporibus ac locis, quemadmodum

---

roli (1980), p. 92. n. 102: 'Dans le même volume, Erasme publiait son *De recta latini graecique sermonis pronuntiatione dialogus*, où l'on trouve formulée autrement la même doctrine que
dans le *Ciceronianus*.'

[20] Voir *supra*.
[21] Cf. Cic. *Or.* 44, 150; 51, 173.
[22] Cf. Cic. *Or.* 50, 168; 51, 172.

Virgilius, etsi ad imaginem Homeri se totum composuit, tamen illa prudenter vitavit, quae Romanis moribus non congruebant. Ac ne verba quidem
repudiabit imitator, quamvis ignota Ciceroni, quae causa postulat, ut in
controversiis theologicis utendum est appellationibus Christi, Ecclesiae,
fidei pro fiducia, et aliis similibus (...) Quare merito ridentur inepti quidam, qui pro fide persuasionem, pro Evangelio coelestem Philosophiam, et
alia similia dicunt, in quibus saepe fit, ut Germanam significationem, illa-
rum vocum quas aspernantur non reddant. Id non est illustrare res difficiles
dicendo, sed obscurare atque corrumpere[23].   (*éd. cit.*, col. 497)

Ce sont les Cicéroniens de cette espèce qui jettent le discrédit sur la vraie
imitation cicéronienne, qui, elle, est non seulement légitime mais nécessaire; car pour l'apprentissage du latin, tout le monde est forcé
aujourd'hui de recourir aux livres anciens[24], et avant tout à ceux de Cicéron. Or, c'est dans ce contexte que surgit la phrase à laquelle fait allusion
Aneau; Melanchthon vient de donner un aperçu de cette *divina compositio*
cicéronienne, et il ajoute:

Verum ad haec addit Cicero duas res, quae sunt ipsius maxime propriae,
scilicet, quod verbis ornat singula membra, pene ut fit in poëmatis. Et quia
haec ornamenta periodum explent, efficiunt concinnum et numerosum
quiddam. *At stultum est nunc de numeris praecipere, cum sonus linguae latinae hoc
tempore non sit nativus.*
                                                                      (*Ibid.*, col. 500)

Ce qu'il y a de particulier dans cette citation, c'est que Melanchthon ne
distingue pas clairement entre *numerus* et *numerosa concinnitas*; et nous verrons encore que c'est exactement cela qui permettra à Aneau de passer
du domaine classique au domaine français tout en se servant de la terminologie cicéronienne, puisée dans le *Commentaire* de Strébée. Remarquons
encore que c'est ici le seul endroit où Aneau cite Melanchthon *expressis
verbis*, mais nous avons vu qu'en fait il se base très souvent sur l'ouvrage
du savant protestant, tant au niveau terminologique qu'au niveau plus
général des idées sur la composition, la clarté et la simplicité dans la prose
didactique[25].

---

[23] Précisons que dans son chapitre *De imitatione*, Melanchthon distingue entre imitation
générale et imitation *particulière*: d'une part, il faut imiter en général l'invention et la disposition de *tous* les 'bons' auteurs — grecs et latins —, de même que l'élocution des bons
auteurs latins de l'époque de Cicéron ('Non igitur discedamus a Ciceronis aetate');
d'autre part, il faut imiter en particulier la *Ciceroniana compositio*, qui est sans pareille.
(*Elem.*, *éd. cit.*, col. 496, cf. col. 502).
   Notons en outre qu'il y a une similarité frappante entre la dernière phrase citée (de
Melanchthon) et celle qu'on lit dans le passage d'Aneau dont nous nous occupons: 'Id
non est *illustrare* res difficiles dicendo, sed *obscurare* atque corrumpere': 'en faisant semblant de *illustrer* la langue Françoise, tu l'*obscurciz*...'
[24] Cf. *Elem.*, *éd. cit.*, col. 493.
[25] Quelques lignes plus bas, Aneau fait coïncider les procédés de la *concinnitas* avec ceux
de la poésie française, et nous montrerons dans la suite que dans ce passage, Aneau s'inspire en premier lieu de Strébée. Il convient de faire remarquer toutefois que dans les *Ele-*

Voici donc identifiés les passages d'Erasme et de Melanchthon auxquels se réfère, sans aucun doute possible, le Censeur. Les deux, répétons-le, doivent être lus dans le contexte de la querelle du Cicéronianisme.

Mais il y a pourtant un autre problème qui surgit. Supposons un instant qu'Erasme et Melanchthon entendent par *nombre* aussi bien les procédés de la *concinnitas* que le nombre oratoire proprement dit (et effectivement, le passage de Melanchthon est ambigu à cet égard). Serait-ce à dire qu'ils nieraient la possibilité d'imiter les gorgianismes? Il est évident

---

menta, Melanchthon affirme déjà que la composition d'une œuvre en prose et celle d'un poème sont quasiment identiques: 'Ego vero ita statuo, artificium faciendae orationis non valde dissimile esse Poëticae' (*éd. cit.,* col. 496); et tout à fait à la fin du chap. *De Imitatione*: 'Ita dubitari non debet, quin ille noster imitator ex lectione Ciceronis melior quam ex aliis autoribus futurus sit. Cum enim in poëtica maximam vim esse imitationis appareat, dubitari non debet, quin et in hac vicina arte plurimum polleat. *Tanta est enim inter has cognatas artes similitudo,* ut plaerique illustriores loci Ciceronis ac Livii, si recte existimemus, poëmata iure dici possint.' (col. 504). Dans les deux cas, ce qui importe c'est l'*apta partium proportio* (col. 501), la 'proportion des pieces bien convenantes', dira de même Aneau dans la préface au *S. Euchier* (1552), p. 5.

Ajoutons, pour compléter notre dossier, que lors de la parution de l'ouvrage de Jovita Rapicio, *De numero oratorio libri quinque...* (Venise, Alde, 1554), la 'querelle du nombre' rebondit: dans le cinquième livre, l'auteur (originaire du Brescian en Italie, né en 1476, mort en 1553) cite avec indignation la phrase de Melanchthon concernant le nombre en latin moderne, et essaie de la réfuter; le même sort est dévolu aux allégations similaires proférées par le rhétoricien allemand G. Bucoldianus dans son livre *De inventione et amplificatione oratoria: seu, usu locorum libri tres* (Strasbourg/Lyon 1534, *réimpr.* 1535, 1537, 1542); Bucoldianus cite Quintilien (IX, 4, 87) et continue: 'Porro Fabius Quintilianus hunc (*scil.* Ciceronem) sequutus, nullos non pedes cadere in orationem meo quidem iudicio non male disputat: miraturque autores certos quosdam praescripsisse; quasi essent, quos arceri ab oratione oporteret.(...) Quare, si quod res est fatendum est, *inanis* propemodum omnis de ijs (*scil.* pedibus) *praeceptio est.*' (*Ed.* Seb. Gryphe, Lyon 1542, II, p. 123-4; cf. Rapicio, *l.c.,* f° 51ᵗᵒ, et sur Melanchthon, f° 48ᵛᵒ sqq.)

Le seul à trouver grâce aux yeux de Rapicio est...Strébée ('diligens scriptor', 'vir ille doctus...& in Ciceronis lectione...diu multumque versatus': ff. 48ᵗᵒ, 55ᵛᵒ). Mais comme son propre ouvrage doit avoir une raison d'être, Rapicio ajoute perfidement que Strébée s'est 'épuisé' avant d'avoir mené son travail à bon terme, 'comme ces gens qui, fatigués par la longue route, jettent leur fardeau par terre avant d'être arrivés à destination'...: f° 56ᵗᵒ. Dès le XVIe siècle d'ailleurs, les travaux de Rapicio et de Strébée ont été réédités ensemble: Cologne 1582 (B.N., cote X. 17973). Voir *Ann.* I, no. 5b. On trouvera une esquisse de cette querelle dans le livre du Cardinal A. M. Quirini: *Specimen variae literaturae quae in urbe Brixia ejusque ditione paulo post typographiae incunabula florebat...,* Brescia 1739, II, p. 100-7. (Cf. *Iconografia e immagini queriniane,* Brescia 1981, p. 115, n° 154). Sur Rapicio, cf. M. E. Cosenza, *Dict. of the Italian Humanists,* Boston 1962, vol. IV, p. 3002-3. Il est du plus haut intérêt de voir que Rapicio compare, comme Strébée, les procédés de la *concinnitas* avec ceux de la poésie 'barbare'; il va même plus loin en affirmant que les *rhythmes* vulgaires ont été créés *à l'image des gorgianismes,* impliquant de la sorte une filiation historique effective: '...ad horum similitudinem fictos arbitror rhythmos istos Gallicae, Siculae, & Hetruscae linguae; quos in honorem Petrarca, & Dantes Aligerius adduxerunt; in quibus praestitui certum syllabarum numerum, & similem membrorum finem videmus, syllabarum vero quantitatem neglegi...': (1554), ff. 8ᵛᵒ-9ᵗᵒ; cf. f° 11ᵗᵒ. Cf. encore Norden (1971⁶), pp. 767-8 + n. 2, 818. Voir *supra,* chap. 1.

que non: les gorgianismes n'ont rien à voir avec la *quantité* des syllabes. C'est seulement la possibilité d'imiter la structuration *métrique* qu'ils contestent, car aujourd'hui 'nous avons des oreilles d'âne', insensibles à la modulation ('cantio modulatissima') opérée au moyen des syllabes longues et brèves. La seule possibilité de modulation qui reste est celle des *accents*[26], et c'est là la différence essentielle entre le *sonus* du latin classique et celui du latin contemporain[27].

Or, c'est néanmoins *aux seuls gorgianismes* qu'Aneau applique dans la suite le terme de *nombres*, c'est-à-dire ces procédés de balancement et de correspondance sonore qui ne jouent *aucun* rôle dans la querelle du Cicéronianisme, mais qui sont, en revanche, très facilement transposables au domaine de la poésie vulgaire. C'est ce que Strébée avait déjà signalé, et ce que Rapicio remarquera à son tour quelques années plus tard.

Le 'déplacement' effectué ici par Aneau nous semble bien moins légitime que celui opéré avant (latin classique/ latin moderne): cette fois-ci, il s'agit d'un véritable glissement conceptuel (*numerus / numerosa concinnitas*) comparable à celui que nous avons observé dans les *Dialogues* de Speroni. Les protagonistes de l'auteur italien et Aneau se basent sur l'*Orator* de Cicéron; mais il ne faut pas oublier qu'Aneau se sert de l'édition commentée de D'Estrebay. Force nous est, par conséquent, de retourner au texte de l'*Orator* que D'Estrebay paraphrase et commente scrupuleusement.

Dans l'*Orator*, Cicéron parle à trois reprises des gorgianismes: *Or.* 12, 39–13, 40; 49, 164–50, 168; 52, 174-6. De son côté, Strébée prend soin de maintenir ce 'réseau' en renvoyant chaque fois le lecteur aux passages correspondants[28]. Or, nous avons vu que si Strébée subsume sous le terme *numerus* aussi bien les procédés de la *concinnitas* que le rythme oratoire, il s'efforce de mettre en relief la différence entre ces deux procédures: le texte — dont nous avons déjà cité des extraits — ne permet aucun doute à cet égard. Mais Aneau, tout en s'inspirant visiblement des suggestions de Strébée concernant la parenté des procédés de la *concinnitas* et ceux de la poésie vulgaire, laisse allègrement de côté tout ce qui a trait au rythme oratoire. Cela est d'autant plus surprenant qu'au préalable il en avait appelé à Erasme et à Melanchthon, qui, eux, visaient uniquement la théorie du rythme...

---

[26] Cf. Nicolau (1930); Erasme, *l.c.*, dit en effet 'praeter accentus nullum in syllabis discrimen facimus...'

[27] Cf. Erasme, *l.c.*: 'nullus hoc tempore *sonat* Latine'; Melanchthon, *l.c.*, '*sonus* linguae latinae hoc tempore non (est) nativus': nul doute que Melanchthon n'ait lu *De Pronuntiatione*.

[28] Cf. *Comm.* (1540), pp. 164, 173 'suprà dictum fuit'; 'ut antè dictum est'; 'de quibus antea duobus in locis diximus'.

Quoi qu'il en soit, voici des extraits plus détaillés du *Commentaire* de Strébée à propos deux derniers passages de l'*Orator* que nous avons relevés:

a) *Premier extrait*: *à propos d'*Or. *49, 164–50, 168*

...Hinc numerus est duplex, alter est è figura verborum, quam dicit concinnitatem, alter autem ex ipsa compositione & collocatione verborum, quae artificiosè constituta, non beneficio concinnitatis & figurae, sed sua sponte naturáque conficit orbem suum, de quo posteriore loco dicetur. Genus est quoddam verborum, in quibus ipsis concinnitas inest. ea est elegans & iucunda figura dictionis, ut similiter cadens, similiter desinens, paria paribus relata, & contraria. Haec sunt schemata quatuor numerosa suapte natura, etiamsi nihil est factum de industria. Dicet aliquis, Quomodo alter ille numerus sua sponte finitur, & hic quoque suapte natura cadit? Utrunque sanè verum est. Hic enim positus est in schemate, quòd suapte natura cadit ad aurium voluptatem. alter ille consonat è longis brevibusque syllabis. unde sunt rhythmici pedes, qui variantur alia & alia collocatione verborum. Est igitur is numerus in compositione ac collocatione. Apta collocatio sua sponte numerosè cadit. Haec est igitur natura digestae collocationis, illa figurae & concinnitatis. *In illius concinnitatis consectatione & quasi aucupio Leontinum Gorgiam fuisse principem, suprà dictum fuit. Necdum sciebant illi veteres vocibus & numeris explere sententias*, quod primus omnium fecit Isocrates post illum Thrasymachum numeri inventorem: *sed quod etiam rustici faciunt, rhythmum quendam similiter exeuntem, aut certum numerum syllabarum metientem delectandi gratia quaerebant.* Talia sunt quae proponit è sua Miloniana...etc.

(*Comm.*, p. 163-4)

A la suite de ce passage, Strébée analyse dans le détail les différents gorgianismes qu'on trouve dans le discours *Pro Milone* et que Cicéron lui-même cite en exemple (*Or.* 49, 165)[29].

b) *Second extrait*: *à propos d'*Or. *52, 174-6.*

...Gorgias eos numeros invenit, qui conficiuntur ex concinnitate verborum, Thrasymachus eos qui consonant ex apta quadam collocatione, sed penè

---

[29] Cic. *Pro Milone*, IV, 10: le fameux 'Est enim, iudices, haec non scripta, sed nata lex...etc.'; 'exemplum vobis familiarissimum', dira encore le père Valladier au XVIIe s., dans son vaste ouvrage *Partitiones Oratoriae* (1621), V, p. 684, et il ajoute 'Exempla contrariè oppositorum sunt etiam ibidem (*Or.* 165). *Sed melius Strebaeus* lib. 2. cap. 7. 8. 9. 10. ubi ista enucleatius disputantur & in Oratore.': référence au *De Electione*.
Dans son *Comm.*, Strébée ajoute à l'exemple cité un exemple similaire pris dans le discours *Pro Roscio comoedo*. A la p. 165, il relève plusieurs exemples de l'antithèse dans l'*Apologie de Palamède* de Gorgias ('quam nonnulli putant esse Gorgiae iunioris') qu'il cite en grec. Pour terminer, il analyse brièvement le passage des *Verrines* (IV, 52, 115) également cité en exemple par Cicéron (*Or.* 50, 167): '...opponit contraria, pacem, bellum: libidinem, continentiam: condere, diruere. Quinque paria refert, quot illius periodi membra sunt.' (*Ibid.*): voilà donc 'les exemples mesmes, qu'il (*scil.* Cicéron) en amaine' dont parle Aneau. A cet endroit, Strébée ne cite pas d'exemples puisés dans 'les escriptz de Isocrat'; mais voir *infra*.

redegit orationem in minutos versiculos. Isocrates autem totum genus temperavit, ut ne essent quasi versiculi, ut ne dissoluta iaceret oratio. Haec origo numerorum. (...) Sumpsit exemplum de poëtis, quorum numerosi versus...lecti & auditi, plus afferebant voluptatis, quàm quae talibus in locis oratorum monumenta legebantur. Erant enim haec dissoluta, nec ulla rhythmorum iucunditate delenita. *Ea ratione factum est, ut omnes propè nationes, omnésque linguae, si quid esse iucundius velint, illud rhythmo quodam metiantur.* (...) Gorgias paria paribus adiuncta, similiter definita, id est vel cadentia vel desinentia, itémque contrarijs relata contraria, primus invenisse dicitur... . Fuit haec secunda pars collocationis, quae numerum conficit ex verborum concinnitate. (...) Gorgias suis illis festivitatibus, id est figuris iucundioribus insolentius & immodestius abutitur, quas Isocrates modestius temperavit... etc.

                                                    (*Comm.*, p. 173-4)

Dans les deux extraits, nous avons souligné les phrases dans lesquelles Strébée compare gorgianismes et procédés poétiques non-métriques. Il est évident qu'Aneau n'a rien fait d'autre que de reprendre les idées de Strébée dont nous nous occupons: ce que Strébée dit en général de toutes les langues 'barbares', Aneau l'applique à la seule langue française.

Il est d'ailleurs remarquable de voir que Ramus se servira plus tard, dans son remaniement de la *Rhétorique* de Talon en 1567, exactement du même passage de l'*Orator* (52, 174) afin de prouver qu'il existe dans toute langue une sorte de 'rythme primordial' consistant en la combinaison d'un nombre déterminé de syllabes et de la rime, en suivant un raisonnement en tous points comparable à celui de Strébée et d'Aneau[30]. Mais s'il est probable que Ramus a lu le *Commentaire* de Strébée, rien ne permet de l'affirmer de façon définitive, les preuves textuelles faisant défaut[31]. Soulignons néanmoins la *symétrie* des parcours suivis par Aneau et par Ramus: le premier entend adapter la terminologie classique au domaine français, tandis que le dernier a l'ambition d'incorporer la poétique 'vulgaire' dans la rhétorique classique.

4.C. *Le nombre dans la poésie française*

Voici que le Censeur mentionne les figures créatrices de la *concinnitas* qui nous sont déjà si familières: l'*isocolon* (*par pari relatum*), l'*antithèse* (*contrarium*), l'*homéoptote* (*similiter cadens*) et l'*homéotéleute* (*similiter desinens*); ces quatre figures 'gorgianiques' sont *sua sponte numerosae*, comme le remarque Cicéron et le souligne Strébée dans son Commentaire. Mais les

---

[30] Voir *infra*, III, chap. 8, § 2-3.

[31] Cf. Strébée: 'Ea ratione factum est, ut omnes propè nationes, omnesque linguae, si quid esse iucundius velint, illud rhythmo quodam metiantur.' Ramus, *Rh.prael.*, éd. 1582, p. 32: 'Tales rhythmi naturales sunt in omni natione atque gente...' Référence à *Or.* 52, 174: *ibid.*, p. 35.

'semblables fins' d'Aneau traduisent-elles 'similiter cadentia' ou bien 'similiter desinentia'? Et que faire des 'quarreures' du Quintil? Probablement pas ce qu'en a fait Chamard, qui dit de façon péremptoire que ce mot a *'visiblement* le sens de *coupes'* [32]: il paraît oublier qu'Aneau cite ici Cicéron, qui se base évidemment sur les données de la prose grecque et latine. Il y a par conséquent deux possibilités, qu'on peut rendre par le schéma suivant:

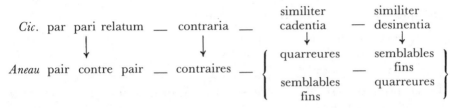

On se rappele que le *similiter desinens* est l'effet de *rime* dans la prose classique; en tant que tel, il est facilement transposable à la poésie française. Il n'en est pas de même pour le *similiter cadens*, dont l'exemple le plus souvent cité est le suivant: '...(ausos esse) transire latissimum flumen, ascendere altissimas ripas, subire iniquissimum locum' (César): il est donc question de *casus* similaires, les effets de rime ou d'assonance étant secondaires, souvent même absents. Comme Aneau utilise plusieurs fois le terme *'cadence* unisonnante' pour désigner la rime, on ne peut même pas affirmer qu'il entend par 'quarreure' le *similiter cadens*. Tout ce qu'on peut dire, c'est qu'Aneau désigne vraisemblablement par les *deux* termes l'assonance et la rime.

Et l'incertitude se poursuit, puisque Aneau met en équivalence les quatre gorgianismes avec certains procédés du vers français: 'Que sont ce autres choses sinon les *nombres, rymes cadences unisonnantes, rencontres & croysures* de nos vers François?'

Or, que faut-il entendre ici par *nombres*? Les *Annotations de l'artifice Rhetoric* données par Aneau en marge de sa traduction de l'*Epître* de St. Eucher[33] pourront nous aider; on y rencontre en effet fréquemment le

---

[32] Cf. Chamard (1904), p. 289 n. 4. Il y a à vrai dire encore une autre possibilité, lorsqu'on suppose qu'Aneau comprend sous 'semblables fins' aussi bien les *similiter desinentia* que les *similiter cadentia*, à l'exemple de Strébée lui-même (cf. le passage cité plus haut: '...*similiter definita*, id est vel cadentia vel desinentia...' Mais également dans ce cas-là, la question de savoir à quoi correspond le terme 'quarreures' reste entière.

[33] Voici le titre complet de l'ouvrage: *S. Euchier a Valerian, Exhortation rationale Retirant de la mondanite, & de la Philosophie Prophane, à Dieu & à L'estude des Sainctes Lettres. Traduicte en vers Francois iouxte l'Oraison Latine, avec Annotations de l'artifice Rhetoric, & choses notables en icelle.* A Lyon, Par Macé Bonhomme, 1552. (Exemplaire B.N., cote C. 1970(5)).

Dans la lettre dédicatoire au Cardinal François de Tournon, archevêque de Lyon, l'identité du traducteur est révélée: c'est *Barptolemy Aneau*. Dans la préface à l' 'Amy Lecteur' enfin (p. 5), Aneau explique son dessein: 'Il m'a semblé bon, outre la translation de

terme 'nombres'[34]: 'nombres *contreposez*', 'nombres de *contraires*', 'nombres *contraires*, & *pareilz*'. Il semble logique de supposer qu'ils correspondent aux *isocola* et *antithèses* du système classique. Voici un exemple de
'nombres contreposez':

> ...Et parleray par grand sollicitude
> De toy: de moy ayant bien peu d'estude.

Exemple de 'nombres contraires, & pareilz':

> ...Ce nonobstant viennent à preferer
> Biens eternelz, & à tousjours durans,
> Aux fugitifz, caduques, & mourans.

Dans le premier exemple, on observe deux antithèses 'isosyllabiques': *par
grand sollicitude/ayant bien peu d'estude* d'une part, et (peut-être) *de toy/de moy*
de l'autre. Dans le deuxième exemple, on peut supposer qu'Aneau considère *'fugitifz, caduques, & mourans'* comme 'nombres pareilz', le second et
troisième vers pris ensemble comme 'nombres contraires'. Dans tous les
cas, il s'agit donc effectivement d'un *nombre égal de syllabes*; le lecteur ne
manquera pas de remarquer l'ambiguïté du mot 'nombre' dans cette formule...

Nous ne connaissons d'autre signification du mot *unisonnance* qu'en
tant que synonyme de *rime*; on trouve ce terme par exemple dans le traité
anonyme *L'art & science de rhétorique* (première moitié du XVIe s.) publié
par Langlois[35], et ailleurs chez Aneau lui-même.

Comme l'indique la citation dans la note précédente, *croysure* a le sens
de 'disposition croisée des rimes', mais on trouve encore chez Molinet et
chez Sebillet ce même terme dans le sens de 'rime'[36].

---

la parolle nue, & du sens de ce petit œuvre translaté, demonstrer aussi (pour plus claire
intelligence) par preface, & annotations mises en marge, tout l'art oratoire de l'ouvrage,
par lequel tout l'œuvre est basty, la procedure, la poursuyte, & conseil de l'auteur (qui est
le principal à tout œuvre bien donner à entendre) en somme, toute l'Oraison despouiller
comme nue: affin que aux yeux des regardans mieulx apparoisse la forme nayve d'Eloquence.' Un peu plus loin, il promet de 'descouvrir' e.a. 'figures Reales, & Verbales,
Habitz d'Oraison, & *douceur de nombres*': *ibid.*, p. 6. Cf. mon article (1981), déjà cité, p.
175-7; Baudrier, X, p. 228.
[34] *S. Euchier* (1552), pp. *14*, *21*, 22, 23, 25, 39, 47, 53, 57, 61, 72.
[35] E. Langlois, *Recueil d'arts de seconde rhétorique*, Paris 1902, p. 318sqq. Dans le *Quintil*,
Aneau utilise ce terme à deux autres endroits: il parle de la 'nombreuse multiplicité de
cadences unisonnantes' des vieilles poésie françaises (ballades, etc.) et analyse comme suit le
sonnet: '...un huitain bien libre, à deux ou à trois *cadences*, & un sizain, à autant d'*unison-
nances*, ou croisées ou entreposées' (cf. *ibid.*, 'en double croisure & entreposée
quaternaire'): (1970⁴), pp. 110, 120-1.
[36] J. Molinet, *L'art de rhétorique*, in Langlois (1902), p. 223; Th. Sebillet, *A.P.* II, 13: 'la
croisure ou symbolisation des vers', *éd.* (1932²), p. 182. Dans les deux cas, les exemples
montrent qu'il ne s'agit pas de rimes croisées.

Nous n'avons découvert nulle part le mot *rencontre* dans un quelconque sens technique; pourrait-il s'agir de la *rime plate*? Cela est douteux[37].

Disons pour conclure cette enquête peu satisfaisante que 'cadences unisonnantes, rencontres & croysures' sont soit autant de synonymes du mot rime, ou bien des termes désignant des modalités de la rime.

Et que faire de la phrase suivante? Aneau parle ici probablement encore de l'équivalent de l'*isocolon*, de toute façon du 'balancement' du vers; a-t-il pensé à tel rondeau de Marot, cité dans l'*Art Poëtique* de Sebillet, où dans les deux premiers vers il y a une mise en rapport croisé (= '& au contraire'?) des coupes, et par conséquent des syllabes (6:4/4:6)?

> En la baisant m'a dit: Amy, sans blasme
> Ce seul baiser, qui deux bouches embasme,
> les arres sont du bien tant esperé...   (*De baiser de s'Amye*)

Tout ceci reste un peu obscur, pour nous et peut-être aussi pour Aneau lui-même. Ce qui est certain, c'est qu'il constate une similarité — bien réelle — entre l'*isocolon* (combiné ou non avec l'antithèse) et le nombre des syllabes dans le vers français d'une part, et entre l'*homéotéleute* et la rime, de l'autre. En ce qui concerne l'*antithèse*, qui ne tombe sous aucune contrainte prosodique, on peut l'assimiler sans problème au domaine français.

4.D. *Exemples*

Nous avons déjà parlé des exemples cicéroniens auxquels Aneau fait allusion, et qui avaient été analysés de façon détaillée dans le *Commentaire* de Strébée. Quant aux *escriptz de Isocrat*, il paraît difficile au premier abord de déterminer quels exemples le Censeur a à l'esprit. Commençons par noter que dans les fragments de son 'art oratoire' qui nous sont parvenus, Isocrate recommande un style musical et fortement rythmé (cf. *Soph.*

---

[37] Cf. pourtant cette phrase de Pasquier: '...une Poësie telle que nous pratiquons en vers que nous appellons rithmez, par la *rencontre*, & correspondance qui se trouve aux deux derniers mots...': *Recherches de la France*, VII, 1, col. 684 de l'éd. de Trévoux (1723). Dans sa discussion effective de la rime plate et croisée en revanche, Pasquier ne se sert nulle part du terme 'rencontre': voir *ibid.*, col. 713.
Quant à la terminologie d'Aneau lui-même, il ne faut pas oublier le purisme dont il fait preuve (de temps en temps!), p. ex. en critiquant les 'latinismes' de Du Bellay: (1970⁴), p. 142n. Ailleurs, il n'hésite pas à mettre *entregetz* pour *emblèmes* (d'Alciat), et *environnements* pour *périphrases*! Cf. *Oraison ou Epistre de M. Tulle Ciceron, a Octave, Depuis surnommé Auguste Caesar, tournée en Francois*. Lyon, Pierre de Tours, 1542 (exemplaire B.N., cote Rés. p. X, 45). Fᵒ Diiʳᵒ, épître dédicatoire *A monseigneur Monsieur de sainct Gelais Barptolemy Aneau Salut.* '...En laquelle [*scil.* epistre] tournant: j'ay fuy longz environnements (dictz periphrases) braves affectations, escorcheries, et motz enflez, & ay suyvy...purite, & proprieté de la Francoyse [*scil.* diction].' On voit que dans sa critique de la *Deffence*, Aneau reste fidèle à son programme. Cf. *ibid.*, (1970⁴), p. 123n. son éloge de Saint-Gelais.

16): le discours d'apparat notamment doit être pareil à τοῖς μετὰ μουσικῆς καὶ ῥυθμῶν πεποιημένοις (*Antid.* 46). Ailleurs, il vante les effets surprenants de figures telles que l'antithèse et la *parisose* (c'est-à-dire l'*isocolon*) sur le public (*Panath.* 2)[38].

Rien d'étonnant donc à ce que les 'critiques littéraires' de l'Antiquité soient, dans la plupart des cas, assez sévères à l'égard du style du maître lui-même: Denys d'Halicarnasse par exemple n'hésite pas à dire que 'le plus souvent, il est l'esclave du rythme'; Quintilien de son côté s'exprime dans le même sens[39].

Les rhéteurs plus 'scolaires' en revanche se jettent précisément sur ce que le Maître avait de plus méticuleux: ce sont les phrases hyper-symétriques telles qu'on en trouve dans l'*Eloge d'Hélène* qu'ils citent en exemple[40]. Il semble donc justifié de supposer que le Censeur, en vrai professeur de rhétorique, ait pensé aux exemples de ce type:

τοῦ μὲν ἐπίπονον καὶ φιλοκίνδυνον τὸν βίον κατέστησε,
τῆς δὲ περίβλεπτον καὶ περιμάχητον τὴν φύσιν ἐποίησε..   (*Hel.* 17)[41]

Selon Blass, cet exemple est 'le prototype d'un *parison*': les membres en effet sont 'Wort für Wort im Sinne parallel und gleich in Silbenzahl und Accent.' (*ibid.*).

Mais il y a mieux. On sait que pendant la Renaissance c'étaient sur-tout les traités de morale qui faisaient les délices des érudits, comme en témoignent les nombreux recueils d'apophthegmes qui circulaient en Europe. Parmi ces traités, l'*Exhortation à Démonicus* faussement attribuée à Isocrate tenait une place d'honneur. Or, le style de cette épître 'trahit ... une prédilection pour la méthode de Gorgias'[42]. Et l'on constate effecti-

---

[38] Dans l'un des endroits de l'*Orator* où Cicéron parle des gorgianismes (12, 38), il ren-voie au *Panathénaïque* d'Isocrate; dans son Commentaire, Strébée cite en grec le passage en question: *Comm.* (1540), p. 36.

[39] τῷ ῥυθμῷ δουλεύοντος: *Isocr.* III, 3, 3. Cf. Cic. *Or.* 52, 176: 'servire numeris'. Quint. X, 1, 79: 'in compositione adeo diligens, ut cura eius reprehendatur.'

[40] Cf. Fr. Blass, *Die Attische Beredsamkeit*, Leipzig 1892[2], II, p. 180 + n. 3; cf. pp. 169, 176.

[41] '...il (Zeus) chargea de labeurs la vie de son fils (Héraclès), il le rendit amoureux du péril; quant à sa fille (Hélène), il la dora d'une beauté digne d'attirer tous les regards à la ronde et toutes les rivalités.' (Isocrate, *Discours I, éd. et trad.* G. Mathieu et E. Bremond, Paris 1956).

[42] *Ibid.*, notice, p. 113. Cf. A. Burk, *Die Pädagogik des Isokrates als Grundlegung des Huma-nistischen Bildungsideals...*, Würzburg 1923, p. 214 n. 2: 'Eine noch größere Bedeutung gewann in jener Zeit [*i.e.* l'époque des Humanistes] allerdings die pseud-isokratische Schrift an Demonikos.' *Ibid.*, p. 125-6: style périodique, rythme et gorgianismes chez Iso-crate ('Ihre Krönung fand die sprachliche Ausbildung in der Lehre von dem Periodenbau und dem Rhythmus der Prosarede.'). Sur la vogue de l'Isocrate 'gorgianique' pendant la Renaissance, cf. les pages essentielles de Norden (1971[6]), pp. 796sqq, 804. J. IJsewijn, *Companion to Neo-Latin Studies*, Amsterdam/New York/Oxford 1977, p. 293, signale deux articles italiens sur la traduction de l'*Epître à Démonicos*: R. Sabbadini (1905), L. Gualdo Rosa (1973).

vement que dès le début, l'épître fourmille de figures gorgianiques: elle semble avoir été écrit 'à l'équerre', tant les oppositions symétriques et les correspondances sonores sont étalées devant les yeux du lecteur quelque peu décontenancé[43].

Il faut pourtant se rendre à l'évidence: ce sont ces procédés mécaniques qui ont tenté les érudits renaissants; l'épître était très en vogue à cette époque, vu les nombreuses éditions publiées par des maisons prestigieuses telles que Simon de Colines (1529), Christian Wechel (1532) et Jean de Tournes (1552).

Or, comme on sait, Aneau lui-même a traduit en 1552 une autre *epistola paraenetica*, celle de l'évêque St. Eucher à Valérian. En 1518, l'épître avait été éditée et préfacée par Erasme; dans la préface à sa traduction, Aneau cite la lettre dédicatoire d'Erasme, où celui-ci vante le style 'isocratique' de l'évêque:

> Quodque magis etiam mirandum est, sic Isocratis schematibus modulata, structa, picturataque est oratio...

La 'traduction' qu'en donne Aneau est tout à fait révélatrice:

> Et (ce que plus est à esmerveiller) son oraison est tellement mesurée, harmonizée, bastie, & pincturée des *nombres, consonances*, figures, & couleurs Rhetoriques de Isocrat...[44]

---

[43] En voici un échantillon (*Exhortation*, 1-4):

Ἐν πολλοῖς μὲν, ὦ Δημόνικε, πολὺ διεστώσας εὑρήσομεν τάς τε τῶν σπουδαίων γνώμας καὶ τὰς τῶν φαύλων διανοίας, πολὺ δὲ μεγίστην διαφορὰν εἰλήφασιν ἐν ταῖς πρὸς ἀλλήλους συνηθείαις· οἱ μὲν γὰρ τοὺς φίλους παρόντας μόνον τιμῶσιν, οἱ δὲ καὶ μακρὰν ἀπόντας ἀγαπῶσιν, καὶ τὰς μὲν τῶν φαύλων συνηθείας ὀλίγος χρόνος διέλυσε, τὰς δὲ τῶν σπουδαίων φιλίας οὐδ' ἂν ὁ πᾶς αἰὼν ἐξαλείψειεν. (...) Ὅσοι μὲν οὖν πρὸς τοὺς ἑαυτῶν φίλους τοὺς προτρεπτικοὺς λόγους συγγράφουσιν, καλὸν μὲν ἔργον ἐπιχειροῦσιν, οὐ μὴν περί γε τὸ κράτιστον τῆς φιλοσοφίας διατρίβουσιν· ὅσοι δὲ τοῖς νεωτέροις εἰσηγοῦνται, μὴ δι' ὧν τὴν δεινότητα τὴν ἐν τοῖς λόγοις ἀσκήσουσιν, ἀλλ' ὅπως τὰ τῶν τρόπων ἤθη σπουδαῖοι πεφυκέναι δόξουσιν, τοσούτῳ μᾶλλον ἐκείνων τοὺς ἀκούοντας ὠφελοῦσιν, ὅσον οἱ μὲν ἐπὶ λόγον μόνον παρακαλοῦσιν, οἱ δὲ [καὶ] τὸν τρόπον αὐτῶν ἐπανορθοῦσιν.

'Nous pouvons constater, Démonicos, que si les dispositions des gens de bien sont en opposition, à de nombreux égards, avec les intentions des gens malhonnêtes, les plus larges écarts entre les uns et les autres se manifestent à l'occasion des relations d'amitié. Les uns se contentent d'estimer leurs amis lorsqu'ils sont présents, les autres leur donnent leur affection même lorsqu'une grande distance les tient éloignés. Un court espace de temps défait les relations que les gens malhonnêtes ont nouées; les amitiés des gens de bien, l'eternité même ne peut les effacer. (...) Les maîtres qui écrivent à l'adresse de leurs amis leurs discours en forme d'exhortations entreprennent sans doute un noble travail, pourtant ils ne se livrent pas à l'exercice le plus important de la philosophie. Par contre, ceux qui expliquent aux jeunes gens non par quels procédés ils développeront leur habileté oratoire, mais comment ils montreront par leur façon de vivre l'honnêteté de leur nature, ces maîtres rendent à leur auditoire un service dont la grandeur s'affirme d'autant plus que si l'autre école oriente uniquement vers l'art de la parole, eux par contre redressent les caractères.' (*Ed. et trad. citées*).

[44] *S. Euchier* (1552), p. 6-7; cf. p. 10: 'Nombres & Cadences.' Aneau considère l'évêque comme un '*Ciceron* Chrestian', honneur réservée en principe à Lactance. *Ibid.*, p. 3. Bou-

On peut donc raisonnablement supposer que le Censeur avait connaissance de l'*Exhortation* du Pseudo-Isocrate; étant donné aussi que les passages cités sont en tous points comparables à ceux donnés comme exemples par Cicéron, nous pouvons conclure que c'est là le genre de phrases
auquel le Censeur fait allusion.

4.E. *D'Estrebay renié*

Dès lors, la conclusion que tire Aneau paraît inévitable: le français
n'est point privé de 'nombres', car où est la différence entre les procédés
des Anciens et ceux des poètes modernes? Conclusion inévitable, à condition bien sûr de ne pas faire trop attention à l'*escriture* de maître Jacques-
Louis, et d'oublier — provisoirement — que 'numerus à numerosa concinnitate, & à metro versuque abest' (*De Elect.*, f⁰ 92ʳᵒ). Mais nous avons
vu que le Censeur n'était pas seul à le faire, et que même tous les efforts
de cette période allaient dans le sens de cette occultation fondamentale...
    La raillerie d'Aneau à l'adresse de Du Bellay est donc sinon fondée, du
moins fort explicable: 'Tu sembles celuy qui cerche son asne & est monté
dessus'! Tu prétends qu'il n'y a aucune commune mesure entre les langues classiques et les langues modernes, mais voilà! Et de fouler aux
pieds le projet entier de la *Deffence*, dans une phrase terrible qui 'fait la
leçon par l'exemple', qui exhibe une fois de plus, et en français, les splendeurs de la *concinnitas*:

> ...en faisant semblant de illustrer la langue Françoise, tu l'obscurciz, & enri-
> chis les autres pour l'apouvrir...

§ 5. *Conséquences*

Cette tentative du Censeur pour réconcilier les données de la littérature classique et celles de la littérature 'vulgaire' revient à plusieurs repri-

---

clons la boucle. La préface d'Erasme est à rapprocher de la lettre dédicatoire de Rodolphe
Agricola à son frère, datée de Ferrare, le 30 novembre 1478. Celle-ci figure comme préface à la traduction d'Agricola de la *Paraenesis ad Demonicum* attribuée à Isocrate. Dans
cette lettre, Agricola exprime son admiration pour 'ea...suavitas...dicendi, is ornatus, &
(ut ita dicam) *sculptura* orationis'; il explique comment il a traduit l'ouvrage: 'Eum (libel-
lum) itaque in latinum sermonem è Graeco converti, rem scrupulosam conatus, ut *numeros*
quoque quorum ille [*i.e.*, Isocrates] fuit observantissimus, & schemata, vel (ut nos dici-
mus) exornationes orationis, quoad possem, imitarer. *Per similiter enim cadentia,* & *desinentia,*
& *aequata,* & *contraposita,* & reliquos id genus ornatus, volvitur oratio. Quorum ut studiosus
praecipue *Gorgias* Leontinus, praeceptor ipsius aliique aetatis illius Sophistae fuerunt, ita
diligentior ipse.': *Opera*, éd. Alard d'Amsterdam, ¹1539, réimpr. Nieuwkoop 1967, II, p.
227-8. Cf. *ibid.* les notes d'Alard. Rappelons que la *Préface* d'Erasme se présente également comme une lettre, adressée au même Alard d'Amsterdam (1517): Allen, no. 676.
Erasme y cite Agricola. Sur la traduction par Agricola de l'*Epître* du pseudo-Isocrate, voir
H. E. J. M. van der Velden, *Rodolphus Agricola...*, Leyde [1911], p. 103-106. Sur Erasme
et St. Eucher, cf. E. Rummel, 'Quoting Poetry instead of Scripture: Erasmus and Euche-
rius on *Contemptus Mundi*', in *BHR* 45/3 (1983), p. 503-509.

ses dans son pamphlet; elle lui permet d'attaquer le *peregrineur* Du Bellay avec ses propres armes; il s'agira de lui démontrer que les procédés de la poésie française ont été, *dès le début*, pareils à ceux des Anciens, et que par conséquent il est tout à fait oiseux de faire si grand cas de fantaisies 'modernes' telles que le sonnet ou l'ode. D'où le reproche d'affectation qui suit, visant non seulement la prose de Du Bellay lui-même (cf. (1970⁴), pp. 4, 43, 87), mais la totalité de la nouvelle poésie prônée par celui-ci:

> Ou est ceste nouvelle poësie de toy premier des François? Je n'en voy point d'autre nouvelle, sinon en noms changez & deguisez, au demourant la chose mesme ou pyre.   (p. 90)

Par une subtile allusion à Quintilien, il reproche aux 'nouveaux poètes' un esprit de cabale, une nouvelle religiosité entretenue à l'aide de formules mystiques qu'eux-mêmes ne comprennent pas.[45] Ainsi lorsque Du Bellay déclare (*Deff.* II, 1):

> J'ay tousjours estimé notre poësie Francoyse estre capable de quelque plus hault & meilleur style que celuy dont nous sommes si longuement contentez
> (p. 91)

le Censeur lui rétorque:

> Monstre donq' aucun exemple de ce plus hault & meilleur style. Quel est-il? Est-ce escorcher le Latin, & contreminer l'Italien en François, & periphraser ou il n'est besoing? en disant *fils de vache* pour *veau* ou *bœuf*, de peur de faire la mouë. Est-ce faire les vers tels que chantoient les prestres saliens danseurs, à eux mesmes (comme dit Quintilian) non entenduz? Si c'est cela un plus hault & meilleur style que le naïf François, vrayement je le quite, & n'en vueil point.   (p. 91)

Dans le passage auquel Aneau fait allusion (I, 6, 40), Quintilien parle de la possibilité d'orner le discours par des mots anciens (!); mais il ajoute que le danger de l'affectation est grand. Suit alors la remarque sur les prêtres saliens, obligés de s'en tenir à des formules obscures, parce que la religion leur interdit d'en user d'autres. Cependant, poursuit-il, la suprême vertu du discours étant la clarté, tout est manqué si l'on a besoin d'un interprète pour être compris! Dure leçon pour les jeunes poètes de la Brigade...:

---

[45] M. Dassonville parle également de la 'fatuité de grand-prêtre' et de 'l'intolérance sacerdotale' de Du Bellay dans son article 'De l'unité de la 'Deffence et Illustration de la langue françoyse' ', in *BHR* 27 (1965), p. 102.

L'allusion du Censeur est d'autant plus fine que Du Bellay lui-même avait dit (*Deff.* I, 10): 'J'entens bien que les proffesseurs des Langues ne seront pas de mon opinion [*scil.* qu''il se devroit faire à l'avenir qu'on peust parler de toute chose, par tout le monde, & en toute Langue']: encores moins *ces venerables Druydes*, qui...ne craignent rien tant, que le secret de leurs mysteres ...soit decouvert au vulgaire...' (1970⁴), p. 67-8.

Verba a vetustate repetita non solum magnos assertores habent, sed etiam afferunt orationi majestatem aliquam, non sine delectatione: nam et auctoritatem antiquitatis habent, et, quia intermissa sunt, gratiam novitati similem parant. Sed opus est modo, ut neque crebra sint haec, neque manifesta, quia nihil est odiosius affectatione; nec utique ab ultimis et iam obliteratis repetita temporibus, qualia sunt *topper*, et *antigerio*, et *exanclare*, et *prosapia*, et Saliorum carmina, vix sacerdotibus suis satis intellecta. Sed illa mutari vetat religio, et consecratis utendum est: oratio vero, cuius summa virtus est perspicuitas, quam sit vitiosa, si egeat interprete!   (I, 6, 39-41)

Mais retournons à Aneau. Un peu plus loin (p. 122) Ronsard est qualifié 'tresarrogant': prenez garde, dit en substance le Censeur, qu'au lieu d'être poètes *lyriques* vous ne deveniez des poètes *lériques,* 'ἀπὸ τοῦ ληρεῖν' (bavarder, radoter, divaguer, d'après Chamard):

Certes à la verité vous estes quelque nombre tous forbeuz de ceste faulse persuasion de vous mesmes, de laquelle (procedant l'eage avec le jugement) vous aurez grande honte en voz consciences.   (p. 123)

Inversement, Aneau vante les mérites de la poésie traditionelle; il se hâte de souligner les rapports existant entre celle-ci et la littérature antique (prose et poésie) et se révolte contre le dédain affiché par Du Bellay (*Deff.* II, 4):

Et en cest endroit, tu ne cognois, ou ne veux cognaistre, que ces nobles poëmes (*scil.* français, traditionnels) sont propres & peculiers à la langue Françoise, & de la sienne & propre & antique invention. Sinon que par adventure on les vousist rapporter à d'aucunes formes Hebraïques & Gréques és Prophetes & en Isocrat, & quelques Latines en Ciceron és oraisons & en Virgile és vers intercalaires. Ce que mesme les noms de ces poëmes donnent à entendre. Car rondeau est periode, balade est nom Grec, chant royal est carme heroïque, par principale denomination, virlay est lyrique ou laïque, c'est à dire populaire. Ce que ne pensant pas, tu les rejettes, mesmement les virlais, & à la fin ordonnes les vers lyriques, qui sont tout un & une mesme chose. Mais ce que te fait les depriser, à mon advis que c'est la dificulté d'iceux poëmes, qui ne sortent jamais de povre esprit, & d'autant plus beaux que de difficile facture (...) Et ne dy point que telz poëmes ne servent sinon à porter tesmoignage de nostre ignorance. Car au contraire, par excellence de vers & ligatures, nombreuse multiplicité de cadences unisonnantes, & argute rentrée[46], refrains & reprinses avec la majesté de la chose traitée, & epilogue des envoys, tesmoignent la magnificence & richesse de nostre langue, & la noblesse & felicité des esprtiz François, en cela excedans toutes les poësies vulgaires. Mais pour le difficile artifice & elabourée beauté d'iceux anciens poëmes, tu les veux estre laisséz.   (p. 109-110)

Voilà de nouveau les noms d'Isocrate et de Cicéron qui surgissent, de pair avec les prophètes de l'Ancien Testament et Virgile. Les deux pre-

---

[46] Rentrée: cf. Langlois (1902), p. 287-8 + n. 1, p. 462 col. A: 'Rentrure: reprise de vers dans le rondeau.'

miers sont sans doute cités pour leur maîtrise des procédés de la *concinnitas*; les prophètes sont cités pour la même raison, ainsi que pour les procédés d'amplification et de répétition si fréquents dans les textes bibliques (cf. par exemple *Ésaïe* 8, v. 9-10; 24, v. 1-6 etc.). Virgile enfin à cause de ses 'vers intercalaires', c'est-à-dire des vers répétés en refrain[47].

Aneau revient donc aux effets de la répétition, de la consonance, du parallélisme et du contraste pour démontrer son 'parallèle des Anciens et des Modernes'. Lorsque Du Bellay prétend que les *odes* sont 'incongnues encor' de la Muse Francoyse' (p. 112), Aneau s'écrie:

> ... quant à la façon de tes *Odes* (que ainsi tu nommes) je n'y trouve point autre forme de vers que les acoustumez, comme de dix & de huit syllabes & au dessous, entiers ou couppez, suyvans ou croisez, entremeslez & appropriez à plaisir, comme ont fait noz majeurs poëtes François (plus heureusement que à present)...[48]
>
> (p. 112)

De même, il n'a que mépris pour les *sonnets*, 'non moins docte que plaisante invention Italienne' selon Du Bellay (p. 120):

> ...Et certes ils (*scil.* les sonnetz) sont d'une merveilleuse invention (à bien les consyderer) & tresdificile, comme d'un huitain bien libre, à deux ou à trois cadences, & un sizain, à autant d'unisonances, ou croisées ou entreposées si abandonnéement & deregléement, que le plus souvent en cinq vers sont trois rymes diverses, & la ryme du premier renduë finalement au cinquieme, tellement que en oyant le dernier, on a desja perdu le son & la memoire de son premier unisonant, qui est desja à cinq lieuës de là. Vela une brave poësie, pour en mespriser & dedaigner toutes les autres excellentes Françoises, si conjointes en leurs croisures...
>
> (p. 120-1)

Ici, la *coniunctio* 'artificielle' de la tradition est opposée au 'déréglement' moderne. De la sorte, Aneau insiste partout et par tous les moyens sur le côté *métier* de la poésie, et parallèlement sur le *plaisir* de la difficulté vaincue. Faut-il l'appeler pour cela 'le partisan irréductible des rhétori-

---

[47] Cf. le commentaire de Servius à propos de Virgile, *Bucol*, ecl. VIII, v. 21 'Incipe Maenalios mecum, mea tibia, versus' ('Commence avec moi, ô ma flûte, les vers du Ménale' — le Ménale étant une montagne d'Arcadie, berceau de la pastorale —). Ce vers, plusieurs fois répété, divise les chants en 10 strophes. On sait que ce procédé est imité de Théocrite (cf. *Id.* I, v. 64, 70, 76...). Servius dit à propos de l'*Incipe*... virgilien: 'dicitur autem hic *versus intercalaris*, qui frequenter post aliquantulos interponitur versus.' (*Ed.* Thilo et Hagen, Hildesheim 1961, III, p. 95). Référence fournie par Chamard (1904), p. 203 n. *e*.

[48] Il est vrai, comme le remarque Chamard, que 'le *Quintil* n'envisage que la question métrique: c'est la moindre, aux yeux des réformateurs. Comme on peut le voir par la suite, ce qui pour eux caractérise essentiellement le nouveau genre, c'est la nature des sujets et la sublimité du style.' (1970[4]), p. 113. n.). Du Bellay ajoute en effet le fameux: '...qu'il n'y ait vers, ou n'apparoisse quelque vestige de rare & antique erudition.' (*ibid.*) Notons toutefois que dans son récit de cette petite querelle, Pasquier se range résolument du côté d'Aneau: *Recherches de la Fr.*, VII, 6, *éd. cit.* (1723), col. 703.

queurs', comme le faisait Chamard, et l'écarter définitivement comme esprit étroit, pédant insupportable? Nous ne le pensons pas. Avait-il en effet tellement tort de ne pas trop aimer l'arrogance et le mépris qu'affichaient des poètes qui en fin de compte n'avaient pas encore fait leurs preuves?

Il ne faut pas oublier qu'à peine six ans plus tard, Aneau n'hésite pas à montrer ouvertement qu'en ce qui concerne Du Bellay, il a radicalement changé d'opinion: dans la préface à sa traduction du troisième livre des *Métamorphoses* d'Ovide (1556), ce sévère critique de l'*Olive* et de la *Deffence* range Joachim du Bellay parmi les 'bons Poëtes de present'[49].

---

[49] *Trois premiers livres...*, Lyon 1556, f° B7ʳᵒ. Cf. Chamard (1898), p. 71; Demerson (1972), pp. 499, 500 n. 46. D'ailleurs, déjà à la fin du *Quintil*, Aneau remarque: 'Voila ce que j'ay brevement noté sur tes poëmes, qui me semblent beaucoup meilleurs que la prose oraison [*i.e.*, la *Deffence*]'. Reproduit par Chamard dans son éd. des *Œuvres Poétiques* de Du Bellay, t. III, Paris 1912, p. VI. Dans le *Quintil Horatian* en effet, Aneau 'censure' non seulement la *Deffence*, mais également *L'Anterotique*, l'*Olive* (et sa préface), et les *Vers Lyriques* qui se trouvent dans le premier recueil de Du Bellay, *L'Olive et quelques autres œuvres poëticques*. L'ouvrage avait été imprimé chez Arnoul l'Angelier, qui avait en même temps obtenu le privilège pour la *Deffence* et pour l'*Olive...*, le vingt mars 1549 (*n.s.*). Dans l'*Extraict du Privilege* on lit: 'Il est permis, par lettre patente du Roy nostre sire, à Arnoul l'Angelier de faire imprimer & mettre en vente deux petitz livres intitulez La Deffence & Illustration de la langue Francoyse, & l'autre Cinquante Sonnetz à la louange de l'Olive, l'Anterotique de la vieille & de la jeune amye, & Vers Lyriques, nouvellement composez.' En critiquant à la fois la 'prose oraison' et les 'poëmes' de Du Bellay, Aneau s'est montré sensible au projet de Du Bellay, qui sans aucun doute a voulu joindre *l'exemple* à la *leçon* contenue dans la *Deffence*. Cf. la seconde préface de l'*Olive*. Voir aussi le chapitre précédent, § 1 + n. 4.

CHAPITRE VII

LA *'REPLIQUE'* DE GUILLAUME DES AUTELZ (1550)

> Des Autelz, que la loy, & que
> la rethoricque
> Et la Muse cherist comme son
> filz unicque...
>
> *Ronsard*

A propos du *Quintil Horatian* de B. Aneau, H. Chamard remarque à juste titre: 'De tous les pamphlets lancés contre la *Deffence*, ce fut de beaucoup le plus important'[1]. C'est aussi grâce aux recherches de cet éminent érudit que nous sommes au courant des autres attaques que Du Bellay a dû subir; depuis la parution de sa thèse en 1900, personne n'a su pousser plus loin la recherche dans ce domaine.

La première riposte, l'année même de la publication de la *Deffence*, est venue de Sebillet, et 'c'était justice' (Chamard) car son art poétique avait été trop malmené par Du Bellay. Dans une préface à la traduction de l'*Iphigénie* d'Euripide publiée chez Gilles Corrozet[2], Sebillet défend la 'version dés poëmes' proscrite par Du Bellay; en outre, il reproche à celui-ci son élitisme et sa soif d'immortalité:

Si je ne suy leu et loüé dés poétes de la premiére douzaine, aussi n'ay-je pas écrit a cétte intention. Car j'écry aus muses et a moy; et si quéqu'un par fortune prend plaisir a més passetems, je ne suy pas tant ennuyeus

---

[1] H. Chamard (1939[1]), t. I, p. 210. L'épigraphe de Ronsard a été tirée de l'*Elegie à Guillaume des Autels gentilhomme Charrolois* (1560), début. *Ed.* Laumonier, X, p. 348-9.

[2] *L'Iphigene d'Euripide poete tragiq: tourne de Grec en Francois par l'Auteur de l'Art poëtique.* Privilège du 13 nov. 1549. Dédicace à J. Brinon, signée T. S. et datée de Paris, 1er sept. 1549. Cf. Chamard (1939[1]), t. I, p. 206 n. 2. B. Weinberg (1950) a reproduit l'épître *aus Lecteurs*: pp. 141-144.

Aneau connaissait la préface à l'*Iphigénie*; il y renvoie à la fin de son commentaire sur la *Deff.* (1970[4], p. 199-200): 'Le translateur de l'*Iphigene* à bon droit se moque des immortaliseux [1555: immortaliseurs] d'eux mesmes, qui arrogamment se promettent immortalité en si peu de chose que rien, & en telz argumens, les avoir leuz, on n'en est ne meilleur ne plus savant, & qui ne sont profitables à aucun art ou science apprendre, ne delectables sinon à leurs auteurs affectionnez & idolatres à certaines personnes, qui ne plaisent pas tant à tout le monde. Etc.' (Du Bellay avait dit: 'Quand à l'honneur, j'espere estre immortel'). Il revient à la charge un peu plus loin, dans ses remarques à propos de la préface de l'*Olive* (éd. Chamard, p. 8. n. 2): 'Ta renommée est encore au nid, bien jeune, & non assez emplumée pour loing & hault voler. Ce qu'elle pourra faire quelque jour, en meilleures escritures que ces jeunes amourettes.' Cf. *ibid.*, p. 9. n. 1. On sait que dans la second préface de l'*Olive* Du Bellay a essayé de se justifier de ces reproches: *ibid.*, p. 18-9. Dans cette même préface, Du Bellay parle d'ailleurs de nouveau du 'stile des Ciceroniens': *ibid.*, p. 21.

(= envieus?) de son aise que je luy voeilhe défendre la communication de més ébbas pour lés réservér a une afféctée demye-douzaine dés estimés princes de nottre langue et par ce moyen cércher leur applaudissement. Et c'est la cause pourquoy aisément je vous communique la présente traduction, n'en affectant ne louenge d'industrie n'immortalité de nom, mais simplement satisfaisant a la requêtte que m'en ont faitte aucuns més amys, suyvant la bonne volunté qu'il leur plaît me departir.   (f° Av^vo)

Cette préface n'est en effet qu'une 'courte et brillante sortie' contre la *Deffence*; on n'y trouve rien qui serve à notre propos. Car si Sebillet y aborde les questions prosodiques, il ne se lance dans aucun débat théorique concernant le *nombre* ou le/la *rhythme*. N'en avait-il pas déjà assez parlé dans son *Art Poëtique*?

L'attaque du principal du collège de la Trinité, parue à la fin de février ou dans les premiers jours de mars 1550, s'était avérée, nous l'avons vu, d'une tout autre envergure: le manifeste de Du Bellay y était pris à partie du point de vue de la rhétorique, et l'auteur s'y montrait partisan d'Erasme et de Melanchthon dans le débat concernant l'imitation cicéronienne.

Qu'en est-il de la troisième et dernière attaque dirigée contre la *Deffence*? Elle est le fait d'un jeune homme de vingt ans, Guillaume des Autelz, impliqué dans une polémique avec Meigret, le réformateur de l'orthographe. Dans la *Replique aux furieuses defenses de Louis Meigret*, écrite en août 1550[3], il insère sa critique à l'adresse de Du Bellay [(1551), p. 58sqq]. Il s'en prend notamment à la théorie de l'imitation, défend les anciens genres poétiques sans condamner les nouveaux; tout cela a été bien mis en lumière par Chamard[4]. Mais ce que ce dernier a omis de dire, c'est que Des Autelz est, comme Aneau, 'très versé dans la rhétorique': à plusieurs reprises, il cite Cicéron et Quintilien, 'ce grand retheur'[5], et lorsqu'il expose ses vues sur l'emploi des tropes et des figures, il renvoie le lecteur 'aux fonteines des retheurs' (p. 69). Pour l'appré-

---

[3] *Replique de Guillaume des Autelz, aux furieuses defenses de Louis Meigret*. Lyon, J. de Tournes & G. Gazeau, 1550. Epître dédicatoire du 20 août 1550; 'La Bibl. Nat. ne possède pas l'édition de 1550 indiquée par Brunet (*Supplément*, t. I, col. 371), mais seulement celle de 1551.': Chamard (1939[1]), t. I, p. 207 n. 5. Nous citons d'après l'éd. 1551. Le pamphlet de Des Autelz (né en 1529 au Puley et mort à Cluny en 1581; il était cousin de Pontus de Tyard) a été partiellement reproduit in Aug. Buck e.a. (1972), p. 341sqq. Cf. *ibid.*, p. 266-7.

[4] Chamard (1939[1]), t. I, p. 207-210. Voir aussi M. Raymond, *L'influence de Ronsard sur la poésie française*, Genève 1965 (1927[1]), pp. 16sqq., 81sqq.

[5] Cicéron (*De Orat., Or.*): *Repl.* (1551), pp. 57, 71, 72; Quintilien: *ibid.*, pp. 70, 72. Chamard n'a pas vu qu'en attaquant la théorie de l'imitation de Du Bellay, Des Autelz s'est servi du second chapitre du dixième livre des *Inst. Or.*, dans lequel Du Bellay avait si largement puisé. Voir notamment Quint. X, 2, 4sqq. En d'autres termes, Des Autelz a attaqué Du Bellay avec ses propres armes. Pour l'instant, nous renonçons à développer ce point important; mais nous comptons bien y revenir ailleurs.

ciation de la poésie, il se sert du critère du πρέπον; à l'instar d'Aneau, il critique — mais de façon voilée — la nouvelle poésie de la Pléiade:

> Toutefois i'admonesteray encor noz François (i'entens les plus simples, car ie ne veux enseigner Minerve) que puis, que le Ciel nous veult maintenant bienheurer de tant de graces, que petit à petit nous eschappions de ce vice nommé des Grecs ἀσχῆματον ou ἀσχημάτιστον qui est quand l'oraison est sans figures & ornemens: En evitant Scille, nous n'allions hurter contre Charibde: & ne tombions en ce vice de mauvaise affectation: qu'ilz appellent κακόζηλον: pourtant quand nous voudrons illustrer noz vers de magnifiques Metaphores: car la poësie (comme ha dit un grand philosophe) est amie des translations, combien que toute metaphore soit impropre, si nous faut il avoir la discretion d'en user proprement, c'estadire selon la dignité du subiet, & qu'elles ne soient point rudes, ny mal accomodees: la metaphore est ridicule, qui au regard de ce qu'on veult dire est trop haulte ou trop humble. Et se faut souvenir qu'elle doit occuper un lieu vuide: ou si elle prend la place d'autrui elle doit plus valoir que ce qu'elle ha ietté dehors mais comme modestement & opportunément usurpée, elle est plaisante & illustre le vers: aussi trop frequente & affectee, comme qui en fagotteroit beaucoup l'une sus l'autre, & en moins d'une periode en mettroit plus d'une douzeine, elle est obscure & ennuieuse. I'ay mis cest exemple de la metaphore, pour toutes les autres figures, iasoit que l'usage soit divers.
>
> (*Repl.* (1551), p. 68-9)[6].

Il se montre également sceptique à l'égard de la *prose* contemporaine, mais nullement désespéré:

> Je ne parleray point des proses Françoises, pource que nous en avons bien peu de nostre invention, apres l'institution de Budé & quelques œuvres de theologie: car en Jean le Maire quel bon cerveau recevra en prose, ces prolixes descriptions poëtiques? Mais i'espere que cest heureux siecle y pour-

---

[6] Quint. IX, 1, 13; 'Sic enim verum erit, aliam esse orationem ἀσχημάτιστον, id est *carentem figuris*, quod *vitium* non inter minima est: aliam ἐσχηματισμένην id est figuratam.' Cf. VIII, 3, 59. Quint. VIII, 5, 56: 'κακόζηλον, id est, *mala affectatio*, etc.' Sur les métaphores, Quint. VIII, 6, 4sqq; VIII, 6, 14: 'Ut *modicus* autem et *opportunus* eius usus *illustrat* orationem: ita *frequens et obscurat, et taedio complet*.' Quintilien se base sur Cicéron, *De Orat.* III, 38, 152sqq. 156: 'Ergo hae translationes quasi mutationes sunt, cum quod non habeas aliunde sumas. Illae paullo audaciores, quae non inopiam indicant, sed orationi splendoris aliquid accessunt.' Cf. Lausberg, *Handbuch* (1960), § 1071-77.
A la hautaine obscurité des poètes de la Pléiade, Des Autelz oppose l''admirable douceur & naïve grace' de Marot dont les poésies ont 'une propriété, pureté & netteté de langage, non pleine mais ornée de gracieuses plustot que de haultaines figures: peinte non teinte, de plaisantes, non trop vives couleurs...': *Repl.* (1551), p. 71. Quant aux poèmes de Saint-Gelais et de Pernette du Guillet raillés par Du Bellay dans la *Deffence* (cf. (1970⁴), p. 114 + n. 3), Des Autelz estime ce sont 'vrayment œuvres poëtiques, bien ornées de figures *convenantes* à leur subjet: & que plus m'y plait, en l'une ie voy une *prosopopée*, mouvant jusques à tout l'affection de misericorde: en l'aultre une *evidence*, & vive representation des choses y narrées': *ibid.*, p. 62 (nous soulignons). Dans cette appréciation, nous retrouvons le critère du πρέπον. Pour *prosopopée* et *evidence*, cf. de nouveau Quint. VI, 1, 25sqq ('miserabiliora, ..ad movendos affectus'), VIII, 3, 61 ('evidentia, vel...repraesentatio'), etc.: la terminologie est strictement rhétorique.

voira, & nous fera naistre comme des Poëtes, des Historiens, des Orateurs, & des Philosophes.   (*Ibid.*, p. 73)

Amateur de la littérature classique et française, il se promet de publier un jour un *traité de rhétorique comparée*, dans lequel il s'occupera entre autres choses des possibilités du *nombre oratoire dans la prose française*:

> ...si l'envie & l'iniquité du temps, ne m'empesche de mettre un jour en lumiere ce que ie medite de l'eloquution Françoise, tu en verras mon avis utile en cela pour le moins que ie montreray quelques figures Grecques & Latines, estre vices François, & au contraire. Item aucunes inusitees, impropres & inconnues aux autres langues, qui nous sont familieres & elegantes, & au rebours: comme aussi les communes à nous & aux autres: & celles qui nous sont difficiles ou faciles, avec la maniere de les trouver & d'en user; voire ce que nous pouvons observer decentement des *nombres en prose, chose non encor entendue en France que i'aye sceu.*   (*Ibid.*, p. 69)

Il est donc bien décidé à rivaliser avec Dolet, qu'il mentionne d'ailleurs (p. 71) et qui avait également promis de 'parler plus copieusement' 'd'yceulx nombres oratoires' dans l'*Orateur Françoys* (*La Maniere*, f⁰ b4ʳᵒ). Misère de l'*imitatio ciceroniana*: ni l'un ni l'autre de ces ouvrages n'a jamais vu le jour[7].

---

[7] A propos du livre projeté sur l'*Eloquution Françoise*, Margaret Young remarque: 'It is unfortunate that this work never appeared, as too little is known about theories of prose style in the 16th century...': *Guillaume des Autelz — A Study of his Life and Works*, Genève 1961, p. 82. Le chap. consacré à la querelle littéraire (chap. VI) n'apporte d'ailleurs rien de nouveau.

CHAPITRE VIII

FIN, ET SUITE

> ...ils ne peuvent se souffrir, ils
> n'ont jamais paix ensemble, ils
> nous scandalizent toutes...
>
> *Des Autelz*

On ne peut manquer d'être frappé par la parenté de la démarche de Des Autelz et de celle de Barthélemy Aneau: défiance à l'égard d'une poésie prétentieuse et obscure, admiration pour des auteurs comme Marot et Saint-Gelais, vocabulaire similaire, point de vue essentiellement rhétorique.

Il est clair qu'ils appartiennent à la même 'famille d'esprits', pour parler comme Sainte-Beuve, et l'on a établi en effet qu'ils ont fréquenté le même milieu lyonnais[1]. N'oublions pas non plus que les ouvrages des deux critiques ont été publiés à Lyon à un intervalle de quelques mois. Ils sont par conséquent unis par les liens du *milieu* et du *moment* (pour rester dans le vocabulaire critique du XIXe siècle), témoins tous les deux de l'axiologie littéraire du XVIe siècle, où les critères rhétoriques prédominent[2].

---

[1] Le biographe de G. des Autelz, Hans Hartmann, va jusqu'à supposer que celui-ci ait été l'élève du Censeur (mais voir *infra*!), se basant en premier lieu sur une allusion élogieuse qu'on trouve dans l'*épître* de Des Autelz à Charles Fontaine, publiée en 1555 mais écrite en mai 1546. Des Autelz demande à Fontaine de 'rendre (un) humble salut de (sa) part à l'*anneau précieux* (etc.)': cité in Hartmann, *Guillaume des Autels (1529-1581?)* — *Ein französischer Dichter und Humanist*, Zürich 1907, *réimpr.* Genève 1969, p. 26, cf. p. 25n. 1. 'Auf alle Fälle stand er mit ihm [= Aneau] in Verkehr' ajoute l'auteur, *ibid.*
— L'épigraphe de ce chapitre est empruntée à la *Mitistoire* de Des Autelz ([1]1551?, 1574), chap. 14: voir *infra*.

[2] Lorsque, quelques années plus tard, Des Autelz en viendra lui-même à 'pétrarquiser' dans l'*Amoureux Repos* (Lyon, 1553), il fera une volte-face complète: dans la préface, il chante l'éloge de Du Bellay et de Ronsard ('Graces Angevines, Muses Vandomoyses') et relativise les critères de la *proprietas* et *perspicuitas*. Le passage mérite d'être cité: '...pour la defense de mon style, j'ajouteray que notre France, pour la plus grand' part, a eu tousjours les yeux sillez au jugement de la Poésie. Il n'y a que quatre ou cinq ans, au plus, que l'on estimoit la souveraine vertu des paroles Françoyses, non moin en vers qu'en prose, estre en la *propriété*: opinion tant dommageable qu'elle nous bannit de la plus feconde partie de l'elegance, & contraint noz Rimes de se trainer tousjours, comme les Serpens, sus la terre. Donc nous sommes bien tenuz à la DELIE, laquelle... a enhardy tant de bons esprits, à nous purger de telle peste. Mais...je desirerois la fin d'un autre avis contraire & plus pernicieux, que je voy pulluler entre ce peuple, voyre s'enraciner au cerveau de ceux qui se meslent d'Aristarquizer: c'est de n'estimer rien de bon & digne d'un Poëte, qui soit propre, & vouloir par tout avoir des tropes voyre des ainigmes, & de ces motz que les Grecz appellent ἀδιανόητα, desquelz le sens est autre qu'ilz *ne* montrent ouvertement. O de com-

Nous avons déjà vu qu'Aneau avait lu la Préface à l'*Iphigénie*; ailleurs, il loue l'*Art Poëtique* de Sebillet, rédigé — contrairement à la *Deffence* — *par tresbonne methode*:

> Mais quiconque soit iceluy auteur de l'*Art Poëtique*, il a escript methodique-ment, & suivy son tiltre proposé par droit & continuel fil, ce que je voudroie (que) tu eusses fait[3].

Ainsi considérés, les écrits dirigés contre la *Deffence* se présentent comme une unité aux rangs serrés. Mais on sait que l'animosité ne dura pas longtemps: il y eut embrassade après l'escarmouche. Après avoir répondu assez dédaigneusement à ses adversaires dans la seconde préface à l'*Olive* (1550), Du Bellay dédie un sonnet des *Regrets* à Sebillet, et loue ailleurs sa traduction de l'*Iphigénie*. De même, il fait à deux reprises l'éloge de Des Autelz: dans une pièce de circonstance écrite lors de son passage à Lyon (mai 1553: après la parution de l'*Amoureux Repos*) à laquelle celui-ci s'empresse de répondre ('Bellay, bel astre entre nous'), et dans les *Xenia*, composés en 1559 mais publiés après sa mort en 1569[4]. Mais si le Censeur loue Du Bellay comme l'un des 'bons poëtes de pre-sent' (1556), il ne semble pas que ce dernier ait jamais daigné lui répon-dre, ni se réconcilier avec lui.

Du moins la réconciliation avec les deux autres montre-t-elle que les positions respectives n'étaient pas aussi tranchées qu'on pourrait le croire au premier abord; d'ailleurs, même pour se battre il faut avoir un terrain commun... Et l'on s'aperçoit bien vite que pour tout le monde, ce terrain commun a été la poétique et rhétorique classiques et néo-latines: ce sont ces écrits théoriques qui constituent la base, et comme la condition, de l'écriture. En témoigne cette phrase qu'on trouve dans le second livre de la *Deffence*:

> ...Quand aux vertuz & vices du poëme, si diligemment traités par les anciens, comme Aristote, Horace, & apres eux Hieronyme Vide: quand aux figures des sentences & des motz, & toutes les autres parties de l'eloquution, les lieux....: je n'en parle point apres si grand nombre d'excellens phyloso-phes & orateurs qui en ont traicté, que je veux avoir eté *bien leuz & releuz de nostre poëte*, premier qu'il entreprenne quelque haut & excellent ouvraige.

---

bien seroit plus tolerable le premier erreur! (Etc.)': (1553), fᵒ a8. Cf. Young (1961), p. 116-7.

Il s'inspire comme d'habitude de Quintilien, VIII, 2, 20-22 ('Pessima vero sunt ἀδιανόητα, hoc est, quae verbis aperta occultos sensus habent...Nobis prima sit virtus per-spicuitas, propria verba...etc.')

[3] (1970[4]), p. 88-9n. On sait que l'*A.P.* parut anonymement en 1548. Cf. *infra*, 3ᵉ par-tie, chap. 5.

[4] Références chez Chamard (1939[1]), t. I, p. 218 n. 4; t. II, p. 36 + n. 4; Hartmann (1907[1]), p. 82-3.

Un peu plus loin, dans le même chapitre (II, 9), Du Bellay renvoie de nouveau le poète novice aux *rhetoriciens*: preuve qu'au-delà des différends du moment, tous partagent bien en fait un seul et même système de référence[5].

Nous retrouverons dans la troisième partie de notre étude, consacrée à la rhétorique ramiste quelques-uns des auteurs que nous avons fait passer en revue dans les pages qui précèdent. Nous verrons en effet que les ramistes adoptent bon nombre des idées chères à la Pléiade (voir déjà *supra*, Ire partie) sans pour autant dédaigner l'apport de celui qu'on considère généralement comme l'adversaire absolu de Du Bellay: Thomas Sebillet.

Là encore, on aurait tort de s'en tenir aux seules données biographiques, car s'il est vrai que Du Bellay a 'sauvagement insulté' Ramus comme le relate un Nancel indigné[6], cela n'aura pas empêché Ramus de se servir des idées promues dans la *Deffence*.

Et puisque nous nous autorisons ici, à la fin de cette seconde partie, à parler en beuviens éhontés, signalons pour terminer que Des Autelz, dans un 'mauvais petit livre' intitulé *Mitistoire Barragouyne de Fanfreluche et Gaudichon...*[7] raille d'une part la *grimaude Pedanterie* du Censeur de Du Bellay[8], et donne d'autre part un 'témoignage oculaire' de la dispute entre Antoine de Gouveia et Pierre de la Ramée qui eut lieu à Paris en 1543[9]: Des Autelz prend la défense des *Ramistes à beau rameaux* contre les

---

[5] Cf. F. L. Lawrence, 'The Rhetorical Tradition in French Renaissance Poetics', in *Revue belge de philologie et d'histoire* 51 (1973), p. 508-516, ainsi que la brève mise au point d'A. Buck, *Die Rezeption der Antike in der romanischen Literaturen der Renaissance*, Berlin 1976, V, i: 'Rhetorik und Poetik' (p. 138-155; avec bibliographie). Rappelons également les travaux d'Alex L. Gordon: *Ronsard et la rhétorique*, Genève 1970, Ire Partie; 'The Ascendancy of Rhetoric and the Struggle for Poetic in Sixteenth-Century France', dans J. J. Murphy *éd.* (1983), p. 376-384.

[6] 'Cum poetis raro versatus est [*scil.* Ramus], quasi dispar studium sequentibus. Omnes tamen Lutetiae celeberrimos habitos aliquando ad prandium invitatit, coryphaeo Ronsardo velut Appoline praeeunte. Sed postea nunquam: e quibus etiam unus perdoctus *Bellaius* Ramum scommate diro perstrinxit, Rabelaesium pari sarcasmo insultantem imitatus.' (Il s'agit, bien sûr, de la *Pétromachie*). Nancel, *Vita Rami, éd. cit.* (1975), p. 254-5.

[7] Ecrit probablement vers 1551. Cf. Hartmann (1907[1]), p. XV; Young (1961), p. 98-100.

[8] Non sans s'être au préalable moqué de l'*Olive*, et des *pindariseurs* comme Ronsard... Voici le portrait d'*Aneau* (chap. XIV: Des Poetes François): '...quand voyci arriver un maistre Pedant, tenant en main une poignée de verges (sceptre vrayement digne de sa magistralité) qui vint lourdement frapper sus ce jeune homme de grand espoir [*i.e.*, Du Bellay], chose qui fut desplaisante à toute la compagnie: tant pour-ce qu'en maint endroict il fut reprins à tort par ce Magister, extraict de grimaude Pedanterie, comme pour-ce que la faulte qu'il avoit faicte par trop de hardiesse, ne meritoit que d'avoir un peu l'aureille tirée. (Etc.)'. *Mitistoire* (1574), chap. 14 cité par Young (1961), p. 110-123, d'après la réimpression chez P. Janmet (Paris, 1850) où manquent les gravures qui ornent l'éd. de 1574 (Lyon).

[9] Cf. la monographie de Ong, *Ramus* (1958) et surtout Vasoli (1968), p. 406sqq.

Aristotéliques; il y cite Ramus comme 'homme très ingénieux & eloquent'. Il renouvellera son hommage dans un poème latin *Ad Petrum Ramum contra Sophistas*, recueilli dans *Encomium Galliae Belgicae* publié en 1559 chez Plantin[10]. Come ni Ong, ni Vasoli ne relèvent ce curieux passage, nous versons cette pièce au dossier de celui qui a secoué les esprits et ébranlé les assises de l'Université parisienne vers le milieu du XVIe siècle, aux plus beaux jours de la Renaissance française.

---

[10] *Mitistoire* (1574), chap. 11; *Encomium*, f° Cii. Hartmann (1907[1]) p. 22-3, cite de longs extraits du passage de la *Mitistoire*.

TROISIÈME PARTIE

L'ÉVOLUTION DE LA RHÉTORIQUE RAMISTE

Sparsa et neglecta coëgi

(Devise de Claude Fauchet)

CHAPITRE PREMIER

INTRODUCTION

> The pervasiveness of the movement known as Ramism in Renaissance thought is gradually impressing itself upon our consciousness. The inroads of Ramism in rhetoric and consequently its place in forming the literary sensibility have been especially remarked within the past few years.
>
> Walter J. Ong[1]

L'œuvre immense de Pierre de la Ramée, ou Petrus Ramus (1515-1572) n'a toujours pas reçu l'attention qu'elle mérite. La dernière étude d'ensemble qui y a été consacrée date de 1958; son auteur, le savant jésuite Walter J. Ong, a du mal à cacher son irritation devant l'œuvre et la personne de celui qu'il a dû étudier pendant dix ans au moins; le titre de l'étude — qui reste néanmoins la meilleure jusqu'à l'heure actuelle — porte témoignage de cette attitude plutôt défavorable: *Ramus, Method, and the Decay of Dialogue*. Le défaut majeur que W. Ong croit déceler dans l'œuvre de Ramus est la tendance à la 'spatialisation' ou 'géométrisation' du savoir et du discours; l'usage fréquent que Ramus fait des schémas dichotomisés attesterait, entre autres choses, cette tendance qui entraînerait l'oubli de la parole vive, le mépris de la communication entre *Ich und Du*, bref le rejet de tout ce qui, dans les cercles existentialistes chrétiens des années cinquante, faisait figure de valeurs suprêmes. *La rhétorique ramiste* constitue une pièce à conviction de premier ordre dans le réquisitoire de W. Ong; elle est considérée en effet comme 'the most symptomatic item' du phénomène ramiste[2]. Ramus sépare, on le sait, la dialectique de la rhétorique; il n'admet pour cette dernière que deux des cinq *partes artis* traditionnelles, savoir l'*elocutio* et l'*actio*. Selon Ong, la théorie ramiste de l'*actio* se réduit à très peu de chose; celle de l'*elocutio* comprend uniquement un relevé des tropes et des figures. Voici son commentaire sur le système rhétorique ramiste, qui est en fait une condamnation sans réplique:

---

[1] W. J. Ong, 'Fouquelin's French Rhetoric and the Ramist Vernacular Tradition', in *Studies in Philology* 51 (1954), p. 127.

[2] W. J. Ong, *o.c.* (1958), p. 270. L'auteur ajoute: 'Hence it merits close attention.'

Within the two-part rhetoric, the spatial and visual carries the day still further. The second half of rhetoric, *oral* delivery, perishes of neglect, and the first half, *elocutio*, is, by the appearance of the later *Rhetoric*, resolved in terms of tropes ('turnings'—a diagrammatically grounded concept) and figures ('shapes'—another visually based notion). Despite the spatial analogy which they involve, figures have to do largely with the sound of words—among the figures are anaphora and other verbal repetition, rhythmic movement, and the quasi-acoustic effects of exclamation and apostrophe (figures of 'sentence'). Hence, shying away instinctively from sound, and thus from figures, Ramist rhetoric will declare in favor of tropes when a choice between tropes and figures has to be made. This is a declaration against sound in favor of (silent) thought; but thought is conceived of in terms of (ornamental) structure, with the aid of a spatial model ('turnings')[3].

Walter Ong, on le voit, n'y va pas de main morte. Qu'on nous permette de faire ici quelques remarques: 1) Ramus et ses collaborateurs (Omer Talon, Antoine Fouquelin) n'ont jamais 'négligé' la théorie de l'action; ils y ont au contraire toujours prêté attention[4]; 2) ils n'ont jamais 'opté', en termes généraux, pour les tropes aux dépens des figures; 3) ils n'ont jamais sous-estimé l'intérêt de la qualité sonore du discours; au contraire, ils ont toujours insisté sur l'importance primordiale de l'*euphonie*[5]; 4) on ne voit pas pourquoi le terme 'trope' serait uniquement 'a diagrammatically grounded concept': il indique plutôt la *mutation* sémantique[6]; 5) de toute façon, l'emploi des termes 'trope' et 'figure' n'est pas typiquement ramiste; et les définitions que les ramistes en donnent sont tout à fait traditionnelles. — En somme, la description que W. Ong nous offre du système rhétorique ramiste est des plus tendancieuses; elle ne résiste pas à l'examen le plus élémentaire. Hâtons-nous d'ajouter que le livre de Ong est tout sauf dénué de mérite, qu'il reste l'ouvrage de base pour toute étude sérieuse de Ramus et son 'école'; que c'est précisément ce livre, avec son complément, l'indispensable *Ramus and Talon Inventory* (1958), qui a plus que nul autre promu la recherche dans ce domaine; enfin, que notre propre étude est largement tributaire des ouvrages que nous venons de citer, ainsi que des nombreux articles publiés par le même auteur. Le fait même que nous tenons à exprimer notre désaccord avec certaines de ses conceptions dès le début de cette troisième partie de notre étude, consacrée entièrement à la rhétorique ramiste, est la meil-

---

[3] *Ibid.*, p. 281.

[4] Cf. p. ex. les *scholae rhetoricae*, in *Scholae in liberales artes* ([1]1569; réimpr. 1970), cols. 269-270 et ailleurs; la *Rhetorica* ([1]1548) de Talon, et la *Rhetorique Françoise* ([1]1555) de Fouquelin, *sub fine*, etc., etc. Nous préciserons plus loin les références; voir aussi la bibliographie.

[5] Voir *infra*, chap. 3 § 3 et 4.

[6] Cf. p. ex. la définition fournie par Fouquelin (1555), p. 1-2: 'Trope, est une elocution, par laquelle la propre & naturelle signification du mot est changée en une autre: ce que declare ce mot (Trope) qui signifie en francois mutation.'

leure preuve de l'importance que nous accordons à ces travaux: on ne combat que ce qui est digne d'être attaqué.

Par ailleurs, notre objectif est beaucoup plus modeste que celui que s'était fixé W. Ong; loin de vouloir donner une étude d'ensemble du mouvement ramiste, nous nous contenterons d'en traiter un seul aspect: à savoir la rhétorique, et les modifications que celle-ci a subies au cours de son élaboration. Il va de soi que notre analyse aboutira à une 'vue d'ensemble' de la rhétorique ramiste qui diffère sensiblement de celle présentée par Ong. Cela ne veut pas dire que nous nous abstenons de tout jugement de valeur; nous ne cacherons pas notre perplexité devant certaines 'manœuvres' de Ramus, qui, comme tous les êtres profondément contestataires, a souvent été très injuste à l'égard de ceux qu'il a attaqués. Dans bien des cas, nous partagerons l'indignation qu'il a suscitée chez ses contemporains, et pas des moindres: Turnèbe, Muret, Galland, Périon. Mais nous essaierons d'autre part de comprendre les raisons qui l'ont poussé à agir comme il a fait, et d'en saisir la cohérence.

La rhétorique ramiste n'est pas une entité stable, sortie en bloc de la tête de son *auctor intellectualis* (ou plutôt: ses *auctores intellectuales*). Elle est le fruit d'un travail qui s'échelonne sur une trentaine d'années; elle s'est élaborée lentement, patiemment, à partir d'une *Auseinandersetzung* avec les grands théoriciens de l'Antiquité: Aristote, Cicéron, Quintilien. Les travaux de ces derniers ont été passés au crible; certains éléments en sont retenus, beaucoup d'autres rejetés. La rhétorique ramiste se présente ainsi comme une espèce de *patchwork*, morceaux de tissu anciens, dont le réarrangement inédit fait le prix. Ce n'est qu'à un stade assez tardif que Ramus et les siens se résoudront à y ajouter quelque chose de nouveau, sous l'impulsion des débats qui se poursuivent autour d'eux et dans lesquels ils ne tarderont pas à s'engager; nous parlons bien entendu des débats concernant les langues 'vulgaires', et tout d'abord concernant la langue maternelle des ramistes eux-mêmes, le français. Au moment même en effet où Ramus lançait ses attaques contre Cicéron et Quintilien, Thomas Sebillet publiait son *Art Poëtique Francoys* et Joachim du Bellay *La Deffence et Illustration de la langue francoyse*. Coïncidence, ironie de l'histoire? Peu importe; ces hommes étaient faits pour se comprendre, car ils avaient en commun tout un cadre de référence: les travaux de Cicéron et de Quintilien, précisément. Nous avons déjà vu que Ramus s'était inspiré de Du Bellay en écrivant le *Ciceronianus*, et qu'il avait tenu à mettre en relief, comme l'avait fait ce dernier, le Cicéron du *De finibus*, c'est-à-dire le Cicéron défenseur de sa langue maternelle. Mais déjà deux ans avant la parution du *Ciceronianus* la *Rhetorique Françoise* avait vu le jour, écrite par un élève commun de Ramus et de Talon, Antoine Fouquelin.

Ecrite, en outre, avec leur assentiment et sous leur direction[7]. Or, nous verrons encore que dans la *Rhetorique Françoise*, l'*Art Poëtique* et la *Deffence* ont été largement mis à contribution. Qu'il suffise pour l'instant de citer le début de l'épître-préface de la *Rhetorique*, adressée *A Tresillustre Princesse Madame Marie, Royne d'Ecosse*, où les réminiscences au pamphlet de Du Bellay abondent:

> Je desireroi fort (MADAME) qu'au lieu de si grand nombre d'histoires fabuleuses, nos devanciers eussent employé une partie de leur loysir, à trai-ter en leur langue les sciences & disciplines: & que comme les bons jardiniers, qui pour peupler & embellir leurs vergers y transportent de greffes & entes de toutes partz, ils eussent transferé des langues étrangeres en leur vulgaire les preceptes des ars liberaus: Nous pourrions maintenant aveq bien peu de tra-vail, parvenir à la parfaite conoissance des choses, à la quelle pour passer la meilleure part de nótre vie aus langues étrangeres, nous ne pouvons atain-dre par aucune assiduité de labeur: Nous aurions en nótre republique des Socrates & Platons, en divinité de tout sçavoir; des Aristotes & Zenons, en subtilité d'esprit, & asseurance de bon jugement: des Demosthenes & Cice-rons, en eloquence & perfection de bien dire...[8]

Bien entendu, la volonté même de traduire la *Rhétorique* avec son complé-ment, la *Dialectique*, du latin en français atteste la réorientation de la pen-sée ramiste; réorientation qui restera également visible dans les nouvelles versions latines, et qui constituera le moteur essentiel de l'évolution de la *Rhétorique*.

Le lecteur l'aura déjà compris: cette évolution ne s'est pas faite sans saccades, ni sans ambiguïtés. Dans les chapitres qui suivent, nous allons en emprunter le parcours sinueux, étape par étape. En voici déjà les grandes lignes:

a) 1545 — premiers tâtonnements. Omer Talon publie les *Institutiones Oratoriae*, ouvrage de facture traditionnelle[9].

b) 1547/1549 — prise de conscience. Pierre de la Ramée lance ses attaques contre les ouvrages rhétoriques de Cicéron et de Quintilien: les *Brutinae Quaestiones* et les *Rhetoricae Distinctiones in Quinitilianum*[10].

c) 1548 (fin) — Omer Talon publie la *Rhetorica*, en se basant essentiel-lement sur les critères méthodologiques formulés par Ramus dans les

---

[7] Voir *infra*, chap. 5.

[8] Fouquelin (1555), f° Aij; cf. *Deff.* I, 3; 10. Chamard fait déjà le rapprochement: *éd. cit.* (1904), p. 134n. Voir aussi Brantôme, *Vie des Dames illustres*, iii: Marie Stuart, in *Œuvres*, t. II, Londres 1779, p. 107.

[9] Gibert en donne l'aperçu: (1725), p. 181. Ong, *Inv.* (1958), no. 39 (= W. J. Ong, *Ramus and Talon Inventory*, Cambridge, Mass., 1958); cf. *ibid.*, pp. 70-2, 86. Voir aussi Ong, *Ramus* (1958), pp. 271-3 (= W. J. Ong, *Ramus, Method, and the Decay of Dialogue*, Cambridge, Mass., 1958). Dans la suite, nous citerons les ouvrages de W. Ong sous cette forme abrégée.

[10] Ong, *Inv.* (1958), pp. 79-81, 147-149; nos. 55, 183. Cf. J. J. Murphy, 'Review', in *Quarterly Journal of Speech* 63/4 (1977), pp. 448-450.

ouvrages critiques cités sous (b). Le texte est très différent de celui des *Institutiones Oratoriae*[11].

d) 1549/1555 — seconde prise de conscience (ou: crise de la conscience) sous l'impulsion des écrits en faveur de la langue vulgaire. Ramus publie sa *Dialectique* en français, et Antoine Fouquelin publie en même temps une *Rhetorique Françoise*, adaptation de la *Rhetorica* d'Omer Talon. Fouquelin y expose une théorie du vers français qu'il illustre d'exemples pris le plus souvent dans les écrits des poètes de la Pléiade[12].

e) 1557 — Ramus écrit le *Ciceronianus*, où il plaide en faveur des langues vulgaires. Talon publie une édition revue et corrigée de la *Rhetorica*, laquelle se présente souvent comme une 'retraduction en latin' de la *Rhetorique Françoise* de Fouquelin[13].

f) 1559 — Ramus écrit un ouvrage 'historique', *Liber de moribus veterum Gallorum*, traduit la même année en français. Il y exalte la rhétorique gauloise[14].

g) 1567... — Ramus réécrit la *Rhetorica* d'Omer Talon après la mort de celui-ci (1562). Il y développe une *généalogie de la littérature*, où la 'rhétorique' des langues vulgaires occupe une place éminente[15].

h) 1572... — après la mort de Ramus, d'autres continuent l'œuvre ramiste. L'éditeur André Wechel promet de publier les Œuvres Complètes de Ramus et de Talon. Johann Freige, Théophile de Banos et Nicolas de Nancel publient chacun une *Petri Rami Vita* (1575, 1576, 1599), dans laquelle ils parlent e.a. de la 'genèse' de la rhétorique ramiste[16].

Retenons de cette esquisse grossière deux 'mouvements' essentiels de l'approche ramiste: d'abord, *la lutte avec les grands textes de l'Antiquité*, qui a en fait une ampleur beaucoup plus grande que ne permet de le constater ce qui précède: *aucun* commentaire, aucune paraphrase ramiste n'est 'neutre', *sine ira ac studio*. Partout éclate la méfiance de l'autorité, la

---

[11] Ong, *Inv.* (1958), pp. 86, 91; no. 58. Cf. C. G. Meerhoff, 'De ontwikkelingsgang van de ramistische rhetorica', in *Handelingen van het 37e Nederlands Filologencongres*, Amsterdam/Maarssen 1982, pp. 283, 288.

[12] Ong, *Inv.* (1958), pp. 89, 95-6; no. 71. Voir aussi Ong, *art. cité* (1954), pp. 127-142; M. Dassonville, 'La collaboration de la Pléiade à la *Dialectique* de Pierre de la Ramée (1555)', in *BHR* 25 (1963), pp. 337-348; M. Dassonville, *Edition critique* de la *Dialectique* de Ramus avec introd., notes et commentaires, Genève 1964; R. E. Leake, Jr., 'The Relationship of Two Ramist Rhetorics: Omer Talon's *Rhetorica* and Antoine Fouquelin's *Rhetorique Francoise*', in *BHR* 30 (1968), pp. 87-108; R. E. Leake, Jr., 'Antoine Fouquelin and the Pléiade', in *BHR* 32 (1970), pp. 379-394; C. Vasoli, 'Ramo e la Pléiade', in *Atti dei covegni Lincei* 32, Rome 1977, pp. 77-84; Meerhoff, *art. cité* (1982), pp. 283-5.

[13] Ong, *Inv.* (1958), nos. 487, 72. Voir *supra*, I, chap. 2. Cf. Leake, *art. cité* (1968).

[14] Ong, *Inv.* (1958), nos. 500 et 501.

[15] Ong, *Inv.* (1958), pp. 86-7, 98-105; no. 78. Cf. Meerhoff, *art. cité* (1982), pp. 286, 290.

[16] Cf. P. Sharratt, 'Nicolaus Nancelius, *Petri Rami Vita*. Edited with an English Translation', in *Humanistica Lovaniensia* 24 (1975), p. 161sqq.

volonté de s'affirmer 'autre', 'libre'; c'est dire que les ramistes ont été extrêment sensibles au problème essentiel de l'époque humaniste, celui de l'*imitation*. Forcés de s'exprimer et de communiquer dans la seule langue admise dans les cercles savants, le latin, ils ont lutté contre 'l'effet de répétition', le déjà-dit, le lieu commun; ils ont tenu à affirmer leur 'différence' en posant comme principe que l'*analyse* des textes ne vaut rien sans la *genèse*, autrement dit que la lecture n'est rien sans la production de textes nouveaux[17]. En soi, ce principe n'a rien d'extraordinaire: dès l'Anti-

---

[17] Voir p. ex. P. Ramus, *Dialectique*, *éd. cit.* (1964), p. 155 n. *c*. (Ajout de l'*éd.* 1576): '(...) Par l'analise nous considérons et examinons les vertus et vices, s'il y en a, des arts ès exemples des bons autheurs, et par la genèse nous imitons en quelque matière semblable leurs vertus et suivons [*sic!* = fuyons; cf. *scholae dialecticae*, in *Scholae in liberales artes* (1569[1]), col. 600, l. 51-2: *fugimus*] leurs imperfections et vices. Comme par l'analyse de la Grammaire et Rhétorique nous considérons et examinons la pureté et élégance du langage proposé à imiter, et par leur genèse nous l'imitons et composons en aultre sentence.(...)' Cf. les deux excellents articles de P. Sharratt, 'Peter Ramus and imitation: image, sign and sacrament', in *Yale French Studies* 47 (1972), pp. 19-32; 'Ramus, philosophe indigné', in *Bulletin de l'association G. Budé* (1982), pp. 187-206.

Il convient d'ajouter ici deux remarques. 1° Ramus se sert des termes 'analyse' et 'genèse' pour caractériser à la fois la procédure scolaire, dans la pratique de l'enseignement, et la procédure théorique, dans la construction d'*artes* nouvelles. 2° La *date* de l'impression de certain ouvrages semble parfois être en contradiction avec les principes que nous évoquons ici. Dans certains cas en effet, tel ouvrage 'génétique' a été édité *avant* l'ouvrage 'analytique' correspondant. Ainsi, la *Rhetorica* a été publiée en décembre 1548, et les *Rhetoricae Distinctiones in Quintilianum* en 1549 seulement. (Nous rencontrerons bientôt un problème similaire en examinant la *Dialectique* ramiste: la version latine de 1556 a-t-elle vraiment été conçue postérieurement à la version française de 1555?) C'est sans aucun doute la raison pour laquelle dès le XVIe siècle l'un des biographes de Ramus, Johann Freige, a été amené à affirmer: 'harum artium [savoir la Grammaire, la Rhétorique et la Dialectique] commentationem duplicem instituebat [Ramus]: ἀποδεικτικὴν alteram, qua veritas artium utilitasque demonstratur: ἐλεγκτικὴν alteram, qua contrariarum opinionum vanitas refellitur.' (*P. Rami Vita*, en appendice aux *Collectaneae Praefationes...*, Marbourg 1599, *réimpr.* Hildesheim 1969 (avec une introduction par W. J. Ong), p. 599.) Cette présentation met donc les ouvrages critiques *après* les ouvrages 'apodictiques' ('génétiques'); or, jusqu'à présent, personne ne l'a contestée, malgré le fait que Freige se base sur des informations de seconde main, comme il le reconnaît lui-même dans la préface à sa biographie (*ibid.*, p. 580). Cela est d'autant plus surprenant que la seule biographie écrite sur la base d'un 'témoignage oculaire' personnel, celle de Nicolas Nancel, offre une présentation *inverse* des mêmes données: '...Quas [*scil.*, liberales artes] quidem ita tractari a se asserebat, ut alteram partem ἐλεγκτικὴν, reprehensoriam vocaret, alteram autem ἀποδεικτικὴν, demonstrativam, Aristotelis ut morem, sic et verba imitatus. Illius generis sunt Brutinae Quaestiones, Animadversiones in Aristotelem, Scholae Grammaticae, Rhetoricae, Logicae, Physicae, Metaphysicae, et quaedam Mathematicae; quibus quid in quaque arte improbaret, quid in primariis authoribus culparet, diserte et oratorio more declaravit. Huius autem posterioris generis, apodictici, sunt omnes artes, quas informavit atque instituit, vel etiam restituit.': *éd. cit.* (1975), p. 222. Même excepté le fait que Nancel prétend citer ici Ramus lui-même, il est bien évident que c'est cette présentation qui correspond à la procédure réelle des ramistes: ce n'est qu'après avoir déblayé le terrain qu'on peut se mettre à construire!

Conclusion: les dates d'impression risquent de nous induire en erreur; il faudra toujours tenir compte de la possibilité d'un écart entre la rédaction de tel ouvrage et sa mise en vente effective; l'ouvrage en question peut de la sorte être 'pris de vitesse' par un autre, conçu ultérieurement. Nous reviendrons sur cette problématique au chap. 3.

quité on a affirmé que l'*imitatio* doit toujors aboutir à l'*aemulatio*; mais les ramistes l'ont repris avec l'agressivité d'angry young men, et surtout en se servant d'un moyen moderne, autrement efficace: leur fameuse *méthode*. C'est ainsi que de l'approche méthodique des textes de Cicéron et de Quintilien ('analyse') naîtra la *Rhétorique* latine ('genèse'), comme la *Dialectique* était née de l'analyse critique de la logique d'Aristote. Les ramistes insisteront toujors sur la complémentarité de leurs ouvrages dans un domaine donné: pour bien comprendre la portée du 'produit fini', il est indispensable de se rapporter aux travaux qui ont été à la base de sa création; les *Scholae rhetoricae* (soit les *Brutinae Quaestiones*, les *Rhetoricae Distinctiones*) et la *Rhetorica* elle-même forment un tout indivisible.

La pratique de l'imitation créatrice et la réflexion sur cette pratique ont généré un second 'mouvement', solidaire du premier: *la volonté de défendre et d''illustrer' la langue vulgaire*. Volonté qui a trouvé son expression théorique dans un ouvrage *latin*, le *Ciceronianus*; mais qui s'était déjà manifestée dans la pratique par la traduction de la *Dialectique* et la *Rhétorique* en français.

Ce double mouvement fait toute l'originalité du ramisme. Il en explique également la complexité, ou si l'on veut le caractère paradoxal: les ramistes ont lutté pour leur langue maternelle en latin, et dans leurs ouvrages français ils se sont servis de catégories latines, étant donné que ceux-ci étaient sans exception des traductions...

Le va-et-vient incessant entre langue latine et langue française, tant au niveau de la pratique qu'à celui de la théorie est admirablement illustré par l'évolution de la rhétorique ramiste. En effet, si en principe le 'transfert' des *catégories de pensée* d'une langue à l'autre ne pose guère de problèmes, il n'en va pas de même pour les *catégories linguistiques*. Voilà pourquoi la traduction d'une *Dialectique* — une *ars rationis* — n'est pas aussi révélatrice que la traduction d'une *Rhétorique* laquelle, en tant qu'*ars orationis*, parle du langage en se servant du langage. Aussi verrons-nous la rhétorique ramiste 'entrer en crise' au moment où elle sera traduite, au moment donc où Fouquelin essaiera de transférer à la langue et à la littérature françaises les catégories qui avaient servi jusque là à décrire des phénomènes latins. Ce qui peut être formulé également comme suit: la rhétorique ramiste, essentiellement cicéronienne, entrera en crise lorsque les ramistes auront tiré les dernières conséquences de leur réflexion sur l'*imitatio ciceroniana*, lorsqu'ils auront compris qu'imiter vraiment Cicéron, c'est cultiver sa langue maternelle. Ajoutons que cette crise s'est encore aggravée par le fait que les ramistes, persuadés à tort du caractère 'transparent' des catégories linguistiques, n'ont pas hésité à amorcer une manœuvre en sens inverse en 'retraduisant' la version française en latin.

Bien entendu, cette 'crise' n'a pas gagné également toutes les parties de la *Rhétorique*; elle s'est manifestée avant tout dans un domaine bien précis, celui-là même qui a fait l'objet de nos recherches jusqu'ici: dans la partie de leur *Rhétorique* où les ramistes ont parlé du 'nombre'. *La théorie du nombre oratoire et poétique* a été sujette à bien des modifications et migrations à l'intérieur de la *Rhetorica* latine; et c'est aussi dans la section concernant le nombre que Fouquelin a inséré la *théorie du vers français.* Nous constaterons en effet que ce terme de nombre, et partant toute la section le concernant, a été soumis à un *travail* — terminologique, théorique — d'une double finalité: d'une part, les ramistes ont entendu *réformer*, et de façon radicale, la théorie traditionnelle du nombre oratoire; d'autre part, ils ont tenu à *conserver* le terme ('nombre') dans la version française de la *Rhétorique*, et à s'en servir en traitant la versification française. On n'exagère guère en prétendant que les ramistes ont *lutté* avec ce terme dans toutes les versions de la *Rhétorique*; voilà pourquoi celui-ci offre un 'champ d'observation' privilégié lorsqu'on veut décrire l'évolution de la rhétorique ramiste.

Au début de ce chapitre d'introduction nous avons déjà fait état d'un des traits les plus saillants de la rhétorique ramiste, à savoir la réduction à deux des cinq *partes artis* traditionnelles: Ramus et ses collaborateurs relèguent l'*inventio*, la *dispositio* et la *memoria* à la dialectique, pour ne retenir que l'*elocutio* et l'*actio.* On s'est souvent mépris sur le sens et la portée de cette opération 'incisive', y voyant la preuve de ce qui s'appelle en Italie la *letteraturizzazione* de la rhétorique. Or, les ramistes ne cessent de répéter qu'il faut séparer les *artes* au niveau théorique, mais s'en servir concurremment dans la pratique: lorsqu'on fait l'analyse d'un discours, il faut prêter son attention à la fois aux structures grammaticales, à l'organisation logique et à l'ornementation du discours. Autrement dit, il faut connaître à la fois les règles de la grammaire, de la dialectique et de la rhétorique. Lorsqu'on fait la *théorie* des *artes* en revanche, il faut éviter toute redondance: dans une Grammaire on doit s'occuper exclusivement du discours 'non-marqué', du 'langage naif & propre'; dans une Rhétorique, on ne doit parler que du langage 'éloquent & orné'[18].

A ce propos, Ramus renvoie fréquemment à la loi aristotélicienne καθ' αὐτό[19] qui réserve à chaque élément de la réalité un domaine théorique propre et exclusif. Dans l'optique ramiste, ce serait par conséquent une erreur théorique (méthodologique) que de parler de l'*inventio* à la fois

---

[18] Cf. *Dialectique, éd. cit.* (1964), p. 61n.

[19] Cf. p. ex. *Scholae in liberales artes* (1569), col. 7: 'De Rhetoricis tropis & figuris Grammatici quidam in Grammatica praecepere. Id non est καθ' αὐτό dicet Aristoteles: in Rhetorica praecipiatur.' Voir aussi J. Th. Freige, *P. Rami Vita, éd. cit.* (1599), p. 611: '...artium liberalium eadem tractatio commentatioque, in qua suum cuique arti tribuit secundum legem Aristotelicam καθ' αὐτό, qua una lege saepe praedicavit nullam unquam Imperatoriam legem graviorem sanctioremque conditam esse ad artes reformandum, & suo splendori restituendum.'

dans la Dialectique et dans la Rhétorique; il faudra toujours faire un choix, et se décider à la traiter soit dans l'une, soit dans l'autre. Or, puisque l'*inventio* ainsi que la *dispositio* sont tout d'abord des opérations intellectuelles, il faut en parler, et en parler uniquement, dans l'*ars rationis*, c'est-à-dire la Dialectique. Dès lors, la question vitale devient celle de savoir comment les *artes s'articulent* les unes sur les autres, étant donné que chacune d'entre elles ne décrit qu'une partie de la réalité vivante et somme toute indivisible.

De l'Antiquité au XIXe siècle, le rapport entre *grammaire et rhétorique* n'a pas posé tellement de problèmes: afin de pouvoir déterminer tel 'écart' linguistique, il est indispensable de connaître l'usage 'normal', 'non-marqué' du mot ou du syntagme en question. Ce n'est que ces derniers temps que la distinction entre 'écart' et 'degré zéro' a été mise en question de manière fondamentale, notamment à la suite des recherches philosophiques et linguistiques des Romantiques (Nietzsche, e.a.)[20]. Cet état de choses explique pourquoi la relation entres les deux *artes orationis* n'a jamais été problématisée dans les écrits théoriques de Ramus et les siens.

Qu'en est-il du rapport entre *dialectique et rhétorique*? Là non plus on ne peut dire que les efforts d'élucidation des Ramistes aient été impressionnants. Pourtant, dans l'un de ses premiers écrits Ramus affirme que dialectique et rhétorique sont des *sœurs* destinées à une 'conjonction naturelle'[21]. Que penser de cette affirmation lapidaire? Surtout, lorsqu'on examine ensuite ce que Ramus a fait dans la pratique et qu'on constate alors qu'il n'y a pas trace d'une quelconque 'union' des deux *artes*; dans ses commentaires sur les discours de Cicéron par exemple, Ramus ajoute chaque fois deux 'précis' distincts: un 'précis d'analyse rhétorique' suivi d'un 'précis d'analyse dialectique'; mais nulle part, il n'indique de quelle façon il faudrait 'conjoindre' les deux[22]. En somme, tout porte à croire qu'il s'est occupé davantage de la séparation théorique des *artes* que de leur conjonction.

Il y a néanmoins quelques indices du fait que Ramus a été conscient de la problématique que nous venons d'évoquer, et que petit à petit il a essayé de réunir les *membra disiecta*, sans qu'il soit jamais parvenu à une

---

[20] Cf. p. ex. B. Pautrat, *Versions du soleil. Figures et système de Nietzsche.* Paris, 1971; J. Cohen, *Structure du langage poétique*, Paris 1966; T. Todorov, *Littérature et signification*, Paris 1967; Groupe μ, *Rhétorique générale*, Paris 1970, etc. Voir maintenant A. Kibédi Varga, 'Méthodes et disciplines', dans A. Kibédi Varga (*éd.*), *Théorie de la littérature*, Paris 1981, p. 51sqq.

[21] Ramus, *Dialecticae Institutiones*, Paris 1543, f° 58ro: 'Rhetorica... naturalem sororis dialecticae coniunctionem libenter audiet.' Cf. *ibid.*, f° 54ro: copulare.

[22] Au chap. 5 nous aurons à reparler de ces commentaires (1551-1553) négligés jusqu'ici par les chercheurs. Cf. aussi Ong, *Ramus* (1958), p. 267-8.

conceptualisation satisfaisante dans ce domaine. Nous serons par conséquent obligés de procéder en partie par inférence, sinon par conjecture,
en rapprochant des fragments du texte de la *Dialectique* d'une part, et de
la dernière version de la *Rhétorique* d'autre part.

A propos de la *Dialectique* de 1555 il faudra d'abord faire quelques
remarques d'ordre général. Le lecteur aura remarqué que nous avons
taxé la version française de *traduction*, ce qui est tout à fait contraire aux
conceptions de son éditeur, M. Dassonville. Selon ce dernier, la *Dialectique* serait une 'œuvre originale', indépendante donc de quelque version
latine que ce soit. W. Ong de son côté affirme que '*the* text of this French
work is much fuller than Ramus' Latin text of the editions of 1556 and
after, the greater length of the latter works being due to Talon's explanations'[23]. Or, contrairement à ce que prétend W. Ong, le texte des *Dialecticae libri duo, Audomari Talaei praelectionibus illustrati*[24] est pratiquement
identique à celui de la version française. La version latine est enrichie d'un
commentaire de Talon, 'deux ou trois fois plus long que le texte de
Ramus'[25]. Pourquoi ce commentaire n'a-t-il pas été ajouté à la version
française? Parce que celle-ci n'est en fait qu'un 'incident' dans l'évolution de la dialectique ramiste (nous ne parlons pas bien entendu de la
signification historique de cette traduction, qui est immense[26]). La *Dialectique*, dans la quasi-totalité de ses versions, est une œuvre *latine*: écrite en
latin, dirigée contre une tradition logique codifiée entièrement en latin. Il
nous paraît donc bien plus légitime de dire que la version française est
une 'adaptation' de la version latine et non pas l'inverse, malgré le fait
que celle-ci a paru un an après la *Dialectique* en 'vulgaire'. Les raisons de
ce décalage peuvent être multiples: publicitaires, d'opportunité, etc. Ou
peut-être Talon n'avait-il pas encore terminé son commentaire *d'un texte
achevé depuis quelques années*? Quoi qu'il en soit, il est fort surprenant que
Dassonville, dans son édition critique, ait négligé le commentaire de

---

[23] M. Dassonville, *éd. cit.* (1964), *Introd.*, p. 11: 'Il (= Ramus) fut le premier à ne pas
limiter aux 'translations' son programme de vulgarisation philosophique, ..il fut le premier à écrire une œuvre originale qui illustre la philosophie d'expression française.' De
même, à propos de l'édition posthume de 1576, Dassonville prétend que dans l'*avis de
l'Imprimeur au Lecteur* celle-ci est 'faussement présentée comme la 'translation...de la dernière édition de l'Autheur' ': *ibid.*, p. 51n. (3), cf. p. 44. Ong, *Inv.* (1958), p. 186. Vasoli
rejoint les deux auteurs précités: *o.c.* (1968), pp. 473sqq., cf, p. 504. Rappelons que
Ramus écrit en 1572 à Freige: '...liberales artes Latinè persequimus, & Gallicè convertimus...': voir *infra*, chap. 7, *sub fine*.
[24] Paris, A. Wechel, 1556. Ong, *Inv.* (1958), no. 239. Sigle: *Dial. prael.*
[25] Ong, *Inv.* (1958), p. 187; cf. *ibid.*, p. 180, où Ong remarque à juste titre: '...Talon's
explanations .. were certainly got up at least under Ramus' surveillance.'
[26] P. Rickard, *La langue française au XVIe siècle*, Cambridge 1968, p. 6: 'La *Dialectique* de
Ramus...[est] d'un intérêt particulier parce que ce sujet avait été, plus que tout autre, une
citadelle du latin.'

Talon, qui lui aurait fourni bien des indications précieuses![27]. Si donc dans les pages qui suivent nous nous servirons de la version française, ce n'est pas parce qu'elle est tellement 'originale', mais simplement parce qu'elle traduit fidèlement les conceptions de Ramus et de Talon dans une période donnée, comme le montrent en premier lieu les versions latines qui suivront. Ici et là, nous mettrons entre crochets certains mots de la version de 1556 susceptibles d'éclairer le sens exact du passage, et nous renverrons également de temps en temps aux *praelectiones* de Talon.

Le passage sur lequel nous allons porter notre attention est un paragraphe relativement court qui se trouve à la fin de la *Dialectique* et concerne ce que Ramus appelle la '*méthode de prudence*' ou la '*crypse*'. Le paragraphe manque dans les premières versions latines, mais à partir de 1546 il fera partie intégrante de l'ouvrage. Dans ces quelques pages, Ramus invite son lecteur à 'désapprendre' en quelque sorte ce qu'il a appris dans le reste de l'ouvrage, à savoir à manier la *méthode de nature*, qui, seule, permettra de construire une 'théorie' scientifique (*ars*) infaillible au moyen d'une organisation rigoureuse de la matière en question. 'Méthode de nature est par laquelle ce qui est du tout & absolument plus evident & plus notoire est préposé'[28]. Selon Ramus donc, il faut toujours procéder du général au particulier; et c'est effectivement cette *disposition* qui est à la base de tous les ouvrages ('arts') ramistes[29]. Mais, dans certains cas, il faut non seulement *prouver* ou *instruire*, il faudra encore *persuader*, sinon *séduire* (et là, on reconnaît Ramus l'humaniste, l'élève des rhétoriciens!): voilà pourquoi Ramus ajoute à la méthode de nature la méthode de prudence, laquelle enseigne à disposer la matière *autrement*, mais de façon à ce que l'auditeur ou le lecteur soit séduit par une 'cachée & trompeuse

---

[27] Nous en rencontrerons bientôt quelques exemples. Ajoutons que P. Sharratt a déjà sévèrement critiqué l'édition de Dassonville dans un compte-rendu paru dans la *Modern Language Review*, 62 (1967), pp. 130-3. Voir aussi le c.-r. de W. Ong, in *Renaissance News* 19 (1966), pp. 142-4 ('One feels that in the absence of a fuller account of its textual antecedents, the 1555 *Dialectique* appears here rather more detached from Ramus' accustomed academic milieu than it actually was'). — W. S. Howell semble seul partager notre avis: 'This work (*scil.*, la *Rhetorique Françoise* de Fouquelin) is a French translation of Talaeus's *Rhetorica*, done in the very year of Ramus's own French *translation* of his *Dialecticae Libri Duo*, ...': *Logic and Rhetoric in England, 1500-1700*, Princeton, 1956, p. 166.

[28] *Dial.*, *éd. cit.* (1964), p. 145; = *Dial.prael.* (1556), p. 248. Pour une introduction simple et claire à la méthodologie ramiste, voir W. S. Howell (1956), p. 148sqq., en particulier sur la *lex sapientiae* ('universel premierement'). Cf. aussi Ramus, *Arist. Anim.*, Paris, Ch. Estienne, 1553, p. 40sqq.

[29] Voir *Dial.*, *éd. cit.* (1964), p. 146-7 l'exemple de la construction d'une grammaire; = *Dial. prael.* (1556), p. 250-1, Cf. *ibid.*, p. 256, le commentaire de Talon: 'omnes enim artes bene traditae, hac unica artificiosa via...procedunt, quae quidem definitiones, divisiones & demonstrationes propositarum rerum ex suis caussis continet (..): nec ulla unquam ars aut disputatio artificiosa, nisi hac sola ratione & progressione potest instrui.' Par conséquent, la Dialectique est *artium omnium domina*: *Arist. Anim.* (1553), p. 128.

insinuation'. Méthode empruntée en premier lieu aux *poètes*, qui très souvent procèdent non par ordre 'rationnel', mais commencent *in medias res* et sont par là même d'autant plus persuasifs[30]. En fait, cette méthode de prudence ne fait rien d'autre qu'apprendre à appliquer la vieille théorie de l'*aptum*:

> S'ensuyt la méthode de prudence en laquelle les choses précédentes [Sequitur methodus prudentiae, in qua res *praecedunt*,] non pas du tout et absolument plus notoires, mais néantmoins plus convenables à celluy qu'il fault enseigner, et plus probables à l'induire et amener oû nous prétendons. Elle est nommée par les Orateurs disposition de prudence, parce qu'elle gist grandement en la prudence de l'homme plus qu'en l'art et preceptes de doctrine, comme si la méthode de nature était jugement de science, la méthode de prudence estoit jugement d'opinion[31].

Définition générale qui est appliquée un peu plus loin à un cas particulier (selon les règles de la méthode naturelle que Ramus observe en parlant *en théorie* de la méthode de prudence!):

---

[30] Cf. déjà Ramus, *Institutionum Dialecticarum libri III*, Paris, L. Grandin, 1547 (Ong, *Inv.* (1958), no. 4), p. 132: 'Tota saepe poemata dialecticam istam prudentiam partibus omnibus ostentant: (..) [poeta] à mediis incipit, prima medio plerunque loco comprehendit, postrema incerto & inopinato eventu tandem concludit.' Suit la citation d'Horace, *A.P.*, v. 146-152, qu'on retrouve dans la *Dialectique* de 1555, 1556, etc. Cf. aussi le commentaire de Talon sur la *crypsis*, *Dial. prael.* (1556), p. 272: 'Haec praecepta Aristotelica sunt, & ex octavo Topico [VIII, i, 156a 15] collecta; & in *Rhetorum* libris docentur, ubi tractatur *ratio affectuum movendorum*..'. Sur l'ensemble des moyens dont la 'méthode de prudence' peut se servir, voir Lausberg, *o.c.* (1960), p. 140sqq. (*docere, delectare, movere*, et la théorie des 'passions').
Il est d'ailleurs manifeste que Ramus a emprunté les éléments de la 'méthode de prudence' à la somme de son prédécesseur et maître hollandais, Rodolphe Agricola. Voir *De inventione dialectica* (*éd.* annotée d'Alard d'Amsterdam, publiée en 1539 chez J. Gymnich à Cologne: *réimpr.* Nieuwkoop 1967; cf. Ong, *Inv.* (1958), *Agricola check list*, no. xxix), Liber II, cap. 4 et 5; liber III, cap. 4, 8, 9, 15. Notamment p. 198-9 (*docere, movere, delectare* et les passions); p. 205 ('Poëtae...confundunt etiam ordinem rerum'), p. 394 ('*delectatio*'), p. 396 ('*insinuatio*'), p. 397 ('*libertas*'; dialectique et rhétorique); p. 413 ('Aristoteles...in octavo topicorum'), p. 414 ('Cum rerum ordinem consulto turbamus'; *ordo naturalis / ordo artificialis*); p. 416-7 ('Poëta...perturbat [res gestas], atque à mediis orditur rebus'; exemples: l'*Enée* de Virgile, la comédie et la tragédie; rupture de la linéarité temporelle dans la poésie épique, p. ex.: 'vates, manes, oracula, & praeterita commemorant, & longe post ventura praedicunt'); p. 447sqq.: l'exemple de Socrate dans les dialogues platoniciens. Voir l'hommage de Ramus à Agricola dans le 'recueil de Bergeron' (1577), p. 93-4. [Voir *infra*, chap. 2, n. 1]. Cf. H. E. J. M. van der Velden, *Rodolphus Agricola...*, Leyde [1911], pp. 179, 189sqq.; Ong, *Ramus* (1958), chap. 5, en particulier § 6 (dialectique et rhétorique); voir aussi l'index; et surtout l'excellent aperçu de Vasoli, *o.c.* (1968), III, chap. 1, en particulier p. 175sqq. (dialectique et rhétorique). Aucun de ces chercheurs cependant ne fait le rapprochement entre les passages cités du *De inventione dialectica* et la méthode de prudence chez Ramus.
[31] Vers la fin de la *Dial.*, *éd. cit.* (1964), p. 150; = *Dial. prael.* (1556), p. 265-6. Cf. *ibid.* (1964), p. 150n. (a), la version de 1576: '...Mais quand il fauldra amuser et retenir l'auditeur par quelque *délectation*...': leçon qu'on retrouve dans les dernières versions de la *Dialectique* latine, p. ex. *Dialecticae Libri Duo*, Francfort, A. Wechel, 1580, p. 125 (Voir *Annexe II*). Sur la *méthode de prudence*, voir Ong, *Ramus* (1958), p. 252-4; cf. W. S. Howell (1956), p. 163-5; C. Vasoli (1968), p. 502.

(...) Si l'homme est cault et fin, il ne fault pas incontinent manifester noz pièces l'une après l'autre, mais changer, entremesler, frivoler, feindre le contraire, se reprendre, ne monstrer aucun semblant d'y penser, dire que c'est chose vulgaire et accoustumée [sed mutare, res alienas miscere, contrarium fingere, sibi ipsi resistere, quandam non curantiam simulare, vulgare & usitatum dicere], se haster, courroucer, débatre, procéder par grande hardiesse, et en fin finale descouvrir et exécuter l'embusche tellement que l'adversaire estonné dye: 'A quelle fin tend cecy?' Aristote a observé ces advertissemens de son maistre Platon ès dialogues duquel Socrate use souvent de telles ruses contre les Sophistes qui ne vouloyent estre enseignez par luy. Et partant, quand leur folles opinions sont ainsi réfutées, ilz se cholèrent contre Socrate et l'appellent en un lieu torpille, en l'autre Dédale, ores enchanteur, tantost sophiste, comme si par ceste méthode il les eust engourdy, et abusé par phantaume, charmé [tanquam hac methodo torpidos & stupidos redderet, & phantasmate aliquo illuderet & incantaret] et trompé par quelque masque et apparence de raison. Le poëte avecques ce qu'il est souvent en toutes parties de Logique excellent, encore est-il plus en ceste partie admirable. Il se propose d'enseigner le peuple, c'est-à-dire bestes de plusieurs testes et, partant, déçoit par maints manières...[32]

A part les poëtes et certains philosophes, ce sont bien sûr les orateurs qui se sont servis — qui se servent toujours — de cette technique d'insinuation ou de surprise: Cicéron et Quintilien en ont parlé dans leurs traités de rhétorique[33], et c'est encore Cicéron qui l'a mise en pratique avec une maîtrise incomparable. Ramus cite quelques exemples ('la deuziesme Agraire', 'la défence de Rabyre': deux discours qu'il a commentés dans les années précédentes) où celui-ci a pratiqué soit 'l'insinuation', soit 'l'audace & hardiesse', pour conclure ensuite:

Et certes, la liberté [παρρησία] qu'appellent les orateurs n'est autre chose que ceste hardiesse. Et bref, *tous les tropes et figures d'élocution, toutes les grâces*

---

[32] *Dial.*, *ibid.*, = *Dial. prael.* (1556), p. 266-7 (Suit la citation d'Horace). On voit que Ramus ajoute 'frivoler', joli verbe qui n'a pas été inséré par Huguet dans le *Dict. de la langue fr. du XVIe s.*: cf. t. IV, Paris 1950, p. 219. A propos de la question de l'adversaire décontenancé ('A quelle fin tend cecy?'), Dassonville remarque en note (1964), p. 167: 'L'exemple le plus typique est celui des imprécations inconvenantes de Gorgias; ce sont les seules dont, à notre connaissance, Socrate se plaigne.' Or, dans son commentaire, Talon dit: 'Exemplum philosophicum est Socratis, qui cùm apud Platonem refellit sophistas, ut Thrasymachum, Gorgiam, Protagoram, & caeteros, non aperta & recta dispositionis via, sed occultis probationum quasi cuniculis incedit: ideóque ab iratis sophistis saepe contumeliosè reprehenditur, appellatúrque aliàs torpedo, aliàs Daedalus, aliàs incantator: Meno Socratem vocat & incantatorem & torpedinem [Il cite et traduit *Ménon*, 80A-B]. Euthyphro Socratem Daedalo comparat [Il cite et traduit *Euthyphron*, 11C-D]. Thrasymachus libro primo de Rep. [340D-341A] Socratem nominat in sermonibus sycophantam, & insidiatorem.': *Dial. prael.* (1556), p. 272-3. Voir encore *infra*, chap. 6 § 1 et chap. 8 § 2 sur la vogue — passagère — des citations grecques chez les ramistes.

[33] *Dial.*, *éd. cit.* (1964), p. 152: '..comme voiras en Quintilien: Ainsi admonneste Cicéron..' Talon cite Quintilien 'libro quarto' (= IV, 1, 42), 'capite quinto libri quarti' (= IV, 5, 5), et Cicéron, 'libro secundo de Oratore' (= II, 72, 292): *Dial. prael.* (1556), p. 275-6. Toutes ces références manquent chez Dassonville.

d'action, qui est la Rhétorique entière, vraye et séparée de la Dialectique, *ne servent d'autre chose* sinon pour conduire ce fascheux et rétif auditeur qui nous est proposé en ceste méthode, et n'ont esté pour autre fin observées que pour la contumace et perversité d'icelluy, comme Aristote vrayement enseigne au troiziesme de la *Rhétorique*. (..) Et comme au temps passé, les Spartiates estoyent louez entre leurs citoyens de ravir occultement, ainsi voire sans comparaison d'avantage sera loué d'avoir gaigné par ceste prudente méthode le consentement du rebelle et répugnant[34].

Dans le commentaire qu'il effectue de ce passage, M. Dassonville remarque: 'En attribuant à la rhétorique les ressources de la méthode de prudence pour réserver à la dialectique l'emploi de la méthode de nature, Ramus distingue enfin ces deux disciplines qu'il a trop souvent confondues'[35]. Dans notre perspective, nous dirions au contraire: 'Ramus rapproche enfin ces deux disciplines qu'il a trop souvent tenu séparées!'

C'est ici, à notre connaissance, le seul endroit où Ramus 'conjoigne' *expressis verbis* les deux *artes*, et montre comment elles s'articulent l'une sur l'autre. Est-ce qu'on trouve des échos de la conception exprimée ici dans le texte de la discipline-sœur, la *Rhétorique*? Pas dans les premières versions, ni dans la traduction de Fouquelin parue au même moment que la *Dialectique* française. Il faudra attendre la dernière version latine, celle réécrite par Ramus lui-même. Dans cette version en effet, intitulée 'trompeusement' *Audomari Talaei Rhetorica, P. Rami...praelectionibus illustrata* (1567 etc.), Ramus intercale un chapitre dans lequel il parle de l'origine de la littérature et de l'éloquence. Il y insiste en particulier sur les effets merveilleux de la poésie, qu'il considère comme la première manifestation historique du discours orné: le plaisir provoqué par l'inattendu, l'enchantement causé par le rythme. Or, tous les mots-clés que nous venons de rencontrer dans le fragment sur la méthode de prudence se retrouvent tels quels dans ce passage: *delectatio, incantatio, licentia*. Il est vrai qu'aucune référence n'est faite ni à la méthode de prudence, ni à plus forte raison à la dialectique; il nous semble pourtant que Ramus, en réutilisant les mots mêmes dont il s'était servi dans son exposé de la méthode de prudence, a voulu connecter textuellement les deux disciplines qui fonctionnent comme clés de voûte dans l'ensemble des *artes* ramistes: la dialectique et la rhétorique[36]. La première en effet fournit la

---

[34] *Dial., éd. cit.* (1964), p. 152-3; = *Dial. prael.* (1556), p. 270-1. Nous soulignons. La *parrhésie* est appelée en latin *licentia*; cf. Lausberg (1960), § 761. *Répugnant* signifie bien sûr 'résistant, qui résiste'; ce latinisme est fréquent au XVIe siècle. Voir Huguet, *Dict.*, t. VI, Paris 1965, p. 522. La version latine dit également 'consensum rebellis ac repugnantis animi': (1556), p. 271.

[35] *Ed. cit.* (1964), p. 167.

[36] Dans le passage en question (*Rhet. prael.* (1582), p. 30-1, cité *infra*, chap. 8 § 3), Ramus se sert de la notion aristotélicienne de *péripétie*. Or, Claude Mignault, le commentateur français de la dernière version de la *Rhetorica* ramiste, remarque à propos de ce

méthode d'organisation, unique et universelle, de tous les 'arts' en général, tandis que la seconde est indispensable pour les 'faire passer', en premier lieu dans *l'enseignement* qui constitue le moment crucial dans l'entreprise ramiste et justifie précisément l'immense effort de réorganisation de toutes les disciplines. Les sciences naturelles ou la médecine par exemple ne pourront jamais se passer de la dialectique ni de la rhétorique, alors qu'il serait faux d'affirmer l'inverse. Voilà d'ailleurs qui explique pourquoi Ramus et les siens les ont si souvent reprises en main, remaniées; de sorte qu'il est fort légitime de parler à leur endroit d'une véritable *évolution*. Or, si l'évolution de la dialectique ramiste a retenu l'attention de chercheurs éminents tels que Walter Ong, Cesare Vasoli, Wilhelm Risse et d'autres, celle de la rhétorique ramiste n'a fait l'objet d'aucune étude poussée. C'est l'étude que nous allons entamer dans les chapitres suivants, dans l'espoir d'apporter ainsi une contribution à la connaissance d'une œuvre maîtresse de la Renaissance française.

Jusqu'à présent, nous avons parlé tantôt de tel auteur en particulier, tantôt du 'ramisme' ou des 'ramistes' en général. Au cours des pages qui précèdent nous avons rencontré les noms des trois personnes responsables de l'élaboration du *corpus rhetoricum* ramiste: Pierre Ramus, Omer Talon, Antoine Fouquelin. L'histoire en a clairement favorisé l'un d'eux: dès le XVIe siècle on a l'habitude de parler des ramistes (et antiramistes!), du ramisme, jamais des 'talonistes' ou du 'taléisme'. Or, pour ce qui est de la rhétorique, c'est Talon qui semble l'emporter, à première vue, sur son 'frère'; toutes les versions de la *Rhétorique* latine portent son nom sur la couverture, y compris celle parue après sa mort; dans la préface à la *Rhetorique Françoise*, c'est lui qui est mentionné par Fouquelin, et non Ramus. Cela explique sans doute pourquoi on a pu dire encore tout récemment: 'On observe que, lorsqu'il [= Ramus] a traité de rhétorique, il a laissé à son ami Omer Talon tout ce qui touchait au style et à l'action. Il s'est borné, personnellement, aux aspects dialectiques'[37]. Nous démontrerons au contraire que Ramus a beaucoup traité du 'style

---

terme: 'Hoc differunt historicae narrationes à poëticis: quòd historici res eo ordine quo gestae sunt, simpliciter narrant: *at poëtae immutant ordinem*, & *à medio saepè incipiunt*: cuius rei ratio redditur ab Horat. in Arte,

'Ordinis haec virtus erit & venus, aut ego fallor,
ut iam nunc dicat iam nunc debentia dici,
pleraque differat et praesens in tempus omittat.'   [*A.P.*, v. 42-4]

Il nous semble hors de doute que Mignault se réfère ici explicitement au passage concernant la méthode de prudence dans la *Dialectique*, qu'il connaissait très bien. Dans les chapitres suivants nous citerons de temps en temps ce commentaire important, publié en 1577. Cf. surtout chap. 8 § 3 et 9 § 2. Passage cité: Mignault (1577), f° 20ʳᵒ, n. 4. (Ong, *Inv.* (1958), no. 91).

[37] A. Michel, *La parole et la beauté*, Paris 1982, p. 239.

et de l'action', c'est-à-dire des deux composantes uniques de la rhétorique, d'après la doctrine ramiste; et que, sans qu'on puisse affirmer de façon absolue que l'histoire a eu raison de privilégier son nom et sa personne au détriment des deux autres, c'est surtout lui qui a été responsable de la 'mise en forme' du système rhétorique ainsi que de son évolution. Ajoutons que le problème de l'*authorship* de la rhétorique ramiste est toujours une question très controversée (qui semble avoir échappé à l'attention de l'auteur que nous venons de citer). On sait que l'enseignement de Ramus a été suspendu pendant un bon moment, et qu'il lui a été interdit de publier ses livres. Dans cette période, et même encore plus tard, certains ouvrages de sa main ont paru sous le nom de Talon. Selon W. Ong et d'autres chercheurs, ce serait également le cas de la *Rhétorique*:

> There is strong reason to believe that the *Rhetorica* was largely Ramus' from the very beginning, and that perhaps the work out of which it grew, the *Institutiones Oratoriae*, was also largely his[38].

Pour notre part, nous sommes convaincus que la rédaction effective de la *Rhetorica* a été le fait de Talon, et au besoin nous pourrions y apporter des preuves assez solides[39]. Mais la question elle-même nous semble à peu près dénuée d'intérêt, puisqu'elle ne nous aide guère à éclairer le texte de la *Rhétorique*, ni à nous faire mieux comprendre l'articulation du système rhétorique ramiste. Ce qu'il nous importera avant tout de montrer, c'est l'étroite *collaboration* qu'il y a eu entre les *trois* auteurs, et à laquelle très souvent Ramus a 'donné le ton'; cette collaboration ininterrompue nous amènera à conclure que le système rhétorique ramiste forme un tout, sujet à des 'variations' et à une évolution il est vrai, mais somme toute un et indivisible[40]. La *cohérence* du système, malgré l'apport de trois personnes distinctes, malgré l'introduction d'éléments nouveaux souvent difficilement assimilables, s'avérera être l'une des caractéristiques les plus originales du ramisme dans le domaine de la rhétorique.

---

[38] Ong, *Inv.* (1958), p. 82; cf. pp. 2, 9.

[39] A part le témoignage unanime des biographes (voir *infra*, chap. 4 § 1 et chap. 9 § 1) on observe des décalages dans la 'doctrine' rhétorique telle qu'elle est exposée dans les ouvrages critiques de Ramus (1547, 1549) et celle qu'on trouve dans la *Rhetorica* contemporaine. Or, il est très invraisemblable que Ramus les ait fait passer, si lui était l'auteur de tous les trois ouvrages. Nous en rencontrerons quelques exemples au cours de notre réflexion: voir notamment le chap. 4.

[40] Nous reviendrons brièvement sur la question biographique de l'*authorship* au chap. 3 § 2, *nota* et au chap. 5 § 4.

CHAPITRE II

LES *INSTITUTIONES ORATORIAE* D'OMER TALON (1545)*

§ 1. *Prolégomènes à une rhétorique future*

Dans notre introduction nous avons caractérisé les *Institutiones Oratoriae* de Talon comme étant les 'premiers tâtonnements' des ramistes dans leur dessein d'élaborer une nouvelle rhétorique. Dans l'évolution générale de la rhétorique ramiste en effet, l'ouvrage n'occupe qu'une place modeste, puisque les grands travaux d''assainissement' de la rhétorique traditionnelle ne s'amorceront qu'avec les deux ouvrages critiques de Ramus publiés quelques années plus tard. Talon lui-même est d'ailleurs le premier à souligner le caractère *provisoire* du petit manuel scolaire: dans la préface adressée à la 'très-célèbre et très-illustre Université de Paris', il avoue que son travail est '*vix inchoatus, nec ulla doctrinae perfectione limatus*'. Il ajoute qu'il compte se racheter en publiant 'un jour' des *Rhetoricae animadversiones*, qui devront faire pendant aux *Aristotelicae animadversiones* de son collègue Ramus, sur la base desquelles ce dernier avait construit la première version de la dialectique ramiste, les *Dialecticae Institutiones*[1].

Cette préface est remarquable, non seulement parce qu'elle permet d'attribuer aux *Institutiones Oratoriae* son caractère d'essai, mais encore parce qu'elle exprime deux présupposés essentiels de l'approche ramiste que nous avons déjà relevés dans notre chapitre d'introduction: d'abord, celui de la *collaboration*, puisqu'il est clair que les *Dialecticae Institutiones* et les *Institutiones Oratoriae* sont destinées à être deux 'volets' d'une même entreprise; ensuite, celui du *travail critique* comme *condition de possibilité* de la production d'un texte 'original': une Rhétorique ramiste proprement dite ne pourra naître que sur la base de *scholae rhetoricae* en bonne et due

---

* *Audomari Talaei Veromandui Institutiones Oratoriae, ad celeberrimam et illustrissimam Lutetiae Parisiorum Academiam*. Paris, Jacques Bogard, 1545. Sigle: *TIO*. Ong, *Inv.* (1958), no. 38. Sur les réimpressions (1547, 1548, 1548) voir Ong, *ibid.*, nos. 39-41. Nous n'avons relevé aucune variante dans les passages que nous citons. Cf. aussi Leake (1968), p. 87.

[1] La préface est datée de Paris, le 13 janvier 1544 (1545, *n.s.*). Reproduite dans ce que nous appellerons désormais *le recueil de Bergeron*: *P. Rami..., et Audomari Talaei Collectaneae Praefationes, Epistolae, Orationes*. Paris, Denys Duval, 1577 (*réimpr.* Genève 1971), p. 19-20. Le recueil a été publié par les soins de Nicolas Bergeron, ancien élève et l'un des exécuteurs testamentaires de Ramus (Cf. *ibid.* (1577), f° iii^ro, l'épître de Bergeron; Ch. Waddington, *Ramus (Pierre de la Ramée). Sa vie, ses écrits et ses opinions*, Paris 1855; p. 328; P. Sharratt, *éd. cit.* (1975), p. 276: testament.). Vers la fin de la préface, Talon dit: 'Petri Rami consilium dialecticae institutiones & animadversiones Aristotelicae testificantur: nostrum veró vix inchoatus, nec ulla doctrinae perfectione limatus hic labor indicabit: plenius veró, & copiosius Rhetoricae animadversiones aliquando declarabunt.'

forme[2]. Le fait que celles-ci ne seront pas réalisées par Talon lui-même, mais par Ramus, illustre à son tour le premier présupposé: devant le travail en commun, les noms propres s'effacent[3].

Walter Ong a déjà donné un excellent aperçu des *Institutiones Oratoriae*, et montré les rapports entre celles-ci et les *Dialecticae Institutiones*[4]; dans la suite, nous pourrons donc nous borner à l'essentiel. Remarquons tout d'abord que la 'division du travail' (dialectique/rhétorique), qui constituera l'un des sujets majeurs des *scholae rhetoricae* à venir, est déjà manifeste ici, et s'inscrit dans le titre de l'ouvrage, en ce qu'il fait écho à celui de l'ouvrage dialectique correspondant. Dans les *Institutiones Oratoriae*, Talon se contente par conséquent de traiter le *discours orné*; l'exposé qu'il en fait est élémentaire, conçu pour être compris par des garçons de bas âge[5]. Comme Ramus l'avait fait dans son 'cours de dialectique', Talon distingue trois étapes (*gradus*) dans l'apprentissage de l'éloquence: il faut d'abord observer l'éloquence 'à l'état pur', telle qu'on la remarque même chez les enfants, ou encore chez certaines personnes ayant une *naturalis consuetudo* à parler avec élégance (*natura*); puis étudier la théorie (*doctrina*), laquelle devra être construite sur la base de cette éloquence spontanée; perfectionner enfin son éloquence par des exercices fréquents (*exercitatio*).

La *bene dicendi doctrina* que nous offre Talon[6] a été puisée dans deux ouvrages consacrés de la tradition rhétorique: le *De Oratore* de Cicéron et les *Institutiones Oratoriae* de Quintilien. Talon en extrait uniquement les passages concernant l'*ornatus* (ou *elocutio*); c'est dire qu'il se base avant tout sur la dernière partie du troisième livre du *De Oratore*, et sur les livres huit et neuf des *Institutiones Oratoriae*. Comme l'avaient fait ses modèles, il parle d'abord des 'beautés' (*ornamenta*) dans les mots considérés séparément, ensuite de celles dans les mots pris ensemble[7]. Les *verba singula* peuvent donner de l'éclat à un discours lorsqu'ils sont euphoniques, ou 'neufs', ou au contraire archaïques, ou encore métaphoriques[8]: subdivi-

---

[2] L'on sait que les *Aristotelicae animadversiones* s'appelleront plus tard *Scholae dialecticae*: voir Ong, *Inv.* (1958), pp. 37, 56.

[3] Sur ce thème de la collaboration, voir les *Trois discours des trois professeurs-ès-arts libéraux*, prononcés fin 1544 par Omer Talon, Barthélemy Alexandre et Pierre Ramus au Collège de l'Ave Maria et édités chez J. Bogard. Reproduits dans le recueil de Bergeron (1577), p. 259sqq. Ong., *Inv.* (1958), no. 31; cf. Waddington (1855), p. 59sqq.

[4] Ong, *Ramus* (1958), p. 271sqq.

[5] *TIO*, p. 4 (cf. p. 6): 'teneros adolescentium animos'. Gibert loue les qualités didactiques de l'ouvrage: *o.c.* (1725), p. 181. Cette préoccupation pédagogique restera une constante dans tous les ouvrages ramistes.

[6] *TIO*, p. 8. Sur la notion de *natura*, voir *infra*, le schéma récapitulatif.

[7] *TIO*, pp. 8-9, 21-2. Cf. Quint. VIII, 1, 1; Cic. *De Orat*. III, 37, 149.

[8] *TIO*, p. 9: 'Sunt autem [verborum] singulorum insignia quatuor *ornamenta*: vocale, novum, vetustum, & translatum.' Cic. *De Orat*. III, 38, 152 (et sqq.): 'Tria sunt igitur in verbo simplici, quae orator adferat ad illustrandam atque exornandam orationem: aut

sion en quatre qui préfigure les dichotomies futures, et qu'on retrouve dans la présentation des beautés virtuelles *in verbis coniunctis*:

> Transeamus ad continuata, quae ex singulorum compositione, & coniunctione constituuntur: in quorum laudibus, & ornamentis quatuor has res animadvertere oportebit, ut sint rectè collocata, ut numerosa, ut figurata, ut decentia[9].

A la suite de son modèle Cicéron, Talon parle successivement de la 'collocation' (p. 22-24), du 'nombre' poétique et oratoire (p. 24-28), des figures (p. 28-69), du *decorum*, de la diversité des styles enfin (p. 69sqq.). Nous laisserons de côté ce dernier passage, qui disparaîtra dans les versions ultérieures, et consacrerons le prochain paragraphe à l'examen des termes *collocatio* et *numerus*; restent les figures.

L'ordre de présentation est celui-là même préconisé par Cicéron et par Quintilien: figures de pensée d'abord, figures de mots ensuite[10]. Cet ordre restera inchangé dans la première version de la *Rhetorica*, mais sera renversé dans les versions ultérieures. La *séparation* entre figures de mots et nombre est, par conséquence, maximale ici[11]; or, nous verrons que la *connexion* de la figure de mots et du nombre sera l'une des nouveautés les plus audacieuses que les ramistes tenteront d'introduire dans leur système rhétorique.

Talon fait passer en revue un grand nombre de figures; il nous semble sans intérêt de les énumérer ici, puisque Talon n'explicite ni le critère de sélection, ni le critère d'ordonnance, de sorte qu'on ne saurait déterminer pourquoi il a retenu telle figure et en a rejeté telle autre, ni pourquoi il en parle à tel endroit plutôt qu'à un autre. La sélection et l'ordonnance en effet ne seront effectuées que plus tard par Ramus, dans les *scholae rhetoricae* publiées en 1547 et 1549. Cela explique pourquoi on trouve dans les *Institutiones Oratoriae* certaines figures qui disparaîtront sans laisser de

---

inusitatum verbum aut novatum aut translatum.' Répété ibid., III, 43, 170. Quint. VIII, 3, 24sqq. Sur la *vocalitas* (cf. *TIO*, p. 79), Cic. *De Orat.* III, 37, 150 ('plenum quiddam et sonans'); Quint. VIII, 3, 16-17; cf. I, 5, 4. Nous retrouverons cette notion dans les chapitres suivants.

[9] *TIO*, p. 21-2; Quint. VIII, 1, 1: 'in coniunctis [intuendum est], ut emendata, ut collocata, ut figurata.' Cf. VIII, 3, 41. Cic. *De Orat.* III, 43, 171sqq. ('Sequitur continuatio verborum..') Le passage se résume comme suit: a) l'arrangement des mots dans la phrase (171-2): *collocatio*; b) le rythme (172-198): *numerus*; c) les figures de pensée et les figures de mots (199-209): *figurae*; d) l'appropriation au sujet (210-12): *aptum*, *decorum*. On voit que Talon respecte scrupuleusement l'ordonnance de Cicéron.

[10] Voir note précédente. Quint. IX, 1, 19; IX, 2: figures de pensée; IX, 3: figures de mots.

[11] Voir *infra*, chap. 5, § 3 et notes. Dans son commentaire sur la dernière version de la *Rhetorica*, Claude Mignault apporte des arguments en faveur de ce renversement: *Audomari Talaei Rhetorica, unà cum ... commentationibus per Claudium Minoem...*, Paris, G. Beys, 1577, ff. 18ᵛᵒ-19ʳᵒ. Sigle: *Rh. Com. Ong, Inv.* (1958), no. 91. Voir *infra*, chap. 9., § 2.

traces dans la *Rhetorica* à venir. Il en est ainsi de la première figure de pensée mentionnée par Talon, l'*evidentia*; il en est de même pour des figures de mots comme *asyndeton*, *polysyndeton* et *zeugma*[12]. A la fin de la section concernant les figures de mots, Talon relève les *gorgianismes*, les 'figures de la *concinnitas*'. Une quarantaine de pages les séparent par conséquent du paragraphe consacré au *nombre*, ce qui est beaucoup dans un petit in-octavo d'environ quatre-vingts pages. Ce simple fait mérite d'être noté, non seulement parce que dans la *Rhetorica* de 1548 la séparation entre les gorgianismes et le nombre va être abolie, mais aussi parce que les gorgianismes seront soumis à un 'travail' théorique comparable à celui que subit la section du nombre. Nous verrons en effet que dans l'évolution de la rhétorique ramiste les gorgianismes ont partie liée avec le nombre poétique et oratoire; 'complémentarité' qui ne sera exploitée au maximum que dans la dernière version de la *Rhetorica*, mais qui s'annonce déjà beaucoup plus tôt. Pour cette raison il sera indispensable de les suivre à la trace, d'examiner à quel endroit du système ils ont place et pourquoi. Ajoutons que dans la partie précédente de notre étude nous avons vu qu'ils ont joué fréquemment le rôle de 'vecteurs', permettant le passage de la rhétorique classique à la poétique vernaculaire; or, nous constaterons qu'ils auront une fonction similaire dans l'économie du système rhétorique ramiste.

Mais pour l'instant, nous n'en sommes pas encore là. En 1545, rien n'est plus étranger aux ramistes que la 'culture' de la langue vulgaire. Qu'il nous suffise donc de signaler la présence des gorgianismes dans la liste — assez arbitraire — des figures de mots[13], en faisant remarquer que Talon, en bon Cicéronien, y attache du prix, puisque c'est à eux qu'incombe l'honneur de clore la section entière:

> Perfectus orbis concinnitatis ex similiter desinentibus, cadentibusque, ex comparibus, & contrariis existit ad summam venustatem, & magnificentiam orationis comparatus[14].

L'exemple qui vient illustrer le *perfectus orbis* est bien entendu le sempiternel 'Est enim iudices, non scripta, sed nata lex...' du discours *Pour Milon*

---

[12] *TIO*, pp. 28-29, 63-65; cf. *Scholae in liberales artes* (Bâle, 1569; *réimpr.* Hildesheim, 1970, *éd.* W. Ong), comprenant les *scholae rhetoricae*, col. 379: rejet des figures 'affectives' — dont l'*evidentia* — comme catégorie indépendante: contre Quint. IX, 2, 26sqq.; cf. Lausberg (1960), p. 399sqq.; *ibid.* (1569), col. 382: rejet des trois figures de mots mentionnées: 'grammaticae magis, quám rhetoricae figurae', contre Quint. IX, 3, 51; 62. La disparition de la théorie du *decorum* et des trois styles s'explique de la même façon: Ramus la renvoie à la dialectique, étant donné que le principe du *decorum* — dont dépend la théorie des styles — est tout d'abord affaire de jugement: voir *ibid.* (1569), col. 276 (contre Cic. *Or.* 21, 70sqq.); cols. 391-2 (contre Quint. XI, 1). Cf. aussi H. J. Lange (1974), p. 42. Les *Scholae in liberales artes* seront désormais citées comme *Scholae* (1569).

[13] *TIO*, p. 67: homéoptote, homéotéleute, parison, isocole; p. 68: antithèse.

[14] *TIO*, p. 69.

que Cicéron lui-même avait cité non sans complaisance dans l'*Orator*, et que Quintilien cite à son tour[15].

§ 2. Collocatio, numerus

On en conviendra: jusqu'ici, l'effort d'innovation de Talon a été minime. La liste des figures qu'il offre ne se distingue en rien de celle qu'on peut trouver dans les traités élémentaires du même genre, et la modestie dont il fait preuve dans la préface semble tout à fait justifiée. En revanche, dans les paragraphes consacrés à la collocation et au nombre, Talon paraît avoir fait des efforts en vue de la clarté et de la simplicité terminologiques. Dans *De Oratore*, Cicéron se sert du terme *collocatio* pour désigner la 'mise en place' euphonique des mots dans la phrase[16]. Talon de son côté étend la signification du terme: chez lui, il s'applique non seulement à la 'jointure' harmonieuse des mots isolés, mais encore et surtout à la construction globale de la phrase. Cela implique que Talon y fait ressortir la *période* et ses parties: les membres, les incises. Il rejoint ainsi le Cicéron de l'*Orator* (écrit 9 ans après *De Oratore*), où celui-ci se sert également de *collocatio* comme terme générique sous lequel ressortissent à la fois la 'jointure', la *concinnitas*, le nombre et la période[17]. Etant donné que c'est d'abord la période qu'il s'agit de rendre 'nombreuse', Talon traite du *numerus* tout de suite après; l'articulation des deux paragraphes est donc claire. Il commence par expliquer le principe de la *numerosa continuatio*, laquelle s'effectue au moyen d'un arrangement particulier des mots dans la période:

> Sequitur, ut quae sit numerosa continuatio, dicendum sit: eam dico, quae in modificato verborum cursu numerum quendam efficitur: ut,
> 'Tantae molis erat Romanam condere gentem'[18].

Talon dit donc qu'en général, le nombre se fait par l'*hyperbate*, la 'transmutation' de mots qui change l'ordre habituel de la phrase. Nous retrouverons cette conception de l'hyperbate comme *condition nécessaire* du nombre dans les *Scholae rhetoricae* et la *Rhetorica* des années suivantes. Après l'explication du fonctionnement, Talon présente une définition du nombre qui s'écarte de celles qu'on lit chez Cicéron et Quintilien; visiblement, il a essayé d'amender la définition de ce dernier en supprimant les ambiguïtés dont celle-ci était grevée:

---

[15] Cic. *Or.* 49, 165, déjà cité; cf. *De Orat.* III, 54, 206-7; Quint. IX, 3, 74-84.
[16] Cic. *De Orat.* III, 43, 172.
[17] Cic. *Or.* 44, 149. Voir *supra*, II, chap. 1, § 2.
[18] *TIO*, p. 24; Virg. *Aen.* I, 33.

> Numerus (quo nomine & rythmos, & metra significari volumus) est concentus ex apta pedum modulatione caussa suavitatis excogitatus. Pars igitur numeri pes est, & eius dimensio certis spatiis temporum definita[19].

La définition proposée par Talon est à la fois claire et simple: partant du présupposé qu'il y a 'du nombre' dans la prose aussi bien que dans la poésie, il choisit *numerus* comme terme générique. Pour éviter le dédoublement fâcheux des termes, il conserve le mot grec *rythmus* pour désigner le 'nombre oratoire' et réserve le terme *metrum* pour le 'nombre poétique'. Sa définition lui permet de passer sans inconvénient à la division de la *numerosa continuatio*:

> Sunt autem duae formae numerosae continuationis, carmen & oratio liberior, quam Fabius vinctam nominat[20].

Suivent des exemples de l'emploi des différents pieds dans les deux 'formes'. La procédure de Talon est ici exemplaire dans sa simplicité; rendue en schéma, elle se présente comme suit:

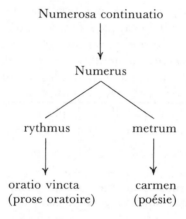

Or, qu'avaient fait Cicéron et Quintilien? Dans leur empressement à distinguer au maximum les procédés rythmiques de la prose de ceux de la poésie, ils avaient *identifié* dans leurs définitions *numerus* et *rythmus*, quitte à affirmer aussitôt après que les 'nombres' de la prose sont tout compte

---

[19] *TIO, ibid.* La définition de Quintilien est plutôt confuse: 'Omnis structura ac dimensio et copulatio vocum constat aut numeris (numeros ῥυθμοὺς accipi volo) aut μέτροις id est dimensione quadam. Quod etiamsi constat utrumque pedibus, habet tamen non simplicem differentiam. Nam primum numeri spatio temporum constant, metra etiam ordine, ideoque alterum esse quantitatis videtur, alterum qualitatis.': IX, 4, 45-6. Cf. Cic. *De Orat.* III, 44, 173; Cic. *Or.* 20, 67: 'Quicquid est enim quod sub aurium mensuram aliquam cadit, etiam si abest a versu — nam id quidem orationis est vitium — numerus vocatur, qui Graece ῥυθμός dicitur.' Ramus reviendra longuement sur ces définitions dans les *Scholae rhetoricae*.

[20] *TIO*, p. 25.

fait les mêmes que ceux en poésie[21]! En partant de cette dernière donnée, et en y apportant ensuite les précisions requises — contrairement à ce qui se passe en poésie, la structure rythmique des périodes ne doit jamais être récurrente — Talon parvient à donner une présentation synthétique du phénomène du rythme qui reste fidèle à la tradition classique, tout en étant infiniment plus claire. Et nous constaterons que malgré quelques modifications dans la terminologie, c'est cette présentation que les ramistes adopteront également par la suite. Cependant, la 'trame générale' dans laquelle cette présentation se trouve insérée sera complètement différente; et, en raison de l'application d'une méthodologie rigoureuse, les ramistes ne se permettront plus — comme le fait encore Talon ici — de donner d'abord l'explication du fonctionnement, et ensuite la définition du phénomène en question.

Méthode, rigueur, simplicité: tels seront les mots d'ordre d'après lesquels la nouvelle *Rhetorica* sera élaborée. Mais, comme nous l'avons déjà dit, pas de construction sans 'déconstruction' préalable; pas de *genèse* sans *analyse*. Ramus ne nous décevra pas; déjà, il aiguise ses flèches qui seront pointées vers les deux autorités *in rhetoricis* par excellence: Cicéron et Quintilien.

§ 3. Numerus: *Aristote*

Nous venons de voir que Talon a essayé de 'réformer' la théorie classique du rythme en vue d'un exposé didactique aussi simple que possible. A cet effet, il a tenu à distinguer, au niveau terminologique, le 'nombre' du 'rythme' et du 'mètre' en proposant le premier comme terme générique, et les deux autres comme termes 'dérivés', là où Cicéron et Quintilien avaient désigné les mots 'nombre' et 'rythme' comme des synonymes. Or, comme on le sait, Cicéron et Quintilien se basent sur la théorie aristotélicienne du rythme exposée dans le troisième livre de la *Rhétorique* (III, 8), essayant de rendre celle-ci en latin. Leur tentative de traduction s'est heurtée à des problèmes sérieux, qui d'ailleurs ont été signalés ultérieurement par Augustin, et au milieu du XVIe siècle par un traducteur-commentateur qualifié comme Pier Vettori[22]. Les mots-clé du passage aristotélicien[23] en effet sont σχῆμα τῆς λέξεως, la 'forme du style'; ἀριθμός,

---

[21] Par exemple Cic. *Or.* 56, 190: 'Sit igitur hoc cognitum in solutis etiam verbis inesse numeros eosdemque esse oratorios qui sint poetici.'

[22] Augustin, *De Musica* (fin IVe s.), III, 1, 2; *Petri Victorii Commentarii ... in tres libros Aristotelis de arte dicendi*. Parus en 1548 à Florence chez Giunta, réédités l'année suivante chez J. Oporin à Bâle. Nous citerons d'après l'édition 1549.

[23] Arist. *Rhet.* III, 8, p. 1408b 21-2; 28-9: ʽτὸ δὲ σχῆμα τῆς λέξεως δεῖ μήτε ἔμμετρον εἶναι μήτε ἄρρυθμον· (...) ὁ δὲ τοῦ σχήματος τῆς λέξεως ἀριθμὸς ῥυθμός ἐστιν, οὗ καὶ τὰ μέτρα τμητά. διὸ ῥυθμὸν δεῖ ἔχειν τὸν λόγον, μέτρον δὲ μή· ποίημα γὰρ ἔσται.'. — Traduction M. Dufour et A. Wartelle, coll. Budé, Belles Lettres, Paris, 1973, p. 57: 'La forme du style ne doit être

le 'nombre'; ῥυθμός, le 'rythme'; et μέτρον, le 'mètre'. Ceux-ci offrent une double possibilité de malentendu: il y a d'abord la tentation de traduire σχῆμα τῆς λέξεως par 'figure de mots'[24]; ensuite et surtout, le dilemme de la traduction des mots suivants: ἀριθμός: 'numerus', et ῥυθμός: 'numerus'[25]?!

Voilà donc le 'dédoublement fâcheux' dont nous avons parlé dans le paragraphe précédent, et que Talon a cherché à éviter. A première vue (nous l'avons cru un bon moment) Talon semble donc avoir voulu 'restaurer' la doctrine grecque; comme Aristote, il distingue *trois* catégories, alors que Cicéron et Quintilien, confondant 'nombre' et 'rythme', n'en admettent que deux. Mais à y regarder de plus près, on s'aperçoit d'une différence essentielle dans les deux conceptions: là où Aristote établit une relation de *dépendance* entre les termes — le rythme ressortissant sous le nombre, le mètre à son tour sous le rythme[26] — Talon affirme qu'il veut désigner par le terme 'nombre' à la fois les 'rythmes' et les 'mètres', établissant de la sorte une relation d'*équivalence*. Aussi verrons-nous que dans la *Rhetorica* de 1548 les deux derniers mots ont disparu, et que Talon distingue désormais tout simplement le 'nombre oratoire' et le 'nombre poétique'. Nous pouvons en conclure que la définition fournie par Talon dans les *Institutiones Oratoriae* n'est pas basée sur une traduction directe du texte du Stagirite, mais plutôt sur l'étude attentive des traités latins, où les mots *rythmus* et *metrum* figurent également, mais où la théorie aristotélicienne a été passablement déformée[27].

---

ni métrique ni arythmique (…); [or] le nombre, appliqué à la forme du style, est le rythme, dont les mètres ne sont que des sections. Le discours doit, par conséquent, avoir un rythme, non un mètre; autrement, ce serait un poème.' Pour une traduction latine datant du XVIe siècle, voir p. ex. celle de Marcantonio Maioragio: *Aristotelis Stagiritae Rhetoricorum libri III. Quos M. A. Maioragius vertebat.* Venetiis, per J. Patavinum, [1552], p. 182-3 ([1]Milan, 1550): 'At verò forma orationis neque versibus constare, néque *numerorum* (!) expers esse debet. (..) Sed is *numerus*, qui in orationis forma spectatur, *rythmus* est: cuius etiam metra partes sunt. quo fit, ut oratio rhythmum quidem habere debeat, non autem versum, alioquin esset poëma…'

[24] Cf. Vettori (1549), col. 698: 'Haec ad numerosam orationem pertinent. σχῆμα λέξεως appellat hic formam orationis, speciémque continuationis ipsius, *neque enim nunc disserit de figuris verborum*…'

[25] *Ibid.*, col. 706: '…Cum autem Latini boni auctores, nomine generis, ut Aristoteles vult, rythmum numerum appellarint, quomodo hic locus commodè Latinè reddi possit, non video. nam si ἀριθμός numerus reddatur, perturbetur lector necesse est: cum sciat rhythmum etiam, de quo hic disputatur, numerum appellari. & haec causa fuit, cur Graecis nominibus usus sim…'

[26] Cf. *ibid.*, col. 707: Vettori explique que le mètre est une 'partie' du rythme, et celui-ci à son tour une 'partie' du nombre (avec référence aux *Problemata* [19,38] d'Aristote).

[27] Ajoutons que même aujourd'hui, les érudits sont loin d'être d'accord sur la signification exacte du mot 'rythme' en grec. Cf. p. ex. l'article de R. Waltz, 'ΡΥΘΜΟΣ et numerus', dans la *Revue des études latines* 25 (1948), p. 109-120; et l'article d'E. Benveniste, 'La notion de 'rythme' dans son expression linguistique', dans le *Journal de Psychologie* (1951), reproduit dans *Problèmes de linguistique générale*, Paris 1976 ([1]1966), p. 327-335.

Ce ne sera qu'une dizaine d'années plus tard que les ramistes citeront expressément la *Rhétorique* d'Aristote; mais même alors, ils s'en serviront pour confirmer *a posteriori* une théorie du nombre construite à partir de la lecture critique des traités latins[28]. C'est ce que nous apprendra notamment l'étude des *Rhetoricae Distinctiones in Quintilianum* que nous allons entamer dans le chapitre suivant. Voici, pour terminer, le schéma de construction des *Institutiones Oratoriae* de 1545:

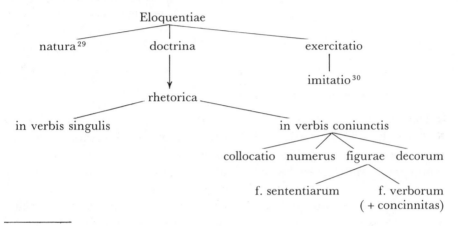

---

[28] Voir *infra*, chap. 6.

[29] Selon Talon, l'éloquence trouve son origine dans la nature de l'homme, qui possède une disposition spontanée (*vegeta vis*) à la réflexion (dialectica naturalis) et à l'éloquence. Dès lors, il est légitime d'appliquer la série *natura* (*ingenium*)—*ars* (*doctrina*)—*exercitatio*, qui se rapporte traditionnellement à l'orateur novice, à l'éloquence elle-même. Comparer *TIO*, p. 6-7 avec Ramus, *Dialecticae Institutiones* (1543) [Ong, *Inv.* (1958), no. 2], f° 6ʳᵒ: 'Naturalis autem dialectica, id est, ingenium, ratio, mens, imago parentis rerum Dei, lux denique beatae illius, & aeterni lucis aemula, hominis propria est, cum eoque nascitur.' *Ibid.*, f° 8ʳᵒ: 'Est igitur ars dialectica doctrina disserendi. in natura vegeta vis est, in arte admonitio, consilium, praeceptio sic agendi, ut natura integra, atque incorrupta ageret. docet igitur ars rectas naturae leges: nec errare in disserendo patientes vias ostendit.' Voir Ong, *Ramus* (1958), pp. 176-7, 271-2; W. Risse, *Introd.* à la réimpression photomécanique des *Dialecticae Institutiones* et des *Aristotelicae Animadversiones* (1543), Stuttgart-Bad Cannstatt 1964, p. XIIsqq. Cf. Lausberg (1960), §§ 1-8, 37-41, qui cite e.a. (§ 39) Cic. *De Orat.* I, 32, 146: 'Verum ego [*i.e.*, Crassus] hanc vim intellego esse in praeceptis omnibus, non ut ea secuti oratores eloquentiae laudem sint adepti, sed, quae sua sponte homines eloquentes facerent, ea quosdam observasse atque id egisse; sic esse non eloquentiam ex artificio, sed artificium ex eloquentia natum.'; également Cic. *De Orat.* II, 57, 232; Quint. II, 17, 9sqq.; III, 2, 1-4. Voir encore T. Cave (1979), p. 143 qui cite *TIO*, p. 6 et renvoie à juste titre à Cic. *De Orat.* I, 25, 113.

[30] On trouvera un résumé de la dernière partie de l'ouvrage (*TIO*, pp. 73-84) consacrée à l'*exercitatio* dans Ong, *Ramus* (1958), p. 274. Dans sa *ratio imitationis*, Talon se montre plutôt 'classiciste'. Outre César, Térence, Virgile et Ovide, il recommande bien sûr Cicéron lui-même, et les orateurs que celui-ci a appréciés: M. Antonius, L. L. Crassus, P. Sulpicius Rufus, interlocuteurs dans le *De Oratore*: Q. Hortensius Hortalus, dont l'éloge marque la fin du même dialogue. Cf. aussi le *Brutus*. En l'absence de discours survivants des orateurs mentionnés, la recommandation de Talon (*TIO*, p. 82-8) équivaut à l'injonction de lire…le *De Oratore* et le *Brutus*! Cf. A. D. Leeman (1963), p. 58sqq., 64-5, 92sqq.

CHAPITRE III

LES *BRUTINAE QUAESTIONES* ET LES
RHETORICAE DISTINCTIONES IN QUINTILIANUM (1547-1549)

> ...l'autre [Ramus] mesdisant,
> mesescrivant et abayant contre
> les antiques philosophes et ora-
> teurs, comme un chien.
>
> Fr. Rabelais, *Prologue au Quart
> Livre*[1]

§ 1. *Remarques préliminaires*

Dans les *Br. Qu.* et les *Rh. D.*, Ramus attaque respectivement l'*Orator* de Cicéron et les *Institutiones Oratoriae* de Quintilien. Il semble pertinent de le rappeler ici, car à l'égard du premier ouvrage on constate un malentendu persistant chez les savants les plus réputés: dans un article paru il y a une trentaine d'années, C. Vasoli prétend que les *Br. Qu.* sont 'nées d'un cours de Ramus sur *De Oratore*[2]; quinze ans plus tard, le même auteur, dans son étude — célèbre à juste titre — consacrée à la dialectique et la rhétorique de l'Humanisme, affirme qu'elles sont un commentaire sur le *Brutus* de Cicéron...[3]. Le Père Ong, de son côté, après avoir décrit correctement les *Br. Qu.* dans son *Inventory* (p. 79) — du moins quant à leur contenu général et leur visée — change brusquement d'opi-

---

[1] Rabelais, *Quart Livre* (1552¹), éd. Pléiade (1955), p. 528. Il est piquant de voir que Rabelais reprend ici les mots de Pierre Galland, l'ennemi de Ramus dans cette *Pétromachie* également ridiculisée par Du Bellay. Dans son discours de 1551 (voir *infra*), Galland dit à propos du commentaire de Ramus sur Euclide (Paris 1545): 'Euclidem *canina tua eloquentia allatraveris*' [cf. Quint. XII, 9, 9]: *Oratio* (1551), f° 54ʳᵒ, cité in Schmitt (1972), p. 96n. 57 (L'auteur donne une pagination différente). Schmitt, qui cite pourtant les mots de Rabelais (*ibid.*, p. 92) ne fait pas le rapprochement tout en consacrant un chapitre entier (ch. IV) à la controverse: 'The *Academica* at Paris in the Middle of the Sixteenth Century: Talon, Galland and Others'. Il ignore également les *Br. Qu.* (voir *infra*, n. 32).
A propos du discours de Galland, Du Bellay écrit:

> '...Ha! Je recognois bien le stile
> Que sa doulce plume distille:
> Il est tout *Perionizé*,
> Et quelque peu *Tornebuzé*...'

(*Œuvres Poétiques*, V. éd. Chamard, Paris 1923, p. 241, vv. 95-8). Sur ces controverses suscitées par Ramus, cf. Ong, *Inv.*, p. 492 sqq.

[2] Vasoli, *art. cité* (1953), p. 100: '...(le) *Br. Qu.*, nate dal suo commento scolastico al *De Oratore* ciceroniano..'.

[3] Vasoli, *o.c.* (1968), p. 429: '...le *Br. Qu....*, sotto l'aspetto di un commento al *Brutus* ciceroniano..'

nion et rejoint celle de Vasoli en traduisant le titre comme 'Questions on Cicero's *Brutus*' et en ajoutant même qu'elles contiennent 'a consideration of matters raised in Cicero's dialogue concerning illustrious orators'[4]. Force nous est de constater que si les *Br. Qu.* sont citées de temps en temps, elles n'ont guère été lues, et encore moins étudiées de près[5].

Mais il y a un problème bien plus grave que le malentendu que nous venons de signaler: en effet, le texte des *Br. Qu.* n'est nullement identique d'une édition à l'autre. C'est aussi le cas des *Rh. D.*, mais à une échelle très réduite (ce dont on ne peut que se féliciter). Malheureusement, W. Ong ne signale nulle part ce travail de remaniement dans l'*Inventory*. Dans les pages qui suivent, nous nous efforcerons de donner un relevé des différents états du texte des deux ouvrages. Comme nous n'avons pas collationné les éditions de façon systématique, il nous faut reconnaître d'emblée la portée extrêmement limitée de nos observations: nous avons dû travailler par sondages.

1.1. *Brutinae Quaestiones*

1. *1547*. Première édition des *Br. Qu.*, publiée chez J. Bogard. Epître dédicatoire à Henri de Valois, dauphin de France. Diffère de façon notable des éditions ultérieures en ce que Ramus se contente le plus souvent d'attaquer Cicéron sans proposer de solutions (définitions, divisions) alternatives: il n'a, paraît-il, pas encore élaboré son propre système. C'est à cette première version que répond le bénédictin J. Périon en publiant sa *Pro Ciceronis Oratore contra Petrum Ramum oratio* (1547). Ajoutons que la réaction de Périon est beaucoup moins inepte qu'on ne l'a prétendu quelquefois[6].

2. *1549*. Seconde édition des *Br. Qu.*, publiée chez M. David. Epître dédicatoire à Henri de Valois, roi de France. Ramus oppose son propre 'système' au 'désordre' qu'il croit déceler dans l'*Orator*: définitions et

---

[4] W. Ong, préface à sa rééidtion photomécanique des *Scholae in liberales artes*, New York/Hildesheim 1970, p. xiii.

[5] En juillet 1981, le Professeur J. J. Murphy de l'Université de Californie, Davis, a présenté une communication sur 'The Attacks of Peter Ramus on Cicero and Quintilian' pendant un colloque à Munich. Il a eu l'amabilité de nous communiquer son texte. Qu'il en soit remercié ici. M. Murphy prépare actuellement une traduction des *Rh. D.* en collaboration avec Mme Carole Newlands. La traduction, avec le texte latin en regard, sera précédée d'une préface substantielle.

[6] Cf. p. ex. Leniént (1855), p. 53-5; (1866), p. 531-2. A. Thévet [(1584), f° 135], parlant de la dispute entre Ramus et Périon, donne la palme à ce dernier. Ce même Périon avait déjà attaqué Strébée: voir *supra* II, chap. 1, § 1. Vasoli fournit quelques références: (1968), p. 406n. 4. Cf. aussi Stegmann, *art. cité* (1976). Bien entendu, Galland a été le premier à porter Périon aux nues: '...*doctus & disertus* homo, qui toties loquacitatem tuam (*i.e.*, Ramus) elinguem reddidit...': (1551), f° 58vo.

divisions qu'on retrouve presque littéralement dans le première édition des *Rh. D.*, parues la même année. Il est probable (mais difficile à prouver) que Ramus ait révisé son texte en fonction de son analyse des *Inst. Or.* de Quintilien; c'est-à-dire qu'il a corrigé son texte sur le modèles des *Rh. D.*

3. *1552.* Troisième édition des *Br. Qu.*, parue également chez David. Elle est identique à la seconde, sauf qu'un grand nombre de notes marginales a été ajouté, qui résument commodément le texte. Le texte ainsi que sa division est plus ou moins identique à celui des *Scholae in liberales artes* (1569).

4. Pourtant, il n'y a jamais eu de texte définitif: par exemple, le texte des *Scholae* (1569) présente des écarts par rapport à celui du *Ciceronianus* & *Brutinae Quaestiones* édité en 1577 par Freige chez P. Perna à Bâle. Il semble que le premier soit identique à celui des *Scholae in tres primas liberales artes* (1581), et le second à celui des *Praelectiones* (1575). Parmi ces ouvrages, seules les *Scholae* de 1569 ont paru du vivant de l'auteur. Voir Ong, *Inv.* nrs. 695, 697, 709, 713.

1.2. *Rhetoricae Distinctiones*

5. *1549.* Première édition des *Rh. D.*, publiée chez M. David. Epître dédicatoire au 'Mécène' de Ramus, le Cardinal Charles de Lorraine. Recense les douze livres des *Inst. Or.* de Quintilien. C'est surtout sur la base de cet ouvrage de critique fondamentale que Talon écrit la *Rhetorica* parue en décembre 1548. Systématiquement, Ramus oppose aux définitions et divisions de Quintilien (jugées vicieuses et inconsistantes) les siennes propres. Ainsi, il rejette la définition quintilienne de l'orateur, 'vir *bonus* bene dicendi peritus': la 'bonté' de l'orateur ressortit à l'Ethique, pas à la rhétorique. De la même façon, une figure comme l'antithèse est reléguée à la dialectique. Ramus teste les définitions de Quintilien en les soumettant à l'épreuve du syllogisme (procédure caractéristique du ramisme), typographiquement mis en relief dans le texte. Même procédé dans *Br. Qu.*[2]

6. *1549.* Autre impression des *Rh. D.*, publiée chez L. Grandin. Elle est identique à celle parue chez David, jusqu'à la pagination (8 + 119 pp.). Syllogismes mis en relief, notes marginales.

7. *1550.* Seconde édition des *Rh. D.* chez David. Quasiment identique à la première. Pagination différente (113pp.). Syllogismes mis en relief, notes marginales[7].

---

[7] J. J. Murphy écrit: 'I also have the impression that the 1549 Grandin is identical to the David *Rh. D.* of the same year; David's 1550...differs from his 1549 only in five or six insignificant words, probably due to typesetter changes when it was re-set.' (Correspondance personnelle, juin 1982).

8. Les sondages effectués ne révèlent aucune variante dans les rééditions de 1556 et 1559 (Ong, *Inv.* nrs. 186, 187). Comme les *Br. Qu.*, les *Rh. D.* ont été recueillies dans les *Scholae* de 1569 qui ont été réimprimées en 1970 avec une préface signée W. Ong (voir *supra*). De temps en temps, on relève des corrections amusantes dans le texte des *Scholae* comparé aux textes 'autonomes' parus auparavant: par exemple, le nom d'*Aristote* a été remplacé soit par *Rhetor*, soit par *Isocrates*. Repentir tardif?[8].

Les précisions qu'on vient de lire, si indigestes qu'elles soient, sont pourtant indispensables. Elles nous montrent 1° qu'il faut se méfier de l'*Inventory* de W. Ong, dans lequel aucune de ces variantes n'a été relevée; 2° que le texte des *Scholae*, le seul qui ait été réimprimé jusqu'à présent, est sujet à caution; 3° qu'il nous faudra faire un choix parmi les éditions disponibles des *Br. Qu.* et des *Rh. D.*

Ces constatations nous amènent à poser une première question, essentielle pour notre propos: celle de savoir *sur quels textes* il faudra se baser. On a vu en effet que Ramus les a constamment corrigés, remaniés. La réponse à cette question s'impose d'elle-même dès qu'on considère que nous n'entendons parler des *Br. Qu.* et des *Rh. D.* qu'en fonction de notre problématique générale, qui est celle de l'évolution de la *Rhétorique* ramiste. Il sera clair dès lors que seules la première et la seconde édition des *Br. Qu.* ainsi que la première édition des *Rh. D.* entrent en ligne de compte.

Dans la première édition des *Br. Qu.*, la pensée de Ramus est encore tâtonnante dans la mesure où il ne réussit pas encore à opposer à la 'confusion' cicéronienne ses propres concepts: ainsi, s'il reproche à Cicéron de ne définir nulle part les concepts de *trope* ou de *figure*, lui-même ne le fait pas non plus[9]. Dans la seconde édition en revanche, il propose systématiquement ses propres définitions là où elles font défaut dans l'*Orator*. Ce remaniement est peut-être dû en partie à l'attaque qu'il a essuyée de la part de Périon; mais on a l'impression que c'est surtout la lecture et la critique de l'ouvrage de Quintilien qui a provoqué un tel revirement; on constate en effet que les définitions données dans les *Rh. D.* et celles des *Br. Qu.* de 1549 sont pour la plupart similaires, sinon identiques. Sans donc exclure la possibilité de l'influence de la critique que lui a adressée Périon, nous entendons soutenir l'hypothèse suivante: c'est en critiquant Quintilien que s'est affermie la pensée de Ramus; sûr de ses moyens désormais, Ramus s'est attaqué une deuxième fois à l'ouvrage de Cicé-

---

[8] Cf. *Br. Qu.*², p. 136 (dernière page) = *Br. Qu.*³, p. 125 ≠ *Scholae* (1569), col. 319. — Quant aux activités de Ramus à Bâle et aux éditions bâloises des textes ramistes, voir le chap. II, 8 du livre de P. G. Bietenholz, *Basle and France in the Sixteenth Century*, Genève 1971, p. 153-163.

[9] *Br. Qu.* (1547), f° 24ᵛᵒ. Cf. *ibid.*, f° 9ʳᵒ: 'Quousque tandem confusionem artium tantam perferemus?'. Bel échantillon d' 'imitation créatrice'!

ron ainsi qu'à ses propres '*Questions Brutines*', qu'il a amendées en conséquence [Voir *supra*, 1.1.2].

Or, la première édition de la *Rhetorica* de Talon a été publieé en décembre 1548; *Br. Qu.*[2] et *Rh. D.*[1] en 1549. C'est donc en premier lieu ces textes-là qu'il faudra considérer ensemble.

Mais, dira-t-on, étant donné ces dates, qu'est-ce qui prouve que c'est bien Talon qui s'est basé sur les ouvrages de Ramus? L'inverse n'est-il pas plus probable? C'est que Talon lui-même affirme dans la Préface à la *Rhétorique* qu'il s'est servi (*adjutus*) des travaux de son 'frère'[10]. Talon les a sans doute lus en manuscrit, ce qui n'a rien d'étonnant, vu la symbiose des deux amis[11].

C'est précisément cet 'aveu' de Talon qui nous fournit la réponse à une deuxième question, celle de savoir *dans quel ordre* il faudra poursuivre notre recherche; il est clair désormais qu'il faudra procéder à un examen détaillé des deux ouvrages critiques de Ramus *avant* d'aborder la *Rhétorique* elle-même. Cela nous permettra de démontrer par la suite que ces deux textes ont eu une influence décisive sur l'élaboration de la *Rhétorique*, qu'ils en constituent à la fois le fondement méthodologique et le point de départ effectif. Autrement dit, ils jettent une vive lumière sur la genèse de la *Rhétorique* ainsi que sur son évolution, dont nous comptons établir que le *nombre oratoire* fonctionne comme le 'relais' essentiel. Nous allons montrer en effet que le système de la rhétorique ramiste est 'en place' *dès les années '48-'49*, c'est-à-dire programmé dans les deux ouvrages critiques de Ramus et adopté dans les différentes versions de la *Rhetorica*; en outre, nous ferons apparaître que *seule* la section concernant le nombre oratoire a été sujette à des remaniements constants. C'est elle qui sera sans cesse remaniée, déplacée et exploitée lors des tentatives ramistes pour incorporer les langues nationales — et partant le français — dans le système. Autant dire que l'évolution de la rhétorique ramiste *se réduit* aux progrès de la réflexion sur le nombre. Décrire l'évolution de la rhétorique ramiste, c'est par conséquent décrire l'évolution du nombre oratoire à l'intérieur du système.

§ 2. *Visée*

La rhétorique ramiste s'est élaborée à partir de la 'déconstruction' de la rhétorique classique[12]; déconstruction qui fait partie du vaste pro-

---

[10] Préface reproduite dans le recueil de Bergeron (1577), p. 21-2.

[11] Cf. N. Nancel, *Petri Rami Vita*, éd. cit. (1975), p. 178-181. M. Jean Dupèbe a démontré au moyen de l'étude des testaments de Ramus et de Talon 'la dépendance totale, matérielle et morale, de Talon à l'égard de son aîné': voir son article 'Autour du Collège de Presles', in *BHR* 42 (1980), p. 123-137.

[12] Celle de Cicéron et de Quintilien notamment. Comme nous l'avons déjà remarqué,

gramme d'*assainissement* des domaines de la connaissance dans leur totalité, mais où précisément la dialectique et la rhétorique occupent une
place privilégiée[13]; programme largement motivé par les préoccupations
pédagogiques caractéristiques de l'esprit ramiste, selon lequel la théorie ne
vaut rien si elle n'est pas solidement ancrée dans la pratique. Or, l'*Orator*
de Cicéron était devenu 'pour les délicats de la Renaissance le manuel, le
compendium orthodoxe de l'éloquence'[14], bien que l'ouvrage n'ait jamais
été conçu dans un but pédagogique précis[15]; les *Institutiones Oratoriae* de
Quintilien avaient été le livre de chevet de tous les professeurs de rhétorique, depuis la basse Antiquité jusqu'à l'époque de Ramus (et bien
au-delà); elles avaient été adaptées pour la classe sous forme d'épitomés,
ou bien exploitées dans les manuels composés par des enseignants modernes désireux de présenter à leur élèves la 'sustantificque mouelle' de
l'éloquence antique. Bref, pendant toute l'époque renaissante, l'*Orator* et
les *Institutiones* avaient été les deux ouvrages de base pour l'enseignement
de la rhétorique. Et c'est d'abord en tant qu'enseignant que Ramus a été
amené à soumettre ces ouvrages à un examen rigoureux. Il a ramassé ses
conceptions didactiques dans une belle formule qu'on pourrait mettre en
exergue à l'ensemble de son œuvre:

---

l'attitude des ramistes envers Aristote est plus difficile à déterminer. Soulignons toutefois
que dès la première édition des *Br. Qu.* Ramus cite en grec une partie du chap. III, 8 de la
Rhétorique (p. 1409a, 1-9) et le commente, critiquant par ce biais Cicéron, qui à ses yeux
s'en était servi d'une façon douteuse dans l'*Orator* (51, 191sqq.); ce qu'à son tour Périon
conteste. Voir *Br. Qu.* (1547), ff. 31^{vo}sqq.; Périon, *o.c.* (1547), ff. 38-40.

Se basant expressément sur les *scholae rhetoricae*, Talon citera à plusieurs reprises le
même chap. (III, 8) dans son commentaire sur le *De Oratore* publié en 1533 (privil. févr.
1552). Ces citations seront reprises dans la *Rhetorica* de 1557 redécouverte par Leake
(1968), qui ignore d'ailleurs ce dernier commentaire: voir *infra*, chap. 6. Cf. *Comm.*
(1553), p. 4 ('Petri Rami quaestiones Brutinas & rhetoricas distinctiones imitatus...'), pp.
75, 76, 79 (citations d'Aristote, en grec).

Quant à la *Poétique* d'Aristote, s'il est probable que les ramistes l'aient connue vers la
même époque, ils ne commencent à la citer — pour autant que nous sachions — que dans
les années '50; dans les années '60, Ramus en fera des emprunts importants pour son
remaniement de la *Rhétorique* après la mort de Talon. Voir *infra* chap. 6, § 1 et chap. 8,
§ 3. Sur la 'réception' de la *Poétique* en France, cf. l'art. de Gordon (1966) auquel répond
(en faveur des ramistes) Leake (1968), p. 106 n. 67.

[13] Voir *supra*, chap. 1. Rappelons également les remarques de C. Vasoli à ce propos:
'*La* retorica ramista costituisce infatti, insieme alla dialettica, il vero principio unificatore
dei diversi strumenti e delle differenti dimostrazioni intellettuali.' *Art. cité* (1953), p. 117.

[14] Nous citons C. Lenient (1866), p. 531.

[15] Prenant la défense de Cicéron, Périon observe que celui-ci n'a jamais présenté l'*Orator* comme une *ars rhetorica*. En réponse aux reproches de Ramus selon lequel Cicéron ne
définit nulle part ses concepts, Périon remarque: '*Aliud* [est] artem scribere, aliud de arte
iudicare. Qui artem scribit, eum necesse est artis vocabula quam vim habeant definiendo
aperire. Qui autem iudicat, id quod se Cicero suscepisse [hoc loco] dicit, non necesse
habet definire omnia.': (1547), f° 45vo. Observation justifiée en soi, mais sans valeur du
point de vue pratique qui est celui de Ramus.

Simpliciter & apertè doctrinas doceri volo,
sophismatis discipulos falli nolo...[16]

Motivation noble s'il en fût, mais rendue quelque peu suspecte par la hargne, la mauvaise foi avec lesquelles Ramus a démoli ses 'adversaires'. A n'en pas douter, l'extrême violence de son approche, le ton très désagréable dont il a usé ont beaucoup nui au succès d'une entreprise louable en soi.

Quels sont les défauts majeurs qu'il détecte dans les ouvrages de ses illustres prédécesseurs? D'abord, l'absence totale d'une *méthode*. Ensuite, la *confusion* qui règne dans leurs écrits; enfin, l'absence et/ou l'incohérence des *définitions*. Bien entendu, ces deux derniers défauts découlent du premier. Or, Ramus entend 'assainir' les travaux des rhétoriciens classiques en y imposant sa propre méthode et en y introduisant des définitions simples et univoques; du même coup, la confusion sera éliminée.

On a beaucoup écrit sur cette fameuse méthode ramiste; nous ne nous y attarderons donc pas[17]. Rappelons seulement qu'elle permet de bien délimiter les *artes* les unes par rapport aux autres, et de déterminer l'objet propre de chaque discipline; car si *dans la pratique* les disciplines sont très souvent mêlées, il faut néanmoins les séparer *dans la théorie*[18]. Il est par conséquent inutile, voire inadmissible, de parler d'*invention*, de *disposition* ou de *mémoire* dans une *ars rhetorica*, car elles appartiennent en propre à la

---

[16] *Br. Qu.* (1547), f° 10vo. Cf. sur les préoccupations pédagogiques de Ramus l'article de W. Ong, 'Ramus éducateur — Les procédés scolaires et la nature de la réalité', in *Pédagogues et Juristes* (Colloque Tours 1960), Paris 1963, p. 207-221; Hooykaas (1958), p. 29-32.
Aussi Ramus se méfie-t-il de la théorie, qui ne vaut rien si elle n'est constamment mise en *pratique* (*usus*): 'en forgeant on devient forgeron'; autrement dit: 'Ut Musici simus, non tantúm Musicae regulas nosse volumus, Musicos cantantes audire volumus, cantare etiam volumus...'!: *Pro philosophica parisiensis Academiae disciplina, Oratio* (1551), recueilli avec d'autres discours en appendice des *Scholae* (1970, ¹1569) ainsi que dans le recueil de Bergeron (1971, ¹1577). Passage cité: (1569), col. 1031; (1577), p. 356. Dans l'article remarquable qu'il a consacré au concept d'imitation chez Ramus, P. Sharratt (1972) en cite plusieurs passages.
[17] Cf., outre les ouvrages bien connus de W. Ong (1958) et C. Vasoli (1968) l'excellent article de P. A. Duhamel paru dès 1949 dans la revue *Modern Philology* (46), p. 163-171 et intitulé 'The Logic and Rhetoric of Peter Ramus'. Pour les développements ultérieurs de la méthode ramiste, voir aussi C. Walton, 'Ramus and Socrates', in *Proceedings of the American Philosophical Society* 114/2 (1970), p. 119-139. A ces études il faudra ajouter bientôt la thèse de Mme Nelly Bruyère, *Méthode et dialectique dans l'œuvre de La Ramée — Renaissance et âge classique*, à paraître chez Vrin à Paris. L'approche 'génétique' de Mme Bruyère semble être très voisine de la nôtre. Nous tenons à remercier le directeur de la thèse, le professeur A. Robinet, des renseignements qu'il nous a fournis à ce sujet.
[18] *Br. Qu.* (1547), f° 9vo: Usus artium ut antea iam dixi, copulatus est persaepe, praecepta tamen confundenda non sunt, sed propriis & separatis studiis declaranda'. Voir *ibid.*, f° 19ro, etc. Cf. aussi *Pro philos. paris. Acad. disciplina oratio, éd. cit.*, (1569), col. 1023sqq.; (1577), p. 345sqq.

dialectique[19]. De la même façon, il faut selon lui reléguer l'*amplificatio*, et même une figure comme l'*antithèse* à la dialectique[20].

Qu'est-ce qui reste donc pour la rhétorique? Seules l'*élocution* et l'*action*; la première comprenant uniquement les *tropes*, les *figures* et les *nombres oratoires*, la seconde la technique orale et gestuelle[21]. Evidemment, la liste des tropes et des figures a été à la fois redistribuée et amincie, conformément aux critères épistémologiques relevés plus haut. Voilà comment se présentent en gros les premières *Br. Qu.*; si on les compare aux *Rh. D.* et aux *Br. Qu.* de 1549, on observe quelques différences notables:

1. En 1547, Ramus ne tient pas encore à fixer le nombre exact des tropes, ni à délimiter leur domaine (*in verbis singulis/ in verbis coniunctis*)[22].

2. Il ne divise ni ne définit rigoureusement les tropes ou les figures; par exemple, il ne rejette pas encore l'antithèse parmi les figures gorgianiques.

3. Il considère *séparément* les *figures* et les *nombres*.

---

[19] *Br. Qu.* (1547), f° 8vo sq. Voir aussi *Rh. D.* (¹1549, *éd.* David), p. 30sqq. A titre d'exemple, nous reproduisons les syllogismes au moyen desquels Ramus entend distinguer les *artes* les unes des autres: '(...) Artium materias distinguendas & separandas esse iudico. Dialectica mentis & rationis tota est, rhetorica & grammatica sermonis & orationis: Dialectica igitur inventionis, dispositionis, memoriae (quia mentis omnino sunt, & intus sine ullo linguae aut oratoriae auxilio exerceri possunt: ut in plerisque mutis, ut in multis populis, qui sine sermone ullo vivunt (!)) artes proprias habebit. (...) Rhetoricae igitur ex sermonis & orationis cultu partes duae solae propriae relinquentur, elocutio & actio: (...) ex caussa propria & legitima disputo,

   Tot partes in unaquaque arte sunt instituendae non plures, quot sunt in propria eius
      & naturali materia:
   In materia artis dialecticae, id est naturali rationis usu, vis est inveniendi, dispo-
      nendi, & recordandi:
   Tot igitur partes sunt in ea explicandae.
      Item,
   In materia rhetoricae subiecta vis eloquendi & pronuntiandi sola continetur:
   Tot igitur partes in ea sunt explicandae.
      Item,
   Partes alterius artis non sunt in arte rhetorica permiscendae:
   Inventio, dispositio, memoria alterius disciplinae partes sunt, nempe dialecticae:
   Non sunt igitur in rhetorica permiscendae.': *Rh. D.* (1549), p. 30-1.

On voit avec quelle désinvolture Ramus manie le syllogisme. — Ces faits une fois établis, il lui est facile de déléguer la quasi-totalité de la doctrine rhétorique traditionnelle à la dialectique. Cf. p. ex. *ibid.* (1549), p. 40-1, les *lieux* du genre démonstratif analysés en termes dialectiques: les *loci à parentibus* & *maioribus* sont des arguments tirés de la *cause* ('procreantes causae'), les *loci ex inventis, actis, dictis, factis*, des arguments tirés de l'*effet*; les *loci ex animi*, & *corporis*, & *fortunae commodis*, des argument stirés des *circonstances* ('adiuncta'), etc.

[20] *Br. Qu.* (1547), ff. 22ro, 24vo; dans cette première version, Ramus ne rejette pas encore l'antithèse parmi les figures. Mais il se ravisera en 1549: cf. *Br. Qu.* (²1549), p. 103; *Rh. D.* (¹1549), p. 90.

[21] *Br. Qu.* (1547), f° 9ro: 'Explicat rhetorica tropos, figuras, numeros orationis: adde vocis & gestus varietatem & dignitatem.' Cf. *ibid.*, f° 14; voir aussi *supra*, n. 19.

[22] *Ibid.*, f° 24vo: '..Nam metonymia, sinechdoche (*sic*), ironia, ac è *reliquis* tropis etiam nonnulli *saepe* in verbis singulis versantur.' (Nous soulignons).

Voici en revanche comment se présente le système rhétorique en 1549:

1. Ramus réduit à quatre le nombre des *tropes*: métonymie, ironie, métaphore, synecdoque. Ceux-ci fonctionnent par définition *in verbis singulis*[23].

2. Il définit et divise les tropes et les figures. La figure est définie: 'Elocutio in coniunctis verbis qua mutatur habitus orationis'; ensuite, divisée en deux *espèces*: figures de pensée et figures de mots; enfin, subdivisée en *genres*[24]:

A)   Les *figures de pensée* se réduisent à 4 genres:

   i) *in interrogatione* (a)...& *responsione* (b) *aut utraque* (c):

      i.a: optatio, deprecatio, addubitatio, communicatio;
      i.b: permissio, concessio;
      i.c: prolepsis, subiectio.

   ii) *in fictione*

      ii.a: persona fingitur: prosopopoeia;
      ii.b: res fingitur: apophasis.

   iii) *in abruptione*: digressio, aversio, reticentia, correctio.

   iv) *in amplificatione*: exclamatio, sustentatio, licentia[25].

B)   Les *figures de mots* se divisent en *3* genres:

   i) *in repetitione*: epizeuxis, anaphora, epistrophe, symploché, epanodos, epanalepsis, anadiplosis;

   ii) *in commutatione*:

      ii.a, *ordinis*: gradatio;
      ii.b, *casus*: polyptoton;
      ii.c, *significationis*: paronomasia.

   iii) *in numero*.

Précisons toutefois que cette division figure *uniquement* dans les *Br. Qu.*; dans les *Rh. D.*, Ramus — oublieux pour une fois des impératifs de sa méthode — se contente de critiquer les divisions confuses ('& magis etiam

---

[23] *Rh. D.* (1549), p. 70; *Br. Qu.* (1549), p. 95-6.

[24] *Rh. D.* (1549), p. 79; *Br. Qu.* (1549), p. 96.

[25] *Rh. D.* (1549), p. 83; *Br. Qu.* (1549), p. 96. Il y a plusieurs observations à faire à propos de ce schéma:

1. On constate qu'*amplificatio* fonctionne effectivement au niveau du 'méta-discours', autrement dit comme terme dialectique: elle ne fait pas partie des figures (voir *supra*).

2. Ce schéma est en fait un 'mélange' des deux textes; on observe en effet un léger décalage de l'un par rapport à l'autre. P. ex., les *Rh. D.* ne distinguent pas entre *fictio personae* et *fictio rei* (A, ii); elles admettent par contre *subiectio* (A, i, c) qu'on ne retrouve pas dans les *Br. Qu.* Dans ces dernières, Ramus montre par ailleurs quelque hésitation quant au nombre exact des figures à adopter ('In figuris sententiarum poterant, si non vera, saltem proxima veris genera notari').

3. Les termes nominaux du schéma (*interrogatio*, etc.) se retrouvent dans les *Br. Qu.* sous une forme verbale ('cum aliquid quaereretur'...etc.).

confusae, quám sententiarum figurae') du neuvième livre des *Institutions Oratoires*[26]. Remarquons en outre qu'une telle division tripartite, irréductible à la dichotomisation, ne saurait être que provisoire...

3) Comme on le voit, Ramus fait ressortir maintenant *le nombre oratoire sous les figures de mots*, dans les *Rh. D.* aussi bien que dans les *Br. Qu.* Modification d'un intérêt capital: nous y reviendrons plus loin.

Il était indispensable, nous semble-t-il, de dresser cette liste fastidieuse et d'entrer quelque peu dans le détail de certaines questions. Cela nous permettra d'une part de mesurer les 'progrès' réalisés par Ramus pendant les années 1547-1548, et de démontrer, d'autre part, jusqu'à quel point le travail 'constructeur' des ramistes (entendez: la *Rhétorique* de Talon) se conforme aux ouvrages 'déconstructeurs' de Ramus. Mais avant d'en arriver à ce second point, il faudra étudier de façon précise les pages concernant le *nombre oratoire* et la *concinnitas* dans ces derniers ouvrages; car, comme nous l'avons déjà dit, c'est essentiellement à la réflexion sur le nombre que se réduit l'évolution de la rhétorique ramiste. Nous verrons en effet bientôt que considéré dans sa totalité (la section concernant le nombre exceptée) le système ne changera plus guère: la réduction du nombre des figures ainsi que la dichotomisation toujours plus raffinée qu'on observe dans les remaniements ultérieurs de la *Rhétorique* n'affectent en rien le fond de la conception rhétorique des ramistes.

Nota. La rhétorique ramiste est l'œuvre de trois personnes: Ramus, Talon, Fouquelin. Visiblement, ils ont toujours étroitement collaboré (au point qu'on a cru quelquefois qu'il n'y a jamais eu d'autre Talon que Ramus lui-même: θαλλός — rameau vert: voir Gibert (1725), p. 183), et la question de savoir quel est le 'véritable' auteur de tel ou tel ouvrage est toujours controversée — selon certains, Ramus aurait 'emprunté' le nom de son 'frère' et écrit en fait *toutes* les versions de la *Rhétorique*, à commencer par les *Institutiones Oratoriae* de 1545. Ces débats sont vains dans la mesure où le système ramiste forme un tout, sujet à des 'variations' et à une évolution il est vrai, mais somme toute cohérent. Nous parlons de 'Talon' ou de 'Ramus' par commodité, et en quelque sorte *par métonymie*: les noms désignant les textes parus sous ces noms. De même, il est hasardeux de considérer tel ouvrage comme la 'source' de tel autre. Cela vaut également pour les ouvrages dont nous parlons à présent; qui pourra estimer l'apport de Talon dans leur genèse? Que savons-nous des conversations des deux amis (*bed-fellows* selon l'insinuation sans doute erronée de

---

[26] *Br. Qu.* (1549), *ibid.*; *Rh. D.* (1549), p. 88-90. Cette omission de la part de Ramus semble infirmer notre hypothèse concernant la priorité des *Rh. D.* par rapport aux secondes *Br. Qu.*; dont acte.

leurs ennemis catholiques[27]) sinon qu'il est sûr qu'elles ont eu lieu journellement? Cela vaut à plus forte raison pour les remaniements ultérieurs: les améliorations introduites dans telle version de la *Rhétorique* trouvent leur pendant dans certaines corrections effectuées dans le texte des *Br. Qu.* ou des *Rh. D.*: voilà tout ce qu'on peut en dire. Par exemple, le texte des *Scholae* de 1569 présente quelques écarts par rapport aux textes de 1549: dans la partie correspondant aux *Br. Qu.*, Ramus a omis les définitions et divisions des figures telles qu'on les rencontre dans le texte primitif (cf. *Scholae*, col. 291-2), tandis qu'il a modifié la définition et la division des figures de pensée dans la partie correspondant aux *Rh. D.* (*ibid.*, col. 378), les rendant homologues à celles proposées dans la version de la *Rhétorique* qui date de la même époque; enfin, la définition et la division des figures de mots, lesquelles comme nous venons de le voir manquent dans les *Rh. D.* de 1549 (et également dans les éditions ultérieures, celle de 1559 incluse) ont été introduites par lui dans les *Scholae* (col. 382), homologuées de nouveau à la version contemporaine de la *Rhétorique*. De la sorte, il a à la fois remis à jour le texte des *Scholae* et évité la répétition dans cet ouvrage composite (les 8 premiers livres des *Scholae rhetoricae* sont en effet basés sur le texte des *Br. Qu.*, les 12 autres sur celui des *Rh. D.*: d'où d'inévitables recoupements).

§ 3. Numerus *et* concinnitas *dans les* Brutinae Quaestiones

Dans la préface aux *Rh. D.*, Ramus retrace avec quelque fierté l'histoire de ses exploits: d'abord, l'attaque contre Aristote — les *Aristotelicae Animadversiones* (1543) —, ensuite celle dirigée contre l'*Orator* de Cicéron: les *Brutinae Quaestiones*; suivra à présent la 'déconstruction' de l'ouvrage monumental de Quintilien. Plus tard, ces deux derniers ouvrages seront réunis en un volume pour former les *Scholae rhetoricae*[28].

Le 'commentaire' sur Cicéron se présente sous forme d'une longue série d'objections de la part de Brutus, le dédicataire de l'*Orator*. Brutus, c'est évidemment Ramus lui-même, à peine déguisé. Toutes les vérités de la nouvelle école sont mises dans la bouche de l'aristocratique neveu de Caton, fils adoptif et futur assassin de César. Plaisant *qui pro quo* historique: le représentant de l'école du 'néo-atticisme', préconisant l'austé-

---

[27] Les derniers moments et l'assassinat de Ramus ont été mis en scène dans la pièce de Chr. Marlowe, *The Massacre at Paris* (scène ix). Nous disons 'insinuation', parce qu'à l'époque — Ramus a été tué, on le sait, pendant la Saint-Barthélemy — l'homosexualité était considérée comme une 'perversion criminelle', et constituait un fréquent prétexte à des poursuites sanglantes (de part et d'autre).

[28] Intégrées à leur tour aux *Scholae in tres primas liberales artes* et aux *Scholae in liberales artes*. Cf. Ong, *Inventory*, pp. 79, 157, 431sqq. La préface aux *Rh. D.* a été reproduite dans le recueil de Bergeron (1577): voir surtout pp. 30-31.

rité du style et la retenue poussée à l'extrême, va être le porte-parole du fougueux et très-impertinent Ramus![29] Tout y passe: 'Brutus' allègue la fameuse 'loi de Solon'[30] que l'on retrouvera dans tous les autres ouvrages de Ramus; il est le champion d'une 'déconstruction' de la rhétorique — seules l'*elocutio* et l'*actio* en font partie —: véritable profession de foi ramiste. Le voilà transformé en fanatique de la méthode 'anti-autoritaire' que Ramus se flatte de pratiquer[31]:

> Vides Marce Tulli quomodo disputem: non abutor Platonis, vel Aristotelis, vel Isocratis, vel hominis cuiusquam opinione vel authoritate: caussas rerum summas & primas ab imis fontibus repeto (..); naturam potius ducem, quam multorum opinionem sequor…![32]

---

[29] Lorsque Brutus demandera à Cicéron de revoir, pour la publication, le texte du discours qu'il a prononcé au Capitole aux Ides de mars, celui-ci s'avoue dans l'incapacité de le faire (lettre à Atticus du 18 mai, *Att.* 15, 18, 2): 'Brutus noster misit ad me orationem suam (…) Est autem oratio scripta elegantissime sententiis, verbis ut nihil possit ultra. Ego tamen si illam causam habuissem, scripsissem *ardentius…*' Citée in Yon (1964), p. XIVn. 2; cf. *ibid.*, p. X-XV (Brutus); p. CLXXVIIIsqq. (la nouvelle école). Ramus citera la même lettre dans le *Ciceronianus* (1557), p. 97.

[30] *Br. Qu.* (1549), p. 16; *Scholae* (1569), col. 237-8.

[31] *Br. Qu.* (1549), pp. 17-18; p. 123, etc. Cf. (1547), ff. 12ᵛᵒ (Sur la 'magistrorum quorundam authoritas'), 15ᵛᵒ, 30ᵛᵒ. *Scholae* (1569), col. 309, 318.

[32] *Br. Qu.* (1549), *l.c.* En 1547 paraît également l'*Academia* d'Omer Talon (Rééditée en 1550: voir *Inv.*, nos. 755-7). Talon y défend le programme de Ramus en renvoyant aux conceptions sceptiques de Cicéron. Dans cet ouvrage (analysé par Ch. B. Schmitt (1972), p. 81sqq.) on retrouve la méthode 'anti-autoritaire' prônée par Ramus dans les *Br. Qu.* En voici quelques échantillons frappants, pris dans la préface: 1. Les philosophes comme des 'marchands': 'Sunt autem illi ipsi philosophi mercatores, atque institores sapientiae. Itaque si quid in Platonis sermonibus & scriptis commodum mihi & utile est, accipio: si quid boni in hortis Epicuri prostat, non contemno: si quid melius Aristoteles vendit, quantum quomodo videtur, assumo: si magis sunt vendibiles Zenonis, quam Aristotelis merces, Aristotelem relinquo, ad Zenonis officinam diverto: si vana sunt & inutilia, quae venduntur in tabernis philosophorum omnia, omino nihil hinc emo…' Reproduit dans le recueil de Bergeron (1577), p. 133; cité et traduit par Hooykaas (1958), p. 15. 2. La conclusion de la préface, citée et traduite par Schmitt (1972), p. 84; cf. Bergeron (1577), p. 134: 'Haec est Academicorum, id est verorum hominum…propria & germana libertas, nullius hominis legibus & institutis in philosophia necessario parere (…): sapientia, unicam veritatem in omni vita tanquam deam colere, eamque pluris, quam omnium Philosophorum testimonia aestimare.' (On trouvera d'autres exemples du même genre dans l'article déjà cité de P. Sharratt, 'Ramus, philosophe indigné' (1982).) Or, ce sont des ouvrages tels que les *Br. Qu.* et l'*Academia* que Pierre Galland attaque dans sa *Pro schola parisiensi contra novam Academiam Petri Rami oratio* (Paris, M. de Vascosan, 1551). Galland s'en prend en effet à Ramus aussi bien qu'à Talon, qu'il appelle perfidement 'petit frère jumeau et compagnon en folie' (1551), fᵒ 53ᵛᵒ, cf. ff. 57ᵛᵒ, 62ʳᵒ. Voir par exemple *ibid.*, fᵒ 56ʳᵒ (cf. fᵒ 56ᵛᵒ): 'Nam cum in Cicerone dicendi praecepta admirentur omnes, philosophandi genus..ut errabundum improbent, tu inventus es qui contra omnium iudicium eius rhetorica reprehenderes, philosophiam laudares.': contrairement à tous les autres, tu rejettes la rhétorique de Cicéron, et tu admires sa philosophie. Schmitt, ignorant apparemment les *Br. Qu.*, donne le commentaire déroutant que voici: 'It is not clear just what Galland is getting at here, for while it is true that Talon, at least, has praise for Cicero's philosophical position as expounded in the *Academica*, there seems to be no indication that either he or Ramus ever rejected the rhetorical teachings of the great Roman statesman.': (1972), p. 98, cf. p. 101.

Brutus reproche à Cicéron son manque de méthode, son incurable paresse intellectuelle ('Ubi est acumen tuum M. Tulli?'): bref, il est présenté ici comme ayant des opinions qu'il ne ferait certainement pas siennes, et parlant d'un ton qu'il aurait en horreur[33]. Quant à Cicéron, il n'a qu'à se taire; les 'questions' de Brutus n'ont à recevoir ni réplique ni justification; ce sont autant de coups portés contre le 'système' de Cicéron qui n'a sans aucun doute jamais songé à présenter son *Orator* comme tel.

Voici comment 'Brutus' fait la leçon à Cicéron au sujet du nombre oratoire:

> Veruntamen numerus superest, quem collocationem appellare maluisti. Numerus definiendus erat, modulata orationis compositio, eiusque omnis consideratio diligenter exponenda, & in partibus vel artis ex quantitate syllabarum in pedibus: vel naturae in spectanda bonitate & literarum & dictionum, & quàm varium sit aurium his de rebus iudicium: & in generibus qui sit poematis, qui sit orationis solutae numerus, tum omnes & partes, & species ita definitae declarandae exemplis fuerunt[34].

'Cependant, il nous reste à parler du *numerus*, que tu as préféré appeler *collocatio*'. Ainsi s'amorce la discussion sur le nombre. On voit que d'emblée, elle repose sur un malentendu: Cicéron a-t-il jamais voulu identifier *numerus* et *collocatio*? Certainement pas: il considère le nombre comme un des *aspects* de la *collocatio verborum*, ou si l'on veut comme une des trois composantes de la mise en place réfléchie du matériau verbal (cf. *Or.* 44, 149, résumé 60, 201). Autrement dit: Ramus confond genre et espèce. Et il va encore plus loin puisqu' il impute à Cicéron une définition du nombre qu'on chercherait en vain dans l'*Orator*: 'Le nombre aurait dû être défini: *modulata orationis compositio*'. Le résultat est d'ailleurs le même; cette définition aboutit de nouveau à une mise en équivalence: *numerus = collocatio = modulata compositio*, et tend ainsi à promouvoir le nombre au rang de genre. Nous en verrons les conséquences plus loin.

Poursuivons d'abord l'analyse de la suite: selon Ramus, il y a deux instances génératrices du nombre; l'une a son origine dans l''art', l'autre dans la 'nature'. L'art nous a appris le bon usage de la quantité des syllabes codifié dans les différents pieds métriques; la nature nous a donné un sentiment inné d'*euphonie*, basé sur le jugement des oreilles (voir aussi *infra*, § 4), qui nous permet de déterminer la *bonitas* des sons individuels

---

[33] Le rôle attribué à Brutus s'explique *uniquement* par le fait qu'aux yeux de Ramus, 'manque de méthode' équivaut à 'asianisme' (Cf. *Br. Qu.* (1547), début). Or, Brutus est 'atticiste' (néo-attique), et s'oppose en tant que tel à la confusion 'asiatique' de Cicéron. Tout ceci mène en ligne directe au *Ciceronianus* (1557).

[34] *Br. Qu.* (1549), p. 99-100. Leçons différentes dans *Br. Qu.* (1547), f° 25ᵛᵒ, et dans *Scholae* (1569), col. 293: Ramus n'a pas cessé de remanier ce passage ainsi que tout ce qui suit. On retrouve le passage que nous reproduisons dans les *Praelectiones* de 1575 (*Inv.* no. 713) et dans le *Ciceronianus* & *Brutinae Qu.* de 1577 (*Inv.* no. 697) édités à Bâle.

('litterae') et des mots. La *modulata compositio* consiste donc en l'arrangement des pieds dans une série de mots choisis en fonction de leur sonorité. Et ceci évidemment dans les deux 'genres' du discours, la poésie et la prose. D'où il suit qu'il y a deux espèces de nombre: un 'nombre poétique' et un 'nombre prosaïque'. On voit que Ramus est resté en fait très proche de la définition de Talon dans les *Institutiones Oratoriae* de 1545; le seul 'progrès' est l'insertion de la notion de *bonitas* qui lui permet de distinguer deux composantes génératrices, la quantité et l'euphonie, qui étaient resté confondues dans la définition de Talon[35].

Désormais, la *suavitas* du nombre n'est plus uniquement déterminée par l'agencement des pieds métriques, mais également par la sonorité propre à certaines 'lettres', certains mots. Dans les *Rhetoricae Distinctiones*, Ramus établira encore plus nettement la hiérarchie entre les deux: il y réaffirmera *l'importance primordiale de l'euphonie*[36].

Voilà comment Ramus a réussi à redéfinir le *numerus* de façon à le réduire à deux catégories dichotomisées: les *partes* (*ars/natura*) et les *species* (*numerus poëticus/numerus oratorius*). Maintenant, tout est prêt pour procéder à l'attaque proprement dite, c'est-à-dire la *réduction au syllogisme* des affirmations de Cicéron. Là, on reconnaît vraiment la *manière* ramiste. Ecoutons-le:

> Collocabuntur igitur, ais, verba, aut ut inter se quam aptissimè cohaereant extrema cum primis, eaque sint quam suavissimis vocibus: aut ut forma ipsa concinnitasque verborum conficiat orbem suum, aut ut comprehensio numerosè & aptè cadat. Haec tripartita divisio tibi placuit. At quicquid est collocationis proprium, id numerum aut partem numeri esse dico.
>
> Numerus enim est modulata orationis compositio: Constructio est modulata orationis compositio, aut certè pars quaedam compositionis: item concinnitas.
>
> Constructio igitur & concinnitas numerus est, aut certè pars numeri.
>
> Haec tuipse tuo testimonio iudicioque confirmas: numerosa, ais postea, efficitur oratio non solùm numero, sed etiam constructione & concinnitate[37].

---

[35] Déf. *TIO*: 'numerus...est concentus ex apta pedum modulatione caussa suavitatis excogitatus'. Précisons à propos de cette notion importante de *bonitas* que 1° elle correspond à celle de *vocalitas* dans *TIO*, où elle s'insère dans la série des qualités recommandées pour les *verba singula*: vocale, novum, vetustum, translatum. Qualités qui restent de mise *in verbis coniunctis*, donc aussi dans la *numerosa continuatio*. Dans les *Br. Qu.* de 1549, Ramus n'a donc fait qu'un effort de *synthèse*. 2° *Br. Qu.* (1549), p. 133, c'est-à-dire à une distance d'une trentaine (!) de pages du commencement de l'attaque, Ramus dit encore: 'quid igitur est? dicam, M. Cicero, quod ab illis doctoribus non accepisti: non est, non est, inquam, orationis suavitas, mihi crede, in ista pedum subductione tota constituta, sed multò magis, ut dixi, in verborum praestantia & dignitate.' (La leçon de 1547 est moins emphatique: *Br. Qu.*[1], f° 39vo). Cf. encore (1549), pp. 132, 134. On remarquera que *praestantia*, *dignitas* et *bonitas* sont plus ou moins synonymes, et se réfèrent aux qualités euphoniques du discours.

[36] Cf. *Rh. D.* (1549), p. 92-3.

[37] *Br. Qu.* (1549), p. 100-101; *Scholae* (1569), col. 294. Leçon différente dans la pre-

On voit que Ramus entend ignorer complètement la façon de raisonner caractéristique de l'*Orator*, qui procède plutôt par des séries de questions et de réponses (partielles), est essentiellement tâtonnante, voire hésitante. Cicéron est *pris au mot*, l'*Orator* est pris comme catéchisme rhétorique où toute hiérarchie entre les termes est abolie. Ramus cite d'abord la première énonciation, nécessairement grossière, de la problématique dont Cicéron va s'occuper dans la suite (*Or.* 44, 149), et ensuite le résumé de cette problématique qui se trouve plus de cinquante paragraphes plus loin (*Or.* 60, 202), et qui est aussi forcément schématique. Cette procédure malveillante lui permet de mettre tout sur le même plan, d'aboutir à une série d'équivalences qui ne rend pas compte du fait que Cicéron prétend expliquer comment, au fil des siècles, le phénomène du nombre oratoire a pu naître. Ainsi, dans la pensée de Cicéron, les figures de la *concinnitas* sont en quelque sorte les 'ancêtres' du nombre proprement dit en ce qu'elles fournissent une symétrie et un balancement élémentaires; ce qui n'empêche qu'elles soient *autre chose* que le nombre.

Nous n'allons pas discuter *in extenso* cette procédure de Ramus; ce qui importe pour notre propos, c'est *le fait même* de la mise en équivalence massive des termes[38]: *collocatio = modulata compositio = numerus = constructio (coagmentatio) = concinnitas*. Restriction ('aut certè'): *constructio* et *concinnitas* sont *partes numeri*. Or, il est clair que de 'compositio' ou de 'constructio' jusqu'à *figura* — au sens de 'mise en forme' du matériau verbal, *habitus* du discours: σχῆμα — il n'y a qu'un pas; et Ramus le franchira allègrement. Seulement, il oublie de le dire de façon explicite dans les *Br. Qu.*, emporté comme il l'est par son désir de mettre en pièces les longs passages de l'*Orator* où Cicéron parle du phénomène complexe du nombre, et dont Ramus se trouve forcé de suivre le trajet (sinueux, il est vrai). L'équation définitive: *numerus = compositio = figura*, postulée dans sa division des figures de mots (voir *supra*) ne sera explicitée que dans les *Rh. D.*, mais se trouve déjà clairement annoncée ici.

Dans la suite, Ramus attaquera deux autres 'divisions' qu'on trouve dans l'*Orator* (49, 163; 55, 185), qui ne sont en réalité point destinées à marquer une différence de nature, mais à éclairer des aspects du même phénomène. Dans les deux cas, Cicéron les avance pour faire la transi-

---

mière édition. L'essentiel, pourtant, est déjà là: cf. *Br. Qu.* (1547), f° 27ʳᵒ (après avoir cité *Or.* 60, 202, Ramus conclut:) 'Est igitur inquam constructio numerus, quoniam orationem numerosam facit: teipsum tuo testimonio coarguo & convinco.'

[38] On voit que Strébée et Ramus se situent vraiment à deux pôles opposés: l'un s'est appliqué à réduire les ambiguïtés qu'on trouve effectivement dans l'*Orator* et à 'corriger' Cicéron tout en reconnaissant ses immenses mérites, là où l'autre n'a en vue qu'une démolition systématique. Nul doute que cette fois-ci, Strébée n'eût été d'accord avec Périon sur ce sujet.

tion entre deux passages. Nous ne nous y attarderons pas[39]. En revanche, ce que Ramus dit à propos de la *concinnitas* est de nature à nous intéresser. Nous savons déjà qu'il rejette l'antithèse comme n'étant pas une
figure, mais un argument. Restent les trois autres gorgianismes: *homéoptote*, *homéotéleute* et *isocolon*. A ce propos, Ramus remarque qu'il est bien
dangereux d'affirmer que les procédés de la *concinnitas* rendent le discours
automatiquement ('necessitate ipsa') nombreux, car ils peuvent avoir
leur place dans n'importe quel discours, si médiocre soit-il, et également
très bien *dans la poésie*, même dans la plus mauvaise. Pour étayer son
objection, Ramus cite l'épigramme de Martial (IX, 97) dont l'*asperitas*
n'est que trop évidente (car délibérée):

> De concinnitate deinde praecipis, quae, ut affirmas, ex similiter cadentibus
> & desinentibus, ex paribus, ex contrariis orbem quendam numerosum
> necessitate ipsa efficit, & eum sine industria (...). Sin legitimum & oratorium
> numerum intelligis, cogitare debebis in orbem illum & *versus*, & insuavem
> compositionem & rudem posse comprehendi. Finxerit enim aliquis poeta
> tale carmen:
>> 'Rumpitur invidia quidam charissime Iuli,
>> Quód me Roma legit, rumpitur invidia:
>> Rumpitur invidia, quód turba semper in omni
>> Monstramur digito, rumpitur invidia (...)
>> Rumpitur invidia, quód amamur, quódque probamur:
>> Rumpatur quisquis rumpitur invidia.'
> Hîc enim sunt similiter cadentia desinentiaque, & paria paribus collata: & in
> illum orbem potest asperitas omnis & hiatus incidere. Quare desine in prae-
> ceptis ponere, quod tam fallere possit ignorantem, quàm adiuvare: & noli
> nobis persuadere, tuum potius hoc esse iudicium, quám rhetorum (quorum
> artes huc transtulisti) commentum[40].

Bien sûr, Ramus 'oublie' pour les besoins de la cause que Cicéron serait
le premier à dénoncer l'abus des figures gorgianiques, ce qu'il a fait d'ailleurs à plusieurs reprises. Mais nous n'avons pas à nous prononcer sur la
valeur des 'réfutations' de Ramus; qu'il nous suffise d'avoir constaté
qu'il identifie *nombre* et *figure de mots* — implicitement, lorsqu'il met *numerus* et *concinnitas* sur le même plan, et même plus ou moins

---

[39] La deuxième division est celle entre *sonus* et *numerus*; la troisième entre *iucunditas verborum* et *iucunditas numerorum*: cf. *Br. Qu.* (1547), fº 25sqq. Ramus n'a pas de difficultés à
prouver que 'tout ce qui concerne la *collocatio verborum* est en fait l'ornementation en fonction de la seule satisfaction de l'oreille': Yon (1964), p. 147, n. ad p. 62, ligne 2; cf. p.
LXXIII. Yon ajoute que 'la répartition *sonus* — *numerus* donnée maintenant ne change
point le point de vue, mais fait la démarcation entre ce qui vient d'être dit et ce qui le sera
bientôt. Comparer 55, 185 la distinction *verborum numerorumque iucunditas*.' Bref, Cicéron
aurait été d'accord avec Ramus.
[40] *Br. Qu.* (1549), p. 103-4; *Scholae* (1569), col. 296. Absent dans la première édition.
Cf. *Or.* 49, 164 etc. Ajoutons que Talon avait déjà cité l'exemple de Martial: *T.I.O.*, p. 61
(exemple de *symploque*).

'explicitement', en ce que la *concinnitas* s'effectue dans et par les figures de mots — et qu'il apporte un exemple *poétique* afin de prouver son cas. Fouquelin s'en souviendra.

Nota. Nous avons déjà souligné que Ramus a plusieurs fois remanié son texte; cela est particulièrement frappant dans la longue section consacrée au *numerus* et à la *concinnitas*. Mais nous avons dû renoncer à la collation de toutes ces éditions; de toute façon, il y a encore un gros travail à faire dans ce domaine: une édition critique des *Scholae rhetoricae* fait cruellement défaut.

Signalons pourtant que dans le texte des *Scholae* (1569) Ramus, parlant de la *concinnitas*, a inséré une phrase qu'on chercherait en vain dans les éditions antérieures des *Br. Qu.* Cette phrase illustre le développement ultérieur de la rhétorique ramiste, car elle s'accorde parfaitement avec la *Rhétorique* de 1567 (celle remaniée par Ramus après la mort de Talon). Voici cette phrase intercalée:

> ...Imó παρίσωσις ex paribus membris, & ὁμοιόπτωσις é similibus casibus, nullam omnino numeri caussam sustinent, sola sunt ὁμοιοτέλευτα quae numerum faciant.   (Col. 296, l. 6-9)

Maintenant, parmi les figures gorgianiques, *seul* l'homéotéleute (= la rime!) 'effectue' le nombre. Or, dans la *Rhétorique* de 1567, *seule* la figure de l'*épistrophe* (= la rime) a droit au qualificatif *numerus*. Nous démontrerons dans la suite que de tels 'détails' sont en fait le résultat des tentatives ramistes d'incorporer la poétique 'vulgaire' dans la rhétorique latine: 'du rythme (nombre) à la rime'...

§ 4. Numerus *dans les* Rhetoricae Distinctiones

La méthode suivie par Ramus dans les *Br. Qu.* et celle adoptée dans les *Rh. D.* est essentiellement la même: 'aplatissement' terminologique, négation des différences au moyen de la réduction au syllogisme. Le but — explicite, cette fois-ci — est de faire ressortir la théorie du nombre sous celle des figures. Le raisonnement de Ramus est élémentaire: au début du 9e livre de l'*Institution*, Quintilien définit le langage figuré comme présentant un écart par rapport au langage courant; or, le nombre ne peut-il pas également être défini par l'écart par rapport au 'degré zéro'? Et d'en conclure que Quintilien aurait pu (dû) se dispenser d'ajouter un quatrième chapitre à son neuvième livre. Mais, il a, lui, préféré réunir dans ce chapitre toutes les inepties des rhéteurs[41]...

---

[41] *Rh. D.* (1549), p. 90; *Scholae* (1569), col. 383: 'Colligit Quintilianus ad extremum omnes Rhetorum ineptias & nugas..'

Comment se présente ce neuvième livre de l'*Institution?* Il se compose de quatre chapitres, dont le dernier, *De compositione,* est le plus long. Dans le premier chapitre, Quintilien parle en termes généraux du langage figuré, et indique de quelle façon les figures diffèrent des tropes, traités au dernier chapitre du livre précédent. Dans le second chapitre il discute les figures de pensée, et dans le troisième les figures de mots. De la sorte, la présentation des figures de mots précède immédiatement celle de la *compositio* (que Quintilien entend au sens large de *collocatio verborum*), ce qui n'est évidemment pas sans importance. A cela s'ajoute, que les derniers paragraphes du 3e chapitre portent sur l'*abus* des figures; et dans ce passage, Quintilien mentionne expressément les figures *gorgianiques*, qu'il considère manifestement comme étant parmi les plus 'voyantes'[42]: voilà rapprochés de nouveau *concinnitas* et *numerus*, l'une des composantes de la *compositio*. Aussi, dans le texte de Ramus, le recensement des figures gorgianiques (et le rejet de l'antithèse parmi elles) précède-t-il immédiatement la critique de la théorie quintilienne de la *compositio*. Précisons tout de suite que Quintilien lui-même ne se sert nulle part de la notion cicéronienne de la *concinnitas*, ce qui est d'autant plus surprenant qu'il professe son admiration pour l'*Orator* (et le *De Oratore*) dès les premiers mots du chapitre final[43].

C'est aussi dans les premiers mots qu'il consacre à ce chapitre que Ramus concentre l'essentiel de sa critique: *Quintilien a eu tort de séparer la* compositio *des figures*. Et Ramus d'y aller de son syllogisme:

> Separat tandem Quintilianus à figuris compositionem, sed ineleganter admodum & inconsideratè. Quid enim est figura Quintiliane? Conformatio (ais) elocutionis remota à vulgari consuetudine:
> > At, inquam, compositio & numerus est elocutionis conformatio remota à vulgari consuetudine: Est igitur figura.
> Hanc autem syllogismi conclusionisque regulam si didicisses, si adhibuisses describendae artis & componendae doctrinae legem, Quintiliane, ista tam inconsideratè nunquam effudisses[44].

---

[42] 'Ego illud de iis (*scil.* figuris) etiam quae vere sunt adjiciam breviter, sicut ornent orationem oportune positae, ita ineptissimas esse, cum immodice petantur (...). Major enim pars harum figurarum posita est in delectatione. Ubi vero atrocitate, invidia, miseratione pugnandum est, quis ferat contrapositis et pariter cadentibus et consimilibus irascentem, flentem, rogantem? Cum nimia in his rebus cura verborum deroget adfectibus fidem, et ubicumque ars ostentatur, veritas abesse videatur.' (IX, 3, 100, 102; cf. 74) — Il est remarquable de voir que Quintilien s'en prend aux gorgianismes tout en s'en servant aux mêmes lignes... Cf. dans ce contexte la remarque de Strébée, *Comm.* (1540), p. 199: 'Quando *numerosiores* esse volumus, ferè semper aequalitate partium: quando numerum dissimulamus, inaequalitate potius utimur. Cur ita? Aequalitas, *ut in versibus,* habet ostentationem, inaequalitas repit occultius. Aliud aliis locis utile...etc.'

[43] IX, 4, 1: 'De compositione non equidem post M. Tullium scribere auderem, nisi...' Yon observe que 'Quintilien ignore de la *concinnitas* et le mot et la chose..': (1964), p. CXIXn.2. Il ignore 'la chose', en ce qu'il ne semble pas admettre la théorie cicéronienne des figures gorgianiques comme les 'ancêtres' du nombre proprement dit.

[44] *Rh. D.* (1549), p. 90; cf. *Scholae* (1569), col. 383, où manque la dernière phrase du

Décidément, ceci fait penser au délire syllogistique du *Rhinocéros* de Ionesco: tout est mis au même niveau, aplati. Le mot *conformatio*, que Quintilien avait utilisé à un niveau très abstrait — et dont il s'était servi justement afin de concilier tant bien que mal les conceptions très divergentes au sujet de la figure, c'est-à-dire dans le but d'éviter les discussions interminables à propos d'un concept si difficile à définir de façon univoque —, ce mot est pris à la lettre, et tout de suite *mis en série*: *figura = conformatio = compositio = numerus*. D'où: *numerus = figura*: Q.E.D. Et il est bien évident que la *série* des *Br. Qu.* s'imbrique sans aucun problème dans celle des *Rh. D.* D'où résulte l'équation-monstre: *collocatio = compositio = constructio = conformatio = concinnitas = numerus = figura*. Telle est la puissance synecdochique du syllogisme. Il faudra prendre au sérieux cette convertibilité massive des concepts[45] dont on se convaincra en rapprochant la *série* des définitions de la figure de mots et du nombre qu'on trouve dans la *Rhétorique* contemporaine[46].

Mais Ramus n'a pas encore terminé. Dans la suite, il fait passer en revue les trois divisions de la *compositio* proposées par Quintilien, et les rejette l'une après l'autre ('Quid enim Quintiliane?'). D'abord, la division *oratio vincta / oratio soluta* (IX, 4, 19-21). Selon Ramus, Quintilien se contredit dans ce passage, puisqu'il prétend aussitôt après qu'il n'existe pas d'*oratio soluta* proprement dite, mais uniquement des discours plus ou moins 'liés'. Ensuite, la division de la *connexa series* en incise, membre et période; Ramus nie qu'elle soit du ressort de la *compositio*, car même si le discours est divisé de cette façon, il peut très bien être 'ineptissimè compositus'. D'ailleurs, tout ceci est l'affaire du grammairien plutôt que du rhétoricien[47]. Mais la troisième division qui distingue trois composantes dans la *compositio*: *ordo, iunctura* et *numerus* (IX, 4, 22sqq.) est, selon Ramus, vraiment la plus absurde de toutes ('omnium stultissima').

A propos du premier élément (*ordo*), Ramus remarque que Quintilien confond ici *res* et *verba*; Quintilien en effet parle d'un 'ordre naturel', qu'il faut dire par exemple 'homme et femme', 'jour et nuit' ('viros ac feminas, diem ac noctem': Quint. IX, 4, 23) plutôt que l'inverse. Or, selon

---

passage cité. — 'Ais': Quint. IX, 1, 4; 11; cf. IX, 2, 1. On remarquera le contraste entre 'ais' et 'inquam': 'Tu dis...; mais moi, je dis...'.

[45] A peine une page plus loin, Ramus y insiste de nouveau: 'Primùm compositio ipsa & numerus *idem planè est*: siquidem oratio numerosa & composita eadem est: nec ulla est composita, non numerosa, *sive contrà*...': *Rh. D.* (1549), p. 91.

[46] Au risque de nous répéter, nous donnons dès maintenant les éléments de ces définitions: '*Figura...dictionis...*spectatur in *conformatione*, & *concinnitate* verbi unius, aut multorum..' '*Numerus* superest *ex figura* λέξεως, per quam oratio suaviter & *modulatè componitur*: *Rh.* (1550;[1] 1548), pp. 44-5, 55.

[47] IX, 4, 22; *Rh. D.* (1549), p. 91; *Scholae* (1569), col. 384. On sait qu'à l'avis de Ramus, Quintilien aurait dû intituler son livre 'Institutiones *Grammadialectoricae*', tellement celui-ci confond les *artes*: *Rh. D.* (1549), p. 87; *Scholae* (1569), col. 381.

Ramus, cet 'ordre' ne se trouve pas 'dans les mots' (les signifiants), mais dans les signifiés/référents. L'on sait que Strébée avait fait une observation analogue[48]. A propos de *iunctura*, où Quintilien parle surtout de l'hiatus à éviter, Ramus avance sa thèse de la *literarum bonitas* qui est, selon lui, l'élément prédominant du style, plus important que la 'mesure' (*dimensio*) métrique (voir *supra*):

> Ex literarum (enim) naturali bonitate magis, quam ex temporum in syllabis dimensione... omnis numeri virtus oritur. Nec satis est monere, qui pedes numerum suaviter instituant, qui concludant. Multum enim interest quae sint in pedibus longae aut breves vocales. ... an nihil accessionis fieri ad vocalium sonos ex consonantium coniunctione iudicamus? Immò verò potest numerus alius alio vel gratior, vel ingratior esse, nec ista per syllabas distinctio temporum, sed vocalitas, sed εὐφωνία numerum efficiet[49].

Quant au troisième élément de la division, *numerus*, il est remarquable que Ramus passe sous silence la définition générale qu'en donne Quintilien (IX, 4, 45). Il s'acharne en revanche d'une part contre l'analyse du rythme en trois 'bases', laquelle est, selon lui, 'ad Aristotelis (à quo videtur Ciceroni & Quintiliano reperta) sophisticas argutias referenda'[50], et d'autre part contre les 'rhythmi & metri differentiae ridiculae' dont il récuse le bien-fondé[51]. A partir de ce moment, la discussion devient extrêmement technique, et d'un médiocre intérêt pour nous. On peut la résumer en disant que selon Ramus, il faut renoncer une fois pour toutes aux tentatives d'établir une typologie des diverses *clausules* métriques, qu'il est impossible de dire *in abstracto* quelles combinaisons métriques conviennent le mieux à tel ou tel type de discours, qu'il est par conséquent préférable de se taire à ce propos[52]. A ces discussions aussi vagues qu'interminables, Ramus oppose sa propre 'summa & vera doctrina' de la composition, étonnante dans sa simplicité:

> Verùm tot ineptias omittamus, & caetera consideremus. Vitaveris in soluta oratione carmen perfectum, & initio orationis initium carminis, & in fine,

---

[48] Strébée, *De Elect.* (1538), f⁰ 65ᵛᵒ: 'De re dicam quod sentio. Dispositio rerum est, compositio verborum. Quintilianus haec confundit. Cf. *ibid.*, f⁰ 66ᵛᵒ: 'Compositio verba digerit in ordinem, fateor; sed eius est, non res & intellectus eorum (*scil.* verborum), at voces sonósque spectare.'

[49] *Rh. D.* (1549), p. 92-3; *Scholae* (1569), col. 385. Sur εὐφωνία ou *vocalitas*, cf. Quint. I, 5, 4.

[50] *Rh. D.* (1549), p. 93; *Scholae* (1569), col. 385. Cf. Arist. *Rhet.*, III, 8, p. 1409a 33sqq.; Cic. *Or.* 56, 188; Quint. IX, 4, 46-7.

[51] *Rh. D.* (1549), p. 93-4; *Scholae* (1569), col. 386; Quint. IX, 4, 46sqq.: il est vrai que le passage est assez confus, ne serait-ce que parce que Quintilien y emploie de nouveau le mot 'ordo', mais dans un sens différent.

[52] Tout en étant en fin de compte d'accord avec Ramus (cf. IX, 4, 87), Quintilien s'étend longuement sur ces questions; l'impatience de Ramus est donc ici bien compréhensible. Son point de vue rejoint d'ailleurs exactement celui de Bucoldianus, *De Invent. et Amplif.* (1542), cité *supra*, II, 6, § 4 B, n. 25.

finem: ex omnibus & omnium generum syllabis, sed variatis & moderatis orationem componere licebit[53].

Eviter le vers; ranger les sons syllabiques dans un ordre convenable, sans oublier la variation, tel est le dernier mot de Ramus sur la matière. Point de subtilités, sauf si l'on peut les décrire de façon univoque et avec méthode. Il est clair que d'après Ramus, ce n'est pas Quintilien qui y est parvenu; aussi condamne-t-il sévèrement l'ensemble du chapitre *De compositione*:

> Quamobrem videmus in capitis huius tam prolixa confusione quàm multa Quintilianus peccaverit: exordium libri instar sine arte, definitio huius artificij nulla, partitiones ridiculae & vitiosae: numeri poëtici & Oratorij ineptae differentiae, numerorum observationes confusissimae & inertissimae sine certa argumenti ullius scientia, sine ulla syllogismi prudentia merae ferè ac perpetuae nugae[54].

Ainsi se termine la critique du neuvième livre. Tout de suite après, Ramus amorce allègrement son évaluation du dixième: la *tenebrarum excussio* se poursuivra sans trève ni répit[55].

---

[53] *Rh. D.* (1549), p. 94; *Scholae* (1569), col. 386.

[54] *Rh. D.* (1549), p. 97; *Scholae* (1569), col. 387-8.

[55] '...tenebras igitur dumtaxat hic excussimus': *Rh. D.* (1549), préface, f° aii^vo. Cf. le recueil de Bergeron (1577), p. 31. Ajoutons que dans sa présentation de l'œuvre de Ramus, Gibert se base souvent sur cette préface, dont il traduit d'importantes sections: (1725), p. 206-8. L'article se termine comme suit: 'Mais le fracas qu'il (*i.e.*, Ramus) a fait a cessé, & les grands hommes qu'il attaquoit, jouïssent, malgré ses attaques, de la gloire dont ils jouïssoient. C'est un avis aux Ramus de tous les siécles.' René Radouant de son côté a également dénoncé 'l'outrecuidance déplaisante avec laquelle il fait la leçon à Aristote, à Cicéron, à Quintilien': 'L'union de l'éloquence et de la philosophie au temps de Ramus', dans *RHLF* 31 (1924), p. 179.

CHAPITRE IV

LA *RHETORICA* D'OMER TALON (1548)*

§ 1. *Dessein de l'ouvrage*

La *'Rhétorique'* de 1548 a été entièrement composée sur la base des ouvrages critiques de *Ramus*: voilà ce que nous entendons établir dans ce chapitre. Le travail déconstructeur est terminé; dorénavant, le terrain ainsi déblayé peut être utilisé à des fins positives: la construction d'une nouvelle rhétorique à l'aide des 'débris' de la rhétorique traditionnelle — celle de Cicéron et de Quintilien, notamment —, et conforme aux contraintes méthodologiques formulées par Ramus. Tout ce qui appartient en propre soit à la grammaire, soit à la dialectique, sera éliminé; les définitions seront claires, peu nombreuses, et illustrées d'exemples simples et efficaces. Les divisions seront nettes, à embrasser d'un coup d'œil; de préférence, elles se présenteront en dichotomies. De la clarté avant toute chose, tel est le pari ramiste, tel est aussi le défi lancé contre le monde savant de l'époque.

On connaît la fortune du livre mince, intitulé simplement *Rhetorica*; le pari a été gagné, au-delà de toutes les espérances. Des dizaines de milliers d'exemplaires ont circulé en Europe et en Amérique; il y a eu des traductions, des adaptations et des commentaires de toute sorte. Les quelque 150 'entrées' dans l'*Inventory* de W. Ong témoignent de ce succès éclatant, qui n'a décliné qu'au XVIIIe siècle.

Or, dans le même *Inventory* (p. 82), Ong affirme que la *Rhétorique* 'grows out of and supersedes' les *Institutions Oratoires* de 1545. A notre

---

* La première impression de la *Rhetorica* date de 1548 (Voir Ong, *Inv.* (1958), no. 58). Il en reste deux exemplaires, l'un à la Biblioteca Nazionale Centrale (Vittorio Emmanuele) à Rome, l'autre à la bibliothèque de l'Université d'Illinois (Urbana, Illinois, U.S.A.). Ong ne mentionne que le premier. Voici le titre complet de l'ouvrage: *Audomari Talaei Rhetorica, ad Carolum Lotharingum Cardinalem Guïsianum.* Paris, M. David, 1548. Nous citerons d'après la quatrième édition, également parue chez M. David en 1550: *Audomari Talaei Rhetorica, ad Carolum Lotharingum Cardinalem Guïsianum. Quarta aeditio ab authore recognita & aucta.* Ong, *Inv.* (1958), no. 61. Nous nous sommes servis de l'exemplaire que possède la B. U. de Leyde (cote 766B9). Cette édition est pratiquement identique à la première. En comparant les deux textes à Rome (1548: cote 12.7.C.23.3) nous avons relevé une seule variante dans les passages que nous citons. Le lecteur la trouvera signalée en note. Pour les quelques corrections effectuées par Talon entre 1548 et 1555, voir Leake (1968), pp. 87sqq., 105 ('..there were slight changes in the 1548 text when the 1549 edition appeared, but...these bore only upon matters of detail, so that one can say that essentially there was only one redaction of the *Rhetorica* between 1548 and 1555.') Ajoutons que l'exemplaire de Leyde (1550) est interfolié, et contient de nombreuses notes manuscrites datant du XVIe siècle.

avis, cela n'est vrai que dans la mesure où pour les deux ouvrages, les sources majeures sont Cicéron, et surtout Quintilien. Mais — et cela est essentiel — dans le cas de la *Rhétorique* de 1548 ces 'sources' ne se présentent plus du tout de la même façon qu'avant; elles ont été 'revues et corrigées' par Ramus dans les deux ouvrages dont nous avons parlé dans le chapitre précédent. Autrement dit, si l'on veut parler d''origines' ou de 'sources' à l'endroit de la *Rhétorique*, ce sont les *Brutinae Quaestiones*, et en premier lieu les *Rhetoricae Distinctiones* qu'il faudra sans aucun doute désigner comme telles. De toute façon il vaut mieux dire que la *Rhétorique* est le fruit de la coopération la plus étroite, où la rédaction effective est le fait de Talon, mais où le cadre méthodologique a été fourni par Ramus[1]. Telle a été l'opinion de Freige et de Nancel[2], et c'est également ce que Talon lui-même déclare sans détours dans la préface à la *Rhétorique*:

> (...) Inventionis, dispositionis, memoriae doctrinam Petrus Ramus perpurgavit, & ad Dialecticam (cuius propriae sunt) retulit. Ego deinde *eius quoque praelectionibus & observationibus adiutus*, ad elocutionem & actionem (quoniam hae solae partes eius propriae sunt) Rhetoricam revocavi, per genera & species (qua via mihi adhuc licuit) explicavi, exemplis & oratoriis & poëticis illustravi: praeceptiones itaque ipsae ad verbum ex illis authoribus [*scil.* Aristote, Cicéron et Quintilien] omnino fere sunt: sed, ut haec prima & rudis informatio tulit, nostro & iudicio probatae, & ordine dispositae, & genere tractatae atque exornatae[3].

---

[1] Sans que nous puissions évaluer, répétons-le, quel a été l'apport de Talon dans l'élaboration de la méthode: décidément, en matière de 'sources', on ne s'en sort jamais.

[2] J. Th. Freige, *Petri Rami Vita* (éd.cit. (1599; *rééd.* 1969), p. 601 (Voir également *supra*, chap. 1, n. 17 et *infra*, chap. 9, § 1): 'Grammaticam ergo Rhetorica est consecuta: de qua praelium adversus Ciceronem & Quintilianum certaminis gravioris & diuturnioris fuit. (..) ...*bipartitum* illud & apodicticae pro Rhetorica, & elencticae adversus Rhetoras studium illius enituit. Partem autem illam compendiariae rationis ac viae susceperat Audomarus Talaeus (..). Ergo Rhetorica illa τεχνολογία Audomari Talaei fuit: elenctica autem Rami: copiosius libris compluribus tractata sunt: unde Quaestiones Brutinae, & Distinctiones in Quintilianum postea prodierunt.' Freige fait ressortir qu'il s'agit d'un projet *commun* et *simultané*. N. Nancel, *P. Rami Vita*, *éd. cit.*, (1975), p. 218-9: '...malui ita apud me statuere: Communia olim fuisse Ramo cum Talaeo studia; et Ramum illi aperuisse modum methodumque indicasse Rhetorices in artem redigendae. Et quia plus contulisse Talaeus videbatur, suoque quodam stylo artem illam exornasse,...etc.'

[3] *Rh.* (1550), p. 4. Lettre dédicatoire au Cardinal Charles de Lorraine, reproduite dans le recueil de Bergeron (1577), p. 21-2. Voir *ibid.*, p. 103-4, la préface au Commentaire du *De Oratore* de Cicéron (¹1553): '...proposui mihi tres oratorios Ciceronis dialogos, in quibus cúm viderem seorsum inventionis, dispositionis, memoriae nomine non longé alias artes (si genera spectes) quàm quae Aristotelis topicis & analiticis continentur, institui: elocutionis item separatim & actionis nomine veram rhetoricam definiri, *Petri Rami, quaestiones Brutinas & rhetoricas distinctiones imitatus*, omnibus partibus praecipué id unum elaboravi, ut duarum artium distinctionem perpetuó retinerem (..): ut rhetorica & logica praeceptis & regulis distinctae, á pueris & facilius ediscerentur, & utilius exercerentur, qui duo summi sunt in disciplinis fructus singulariter & unicé spectandi.' On voit que les deux préfaces se répondent et s'éclaircissent. Inversement, Ramus déclare dans sa préface aux *Rh. D.* (1549), reproduite *ibid.* (1577), p. 30-1: 'Laudes inventionis & dispositionis jam anté docueramus. Lucem quae elocutioni & actioni deerat, frater meus Audomarus

Voilà donc la dette reconnue, et résumé dans une seule phrase le dessein essentiel de l'ouvrage, qui, loin d'être une simple version remaniée des *Institutions Oratoires* de 1545 comme le veut W. Ong, a été entièrement réécrit conformément aux critères méthodologiques nouvellement élaborés.

Quelle est, dans l'esprit des ramistes, la tâche unique de la rhétorique? C'est l'ornementation (*exornatio*) d'un discours *préexistant*, conçu au moyen des règles de la dialectique et déjà élaboré d'après les règles de la grammaire, laquelle assure la *latinitas*, qui, précisons-le, est une *latinitas* nue, 'de degré zéro'[4]. On voit sans peine que cette division du travail est une construction toute *théorique*, impossible à réaliser dans la pratique, où l'orateur/écrivain *in spe* devra appliquer concurremment (c'est-à-dire en même temps) les préceptes des trois disciplines; mais cette division abstraite constitue, on le sait, le point de départ méthodologique de la réforme du *curriculum* prônée par les ramistes[5], selon lequel toute *ars*, bienqu'indépendante au niveau de la théorie, doit nécessairement être complétée par les *artes* voisines. En l'occurence, la rhétorique est impuissante sans le secours des deux 'doctrines' adjacentes, à savoir la grammaire, et surtout la dialectique; les trois doctrines *ensemble* devront fournir une description exhaustive du fonctionnement de la *Ratio* et de l'*Oratio*, facultés innées grâce auxquelles l'homme est capable de produire un discours intelligible, c'est-à-dire à la fois rationnel, correct et élégant, et par là même persuasif[6].

Ceci étant posé, l'*ars rhetorica* se bornera à fournir une méthode, simple et claire, de l'embellissement du discours. Embellissement verbal, mais étayé par un débit approprié[7]; d'où il résulte que les deux composantes uniques de l'*ars* sont l'*elocutio* et l'*actio*. La dernière, en tant qu'elle n'est

Talaeus definitis & distributis & illustratis rerum generibus adjecit & exposuit: tenebras igitur dumtaxat hic excussimus.': le jeu de miroirs est ici parfait.

[4] *Rh.* (1550), p. 5-6: 'Rhetorica igitur hoc sibi proprium solum retinebit, ut res à Dialectica repertas, & collocatas, à Grammatica autem puro & proprio sermone expositas, elocutionis ornamentis magnificentius expoliat, & actionis gratia commendet.'

[5] Cf. *Br. Qu.* (1547), f° 9ᵛᵒ, déjà cité. Basé sur la loi aristotélicienne καθ' αὐτό, fondamentale selon Ramus, qui ne cesse d'y renvoyer. Voir p. ex. *Scholae* (1569), col. 7 et *passim*.

[6] *Scholae* (1569), cols. 321-2: 'Duae sunt universae & generales homini dotes a natura tributae, Ratio & Oratio: illius doctrina dialectica est, huius grammatica, & rhetorica.' (à propos de Quint. *I.O.*, I). On décèle ici une forte tendance à l'*innéisme*, car la Méthode doit *idealiter réfléchir* le fonctionnement effectif de l'esprit et du discours humains. Nous renonçons à développer cette problématique, qui dépasse notre propos actuel. Nous nous contentons de faire remarquer que c'est précisément cet innéisme implicite qui explique d'une part la prédominance accordée à la dialectique et à la rhétorique, fondées dans la 'nature' (voir *supra*, chap. 1 et chap. 2, schéma), et d'autre part le choix des exemples poétiques et oratoires (l'*usus* de ces *dotes naturales*) pour illustrer le fonctionnement des règles de la dialectique.

[7] *Rh.* (1550), p. 63: 'Pronuntiatio, est apta conceptae elocutionis enunciatio.'

qu'une technique auxiliaire (mais nullement négligeable!), sera traitée après l'*elocutio*, qui constitue ainsi la partie centrale de la rhétorique.

Or, selon les prémisses méthodologiques que nous venons d'évoquer, la théorie de l'élocution se réduit nécessairement à la description du *discours déviant*, soit au niveau de la sémantique, soit au niveau de la syntaxe. En d'autres termes, elle doit fournir un 'catalogue raisonné' des *écarts* possibles; bien entendu, ce catalogue sera dûment divisé, et illustré d'exemples appropriés.

Dans quelles sections la rhétorique traditionnelle a-t-elle rendu compte des écarts linguistiques? Dans les sections concernant les *tropes* et les *figures*. Voilà qui constituera donc la première division dans la théorie de l'écart. Comment peut-on distinguer de façon univoque les tropes des figures? C'est une question que Ramus avait déjà tranchée dans les *Rhetoricae Distinctiones*: le trope fonctionne *uniquement in verbis singulis*, la figure *in verbis coniunctis* (ou: *in oratione*)[8]. A ce propos, il avait présenté le 'syllogisme distinctif' suivant:

> Tropus est mutatio dictionis:
> Figura non est mutatio dictionis,
> quia est orationis mutatio:
> Figura igitur non est tropus.

La solution proposée séduit par sa simplicité. Pourtant, Talon hésite apparemment à l'adopter; et l'on ne le comprend que trop bien! Que faire, par exemple, d'un texte ironique, ou allégorique[9]? Et la métaphore elle-même ne s'étend-elle pas souvent sur plusieurs mots, plusieurs phrases[10]? Aussi, dans sa définition du trope, renonce-t-il à se prononcer clairement sur ce sujet; ce n'est que dans les rééditions ultérieures qu'il se conformera, là aussi, aux vues de son 'frère'[11].

Poursuivons, il ne reste plus qu'une étape à franchir, c'est-à-dire établir la distinction entre écart *sémantique* et écart *syntaxique*. Evidemment, c'est la division figures de pensée/figures de mots qui en rendra compte. Et voilà la machine rhétorique prête à fonctionner...

Le lecteur attentif aura remarqué que *rien* de ce qui précède n'est nouveau: ce dispositif, on le retrouve tel quel dans les *Rhetoricae Distinctiones*.

---

[8] C'est la division traditionnelle de l'*ornatus*, formulée e.a. par Quint. VIII, 3, 15. Cf. *Scholae* (1569), col. 368 (ad Quint. VIII, 6, 1); col. 375-6 (ad Quint. IX, 1, 4) = *Rh. D.* (1549), pp. 70, 79. Dans la suite, nous nous bornons à marquer les références aux *Scholae*.

[9] Pas de problème, rétorquera Ramus: il s'agit simplement d'une série d'ironies, ou d'une suite de métaphores! Mot ironique + mot ironique + ...produit texte ironique: 'possunt autem *ironiae multae* coniungi'!: *Scholae* (1569), col. 379; col. 372: allégorie ('ex continuis metaphoris'). Cf. Quint. VIII, 6, 44, à comparer avec VIII, 6, 46-7.

[10] *Rh.* (1550), p. 16: 'Videtur interdum Metaphora non esse in uno verbo, sed in oratione...'

[11] Voir *infra*. Parallèlement, il omettra la phrase 'imprudente' citée dans la note précédente: bon exemple de résignation pédagogique...

En effet, le dessein entier de la *Rhétorique* a été calqué sur l'ouvrage critiquant la somme de l'illustre rhétoricien. La définition générale de la rhétorique ('doctrina bene dicendi'), ainsi que la réduction de celle-ci aux
seules *elocutio* et *actio* a été empruntée au recensement critique du premier
livre de l'*Institution Oratoire*[12]. La définition de l'élocution comme *orationis
exornatio* est la réplique de celle qu'on lit dans le même passage[13]; l'ordre
de présentation des 'espèces' de l'élocution: trope — figure de pensée —
figure de mots, correspond à celui de l'*Institution Oratoire* (VIII, 6–IX,
2–IX, 3) que Ramus respecte forcément dans ses *Distinctiones*[14]; la définition du trope et de la figure comme 'écart' ou 'transformation' (*mutatio*)
correspond à celle proposée par Quintilien et adoptée par Ramus, lequel
s'était évertué à l'occasion à montrer que trope et figure sont les consti-
tuantes uniques de l'élocution[15]; le nombre *exact* des tropes et des
figures[16] ainsi que l'ordre de leur présentation a été respecté[17]. Inutile de
poursuivre notre relevé: Talon n'a absolument rien inventé; il s'est borné
à chercher des exemples appropriés aux tropes et figures considérés, qu'il
emprunte d'ailleurs le plus souvent à Virgile et à Cicéron; bref, toute la
trame de la *Rhétorique* (définitions, divisions, nombre des tropes et figures
retenus) provient directement des *Rhetoricae Distinctiones in Quintilianum*.

§ 2. *Figura, numerus, concinnitas*

Dans la seconde partie de notre étude nous avons souvent parlé de
'glissements' conceptuels au moyen desquels les défenseurs de la langue
vulgaire parviennent à annexer la théorie antique du nombre oratoire à
la poétique vernaculaire. Dans ces 'stratégies textuelles' on exploite
notamment le double sens de certains termes techniques — *numerus,
modulatio*, etc. — afin de faire ressortir que la prestigieuse théorie de la
prose antique est compatible, ou mieux: identique, avec celle de la litté-

---

[12] *Rh.* (1550), p. 5-6; *Scholae* (1569), col. 319sqq. Cf. *ibid.*, col. 322: 'Rhetoricae igitur
partes duae tantum sunt, elocutio & actio.'
[13] *Rh.* (1550), p. 6; *Scholae* (1569), col. 322: 'Rhetorica orationis ornatum...demons-
trat.'
[14] Le titre même l'oblige à suivre l'ordre de l'ouvrage critiqué: 'In a tradition going all
the way back to the twelfth-century commentators on Holy Scripture, the term *distinctio*
was applied to the kind of commentary that analyzed selected passages, in the order of
their occurrence, without taking on a responsability for commenting on every part of a
text.': J. J. Murphy, dans la conférence de Munich (1981), déjà citée.
[15] Quint. VIII, 6, 1; IX, 1, 4, cf. 13, 17. *Rh.* (1550), pp. 6, 20. *Scholae* (1569), col. 368,
375-6. *Ibid.*, col. 368: '...de troporum & figurarum (quibus tota ars elocutionis bene descripta continetur) arte...(etc.) *Rh.* (1550), p. 6: 'Elocutio..., cuius species duae sunt, Tropus & Figura.'
[16] A une exception près: Talon ajoute *correctio in verbo* à la liste des figures de mots: *Rh.*
(1550), p. 54.
[17] Voir chapitre précédent.

rature de la langue 'défendue'. Dans tous les cas considérés, il a donc été question d'une quelconque *manipulation* terminologique, qui nous a semblé essentielle à l'élaboration de la poétique vernaculaire. Nous avons souligné toutefois que reste indécidable la question de savoir si de telles manipulations étaient dues à un effort *conscient* de la part du poéticien, et nous l'avons écartée en conséquence.

Il nous paraît impossible de procéder de la même façon en parlant de la rhétorique ramiste, où l'évaluation consciente et hypercritique de la théorie rhétorique ancienne fournit la base même de la rhétorique nouvelle: elle en constitue pour ainsi dire la condition de possibilité. En effet, la manipulation consciente des termes fait partie intégrante du programme de réforme promu par les ramistes, celui-ci étant précisément conçu comme un 'émondage' ou 'échardonnage' *partiels* plutôt que comme une élimination totale de la théorie classique[18].

C'est pour cette raison que Talon souligne dans la préface à la *Rhétorique* que les préceptes ont été empruntés presque exclusivement, et *ad verbum*, aux *authores artis*, tout comme Ramus avait prétendu n'avoir fait rien d'autre que de s'en tenir aux définitions proposées par les auteurs critiqués eux-mêmes, ce dont ceux-ci — malheureusement — s'étaient montré incapables...

Autrement dit, pour les deux réformateurs il s'agit uniquement de 'retrancher les superfluitez' (*Remonstrance*), et par conséquent de *garder* 'l'essentiel' des doctrines classiques. C'est dans cette perspective qu'il faut voir la manipulation terminologique qu'ils ne cessent de pratiquer, manipulation, nous l'avons vu, qui s'effectue en premier lieu au moyen de la réduction au syllogisme des termes considérés. Celle-ci aboutit tantôt à la distinction de termes qui étaient restés confondus dans la tradition, tantôt à leur rapprochement, voire à leur *mise en équivalence*. A ce propos, nous avons parlé de la 'puissance synecdochique' du syllogisme (voir *supra*, chap. 3, § 4), annihilant la différence, confondant partie et tout, espèce et genre. Il semble en effet que les ramistes se servent du syllogisme comme s'il s'agissait d'une *équation mathématique*, où les termes sont interchangeables[19].

---

[18] Ramus aime à se servir de ces métaphores 'botaniques' ou 'agraires'. Cf. p. ex. les passages de la *Remonstrance* (1567) cités par Waddington (1855), p. 344 ('Ç'a esté toute mon estude d'oster du chemin des arts libéraux les espines, les caillous,...de faire la voye plaine et droicte...') et surtout la préface aux *Br. Qu.* (1547), ff. iij^vo, iiij: 'Pater verò meus agricola fuit...; mihi praecepit, ut...in occando, sarriendo, deruncinando, exherbando agro me exercerem. (...) Oratorium Ciceronis agrum...noxiis herbis & tribulis expurgo, & quicquid me pater docuit, id sedulò facio (...) Quemadmodum enim...expurgatus ager grandiores & uberiores fruges edit: ita Ciceronis Orator cùm spinae quas habet, & herbae distinctae fuerunt, certiores multò & optabiliores fructus afferet.'

[19] Cf. Vasoli (1968), pp. 384, 495: le syllogisme ramiste 'ripete quasi lo stesso sviluppo delle operazioni matematiche.'

Or, comme nous l'avons vu, la manipulation 'synecdochique' des termes au moyen du syllogisme est particulièrement manifeste dans la tentative ramiste de subordonner le nombre oratoire à la figure. A présent, en étudiant de quelle façon le nombre est traité dans la *Rhétorique*, nous pourrons éprouver la 'valeur de vérité' des conclusions tirées des syllogismes dans les *Brutinae Quaestiones* et les *Rhetoricae Distinctiones*. Mais dans le chapitre consacré à ces ouvrages nous avons déjà vendu la mèche: ces conclusions, Ramus et Talon les prennent à leur compte; elles ont été transférées telles quelles à la *Rhétorique*. Dans ses ouvrages critiques, Ramus n'affirme donc pas seulement: 'Voilà ce que vous (Cicéron, Quintilien) auriez dû dire si vous aviez respecté la logique de votre propre système'; il dit également: 'voilà ce qui en est *en réalité*'.

L''équation-monstre' que nous avions construite à partir des conclusions analysées devra par conséquent être prise à la lettre: le nombre oratoire sera considéré et décrit sous l'angle de la *constructio*, autrement dit comme un écart (*mutatio*) par rapport au discours 'non-marqué'; le discours nombreux sera le produit ('numerus efficitur'), ou mieux, l'*effet* d'une certaine 'mise en place', tout comme les autres figures de mots.

Quelle est donc la *causa efficiens* du nombre? Ce sera avant tout l'*hyperbate*, laquelle transforme l'ordre grammatical régulier de la phrase pour des raisons euphoniques et/ou prosodiques. Cette figure de mots avait été rangée parmi les tropes par Quintilien, mais à tort, comme l'avait montré Ramus dans les *Rhetoricae Distinctiones*[20]. Talon avait d'ailleurs déjà insisté sur la primauté de l'hyperbate pour la production du discours nombreux dans son ouvrage rhétorique précédent[21]. Faut-il ajouter que l'hyperbate, en tant qu'elle effectue une *mutatio ordinis*, s'insère parfaitement dans l'ensemble définitionnel de la *figure*? Voici en effet la série des définitions et divisions qui mène inéluctablement à l'inclusion du nombre oratoire dans la liste des figures:

---

[20] Cf. *Scholae* (1569), *index*: 'Numeri *caussa* hyperbatum.' *Ibid.*, col. 374: 'Undecimum genus [*scil.* troporum] hyperbaton facit Quintilianus, in quo cúm significationis nulla mutatio sit, nullus etiam tropus erit: & siquid in rhetorica elocutione de hyperbato dici potest, in compositione commodissimé dicetur, cujus gratia verba alia differenda, alia praeponenda sunt. Fit (ait Quintilianus) frequentissimé aspera & dura & dissoluta & hians oratio, si ad necessitatem ordinis sui verba redigantur. Haec igitur hyperbati consideratio ad compositionem attinet.' Cf. Quint. VIII, 6, 62-64, qui remarque déjà: '*Nec aliud* potest sermonem facere *numerosam*, quam opportuna *ordinis mutatio*'. Les ramistes restent donc fidèles à la stricte orthodoxie classique! D'ailleurs, Quintilien ajoute plus loin (VIII, 6, 67) 'Alioqui, ubi nihil ex significatione mutatum est, et structura sola variatur, figura potius verborum dici potest.' Cf. IX, 3, 91 ('verborum...*concinna* transgressio'), IX, 4, 26; sur l'abus de l'hyperbate 'gratia lenitatis': IX, 4, 144. Dans sa description du nombre, Talon intercale les remarques quintiliennes sur l'hyperbate.

Cf. aussi *Rhet. ad Her.* IV, 32, 44 ('...continuationes...in quibus oportet verba sicuti *ad poeticum* quendam exstruere *numerum*...'); Lausberg (1960), § 953b, cf. § 716.

[21] *TIO* (1545), p. 23.

a) Trope et figure sont définis par *mutatio* (Voir aussi § 1);
b) Figure est définie 'elocutio, qua oratio à vulgari consuetudine *mutatur*' (cf. Quint. IX, 1, 4);
c) Division: figures de pensée / figure de mots;
d) Définition de la figure de pensée: 'Figura διανοίας, id est mentis, sensus, sententiae est figura in totius orationis comprehensione...' (cf. Quint. IX, 1, 17; 26);
e) Définition de la figure de mots: 'Figura λέξεως, id est, dictionis,...(quae) non spectatur in orationis sententia, sed in conformatione, & *concinnitate* verbi unius, aut multorum...'
f) Division de la figure de mots: 'Huius genera tria sunt, Repetitio, Commutatio & *Numerus*.'
g) Définition du *numerus*:

> 'Numerus superest ex figura λέξεως, per quam oratio suaviter & *modulatè componitur*. Est itaque eius proprium verba verbis ita componere & coagmentare, ut numerose modulatéque inter se consonent. Atque quod *Hiperbato* (*sic*) tribui falso solet, cùm de Tropis dicitur, id verè compositionis arti tribuetur (cf. *Scholae*, col. 374). Fiet enim saepe dissipata & dissoluta oratio, si ad Grammatici ordinis necessitatem verba componantur. Praeponenda itaque alia erunt, alia reiicienda: atque (ut in lapidum asperiorum & impolitorum structura fieri solet) quo unumquodque conveniet & quadrabit, eo loco atque ordine oratio collocanda: nec aliud ferè numerosam orationem magis efficit, quàm *ordinis eiusmodi mutatio*. (cf. *Scholae, ibid.*; Quint. VIII, 6, 62-4: définition de l'hyperbate)[22].

Nous avons signalé au passage les emprunts faits soit à Quintilien, soit aux *Rhetoricae Distinctiones*, où Ramus affirme: 'si quid in rhetorica elocutione de hyperbato dici potest, in compositione commodissimé dicetur', à la suite de quoi il cite une partie des passages de Quintilien que Talon reprendra également. On le voit, celui-ci est resté fidèle au programme. Nous avons souligné par ailleurs les mots-clés des définitions et divisions relevées afin de faire ressortir d'une part jusqu'à quel point 'l'équation-monstre' a été assumée dans le texte de la *Rhétorique*, et de montrer d'autre part combien tout s'imbrique l'un dans l'autre: aux extrémités, *mutatio*, assurant la connexion figure / nombre; *concinnitas, collocatio, modulata compositio*, etc., au milieu, faisant écho aux syllogismes des *Brutinae*

---

[22] *Rh*. (1550), pp. 6, 20, 44, 45, 55. Notez la *variante* de la première éd.: *Rh*. (1548), p. 71: 'Numerus superest ex figura λέξεως, per *quem* oratio *suavis* & *modulata* componitur.' Cf. sur la *pronuntiatio numerosae orationis* (1550), pp. 65, 66: '...Hanc autem vocis suavitatem suffuratur Orator à musicis, ut à poëtis...compositionis & numeri voluptatem.(..) Obscurus sit cantus, ut ab imperitis percipi non possit: sit cantus tamen, qui quanto minus cavetur, tanto ferit acrius.': l'orateur 'dérobe' son art aux musiciens, aux poètes... Cf. Cic. *Or*. 18, 57 ('in dicendo quidam cantus obscurior').

Quaestiones et des *Rhetoricae Distinctiones*. De nouveau, celles-ci se sont révélées décisives dans la mise en forme de la *Rhétorique*.

En sera-t-il de même dans la *division* de la section du nombre? Et qu'en est-il des figures de la *concinnitas*? Trouveront-elles encore une place dans ce système serré, méticuleusement construit? De toute façon, il est clair que Talon accorde une grande importance à cette section qui, à elle seule, occupe autant de pages que les deux autres *genera* (*repetitio*, *commutatio*) ensemble; elle seule a droit à un 'chapeau' en lettres capitales, du même format que celles qui marquent le nom de l'auteur et le titre de l'ouvrage en haut de chaque page: AUDOMARI TALAEI RHETORICA.

Remarquons tout d'abord qu'en posant l'hyperbate comme *causa efficiens*, c'est-à-dire comme condition nécessaire du nombre, les ramistes répondent en premier lieu aux exigences de la méthode: étant donné que *figura* a été définie par *mutatio*, le nombre, en tant que *genus figurae* λέξεως, doit l'être également. Mais il est bien évident qu'en réalité, l'hyperbate n'est pas une condition nécessaire, ni une condition suffisante, du nombre. On peut très bien produire des clausules métriques ou des vers sans avoir recours à la transmutation syntaxique. Les ramistes ont dû s'en apercevoir, car dans les remaniements ultérieurs de la *Rhétorique*, l'hyperbate ne fera plus partie de la définition du nombre[23]. Ils ont eu bien raison; en effet, vu l'importance primordiale qu'ils accordent aux définitions et aux divisions — celles-ci constituant les moments vitaux de la méthode, captant les choses qui y ressortissent dans leur *essence* — cette définition proposée compromet la section tout entière; car les divisions doivent 'découler' de la définition dans son ensemble[24]. Autrement dit, ce que les ramistes ont gagné en cohérence globale, ils le perdent de nouveau à cause du manque de cohérence interne de cette section.

Nous avons déjà vu que la division générale des figures de mots ne se prête pas à la dichotomisation (il y a *3* genres); et l'on soupçonne que par là même, elle ne peut être que provisoire. En revanche, celles données dans la section du nombre se présentent convenablement en dichotomies. Il y a d'abord la division en *parties*, qui sera suivie d'une division en *espèces*.

---

[23] *Rh. 57*, p. 24; *Rh. prael.* (1582), p. 30sqq. Dans ce dernier texte, Ramus se borne à dire: 'Oratorii numeri gratiâ, hyperbaton... *permittitur*.' La formule est prudente: *ibid.*, p. 35.

[24] Cf. W. Risse, *Die Logik der Neuzeit*, Stuttgart-Bad Cannstadt 1964, I, p. 149-151: 'Der eigentliche Inhalt der ramistischen Methodenlehre ist...die *definitio* und *divisio*. Darunter versteht Ramus nicht nur...*instrumenta* der Verfahrensweise, sondern zugleich den durch sie bezeichneten sachlichen Inhalt. Die Definition bestimmt das Wesen einer Sache...und die *divisio* die Arten einer Gattung bzw. die Teile eines Ganzen.' (p. 149).

Talon admet *deux* parties 'dans toute cette considération': l'*art* et la *nature*. L'art doit rendre compte de la *quantité* syllabique logée dans les pieds; et Talon ajoute aussitôt que dans la prose, l'art se réduit à presque rien. Ce faisant, il anticipe sur la seconde division, celle en *espèces*: *nombre poétique* et *nombre oratoire*. Et l'on se doute à quoi il veut en venir: pour la prose, on ne peut établir une typologie des *clausules*; tous les pieds sont bons, à condition que les mots dont ils font partie soient choisis en fonction de leurs qualités sonores (la même chose vaut d'ailleurs pour la poésie; seulement, la métrique (*ars*) y joue également un rôle indéniable). Bref, nous retrouvons ici la théorie de l'*euphonie*, avec la priorité accordée à la *bonitas litterarum* au dépens de la quantité; c'est là en effet le domaine de la *nature*, l'autre 'partie' du nombre[25].

Mais il est bien plus important d'avoir constaté que les divisions dont nous venons d'esquisser l'articulation sont celles-là mêmes que Ramus avait préconisées dans les secondes *Brutinae Quaestiones*: toute la section du nombre a été élaborée conformément à la série d''améliorations' que 'Brutus' propose d'insérer dans le texte de l'*Orator*[26]. On s'en convaincra en comparant les deux passages:

Brutinae Quaestiones	*Rhetorica*
Numerus definiendus erat, modulata orationis compositio,	Numerus superest ex figura λέξεως, per quam oratio suaviter & modulatè componitur.
eiúsque omnis consideratio diligenter exponenda, & in partibus...	Huius autem totius considerationis partes duae sunt...
vel artis...	partium altera est artis...

---

[25] *Rh.* (1550), pp. 55-6: 'partium altera est artis, altera naturae. Ars in oratione paulò liberiore perbrevis ac propemodum nulla est, quae ex syllabarum longarum & brevium quantitate in pedibus sita est. (...) Naturae verò consideratio in numeris longè maior est, quae primùm literarum bonitatem nativo quodam aurium sensu iudicióque, atque inde syllabarum spatia temporáque perpendit.' Remarquons encore deux choses: 1° Ong se trompe en affirmant que 'in his Latin *Rhetorica*, Talon had once considered prose rhythm as 'natural' number, contrasting it with the 'artificial' number of verse': *art. cité* (1954), p. 134. Ong suggère ici une 'préséance généalogique' de la prose qui est inexistante, car la distinction *ars/natura* est valable pour la poésie aussi bien que pour la prose. Si préséance il y a, elle revient en droit à la poésie: 'furatur enim oratio soluta à poëmate voluptatem' (*Rh.*, p. 60). Dans la *Rh. prael.* [Voir *infra*, chap. 8, n. 5] Ramus ne fait qu'expliciter cette idée tout à fait classique: cf. p. ex. Cic. *Or.* 52, 174; 53, 178. Tac. *Dial. Or.* 12. 2° Leake se trompe en prétendant que Talon, contrairement à ce que fera Fouquelin, ne prête guère attention à la sonorité. En fait le contraste qu'il entend établir entre les deux ramistes est illusoire. Leake va jusqu'à dire que 'whereas for Talon *Numerus* was primarily a matter of versification, with all (!) his examples taken from Latin poetry, for Fouquelin the 'douce resonance de dictions' could be found in prose as well as in verse': (1968), pp. 99-101.

[26] *Br. Qu.* (1549), pp. 99-100. Cité *supra*, chap. 3, § 3.

ex quantitate syllabarum in pedibus:..

(Ars), quae ex syllabarum longarum & brevium quantitate in pedibus sita est...

vel naturae...

...altera naturae.

in spectanda bonitate & literarum & dictionum, & quàm varium sit aurium his de rebus iudicium:

Naturae verò consideratio in numeris longè maior est, quae (primùm) literarum bonitatem nativo quodam aurium sensu iudicioque...perpendit:

& in generibus... qui sit poematis, qui sit orationis solutae numerus,...(etc.)

Species autem numeri declarandae duae sunt,... Poëticus & Oratorius. (pp. 55, 56, 58)

De nouveau, ce ne sont pas les *authores* que Talon cite *ad verbum*, mais bien plutôt l'*auctor intellectualis* de la réforme ramiste! Comment 'garnit'-il ce plan général composé d'une double dichotomie? Il donne tout d'abord un relevé des différents pieds, et un exemple de chacun: 'spondée, comme *musas* − −'; 'trochée, comme *legere* ∪ ∪ ∪'; ensuite, il insiste longuement sur la *bonitas* en comparant deux vers de Virgile, qui, tout en ayant le même mètre, produisent un effet sonore très divers, dû à l'agencement des voyelles et des consonnes. Curieusement, Talon appelle cet effet sonore *numerus*![27] Mais en fait, cela n'est pas tant curieux que symptomatique, car comme Ramus, Talon confond ce que Cicéron prétend séparer, à savoir *sonus* et *numerus*[28]. Le nombre, incorporé aux figures de mots, ne produit-il pas un 'effet musical' comme celles-ci...?

Quant aux 'espèces de nombre', Talon se tourne d'abord vers le 'nombre poétique' qui n'est en fait rien d'autre que le *carmen*: ici encore, la partie est prise pour le tout. Il en relève les 5 formes les plus usitées (poème épique hexamètre, poème élégiaque pentamètre, etc.) et les illustre à l'aide d'exemples pris dans Virgile, Catulle et Horace. Ensuite, il passe au nombre oratoire qu'il définit *a contrario*; il souligne qu'on peut se servir de n'importe quels pieds, mais qu'il faut en faire un usage 'modéré et tempéré', en bref, de la discrétion avant tout, qu'on atteint en variant autant que possible les combinaisons métriques[29]. Il concède toutefois

---

[27] *Rh.* (1550), p. 57. Voici les exemples: 'Tityre tu patulae recubans sub tegmine fagi...' (*Ecl.* I, v. 1); '— at nunc horrentia Martis / Arma virumque cano' (*En.* I, v. 4-5 dans les éd. anciennes). Dans le premier cas, le nombre est 'tenuissimus'; à propos du second Talon remarque: 'nónne bellicus hic horror quidam ipso *numeri* horrore concipitur?'

[28] Cic. *Or.* 49, 163: '...De numero mox, nunc de sono quaerimus.' Cicéron ajoute qu'il faut choisir des *verba bene sonantia*. Cf. *ibid.*, 164, '*bonitas* nostrorum verborum'.

[29] *Rh.* (1550), pp. 58-61: 'Poëticus numerus constat certis pedibus, certo loco, & certa lege collocatis, & poëtis carmen appellatur...' (...) 'Numerus oratorius...liberior & solutior est, nec certis pedibus, nec certo semper loco, nec eadem semper lege collocatis utitur, sed quantum potest à poëmatis similitudine refugit' (..) 'Licebit ut efficias ex quibuslibet pedibus numerum, sed pro conditione rei tamen moderatum atque temperatum: vix enim ex omnibus brevibus unquam, aut ex omnibus longis perpetuum ferent aures, quae varie-

que certains nombres 'excellent' dans la clausule: le dichorée, par exemple (*vīndicāsti*), ou le péon 'quatrième' suivi d'un spondée (le trop fameux *ēsse videātur*). Bien entendu, Cicéron fournit ici les exemples[30]. En privilégiant de la sorte 'quand même' (*attamen*) certains types de clausule, Talon va à l'encontre de la règle générale qu'il vient d'énoncer; on ne sera pas étonné d'apprendre que là encore, il se ravisera dans les éditions ultérieures[31].

Il nous reste un dernier point à élucider: où Talon range-t-il les figures de la *concinnitas*? Comme nous l'avons vu, dans les *Institutions Oratoires* de 1545 il n'y avait aucun lien, même de simple contiguïté, entre les figures gorgianiques et le nombre. Mais dans les *Brutinae Quaestiones*, Ramus, suivant le parcours cicéronien, en parle dans le même passage et finit par confondre *concinnitas* et *numerus* par voie syllogistique[32]. De son côté, Talon se sert du mot *concinnitas* dans la définition générale de la figure de mots; on pourrait donc s'attendre à ce qu'il incorpore les gorgianismes dans la liste des figures 'proprement dites', et c'est effectivement ce qui se produira[33], à la suite d'un remaniement fondamental sur lequel nous reviendrons; mais ici, Talon reste fidèle à l'ordre des *Brutinae Quaestiones*. En conséquence, il traite les gorgianismes en rapport étroit avec le nombre oratoire, aussitôt après ses remarques concernant les clausules. Confondant *numerus* et *numerositas* comme l'avait fait parfois Cicéron, et l'avait stipulé Ramus, il les dénomme *alii numeri*; en outre, il en souligne à plusieurs reprises le caractère *poétique*. Ecoutons-le:

> *Alij* item sunt *numeri,* quibus Ciceronem delectatum observavimus, qui tamen quo magis sunt insignes, tantò magis in his satietas cavenda, & similitudo fugienda est, ne animadversio aut affectatio deprehendatur. Ac quanvis tantopere formidetur in oratione poëmatis observatio, tamen aliquando propius *ad poëticos numeros* accedimus, & quidem cùm numerosissimè dicendum esse videatur: nempe cùm paria paribus, similiter cadentia, desinentiaque, similiter cadentibus desinentibusque comparantur, quae rhetores ἰσόκωλα, ὁμοιοθέλευτα (*sic*), ὁμοιόπτωτα nominant: tum enim similitudo *poëmatis* animadversioque notabilior est. [Suivent deux exemples, sont le sempiternel *Est enim haec, Iudices...etc.*]
> (...) Haec enim concinnitas *numerum quendam quasi poëticum,* completo circuitus orbe, conficit. In huius autem voluptatis consectatione principem Leontinum Gorgiam fuisse accepimus: eademque & Isocratem, & Ciceronem maximè delectatum: sed hic modum quendam voluptati adhibuit, & delicias

---

tate & dissimilitudine (ut omnes sensus, ut omnis omnium rerum natura) maximè recreantur.' Cf. Cic. *Or.* 58, 197sqq. et *passim.*

[30] *Rh.* (1550), p. 61. Dans le second cas ne s'agit-il pas plutôt d'un péon 'premier'? Cf. Lausberg (1960), § § 1000 (16), 1016 (1). Cic. *Or.* 63, 212; 64, 215.

[31] *Rh. 57*, pp. 30-31. Voir *infra,* chap. 6, § 2.

[32] *Scholae* (1569), col. 293-6. Voir *supra,* chap. 3, § 3.

[33] *Rh. 57*, pp. 33, 36, 40; *Rh. prael.* (1582), p. 45.

alioqui leviculas sententiarum gravitate complevit. Ut igitur artem de exor-
nationibus verborum concludam,...etc[34].

La section des figures de mots dans sa totalité s'était déjà montrée réfrac-
taire à la dichotomisation; or voici menacée la dichotomie de la sous-
section, le nombre poétique ne se distinguant plus nettement du nombre
oratoire. Une redistribution s'impose; il s'agira soit de séparer les domaines de la figure, de la poésie et de la prose, soit de les rapprocher autrement, en agençant les éléments de la division générale de façon différente
et en remaniant les divisions en conséquence. On sait que les ramistes
s'arrêteront à la dernière solution et qu'ils rétabliront l'équilibre du
système grâce à une nouvelle manipulation terminologique. Ce qui peut
se formuler également comme suit: ils sauveront les apparences au prix
d'un pervertissement sémantique. Ce sera l'un des sujets des chapitres
suivants. Mais voici, pour terminer, le schéma de la *Rhétorique* telle
qu'elle se présente en 1548 et dans les années suivantes[35]:

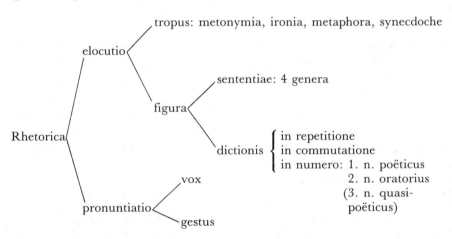

---

[34] *Rh.* (1550), p. 61-2. On remarquera que Talon a éliminé l'*antithèse*: voir *supra*, chap.
3, § 1 [2, 5], etc. Cf. encore Quint. IX, 3, 74.
[35] Ce schéma sera d'ailleurs bientôt effectivement élaboré par un certain Jacobus Arti-
sianus et couvrira 9 pages! (cf. Ong, *Inv.* n° 69; Leake (1968), pp. 89-90). Ce sont les
Tabulae breves in Audomari Talaei Rhetoricam, publiées selon Leake en 1554 à Reims, chez N.
Bacquenois. Sous une forme réduite (2 p.), le schéma figure également à la fin des deux
éditions de la *Rh.fr.* d'Antoine Fouquelin (1555 et 1557, en traduction). Il sera imité plus
tard par Claude Mignault dan son édition commentée de la *Rh.prael.* parue en 1577 à
Paris: 'Tabula in hanc Rhetoricam, studio ac labore Claudii Minois conscripta.' Leake,
l.c., ne le signale pas. Cf. aussi Ong (1954), p. 136-7; idem, *Ramus* (1958), p. 280. Sur le
commentaire de Mignault, voir *infra*, chap. 9, § 2.

CHAPITRE V

LA *RHETORIQUE FRANÇOISE* D'ANTOINE FOUQUELIN (1555) *

> Varia..sunt..literis deditorum
> hominum ingenia. Alii doctri-
> nae laudem (quae nostra ae-
> tate Ciceronianorum fama
> fuit) scribendis epistolis con-
> sectantur. Alii poëticam Vene-
> rem, & quidem feré patria ac
> populari lingua, potiús se-
> quuntur.
> *Praefatio P. Rami...in P. Virgilii*
> *Maronis Georgica* (1556)

§ 1. *Un ouvrage 'collectif'*

La *Rhetorique* de Fouquelin marque une étape décisive dans notre étude. En elle se rencontrent les deux courants qui nous ont préoccupé jusqu'ici: la rhétorique latine et la poétique française. En tant que 'traduction' de la *Rhetorica* de Talon, la *Rhetorique Françoise* s'écartera inévitablement, et de façon significative, de la tradition latine; en tant que complément de la *Dialectique* de Ramus, publiée 'dans exactement la même année chez exactement le même éditeur à exactement le même endroit'[1],

---

* *La Rhetorique Francoise d'Antoine Foclin de Chauny en Vermandois, à Tresillustre Princesse Madame Marie Royne d'Ecosse.* Paris, A. Wechel, 1555. Voir Ong, *Inv.* (1958), no. 71. Sigle: *Rh.fr.* Dans la note qui fait suite au numéro 71, W. Ong affirme que l'ouvrage 'is made from the Talon *Rhetorica* in the stage of the 1548 David edition'. R. Leake (1968), p. 88sqq. a rectifié en partie ce jugement. Pour le détail de cette question nous renvoyons le lecteur à son article. L'ouvrage de Fouquelin a été réimprimé une seule fois, en 1557. 'It proved thoroughly abortive, going through exactly one more edition', observe Ong, *l.c.* Observation justifiée, si l'on s'en tient au seul texte de Fouquelin. Dans les chapitres suivants nous essayerons de faire ressortir la portée de l'ouvrage en le replaçant dans le contexte de l'évolution générale de la rhétorique ramiste. Là encore, les recherches de Leake nous ont été d'un grand secours, même là où elles aboutissent à des conclusions que nous ne partageons pas. Dans son article parus en 1970, Leake a examiné les corrections effectuées par Fouquelin dans la seconde éd. de la *Rh.fr.* Voir notamment (1970), p. 383sqq. Il a montré e.a. que le nombre des exemples empruntés aux œuvres de Ronsard a encore été augmenté dans la nouvelle version, dont voici le titre: *La Rhetorique Francoise d'Antoine Fouquelin de Chauny en Vermandois. A Tresillustre Princesse Madame Marie Royne d'Ecosse. Nouvellement reveüe & augmentée.* Paris, A. Wechel, 1557. Ong, *Inv.* (1958), no. 74. Pour l'éd. 1555 nous nous sommes servis de l'exemplaire conservé à la B.N. à Paris; pour l'éd. 1557, nous avons utilisé l'exemplaire que possède la B.M. de Troyes, et que Ong ne relève pas. Dans la suite, nous signalons les variantes soit en note, soit au-dessous du passage cité. Nous ne relevons pas les variantes purement graphiques. Cf. aussi la note à la fin du chap. présent.

[1] Ong (1954), p. 129; cf. Ong, *Inv.* (1958), p. 95-6.

elle atteste la nouvelle orientation de l'entreprise ramiste, qui désormais
entend tenir compte de la langue 'vulgaire'. Nous savons déjà que cette
orientation n'a rien d'éphémère, puisque dans le *Ciceronianus* publié deux
ans plus tard Ramus y insistera de nouveau. Et nous verrons encore
qu'elle marquera de manière profonde et durable le développement ultérieur de la rhétorique ramiste.

On aurait tort par conséquent de considérer la *Rhetorique Françoise*
comme le résultat d'un effort individuel. Tout porte à croire au contraire
que Ramus et Talon ont joué un rôle actif dans son élaboration. Après
tout, la *Rhetorique Françoise* n'a été qu'une étape — importante, il est vrai
— dans l'évolution de la rhétorique ramiste; et Fouquelin n'a été qu'un
compagnon de passage. Chercher à montrer à propos de ce texte, comme
l'a fait notamment Roy Leake, que Fouquelin a été 'a man with a mind
of his own'[2] est une tentative désespérée, qui méconnaît le caractère
essentiellement 'supra-personnel' de la rhétorique ramiste. En effet, si la
Rhetorique Françoise présente des 'corrections' importantes par rapport au
texte latin 'traduit', rien ne permet de les imputer au seul Fouquelin.
Celui-ci reconnaîtra dans l'épître-préface sa dette à l'égard de Talon,
tout comme ce dernier l'avait reconnue dans sa préface à lui à l'égard de
Ramus... Ecartons donc les problèmes de 'l'originalité', et optons pour
l'idée de collaboration[3].

---

[2] Leake (1968), p. 95.

[3] La *Rhetorique Françoise* est le *seul* ouvrage de Fouquelin écrit en français (cf. catal.
B.N., *s.n.*). La même année, Fouquelin publie un commentaire sur les *Satires* de Perse
dédié à Pierre Ramus, et également édité chez Wechel. Dans la préface, il dit expressément qu'il entend suivre les traces (*vestigia*) de ses maîtres Ramus et Talon dont il a suivi
l'enseignement pendant près de neuf ans. Il reconnaît s'être inspiré surtout des commentaires de Ramus sur Aristote, Cicéron et Virgile. Dans le commentaire, Fouquelin se conforme scrupuleusement à la terminologie utilisée dans la *Dialectica* de Ramus et dans la
Rhetorica de Talon. Le commentaire offre ainsi un parfait exemple de la *manière* ramiste:
analyse dialectique et rhétorique continue, c'est-à-dire d'une part la réduction au syllogisme du contenu global de telle *Satire*, et l'explicitation des procédés argumentatifs utilisés; d'autre part, le relevé des tropes et des figures. A côté de cette analyse technique il y a
bien sûr l'explication des mots difficiles, des allusions mythologiques ou historiques, etc.
Nous comptons revenir ailleurs sur ce commentaire important, dont voici le titre: *Antonii
Foquelini Veromandui, In Auli Persii Flacci Satyras commentarius, ad Petrum Ramum, eloquentiae et
philosophiae Regium Lutetiae professorem.* Paris, A. Wechel, 1555. Exemplaires à la B.N., cote
Yc. 769, et à Leyde, B.U., cote 572D17. Citons quelques passages illustratifs de la préface
adressée à Ramus et datée de Paris, le premier avril 1555, au Collège de Presles ('in Prel-
laeo tuo') où Fouquelin enseigne maintenant: 'Non ignoras (Petre Rame) quemadmodum olim agricolae, fructuum suorum primitias, iis potissimùm diis consecrabant:
quorum numine tempestivam aliquam messis ubertatem & copiam viderentur percepisse
(...). Quare, si quem [à] te & suavissimo fratre tuo Audomaro Talaeo, in liberalibus
humanarum artium doctore & magistro, doctrinae & eruditionis fructum consecuti sumus,
si quid ex plenis eloquentiae & philosophiae tuae fontibus, in nostros rivulos deducere
conati sumus: si quam totis ferè novem annis quibus apud te fuimus, exercendae in bonis
authoribus Logicae & Rhetoricae artis rationem didicimus, verendum non erit, ne parum
iustam his nostris in Persii Satyras exercitationibus, testandae erga te voluntatis, debitae-

A la base de la *Rhetorique Françoise* il y a la *Rhetorica* de Talon, et par voie de conséquence les *Scholae rhetoricae* de Ramus; on décèle des traces de celles-ci dans plusieurs remaniements proposés par Fouquelin[4]; ils seront souvent retenus dans les versions ultérieures de la *Rhétorique* latine. Parlant 'hommes' au lieu d''œuvres', Leake en conclut que 'la pensée de Fouquelin a influencé la pensée de Talon..'[5] Hâtons-nous d'ajouter qu'un des grands mérites de l'article de Leake est d'avoir démontré l'existence d'une version de la *Rhetorica* inconnue jusqu'ici, celle publiée en 1557 chez Thibaud Payen à Lyon. Cette version donne parfois l'impression d'être une rhétorique française *retraduite* en latin, tellement elle est proche du texte de Fouquelin. Nous reviendrons plus loin sur cette curieuse édition hybride, contemporaine du *Ciceronianus*. Nul doute qu'elle n'ait incité Ramus à effectuer un nouveau remaniement du texte de la *Rhetorica*, où la poétique vulgaire aura définitivement sa place[6].

Mais retournons à la *Rhetorique Françoise*, qui, avec son complément: la *Dialectique* française, offre un si bel exemple d'une autre coopération, celle de savants et de poètes. En traduisant la *Dialectica* en français, Ramus avait sollicité l'aide des poètes de la Pléiade pour traduire les passages des poètes latins cités en exemple. Parallèlement, Fouquelin remplace les exemples latins de Talon par des exemples pris dans les recueils récents des poètes de la Pléiade. Ajoutons que ces données si remarquables ont retenu l'attention de plusieurs chercheurs[7], au point de faire

---

que gratiae caussam habuisse videamur. (...) In quo [*scil.*, munusculo, *ou* monumento] recognoscas licet duarum praestantissimarum artium, Dialecticae inquam & Rhetoricae, per te fratrémque tuum magno quidem labore, sed maiore utriusque laude & gloria constitutae, impressa & adumbrata quaedam vestigia. (...) [Itaque] cùm mihi iam olim ex Dialectica & Rhetorica disciplina, dicendi, docendíque praesidia quaedam & adiumenta comparassem, *feci* (Rame) & magno quidem diuturnóque studio feci, *quod te* in Cicerone, Virgilio, Aristotele caeterísque primariis authoribus explicandis & interpretandis *facere animadverti*, & ad singularem docendi interpretandíque praestantiam tuam, sin minus imitatione, voluntate certè proximè accessi. Rhetoricam enim elocutionem in tropis & figuris quàm diligenter studioséque facere potui, declaravi. Quod autem ad Dialecticam attinet, principem initio quaestionem, in singulis deinde partibus proposui: argumenta ad sui generis locos retuli: syllogismos cum pleni fuerunt, ad suae figurae modum distinxi: totius deníque disputationis cursum, ad suae methodi collocationísque regulam revocavi. (...)': (1555), ff. 2-3ro. Bref, soumission totale, inconditionnelle, à la méthode ramiste.

[4] Par exemple, dans la définition du 'langage figuré', où Fouquelin ajoute: '...c'est à dire un peu changé de la vulgaire & acoutumee maniére de dire, *qui s'offre premierement*, quand nous voulons parler & deviser de quelque chose.': *Rh.fr.*, p. 34. Cf. Ramus, *Scholae* (1569), col. 375-6: '...figura est conformatio quaedam orationis remota á communi, & *primúm se offerente ratione.*' Cette partie de la phrase manque chez Talon (1548 etc.). Ramus cite ici Quint. IX, 1, 4.

[5] Leake (1968), p. 104.

[6] Nous avons déjà cité ces deux versions sous les sigles *Rh.57* et *Rh.prael.* Sur la première, cf. Leake (1968), p. 105sqq.

[7] Cf. Ong (1954), Dassonville (1963), Leake (1970), Vasoli (1977). Alex Gordon remarque à ce propos: 'On comprend l'intérêt exceptionnel de cette application directe de la rhétorique à la poésie par un auteur du XVIe siècle': Gordon (1970), p. 16.

oublier que Fouquelin a également puisé dans d'autre sources, notamment dans l'*Art Poëtique* de Sebillet. Pour les exemples en prose, Fouquelin se sert surtout de la *Deffence* de Du Bellay et de la traduction du roman d'Héliodore par Jacques Amyot[8].

Ces faits seuls suffisent à démontrer que désormais la défense et illustration de la langue vulgaire — et partant du français — fait partie intégrante du programme ramiste. Dans cette perspective, il n'est pas surprenant que ce soient en premier lieu les *artes* consacrées à la *ratio* et à l'*oratio* qui ont été traduites en français: la dialectique et la rhétorique en 1555, la grammaire en 1562. (Dans le dernier cas il s'agit bien entendu d'une adaptation libre plutôt que d'une traduction.) C'est aussi dans la *Gramere* — 'l'art de bien parler et de bien écrire' — que Ramus met en pratique son programme de réforme de l'orthographe, que déjà Du Bellay et Fouquelin avaient appelé de leurs vœux[9]. Or il est clair que la réforme de l'orthographe fait partie du projet d'émancipation de la langue. L'autre livre traduit vers la même époque est le *Liber de moribus veterum Gallorum*, en français *Traicté des façons et coustumes des anciens Galloys* (1559), dont le caractère patriotique et émancipatoire n'est pas moins

---

[8] Pour les détails, voir Leake (1970), p. 384sqq. et les notes. Cf. l'abbé Goujet, *Bibl. Françoise*, t. I (1741), p. 362-4: A. Fouquelin. '(…) Sorel dit que cette rhétorique fut faite du tems de la première traduction d'Heliodore… La plûpart des exemples des figures usitées dans le discours que Fouquelin allégue, sont tirés de la traduction de ce roman: ce qui ne donne pas une grande idée du goût de l'Auteur, ni de la bonté de son ouvrage; il prend ses autres modèles dans Ronsard, dans Baïf, & dans Joachim du Bellay…' C'est donc grâce à Sorel que l'on a gardé le souvenir de l'ouvrage de Fouquelin. Visiblement, Goujet l'a lu d'un œil distrait, s'il l'a vraiment lu. Gibert range Fouquelin dans la 'liste des Auteurs dont on n'a pas cru devoir parler': *o.c.* (1725), p. 392-4. Mais déjà Sorel remarque: '(…) chacun n'a pas connaissance de ces vieux Auteurs. On a pourtant réveillé le souvenir de celuy-cy; parce que le Livre des Memoires de M. de Brantosme, qui traite des Dames illustres, ayant esté imprimé depuis peu, on y void que cette Rhetorique avoit esté composée par l'ordre de Marie Stuard Reine de France & d'Escosse': *Bibl. Françoise*, Paris 1667[2], p. 25; *réimpr.* Slatkine, Genève 1970. Pour quelques références plus récentes à l'ouvrage de Fouquelin, voir Ong (1954), p. 128 n. 6sqq., p. 137 n. 22 (Moréri). Cf. *infra*, § 2: La Croix du Maine.

[9] Cf. *Scholae* (1569), col. 322: La grammaire sert 'ad recté loquendum, vel scribendum.' La *Gramere* de 1562 et la *Grammaire* de 1572 ont été reproduites aux éd. Slatkine, Genève 1972. Sur l'orthographe, voir *Deff.*, II, 7 et postface *au lecteur*; *Rh.fr.*, postface *au lecteur* (reproduite par N. Catach, *L'Orthographe française à l'époque de la Renaissance*, Genève 1968, p. 282). Cf. Du Bellay, *Olive*, seconde préface *au lecteur* (1550); Ronsard, *Odes, avertissement au lecteur* (1550). Du Bellay, Ronsard et Ramus citent d'abord Meigret, qui veut créer 'une ecritture q'adrant à la prolation françoeze' (épître *aos Lecteurs*, qui précède sa traduction du *Menteur* de Lucien (1548): voir Chamard (1904), p. 268 n. 4). Ramus, *Gramere*, préface *au lecteur* (p. 3), '..reformer notr' ecriturę e la ferę cadrer a la parolę.' Notons encore qu'en tête de la *Grammaire* de 1572 se trouve un poème dédicatoire signé Jodelle, dont Ramus citera plus loin (chap. 6) deux poèmes mesurés 'à l'antique'; à ce propos, il remarque qu'il 'faudroit supplier aux muses Francoyses dentreprendre ce labeur, non pas pour abolir la rithme, qui est fort plaisante & delectable, mais affin que *leur patrie fust esgallee* a la Graece & a lItalie touchant la prosodie en quantite & accent' (p. 43-4). Il s'exprimera dans le même sens dans la *Rh.prael*. [Voir *infra*, chap. 8, § 3.]

évident. Ramus y parle entre autres choses de la grammaire et de la rhétorique 'gauloises'[10], lesquelles auraient été en usage bien avant celles
des Grecs et des Romains!

Tout ceci montre à quel point le ramisme a été marqué par le mouvement d'émancipation de la langue et littérature françaises auquel, quelques années plus tôt, Du Bellay avait donné une voix. Dans la *Rhetorique
Françoise*, l'influence de la *Deffence* est manifeste non seulement dans
l'épître-préface *à tresillustre princesse Madame Marie, Royne d'Ecosse*, mais
aussi dans le texte même, où la *Deffence* est citée 8 fois[11]. En outre, elle est
citée de temps en temps sans que l'auteur ait jugé nécessaire de marquer
la référence en marge[12]; Ramus ne procédera pas autrement dans le *Cice-*

---

[10] Voir *infra*, chap. 7. Le livre a été traduit par Michel de Castelnau, et publié comme
l'original latin chez A. Wechel. Ce dernier a également édité la *Dialectique*, la *Rhetorique
Françoise*, le *Ciceronianus* et les *Grammaires*.

[11] Références explicites: *Rh.fr.*, pp. 9, 13-14, 20, 20-21, 68, 73, 84-5, 102. Passages
cités: *Deff.* I, 2; II, 12; I, 3; II, 2; I, 6; I, 8; I, 9; I, 11 = *Ed.* Chamard (1970⁴), p. 17,
lignes 10-12; p. 185-6, l. 41-59; p. 23, l. 11-14; p. 97-8, l. 58-62; p. 39, l. 1-2; p. 47-8, l.
36-39; p. 55-7, l. 76-98; p. 76-7, l. 25-28. En outre, la seconde préface à l'*Olive* est citée
une fois: *Rh.fr.*, p. 103 = *Olive*, éd. Chamard, p. 24, l. 278-280.

[12] Leake (1970), p. 386 n. 2. Nous avons relevé un exemple assez frappant de ce procédé, qui montre à quel point de tels 'larcins' étaient considérés comme légitimes. Dans sa
préface, Fouquelin dit à propos de la 'pauvreté' de sa langue: '(Elle) est si mal garnie de
tout ce qu'il luy faut, qu'elle est contrainte d'emprunter les acoutrementz [*Var.* (1557):
vestements] & (s'il faut ainsi parler) les plumes d'autruy pour ce [*sic*] farder & acoutrer' (f°
Aiiijʳᵒ). Ensuite dans le texte même (p. 20), voulant donner l'exemple d'une métaphore
hardie 'excusée' par une parenthèse, il cite Du Bellay: 'Du Bellay en la defense de la langue Françoise. 'Et par méme moien nous ont laissé nôtre langue si pauvre & nue, qu'elle a
besoing des ornementz & (s'il faut ainsi parlér) des plumes d'autruy'' (en marge: 'Cap.
3. '-savoir, du 1ᵉʳ livre). A la fin de son livre (p. 132) Fouquelin transcrit de nouveau les
phrases qui précèdent ce même passage sans noter la référence. S'étant plaint du fait qu'il
ne reste pas de témoignages écrits des 'orateurs & advocatz' français, il poursuit: 'Ce que
on doit attribuer à [la] simplicité [de noz ancêtres], qui ayantz (comme dit quelqu'un parlant des anciens Romains) en plus grande recommendation le bien faire, què le bien dire,
se sont privez de la gloire de leur vertu, & nous du fruit de leur imitation,...'; là où Du
Bellay avait dit: '...on le doit attribuer à l'ignorance de notz majeurs, qui ayans (comme
dict quelqu'un, parlant des anciens Romains) en plus grande recommendation le bien
faire que le bien dire, & mieux aymans laisser à leur posterité les exemples de vertu que les
preceptes, se sont;privez de la gloyre de leurs bienfaitz, & nous du fruict de l'immitation
d'iceux: & par mesme moyen...etc.'. On voit que Fouquelin a 'concentré' le passage, et
éliminé quelques latinismes (majeurs: *maiores*; bien faitz: *benefacta*). Ajoutons que Ramus
reviendra bientôt sur le problème soulevé ici par Fouquelin; dans le *Ciceronianus*, il dit:
'Attamen, dicet aliquis, Franci oratoris scriptum...verbum nullum adhuc extat. Imò verò
extant quamplurima', à savoir les traductions françaises d'auteurs étrangers ('conversio-
nes multae in nostrum sermonem ex Hispanis, Italis, Graecis, Latinis'), ainsi que les *com-
mentationes & meditationes* d'auteurs français (textes d'auteurs réformés?): *Cic.* (1557), p.
17-18. Et pour boucler la boucle, cf. Du Bellay, *Deff.* I, 4: '...toutes sciences se peuvent
fidelement & copieusement traicter en [la Langue Françoyse], comme on peut voir en si
grand nombre de livres Grecz & Latins, voyre bien Italiens, Espaignols & autres, traductz
en Francoys par maintes excellentes plumes de notre tens.' — Ailleurs (*Cic.*, pp. 61, 62),
Ramus cite en exemple l'éloquence de Gabriel de Marillac et de Jacques Aubery, avocats
au Parlement de Paris pendant le fameux procès concernant le massacre des habitants de

ronianus. A ce propos, R. Leake remarque à juste titre: 'such 'imitation' was certainly considered flattering to Du Bellay'. L'influence décisive du manifeste sur le ramisme est maintenant chose admise parmi les chercheurs[13]; et nous espérons y avoir apporté quelques preuves supplémentaires. Ajoutons encore que si Du Bellay lui-même était absent au moment où la *Dialectique* et la *Rhétorique* ont été publiées (il se trouvait à Rome), ses amis poètes furent tous présents, soit au Collège de Coqueret situé si près du Collège de Presles, soit à l'atelier de l'imprimeur attitré des ramistes, André Wechel. En effet, c'est exactement à partir de 1555 qu'ils décident de publier la plupart de leurs ouvrages chez cet imprimeur, ne serait-ce que parce que celui-ci disposait des caractères nécessaires à la nouvelle orthographe dont ils étaient tous, comme Ramus, plus ou moins partisans. Or, comme le remarque Nina Catach qui a fait des recherches originales dans ce domaine, 'il n'est pas invraisemblable de penser que cette rencontre chez l'imprimeur entre Ramus et le groupe de la Pléiade fut décisive pour le premier'[14].

§ 2. La 'traduction' de Fouquelin; celle de Savigny.

Dès le XVIe siècle, les érudits ont hésité quant aux mérites qu'il fallait attribuer à l'ouvrage de Fouquelin. Etait-ce une simple 'imitation', ou la traduction avait-elle un côté vraiment original? L'attitude de La Croix du Maine est caractéristique à cet égard. Dans son article sur Talon, il remarque que '*sa* Rhétorique Latine a été *traduite* & *imitée* par Antoine Fouquelin, Vermandois...' Dans l'article sur Fouquelin en revanche il déclare que celui-ci 'a écrit une Rhetorique Françoise, *partie de son invention*, & *en partie à l'imitation de celle d'Omer Talon* Vermandois, dit Audomarus Talaeus..'[15]. Comme nous l'avons vu, on a continué à juger l'ouvrage en termes d''imitation' et d''originalité' jusque dans le XXe siècle. Qu'en dit Fouquelin lui-même? Il s'explique dans l'épître-préface à 'Madame Marie':

Cabrières et de Mérindol (ca. 1550); il vante également l'éloquence du prédicateur dominicain Jean Guyencourt (pour qu'on ne le soupçonne pas d'être de parti pris, ajoute-t-il malicieusement). Sur ce procès, cf. E. & E. Haag, *La France protestante*, 2ᵉ éd., t. I, Paris 1877, cols. 442-445; R. Radouant [1908], p. 38-9 + n. 1.

[13] Dernièrement C. Vasoli (1977), qui semble ignorer les travaux de Leake. Voir *ibid.*, p. 82.

[14] N. Catach (1968), p. 129. Cf. aussi la 'chronologie de la Pléiade' établie par Chamard (1939¹), tome IV.

[15] *Les Bibliothèques françoises de La Croix du Maine et de Du Verdier...* Nouvelle édition...par M. Rigoley de Juvigny... Paris, 1772-73, t. II, p. 212, t. I, p. 38. La première édition de ces ouvrages date de 1584 et 1585 respectivement: voir l'importante *chronologie* d'ouvrages d''histoire littéraire' dans l'étude récente de Fr. Wolfzettel (1982), p. 287.

..Quel moyen plus honéte & plus profitable se pourroit presenter, pour nous recommander à la posterité, que de traduire les ars en nôtre langue vulgaire, & tellement abreger le chemin à ceus qui viendront apres nous, qu'aveq le lait de leurs nourisses ilz en puissent susser les premiers principes & elementz? A quoy (MADAME) voyant plusieurs nobles espritz de ce tens s'estre adonnez d'un commun accord, & (par maniere de dire) avoir prêté le serment: j'ay vouluntiers suivy leur enseigne en si honete & louable entreprise: pour laquelle avancer & favoriser de ma part, j'ay traduit les preceptes de Rhetorique, fidelement amassez des livres des anciens Rheteurs Grecz & Latins, & rengez en singulier ordre de disposition par *Omer Talon*, homme non moins excellent en cét art, que parfait en toutes autres disciplines. *A l'aveu & conseil du quel, j'ay accomodé les preceptes de cét art à nôtre langue*, laissant toutesfois ce à quoy le naturel usage d'icelle sembloit repugner: adjoutant aussi ce qu'elle avoit de propre & particulier en soy, outre les Grecz & les Latins: & declarant chacun precepte par exemples & temoignages de plus aprouvez autheurs de nôtre langue, ce que fort methodiquement & ingenieusement je voyois avoir esté fait par le méme autheur en la latine. En quoy (MADAME) tout ce que je puis avouer mien (*si je puis avouer quelque chose mienne, en un euvre ramassé des labeurs de tant de bons espritz*) tout ce di-je que je puis avouer mien, vous avez esté la premiere à qui je l'ay estimé devoir estre voué & dedié...[16]

On voit que d'emblée, Fouquelin souligne le caractère 'collectif' de son ouvrage, 'ramassé des labeurs de tant de bons espritz' (entendons: les Anciens, mais aussi Talon et peut-être même Ramus); et l'on aurait tort de n'y voir qu'une simple formule de modestie. En outre, il admet l'avoir adapté 'à l'aveu, & conseil' d'Omer Talon, c'est-à-dire *sur la demande*, et *selon le projet* de celui-ci[17]. On ne saurait être plus explicite: Talon a eu une part active dans l'entreprise; c'est lui qui a patronné toute l'opéra-

---

[16] *Rh.fr.*, [ff.Aii^vo-Aiij]. *Variantes*: (1555) à la posterité — (1557) à nôtre posterité; (1555) que de traduire les ars en nôtre langue vulgaire, & tellement abreger le chemin — (1557) que de faire & supplier en nôtre endroit ce que nous regrettons avoir esté obmis par nos ancestres, & en traitant les ars & sciences en nôtre langue vulgaire tellement abreger le chemin; (1555) j'ay traduit les preceptes de Rhetorique, fidelement amassez des livres des anciens Rheteurs Grecz & Latins, & rengez en singulier ordre de disposition par Omer Talon, — (1557) j'ay traité en françois les preceptes de Rhetorique, fidelement amassez des anciens livres Grecz & Latins, & depuis quelque tens en ça rengez en singulier ordre de disposition par Omer Talon,; (1555) A l'aveu & conseil du quel, j'ay accomodé les preceptes de cét art à notre langue, — (1557) A l'aveu & conseil du quel, les ay accommodés à nôtre langue,; (1555) exemples & temoignages de plus aprouvez autheurs de nôtre langue, ce que fort methodiquement & ingenieusement je voyois avoir esté fait par le méme autheur en la latine. — (1557) exemples & temoignages de ceux qui sont les plus approuvez en nôtre langue. *Ed.* 1557: ff. 2vo-3ro. On constate que souvent, les corrections ont été motivées par des considérations stylistiques; la variante '*traduire/traiter* en nôtre langue vulgaire' reflète bien la problématique que nous venons d'examiner. Pour l'intercalation 'depuis quelque tens en ça' voir *infra*, chap. 6 § 2 n. 34.

[17] Cf. E. Huguet, *Dict. de la langue fr. du XVIe s.*, t. I, Paris 1925, p. 85A, t. II, Paris 1932, p. 454B. F. Brunot paraphrase: '..sous l'inspiration, avec l'aide aussi d'Omer Talon..': (1927²), p. 90. Voir également W. S. Howell (1956), p. 167: '..with the authorization and advice..'

tion. C'est exactement la raison pour laquelle la version latine parue en 1557 à Lyon, et si opportunément retrouvée par R. Leake, est si proche de la version française: les deux ouvrages ne sont que des étapes voisines dans l'évolution de la rhétorique ramiste, désormais 'bilingue'.

Les étapes qui vont suivre témoigneront de la ferme volonté de tenir compte de tous les aspects de la littérature vernaculaire: même la poésie mesurée 'à l'antique' dont Ramus s'était occupé dès les années '50 aura sa place dans le système. Fouquelin n'en parle pas encore; il se contente de faire état des expériences modernes concernant les *vers blancs*, que d'ailleurs il condamne.

Il n'est donc point étonnant non plus de voir que l'opération de traduire la rhétorique latine a été tentée une seconde fois, sous les auspices d'un autre ramiste fidèle que nous connaissons déjà, Nicolas de Bergeron. En effet, le *Tableau*, ainsi que les *Partitions de la Rhetorique* qu'on trouve dans le bel ouvrage in-folio de Christophle de Savigny intitulé *Tableaux accomplis de tous les arts liberaux* (Paris 1587) sont basés sur la *Rhétorique* dans l'état où l'a laissée Ramus à sa mort. Ce qui veut dire que pour la plus grande partie, Savigny peut suivre la traduction de Fouquelin; il s'en écarte seulement au sujet du *nombre*, se conformant à l'état actuel de la rhétorique tel que le présente la *Rhetorica...e P. Rami praelectionibus observata*[18]. A côté du 'tableau' rhétorique on trouve des tableaux de grammaire, de dialectique, etc. Les *Tableaux* dans leur ensemble, si concis, tous rédigés en français, constituent le couronnement de l'entreprise ramiste, et offrent un très bel hommage à la mémoire de son *auctor intellectualis*.

§ 3. *Rhétorique latine et rhétorique française: du rythme à la rime.*

Dans sa traduction de la rhétorique latine, Fouquelin ne s'est pas borné à remplacer les exemples latins par des exemples français; s'il laisse intacte la trame générale de la rhétorique latine, il se permet d'effectuer des changements là où il s'agit d'insérer la poétique française dans la rhétorique.

Comme Talon, il n'admet que deux 'parties' dans sa rhétorique française: élocution et prononciation; il divise la première en tropes et en figures; il n'admet que 4 tropes: métonymie, ironie, métaphore, synecdoque. A la fin du chapitre les concernant, il ajoute une remarque évaluative qui n'a pas son pendant chez Talon:

---

[18] En fait, le 'mélange' est plus complexe: voir *infra*, chap. 9 § 2. L'ouvrage est signalé par A. Gordon (1970), p. 31. Gordon observe: '..Savigny se range sans équivoque du côté des ramistes.'

(Mais) si quelqu'un veut considerer la singularité & excellence des Tropes les uns aveque les autres, la metaphore pour la splendeur de sa signification tiendra le premier renc: Ironie le second, la quelle poinct de son amertume: Metonymie le troesieme, Synecdoche le dernier, la quelle non tant pour plaisir, que par necessité semble avoir esté premierement trouvee. Mais si nous avons égart à l'usage, Synecdoche aura le premier lieu, Metonymie le second, Metaphore le troesiéme, Ironie le quatriéme, comme plus rare & infrequente que tous les autres.   (*Rh.fr.*, p. 33-4)

Fouquelin essaie donc de 'hiérarchiser' les tropes, d'une part selon leur 'excellence' et d'autre part selon leur 'usage'. Ici, l'on reconnaît la griffe de Ramus, l'*usuarius*: celui-ci en effet avait tenté également d'établir une hiérarchie des tropes, notamment à la suite de son commentaire sur les *Catilinaires*. Comparant entre eux les 8 'discours consulaires' de Cicéron[19], Ramus dresse la liste des tropes et figures qu'il y a relevés[20]; il fait remarquer qu'en ce qui concerne l'*usus* des tropes — c'est-à-dire leur fréquence — la première place reviendrait à la métaphore, la seconde à la métonymie, la troisième à la synecdoque et la dernière à l'ironie; mais que l'ordre sera différent si l'on les considère sous l'angle de la *gratia* (la 'force' du trope): dans ce cas, il faudrait mettre la métaphore et l'ironie *avant* la métonymie et la synecdoque[21]. Nous ne nous serions pas attardés à ces particularités, si elles ne montraient pas une fois de plus que la traduction de Fouquelin a été 'téléguidée' par ses aînés, qu'elle est le fruit

---

[19] C'est-à-dire le discours *Pro C. Rabirio*, les trois discours *De lege agraria* et les quatre discours *In L. Catilinam*, commentés par Ramus en 1551, 1552 et 1553 respectivement; ces commentaires ont été recueillis après sa mort. Voir Ong, *Inv.* (1958), pp. 160sqq., 441sqq.

[20] Cette 'méthode' est également recommandée par J. Th. Freige au début de la section *De Rhetorica* dans le *Paedagogus* (Bâle, S. Henricpetri, 1582, p. 126. Voir aussi *infra*, chap. 9 § 3.

Dans ses *Jugemens* (article 'Ramus'), Gibert s'indigne encore de ce procédé: 'Comment un homme de bon sens a-t-il pu se mettre dans l'esprit, que ce fût là découvrir l'art dans un discours, & comment n'a-t-il pas senti le ridicule qu'il y auroit qu'un Orateur se crût fort éloquent, parce qu'il auroit mis dans ses Harangues un nombre égal de figures, comme s'il ne pouvoit pas être très-méprisable, même avec un plus grand nombre d'ornemens! C'est pourtant là ce que ce grand homme [= Ramus] appelloit joindre la Philosophie à l'Eloquence: (1725), p. 206. Cf. encore R. Radouant [1908], p. 96.

[21] *M.T. Ciceronis In L. Catilinam orationes IIII, P. Rami... praelectionibus illustratae.* Paris, L. Grandin, 1553, p. 138: 'Atque id adhuc in octo totis orationibus experti sumus, de tropis si frequentissimum *usum* spectes, primum locum esse Metaphorae Metonymiae secundum, tertium Synecdoches, minimum Ironiae senties. *Gratiae* tamen non par iudicium & idem erit. Metaphora non solùm usu plurima, sed...etiam gratissima..., Ironia secunda est,...etc.' Cf. encore *Rh.*57, p. 23 et surtout *Rh.prael.* (1582), p. 28, avec référence aux commentaires de Ramus. Fouquelin est par conséquent d'accord avec Ramus au sujet de la 'singularité & excellence', mais constate une différence au niveau de l'usage que les auteurs français font des tropes. Il est évident que Fouquelin pense d'abord aux *poètes*. Ajoutons que dans *toutes* les 'analyses rhétoriques' mises en appendice aux discours commentés, Ramus fait passer les figures de mots *avant* les figures de pensée; et l'on sait que Fouquelin, au contraire de Talon, procédera de la même façon.

d'un effort continu et collectif. Cela est également manifeste dans la seconde et dernière section de l'élocution, celle concernant les *figures*. C'est cette section qui retiendra surtout notre attention: elle a été profondément remaniée par Fouquelin. Nous verrons par le même occasion comment Fouquelin a réussi à rétablir l'équilibre de cette section, gravement compromis, on le sait, dans la *Rhétorique* latine.

Nous avons déjà constaté que Fouquelin ajoute quelques éléments à la définition générale de la figure, empruntés probablement aux *Scholae*. Tout de suite après il donne la division:

> Il y a deus sortes de figures: l'une est en la diction, l'autre en la sentence.
> *(Rh.fr.*, p. 35)

On remarque que Fouquelin renverse l'ordre de présentation des figures, qu'il entend donc parler d'abord des figures de mots, et ensuite des figures de pensée[22]. En ce qui concerne ces dernières il s'en tient en général à l'exposé qu'en donne Talon, se contentant de remplacer les 'exemples. Ainsi, il illustre la première figure de la liste, l'*Optation*, d'un exemple pris dans la *Deffence*:

> Je voudrois bien que nôtre langue fut si riche d'exemples domestiques, que n'eussions besoing d'avoir recours aus étranges[23].

Cet exemple — qui ne semble guère choisi au hasard! — remplace l'exemple cicéronien de Talon pris dans le discours *Pro lege Manilia*: 'Utinam, Quirites...'. Suivent des exemples empruntés aux *Ethiopiques*, aux *Odes* de Ronsard, aux *Amours* de Baïf, et enfin à la *Prosphonematique* de Du Bellay. Mais en dehors des exemples, il respecte la trame générale de cette partie de la *Rhétorique*. Il n'en va pas de même pour la (sous-) section des *figures de mots*: dans ce chapitre, Fouquelin remplit la promesse faite dans la préface; c'est là qu'il 'accomode' les préceptes 'à nôtre langue', omettant 'ce à quoy le naturel usage d'icelle semble repugner', et ajoutant 'ce qu'elle *a* de propre & particulier en soy, outre les Grecz & les Latins'; bref, c'est ici qu'il va insérer *la théorie du vers français*. Or, c'est également dans cette section que se manifeste jusqu'à quel point la rhétorique française se plie aux exigences de la rhétorique latine: comme nous l'avons dit au début de ce chapitre, la *Rhetorique Françoise* n'est qu'une étape de la rhétorique ramiste, essentiellement latine (voire: cicéronienne); ce qui implique qu'elle *reproduit 'l'état présent'* de celle-ci, respectant au maximum la terminologie consacrée.

---

[22] Voir note précédente.
[23] *Rh.fr.*, p. 73. *Deff.* I, 8, *éd.* (1970⁴), p. 47-8. Au lieu de 'fut' et 'étranges', Du Bellay avait mis 'feust' et 'etrangers'. Il est vrai que le mot 'estrange' a couramment le sens d' 'étranger' au XVIe s.: Voir Huguet, *Dict. de la l. fr. du XVIe s.*, t. III, Paris 1946, p. 728-9. Aussi Fouquelin ne corrige-t-il pas la citation dans la seconde impression: (1557), fᵒ 35ʳᵒ.

On se rappelle que dans les *Scholae rhetoricae*, Ramus avait déjà démontré au moyen de ses 'syllogismes synecdochiques' que *figure* et *nombre* sont à mettre sur le même plan; Talon avait procédé dans cette direction en faisant ressortir le nombre sous la figure de mots; désormais, le nombre était *species figurae* λέξεως. Mais en adoptant cette construction théorique il n'avait pas réussi à sauvegarder l'élégance du système: situation peu satisfaisante pour les rigoureux esprits ramistes. Qu'est-ce qu'ils ont fait pour y remédier? Rien d'autre que de tirer les *conséquences extrêmes de la mise en équivalence* syllogistique opérée par Ramus. Ce qui veut dire que le nombre, considéré dans la *Rhétorique* de 1548 comme une *espèce* de la figure de mots, va peu à peu être promu au rang de *genre*. En d'autres termes: le nombre et la figure de mots vont *se confondre*. Rendue schématiquement, la réflexion progresse comme suit:

a) *Rhetorica* (1548)

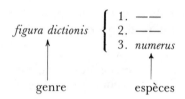

Mais: *numerus = compositio = figura* (*Rh.D.*, 1549; voir *supra*, III, § 4). Par conséquent:

b) '*Rhétorique*' (1552-...)

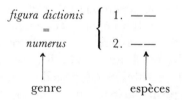

Comme on le voit, le changement opéré est entièrement en accord avec la logique des *Scholae*, favorisant la convertibilité des concepts. Mais, objectera-t-on, où faut-il trouver les preuves d'une telle évolution dans la pensée ramiste? Et à quel moment s'est-elle amorcée? Il n'y en a pas trace dans les rééditions successives de la *Rhetorica*![24] Cela est exact, d'après l'état actuel de nos connaissances. Pour trouver la réponse, il faudra se tourner ailleurs: vers les commentaires de Ramus sur Cicéron auxquels nous avons déjà fait allusion. Ceux-ci ont été élaborés sur la base des cours donnés par Ramus pendant les premières années de son

---

[24] Cf. Ong, *Inv.* (1958), p. 91-5; Leake (1968), p. 105: '...one can say that essentially there was only one redaction of the *Rhetorica* between 1548 and 1555.'

professorat au Collège Royal, c'est-à-dire à partir de l'été 1551[25]. C'est dans ces écrits extrêmement rares qu'on peut suivre les étapes de la pensée de Ramus. Dans le 'précis d'analyse rhétorique' à la suite de son commentaire sur le discours *Pro. C. Rabirio* il n'est pas encore question d'une quelconque mise en équivalence de la figure et du nombre: Ramus fait passer en revue les figures relevées dans le texte cicéronien, et traite le nombre comme une figure de mots parmi d'autres[26]. Ses commentaires sur les trois discours *De lege agraria* et sur les *Catilinariae* sont particulièrement intéressants, car ils offrent une analyse détaillée de tous les tropes et figures que Ramus a relevés; ceux-ci sont marqués dans le texte d'un petit chiffre (figures) ou d'une minuscule (tropes). Dans la préface aux commentaires, adressée comme d'habitude à son Mécène le Cardinal de Lorraine, Ramus explique son système aussi ingénieux qu'économe, et renvoie pour les détails à la *Rhétorique* de Talon.

Ici encore, 'orbis numerosus' se trouve comme numéro onze parmi les figures de mots. Mais attention: dans son précis d'analyse rhétorique du second discours 'Sur la loi agraire' Ramus suggère 'qu'il vaut la peine de considérer' que *toutes les figures de mots sont en quelque sorte des espèces du nombre*, et qu'elles n'ont de prix que par lui. D'où il suit que le nombre est '*double*', la première espèce se réalisant *in repetitione* & *commutatione* d'un seul mot, la seconde *in soni varietate*[27]. Dans le même passage, Ramus parle sans hésiter de 'ces figures de mots *nombreuses*' (numerosae): bref, il est clair que le renversement (espèce/genre) a eu lieu dans son esprit; la catégorie du nombre est même dichotomisée! Et l'on ne s'étonne plus dès lors de lire dans le commentaire sur les *Catilinaires* paru l'année suivante que 'le nombre résonne dans toutes les figures de mots', que celles-ci 'plaisent uniquement à cause du nombre'; Ramus en vient même à écrire

---

[25] Voir *supra*. Cf. Nancel, *éd. cit.* (1975), p. 190-3.

[26] *M. T. Ciceronis pro Caio Rabirio perduellionis reo Oratio, P. Rami...praelectionibus illustrata.* Paris, M. David, 1551, p. 41. (voir annexe). Nous avons lieu de croire que le cours sur lequel se base le commentaire a été prononcé le 25 juillet 1551 au Collège de Cambrai, soit un mois *avant* la leçon inaugurale, l'*Oratio initio suae professionis habita*, reproduite dans le recueil de Bergeron (1577), p. 401-427; cf. Ong, *Inv.* (1958), p. 158-9. Nous ne partageons donc point les opinions de M. R. Barroux, 'Le premier cours de Ramus au Collège Royal d'après les notes manuscrites d'un auditeur', in *Mélanges d'histoire littéraire et de bibliographie offerts à Jean Bonnerot*, Paris 1954, p. 67-72. Voir *infra*, Annexe II, note 1.

[27] *M. T. Ciceronis De lege agraria...orationes tres, P. Rami... praelectionibus illustratae*, Paris, L. Grandin, 1552 (achevé d'imprimer: fin octobre 1552). P. 117-8: 'In figuris verborum ἐπίζευξις nulla est, anaphora plus quàm centum locis adhibetur, (etc.)...Numerus plurimis locis iucundè resonat: in quo sit operaepretium consyderare *omnes verborum figuras* & in repetitione & in commutatione *quasdam numeri species esse*, & sola numeri compositionisque gratia placere, ut *numerus sit duplex*, alter in eiusdem dictionis repetitione & commutatione, alter in soni tantùm non etiam dictionis varietate.'.

au niveau de la figure individuelle: 'Epistrophe *numeri...*', ou 'Epanodos [est] *numeri...*'[28].

Aucun doute, nous semble-t-il, n'est plus permis: dès les années '52-'53, Ramus identifie expressément la figure et le nombre, et considère le nombre comme la catégorie majeure. Il propose même une redistribution de la section du nombre qui n'attend que d'être formulée dans une nouvelle version de la *Rhétorique*; d'ores et déjà, elle se présente en dichotomie, où il faut remarquer que *repetitio* et *commutatio* sont prises ensemble, et opposées en vrac à l'autre 'espèce' du nombre. Mais, répétons-le, toute cette opération — ou, si l'on veut, cette manipulation terminologique — se trouve déjà en germe dans les *Scholae rhetoricae* de 1549.

Cette nouvelle conception du nombre ne va effectivement pas tarder à être adoptée dans la *Rhétorique*. D'abord, dans la version française de Fouquelin, ensuite dans la version latine. Elle supprime le déséquilibre qui avait menacé le système jusqu'ici, mais au prix d'un pervertissement sémantique inédit. En effet, dans les annales de l'histoire de la rhétorique jamais personne ne s'était encore avisé à dire sans sourciller: 'Cette figure X est un nombre'! Mais il faut se rendre à l'évidence: tel a été le parti pris des ramistes à ce stade du développement de la rhétorique. Voici comment Fouquelin définit la figure de mots:

> La figure de la diction est une figure qui rend l'oraison douce & armonieuse, par une resonance de dictions, apellee des anciens Numbre, la quelle s'appercoit aveq plaisir & delectation. Parquoy si je dis du nombre, je diray de la figure de diction.
>
> Le nombre est une plaisante modulation & armonie en l'oraison.
>
> Le nombre se fait, ou par une certaine mesure & quantité de syllabes, gardee en l'oraison: ou par une douce resonance des dictions de semblable son[29].

A l'instar de Ramus, Fouquelin identifie figure et nombre, et propose une première subdivision; plus loin, le second membre de la division sera

---

[28] *O.c.* (1553), p. 108: 'Numerus, ut iam monui, in totis verborum figuris resonat..'; p. 139: 'Numerus, ut antea monui, in omnibus illis figuris sentitur, & ob numerum solùm placent: sed sine dictionis eiusdem repetitione aut commutatione multis locis numerus resonat. Epistrophe numeri ... [suivent deux exemples].' Il semble donc que Ramus distingue entre figure de mots 'proprement dite' (*epistrophe soni*, etc.) et 'figure du nombre', c'est-à-dire inséré dans un ensemble textuel 'harmonieux': *orbis numerosus*. Ce qui impliquerait un rapprochement du *numerus* et de la *concinnitas*. Cf. l'exemple cité *ibid.*: 'Sed sine verbi anaphora, numeri & Anaphora & Epistrophe Symploces *orbem* conficiunt: ut, Urbem ex omnibus partibus incendissent, caedémque infinitam civium fecissent. (urbem, caedem) initiis, (incendissent, fecissent) extremis *similes numeri* sunt.' (p. 108, précis du 3ᵉ discours).

[29] *Rh.fr.*, p. 35 *Var.* (1557): ..apellé par les anciens, Nombre, de laquelle on s'apperçoit.. (fᵒ 19ʳᵒ)

à son tour subdivisé, également en dichotomie: on verra qu'il correspond au *numerus* '*in repetitione* & *commutatione*' du commentaire cité ci-dessus (1552). Mais il convient de faire remarquer tout d'abord à quel point la 'version' de Fouquelin reste malgré tout fidèle au texte qu'elle traduit: 'douce & armonieuse' reprend '*suaviter* & *modulatè* componere'; la 'resonance de dictions' fait écho au verbe *consonare*[30]. Bien entendu, Fouquelin laisse de côté tout ce qui suit dans le texte de Talon, où celui-ci parle de l'*hyperbate* comme *causa efficiens* du nombre: le 'naturel usage' du français 'repugne' de façon évidente à cette figure; qu'en aurait fait Fouquelin? C'est l'unique raison pour laquelle on chercherait en vain chez lui des mots correspondant aux verbes *collocare*, *quadrare*, ou *coagmentare* du texte latin; que Fouquelin insiste au contraire sur la *consonance* ('resonance'), l'aspect *musical* du discours 'nombreux', celui-ci étant caractérisé par une 'plaisante modulation & armonie'[31].

Le premier membre de la division ('une certaine mesure & quantité de syllabes') traduit de nouveau fidèlement le modèle latin[32], à cela près, que 'quantité de syllabes' ne signifie plus du tout 'quantitas syllabarum longarum & brevium', mais tout simplement: 'nombre de syllabes'; glissement de sens remarquable! Et l'objectif de Fouquelin n'est que trop clair: il veut entamer la description du vers français, défini avant tout par l'*isosyllabisme* ainsi que par la *rime*, à laquelle répond le second membre de la division, la 'douce resonance des dictions *de semblable son*': autre glissement de sens, effectué 'par adjonction'.

En effet, dans la définition générale de la figure de mots, la 'resonance de dictions' ne fonctionne d'abord qu'à l'intérieur de la terminologie classique, que Fouquelin 'traduit' simplement (*consonare*: resonance). Aussi se hâte-t-il d'ajouter: '(resonance...) apellee des *anciens* Numbre.' L'ajout de la division vient affecter *a posteriori* le sens du mot 'resonance' dans la définition, le rend profondément ambigu. Ce qui implique que 'resonance' signifie *à la fois* consonantia au sens de *modulatio* (système classique: agencement mélodieux de pieds) et *consonantia similiter desinens* (système moderne: rime). C'est exactement comme ça que Fouquelin réussit à passer allègrement du rythme à la rime: il reste tout proche du

---

[30] *Rh.* (1550), p. 55: 'Numerus...superest ex figura λέξεως, per quam *oratio suaviter* & *modulatè componitur*. Est itaque eius proprium *verba* verbis ita componere & coagmentare, ut numerose modulatéque *inter se consonent*.'

[31] Ce n'est donc pas tant la 'sensibilité musicale' de Fouquelin qui est responsable de cette modification que les données mêmes de la langue française dont il veut rendre compte théoriquement; nous ne partageons donc pas l'avis de Leake (1968), p. 99-101. Bien entendu, ce métaphorisme musical s'applique également très bien à la langue latine: désormais les ramistes omettent la faible théorie de l'hyperbate comme 'cause efficiente' du nombre. Voir chapitre précédent.

[32] *Rh.* (1550), *ibid.*: 'Pes autem est, pars numeri *certis* syllabis, & *quantitatibus syllabarum* definita.'

texte de Talon, mais exploite au maximum l'ambiguïté de certains termes.

Mais il y a plus. Le lecteur attentif ne peut manquer d'être frappé par la similarité de la procédure de Fouquelin et celle pratiquée par Thomas Sebillet dans un chapitre de l'*Art Poëtique* que nous avons analysé plus haut. Le chapitre avait le même enjeu: passer du rythme à la rime. Sebillet s'y était servi des termes *modulation* et *consonance* qui apparaissent également dans le texte de Fouquelin; comme celui-ci, Sebillet avait exploité leur ambiguïté. La conclusion s'impose: le texte de Fouquelin est un savant mélange de *deux* textes antérieurs, parus la même année: la *Rhetorica* latine et l'*Art Poëtique Francois*. En effet, les mots ajoutés par Fouquelin au texte latin qu'il est censé traduire se retrouvent tels quels chez Sebillet. A part *modulation* et *consonance* (laquelle s'appelle encore 'resonance' ici, mais qui ne va pas tarder à subir la transformation requise), Fouquelin adopte les mots *plaisir, délectation, harmonie* et plus loin *accord*, bref tous les termes venant à l'appui de la métaphore musicale qui fonctionne comme élément unifiant permettant de passer d'un registre à l'autre[33]. L'on pourrait dire ainsi que Fouquelin fait la leçon par l'exemple: son texte lui-même n'est qu'une 'douce resonance de dictions' où poétique française et rhétorique latine 'font les plus douz et parfaiz accords'...

Et qu'on ne s'y méprenne pas: les quelques 'larcins' que nous venons de détecter ne sont pas des cas isolés; Fouquelin s'inspire de Sebillet dans toute la section du nombre. Nous verrons en effet qu'il lui emprunte la trame générale de cette partie de la *Rhétorique*. Mais selon son habitude — qui est d'ailleurs celle même de son siècle — il ne cite expressément Sebil-

---

[33] Cf. Sebillet, *Art Poëtique* (I, 2), *éd* Gaiffe (1932²), p. 18-9: '*J*'enten ceste parité, resemblance, et *consonance* de syllabes finissantes les vers François, laquelle...a esté admise... suivant le *plaisir* qui en touche l'aureille; ...la resemblance des syllabes finissantes les vers françois, n'est autre chose que *consonance* portant *délectation* à l'esprit. Délectation dy-je causée par l'effet de la Musique, qui soutient latemment la *modulation* du carme, en l'*harmonie* de laquéle les unisons et octaves ...font les plus douz et parfaiz *accords*.' Cf. *ibid.*, p. 17: 'Car bien qu'il y ait au carme [françois] consonance et modulation, laquéle le Grec denotoit par le vocable ῥυθμός, néantmoins...etc.' On se rappelle que dans ce texte *rythme*, *homéotéleute* et *ryme* sont constamment rapprochés. Fouquelin de son côté rapproche *nombre*, *figure* et *ryme*. Pour la transformation resonance/consonance cf. *Rh.fr.*, p. 42: 'L'autre maniere de nombre, mise en l'*accord* & *consonance*...etc.': voir *infra*.

Ajoutons que le nombre 'quasi-poétique' réalisé par les 3 gorgianismes est tout naturellement absorbé dans le texte de la *Rh.fr.*, et ne sautait menacer l'équilibre du système comme c'était le cas dans la *Rhet.* de Talon: l'*isocolon* se confond avec l'isosyllabisme, l'*homéotéleute* avec le rime (voir Sebillet). L'homéoptote est impraticable en français. Nous verrons plus loin que les figures de la *concinnitas* réapparaîtront dans les versions ultérieures de la rhétorique latine à l'endroit précis où Fouquelin parle de la rime. Cf. *infra*, chap. 8, § 4.

let qu'une seule fois[34]. Se servir de l'*Art Poëtique* aussi bien que de la *Deffence* de Du Bellay, tout en restant fidèle aux schémas de la rhétorique latine: tel est bien le caractère distinctif de l'esprit ramiste, éminemment éclectique, réunissant l'héritage de *Cicero numerosus* et de *Cicero scepticus*...[35].

Il faudra reconnaître cependant que la tentative de conciliation n'aboutit pas vraiment: 'ça grince', pour ainsi dire. Dans le système classique on peut affirmer à juste titre que la *quantité* syllabique est génératrice de 'modulation' ou de 'consonance'; mais peut-on dire la même chose du *nombre de syllabes* dans le système moderne, non-métrique? En d'autres termes, le nombre déterminé des syllabes dans la poésie française contribue-t-il à 'l'harmonie' au même titre que la rime ou les autres correspondances sonores? Il y a lieu d'en douter. C'est pourtant sur cette présupposition qu'est basée la subdivision du 'nombre' avancée par Fouquelin. 'Ça rime', mais uniquement 'pour l'œil': l'incorporation de la théorie du vers français se fait à ce prix[36].

Dans la suite de son exposé, Fouquelin s'arrête d'abord au premier membre de la subdivision, la 'mesure & quantité de syllabes'. L'organisation générale est de nouveau calquée sur le modèle latin: l'exposé est structuré d'après la distinction manifeste prose/poésie, à laquelle se superpose celle entre l'art et la nature, qui reste à l'état 'latent' chez Fouquelin. On remarquera qu'en ce qui concerne la possibilité d'établir une typologie abstraite des combinaisons métriques (dans le domaine de la prose classique) Fouquelin tranche la question là où Talon avait hésité: en ces matières, toutes les règles sont également *ridicules*[37]:

---

[34] Citation à la p. 37, déjà relevée: '(comme dit un incertain autheur de l'art poetique, lequel en cétte partie j'ay suivi)'. On se rappelle que l'*A.P.* a été publié sans nom d'auteur.

[35] C'est ainsi que s'intitulent deux études assez récentes: A. Primmer, *Cicero numerosus. Studien zum antiken Prosarythmus*, Vienne 1968; et l'ouvrage de Ch. B. Schmitt (1972), déjà cité.

[36] W. Ong dit joliment: 'Verse is thus pigeonholed nicely within rhetoric': (1954), p. 133. L'importance de cette section a été reconnue par Ong (*ibid.*, p. 131) et par Leake (1968), p. 99; (1970), pp. 383, 391. Mais ce qui fait défaut chez les deux chercheurs, c'est la saisie globale, laquelle seule permet de comprendre la réflexion ramiste sur le nombre dans sa continuïté.

[37] Voir *supra*, chap. 3, § 4 et chap. 4, § 2. Cf. Ramus, *Scholae* (1569), col. 386; Talon, *Rh.* (1550), p. 61. Ce dernier a déjà rejoint la position de Ramus dans son commentaire sur *De Oratore* publié en 1553, où il répète mot à mot ce qu'il avait dit dans la *Rhét.*, mais nie la possibilité d'une typologie en renvoyant à Quint. IX, 4, 87: 'Fabius etiam non probat hunc pedum delectum': *T. Comm.* (1553), p. 75 n. 12, ad *De Orat.* III, 47, 182; cf. *ibid.*, p. 80 n. 8. Talon confirme son nouveau point de vue dans la *Rhét.* de 1557: '...Hos igitur pedes in clausulis Cicero & probavit & frequentavit: nec tamen reliquos vitare potuit.'!: *Rh. 57*, p. 31. Bref, la pratique de Cicéron réfute sa propre théorie. Voir encore Ramus, *Cic.* (1557), p. 94-5, déjà citée. Fouquelin est donc fidèle à 'l'état présent' de la rhétorique ramiste.

> L'observation des syllabes en l'oraison, est toute poetique, car en nôtre prose françoise nous avons bien peu d'égart au nombre des syllabes, ny par quelle diction & de combien de syllabes est fermee la clausule & periode: en sorte que d'en vouloir donner certaines regles, ne seroit chose moins ridicule, que sont les preceptes que les Grecz & Latins ont donné (sic), pour le regard des piedz qui doibvent estre gardez en la prose Greque ou Latine. Car comme tous piedz conviennent en tous lieus, ainsi toutes dictions de quelque quantité de syllabes qu'elles soient, conviennent en tous lieus de la prose françoise: seulement faut avoir égard, que notre oraison & parlér sonne bien aus oreilles, & que on n'y puisse conoitre aucune affectation.
>
> (*Rh.fr.*, p. 35-6)

Le passage correspond, on le voit, à celui de Talon concernant le *numerus oratorius*; comme ce dernier — et encore plus radicalement — Fouquelin dénie tout pouvoir à l'*ars*, et accorde tout à la *natura*: les mots doivent être 'bien sonnants'; l'euphonie (*bonitas*) reste la pierre de touche de la beauté du discours. En outre, il faut éviter 'l'affectation', entendons: tout ce qui dans la prose ressemblerait à la poésie[38].

Dans tout ce passage, Fouquelin décrit la prose française en constante comparaison avec la prose classique. Dans le passage suivant, il poursuit dans le même sens en comparant la versification française au *numerus poëticus* des Anciens, mais cette fois-ci il puise de nouveau largement dans l'*Art Poëtique Francois*; cet emprunt presque littéral n'est signalé ni par Gaiffe, ni par Leake:

> L'observation des syllabes est apellee des Latins carmen, ou versus, des françoys vers. Du quel comme les Grecz & Latins, aussi les françois ont plusieurs sortes & manieres: Mais les françois sont beaucoup plus libres. car ilz ne sont point sujets au nombre des certains piedz, desquelz il leur conviene user en toute maniere de vers, ny aussi à reglee espace de tens long ou bref ez syllabes: Ains seulement mesurent leurs vers par nombre de syllabes, selon le plus ou le moins, ainsi que la nature du vers le requiert.
>
> *Var.* seulement (1557) communement (f⁰ 19ᵛᵒ)   (*Rh.fr.*, p. 36)[39]

---

[38] Cf. *Rh.* (1550), p. 55: 'Ars in oratione paulò liberiore perbrevis ac propemodum nulla est.' *Ibid.*, p. 60: 'Numerus oratorius...quantum potest à poëmatis similitudine refugit'; p. 62: 'affectatio' = 'poëmatis observatio in oratione' (à propos des gorgianismes). — Dans la *prose française* il n'y a donc pas de 'modulation' (numerus oratorius), sauf l'espèce d'harmonie effectuée par les figures de mots proprement dites, que Fouquelin fait ressortir sous la rubrique 'autre maniere de nombre'. Il oublie ce fait en parlant du débit (*actio*) 'mélodieux' de l'orateur français, dans la seconde partie de la *Rhetorique*; il y dit e.a.: 'L'orateur & celuy qui parle en prose a usurpé & derobé céte suavité & modulation aus *muses* (!), comm'il a emprunté la *mesure* (!) & le nombre des poëtes...' (p. 117), où il traduit sans y prendre garde la phrase de Talon, déjà citée: 'Hanc autem vocis suavitatem suffuratur Orator à *musicis*, ut à poëtis...*compositionis* & numeri voluptatem.' (*Rh.* (1550), p. 66). Ce précepte dûment appliqué produirait une prononciation bien 'affectée' de la prose française! Les bévues que commet ici Fouquelin sont de taille, et confirment opportunément notre point de vue.

[39] *Rh.* (1550), p. 58-9: 'Poëticus numerus...à poëtis *carmen* appellatur.' Sebillet, *A.P.*, I, 2, (1932²), p. 16: 'ce que le Latin...appelloit *carme ou vers*..' *Ibid.*, I, 5, p. 34: 'Or sont

Fouquelin poursuit en parlant d'abord de la rime en tant que *récompense* (compensation), idée déjà exprimée par Sebillet et par Du Bellay, et ensuite des *vers blancs*, où il cite un poème de Ronsard qui n'a pas été adopté dans le recueil des *Epitaphes*. Mais comme Sebillet, il ne les aime guère, et se sent autorisé par conséquent à copier un autre passage de l'*Art Poëtique*:

> ...Pour recompense de la quelle liberté les lois du vers françois les astrint, à garder par necessité une similitude de son, es dictions qui tombent en la fin, & liziere d'iceus, apellee Ryme, de la quelle nous dirons cy apres en son lieu. Car combien qu'on puisse trouver des vers sans Ryme, comme l'epitaphe de Monsieur d'Orleans fait par Ronsart, toutesfois telle sorte de vers est aussi estrange en la langue françoise, que seroit en la Greque ou Latine, écrire de vers sans observation de syllabes longues & bréves, c'est à dire sans la quantité des temps, qui soutient la modulation & musique du carme en ces deus langues.   (*Rh.fr.*, p. 36-7)[40]

La fin de cette 'introduction à la théorie du vers français' offre un nouvel exemple de ce mélange textuel caractéristique de la 'manière' de Fouquelin: d'une part, il se base sur Talon, qui dit à propos des *genera carminis* (expression synonyme, on se le rappelle, de *genera numeri poëtici*):

> Genera eius multa sunt: numerus enim potest *infinitis penè modis* in continuatione verborum variari & conformari: *sed insignia & usitata maximè sunt* quinque.   (*Rh.* (1550), p. 59)

Mais d'autre part, Fouquelin continue à suivre Sebillet, dont il adoptera dans la suite le schéma de présentation des différents genres de 'vers françois'; c'est également ici qu'il cite sa source, de sorte qu'on est en droit de s'étonner du commentaire ironique de W. Ong à propos de la classification préconisée *par Fouquelin*, en tous points identique à celle de son prédécesseur:

> Parquoy combien qu'en la langue françoise on puisse inventer infinies manieres de vers, selon la difference du nombre, & de la quantité de syllabes (comme dit un incertain autheur de l'art poetique, lequel en cétte partie j'ay suivi) toutesfois neuf sortes de vers françois sont communement usurpees &

---

icy les François beaucoup soulagéz au régard dés Grecz et Latins. Car ilz ne sont point astrains a certain nombre de piedz, ne a reglée espace de temps longs ou briefz aux syllabes, comme sont les Grecz et Latins, ains seulement mesurent leurs carmes par nombre de syllabes selon le plus ou le moins ainsy que la nature du vers le requiert.' Cf. Gaiffe, *ad loc.*; Leake (1970), p. 391.

[40] Sur la 'récompense', cf. Sebillet, *A.P.* II, 15 ('supplir'); Du Bellay, *Deff.* I, 9 ('recompenser'); II, 7 ('compenser'), qui s'inspire manifestement de Sebillet. *A.P.*, *ibid.*, (1932²), p. 192-3: c'est 'chose autant estrange en nostre poésie françoise, comme seroit en la gréque et latine lire dés vers sans observation de syllabes longues et bréves, c'est a dire sans la quantité dés temps, qui soutiennent la modulation et musique du carme en cés deus langues, tout ainsy que fait en la notre la ryme.' Emprunt relevé par Chamard (1904), p. 266 n. 2 ('On voit que Foclin plagie Sibilet') et par Gaiffe, *ad loc.*

pratiquees, diverses & differentes les unes d'aveq les autres, en nombre de
syllabes.   (Rh.fr., p. 37)[41]

Suit le relevé des différentes 'maniéres du vers françois', allant du vers
dissyllabique jusqu'à l'alexandrin. Le premier exemple — vers de deux
syllabes — ainsi que le commentaire (Rh.fr., p. 37-8) est identifique à
celui donné par Sebillet (éd. Gaiffe, p. 34-36). Dans les exemples des vers
de 3, 4 et 5 syllabes, Fouquelin remplace ceux de Sebillet (tous pris dans
l'œuvre de Marot) par des exemples empruntés aux recueils de la
Pléiade: Du Bellay, Baïf, Magny. Le cinquième est de nouveau identique
à celui de Sebillet: Saint-Gelais. Dans les deux exemples suivants Sebillet
continue à citer ce dernier, mais Fouquelin prend ses exemples dans
Ronsard et Baïf; il ajoute que ces formes (vers de sept et huit syllabes)
sont 'fort usitées & communes en odes & sonnetz' (Rh.fr., p. 40). Pour les
vers décasyllabiques et les alexandrins Sebillet revient à Marot, que Fouquelin remplace par Tahureau et Baïf respectivement. Le commentaire
sur l'alexandrin est copié presque mot à mot sur Sebillet...[42].

On doit se rendre à l'évidence: l''invention' de Fouquelin se réduit à
fort peu de chose. Là où il ne suit pas Talon, il pille Sebillet. La seule
nouveauté est qu'il cite les poètes modernes, également dans les autres
sections du livre. Il poursuit en effet (Rh.fr., p. 42sqq.) en parlant de
'l'autre maniere de nombre', c'est-à-dire qu'il retourne à la section de la Rhetorica où Talon décrit les figures de mots in repetitione et in commutatione (Rh.
(1550), p. 45-54). Mais dans cette section encore, Fouquelin incorpore
les progrès réalisés par Ramus dans ses commentaires de Cicéron: répétition et commutation se confondent désormais, pour constituer ensemble la
deuxième branche du numerus duplex; la commutation, qui déjà chez Talon
ne comprenait que quatre figures, est subordonnée à la répétition, dont la
définition est légèrement modifiée, et la subdivision redistribuée[43].

---

[41] Sebillet, A.P. I, 5, (1932²) p. 34: 'Et pource que ce nombre de syllabes plus grand ou
moindre y eschet différemment, note sur ce point, Lecteur, que lés vers plus communément usurpez en François sont de neuf sortes.' Cf. le commentaire de W. Ong (1954), p.
133-4: 'Fouquelin's classification of French verse has the virtue of disarming simplicity.
There are nine species, namely verse with lines of two, three, four, five, six, seven, eight,
ten and twelve syllables. This rock-bottom mathematicism was welcome to the Ramist
mind, but Fouquelin makes no attempt to range his assortment by dichotomies here,
although a competent Ramist could do so even when dealing in uneven numbers.' Précisons: 'the rock-bottom mathematicism' de Sebillet était de nature à plaire à Fouquelin, qui
de la sorte se montre véritable ramiste...
[42] Signalé par Gaiffe: (1932²), p. 41 n. Cf. p. 40 n.: 'L'alexandrin, que Fabri (II, 3)
croyait une forme ancienne et tombée en désuétude, et dont Du Bellay ne fait pas une fois
mention (Ed. Chamard [1904], p. 219, n. 4), ne prendra le dessus qu'avec Peletier et
Ronsard.'
[43] Talon fait ressortir sous les figures in commutatione la gradation, le polyptote, la paronomase et la correction. Fouquelin met la première dans la catégorie des figures répétées
'en certain lieu & ordre', et subordonne le polyptote à la paronomase, qui forme à elle

Maintenant, Fouquelin peut parler de l'*art* de la prose, aussi bien que de la poésie; car on se rappelle que dans son chapitre sur la première 'manière' du nombre, il n'y avait rien à dire sur la prose, sinon qu'elle n'est soumise à aucun précepte[44]. Aussi voit-on alterner les exemples en prose avec les exemples poétiques dans cette section. Le nombre de ceux-là reste pourtant très inférieur à celui des exemples poétiques, tandis que dans la section correspondante de la version latine c'est l'inverse qu'on observe[45]. Bien évidemment, ce renversement s'explique par le fait que le plus grand souci de Fouquelin est d'incorporer les différentes formes de la *rime* dans sa théorie, là où Talon s'était efforcé avant tout de mettre en évidence les splendeurs de la prose cicéronienne: dans la rhétorique latine, la section du *numerus* qui suit celle des figures de mots proprement dites en est aussi le prolongement (le couronnement) naturel.

Dans la *Rhetorique Françoise* en revanche, l'équilibre entre prose et poésie, suggérée dans la définition de l'*autre maniere de nombre*, est en fait illusoire; ce sont d'ailleurs les termes mêmes de la définition qui l'attestent. En effet, c'est ici qu'a lieu le second glissement de sens dont nous avons parlé plus haut; car si la 'douce resonance des dictions de semblables sons' de la définition générale (*Rh.fr.*, p. 35) peut encore s'appliquer à la *paronomase* comme à la rime (l'*épistrophe*), cela n'est plus guère le cas dans la définition du second membre de la dichotomie, qui n'aurait dû être que la réplique de la première. La voici:

---

seule le second membre de la dichotomie. Il rejette la *correction*, que Ramus, déjà, avait omise parmi les figures de mots. En 1551, elle fait encore partie de la liste, mais à partir de 1552 elle a disparu: cf. les commentaires déjà cités ci-dessus, (1551), p. 41; (1552), f° ii[vo]; (1553), p. 4. Pour les détails chez Fouquelin, voir Leake (1968), p. 98-9 ('Fouquelin recasts this section entirely'), qui d'ailleurs se trompe au sujet de la 'symploque': cf. *Rh.* (1550), p. 49; *Rh.fr.*, p. 61.

[44] C'est bien le paradoxe majeur de son ouvrage: Fouquelin accepte le *nombre* comme catégorie englobante, tout en n'ayant rien à dire sur le nombre oratoire proprement dit! Les bévues qu'il commet au sujet de l'*actio* de la prose française (voir *supra*, n. 38) sont donc aussi compréhensibles qu'illustratives: elles attestent la faillite de la tentative de construire une rhétorique française à l'image de la rhétorique cicéronienne.

[45] Fouquelin 22:52; Talon 46:23. Chez Talon, tous les exemples en prose sont empruntés à Cicéron, et la plupart des exemples poétiques (20 sur 23) à Virgile. Fouquelin de son côté tire la plupart de ses exemples en prose du roman d'Héliodore, traduit en 1547 (*a.s.*) par Amyot sous le titre: *L'Histoire aethiopique de Heliodorus, contenant dix livres, traictant des loyales et pudiques amours de Theagenes Thessalien et Chariclea Aethiopienne*... Sur cette traduction, cf. A. de Blignières, *Essai sur Amyot et les traducteurs français au XVIe siècle*, Paris 1851, p. 114-134. E. Rohde considère le roman comme un produit typique de la 'Seconde Sophistique', et en souligne le caractère 'rhétorique': *Der griechische Roman*, Darmstadt 1960 ([1]1876), pp. 473sq., 481sqq. Cf. Norden, (1971[6]), p. 434sqq. La prose 'poétique' du roman offre par conséquent une mine inépuisable d'exemples. Il serait d'ailleurs utile de comparer la technique de la traduction chez Amyot et chez Fouquelin; de toute façon, ils ont en commun la manie du *redoublement* des mots; voir à ce sujet l'étude de R. Sturel, *Jacques Amyot traducteur des 'Vies Parallèles' de Plutarque*, Paris 1909, p. 235sqq,; cf. l'article de Bruneau (1951). Un exemple parmi tant d'autres: 'L'Orateur & celuy qui parle en prose' pour rendre *Orator* (*Rh. fr.*, p. 117: chap. *actio*).

L'autre maniere de nombre, mise en l'accord & *consonance des dictions de semblable fin & terminaison*, convient tant à la prose qu'au carme, & d'icelle peut user l'orateur & le Poëte indifferemment, quand bon luy semble. En laquelle maniére de suavite & armonie, quelquefoys nous gardons un certain lieu & ordre entre les sons semblables: quelquefoys non. De la premiere maniére on peut observer set especes. Epizeuxe, Anaphore, Epistrophe, Epanalepse, Epanode, Anadiplose, Gradation.   (*Rh.fr.*, p. 42-3)

On surprend ici sur le vif la préoccupation de Fouquelin: c'est bel et bien de la *rime*, la *consonantia similiter desinens* qu'il s'agit. Ce 'lapsus' que Fouquelin commet comme malgré lui illustre admirablement notre propos: il est le résultat malencontreux de la 'superposition' de deux textes, celui de Sebillet et celui de Talon. Le pire, c'est évidemment que le 'glissement' résonance / consonance n'était pas indispensable: le terme 'résonance' aurait suffi pour rendre compte de tous les aspects de la correspondance sonore, la rime y comprise[46]. Désormais donc, toutes les figures de mots sont des *espèces* de 'nombre'[47]; d'ailleurs, déjà Talon s'était servi du mot *concinnitas* en les définissant. Or, en vertu de la manipulation 'synecdochique' des termes dont nous avons parlé dans les chapitres précédents, espèce et genre, effet et cause tendent à coïncider. Ce qui veut dire que *toutes* les figures individuelles, en tant qu'elles effectuent une 'resonance des dictions', sont autant de 'nombres', comme inversement le nombre 's'incarne' dans les figures de mots: la circularité des termes est à son comble, et l'effacement des niveaux d'abstraction est total. L'harmonie, *effet* d'une certaine mise en forme du discours, coïncide avec ses *causae efficientes* individuelles, comme si une quelconque répétition produisait 'de l'harmonie' de façon mécanique! La rhétorique ramiste, orgue de Barbarie...[48].

Ce pervertissement sémantique, et partant conceptuel, constitue le prix que les ramistes sont prêts à payer afin de pouvoir inclure la poétique française dans la rhétorique latine; et ils en assument toutes les conséquences, dans la mesure où ce nouveau système terminologique sera adopté dans la rhétorique latine. Il serait même plus correct de dire qu'ils n'auraient pas admis ce système dans la rhétorique française, s'ils

---

[46] Faut-il préciser que ce n'est pas le mot 'consonance' en soi, mais la combinaison: '*consonance* des dictions *de semblable fin* & *terminaison*', qui est en contradiction avec les faits à décrire? C'est l'ensemble qui fait écho à la 'consonance de syllabes finissantes les vers François' dont parle Sebillet. Lorsque Talon, dans la *Rhét.* de 1557, se servira à son tour du mot *consonantia* pour désigner la correspondance sonore effectuée par les figures de mots, il prendra soin d'éliminer l'ajout irréfléchi de Fouquelin.

[47] Ramus *o.c.* (1552), (1553): 'omnes verborum figur*a*e...numeri species [sunt]'. Déjà cité *supra*.

[48] Confusion vertigineuse entre σχῆμα τῆς λέξεως comme *forma* ou *conformatio orationis* (Aristote, *Rhét.* III, 8) et σχῆμα τῆς λέξεως comme *figura dictionis*. Vettori (1548) aura donc averti en vain contre de telles méprises... Cf. *supra*, chap. 2, § 3.

n'avaient pas envisagé, dès le début, de l'incorporer dans la rhétorique générale, c'est-à-dire latine. En effet, dans l'optique rigoureuse qui est celle des ramistes, l'introduction de nouveaux éléments implique forcément l'ajustement *préalable* de tous les éléments concomitants dans la 'matrice'. Mais considérons d'abord les résultats positifs de la manipulation terminologique: l'inclusion de la théorie de la *rime* dans la rhétorique franco-latine.

a. *Epizeuxe et rime couronnée*

Epizeuxe *est un nombre*, par le quel un méme son est subsequemment repeté (...) Baif aus amours de Meline.
   'Car helas, helas, Meline
   Plus, plus je ne suis à moy'
(...) A la quelle maniére de nombre il faut referer la ryme que les françois apellent couronnée: quand le dernier mot du carme, est une partie de la diction precedente: de la quelle à usé Marot, aus chansons.
   'La blanche columbelle belle,
   Souvent je voy priant criant,
   (Etc.)'.   (*Rh.fr.*, p. 43-4)[49]

b. *Epistrophe et rime plate ou croisée*

Epistrophe ou conversion, est un nombre du tout contraire à l'Anaphore, par lequel le semblable son des dictions, est repeté à la fin des periodes de l'oraison (...) Souventefois l'epistrophe est en divers motz, mais *de semblable son & terminaison* (...) A la quelle maniere d'Epistrophe *toute la Ryme françoyse doit estre referee*, c'est à dire, cette melodie de laquelle usent les poëtes en la fin des vers françois, par une similitude de son, tombant en la fin & liziere du vers: La quelle ilz appellent Ryme platte ou croisee.   (*Rh.fr.*, p. 53-58)

Dans le cas présent, Talon avait donné l'exemple en citant des exemples de poésies latines 'rimées': Virgile et Martial (*Rh.*, p. 49).

c. *Paronomase et rime équivoquée*

(Mais) aucunefois le nombre est engendré par la seule consonance & accord des vois semblables, laquelle les Grecz apellent Paronomasie, c'est à dire agnomination & allusion au mot, ou resemblance d'un mot à l'autre. Laquelle est ou de tout le mot, ou de partie d'iceluy.
   La Paronomasie & resemblance de tout le mot est apellee des poëtes françois Aequivoque, la quelle ils font espece de Ryme (...): comme en céte epitre de Marot au Roy Françoys:
   'En m'ébatant je fai rondeaus en Ryme,
   Et en rymant bien souvent je m'enryme:

---

[49] Même exemple chez Sebillet: *A.P.* II, 15, (1932²), p. 200.

> Bref c'est pitie d'entre nous rymailleurs,
> Car vous trouvez assez de ryme ailleurs
> (Etc.)'   (*Rh.fr.*, p. 66-7)[50]

Il est frappant de voir que Fouquelin ne méprise nullement les 'vieilles' formes de la poésie française que Du Bellay avait appelées 'episseries' et Tahureau 'vieille quinquaille roüillée'! Fouquelin est en fin de compte beaucoup plus proche de Sebillet — qu'il plagie sans cesse et sans vergogne — que de l'auteur de la *Deffence et Illustration*. Aurait-il apprécié la critique de cet autre amateur de la poésie traditionnelle, Barthélemy Aneau? On peut le supposer. De toute façon, c'est ainsi que se termine la section concernant les nombres:

> Donques, pour conclure toute céte doctrine & art de la figure de diction, ou du nombre (car nous avons usurpé ces deux noms indifferemment l'un pour l'autre) jusques icy deus especes & manieres de nombre ont esté declarees, par lesquelles l'oraison peut estre rendue douce & armonieuse, desquelles l'une se fait par certaine mesure & quantité de syllabes, la quelle nous avons dit estre toute poëtique, l'autre par repetition de vois & sons semblables: lesquelles deus manieres rendront l'oraison d'autant plus douce & armonieuse, qu'elles seront frequentes en icelle: Cy apres il nous convient declarer les figures de la sentence.
>
> *Var.* (1557): & armonieuse: l'une (f° 34vo)   (*Rh.fr.*, p. 71-2)

Cette dernière observation est tout à fait dans le goût du XVIe siècle français: plus il y en a, et mieux c'est. Même Strébée était de cet avis, et Ramus s'en fera encore le champion dans son remaniement ultérieur de la *Rhétorique*. Il s'agit donc bien de la *densité* des figures comme garantie de la beauté, quoi qu'en dise R. Leake[51].

Pour terminer, nous reproduisons une partie du schéma qu'on trouve en appendice de la *Rhetorique Françoise*, pour que le lecteur puisse mesurer les 'progrès' réalisés par rapport à la *Rhetorica* de 1548:

---

[50] Même exemple chez Sebillet: *A.P.* I, 7, (1932²), p. 62-3. Cf. Du Bellay, *Deff.* II, 7: 'Ces equivoques donq'…me soint chassez bien loing..' (*éd.* 1970⁴, p. 146) et *ibid.*, Aneau qui s'insurge contre le mépris de Du Bellay. Voir encore *Rh. fr.*, p. 69, la paronomase comme *rime riche*, avec l'exemple de Scève (*Délie*, dizain 380) également dans Sebillet, (1932²), p. 64.

[51] Cf. Strébée, *De Elect.* (1538) II, 9, f° 89vo: Habet ἰσόκωλον elegantiorem concinnitatem, quando iungitur aut similiter desinentibus, aut eodem pacto cadentibus. (..) At haec tria per se aliqua ex parte numerosa, tum demum pulcherrima sunt, quum pedibus aptis, & eorum numero iuvantur.' Selon Ramus, la combinaison de toutes sortes de tropes et de figures ('quò plures concurrunt, tanto plus efficiunt') produit cette γοητεία dont parle Platon: *Rhet. prael.* (1582), cap. 39.

Leake (1970), p. 391: 'By inference the reader may decide that for Fouquelin the essence of poetry lay in its ornamental aspects (density and appropriateness of tropes and rhetorical figures) but this is not what he says.': Fouquelin le dit bel et bien. Cf. encore R. Radouant [1908], p. 95 + n. 4.

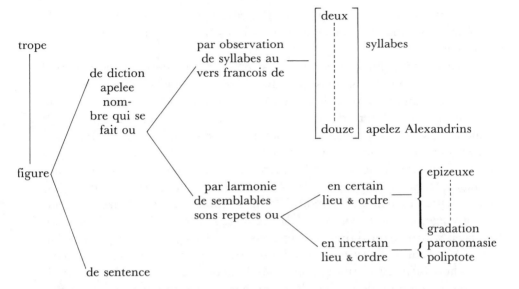

Quelles seront les répercussions de ce schéma de travail dans la rhétorique latine de 1557? Voilà la question que nous tenterons d'élucider dans le chapitre suivant.

§ 4. *Note sur la* Rhetorique *de Forget*

Il convient sans doute à présent de dire encore quelques mots au sujet de la curieuse *Rhetorique françoise faicte particulierement pour le Roy Henry 3.*, qu'on attribue généralement à Germain Forget. L'ouvrage, écrit probablement entre 1580 et 1583[52] a survécu sous forme de manuscrit; il nous en reste deux exemplaires, l'un conservé à la bibliothèque de Carpentras, l'autre à la Biblioteca Estense de Modène. Celui-ci a été publié en 1887 par le philologue italien G. Camus[53]. L'auteur de cet ouvrage composite a tiré la plupart de ses exemples des œuvres de Garnier et parfois de celles de Desportes; c'est ce qui en fait tout d'abord le prix. L'éditeur, plus versé dans les questions de morphologie que dans celles de stylistique ou de rhétorique, suggère que l'auteur de la *Rhetorique* est identique à celui du *Projet de l'éloquence royale* composé également *pour Henry III*, et attribué à Jacques Amyot; ceci en raison du fait que 'les deux ouvrages ont une certaine ressemblance de style, et semblent se compléter mutuelle-

---

[52] Cf. A. Gordon (1970), p. 17 + n. 3.

[53] *Precetti di rettorica scritti per Enrico III Re di Francia*, pubblicati...da G. Camus, Modène, 1887. Exemplaire à la B.N., cote Fol. X. Pièce. 29. Cf. R. Radouant [1908], p. 89 n. 1.

ment'[54]. Or rien n'est moins vrai; l'attribution à Forget proposée par R. Lebègue semble plus probante; mais nous n'allons pas insister sur ces problèmes.

Ce qui est établi par contre, c'est que l'auteur de la *Rhetorique*, quel qu'il soit, connaît mal son sujet; ainsi, il dit à propos de l'invention, première des quatre parties de la rhétorique qu'il admet[55], qu'elle 'consiste en choses ou matiere dont l'on doit traicter ou qui servent a icelle.' Il ajoute: 'Comme raisons et arguments, elle consiste *au chois et elite des dictions et mots*', ce qui se rapporte évidemment à l'élocution plutôt qu'à l'invention. On pourrait facilement multiplier les exemples de telles maladresses. Mais ce qu'il y a de remarquable dans cet opuscule, c'est que toute la partie concernant l'*élocution*, qui constitue le 'corps' de tout l'ouvrage, *a été empruntée à la rhétorique ramiste*. L'élocution est définie 'un lustre et ornement d'oraison', et divisée en deux parties: trope et figure (p. 19). L'auteur distingue ensuite quatre espèces de tropes dont il écorche horriblement l'orthographe. 'Methaphore ou translation, Methonimie ou denomination, Sinecdoche ou comprehention et Ironie.' La distinction entre tropes et figures se fait également selon la formule ramiste: les tropes 'gisent et consistent es symples dictions, ainssy que les figures es periodes et sentences.' La liste des figures correspond à celle de la rhétorique ramiste. Les figures de mots sont présentées avant les figures de pensée, ce qui nous amène à conclure que Forget a dû se servir soit de la *Rhetorique Françoise*, soit d'une version ultérieure de la *Rhetorica* latine.

Il s'écarte pourtant des ramistes sur un point essentiel: nulle part, il ne rapproche figure de mots et nombre. Faisant apparemment un usage éclectique de sa source, il sépare au contraire autant que possible figure et nombre: il parle du nombre après son exposé de la *troisiesme partie*,

---

[54] Camus (1887), p. 13. Le *Projet* a été imprimé en 1805 par Ph.-D. Pierres à Versailles. Exemplaire à la B.N., cote X. 20402. Voir le chap. d'A. de Blignières (1851), p. 321-38; R. Sturel (1909), p. 424sqq. Sturel rejette déjà l'hypothèse de Camus: *ibid.*, p. 425 ('Cette hypothèse n'est, à notre avis, nullement fondée...'). Il est remarquable qu'il rapproche dans le même chap. la *Rhetorique* de Forget, le *Projet* d'Amyot, la *Rhetorique Françoise* de Fouquelin et la *Rhetorica* de Talon en mettant en relief, dans chacun des traités, la préoccupation de l'harmonie et du rythme. Il est vrai qu'il cite une édition fantaisiste de l'ouvrage de Talon, et qu'il ne soupçonne même pas les rapports autrement étroits entre celui-ci et Fouquelin: *ibid.*, p. 427-32. Cf. encore Gordon (1970), p. 16-7; Fumaroli (1980), p. 494-6.

[55] 'Rhetorique...a 4 parties en soy, l'invention, l'elocution, la pronunciation et l'action.': *o.c.*, p. 15 (début). Ce qui amène Gordon (*l.c.*) à dire que Forget désigne la disposition sous le nom de 'l'action'. Il s'agit ici plutôt d'un lapsus de la part de l'auteur, car partout il se sert de *pronunciation* et d'*action* comme des synonymes (voir p. ex. *ibid.*, p. 36). L'ordre de présentation est le suivant: 1) invention 2) élocution 3) action 4) *nombres d'oraison* (p. 41-3) 5) 'disposition' que l'auteur ne désigne pas explicitement comme telle, mais où il parle des *partes orationis*. Son exposé de l'exorde s'interrompt au milieu d'une phrase; selon Gordon, le texte du manuscrit de Carpentras s'arrête de la même façon.

l'action (p. 41-3). Du reste, cela n'est pas aussi bizarre qu'on pourrait le croire au premier abord: le nombre étant un 'effet musical', n'a de force que bien prononcé; la *modulatio vocis* lui est essentielle. Ce fait avait déjà été souligné par Talon[56]. Ceci dit, il faut reconnaître que la séparation de la figure et du nombre va à l'encontre de la visée même de la rhétorique ramiste, tout orientée vers la fusion des deux termes...

Dans son chapitre consacré aux *nombres d'oraison*, Forget insiste d'abord sur la différence entre le système classique et le système moderne, non-métrique, mais pour ajouter aussitôt que celui-ci n'est pour autant nullement privé de règles formelles, en poésie comme en prose. On remarquera qu'il se sert du mot *cadence* pour désigner la *rime*[57]; en outre, qu'il n'évite guère l'ambiguïté dans son emploi du mot *nombre*: en cela, il est bien en accord avec la pratique de son époque. Ecoutons-le:

> Les nombres d'oraison observez es langues latines et grecques ne se trouvent pas en (notz) vulgaires oraisons, et certaines mesures longues ou brefves de leurs syllabes qu'ils appellent pieds, qui manquent en notre endroit, aussy bien que maintes autres preceptions et reigles grammaticales. Si esse tout ainssy .. que nos vers ne soient mesurés a la maniere et usage des Grecs et Latins, ne laissent toutefois d'avoir *certain nombre* de syllabes, pauses et *cadences*; ainssy est il de l'oraison solue et libre en la quelle nous ne laissons d'avoir nos observations methodiques sur le *nombre* des clauses et periodes.
> *(éd. cit.*, p. 41)

Dans la suite de son exposé, Forget se borne à décrire les 'vertus' de la *prose* bien cadencée ('nombreuse'): les 'clauses' doivent être 'soutenues', les périodes claires et intelligibles. En conséquence, il proscrit l'hyperbate qui n'engendre que l'obscurité[58]. Les périodes ne doivent être ni trop longues ni trop brèves; il faut éviter 'les trop frequentes parenteses et entrelassements de propos qui rompent la continuation d'un sens'; il faut éviter de même la cacophonie, et la rime; à propos de celle-ci, Forget remarque:

> Les disinences et terminaisons des periodes ne peuvent estre semblables et ne *tomber* en mesmes voielles si non rarement, ains souvent les diversifier, voire ne sera mauvais, apres une desinence de clauses en syllabe masculine que la suivante se fasse en feminine; toutefois je ne suis d'opinion que l'on soit trop religieux en cella.
> *(éd. cit.*, p. 43)

Il est curieux de voir que Forget utilise des mots similaires à ceux dont Du Bellay s'était servi à propos de la règle (naissante) de l'alternance des

---

[56] *Rh.* (1550), p. 65: '...in primis ubi numerosior oratio fuerit, inibi quoque vox ipsa...illum...cantum variè dissimulanterque moduletur.'

[57] Cf. *ibid.*, p. 24: 'La figures de mots se remerque principallement en la *cadence* des mots *en mesme son*, et en la repeticion d'yceux.' (..) 'Quelquefois les mots, mis *en mesme terminaison et desinence*,...etc.'

[58] Cf. Quint. VIII, 2, 14.

rimes, en *poésie*[59]. Forget termine son exposé en soulignant l'importance primordiale de l'*aurium iudicium*, se ralliant de la sorte aux opinions des ramistes, qui font écho, on le sait, à celles de Cicéron[60]:

> Sur tout nous debvons interposer le jugement de l'oreille, lequel defaillant, il est impossible que par aulcunes reigles et preceptions nous fassions nombre et mesures d'oraison qui vaille.
> (*ibid.*)

Comme tant d'autres, donc, Forget respecte la terminologie classique ('nombres, mesures') tout en concédant que le français ne possède point ce qui fait l'essentiel du *numerus*, à savoir les pieds métriques. Autrement dit, les termes *nombres* et *mesures* ont une signification toute 'métaphorique', en accord avec cette *translatio* que les humanistes français ne cessent de pratiquer, et qui fait l'objet de la présente étude.

Quelles conclusions tirer de ce qui précède? D'abord, il est clair que Forget n'est pas un ramiste au sens propre du mot: il inclut dans la rhétorique l'invention et la disposition, péchant de la sorte contre l'essence même de la méthodologie des ramistes. En outre, s'il se conforme dans son chapitre sur le nombre aux principes de ceux-ci, notamment en soumettant la *compositio* à l'épreuve de l'oreille, il s'en écarte en séparant figure et nombre. Bien davantage, tout ce chapitre n'a presque rien en commun avec ce qu'on observe dans les traités ramistes: de tout évidence, Forget a puisé ici dans d'autres sources. Ce n'est donc que dans la deuxième section de son livre consacré à l'*elocutio* que, sans aucun doute, il s'inspire avant tout de la rhétorique ramiste, ce qui a échappé jusqu'à présent aux chercheurs. Vraisemblablement, il s'agit d'une *traduction indépendante* de celle de Fouquelin; il se peut que Forget l'ait consultée, mais rien ne le prouve. D'ailleurs, pourquoi Forget aurait-il remplacé *tous* les exemples de Fouquelin par des exemples pris dans les ouvrages de Garnier et de Desportes? Non, il est bien plus probable que Forget se soit servi d'une version latine de la *Rhétorique*. Ce qui semble le prouver tout à fait, c'est que dans un seul cas Forget propose un *exemple latin* afin d'illustrer la 'seconde espece de methonimie', celle qui met l'effet pour la cause; il s'agit du fameux vers d'Horace qui commence de la façon suivante: 'Pallida mors...'. Or, nous retrouvons cet exemple, tel quel, dans la *Rhétorique* de Talon, également pour illustrer la 'seconde espèce' de métonymie, 'cùm ex effectis causae significantur'[61]. Tout le paragraphe concernant la métonymie est du reste beaucoup plus proche de celui de

---

[59] *Deff.* II, 9: 'Il y en a qui fort supersticieusement entremeslent les vers masculins avecques les feminins...Je treuve cete diligence fort bonne, pourveu que tu n'en faces point de religion...'

[60] *Rh.* (1550), p. 56; *Rh. fr.*, p. 36: '...faut avoir égard, que notre oraison & parlér sonne bien aus oreilles.' Cf. Cic. *Or.* 24, 80; 44, 149; 49, 163 etc.

[61] Horace, *Odes* I, iv, 13; Forget, p. 21; Talon, *Rh.* (1550), p. 7.

Talon que du paragraphe correspondant chez Fouquelin[62]. Bref, la *Rhetorique françoise faicte particulierement pour le Roy Henry 3.* ne joue aucun rôle dans l'évolution interne de la rhétorique ramiste comme le font la *Rhetorique* de Fouquelin ou les *Tableaux* de Savigny; mais en tant que production vernaculaire 'dérivée', elle mérite toute notre attention[63]*.

---

[62] Cf. p. ex. la définition générale de la métonymie. Talon: 'Metonymia est, cùm ex causis effecta, aut subiectis *adiuncta*, contráve significamus.' Forget: 'Methonimie ou denomination est un trope par lequel la cause est prise pour son effet et l'effet pour sa cause; le subject pour la chose *adjointe* et attribuëe, et l'adjoint pour la chose subjecte...' (p. 20). Fouquelin est beaucoup plus prolixe; il lui faut une dizaine de lignes pour mener sa définition à bon terme. En outre, il évite le mot *adjoint*, et le remplace par *circonstance* (p. 2). Ce faisant, il se conforme à l'enseignement de Ramus: cf. *Dialectique, éd. cit.* (1964), p. 74 ('adjoinctz *ou circonstances*').

[63] Dans un article récent, A. Gordon a montré que Pierre de Courcelles s'inspire également de loin en loin de la dialectique et rhétorique ramistes: l'auteur de la *Rhétorique* publiée en 1557 à Paris cite A. Fouquelin et se sert à plusieurs reprises de la *Dialectique* française. On peut consulter la *Rhétorique* de Courcelles sur microfiche (m. 8386) à la B.N. (éd Nyvelle). Cf. Gordon, 'Pierre de Courcelles et sa rhétorique (1557)', in *BHR* 43 (1981), surtout pp. 471 n. 1, 481-2.

Il est grand temps de rééditer ces textes importants. Même la *Rhetorique Françoise* de Fouquelin est encore difficilement accessible. La B.N. conserve l'exemplaire unique de l'éd. 1555 (cote Rés. X. 2534); elle possède également un exemplaire de l'éd. 1557, à consulter sur microfiche (m. 9367). D'autres exemplaires de la seconde éd. se trouvent au British Museum et à la B.M. de Troyes. Les deux textes ne sont pas identiques; Leake en a établi une édition critique, qui malheureusement n'a pas paru jusqu'à présent: *La Rhetorique Francoise d'Antoine Fouquelin*: *An Edition with Introduction and Notes*, thèse Bryn Mawr College, Pennsylvania, 1964. Dans son article de 1970, Leake en annonce la publication aux éditions Droz: (1970), p. 384 n. 17, 385 n. 23. Il est d'ailleurs symptomatique que la *Rh. fr.* n'a même pas été recueillie dans la *British and Continental Rhetoric and Elocution microfilm collection*, (University Microfilms, Ann Arbor, Michigan 1976), laquelle adopte le factum de Courcelles (bobine 11).

* Juste avant de remettre notre manuscrit à l'imprimeur, nous avons découvert un autre article d'Alex Gordon dont le titre même est assez éloquent: 'Ramist Influence in Germain Forget's *Rhétorique Françoise faicte particulièrement pour le Roy Henry troiziesme* (1583)', dans *Romance Notes* 23 (1982-1983), p. 258-263. Sur presque tous les points nous sommes entièrement d'accord avec les conclusions de M. Gordon; nous concédons volontiers que Forget s'est inspiré également de 'traditional school doctrine', c'est-à-dire de traités latins non-ramistes (*ibid.*, p. 262). Mais à la différence de M. Gordon, qui compare sommairement le texte de Forget à la *Rhetorique françoise* de Fouquelin, nous tenons à maintenir notre thèse d'après laquelle Forget s'est inspiré, dans les pages consacrées à l'*elocutio*, de la Rhétorique *latine* d'Omer Talon.

CHAPITRE VI

LA *RHETORICA* DE 1557

§ 1. *Aristote, Cicéron*

Ce qui saute aux yeux lorsqu'on ouvre la nouvelle version de la Rhétorique latine, publiée par Talon en 1557 à Lyon, c'est la foule des citations grecques. Dans les éditions antérieures il n'y en avait pas trace; et dans les versions ultérieures, celles réécrites par Ramus, elles auront de nouveau disparu. Que Talon cite la *Rhétorique* d'Aristote ne nous étonnera guère; Ramus y avait renvoyé dès les premières *Brutinae Quaestiones*, et dans la *Dialectique* les références se multiplient. Mais la *Poétique* et la '*Rhétorique à Alexandre*' sont également prises en considération[1]. Nous verrons plus loin comment Ramus se servira de la *Poétique* à un endroit particulièrement stratégique de sa *Rhetorica* remaniée; pour l'instant, nous nous bornons à signaler que les références à la *Rhétorique* d'Aristote qu'on observe dans la nouvelle version latine de la *Rhetorica* [*Rh.57*] se retrouvent, dans la majorité des cas, dans le commentaire du *De Oratore* publié par Talon en 1553. L'objectif de ce commentaire avait précisément été de montrer jusqu'à quel point Cicéron s'était inspiré des philosophes et rhéteurs grecs: dans le premier livre, il s'est basé essentiellement sur les philosophes de l'Ancienne ou de la Nouvelle Académie: Platon (*Phèdre, Gorgias*), Carnéade, Clitomaque, etc.; dans le second et le troisième, il s'est servi surtout de la 'τεχνολογία Aristotelica & Isocratica' (*T. Comm., Sommaire*, p. 5). A l'instar des *Brutinae Quaestiones*, Talon veut donc montrer que dans le troisième livre notamment, Cicéron s'est trop asservi à l'*autorité* des rhéteurs grecs, en premier lieu à celle d'Aristote[2].

Autrement dit, c'est en commentant Cicéron que Talon en est venu à lire la *Rhétorique* d'Aristote dans le texte; et l'on peut supposer que la cita-

---

[1] *Br. Qu.* (1547), f° 31vo: Arist. *Rhet.* III, 8, p. 1409a1-9. Le fait que Talon attribue la *Rhétorique à Alexandre* à Aristote nous amène à conclure qu'il ne connaissait pas le commentaire de Vettori (voir chap. 2) qui attribue l'ouvrage à Anaximène. On sait que la thèse de Vettori a été reprise par Spengel, mais qu'elle a été contestée par d'autres. Ajoutons que Fouquelin cite également une fois la *Rhétorique*: *Rh.fr.*, p. 26. Cf. Leake (1968), p. 93 + n. 28; p. 106 + n. 67.

[2] *M. T. Ciceronis de oratore ad Quintum fratrem dialogi tres, Audomari Talaei explicationibus illustrati*. Paris, Ch. Estienne, 1553. Privilège février 1552. Sigle: *T. Comm.* Cf. p. ex. *T. Comm.*, III, p. 75n. 12, *ad De Orat.* III, 47, 182: 'Crassus non definit numerum, neque dividit in duo genera: (..) neque partes numeri, id est pedes explicat, sed tantùm *ex Aristotelis authoritate* docet, qui pedes aptè & decorè incidant in orationem solutam,...etc.' Et il est indéniable que Cicéron s'inspire du Stagirite dans toute cette partie de son ouvrage.

tion unique d'Aristote qu'on trouve dans la *Rhetorique Françoise* s'explique
par le fait que Fouquelin a suivi le cours de Talon consacré au *De Oratore*,
et tenu selon toute vraisemblance en 1551/52. C'est d'ailleurs vers cette
même époque qu'on voit les citations grecques se multiplier dans les
commentaires de Ramus: dans les *praelectiones* au premier livre *De legibus*
de Cicéron (1554), celui-ci cite souvent Platon en grec; dans celles aux
Bucoliques de Virgile (1555) il cite fréquemment Théocrite; dans son commentaire du *De optimo genere oratorum* enfin, 'soutitré' *Praefatio in contrarias
Aeschinis* & *Demosthenis orationes*, c'est surtout Eschine qu'il cite en grec[3].
Or, nous trouvons dans la *Rhétorique* de 1557 (p. 20) également une citation du discours d'Eschine *Contre Ctésiphon*: nouvel indice d'une collaboration ininterrompue. Dans presque tous ces cas, les renvois aux philosophes ou rhéteurs grecs se font donc *via* l'interprétation d'un ouvrage cicéronien. Et en effet, Cicéron reste au centre de l'intérêt pendant toute
cette période: Ramus s'est décidé à expliquer les discours de l'Arpinate
dans leur totalité; Nancel nous rapporte qu'outre le commentaire des discours consulaires, Ramus avait complété l'explication de dix autres discours; mais ces textes n'ont jamais été imprimés[4]. Cet effort immense a
trouvé son couronnement naturel dans la publication du *Ciceronianus*,
paru la même année que la *Rhétorique* de 1557. Comme nous l'avons vu,
cet ouvrage est un perpétuel éloge de la pratique oratoire de Cicéron;
Ramus y maintient uniquement sa critique des vues *théoriques* de celui-ci,
'farcies' d'*ineptiae scholasticae* héritées des rhéteurs grecs. De la même
façon, Talon oppose dans sa *Rhétorique* remaniée l'*usus* de Cicéron à sa
'doctrine', notamment au sujet du nombre oratoire[5].

Talon avait poursuivi comme Ramus ses études cicéroniennes: dans
les années avant le commentaire du *De Oratore*, il avait publié des 'explications' du *Luculle* (que l'on compte pour le quatrième livre des *Questions*

---

[3] *M. T. Ciceronis de optimo genere oratorum praefatio in contrarias Aeschinis et Demosthenis orationes, P. Rami...praelectionibus illustrata.* Paris, A. Wechel, 1557. Privilège sept. 1556. Citations d'Eschine: f° 17^{vo}sqq. Ramus y souligne d'ailleurs de nouveau l'importance de
l'euphonie, avec références à Cicéron (*De Orat.* III) et à Quintilien (I, 5, 4): f° 6ro; à propos du nombre oratoire, il renvoie à ses propres commentaires de Cicéron, et à la *Rhétorique* de Talon: 'Numerum] Cuius species Cicero multas fecit: Quintilianus multò plures
(..) De veritate autem (quam nos observatione Ciceronianarum orationum, id est vero
usu approbavimus), videbis Audomari Talaei Rhetoricam.' Ailleurs (f° 3ro) il remarque
qu'il doit à Jean Dorat ('collega & amicus') la découverte d'un dithyrambe de Pindare
relevé dans Περὶ συνθέσεως ὀνομάτων de Denys d'Halicarnasse qu'il cite également en grec.
Voir, en outre, le commentaire de Talon sur la *Dialectica* de Ramus (1556): citations de
Platon et d'Aristote en grec.
[4] Nancel, *éd.cit.* (1975), p. 190-3. Cf. Ramus, *Rh.prael.* (1582), p. 37: [Ciceronis] *viginti
praestantissimae orationes, P. Rami diligentia observatae.'* Dans son commentaire de ce
dernier texte, Mignault en dresse la liste (cf. (1577), *ad loc.*), légèrement différente de celle
donnée par Nancel, *l.c.*
[5] Comparer *Cic.* (1557), p. 94-5 et *Rh.57*, p. 30-1.

Académiques, et dont le commentaire complète ceux publiés en 1547[6]), des *Topiques* (1550), des *Partitions Oratoires* et des *Paradoxes* (1551); partout, il se montre fidèle aux directives données par son 'frère', comme le montrent les préfaces aux ouvrages cités. Bref, c'est en Cicéroniens critiques que Ramus et Talon continuent l'élaboration de la rhétorique; et leurs efforts pour incorporer la langue vulgaire dans le système sont nés d'une double impulsion: d'une part, l'étude assidue de Cicéron, défenseur et 'illustrateur' de sa langue maternelle face aux 'grécaniseurs' de son époque, et d'autre part la lecture des défenseurs contemporains de la langue française, parmi lesquels Du Bellay tient sans conteste le premier rang. Et n'oublions pas que dans la *Deffence* ce dernier s'était expressément réclamé de son prédécesseur romain[7].

D'ailleurs, la *pratique* des orateurs et poètes français n'a-t-elle pas montré que ceux-ci sont parfaitement capables de s'élever au niveau des Démosthène, Cicéron et Virgile[8]? Si donc il y a, entre orateurs français et orateurs antiques, parenté sinon égalité dans la pratique, ne doit-il pas y avoir aussi compatibilité dans le domaine de la théorie? Tel avait déjà été le raisonnement sur la base duquel la *Rhetorique Françoise* avait été construite[9]: la 'méthode' en effet est internationale par définition; et sa traduction dans l'une ou l'autre langue ne l'affecte pas dans son essence. Seulement, nous avons vu comment cela s'était passé au niveau de la réalisation concrète: la rhétorique française s'est montrée une rhétorique cicéronienne 'habillée' pour l'occasion 'à la française'. De même qu'il ne suffit pas à un orateur romain de mettre des vêtements français pour se faire orateur d'expression française, de même il n'est pas assez de traduire simplement des concepts classiques pour produire, comme par enchantement, une théorie adéquate de la langue et littérature françaises. La théorie du nombre oratoire, pierre angulaire et orgueil de la rhétorique classique, ne se laisse pas transférer sans distorsions dans la théorie du 'vulgaire'. Or, nous avons constaté que c'est exactement cela

---

[6] Ong *Inv.* (1958), p. 488-490; Schmitt (1972), p. 81sqq. Bien entendu, Talon y plaide pour 'l'union de l'éloquence et de la philosophie'; voir la préface au commentaire des *Part. Or.* (1551), et celle à la *Rhétorique* de 1548; cf. l'article de Radouant (1924), p. 167sqq.

[7] Voir *supra*, IIe Partie, chap. 2, § 1.

[8] *Cic.* (1557), p. 17: 'Quapropter regulam loquendi Francia nullam adhuc habuerit: *usum* rectum in poëtis & in oratoribus habuit.' (et la suite); *ibid.*, p. 61: 'Duos equidem Francos oratores, & animi integritate, & orationis facultate valdè praestantes in foro Parisiensi cognovi,...qui mihi quemvis Graecum, vel Romanum oratorem, dicendi gravitate & magnificentia aequare viderentur.' Il s'agit de Gabriel de Marillac et de Jacques Aubery. Voir *supra*, chap. 5, § 1, n. 12.

[9] *Cic.* (1557), p. 75: 'Itaque & Graeci & Latini oratores, Ciceroniano in sua, patriáque lingua imitandi, eorúmque omnis in Rhetorica & Logica potest *quovis alio sermone*, tamen & in alia caussa similibus tropis, figuris, argumentis, syllogismis, methodo denique tota usurpari.' A la page suivante Ramus cite Cicéron, 'primo de Finibus'.

que les ramistes ont tenté de faire, préoccupés comme ils l'étaient à faire passer le message cicéronien à leurs élèves dans leur enseignement oral, et ensuite au monde lettré dans leurs commentaires. Ainsi considéré, le *Ciceronianus* est à la fois l'aboutissement logique et l'expression la plus aiguë de leur pratique: Ramus y plaide *en latin* pour la défense et illustration de la langue *française*. Le parti-pris 'supra-linguistique' de la démarche ramiste mène, en d'autres mots, tout droit au paradoxe. Or, en vertu de cette décision de principe, écartant toute différence linguistique au profit de l'identité, les ramistes sont obligés d'assumer les conséquences d'avoir voulu rendre justice à l'Autre, en l'occurence leur langue maternelle. La *Rhétorique* de 1557, sœur jumelle du *Ciceronianus*, en porte clairement les traces. Trop souvent, en effet, elle se présente comme une rhétorique française 'reconvertie' en latin.

§ 2. *Figura, numerus, concinnitas*

Comme nous l'avons déjà signalé, c'est à R. Leake qu'on doit la découverte de cette nouvelle version de la *Rhetorica*, imprimée par Thibaud Payen à Lyon. D'après l'*Inventory* de W. Ong il en reste deux exemplaires, l'un à la bibliothèque universitaire de Salamanque, l'autre à la bibliothèque universitaire de Lausanne[10]. Voici comment Leake décrit l'ouvrage:

> In it appear a number of changes which reflect in many cases those which Fouquelin had introduced into his *Rhetorique* of 1555 — differences also found in the 1560 edition published in Paris by Thomas Richard and in the 1562 printing of André Wechel at Paris[11].

Dans la suite de son article, Leake fait passer en revue un certain nombre de ces changements. D'abord, le renversement de l'ordre de présentation: comme Fouquelin, Talon parle maintenant des figures de mots *avant* de passer aux figures de pensée. Or, nous avons vu que c'était déjà l'ordre adopté par Ramus dans ses commentaires des huit discours consulaires[12]. Puis, Leake touche au problème des citations grecques. Il

---

[10] Ong, *Inv.* no. 72. Nous avons consulté l'exemplaire qui se trouve à Lausanne, cote BZ 5620. Il a appartenu à Cyprien Isnard, pasteur français qui s'est réfugié à Genève à la Saint-Barthélemy. D'après W. Ong on lit la note suivante sur la page de titre de l'exemplaire de Salamanque qui a appartenu au collège jésuite de cette ville: 'Autoris damnati. Cum expurgationibus permissa (etc.)' On se demande ce que les censeurs ont voulu 'expurger' dans cet ouvrage; le nom de 'l'hérétique' P. Ramus qui figure à plusieurs reprises dans la préface, probablement... voir Ong, *Inv.* nos. 16, 20, 103.
[11] Leake (1968), p. 105. Nous acceptons provisoirement l'hypothèse de Leake, selon laquelle la *Rh.57* est une 'retraduction' en latin de la *Rh.fr.* (1555). Nous reviendrons sur ce point à la fin du chapitre présent.
[12] *Rh.57*, p. 24: 'Figurae genera duo sunt, unum λέξεως, alterum διανοίας. de priore illo genere, quod & simplicius & natura prius est, primùm disputemus.' Leake remarque à

suggère qu'elles ont été introduites dans le système rhétorique par Fouquelin (*ibid.*, p. 106); mais nous avons constaté qu'elles s'expliquent
plutôt par le fait que Talon s'en était déjà servi dans son commentaire du
De Oratore. Enfin, Leake arrive aux changements effectués dans la section
concernant le nombre oratoire; à juste titre, il en souligne l'importance:

> In dealing which the changes which Talon made to conform to Fouquelin's
> text, it seems especially important to note that the 'spatial' and mechanical
> treatment given to the various aspects of *Numerus* and the word figures in the
> *Rhetorica* of 1548 make way for Fouquelin's analysis in terms of harmonious
> sounds and rhythm. Gone is the comparison of words to building blocks.
> [Etc.][13]

On se rappelle que la comparaison dont parle ici R. Leake est motivée
par la conception ramiste — héritée de Quintilien — de l'*hyperbate* comme
'cause efficiente' du nombre. Dans le chapitre 4 nous en avons démontré
la faiblesse; et dans le chapitre consacré à Fouquelin (chap. 5) nous avons
établi qu'une telle conception ne saurait être adoptée dans une rhétorique
française, les données mêmes de la langue française y étant réfractaires.
En français, en effet, on ne peut déplacer à sa guise les mots dans une
phrase. A ces deux points s'ajoute une considération d'ordre plus général: dès les *Rhetoricae Distinctiones*, les ramistes tendent à minimaliser, au
profit de l'euphonie, l'importance à accorder à la 'technique' du nombre
oratoire. N'importe quelle combinaison de pieds est admissible, à condition que l'ensemble produise un effet agréable à l'oreille. Or s'il est vrai
que la permutation des mots peut contribuer à l'euphonie, c'est d'abord
pour des raisons *métriques* qu'on y a recours.

Aux yeux des ramistes, donc, la *nature* l'emporte forcément sur l'*art*; ce
qui veut dire que la sonorité des mots individuels doit prévaloir sur le
'calcul' (*subductio*) des pieds. Dans le texte de 1557, Talon y revient à trois
reprises[14]; parallèlement, à la fin du paragraphe consacré au nombre
oratoire 'proprement dit', il attaque violemment les conceptions théoriques de Cicéron en alléguant un passage dans *De Oratore*, où celui-ci, se
basant sur Aristote, affirme la prééminence de certaines combinaisons
métriques dans la clausule[15]. Et comme nous venons de le voir au para-

---

juste titre que Talon s'écarte ici de Quintilien (IX, 1, 19): (1968), p. 92 + n. 25, p.
105 + n. 64. Cf. *Scholae* (1569), col. 378 (reproche adressé à Quintilien): 'At figurae verborum...melius essent praepositae.'

[13] *Ibid.* (1968), p. 107.

[14] *Rh.57*, p. 25 (bonitas), p. 30 (bonitas; εὐφωνία).

[15] *Rh.57*, pp. 30-1; Cic. *De Orat.* III, 50, 193. Bien entendu, tout ce passage est à rapprocher du Commentaire de 1553. Voir p. ex. *T. Comm.* III, p. 75, n. 12; p. 80, n. 8.
Ibid., p. 75 n. 13-15, *ad De Orat.* III, 47, 182-3, où Talon cite successivement Arist. *Rhet.*
III, 8, pp. 1408b33-37, 1408b32-33, 1409a8-9; *Ibid.*, p. 79 n. 1: 'Crassus ingenuè fatetur
hanc doctrinam de numeris Aristotelicam esse & Theophrasticam: & in rhetorum scholis
minimè isto modo tractari solere.' (*ad De Orat.* III, 49, 187-8).

graphe précédent, Talon confronte Cicéron avec sa propre pratique: malgré ses doctes observations théoriques, celui-ci n'a pu s'empêcher de se
servir de toutes les combinaisons métriques possibles[16]. Bref, il faut se
méfier de ce genre de subtilités, et ne se soumettre qu'à la doctrine
ramiste, la seule véritable:

> Quamobrem summa huius artis est, ne prosa sit metri similis, & tamen in
> prosa metri voluptas, quoad poterit, retineatur: quod fiet non tam pedum
> subductione, quàm sonorum in verbis varietate & bonitate: Nam quod
> Graeci & Latini Rhetores de collocandis in prosa pedibus observarunt, id
> magis scholasticam ματαιοτεχνίαν ostendit, quàm solidam & utilem è veris
> exemplis doctrinam[17].

Nous voilà amenés à parler de la fin du paragraphe sur le nombre oratoire pour expliquer une omission au début du même paragraphe; mais
l'on aura compris où nous voulions en venir: c'est ici pour la première
fois que les ramistes tirent les conséquences de leur théorie de l'euphonie;
la valeur attribuée à l'*ars* a été pratiquement réduite à zéro; en conséquence, l'*hyperbate* ne peut plus être admise comme *causa efficiens* du nombre oratoire. Ce qui reste, donc, c'est la *sonoritas*, et au niveau des ensem-
bles textuels plus larges, la *dictionum consonantia*, où les combinaisons
métriques continuent à jouer un rôle, bien que très limité. C'est exactement la raison pour laquelle Talon est en droit de (re-)traduire mot à mot
la définition du nombre proposée par Fouquelin — qu'il a d'ailleurs
autorisée lui-même — définition où s'étaient infiltrés, on s'en souvient,
des éléments de l'*Art Poëtique* de Sebillet. Et voici adoptée dans la rhétorique latine la mise en équivalence préconisée par Ramus, réalisée par
Fouquelin dans la rhétorique française et explicitée ici en accord avec les
données latines:

> Figura λέξεως, nihil aliud est, quàm numerus quidam orationis & modulus,
> id est apta & suavis dictionum conformatio, quae cum delectatione percipi-
> tur. Itaque cùm de numero dicemus, de figura λέξεως dicemus[18].

Suit la division; là encore, Talon traduit Fouquelin, sauf bien entendu
qu'il remplace 'la mesure & quantité de syllabes' par 'agencement des

---

[16] *Rh.57*, p. 31, déjà cité: 'Hos igitur pedes in clausulis Cicero & probavit & frequentavit: nec tamen reliquos vitare potuit.'

[17] *Rh.57*, p. 30. Le passage cité est à rapprocher des *Br.Qu.* (1547), f° 39ᵛᵒ et (²1549), p.
133 (leçon plus emphatique): '(..) Quid igitur est? dicam, M. Cicero, quod ab illis doctoribus non accepisti: non est, non est, inquam, orationis suavitas, mihi crede, in ista *pedum
subductione* tota constituta, sed multò magis, ut dixi, in verborum praestantia & dignitate.'
Les ramistes ont une prédilection pour ce mot rare ματαιοτεχνία, défini par Quintilien
comme suit: 'supervacua artis imitatio, quae nihil sane nec boni nec mali habeat, sed
vanum laborem.' (II, 20, 3).

[18] *Rh.57*, p. 24; voir *Rh.fr.* (1555), p. 35, cité *supra*, chap. 5, § 3.

pieds métriques'. A cela près, il adopte la dichotomie et la subdivision de la *Rhetorique Françoise*:

> Numerus in oratione efficitur partim ex apta pedum structura & colloca-
> tione, partim ex suavi & modulata vocum inter se consonantium similitu-
> dine..   *(ibid.)*

Nous retrouvons ici la *consonance des dictions*, réservée — fait remarquable!
— à définir les figures de mots 'proprement dites'; comme chez Fouquelin, elle se fait 'par une douce resonance des dictions de semblable son':
ex sonorum & vocum similitudine[19]. Et nous verrons que si Talon ne répète
pas la manœuvre de Fouquelin ('dictions de semblable *fin & terminaison*'),
il se permettra quand-même un ajout assez déroutant. Bien plus: dans
cette sous-section, Talon semble partager l'obsession de Fouquelin à
l'égard de la *rime*, comme s'il restait dans ce texte un '*résidu*' de poétique
française qui lui confère une étonnante ambiguïté...Mais n'anticipons
pas.

Talon poursuit son exposé en parlant d'abord des pieds métriques; il
les définit, en énumère un certain nombre, mais remarque aussitôt:

> 'haec prima in pedibus consideratio ut brevis, ita facilis est',

et souligne ensuite la prédominance de la *literarum bonitas*. Quelques
pages plus loin, il propose une première subdivision, correspondant aux
species numeri du texte de 1548. Forcé d'éliminer la distinction *numerus
poëticus*/*numerus oratorius* devenue inopérante à cause de l'élargissement du
domaine du nombre, il propose maintenant une division *metrum*/*prosa*, et
reprend ainsi celle entre 'carme' et 'prose' dans la rhétorique française:

> Pedum autem collocatio in oratione duplex est, una multò astrictior, unde
> metrum: altera paulò liberior, unde prosa nominatur[20].

Talon précise en effet que *metrum* et *carmen* sont des termes interchangeables. Son relevé des divers genres de poésies est identique à celui de la
version latine précédente. Dans son paragraphe concernant l'autre branche de la dichotomie: la prose oratoire, on rencontre trois citations successives de la *Rhétorique* d'Aristote; tout d'abord, Talon cite le célèbre
début du 8ᵉ chapitre du livre III:

> τὸ δὲ σχῆμα τῆς λέξεως (ait Aristoteles) δεῖ μήτε ἔμμετρον εἶναι, μήτε ἄρρυθμον:
> Figuram orationis neque oportet metricam esse, neque expertem numeri[21].

---

[19] *Rh.57*, p. 31; *Rh.fr.*, *ibid.*
[20] *Rh.57*, p. 27; *Rh.fr.*, pp. 35-6, 42-3.
[21] *Rh.57*, p. 28; Arist. *Rhet.* III, 8, p. 1408b21-22; Talon y cite également p. 1408b30-
31 et 32-33. Ces passages avaient déjà été 'exploités' par Cicéron (*Or.*, *De Orat.* III) et par
Quintilien (III, 8; IX, 4). Il est remarquable que Talon traduit p. 1408b33: (l'héroïque
est) ἁρμονίας δεόμενος ('manque d'harmonie') par *harmoniae coniunctus*, ce qui produit un
contresens. Non seulement Cicéron avait traduit correctement ce même passage (*Or.* 57,

Or, il est bien évident que par le fait même qu'il cite ce passage, et par la traduction ambiguë qu'il en donne (σχῆμα τῆς λέξεως: *figura* orationis et non pas *forma* orationis, comme le traduisent Vettori et Maioragio), Talon confirme et cautionne la mise en équivalence *numerus/figura dictionis*, ne craignant pas de faire appel à l'autorité d'Aristote, c'est-à-dire adoptant pour l'occasion la procédure 'autoritaire' même qu'il avait dénoncée chez Cicéron...

Comme nous le savons déjà, Talon clôt son paragraphe en insistant une troisième fois sur l'euphonie, et en citant quelques passages du 3e livre du *De Oratore* (50, 192; 193). Mais il suffit d'avoir constaté que Talon prend à son compte la redistribution de la section effectuée dans la rhétorique française, et qu'il en reprend jusqu'à la terminologie. Il en est de même dans l'exposé concernant le second membre de la dichotomie principale, où il s'occupe des figures de mots au sens strict. Maintenant il va donc parler de 'l'autre maniere de nombre', celle produite par la 'consonance des dictions'.

Voici comment il fait la transition:

> Hactenus exposui quemadmodum numerus ex apta pedum collocatione gigneretur: Reliquum est, ut doceam, quemadmodum etiam ex sonorum & vocum similitudine efficiatur: quam Graeci προσωδίαν appellant: In huius suavitatis consectatione alias certus ordo similium vocum spectatur: alias non item[22].

Ici encore, il met l'accent sur la 'suavité', à l'instar de Sebillet et Fouquelin; et il ajoute que cette 'consonance' est appelée *prosodie* par les Grecs. Cet ajout est plutôt déroutant; car il est évident que 'prosodie' ne saurait avoir ici le sens habituel d''accent'. Selon toute vraisemblance, la source de Talon a été Rutilius Lupus, qu'il a pourtant mal compris[23]. Passons.

---

192), mais Joachim Périon (1547), f° 39ʳᵒ, l'avait déjà cité en grec et reproduit la traduction cicéronienne: '[Aristoteles] ...iudicat heroum numerum grandiorem quàm desyderet soluta oratio.' Ajoutons que les exemples du 'péon premier' et du 'péon quatrième' cités par Talon en grec (= Arist. p. 1409a13, 17) sont remplacés par Cicéron par des exemples latins correspondants, *De Orat.* III, 47, 183. Cf. *T. Comm.* III, p. 75n.

[22] *Rh.57*, p. 31; *Rh.fr.*, p. 42-3, cité *supra*.

[23] Cf. Quint. I, 5, 22: 'tenores...vel accentus, quas Graeci προσωδίας vocant. P. Rutilius Lupus, *De figuris sent. et eloc.* II, 14: 'Omoeoteleuton. Hoc minus evidens est, quam superius [*i.e.*, l'homéoptote], & minorem affert auribus iucunditatem. Nam neque tam paria duo verba sunt, neque *eundem* habent casum & *sonum vocis*, quam Graeci προσωδίαν appellant [Suit un exemple].' *Ed.* D. Ruhnken, Leyde 1768, p. 123. Cf. C. Halm (*éd.*), *Rhet. lat. minores*, Leipzig 1863, *réimpr.* Francfort 1964, p. 19. Il est assez significatif que Talon emprunte cet ajout à la section concernant l'homéotéleute. Comme on le sait, le traité de Rutilius a été souvent imprimé au XVIe s. (Venise 1519, Bâle 1521 (Froben), Venise 1523 (Alde), Paris 1528 (J. Bade), Paris 1530, 1541 (R. Estienne), Lyon 1536, 1542 (S. Gryphe), etc.) Cf. Ruhnken (1768), p. XIX-XXII; *Ed.* E. Brooks Jr., Leyde 1970, p. XV-XIX. Il convient d'ajouter deux remarques. 1) Probablement, Talon a consulté soit l'éd. Froben (1521), soit l'éd. aldine, puisque ce sont les seules éd. où le mot *prosodia* a été écrit en caractères grecs (Cf. *éd.* G. Barbarino, Gênes 1967, p. 198 *app.crit.*); 2) Talon

La subdivision proposée correspond de nouveau à celle qu'on trouve dans la *Rhetorique Françoise*: la distinction répétition/commutation est abandonnée. Bien entendu, Talon adopte également la réorganisation de cette sous-section: comme Fouquelin, il augmente le nombre des exemples (bien qu'à un moindre degré); les exemples ajoutés sont presque exclusivement empruntés aux deux premiers discours *De lege agraria*. On se rappelle que Ramus, dans son commentaire de 1552, avait pourvu d'un chiffre particulier toutes les figures relevées: Talon n'avait donc aucun mal à repérer telle ou telle figure. A cela s'ajoute que Ramus considérait ce commentaire comme un modèle du genre[24].

Les définitions mêmes des figures individuelles se conforment en général à celles données dans la *Rhetorique Françoise*, et s'écartent par conséquent de celles de la première version latine. Cela veut dire tout d'abord que Talon insère partout le terme *numerus* dans les définitions des figures de mots, entérinant de la sorte, dans la rhétorique latine, la gigantesque manipulation terminologique amorcée par Ramus, et qui apparaît déjà dans la rhétorique vulgaire. Il n'y a pas lieu de s'étonner que cette monstruosité terminologique n'a pas eu la vie dure: non seulement elle n'a été retenue que dans très peu d'adaptations de l'ouvrage[25], mais elle sera supprimée dans la nouvelle version de la *Rhétorique* publiée par Ramus après la mort de Talon. Nous sommes donc ici arrivés au dernier stade d'une manipulation terminologique avortée: le chemin où se sont engagés les ramistes s'est avéré sans issue. Désormais, la rhétorique ramiste est en état de crise; on s'en convaincra en lisant les pages qui suivent. Comparons d'abord quelques définitions de figures dans les diverses versions:

---

s'est mépris sur le sens du mot *sonus* (et donc aussi sur le sens du mot *prosodia*) chez Rutilius: *sonus* doit signifier *accent*. Voir Quint. I, 5, 25; XI, 3, 22; cf. Cic. *De Orat.* I, 59, 251. A juste titre, G. Barbarino remarque (*éd.* 1967, p. 20): 'Pour Rutilius l'*homéoptote* est un *homéotéleute* parfait, où s'accordent non seulement les syllabes post-toniques, mais également les syllabes toniques.' (Nous traduisons). Quant à la subdivision donnée à la fin du passage cité (*Rh.57*, p. 31), voir *Rh.fr.*, p. 43: 'en laquelle maniére de suavite & armonie, quelquefoys nous gardons un certain lieu & ordre entre les sons semblables: quelquefoys non.' On voit que Talon a supprimé les 'redoublements'.

[24] Cf. la préface: '...Quamobrem, Mecaenas (*sic*), erunt hae Consulares à nobis expositae scholis nostris documentum quoddam sic instituendae iuventutis, ut in Academiae defensione instituendam esse monui, ut...etc.': p. 148 dans le recueil de Bergeron (1577). Voir *ibid.*, p. 145, le 'code' des tropes et des figures. Cf. Leake (1968), p. 106-7.

[25] D'après l'état actuel de nos connaissances. Voir par exemple le manuel scolaire 'encyclopédique' de Richard de Gorris, proviseur du collège de Châlons-sur-Saône: *Tabula, qua totius Philosophiae partitiones...continentur*. Edité également chez Thibaud Payen, en 1560. De toute évidence, l'auteur est profondément marqué par le ramisme. A la p. 24 de son livre, il renvoie à la *Rhétorique* de Talon; il adopte — non sans s'en écarter de temps en temps — les divisions proposées par celui-ci. Or, dans le paragraphe concernant l'*elocutio in verbis coniunctis* (p. 24-5), il sépare nettement le *numerus* de la *consecutio*, où il parle des figures. Cf. aussi *supra*, chap. 5, § 4: Forget. Mais voir également *infra*, chap. 9, §§ 2, 3.

(a) *Epizeuxe*

1. Rhétorique de 1548
'Epizeuxis, est in eadem parte sententiae eiusdem verbi repetitio.'
2. Rhétorique française de 1555
'Epizeuxe est un nombre, par le quel un méme son est subsequemment
repeté.'
3. Rhétorique de 1557
'Epizeuxis numerus est, quo idem sonus continenter repetitur'[26].

(b) *Anaphore*

1. Rhétorique de 1548
'Anaphora, relatio est eiusdem verbi in principiis, quae tripertito
distinguitur.'
2. Rhétorique de 1555
'Anaphore, c'est à dire relation, est un nombre, par le quel un méme son est
ouy aus commencementz ou des virgules, ou des membres, ou des periodes
& clausules.'
3. Rhétorique de 1557
'Anaphora, relatio, numerus est, quo sonus idem in principiis auditur vel
incisorum, vel membrorum, vel periodorum'[27].

On voit que les définitions de la version française sont adoptées dans la
version latine. Mais ce qui frappe encore davantage, c'est que Talon
retient également les observations faites par Fouquelin sur les effets merveilleux de la 'consonance', en particulier à propos de certains procédés
poétiques. Le voilà qui exalte à plusieurs reprises les splendeurs de la *concinnitas*, et en premier lieu la *rime en prose*, c'est-à-dire l'*homéotéleute*:

i) dans le paragraphe sur l'*épizeuxe*:

'Neque verò in eodem tantum verbo Epizeuxis locum habet, sed etiam in
diversis, cùm in eodem sono continenter efferuntur: delectant enim
maximè ea quae Graeci vocant ὁμοιοτέλευτα propter harmonicam & numerosam quandam soni similitudinem'[28].

ii) dans le paragraphe sur l'*anaphore*, à propos d'un exemple emprunté au
premier *Catilinaire*, où le mot *nihil* est répété six fois de suite:

'Verbum [nihil] sexies iteratum efficit suavem quandam & numerosam
concinnitatem, quae idcirco nos delectat, quia sonus idem saepius ferit
aures'[29].

---

[26] *Rh.* (1550), p. 45; *Rh.fr.*, p. 43; *Rh.57*, p. 31-2. Cf. Leake (1968), p. 107.
[27] *Rh.* (1550), p. 46; *Rh.fr.*, p. 47; *Rh.57*, p. 33.
[28] *Rh.57*, p. 33; cf. *Rh.fr.*, p. 46: 'Epizeuxe n'a seullement lieu en un méme mot, mais
aussi en divers, de méme son consecutivement miz & prononcez: car les motz de semblable son, delectent fort, pour une armonieuse & melodieuse similitude de son.' Cf. aussi
Sebillet, (1932²), p. 18.
[29] *Ibid.*; cf. *Rh.fr.*, p. 49: (à propos de sonnet 96 de l'*Olive augmentée*) 'Ce mot (ny) dix
fois repeté [de fait, 13 fois] au commencement des virgules, faict une douce & melodieuse
armonie, laquelle plait pource que souvent un méme son frappe l'oreille.'

iii) dans le même paragraphe, avec deux exemples nouveaux pris dans le premier discours *De lege agraria*:

'In Anaphora nihil interest, an idem verbum repetitum fuerit, an verò diversa eodem modo sonantia: utrobîque enim numerus percipitur ex iucunda similium vocum auditione'[30].

iv) dans le paragraphe sur l'*épistrophe*:

'Saepenumero autem Epistrophe in diversis verbis auditur, quae sunt ὁμοιοτέλευτα, sicut de Anaphora paulò antè dictum est: ac tantò frequentior est eiusmodi concinnitas, quantò iucundior est in clausulis numerus, quàm in principiis'[31].

v) un peu plus loin, à propos de la *symploque*:

'Cùm Anaphora & epistrophe simul resonant, Graeci συμπλοκήν nominant, Latini complicationem: nec tamen novum genus erit, & ab illis antecedentibus diversum, sed duae figurae usu coniunctae, atque idcirco gratiores auribus & notabiliores'[32].

Enfin, en guise de conclusion de la section, il répète — avec de nouveaux ajouts — sa théorie du *numerus quasi poëticus*, c'est-à-dire qu'il revient encore une fois sur les figures gorgianiques, en insistant particulièrement sur deux d'entre elles, l'*isocole* et l'*homéotéleute*, soit l'*isosyllabisme* et la *rime*:

Ut igitur de figura λέξεως sive de numero (utrunque enim pro eodem indifferenter usurpamus) artem universam concludamus, duo sunt exposita genera, quibus oratio numerosè conformatur, unum ex apta pedum dispositione, alterum ex iteratione similium vocum: quae quò plura & densiora simul fuerint, eò numerosior oratio fuerit: Poëma suavius resonare, quàm prosam sentimus, quia Rhetoricis istis modulis plenius sit instructum: & quidem in prosa cùm ad voluptatem aurium & delectationem dicere volumus, tum poëmatis diligentiam & venustatem imitamur, nempe cùm non solùm paria membra paribus comparamus instar Hexametrorum versuum, sed etiam in membrorum initijs, medijs, extremis ὁμοιοτέλευτα verba, quae similem sonum edant adhibemus, ut in Miloniana oratione [Il cite] (...)

---

[30] *Rh.57*, p. 35; cf. *Rh.fr.*, p. 52: 'En l'Anaphore il n'y a point de danger, si le méme mot est repeté, ... ou s'ilz sont dissemblables & divers, moyennant qu'ilz soient de semblable terminaison: car en toutes les deus sortes, s'aperçoit quelque melodie par le doux son des vois semblables.'

[31] *Rh.57*, p. 36; cf. *Rh.fr.*, p. 58: 'Souventefois l'Epistrophe est en divers motz, mais de semblable son & terminaison, comme par cy devant nous avons dit d'Anaphore: & d'autant plus grande est cette armonie, que le nombre est plus plaisant & melodieus aus clausules qu'aus commencementz (..) A la quelle maniere d'Epistrophe toute la Ryme françoyse doit estre referee,...etc.'

[32] *Ibid.*; cf. *Rh.fr.*, p. 61: 'Quant Anaphore & Epistrophe resonnent ensemble, les Grecz apellent cette resonance Simplocé, les françois la peuvent apeller complication, & toutesfois ce n'est une nouvelle maniere de nombre, diverse à celles que j'ay cy dessus expliquees, mais ce sont deus figures & especes de nombre, conjointes d'usage, & pour cette méme cause plus gratieuses & plaisantes aus oreilles.' (Suit un exemple également cité par Gratien du Pont et par Sebillet: 'Qui est la chose au monde plus infame? femme / Qui plus engendre à l'homme de diffame? femme / Qui plus tot homme & maison riche affame? femme.')

Haec quaterna membra quia penè paria sunt, & ex similiter desinentibus constant, numerum non quidem poëticum, sed quasi poëticum completo circuitus orbe efficiunt. [La suite est quasiment identique au texte de 1548][33]

Talon se montre ici indéniablement plus favorable aux artifices poétiques que dans le texte correspondant de 1548! Il est d'ailleurs symptomatique qu'il omette l'*homéoptote*, se bornant à relever les gorgianismes qui constituent l'essentiel de la versification française...

Quelle conclusion tirer de tout ce qui précède, sinon que la rhétorique latine a été '*contaminée*' par la poétique française? Nous sommes conscients du fait qu'en admettant cette conclusion, nous risquons d'entrer en contradiction avec ce que nous avons pu affirmer dans le premier chapitre de cette partie de notre étude. On se rappelle en effet que, récusant l'opinion de M. Dassonville, nous avons essayé de montrer que la *Dialectique* française n'est en fait que la traduction d'une version latine parue l'année d'après, en 1556. Suivant ce raisonnement, on pourrait soutenir à bon droit qu'il en est de même pour la *Rhetorique Françoise* de Fouquelin, et affirmer que c'est la *Rhetorica* de 1557 qui a été à la base de la version française, bien que celle-là ait été publiée postérieurement. De la sorte, la *Rhetorique Françoise* ne serait que la traduction de la version latine dont nous avons parlé dans le chapitre présent... Cette hypothèse, si elle n'est nullement inconcevable, nous semble pourtant douteuse. Nous l'avons déjà dit dans notre chapitre d'introduction: traduire l'*ars rationis* est une chose, traduire l'*ars orationis* en est une autre. Dans sa traduction de la *Dialectica*, Ramus ne s'est pas trouvé obligé d'ajouter quoi que ce soit; il a pu traduire mot à mot toute la 'doctrine', les procédés de raisonnement étant en principe 'universels'. Le traducteur de la *Rhetorica*, par contre, a dû *transformer* une partie de la doctrine oratoire, étant donné que *la prosodie française* diffère profondément de celle des Anciens et que par ailleurs la prose française n'admet pas les subtilités de la prose nombreuse à la Cicéron. Nous concédons volontiers que la tentative de Fouquelin n'a pas été assez hardie, que la transformation qu'il a effectuée a été somme toute trop timide. Néanmoins, il n'a pas pu ne pas prêter attention aux particularités de la poésie française, à l'inaliénable *différence* de celle-ci. Dans la *Rhetorique Françoise*, en tant qu'elle est également une *deffence et illustration* de la littérature française, Fouquelin a été amené tout naturellement à chanter l'éloge des 'vertus' propres à la nouvelle poésie vernaculaire, et, à un degré beaucoup moindre, à la prose française. A la suite de Sebillet, il a donc vanté toutes les possibilités de la *consonantia* en lan-

---

[33] *Rh.57*, p. 40; *Rh.* (1550), p. 62, cité *supra*: cf. *Rh.fr.*, pp. 71, 72; Cic. *Or.* 66, 222.

gue vulgaire: les correspondances sonores (anaphores, etc.), et en premier lieu les différentes sortes de *rime*[34].

En rédigeant la nouvelle version *latine*, Talon de son côté aurait pu se contenter d'introduire d'une part une dichotomisation plus efficace de la matière, et d'adopter d'autre part des définitions plus rigoureuses de certains procédés oratoires. Or, nous venons de constater qu'il a fait bien davantage: un peu partout, il a souligné les merveilleux effets de la *consonantia* dans la *prose latine*, créant ainsi ce qu'on pourrait appeler 'une rhétorique de tendance asianique'. Et s'il est vrai que Ramus, à la même époque, s'est montré plutôt favorable aux chatoiements de la *concinnitas* dans la prose cicéronienne[35], il nous semble qu'il nous faudra chercher ailleurs la véritable raison de l'engouement soudain pour les gorgianismes qu'on décèle dans la *Rhetorica* de 1557. Il nous faudra admettre que Talon a tenu à se conformer à l'*état présent* du système ramiste, c'est-à-dire à la version *française*. Il a cru — et sans doute les autres collaborateurs avec lui — en la 'convertibilité' des concepts (du latin au vulgaire, et vice versa), victime comme tant d'autres du mythe de la 'transparence' du langage. Il a cru pouvoir rester *fidèle au système*, niant de la sorte la *différence spécifique* de la langue française.

A la suite de R. Leake, nous entendons donc soutenir l'hypothèse suivante: la *Rhetorica* de 1557 est une rhétorique française 'reconvertie' en latin. Voilà qui explique l'omniprésence des procédés de la *concinnitas*, en particulier de l'*homéotéleute* et de l'*isocole*, dans cette version. Les frontières entre prose et poésie y sont quasiment effacées; les préceptes de cette

---

[34] Il convient d'ajouter ici une remarque. Nous avons vu dans le chapitre précédent que Fouquelin avait fait des corrections dans la réimpression de la *Rh.fr.* publiée en 1557. Ces corrections étaient particulièrement nombreuses dans la préface (Voir *supra*, chap. 5, § 1). Parmi elles, on relève une intercalation dans la phrase où Fouquelin parle précisément de son travail de traduction du texte d'Omer Talon. Dans la nouvelle version, contemporaine de la *Rh.57*, Fouquelin semble insister davantage sur le fait que la version latine sur laquelle il a basé sa traduction avait paru (ou: avait été rédigée) *depuis un certain temps*. Cette intercalation nous paraît confirmer l'hypothèse de Leake, selon laquelle Fouquelin s'est basé soit sur l'éd. de 1549, soit sur celle de 1553 (Voir Leake (1968), p. 88-90). Nous citons d'abord la phrase telle qu'on la lit dans la première éd. (1555), [f° Aiij^ro]: '...j'ay traduit les preceptes de Rhetorique, fidelement amassez des livres des anciens Rheteurs Grecz & Latins, & rengez en singulier ordre de disposition par Omer Talon...'. Voici comment se présente cette même phrase en 1557 (ff. 2vo-3ro): '...j'ay traité en françois les preceptes de Rhetorique, fidelement amassez des anciens livres Grecz & Latins, & *depuis quelque tens en ça* rengez en singulier ordre de disposition par Omer Talon...'

[35] *Cic.* (1557), p. 95 (déjà cité): 'Caeterùm cùm aequabiliter & aptè, tum ita variè dissimiliterque totum orationis cursum moderatur ac temperat [*scil.*, Cicero]: ita frequentibus verborum figuris totum corpus exornat, dum prima primis, postrema postremis, prima mediis, media postremis, omniaque inter se paria, concinnitate sua numerum quendam faciunt, vel gradatim aliis consequentia, praecedentium loco redeunt, vel collusione vocum similium, aut casuum varietate veluti concinunt...etc.'

étrange rhétorique hybride appliqués, produiraient une 'prose sophistique' à la Gorgias ou...à la Héliodore. Bref, un genre que Cicéron, dans l'*Orator*, dit avoir en horreur: 'minuta et versiculorum similia quaedam nimiumque depicta'[36].

Comment faire face au pervertissement du système, comment arrêter l'irruption des procédés poétiques dans la théorie de l'art oratoire *tout en respectant* les revendications des défenseurs de la langue vulgaire, parmi lesquels se trouvent précisément les ramistes eux-mêmes? Il faudra une réorganisation autrement radicale de la rhétorique: un renversement de toute la perspective. Et, pour mener à bon terme une telle opération délicate, il faudra plusieurs années de réflexion. Ramus se mettra à la tâche, fidèle au portrait du 'véritable Cicéronien' qu'il avait tracé tout à la fin du *Ciceronianus*[37].

Mais voici d'abord le schéma de travail de la *Rhetorica* de 1557, que le lecteur pourra comparer avec ceux des chapitres précédents:

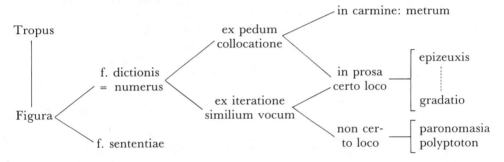

---

[36] Cic. *Or.* 12, 39; cf. 13, 42; 19, 65; 27, 96 etc.

[37] *Cic.* (1557), *sub fin.*: 'Quare qui reverâ ac veritate Ciceronianus esse, non specie tantùm ac nomine haberi cupiet, optabit ille quidem Ciceronis & naturam & doctinam, vel utrâque etiam paulò meliorem, sed maximè omnium (quod per se ipse praestare potest) *industriam* illam, universae vitae sociam & comitem perpetuam adhibebit. DIXI.'

CHAPITRE VII

LE *TRAITTÉ DES MEURS ET FAÇONS DES ANCIENS GAULOYS*
(1559)

§ 1. *La rhétorique gauloise*

> France, mere des arts, des
> armes & des loix,
> Tu m'as nourry long temps du
> laict de ta mamelle…
>
> *De Bellay* (1558)
>
> …Tous les Arts premier en
> Gaule nez
> Après s'estre en tous lieux du
> monde pourmenez,
> En Gaule retournez le vray
> lieu de leur source,
> Y sont venus fermer la ron-
> deur de leur course…
>
> *G. Le Fèvre de La Boderie* (1578)
>
> Haec oratio regi & reginae pla-
> cuit.   *Ramus*

'Il y a en France, disais-je encore [au roi], une foule de bons esprits capables de comprendre toutes les sciences, et qui en sont privés parce qu'elles sont exposées dans les langues étrangères. (..) *Pourquoi ne pas me confier le soin d'instruire mes concitoyens?* Comme les Gaulois, avant l'arrivée de César, possédaient tous les arts libéraux dans leur langue, ainsi les Gaulois de nos jours pourraient avoir encore des arts gaulois. Ce discours plut au roi et à la reine…' Voilà ce qu'écrivit Ramus en mars 1571 à un savant confrère, l'helléniste suisse Théodore Zwinger[1]. Que Ramus fût convaincu de la nécessité de traduire tous les 'arts libé-

---

[1] Nous suivons la traduction de Waddington (1855), p. 232. *Ibid.*, p. 430-1, reproduction de l'original latin *Theodoro Zuingero, clarissimo professori Graecae linguae in Academia Basiliensi.* '(…) Proposui [regi] …in Francia esse ingenia pleraque nobilia capacia disciplinarum omnium, quibus propter externarum linguarum difficultatem privarentur: (..) ideoque…[mihi] etiam istam patriam institutionem mandaret. Gallos ante Caesaris adventum omnes liberales artes *indigenas* habuisse, Gallos iterum gallicas artes habituros esse. *Haec oratio regi & reginae placuit.*' Sur *indigenae*, '*ibi genitae*', cf. Annius, *Antiquitates* (1498), f° Rvi^vo (Pour la référence exacte, voir *infra*, § 2). Sur les rapports entre Ramus et son ancien élève Zwinger, cf. l'article instructif de K.-J. Höltgen, 'Synoptische Tabellen in der medizinischen Literatur und die Logik Agricolas und Ramus' ', dans *Sudhoffs Archiv für Geschichte der Medizin und der Naturwissenschaften* 49 (1965), p. 383sqq.

raux' — 'ce rond de Sciences', d'après le mot de Du Bellay — dans son 'vulgaire', nous le savons déjà. Mais qu'il fût également persuadé du fait que ces arts libéraux avaient été 'indigènes', c'est-à-dire connus et pratiqués par les Celtes à une époque où les Grecs n'en étaient pas même à leurs premiers balbutiements, voilà qui constitue une donnée aussi nouvelle qu'inattendue dans la pensée d'un homme féru de l'Antiquité classique. Il faudra pourtant se rendre à l'évidence: cette idée, Ramus y a cru fermement; à partir de 1558 il a rejoint le chœur de ceux qui prêchaient le retour aux origines celtes, le *reditus ad stirpem celticam*. Idée dans l'air à l'époque, comme l'ont montré des recherches récentes[2]: 'il se formait ou se développait chez tous une sorte de sentiment patriotique, nouveau dans son expression. En fait, les humanistes eux-mêmes glorifiaient la nation française et jusqu'aux ancêtres gaulois, dont on se plaisait à rappeler la valeur et les triomphes, comme pour prendre la revanche de l'infériorité intellectuelle où l'on pensait qu'ils avaient langui si longtemps. Jamais on n'avait attaché tant de prix à être Français qu'à cette époque où on louait tant les Grecs et les Romains'[3]. Hommes d'église et érudits font, à qui mieux mieux, la défense et illustration de l'ancienne Gaule: dans les *Dialogorum de linguae gallicae origine eiusque cum graeca cognatione libri IV* (Paris, 1554), Joachim Périon, redoutable Cicéronien pourtant, essaie d'établir que l'ancienne langue gauloise ne le cède en rien aux trois langues classiques 'quae ubique celebratae sunt': l'hébreu, le grec et le latin; et que ce n'est que dans son développement ultérieur que le français a été profondément marqué par le grec[4]. Dans les volumineux *De Prisca Celtopaedia libri quinque, quibus admiranda priscorum*

---

[2] Voir notamment H. Gillot (1914[1]), I. chap. 6; M.-R. Jung, *Hercule dans la littérature française du XVIe siècle*, Genève 1966; R.-E. Hallowell, 'L'Hercule gallique: expression et image politique', dans *Lumières de la Pléiade*, Paris 1966, p. 243-253; Cl.-G. Dubois, *Celtes et Gaulois au XVIe siècle*, Paris 1972; Fr. Simone, 'Une entreprise oubliée des humanistes français...', dans *Humanism in France...*, éd. A. H. T. Levi, New York 1970, p. 106-131; du même auteur, 'Historiographie et mythographie dans la culture française du XVIe siècle: analyse d'un texte oublié', dans *Actes du Colloque sur l'Humanisme lyonnais au XVIe siècle*, Grenoble 1974, p. 125-148. Les cinq dernières études fournissent une bibliographie abondante; où manque, dans tous les cas, la référence à la somme d'Arno Borst, *Der Turmbau von Babel*. Voir notamment tome III, 1re partie, Stuttgart 1960, pp. 1119-34, 1242-62: une synthèse magistrale.

[3] H. Lemonnier, *La France sous Henri II*, dans E. Lavisse, *Histoire de France*, V, 2, Paris 1904, p. 253. Cité par Fr. Simone (1974), p. 143n. 62.

[4] Ouvrage réimprimé aux éditions Slatkine, Genève 1972. Cf. Borst (1960), p. 1127-8. Simone (1974), p. 137 se trompe en affirmant que Périon 'veut nous faire croire que les Celtes ont transmis aux Grecs leur langue.' A juste titre, Borst (*l.c.*) nous avertit: 'Tun wir Perion nicht leichthin, wie es üblich ist, als phantasievollen Nationalisten ab!' Ajoutons que Périon puise souvent aux mêmes sources historiques que Ramus et suit les mêmes raisonnements que celui-ci; ses conclusions pourtant sont plus 'modestes'. Voir p. ex. *Dial.*, rééd. 1972, ff. 24-5, 36. On trouvera un résumé de l'ouvrage dans la préface, adressée au roi Henri II, et datée d'octobre 1554; cf. aussi l'index.

Gallorum doctrina et eruditio ostenditur, necnon literas prius in Gallia fuisse quam in Graecia vel in Italia (Paris, 1556) Jean Picard de Toutry souligne la vocation intellectuelle des Gaulois ainsi que son ancienneté, pour conclure que la civilisation et la langue grecques ont été importées de Gaule; il prétend que les Bardes, qui ont pris leur nom de *Bardus*, fils de *Druis*, ont développé la musique et la rhétorique[5]. Robert Céneau, évêque d'Avranches, parisien d'origine, rappelle lui aussi l'intense vie intellectuelle des Gaulois en évoquant l'existence des bardes et des druides: selon Claude-Gilbert Dubois, sa *Gallica Historia* (Paris, 1557) aurait pu s'intituler *Gallicum encomion...*[6]. Inutile de poursuivre notre relevé: les idées développées par Ramus dans *De moribus veterum Gallorum* (1559) circulaient partout dans la capitale au moment où il rédigea son ouvrage[7].

Dans la préface, adressée comme d'habitude à son Mécène le Cardinal de Lorraine, Ramus explique quel a été son mobile en écrivant cette histoire éthique de la Gaule: 'J'ayme mon païs, comme j'y suis tenu, & je desire bien fort que ses belles loüanges soient illustrees & celebrees'[8]. Il précise qu'il s'est basé en premier lieu sur *De Bello Gallico* de César, sans

---

[5] Voir l'excellent aperçu que propose H. Gillot de l'ouvrage de Picard (1914[1]), p. 134-5 ('Picard...attribue aux Gaulois l'invention de toutes les disciplines. Il fait des Gaulois les ancêtres de la civilisation, les éducateurs de la Grèce et de Rome...'). Gillot souligne à juste titre (*ibid.*, p. 135-6) qu'une source majeure de Picard a été l'ouvrage d'Annius de Viterbe, les *Antiquitates* (1498). Voir *ibid.* (1914[1]), p. 565, la reproduction du sommaire du *De Prisca Celtopoedia*. Borst (1960), p. 1130-1 parle du 'Schwärmer Jean Picard' et résume les conceptions de celui-ci comme suit: 'Wenn in Frankreich Macht und Kultur lange vor der klassischen Antike blühten und das Abendland befruchteten, wird (nach Annius' Vermutung) auch Griechenland Sprache und Schrift von den Galliern empfangen haben; Griechisch ist ein gallischer Dialekt .(..) Die Mutter der abendländischen Kultur ist das gallische Frankreich.' Cf. encore Simone (1970), p. 120sqq. + notes 48sqq. (citations illustratives), et Dubois (1972), p. 47-54, en particulier p. 50. Nous verrons plus loin que Ramus défendra les mêmes thèses que Picard; comme celui-ci, Ramus s'est basé sur les *Antiquitates* d'Annius. En ce qui concerne ce dernier, voir les études citées ci-dessus, et l'article de E. N. Tigerstedt, 'Ioannes Annius and *Graecia Mendax*', dans *Classical, Mediaeval and Renaissance Studies in Honor of Berthold Louis Ullman*, éd. Ch. Henderson, Jr., Rome 1964, vol. 2, p. 293-310 (avec bibliographie).

[6] Dubois (1972), p. 45-47.

[7] P. Rami...*Liber de moribus veterum Gallorum*, Paris, A. Wechel, 1559. Préface datée décembre 1558. Traduit la même année sous le titre *Traicté des façons et coustumes des anciens Galloys, traduit du latin de P. de la Ramée, par Michel de Castelnau*. Paris, A. Wechel, 1559. Pour l'original latin nous nous sommes servis de l'éd. 1562, et pour la version française de l'éd. 1581: *Traitté des meurs et facons des anciens Gauloys*. Elle est identique à l'éd. 1559, jusque dans la pagination. Sigles: *De Mor.*; *Traitté*. Voir Ong, *Inv.* (1958), nos. 500-504. Dans les citations qui suivent, nous reproduisons la traduction de Castelnau, en mettant parfois entre crochets des mots du texte latin susceptibles d'éclairer le sens du passage. Voir Borst (1960), p. 1243-4; Jung (1966), p. 99-100; Dubois (1972), p. 107-110. Borst (*l.c.*) caractérise l'ouvrage comme suit: 'ein Idealbild der altgallischen Kultur und Sprache, dem die Gegenwart auf ihre Weise nacheifern soll' Cf. aussi Simone (1970), p. 177sqq.

[8] *Traitté*, f⁰ 5ʳᵒ; *De Mor.*, p. 5; également cité par Simone (1970), p. 117-18 + n. 40. Voir *ibid.*, la liste des ouvrages comparables à celui de Ramus.

vouloir négliger d'autres sources. Ensuite, il divise son exposé d'après les quatre vertus cardinales: *temperantia, fortitudo, prudentia* et *iustitia*[9]. Bien entendu, il fait ressortir partout les vertus de ses ancêtres: leur vaillance, leur frugalité, etc. De la sorte, il présente un 'tableau socio-culturel' de l'ancienne Gaule qui souvent ne manque ni de couleur ni de justesse. Au chapitre de la *prudentia*, soit exactement au milieu de l'ouvrage, Ramus aborde la question des *disciplinarum studia* des Gaulois[10]. La grammaire, la rhétorique, la logique, les mathématiques, les sciences naturelles et la théologie ont-elles été connues et pratiquées par les Gaulois, et d'abord par les druides qui étaient à la fois prêtres et 'professeurs'? A cette question Ramus répond par l'affirmative; et il va plus loin, en soutenant que les Gaulois avaient une connaissance approfondie de tous les arts libéraux bien *avant* les Grecs et les Romains. A l'aide du rapprochement et de la confrontation des témoignages antiques il essaie d'étayer sa conviction. Mais il avoue qu'il y a là un problème: les *Druydes* n'ont laissé aucun texte écrit; voire, ils ont toujours *refusé* de rien mettre pas écrit. Tout leur enseignement était oral: parlé, chanté. Voilà l'unique raison pour laquelle nous sommes forcés d'avoir recours aux sciences des anciens Grecs et Romains, qui représentent en fait un stade postérieur dans l'évolution de la pensée; historiquement parlant, *'la Grece n'a point esté maitresse de la Gaulle, mais escoliere.'*![11] Et Ramus de se lamenter patriotiquement:

> [Mais] que puis-je icy mettre en avant sinon des larmes pour tesmoigner nostre misere. Ja-dis la Gaulle commandoit aux Italiens & aux Grecz (..) La Grece & l'Italie se tiennent fieres pour avoyr eu des Mathematiciens & Philosophes: mais ceste gloire autrefois a esté nostre, ces louanges sont coulées de noz fontaines, les quelles se sont taries, pour ne s'estre voulu remparer & garder par l'escriture: Car la Gaulle auroit des Euclides Gaullois, & des Ptolomées, Platons, Aristotes, ou dautres beaucoup plus excellents que touts Ceux cy[12].

Hélas! les sources se sont taries, les richesses se sont perdues. Que nous sommes loin ici de certaines remarques de Du Bellay, se plaignant de *'l'ignorance* de notz majeurs'! Non, les anciens Gaulois n'ont point été

---

[9] *De Mor.*, p. 10. Le texte de la version française (*Traitté*, f° 8ʳᵒ) est moins clair.

[10] *Traitté*, ff. 50ᵛᵒ-76ʳᵒ; *De Mor.*, pp. 74-112. *Ibid.* (1581), f° 50ᵛᵒ: 'Mais c'est assez, & peut estre par trop parlé de la vaillance [de fortitudine]: il est heure de toucher la prudence [prudentia]. Or quant aux estudes des disciplines (par les quelz le jugement de l'homme a coustume de se faire plus ferme pour recevoir la prudence) ilz ont esté fort notables entre les anciens Gaullois. Les *Druydes* faisoient profession de chaque discipline [Druydes cuiusque disciplinae professores erant]. (Suit un passage extrait de César; Ramus cite ensuite Diodore, Strabon, le pseudo-Bérose, Tacite, etc.)

[11] *Traitté*, f° 65ᵛᵒ; *De Mor.*, p. 98: 'rursus affirmo Graeciam Galliae non magistram, sed discipulam fuisse.'

[12] *Traitté*, f° 64ʳᵒ; *De Mor.*, p. 95-6.

ignorants; c'est uniquement à cause du fait que les druides considéraient comme *néfaste* la codification du savoir — comme le rapporte César au sixième livre de ses Commentaires — que nous devons désormais nous contenter de *biens estrangers*:

> (..) Socrate met le scavoir qui est en la vive parolle & en la memoire, devant celuy de la morte escriture, toutefois il permet l'escriture pour le recours de l'oubliance. Et pleust à Dieu que ceste opinion eust aussi bien pleu aux Druydes: car nous n'aurions besoin des biens estrangers qu'il nous faut emprunter des Grecz, mais nous en aurions foison en nostre païs: Ni par le moien des Latins & des Grecz nous n'aprendrions les disciplines à force de peine & de estude qu'il nous faut mettre apres les langues estrangeres, mais avec un grand plaisir & contentement d'esprit nous les humerions quasi quant & [pené uná cum] le lait de la nourrice. Toute la jeunesse d'un homme, combien qu'elle soit aspre à l'estude, ne peut presques, mais sans presques, ne peut fournir à aprendre les lettres Greques & Latines: c'est autant à dire, que nous ne faisons qu'entrer en la carriere des estudes liberaulx, quand nous devrions en estre au bout. Il faut mettre un long & ennuyeux estude apres la langue Greque & la Latine...là ou sans travail avecque plaisir nous chanterions les Hymnes & les poëmes de noz Bardes, comme nous aurions naturellement l'entente du sens, & de la parolle...[13]

---

[13] *Traitté*, f° 61; *De Mor.*, p. 91. Platon, *Phèdre*, 274Bsqq. César, *De bello gallico*, VI, 14, 2-3 (à propos des jeunes Gaulois qui viennent s'instruire auprès des Druïdes:) '..multi in disciplinam conveniunt et a parentibus propinquisque mittuntur. *Magnum ibi numerum versuum ediscere* dicuntur. Itaque annos non nulli XX in disciplina permanent. *Neque fas esse existimant ea litteris mandare*, cum in reliquis fere rebus, publicis privatisque rationibus, *graecis litteris utantur*.' (Pour la dernière partie de la phrase, cf. *infra*). Cf. Jacques de Beaune, *Discours, comme une langue vulgaire se peult perpetuer* (Lyon, 1548; rééd. Genève, 1972), f° Aiiijsqq. ('...ceulx mesmes de qui nous sommes descenduz, ont heu par plusieurs siecles fantasie que lescripre, & manier livres, en quelque congnoissance que peult estre, estoit chose pernicieuse & dommageable au peuple qui se vouloit renommer par armes, & faictz victorieux...'). Lui aussi relève les 'divers sçavoirs, & humaines sciences, Comme Rethorique, Dialectique, Arithmetique, Geometrie, & telles semblables...'; voir aussi G. des Autelz, *Replique* (1551), p. 63-64, et surtout Du Bellay, *Deff.* I, 10 [*éd. cit.* (1970⁴), p. 65-6]: 'Et certes songeant beaucoup de foys, d'ou provient que les hommes de ce siecle generalement sont moins scavans en toutes Sciences, & de moindre prix que les Anciens, entre beaucoup de raysons je treuve cete cy, que j'oseroy' dire la principale: c'est l'etude des Langues Greque & Latine. Car si le tens que nous consumons à apprendre les dites Langues estoit employé à l'étude des Sciences, la Nature certes n'est point devenue si brehaigne, qu'elle n'enfantast de nostre tens des Platons & des Aristotes. Mais nous, qui ordinairement affectons plus d'estre veuz scavans que de l'estre, ne consumons pas seulement nostre jeunesse en ce vain exercice: mais comme nous repentans d'avoir laissé le berseau & d'estre devenuz hommes, retournons encor' en enfance, & par l'espace de XX ou XXX ans ne faisons autre chose qu'apprendre à parler, qui Grec, qui Latin, qui Hebreu.' ('Tout ce passage est très curieux et très hardi, venant d'un humaniste aussi fervent que Du Bellay', remarque H. Chamard à propos de ce passage [*éd.* 1904, *ad loc.*]). Du Bellay a fait sienne l'opinion de Peretto-Pomponazzi dans le *Dialogue des Langues* [*éd.* Villey (1908), p. 137; cf. p. 140)]; cité par Chamard (1970⁴), *ad loc.*, qui renvoie également à Et. Pasquier, *Lettre à Turnèbe* [*O.C.*, (1723), II, col. 6]. Ces propos trouveront leur écho au XVIIIe siècle chez Helvétius, *De l'Esprit*, IV, 17 ('On doit, par exemple, consacrer quelque temps à l'étude raisonnée de la langue nationale. Quoi de plus absurde que de perdre huit ou dix ans à l'étude d'une langue morte qu'on oublie immédiatement après la sortie des classes...[etc.]?'). Voir aussi la note suivante.

Qu'on compare le texte que nous venons de citer avec le début de la préface de la *Rhetorique Françoise*, où Fouquelin s'était encore laissé guider par les opinions de Du Bellay: on mesurera le chemin parcouru par les ramistes[14]. Les doléances concernant la 'sotte superstition & commune ignorance du tens passé' sont finies, pour faire place à des cris de satisfaction et d'orgueil; il s'agira désormais de retourner aux pures sources gauloises, de retrouver la *philosophia prisca gallica*: les arts libéraux, celtes d'origine, devront être reconstruits sur une base nouvelle. La langue française n'est point née des langues classiques, mais elle a évolué à partir d'une langue celte autonome; elle possède sa sonorité propre, inaliénable; bien mieux: *l'alphabet* même est une invention gauloise:

..Quelles estoient ces lettres des anciens Gaulloys. Cesar au sixiéme livre conferme qu'elles estoient Greques: (..) Certes Cesar apelle celles lettres dont les Gaulloys usoient alors Greques, mais je les apelle Gaulloyses: & je maintien qu'elles ne sont point venues de la Grece en la Gaulle, mais au contraire, qu'elles sont allées de la Gaulle en la Grece[15].

---

[14] *Rh. fr.*, f° Aij (début): 'Je desireroi fort (MADAME) qu'au lieu de si grand nombre d'histoires fabuleuses, nos devanciers eussent employé une partie de leur loysir, à traiter en leur langue les sciences & disciplines: & que comme les bons jardiniers, qui pour peupler & embellir leurs vergers y transportent de greffes & entes de toutes partz, ilz eussent transferé des langues étrangeres en leur vulgaire les preceptes des ars liberaus: Nous pourrions maintenant aveq bien peu de travail, parvenir à la parfaite conoissance des choses, à la quelle pour passer la meilleure part de nótre vie aus langues étrangeres, nous ne pouvons ataindre par aucune assiduité de labeur: Nous aurions en nótre republique des Socrates & Platons, en divinité de tout sçavoir: des Aristotes & Zenons, en subtilité d'esprit, & asseurance de bon jugement: des Demosthenes & Cicerons, en eloquence & perfection de bien dire. Mais pource que *la sotte superstition & commune ignorance du tens passé*, à fait, que noz ancétres nous ayent envié un tel bon heur, & méprisé un si grand honneur & avancement de leur langue: Quel moyen plu honéte & plus profitable se pourroit presenter, pour nous recommander à la posterité, que de traduire les ars en nótre langue vulgaire, & tellement abreger le chemin à ceus qui viendront apres nous, qu'aveq le lait de leurs nourrisses ilz en puissent susser les premiers principes & elementz?' Cf. Du Bellay, *Deff.* I, 3; 10; 11. Voir aussi note précédente.

[15] *Traitté*, f° 53ro; *De Mor.*, p. 78. Cf. *Scholae Grammaticae*, également publiées en 1559 (V. Ong, *Inv.* no. 562), recueillies in *Scholae* (1569); col. 13-14: la sonorité; *ibid.*, col. 18-19: 'Porro literarum inventio ad varios authores refertur [Il relève leurs opinions]. At nos in moribus veterum Gallorum ad nostrae gentis laudem etiam disseruimus à Gallis in Graeciam literas venisse (etc.)'.

Pasquier paraît avoir été profondément influencé par les recherches de Ramus. Voir notamment la *lettre à Thomas Sebillet*, piquante pour plus d'une raison: 'Parce que le jour d'hier je vous vis soustenir à outrance, que les Romains avoient esté superieurs aux Gaulois, en proüesse & vaillantise, & qu'au regard des bonnes lettres nous n'entrions en nulle comparaison avec eux, depuis à part moy recueïlly mes esprits, j'ay pensé de vous en escrire mon advis (...). Vous advisant, au demeurant, que nostre Gaule ne fut jamais desgarnie de grands personnages, faisans profession de la cognoissance tant de la Philosophie naturelle que morale. En quoy ils furent tant renommez, que plusieurs anciens estimerent que les Bardes & Druydes, qui manioient & la Theologie & la Philosophie des Gaulois, la Philosophie avoit pris sa premiere source & origine: & les autres, *que les Grecs mesmes avoient emprunté d'eux, leurs characteres.* (...) Une chose sans plus, en eux [*i.e.*, les Druydes] me desplaist, qu'ils contemnerent de rediger leurs sens & conceptions, par escrit, donnans à

Le passage intervient dans l'exposé de la grammaire gauloise; or, dans la seconde version de sa *Grammaire*, dédiée à la reine-mère Catherine de Médicis (celle-là même dont il est également question dans la lettre à Zwinger citée au début de ce chapitre) et publiée en 1572 chez André Wechel, Ramus montre qu'il a persisté dans ses convictions. A plusieurs reprises, il y cite 'son livre des meurs de lancienne Gaulle' et répète les thèses qu'il y avait soutenues. Voici quelques extraits de la préface, *a la Royne, mere du Roy*:

> ...le Roy ma commandé de poursuivre le cours des arts liberaulx non seule-ment en Latin, pour les doctes de toute nation, mais en Francois pour la France, ou il y a une infinité de bons espris capables de toutes sciences & dis-ciplines, qui toutesfois en sont privés, pour la difficulté des langues. Et a la verité il nous est aujourdhuy plus difficile dapprendre une langue Grecque ou Latine, quil ne feut oncques, ny a Platon, ny a Aristote dapprendre toute la Philosophie. Parquoy je diray hardiment en parlant de la gloire de vos Majestés, que tel commandement nest point moins digne dung bien grand Monarque, que damplifier sa monarchie de grandes conquestes & domina-tions. Car la Grammaire est non seulement la premiere entre les ars libe-raulx, mais elle est la mere nourrice de tous...'
> 'Certes la Grammaire & toutes aultres disciplines liberalles estoyent ancien-nement en langaige Gaulloys es escolles de nos Druides sans en rien tenir ny des Grecs, ny des Latins: & depuis estants sorties de la Gaulle avec leurs Gaulloys sont passees en la Grece, ou elles ont esté fort cheries & honnorees, & de la ont esté invitees en Italie, & en toutes les parties du monde: Comme nous avons demonstré au livre de lancienne Gaulle.'
> 'La Grammaire apprend aulx aultres a bien parler: (..) quelle aprenne a parler Francoys a ses compaignes, Rhethorique, Dialectique, Arithmeti-que, Geometrie, Musique, Astrologie, Physique, Ethique, Politique, par ainsi quelle ouvre le pas aulx arts liberaulx pour retourner de Grece, & dIta-lie en la Gaulle, & pour rentrer soubs le nom de CATHERINE DE MEDICIS en possession de leur ancienne patrie[16].

Voilà donc la grammaire française, 'mère nourrice' tous les arts libéraux qui 'ouvre le pas' pour retourner 'en la Gaulle'. Qu'en est-il de la *rhétori-que*, la deuxième des *artes orationis*? Il est clair que Ramus a fait sienne l'opinion fort répandue à cette époque, selon laquelle celle-ci se confon-dait encore, dans ces temps anciens, avec la *poésie*. La séparation entre pratique et théorie n'existait pas encore. Or, comme le genre démonstra-tif, d'après Cicéron (*Or.* 11, 37) sert de 'berceau' à l'éloquence, la poésie

---

entendre leurs secrets, de main en main seulement; dont les Grecs & puis les Romains sçeurent fort bien faire leur profit à nos despens.': (1723), II, cols. 19-22. Cf. aussi *Recher-ches de la France*, IX, 1: 'Que la Gaule depuis appellée la France, de toute ancienneté a esté studieuse des bonnes lettres', *ibid.* (1723), I, cols. 881-4. Les rapports entre Ramus et Pas-quier sont bien connus; ajoutons qu'à partir de 1559, Pasquier a habité dans la même maison que Talon: cf. Dupèbe (1980), p. 128.

[16] *Grammaire* (1572, rééd. 1972), ff. ij, iij[vo], x. Cf. *ibid.*, p. 4: l'alphabet gaulois. (Pour faciliter la lecture, nous avons quelquefois ajouté des accents aigus).

laudative est, elle, la *nourrice* (*nutrix*) de la poésie dans sa totalité: l'art de la prose ne se développera que plus tard à partir de celle-ci. La poésie laudative des Gaulois est par conséquent à l'origine de toute la littérature française, donc aussi de la technique du discours orné: la rhétorique. Et l'on entrevoit déjà qu'en vertu de la préséance historique des Celtes sur les Grecs et les Romains, la rhétorique gauloise marquera désormais de son empreinte la rhétorique 'générale'. Nous constaterons en effet que dans la *Rhetorica* remaniée par Ramus après la mort de son 'frère', la *perspective généalogique* esquissée ici trouvera son écho. Voici déjà l'amorce de ce renversement qui entraînera *l'abandon de la perspective exclusivement classique* (cicéronienne), et conférera aux anciennes littératures 'vulgaires' la place qui leur est due:

> [Mais] quelz ont esté les estudes de la Rhetorique Gaulloyse? Ilz ont esté grands & grandement honnorez: & plus en oraison liée & mesurée qu'en prose [& quidem vinctae potiús & numerosae orationis quám solutae]. Les Gaulloys ont (ce dit Diodore au sixiéme livre) des Poëtes de melodies, qu'ilz apellent Bardes: ceux cy avec des instruments de Musique, comme avec la lire, chantent loüans les uns & blamans les autres...'
>
> 'Outre Marcellin au quinziéme livre parlant des Gaulloys, dit que les Bardes chantoient sur la lire, qu'ilz touchoient plesantement les proüesses des hommes illustres composées en vers Heroïques. Les Romains ont ensuivi [*imitati*] ceste façon des Bardes (..). Donques par cecy nous apercevons combien la poësie estoit honnorée & autorisée par les anciens Gaulloys. Et que maintenant la Grece me ramentoyve ses Homeres & ses Hesiodes, & qu'elle les vante de avoir esté en si grand honneur entre les Grecz[17].

---

[17] *Traitté*, f° 57; *De Mor.*, p. 84-5. Ce passage crucial est à rapprocher des affirmations de Jean Lemaire de Belges dans les *Illustrations de Gaule et Singularitez de Troye*, I, x, que Du Bellay (*Deff.* II, 8) avait déjà reproduit à peu près textuellement (signalé par H. Chamard, *ad loc.*): 'Quand le roy Dryius fut mort, son filz Bardus regna en son lieu cinquieme roy de Gaule, *lequel fut inventeur de rhythmes, cestadire de rhetorique & de musique. Et pource fut il fort* renommé entre les siens. Et introduisit une secte de *poëtes & rhetoriciens*, lesquelz furent nommez *bardes, qui chantoient melodieusement leurs rhythmes, avec instrumens, en louant les uns & blasmant les autres*, comme met Diodorus Siculus en son VI. livre des *Antiquitez*. Voire, & estoient de si grand estime entre les Gaules...(etc.)'; Du Bellay, *éd. cit.* (1970[4]), p. 151-3: 'Or quand à l'antiquité de ces vers que nous appellons *rymez*, & que les autres vulgaires ont empruntez de nous, si on adjoute foy à Jan le Maire de Belges, diligent rechercheur de l'antiquité, Bardus V. roy des Gaules en feut inventeur: & introduysit une secte de poëtes nommez bardes, les quelz chantoint melodieusement leurs rymes avecques instrumentz, louant les uns & blamant les autres, & estoint (comme temoingne Dyodore Sicilien en son VI. livre) de si grand' estime entre les Gaullois,...(etc.)' Chamard, *ad loc.*, remarque: 'Du Bellay copie Jean Lemaire jusque dans ses erreurs: le passage de Diodore auquel il est fait allusion n'est pas au liv. VI, mais au livre V, chap. xxxvi.'
En fait, les choses sont encore un peu plus complexes: à son tour, Lemaire a copié Annius de Viterbe, le célèbre faussaire italien qui avait publié à Rome, en 1498, un ouvrage intitulé *Antiquitatum variarum volumina XVII cum commentariis Fr Joannis Annii Viterbensis*, réimprimé e.a. à Paris en 1510 par Jean Marchant et en 1512 par Josse Bade (Pour d'autres éd., cf. Jung (1966), p. 43 n. 6). G. Doutrepont a prouvé que Lemaire a pillé cet ouvrage: *Jean Lemaire de Belges et la Renaissance*, Bruxelles 1934, *réimpr.* Genève, 1974, chap. 1, § 1: 'Emprunts à Annius de Viterbe'. Aux pp. 23-4, Doutrepont reproduit le passage

L'on sait que les horreurs de la Saint-Barthélemy ont empêché Ramus de terminer son entreprise de remaniement de toutes les 'disciplines'. Il y a eu la *Grammaire* de 1572, et la nouvelle version de la *Dialectique* française, parue après sa mort, en 1576[18]. Il n'a pas eu le temps de rédiger une nouvelle version de la *Rhetorique Françoise*; mais sa *Rhetorica* latine nous donnera une idée de ce qu'elle aurait pu être. Qu'il ait eu la ferme volonté d'écrire cette version française, une lettre à Freige, écrite une semaine avant sa mort, nous l'atteste[19]. Ses disciples poursuivront son œuvre, essentiellement *ouverte*, toujours susceptible d'être perfectionnée: nous

que nous venons de citer [= *éd.* Stecher, I, 70] et le rapproche d'un passage d'Annius [(1512), XV, f° 129ʳᵒ⁻ᵛᵒ] où celui-ci renvoie au sixième livre de Diodore de Sicile. A la p. 24 n. 1, Doutrepont cite la remarque de Chamard dans son éd. critique de la *Deff.* et ajoute: 'Mais l'erreur vient d'Annius, comme nous le remarquons ici: l'auteur des *Antiquitates* renvoie au livre VI; Lemaire l'a donc copié tout simplement et sans vérifier la citation dans Diodore.' Rectifions cette correction: Jung (1966) a établi qu'Annius s'était servi de la traduction latine de Diodore que le Pogge (Poggio Bracciolini) avait publiée à Bologne, en 1472. Médiocre helléniste, celui-ci avait non seulement dû s'assurer de la collaboration de George de Trébizonde pour mener son travail à bon terme, il s'était encore réservé le droit de supprimer certains passages, toutes les fois que son ignorance du grec ou l'élégance de sa version semblaient le requérir. Ainsi, le Pogge n'a traduit que cinq livres de l'original grec, mais il en a fait six dans sa traduction. Sur les qualités du Pogge en tant que traducteur et helléniste, cf. E. Walser, *Poggius Florentinus, Leben und Werke*, Leipzig/Berlin 1914 (*réimpr.* Hildesheim/N.Y. 1974), p. 227sqq. avec les notes; sur la collaboration avec G. de Trébizonde, voir *ibid.* (1914), p. 268sq. et p. 501: reproduction de la lettre de Georges au Pogge, datée de Naples, le 1ᵉʳ janvier 1453; et Monfasani (1976), p. 70-1. Cf. encore Jöcher, *Allg. Gelehrten-Lex.*, *Suppl.* VI (1819¹; *réimpr.* Hildesheim/N.Y. 1971), *s.v.* Poggius, col. 476, sub 15 ('Es sind nur 5 Bücher übersetzt, aber Poggius hat ihrer 6 daraus gemacht'). Jung (1966), p. 48 n. 24 cite Diodore V, 24 et ajoute: 'dans la traduction du Pogge, au livre VI' (savoir, de l'éd. 1472); cf. (1966), p. 50 n. 37.

Au § 2 du présent chapitre nous reproduirons quelques passages-clé des *Antiquitates* d'Annius, qui cite très fréquemment Diodore de Sicile. Il est en effet hors de doute que Ramus s'est servi de l'ouvrage d'Annius, et notamment du 'commentaire' de celui-ci sur le cinquième livre de la *Defloratio Berosi Caldaica*. Ramus a-t-il également pris connaissance des *Illustrations* de Jean Lemaire? C'est probable.

Quant à la suite du passage cité, notons encore que Pasquier, dans le chapitre des *Recherches* que nous avons déjà relevé (*Rech.* IX, 1), cite, comme le fait Ramus, 'Marcellin au quinziesme livre de son histoire' [= Ammien Marcellin, *Hist.* XV, 9, 8]: '...Et Bardi quidem fortia virorum illustrium facta, heroicis composita versibus, cum dulcibus lyrae modulis cantabant...'. Chamard nous a fourni les références à Pasquier (1970⁴, p. 153 n. 1). Il cite encore Charles de La Mothe, l'éditeur de Jodelle, qui écrit en 1574: 'On peut presumer que les Grecs & les Latins ont appris des Gaulois (domteurs alors des uns & des autres) ce qu'il ont sceu de poësie.'

[18] Cf. Ong, *Inv.* (1958), nos. 258, 263. Voir Cr. Walton, *art.cités* (1970). En tête de la *Dialectique* l'on retrouve le poème de Jodelle *Aux Françoys* que nous citerons ci-après.

[19] '(...) Mandato regio, liberales artes Latinè persequimur, & Gallicè convertimus. Itaque tres primas recognovimus: Grammaticam Latinam & Graecam, Rhetoricam & Dialecticam, quas ad te mittimus: ad reliquas acri animo contendimus: teque singulis annis participem (ut spes est) faciemus. Vale.' Epître-préface à Freige, l'éditeur de P. Rami...*Ciceronianus, et Brutinae Quaestiones*. Bâle, P. Perna, 1577. La lettre est datée de Paris, le 16 août 1572: f° A7ᵛᵒ. Reproduite dans le recueil de Bergeron (1577), p. 253-4. Cf. le commentaire ému de Freige, *P. Rami Vita, éd.cit.* (1599), p. 620.

avons déjà fait allusion aux *Tableaux* de Savigny. Pour l'instant, contentons-nous de citer le poème laudatif de Jodelle qu'on lit en tête de la *Grammaire* de 1572, dans lequel on repère les éléments essentiels de cette mythologie gauloise promue dans le *Traitté des meurs et façons des anciens Gauloys*:

AUX FRANÇOYS

Les vieus Gaulloys avoient tous Arts en leur langage,
Mais Dis, l'un de leurs Dieu (qui riche tient couverts,
Sous les obscures nuits mille tresors divers)
Aus chams Elysiens retint des Arts l'usage.
Il falloit doncq' avoir, pour la bas penetrer,
Les rappeler, les faire en l'air Gaullois rentrer,
Ce Rameau d'or, par eus redorant tout nostre age [20].

§ 2. *Ramus et Annius de Viterbe*

>...si ce Berose, qu'un chacun
> lit aujourdhuy, est veritable...
>
> *Ramus* (1559)

Au paragraphe précédent nous avons renvoyé plusieurs fois aux *Antiquitates* de Giovanni Nanni, *alias* Ioannis Annius Viterbensis. Ramus en effet s'est servi, comme tant d'autres à la même époque, de cet ouvrage, où l'on trouve reproduits les traités d'un grand nombre d'auteurs très anciens. Les traités, imprimés en caractères gothiques, sont accompagnés d'un commentaire savant écrit pas Annius. Le commentaire est imprimé en caractères romains. L'ensemble fait une impression fort authentique; mais nous savons depuis longtemps que les 'traités' ont été

---

[20] Cf. *De Mor.*, p. 75; *Traitté*, f° 51ʳᵒ: 'Car si ce Berose, qu'un chacun lit aujourdhuy, est veritable, *Dis* qui fut le premier auteur de la nation Gaulloyse, estoit illustre pour le sçavoir...' (et la suite). Sur le pseudo-Bérose, cf. R. Sabbadini, *Le scoperte dei Codici latini e greci ne' secoli XIV e XV*, Florence 1905, p. 178; Gillot (1914¹), *l.c.*; Doutrepont (1934), *l.c.*; Borst (1960), p. 1243; Simone (1970), p. 119. Sur *Samotes-Dis*, et sur le mythe de l'âge d'or, voir également les autres études citées *supra*; de même que H. Levin, *The Myth of the Golden Age in the Renaissance*, Bloomington/London 1969; Guy Demerson, 'Le mythe des âges et la conception de l'ordre dans le lyrisme de la Pléiade', dans *Humanism in France*, éd. A. H. T. Levi, déjà cité (1970), p. 271-294.

—La date de composition du poème de Jodelle (1572) prête à réflexion. Les sympathies protestantes de Ramus n'étaient plus un secret pour personne. Or, la même année, Jodelle écrit trois sonnets dans lesquels il approuve le massacre de la Saint-Barthélemy: voir E. Jodelle, *Œuvres Complètes*, éd. E. Balmas, t. I, Paris 1965, *chronologie* p. 50; sur les 'revirements' de Jodelle en matières religieuses (dans sa jeunesse, il avait été protestant lui-même), *ibid.*, p. 495 sqq. Le poème *Aux François* est cité *ibid.*, p. 28. Ajoutons que Ramus, de son côté, exprime son admiration pour les *vers mesurés* de Jodelle dans la même *Grammaire* de 1572, pp. 44-45 (voir *infra*, chap. 8, § 3). Cf. encore Waddington, *o.c.* (1855), p. 234.

forgés de toutes pièces par le commentateur lui-même. Dès le XVIe siècle, on a douté de leur authenticité[21]. Or, Ramus, tout en partageant le
scepticisme de la plupart des Humanistes (Lefèvre d'Etaples, Vivès,
etc.), n'a cependant pas pu se défendre d'être fasciné par les 'découvertes' du faussaire italien. Comme Jean Lemaire et Jean Picard, il a puisé
notamment dans le cinquième livre d'un traité qui aurait été écrit par un
certain *Berosus*, babylonien, professeur à Athènes, et intitulé *Defloratio
Caldaica*. Il a puisé encore davantage dans le 'commentaire' qui l'accom-
pagne, et qui fourmille de références à l'Ancien Testament[22], aux
auteurs de l'Antiquité classique, et aux auteurs 'révélés' par Annius dans
ce même ouvrage.

Le lecteur trouvera une description détaillée de l'ouvrage dans le
Gesamtkatalog der Wiegendrucke[23]. Nous reproduisons ci-après quelques
passages-clé des *Antiquitates*, d'après l'édition originale publiée en 1498 à
Rome, imprimée par 'Eucharius Silber alias Franck', qui tenait boutique
au Campo de' Fiori[24].

Il nous semble que ces passages se passent de commentaire. Nous
ferons remarquer que Ramus a visiblement sélectionné ce qui était susceptible de convenir à son dessein 'patriotique', laissant de côté tout ce
qui a trait, dans l'ouvrage italien, aux peuples autres que les Gaulois. Ce
ne sera que dans la *Rhetorica* de 1567 que Ramus rétablira la perspective
internationale, créée — le mot n'est pas trop fort — dès la fin du XVe
siècle par le savant frère dominicain, théologien officiel de la cour papale
à partir de 1499[25].

Dans le prochain chapitre nous démontrerons, en effet, que les aperçus
généalogiques présentés par Annius de Viterbe, et déjà partiellement adop-
tés dans le *Traité* de 1559, trouvent leur écho dans la dernière version de
la rhétorique ramiste.

---

[21] Cf. Tigerstedt (1964), p. 296sqq.

[22] Cf. Tigerstedt (1964), p. 309.

[23] *Gesamtkatalog der Wiegendrucke*, (= *GW*) t. II, Leipzig 1926, no. 2015. L''achevé
d'imprimer' porte: *Commentaria fratris Ioannis Viterbensis ...super opera diversorum auctorum de
Antiquitatibus loquentium confecta... Romae in Campo Florae 1498. Impr. Eucharius Silber alias
Franck*.

[24] Nous avons utilisé l'exemplaire conservé à la B.U. de Leyde, qui possède également
la réédition publiée en 1552 chez Jan Steels à Anvers: *Berosi sacerdotis Chaldaici, Antiquitatum Italiae ac totius orbis libri quinque...* Elle comporte un 'index locupletissimus'. 'In spite of
the title, this edition, seemingly the last complete one, contains all the other fragments and
all commentaries, but in an order different from that of the *editio princeps*.': Tigerstedt
(1964), p. 302 n. 4. Nous mettrons entre crochets la leçon de cette éd. 1552 là où la leçon
de l'*editio princeps* nous semble moins satisfaisante.

[25] Cf. Tigerstedt (1964), p. 293 + n. 2.

Extraits des *Antiquitates*, *editio princeps*, 1498.

Annius, commentaire sur le cinquième livre de la *Defloratio Berosi Cadaica*[26].

1) F° Rii[ro]: '..Quare Philosophia a Barbaris inicium sumpsit, non a Grecis...'

2) F° Rii[ro-vo]: '..Quare, ut complures autores tradunt verum est quod Philosophiae initium & litterarum simul non a Grecis: sed antiquissimis Phenicibus, Assyriis, Caldeis: Ianigenis: Hispanis: & Samotheis[27] atque Germanis, & Egyptiis emanavit. Ergo quoniam Galli utebantur litteris quibus & Greci: ut testatur Caesar in .vi. libro commentariorum, easque a Samote patre Dite habuerunt..' (Cf. César, *B.G.* VI, 14, 3; VI, 18, 1)

3) F° Rv[ro-vo]: '..Quod vero his temporibus litterae & carmina his populis essent Hispanis, Gallis, Germanis, & Italis non solum ex Beroso: sed etiam ex aliis proditur..'

4) F° Rvi[ro]: Samotes quoque cognomine Dis litteras Sagas dedit quae Phenices erant, a quibus Greci suas formaverunt: quas principio Galathis & Meonibus tradiderunt Galli prisci. Nam ut auctor est Caesar in .vi. comentariorum, Galli a Dite disciplinas: nacti etiam [(1552): disciplinas nacti, etiam] usque ad sua tempora eas retinuerunt usi litteris quibus & Greci. (..) Igitur ante Cadmum fuere litterae, philosophia, carmina, Theologia, & leges Hispanis: Gallis: Germanis & Italis per multa secula & etates..' (*Cf.* f° Vvi[vo])

5) F° Sv[ro]: '..Neque Galli a Grecis, sed potius a Gallis Asia & Grecia, cum coloniis etiam litteras & disciplinas consequutae fuerunt: ut in superioribus comentariis probatum est..'

6) F° Svi[ro]: '..Nomen arguit [*scil.* Berosus] a Sarrone duce Zarronidas dici Gallos doctos: de quibus in .vi. libro Diodorus sic scribit. Sunt inquit apud Celtas theologi ac philosophi: quos vocant Sarronidas: qui praecipue ab eis coluntur. Nam moris est apud eos, nullum absque philosopho sacrificium fatere [(1552): facere] (...) Hec Diodorus. Sane non est existimandum ante Sarronem non fuisse litteras & Theologiam atque philosophiam apud Gallos, cum supra demonstratum fuerit ea extitisse Samothei etate: sed ut Berosus ait: non erant gygnasia [(1552): gymnasia] publica: quae sola mitigant humanam ferociam..' (Cf. Diodore, *B.H.* V, 31, 2-3; 4[28])

---

[26] Au début de son commentaire, Annius explique le sens du titre, qui pourrait prêter à confusion: 'Modus est orientalium, ut brevem & publica fide transumptam narrationem: vocent deflorationem..': *Antiquitates* (1498), f° Nviii[ro].

[27] Les 'Samothei' sont les Celtes, les Gaulois.

[28] On se rappelle qu'Annius s'est servi de la traduction du Pogge, où les passages qu'il cite se trouvent au livre VI. Voir *supra*, § 1, n. 17. La première éd. de cette traduction a

7a) F⁰ Ti^vo [*Berosus*]: '..Anno .XXIX. apus Celtas Dryius [regnat] peritie plenus..'

7b) F⁰ Ti^vo [Annius]: '..Supra retulimus, quid Cesar in .vi. comentariorum de Druyiudi huius successoribus scribat. Porro Diodorus in .vi. li. de eisdem ait. Celtae utuntur divinatoribus Druyiudibus: qui apud eos dum auguriis & sacrificiis futura praedicant: plurimi existimantur: omnium [(1552): omni] eis obtemperante plebe. Cum vero de magnis rebus consulunt (etc.)..' (Cf. Diod. *B.H.* V, 31, 3)

8a) F⁰ Tii^ro [*Berosus*]: '..apud Celtas Bardus [regnabat]: inventione carminum & musice apud illos inclytus.'

8b) F⁰ Tii^vo [Annius]: '..Porro de Bardica secta apud Gallos in .vi. li. Diodorus Siculus sunt inquit apud Celtas melodiarum Poetae: quos appellant Bardos. Hi cum organis veluti cum lyra cantant: hos laudantes, & alios vituperantes. Et paulo post: sunt inquit hi[i] poetae tanti apud eos: ut cum extructa acie exercitus eductis ensibus coniactisque iaculis propinquant: non solum amici, sed hostes quoque: eorum interventu: pugna conquiescant. Ita apud agrestiores barbaros ira cedit sapientiae: & mars reveretur musas. Hec Diodorus: quanquam agrestiores barbaros falsitate Greca nostros consanguineos Gallos scribat: qui ante Grecos litteras & musas habuere: & Asiae atque Greciae illas contulere: ut in praecedentibus est comprobatum..'[29] (Cf. Diod. *B.H.* V, 31, 2; 5)

été publiée à Boulogne en 1472 (cf. *GW.* VII, no. 8374). Nous avons consulté une réimpression vénitienne: *Diodori Siculi De antiquorum gestis fabulosis, a Pogio florentino in Latinum traductus. Venetiis impr. per Ioannem de Cereto de Tridino alias Tacuinum.* 1496, 78 ff. in-f⁰. Voir *GW.* VII, no. 8377. Les passages cités par Annius se trouvent ici au livre VI, chap. 9 (cf. Sommaire du livre VI, (1496), f⁰ 63ro-vo), aux ff. 67vo-68ro. *En marge*: Bardi; Sarronides (f⁰ 67vo); poetae; Celtae (f⁰ 68ro). Exemplaire à la B.U. d'Amsterdam.

[29] Cf. Du Bellay, *Deff.* I, 2 ('Que la Langue Francoyse ne doit estre nommée barbare'), *éd.* 1970⁴, p. 15-7: '...les Grecz [appellerent] toutes nations, hors la Grece, barbares. Ce qui ne doit en rien diminuer l'excellence de notre Langue: veu que *ceste arrogance Greque*, admiratrice seulement de ses inventions, n'avoit loy ny privilege de legitimer ainsi sa nation & abatardir les autres...'

CHAPITRE VIII

LA *RHETORICA* DE RAMUS (1567 –)

> *Disciple*: 'Mon maistre, je vous
> prie quil vous souvienne des
> escolles brutines, quand vous
> baillastes a vingt de vos plus
> excellens disciples vingt des
> plus excellentes oraisons de
> Ciceron pour faire la recher-
> che & la preuve des nombres de
> loraison...'
> Ramus, *Grammaire* (1572)[1]

§ 1. *La main de Ramus.*

L'évolution de la rhétorique ramiste proprement dite s'achèvera de
façon brusque et arbitraire avec la mort de Ramus, en 1572. Cela ne veut
pas dire qu'elle n'a pas eu de suite, sous forme de commentaires, adaptations, etc.; bien au contraire. Mais ceux-ci n'ont pas été réalisés par les
auctores intellectuales de cette rhétorique.

Le titre de l'ouvrage que nous allons examiner dans le présent chapitre
prête d'emblée à confusion: *Audomari Talaei Rhetorica, Petri Rami praelectionibus illustrata.* Ce titre suggère qu'il s'agit d'un ouvrage de Talon,
auquel Ramus aurait ajouté des commentaires, et qui ferait ainsi pendant à *P. Rami Dialectica, Audomari Talaei praelectionibus illustrata.* Or, il
n'en est rien. Il n'y a pas trace d'un commentaire autonome, coupé du
texte même, comme c'est le cas dans la *Dialectique.* L'ouvrage présente un
texte ininterrompu, écrit d'un bout à l'autre par Ramus[2]. Omer Talon
en effet était mort, on le sait, en 1562. Dans les années qui suivent,
Ramus se met à réviser la plupart des ouvrages du *corpus* ramiste. Ainsi,
il publie en 1566 une nouvelle version de la *Dialectique* latine, où il réécrit
non seulement son propre texte, mais encore les commentaires de son
frère défunt, tout en continuant de publier ceux-ci sous le nom de ce
dernier[3]. En 1567 paraît la nouvelle version de la *Rhétorique* sous le titre
que nous venons de relever. Elle est publiée chez André Wechel, précédée d'une lettre de l'éditeur *au lecteur.* Wechel y observe que les travaux
de Ramus ressemblent à des oursons, léchés et reléchés par leur mère

---

[1] *Ed. cit.* (1972), p. 109.
[2] Cf. Ong, *Inv.* (1958), pp. 86-7, 98-101.
[3] *Ibid.* (1958), pp. 100, 188-90.

avant de prendre leur forme définitive[4]. L'image est sûrement perti-
nente: même cette nouvelle version sera soumise à des modifications con-
tinuelles, effectuées en vue d'une clarté toujours plus grande. Au terme
de ces changements, la *Rhétorique* sera divisée en deux livres distincts, le
premier consacré à l'élocution (39 chapitres), le second à l'action (11 chapitres). En 1572, Ramus y adjoindra une courte préface, et en 1575 A.
Wechel changera la sienne, dans laquelle il célèbre la mémoire du grand
homme disparu, et promet l'édition des œuvres complètes de Talon et de
Ramus. Pour l'historique détaillé de la nouvelle *Rhétorique*, le lecteur se
rapportera à l'*Inventory* de W. Ong[5]. C'est écrite finalement de la propre
main de Ramus, et soumise à une dichotomisation maximale, que la *Rhétorique* connaîtra sa plus grande diffusion, en France et ailleurs. Voici
comment Ong décrit l'ouvrage:

> As compared with earlier editions, for example those of 1548 and 1562, the
> present text provided by Ramus is often altered toward greater dichotomi-
> zation: thus the earlier four genera of tropes are realined as two and two,
> etc. But it is also enriched out of good humanistic erudition. For example,
> Talon's sketchy treatment of rhythm is enlarged by remarks on non-
> classical and pre-classical rhythms[6].

Cette courte remarque constitue à peu près le seul commentaire que ce
texte ait suscité. Comment expliquer ce silence de la part des chercheurs?
Par le simple fait que tout le monde a estimé que cette nouvelle version ne
présente en fait rien de nouveau, comparée aux versions antérieures. Et
dans une large mesure ceci est exact. Considéré dans son ensemble, le
'système' reste ce qu'il était; Ramus en conserve la trame générale, ainsi
que le nombre exact des tropes et des figures. Il conserve également la
plupart des exemples, se contentant de dire en d'autres mots ce que
Talon avait dit avant lui, en raffinant seulement sur les divisions et sub-
divisions. L'ordre de présentation lui-même reste intact: tropes, figures

---

[4] L'image dont se sert Wechel était bien connue au XVIe s.: cf. Erasme, *De pueris*, LB
I, 493 E; Rabelais (III, 42), Du Bellay, *Deff.* (II, 11); la source commune étant probablement Pline l'Ancien, *Hist. Nat.* VIII, liv, 126 ('..Hanc lambendo paulatim figurant').
Références fournies par Chamard (1970[4]), p. 171 n. 1. Le principe d''autocritique perpétuelle' est d'ailleurs déjà clairement exprimé dans la préface à la *Dialectique* de 1555 dont
nous citerons un extrait *infra*, § 4.
[5] Cf. Ong, *Inv.* (1958), pp. 87, 98sqq. Bien entendu, la lettre de Wechel ne figure que
dans les éditions publiées soit par lui-même, soit par ses héritiers. Nous nous servirons de
l'édition 1582 comportant les deux préfaces (celle de Wechel et celle de Ramus): *A. Talaei
Rhetorica e P. Rami... praelectionibus observata; cui praefixa est epistola [A. Wecheli]...* Francofurti, haeredes A. Wecheli, 1582. Identique à celle de 1572 (sauf la préface de l'éditeur),
Inv. no. 83 ('The last edition in Ramus' lifetime'). Sigle: *Rh.prael.* (1582). *Inv.* no. 97.
[6] Ong, *Inv.* (1958), p. 100.

de mots, figures de pensée[7]. Bref, il n'y a rien de radicalement changé, rien qui permette de conclure à une quelconque évolution.

Dans les pages qui suivent nous voudrions prendre le contre-pied de ce point de vue généralement accepté, en démontrant notamment que les considérations de Ramus au sujet des rythmes 'non-classiques et pré-classiques', loin de ne présenter qu'un intérêt marginal, constituent en vérité une réorientation essentielle de sa pensée. Réorientation nécessitée par sa ferme volonté d'inclure la 'poétique' des langues vulgaires dans le système, ce qui l'a amené à une réflexion sur les *origines* du langage litté-raire: poésie, prose oratoire.

Il faudra donc chercher l'évolution de la rhétorique ramiste là où elle se trouve, c'est-à-dire non pas dans l'organisation en soi du système, qui reste effectivement ce qu'elle était dès les années quarante, mais dans ces chapitres de la *Rhétorique* où Ramus parle en termes généraux du *fait litté-raire*, et qui constituent par là même la raison d'être et la justification de tous les autres chapitres: les tropes et les figures en effet prennent leur sens dans la texture de tel poème, tel discours, et non pas l'inverse.

Or, la section concernant le mètre et le nombre oratoire est *la seule* à être considérablement modifiée et augmentée; voilà déjà une donnée matérielle susceptible d'étayer notre thèse de base, selon laquelle l'évolu-tion de la rhétorique ramiste se confond avec la réflexion sur le *nombre*. Nous verrons par ailleurs que les recherches historiques de Ramus esquissées dans le chapitre précédent l'ont de nouveau alimentée.

§ 2. *La perspective généalogique*

Comment a procédé Ramus en réécrivant la *Rhétorique* de Talon? 'Il ajouta, retrancha, changea de place...'[8], au grand profit de la jeunesse studieuse...et de son éditeur Wechel, comme le suggère malicieusement W. Ong. En ce qui concerne les omissions, ce sont d'abord les multiples

---

[7] On se rappelle (voir *supra*, chap. 3, § 2, *nota*) que les nouvelles (sub-)divisions seront également introduites dans le recueil des *Scholae* (1569). Dans une lettre à L. Lavater datant de 1563, conservée à la Bibl. Centrale de Zürich (cote Ms.F.57, 152), Ramus annonce déjà son projet — réalisé en 1569 — de rééditer ensemble ses manuels scolaires et les *scholae* correspondantes: '(...) Coepi dare operam Episcopio, ut artis nostrae gramma-tica latina et graeca, rhetorica, dialectica, arithmetica, geometria cum suis cuiusque scho-libus edantur. (...)' Cf. Ong, *Inv.* (1958), nos. 79, 245, 517, 691, 695.

Le fait que Ramus se soit contenté de changer uniquement les divisions dans les *Scholae* nous prouve que pour l'essentiel, ses opinions sont restées les mêmes. Aussi invite-t-il expressément les lecteurs de la *Rhétorique* à se reporter aux *Scholae* pour des éclaircisse-ments supplémentaires: '(...) Si quid autem rhetoricum in ipsa Rhetorica praetermissum putabis, Rhetoricae in Ciceronem & Quintilianum scholae tibi satisfacient. Vale.': *Rh. prael.* (1582), p. 10: préface, fin. Reproduite dans le recueil de Bergeron (1577), p. 22-3.

[8] A. Wechel, préface: '...nonnulla addens, aut adimens, aut etiam ordinem mutans...': *Rh.prael.* (1582), p. 4.

citations grecques dont Talon avait émaillé son texte qui font les frais de l'opération; trop évidemment, celles-ci allaient à l'encontre de l'idéal didactique de clarté que s'était fixé Ramus. Cela ne veut pas dire qu'il n'en reste plus du tout dans la version nouvelle; mais elles sont restreintes en nombre, et très élémentaires. Ainsi, tout au début de l'ouvrage, Ramus fait référence au fameux passage du *Gorgias* où Platon avait attaqué la rhétorique en la comparant à l'art culinaire, à la cosmétique, etc.; non pas pour prendre l'attaque à son compte, mais au contraire afin d'illustrer la puissance redoutable de l'art oratoire[9]! Il reprend cette référence à la fin de la première section du livre premier, '*de epilogo troporum*' (chapitre 13):

> ...Atque haec prima Rhetoricae elocutionis ὀψοποιία καὶ κόμμωσις fuit.

Et il y revient à d'autres occasions[10]. Dans la section sur les figures de diction qui fait suite à celle que nous venons d'évoquer on trouve également quelques (rares) mots grecs, mais ils sont tout aussi faciles à reconnaître; nous allons les rencontrer au cours de notre réflexion.

Quant aux ajouts, nous avons déjà fait remarquer qu'il faut les chercher en premier lieu dans la section des figures de mots, où Ramus s'occupe du mètre et du nombre oratoire. Dans l'édition 1582 (in-8°) celle-ci couvre treize pages environ (p. 29-41), là où dans l'édition 1557 de la *Rhétorique* (in-8°) elle n'en avait occupé que huit.

Un coup d'œil sur la table des matières de la nouvelle *Rhétorique* nous donnera une première impression de la réorientation de la pensée de Ramus:

Cap. 14. Figura quid, & quid figura dictionis.

Cap. 15. Dimensio sonorum poëtica vel oratoria [De rhythmo].[11]

Cap. 16. Metrum quid, eiusque *primi authores*.

Cap. 17. Numerus oratorius quid, & eius *origo*.

Cap. 18. Numerus oratorius quomodo observatus.

---

[9] *Rh.prael.* (1582), p. 11: 'Rhetorica est ars bene dicendi: cuius virtus prudenter adhibita, mirabiles effectus habet. Ideoque Plato, Sophistis Graeciae & Rhetoribus iratus, hanc ipsam artem ὀψοποιϊκὴν, κομμωτικὴν, κολακικὴν, γοητικὴν, quandam obsonandi, fucandi, adulandi, incantandi peritiam appellat. Platonem quoque secutus Aristoteles...etc.' Cf. Platon, *Gorgias* 463B, 465C etc. Γοητικὴ n'est pas platonicien; pourtant, Ramus y revient en citant à la p. 33 'γοητείαν illam Platonis'. Il a peut-être consulté un texte commenté faisant p. ex. référence à l'*Eloge d'Hélène* de Gorgias: voir Diels/Kranz, *Fragmente der Vorsokratiker*, II ([12]1966), p. 291; J.-P. Dumont, *Les Sophistes*, Paris 1969, p. 86 + n. 7, p. 87, index. Cf. aussi Cic. *ad Att.* IX, 13, 4.

[10] *Rh.prael.* (1582), p. 29. Cf. pp. 31, 50, 73. Ramus se réfère d'ailleurs au passage du *Gorgias* dès 1552, dans son commentaire sur le second discours *De lege agraria*, (1552), p. 118 [Voir *supra*, chap. 5, n. 27].

[11] Les titres des chapitres relevés dans la table des matières ne sont pas tout à fait identiques à ceux qu'on trouve dans le texte même: celui du chap. 15 qu'on lit à la p. 30 a été mis entre crochets dans notre relevé.

On décèle ici un souci de la *recherche des origines* qui est inédit dans la *Rhétorique*: origine de la poésie, origine de la prose oratoire. Nous voudrions soutenir que cette préoccupation fait pendant aux recherches historiques entamées dans *De moribus veterum Gallorum*, qui ont également trouvé leur écho dans la *Grammaire* française de 1572. Dans les chapitres relevés en effet, et notamment dans le chapitre 15, Ramus tentera d'aller au-delà des limites de la littérature classique, de faire éclater le cadre respecté jusqu'ici, tout en se basant autant que possible sur les témoignages anciens; il n'avait pas procédé autrement dans *De moribus*. Il essayera donc de replacer la poésie et la prose classiques dans une *perspective généalogique*, en démontrant *d'abord* que la *poésie* des Anciens a ses racines dans une 'technique' littéraire non-classique ('indo-européenne'), et *ensuite* que la *prose* oratoire — et partant la technique du nombre oratoire — a été créée *ultérieurement*, à l'image de la poésie. Par voie de conséquence, *toute* la littérature classique trouve son *origine* dans une pratique littéraire archaïque! Rendu schématiquement, son raisonnement procède donc comme suit:

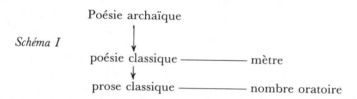

Schéma I

Poésie archaïque

poésie classique ———————— mètre

prose classique ———————— nombre oratoire

Nous montrerons bientôt qu'en fait, la généalogie est plus compliquée — et aussi plus gratifiante pour les langues vulgaires contemporaines; pour l'instant rappelons que dans *De Moribus* la 'rhétorique gauloise' n'était également rien d'autre que de la poésie rythmée, chantée, où les Bardes 'touchoient plesantement les proüesses des hommes illustres composées en vers Heroïques' (ces vers 'Heroïques' n'étant certainement pas des vers hexamètres!), et à propos de laquelle Ramus observe: 'Les Romains ont ensuivi [*imitati*] ceste façon des Bardes.' Nous retrouvons donc ici le double présupposé que nous venons d'évoquer: 1) la poésie précède la prose[12], 2) la poésie 'celte' précède celle des peuples 'classiques'. Il nous semble que l'identité des deux schémas généalogiques nous autorise à affirmer que les modifications effectuées dans la nouvelle *Rhétorique* trouvent leur 'source' et leur raison d'être dans la perspective généalogique esquissée dans le *Traitté*; et ceci malgré le fait qu'à la différence de ce qui

---

[12] Ramus en effet prend soin de préciser: 'Les estudes de la Rhetorique Gaulloise…ont esté…grandement honorez: & plus [= plutôt: *potius*] en oraison liée & mesurée qu'en prose…': *Traitté*, f° 57ro, déjà cité.

s'est produit dans la *Grammaire* de 1572, 'le livre de lancienne Gaulle' n'y est cité nulle part.

Mais il nous reste à démontrer que cette perspective généalogique est effectivement présente dans le texte de la *Rhétorique*; c'est ce que nous allons tâcher de faire dans les pages qui suivent, en prenant soin d'indiquer pour autant qu'il nous sera possible, la 'provenance' de chaque fragment du texte: version antérieure de la *Rhétorique*, texte classique ou les deux; *scholae rhetoricae*, ou ajout récent, 'inédit'. Par la même occasion, ces paragraphes constitueront l'échantillon d'une édition annotée de cette dernière version de la *Rhétorique* ramiste.

§ 3. *Figura, numerus*

> '*Numerus Poëticus est Rythmus aut metrum.*' —'This distribution falls not out every way well; for in *Rythmus*, if we mark it, we shall often find repetition of sounds: for 'tis *certâ clausulâ terminatus* So that there is of an epistrophe in it: yet this distribution cannot be amended, but only the fault noted.'
> *Alexander Richardson* (1657)[13]

Les considérations 'généalogiques' de Ramus fonctionnent à l'intérieur d'un 'micro-système' conceptuel étonnamment serré, dont nous aurons à éprouver la rigueur. Nous avons dit que la trame générale de la *Rhétorique* est restée inchangée, ce qui signifie que le schéma de base se présente comme suit:

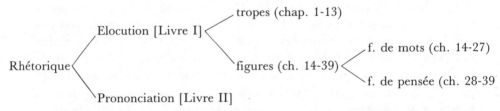

Nous n'allons nous occuper que de la section concernant les figures de mots. La définition générale de la figure n'offre guère de particularités; elle est quasiment identique à celle de la *Rhétorique* de 1557. Ramus répète la distinction entre trope et figure, établie dans les *scholae*: les tropes se

---

[13] *Prelections on Taleus his Rhetorick*, in: *The Logicians School-Master: or, a Comment upon Ramus Logick*. Londres, 1657, 'rhetorical notes', p. 72.

rapportent par définition aux *verba singula*, les figures aux *verba coniuncta*. La figure (*figura*, σχῆμα) est définie *habitus* ou *gestus* du discours[14]. Ramus y ajoute une explication étymologique du mot *figura*[15]. Avant de passer à la division de la figure, il intercale une remarque critique à l'adresse de Cicéron qui a son pendant dans les *Rhetoricae Distinctiones* ([1]1549): Cicéron n'a jamais su donner une théorie cohérente des figures; dans chaque nouveau livre, il a changé d'idées à leur sujet[16]. Après la division en figures de mots et figures de pensée, Ramus donne la définition de la figure de mots, qui reste également très proche de celle donnée dans la version de 1557:

[A] Figura dictionis est figura, qua elocutio figuratur dictionibus apté & iucundé inter sese resonantibus. Itaque figura dictionis nihil aliud est, quám elocutionis harmonia quaedam & numerus...[17]

---

[14] *Rh.prael.* (1582), p. 29; *Rh.57*, p. 23. Ramus omet le brève explication qui suit *ibid.*, p. 23-4. Quint. IX, 1, 11; 13; 25, cf. II, 3, 11. Cic.*Or.* 25, 83; *De Orat.* III, 52, 199.

[15] *Rh.prael.* (1582), *ibid.*: 'Nomen autem figurae videtur ab histrionum persona & habitu sumptum esse, qui varia orationis genera variis vestimenti figuris pronuntiabant.' Nous n'avons retrouvé nulle part cette explication; mais cf. H. Estienne, *Thes. gr. linguae, éd.cit.*, VII, col. 1657-8; J. H. H. Schmidt, *Handb. d. lat. u. griech. Synonymik*, Leipzig ([1]1889), p. 551: rapprochement de σχῆμα et ἕξις via ἔχω. Voir également le Commentaire de Cl. Mignault ((1577), f° 18ᵛᵒ, n. 2: 'Definitionis altera illustratio ex nominis etymo, quod μεταφορικῶς ducitur ab histrionibus. Nomine σχήματος Cicero in Oratore perfecto [*Or.* 25, 83] gestum orationis interpretatur. Revera schema significat aliàs habitum, ut in Amphitruone Plauti [Prologue, v. 117]: Ego huc processi sic cum servili schema.(...)'. Voir encore les 'recherches étymologiques' de J.-H. Alsted dans sa *Rhetorica*, Herborn 1616, p. 197-8 (Ong, *Inv.* (1958), no. 144; cf. *infra*, chap 9, § 3, n. 42); et surtout J. Th. Freige, *Rhetorica...*(1580; pour la référence exacte, cf. *infra*, même paragraphe), f° 16ᵛᵒ: '*Unde est nomen figurae?* Nomen figurae videtur ab histrionum persona & habitu sumtum esse, qui varia orationis genera, variis corporis figuris pronunciabant. Et sic Cicero cum Roscio mimo familiari suo certasse legitur, utrum ille saepius eandem sententiam variis gestibus effingeret, an ipse per eloquentiae copiam sermone diverso pronunciaret.' Cf. Rollin & Crevier, *Histoire Romaine*, T.VI, Paris 1752, p. 62: '[Macrobe] dit que Cicéron & Roscius s'exerçoient à l'envi à qui rendroit une même pensée & un même mouvement, l'un en plus de tours de phrase différens, & néanmoins heureux, l'autre par une plus grande variété de gestes & de mouvemens.' Référence en marge: Macrob. *Sat.* l. II. c. 10. Dans l'éd. moderne des *Saturnalia* publiée chez Teubner par J. Willis (1970), le passage se trouve au troisième livre, chap. 14, par. 12. Erasme avait déjà cité ce même passage au début du *De Copia* ([1]1512): LB I, col. 4A-B. Voir encore Vossius, *Comm. Rhet.*, Leyde 1643⁴, livre V chap. 1.

[16] *Rh.prael.* (1582), p. 29-30: 'Artem veró figurarum videtur Tullius desperasse, cúm tertio Oratorio numerum earum augeat, in Oratore autem minuat: denique in Topicis nominatim praecipiat, in re infinita vitiosum esse praetermittere aliquid: ut cúm (ait) de ornamentis verborum sententiarumque praecipitur: res enim est infinitior. At huius infinitatis, quam Tullius existimat, genera & species, si non accuratissimé exprimere, certé lineamentis quibusdam adumbrare licet.' Dans les *Rh.D.* (1549), Ramus reproche à Quintilien d'avoir cité *in extenso* les observations confuses de Cicéron: *Scholae* (1569), col. 378, ad Quint. IX, 1, 25-45; = Cic. *De orat.* III, 52, 201sqq.; *Or.* 39, 134sqq.; *Top.* 8, 33; 34. Voir encore *Br.Qu.* (²1549), p. 96.

[17] *Rh.prael.* (1582), p. 30; *Rh.57*, p. 24; cf. *Rh.fr.*, p. 35, cités *supra*.

Nous constatons que Ramus a quelque peu 'concentré' la définition;
mais les éléments majeurs restent ce qu'ils étaient auparavant: au moyen
des figures de diction, on crée une 'résonance des dictions' qu'on peut
également appeler 'harmonie' ou 'nombre'. Il y ajoute une remarque
empruntée littéralement au *De Oratore*[18]; à la fin de ce premier chapitre, il
fait de nouveau allusion à la problématique soulevée dans le *Gorgias*[19], et
propose une première subdivision, qui sera immédiatement suivie d'une
seconde au début du chapitre 15:

[B]   Figura dictionis est in sonorum dimensione vel repetitione. [Chap. 14, fin]
[C]   Dimensio est poëtica vel oratoria. [Chap. 15, début]

Rapprochons d'abord la définition [A] et la division [B] de celles qu'on
trouve dans la *Rhetorique Françoise* d'une part, et dans la *Rhétorique* latine
de 1557 d'autre part:

[A']   La figure de la diction est une figure qui rend l'oraison douce & armo-
       nieuse, par une resonance de dictions, apellee des anciens Numbre, (..) Le
       nombre est une plaisante modulation & armonie en l'oraison.

[B']   Le nombre se fait, ou par une certaine mesure & quantité de syllabes, gar-
       dee en l'oraison: ou par une douce resonance des dictions de semblable
       son.

[A"]   Figura λέξεως, nihil alius est, quàm numerus quidam orationis & modulus,
       id est apta & suavis dictionum conformatio..(...)

[B"]   Numerus in oratione efficitur partim ex apta pedum structura
       & collocatione, partim ex suavi & modulata vocum inter se consonantium
       similitudine...

Fouquelin aussi bien que Talon insistent sur la 'réversibilité' des termes:
'Parquoy si je dis du nombre, je dirai de la figure de diction', où il est à
noter que '*nombre*' tend à se faire le terme générique: c'est ce dernier qui
est réutilisé dans la division [B', B"] présentée ici et répétée ailleurs[20].
C'est l'inverse qui se produit dans la nouvelle *Rhétorique* de Ramus: car
bien que lui aussi mette en équivalence la figure et le nombre ('nihil alius
est, quám'), il conserve pourtant celle-là comme terme générique. Visiblement, Ramus tient à *limiter le domaine du nombre*, à réduire sa force

---

[18] *Rh.prael.* (1582), *ibid.*: '...numerus: quo uno nihil est cognatius nostris animis:
numero enim excitamur, & incendimur, & languescimus, & ad hilaritatem tristitiamque
deducimur.' = Cic. *De Orat.* III, 51, 197.

[19] *Rh.prael.* (1582), *ibid.*: 'Rhetoricae igitur μυροθήχιον, omnesque pigmentorum arcu-
lae, hîc praecipué explicantur: quibus non sophistae solúm ad ingenii ostentationem, sed
oratores in seriis & gravibus caussis utiliter usi sunt.' Le mot μυροθήχιον est emprunté à
Cicéron, *Epist. ad Att.* 2, 1: 'meus autem liber totum Isocratis μυροθήχιον atque omnes eius
disciplinarum arculas, ac nonnihil etiam Aristotelica pigmenta consumpsit.' Ramus s'en
sert dès la préface.

[20] *Rh.fr.*, pp. 35, 42; *Rh.57*, pp. 24, 31.

luxuriante, trop envahissante. Aussi verrons-nous qu'il a éliminé le mot 'nombre' de *toutes* les définitions des figures individuelles, *sauf une*, qui par là même prend un relief tout particulier (voir § 4).

Considérons en second lieu les divisions [B, B', B''] en elles-mêmes. Dans les trois versions, elles sont destinées à bien séparer les procédés 'rythmiques' des figures proprement dites ('l'autre maniere de nombre'); chez Fouquelin, le premier membre de la division sert de 'chapeau' à la (sous-)section concernant 'l'observation de *syllabes* au vers francois'; chez Talon (1557), à la section concernant l'agencement des *pieds*, en poésie et en prose: *apta pedum structura & collocatio*. Aussi Talon poursuit-il: '*Pedes* à Rhetoribus appellantur *dimensiones*...(etc.)'. Or, nous constatons que Ramus évite le mot *pied*, tout en se servant du terme '*dimension*'; et dans la subdivision suivante [C], correspondant à celle qui avait chez Talon distingué le *mètre* de la *prose*, il n'y a pas trace du mot 'pied' non plus. Dans la définition de cette 'mesure poétique' qui suit aussitôt après, on retrouve pourtant des mots destinés jusque là à définir la prosodie classique:

[C] Dimensio est poëtica vel oratoria.
[D] Poëtica, quae perpetuis certorum spatiorum legibus astringitur:...etc.[21]

Il est clair dès lors qu'en dépit du fait que Ramus persiste à se servir du vocabulaire 'classique', il n'a point l'intention de parler ici du mètre ni des pieds métriques. Le chapitre 15 en effet s'intitule *De rhythmo*, ce 'rythme' étant encore à définir; tout ce que nous savons d'ores et déjà, c'est qu'il s'agit d'un quelconque procédé *poétique*, — ce qui au premier abord n'est pas *évident* (voir la définition de Quintilien que nous avons citée en note!). Or, c'est à ce moment précis que s'amorce la description historique des procédés littéraires, soit la *perspective généalogique* annoncée dans le paragraphe précédent. Elle a été préparée, comme on vient de le voir, par une stratégie terminologique des plus soigneuses, dont nous verrons encore plusieurs échantillons au cours de ce chapitre.

Ramus va donc parler de l'*origine* de cette 'mesure poétique', et de son '*enfance*'; il se basera en premier lieu sur la *Poétique* d'Aristote, et ensuite sur les ouvrages de Cicéron et de Quintilien. Fort de ces témoignages

---

[21] *Rh.prael.* (1582), p. 30. Cf. *Rh.* (1550), p. 58-9: [C] 'Species autem numeri declarandae duae sunt, Poëticus & Oratorius: [D] Poëticus numerus constat certis pedibus, certo loco, & certa lege collocatis, & à poëtis carmen appellatur:...'. *Rh.57*, p. 27: [C] 'Pedum autem collocatio in oratione duplex est, [D] una multò astrictior, unde metrum: altera paulò liberior, unde prosa nominatur: Metrum numerus est constans certis pedibus, & certa lege collocatis: & à poëtis carmen appellatur...' Quint. IX, 4, 45: 'Omnis structura ac *dimensio* et copulatio vocum constat aut numeris (numeros ῥυθμοὺς accipi volu) aut μέτροις id est dimensione quadam.' On voit que chez Quintilien, le mot *dimensio* sert également à définir soit le nombre oratoire, soit le mètre. Cf. *supra*, chap. 2, § 3.

antiques, il sera amené à introduire une nouvelle catégorie dans la *Rhéto-rique* latine, à savoir le *rythme poétique* (*rhythmus*), mesure non-métrique dont se seraient servis les poètes archaïques. Dans un raccourci saisissant, Ramus insistera par ailleurs sur la fonction *civilisatrice* des poèmes (ou chants) primitifs: c'est grâce à la puissance incantatrice du rythme que les hommes se sont détournés de la vie 'agreste' pour se vouer à la 'culture'. Or, cette mission civilisatrice de la poésie constitue également la justification de tous les *artifices* qu'elle met en œuvre, et donne un démenti aux reproches que Platon avait adressés à la poésie et à la rhétorique. Le *plaisir* (*delectatio*) procuré par la 'licence' (*licentia*) poétique n'est pas une fin en soi: il a une fonction et une utilité essentielles dans le développement de l'espèce humaine. C'est dans ce contexte qu'il faudra remettre les remarques de Ramus sur les poèmes 'sérieux' tels que les a écrits un Empédocle dans la Grèce archaïque, et où il renverse l'argumentation d'Aristote dont il cite le témoignage: Empédocle a été un *poète-éducateur* (Aristote, on le sait, nie qu'Empédocle puisse être appelé poète), et c'est exactement grâce au *numerus* qu'il a su captiver son auditoire[22]. Impossible aussi de ne pas penser au rôle que Ramus attribue aux Druides et aux Bardes qui ont eu, selon lui, une fonction analogue dans la Gaule primitive en faisant chanter des hymnes 'éducatifs' aux petits Celtes: 'formation continue' véhiculée par le *plaisir*[23].

Tels nous paraissent être les présupposés, tantôt explicites tantôt implicites, du fragment que nous allons citer. La lecture n'en est pas facile: nous serons obligés d'en faire la paraphrase. Ajoutons que la suite du chapitre dans lequel Ramus touche au rythme primitif a orienté en partie notre interprétation. Dans ce premier fragment Ramus, avançant de citation en citation, se borne à parler en général de la naissance de la poésie, laquelle est définie par le phénomène de la *cadence*: *numerus*, ou, dans le cas des langues classiques dont il s'occupe ici à titre d'exemple, *metrum*. Aussitôt après, il fournira une distinction plus précise qui fait suite à celle que nous citons ici de nouveau, afin de mettre en évidence l'articulation de ce chapitre si serré:

> Dimensio est poëtica vel oratoria. Poëtica, quae perpetuis certorum spatio-rum legibus astringitur: & feré in fabulosis argumentis ad hominum mores imitandum & exprimendum. Hinc Tragoedia, Comoedia, & caetera poë-matis genera *orta* sunt, in quibus περιπέτεια καὶ ἀναγνώρισις varietas casuum, & agnitio tandem insperata, *delectarent* animos: ad eamque rem rhe-

---

[22] Voir les pages de Norden sur la technique rhétorique d'Empédocle, maître de Gor-gias: (1971[6]), p. 16sqq.

[23] *Traitté*, f° 61vo (déjà cité): '...Il faut mettre un long & ennuyeux estude apres la lan-gue Greque & la Latine..., là ou sans travail avecque *plaisir* nous chanterions les Hymnes & les poëmes de noz Bardes, comme nous aurions naturellement l'entente du sens, & de la parolle...'

torici cuiusque ornamenti praecipua *licentia* est assumpta. Alioqui si *vera* tractes, si *severior* fueris: nihil habere poëtae nisi *numerum* videare. Sic Empedocles Aristoteli physiologus videtur, non poëta: neque quicquam habere commune cum Homero praeter metrum. Ergo species elocutionis rhetoricae, in talis argumenti licentia numero poëtica dicitur, cuius *voluptas* praecipué insignis est, praecipué γοητείαν illam Platonis, & incantationem manifesto carmine continet: adeó ut hinc primúm homines capti, dicuntur á fera agrestique vita ad civilem & humanum cultum traduci esse.

Rh. prael. (1582), p. 30-1 [24].

Nous avons souligné les mots-clé susceptibles d'étayer notre interprétation que nous allons maintenant préciser. Tout d'abord, la 'mesure poétique' (*dimensio poëtica*) est définie comme une cadence régulière, sujette à des contraintes prosodiques. Ensuite, Ramus se tourne vers Aristote qui lui fournit un aperçu de l'essence de la poésie (*mimésis*) et de son origine (*orta: oriri*) [25]. Il poursuit en affirmant que dans les poèmes 'sérieux' (*vera, severiora*), c'est-à-dire des textes philosophiques ou 'scientifiques' comme ceux d'Empédocle, la seule *licentia* poétique est constituée par le mètre; car on n'y a évidemment pas recours à des artifices tels que les péripéties, et le style n'en saurait être trop 'fleuri' [cf. *ornamenti licentia*]. Autrement dit, les textes sur de pareils sujets (*talis argumenti*) sont appelés 'poétiques' uniquement à cause de la présence d'une cadence (*numero; manifesto carmine*), laquelle confère un plaisir (*voluptas*) qui va jusqu'à l'incantation (γοητεία) [26]. Or, la puissance incantatrice de cette cadence est telle, qu'elle a 'séduit' (*capti*) les hommes primitifs à sortir de leurs cavernes, et les a amenés à 'se civiliser' [27]. Voilà ce dont est capable 'l'élocution rhéto-

---

[24] *Variante* de l'édition originale (1567) [Ong, *Inv.* no. 77; *no. 78*], p. 36: '...Ergo species elocutionis rhetoricae, *in tali argumento*, licentia numero poëtica dicitur,...etc.' La leçon de 1582 se retrouve dans l'éd. de 1572 [Ong, *Inv.* no. 83]. Dans les deux cas, le mot *licentia* est malaisé à interpréter. S'agit-il d'une erreur de copiste ou de correcteur, 'amendée' tant bien que mal dans les rééditions? La difficulté disparaîtrait en effet si l'on omettait *licentia* dans la première leçon: 'Ergo species elocutionis rhetoricae, in tali argumento, numero poëtica dicitur': 'Par conséquent, l'espèce de style rhétorique, dans un tel sujet [p. ex., celui d'Empédocle] est appelée 'poétique' à cause de la cadence.' Dans le cas présent comme dans un autre cas que nous rencontrerons bientôt, l'intervention d'une personne autre que Ramus lui-même n'est pas à exclure. N'oublions pas que pendant la période concernée (1568-1572), la vie de Ramus avait été des plus mouvementées: voir Waddington (1855), chap. VII et VIII.

[25] Arist. *Poet.* cap. 4, p. 1448b; cf. cap. 6 (la fable). La *Poétique* lui offre également les concepts de péripétie et de reconnaissance (cap. 10, 11) qui lui servent d'exemple dans sa théorie justificatrice de la *delectatio*. Voir *supra*, chap. 1, sur les rapports entre le texte présent et le chapitre de la 'méthode de prudence' dans la *Dialectique*.

[26] Référence à Aristote: *Poet.* p. 1447b 17-19 (Empédocle), cf. 1451b 1-4. Pour la référence à Platon, voir *supra*, § 2, début et notes 9 et 10.

[27] Emprunté à Cic., *De orat.* I, 8, 33 (Crassus fait l'éloge de l'éloquence). — On ne peut manquer d'être frappé par la similarité entre cette défense de la rhétorique et celle de Melanchthon dans une 'lettre ouverte' à Jean Pic de la Mirandole publiée en 1558. Dans cette lettre, Melanchthon reprend la polémique entre Pico et Ermolao Barbaro, qui avait eu lieu en 1485. Pico y avait défendu la thèse platonicienne ('quod aliud Rhetoris officium

rique', même dans sa manifestation la plus élémentaire: la cadence, et jusque dans les époques les plus reculées...

La naissance de la poésie et la nature de cette cadence primitive feront également l'objet du paragraphe suivant. En tête, on trouve la (sub-)division à laquelle nous avons déjà fait allusion:

[E]   Numerus poëticus est rhythmus aut metrum.

Nous constatons avec W. Ong que *numerus* n'est que le 'second best synonym' pour *dimensio*[28]. Mais il est bien plus intéressant de se rendre compte du fait que Ramus *sort* ici résolument *du cadre classique* qu'il avait respecté jusqu'ici, quitte à compromettre la rigueur et l'élégance de son système, comme l'avait déjà signalé Richardson (cité en épigraphe). C'est ce que la définition du rythme qui suit mettra en évidence:

> Rhythmus est numerus poëticus, certum syllabarum *numerum* certa *clausula* terminatum continens. Sic enim constituendae doctrinae gratia nomen commune usurpetur.
>
> *Rh.prael.* (1582), p. 31.

On voit ce que fait ici Ramus, 'constituendae doctrinae gratia': il se sert des termes *numerus* et *clausula* dans un sens autre que celui admis par Cicéron ou Quintilien dans leurs traités rhétoriques: *numerus* signifie ici le

---

quam mentiri, decipere, circumvenire, praestigiari?'), et plaidé en conséquence en faveur d'une séparation de la philosophie et de la rhétorique ('Abiunxerunt Philosophi sapientiam ab eloquentia'): 'Non expectamus theatri plausum, quod aures demulserit *aequabilis clausula*, vel *numerosa*, quod hoc sit salsum, illud sit lepidum: Sed expectamus paucorum potius prae admiratione silentium..' A cette admirable lettre, Melanchthon répond une seconde fois 73 ans plus tard: *Responsio Philippi Melanthonis pro Hermolao*: il y plaide pour l'union de la philosophie et de la rhétorique, en affirmant qu'on a eu raison de dire que 'homines ante dispersos ac vagabundos in agris Eloquentia congregatos esse, civitates conditas, Iura, religiones legitimas nuptias, et caetera societatis humanae vincula constituta esse.': référence au passage du *De oratore* également cité par Ramus. Comme celui-ci enfin, il souligne l'utilité, voire la nécessité, de la *delectatio* pour l'homme ancien et moderne: '...nulla voluptas homine liberaliter instituto dignior est quam haec: Nulla est enim *harmonia* dulcior, ac naturae hominis convenientior, quam oratio rerum bonarum plena et compositione *concinna*; tamen hic non disputo ornatum voluptatis, sed necessitatis causa adhibendum esse.' Ainsi comprise, l'éloquence a un rôle essentiel à jouer dans la propagation de la foi chrétienne... La lettre de Pico et la 'réplique' de Melanchthon ont été reproduites dans les *Opera Omnia* du dernier, *Corpus Reformatorum* IX, col. 678-703 (no. 6658). Passages cités: cols. 680, 681, 685-6, 687-8, 691, 696; cf. 690, 697. Les deux lettres, animées d'un profond sentiment religieux (allant jusqu'au mysticisme chez l'Italien), forcent notre respect. Cf. les articles de Qu. Breen, 'The Subordination of Philosophy to Rhetoric in Melanchthon: A Study of his Reply to G. Pico della Mirandola', in *Archiv für Reformationsgeschichte* 43 (1952), p. 13-28. (Nous ne partageons d'ailleurs pas l'opinion de l'auteur, exprimée dans le titre de son étude.); 'Giovanni Pico della Mirandola on the Conflict of Philosophy and Rhetoric', in *Journal of the History of Ideas* 13 (1952), p. 384-426; recueillis dans *Christianity and Humanism*, Grand Rapids (Mich.) 1968, chap. 1.

[28] Ong, *Ramus* (1958), p. 282. Au lieu de *sonorum dimensio*, Ong écrit *tonorum dimensio*.

nombre (égal) des syllabes, et *clausula* 'cette melodie de laquelle usent les poëtes en la fin des vers françois, par une similitude de son, tombant en la fin & liziere du vers: La quelle ilz appellent *Ryme* platte ou croisee' [29]. On peut en effet être certain que *certa clausula* veut dire *rime*, non seulement à cause du reste du passage, mais également parce que ce terme est explicité dans les adaptations et commentaires des ramistes les plus orthodoxes: Mignault, Freige, Bilstein. Voici comment *Mignault* commente la définition:

> Definitur Rhythmus ex adiunctis syllabis in clausulam *similiter desinentibus...* [30]

Freige, de son côté, ajoute dans son 'épitomé rhétorique' publié en 1580 (qui n'est rien d'autre qu'un extrait de la *Rhétorique* de Ramus) un mot, le seul mot allemand du texte: *REIMEN* [31].

Bilstein enfin, dans son adaptation 'philippo-raméenne' de la *Rhétorique* publiée en 1591, transforme quelque peu la définition afin de la rendre plus claire, et ajoute quelques exemples latins et allemands:

> Rhytmus est dimensio poëtica, qua versus syllabis numerantur; & in clausulis continué vel disiuncté similiter desinunt..

'*Continué vel disiuncté*', entendons: 'en rime plate ou croisée'. Voici un exemple latin:

> Annis mille iam peractis,
> Nulla fides est in pactis...(etc.)

Ensuite, l'un des exemples allemands imprimés en caractères gothiques:

> Ein feste burg ist unser Gott /
> Ein gute wehr und waffen.
> Er hilfft uns frey auß aller noth /
> die uns jtzt hat betroffen...(etc.) [32]

---

[29] Fouquelin, *Rh.fr.*, p. 58. Cf. *ibid.*: '..le nombre est plus plaisant & melodieus aus *clausules* qu'aus commencementz.'

[30] A. *Talaei Rhetorica, unà cum...commentationibus per Claudium Minoem...* Paris 1577, f° 20ro. (Ong, *Inv.* no. 91). Voir *infra*, chap. 9 § 2.

[31] J. Th. Freigius, *Rhetorica, Poëtica, Logica, ad usum rudiorum in epitomen redactae*, Nuremberg 1580, f° 17vo. Dans cet ouvrage, Freige s'inspire encore de Melanchthon aussi bien que de Ramus (qu'il ne cite d'ailleurs nulle part!). C'est un ouvrage 'philippo-raméen' qu'à son tour Bilstein pillera. Cf. Murphy (1981), no. 377 D, qui cite une édition postérieure.

[32] J. Bilstenius, *Rhetorica; ex Philip. Melanchthone, Aud. Talaeo, & Cl. Minoë selecta, atque exemplis philosophicis & theologicis illustrata...* Herborn 1591, pp. 68, 69 (p. 71, il cite Freige). Ong, *Inv.* no. 110; Murphy (1981), no. 128 A. Cf. encore Ab. Fraunce, *The Arcadian Rhetorike* (1588), I, 13: 'Poetical dimension maketh either rime, or verse. *Rime* containeth a certaine number of sillables ending alike.' Enfin, on remarque une explicitation de la définition chez Ch. Butler, qui pourrait bien avoir inspiré Richardson dans sa critique: 'Rhythmus est numerus poeticus certum syllabarum numerum (nullâ habitâ quantitatis

Bref, il n'y a aucun doute possible quant à la signification du mot *clausula*. En conséquence, la critique de Richardson est tout à fait justifiée: où est la différence entre la '*clausule*' du rythme et l'*épistrophe*? Nous verrons que Ramus a été conscient de ce problème, et qu'il a essayé d'y remédier par une autre manipulation terminologique (Voir § 4).

Pour l'instant, continuons l'analyse du paragraphe. Nous avons dit que Ramus admet le rythme 'vulgaire' à côté du mètre classique. En fait, c'est trop peu dire. Ramus va plus loin, en affirmant qu'*à l'origine* cette technique poétique a été *commune à tous les peuples*, les Grecs et les Romains inclus.

Cette affirmation a plusieurs implications:

1°) le *mètre* classique n'est qu'un 'procédé dérivé' de ce rythme primitif;

2°) la versification dont se servent les poètes vernaculaires contemporains est *identique* à celle de leurs ancêtres; dans les langues 'vulgaires', la technique poétique *n'a jamais changé*;

— Du même coup, nous sommes en mesure de déterminer la nature de ces 'vers Heroïques' utilisés par les Bardes gaulois: c'étaient des *décasyllabes rimés*[33].

3°) Ce qui a été possible dans les langues classiques doit l'être également dans les langues vulgaires: le mètre a évolué à partir du rythme; il ne faut donc point désespérer des tentatives récentes de créer des *vers mesurés* 'à l'antique', le mètre n'étant qu'une forme plus 'sophistiquée' du rythme primitif. Voilà qui n'aura pas déplu à Baïf, l'ami de Ramus[34]! A présent,

---

ratione) continens. Tales rhythmi naturales sunt in omni natione atque gente (..) Hodie autem plerumque *Epistrophen soni coniunctam* habent.': *Rameae Rhetoricae Libri Duo*, Oxford 1597, p. 34; cité in Attridge (1974), p. 229-30.

[33] Cf. *Deff.* II, 9; (1970[4]), p. 163 + n. 5. Cité *supra*, II, chap. 5 § 3 + n. 68. Voir aussi *Deff.* II, 4; (1970[4]), p. 119: '..vers heroiques (c'est à dire de X à XI [syllabes]...)..' et la note de Chamard *ad loc.*

[34] Cf. Du Bellay, *Deff.* I, 9: 'Et qui gardera notz successeurs d'observer telles choses (*scil.* les pieds métriques), si quelques scavans & non moins ingenieux de cest aage entreprennent de les reduyre en art?': *éd.* Chamard (1970[4]), p. 52; cf. p. 54. — En ce qui concerne les rapports entre Baïf et Ramus, rappelons l'admiration de ce dernier pour les tentatives de réforme orthographique de Baïf (*Gramere* (1562), préface). Dans une lettre à Ramus à propos de cette réforme, E. Pasquier appelle Baïf 'amy commun de nous deux'. On sait d'ailleurs que Pasquier réprouve la nouvelle orthographe (voir *Les Lettres d'Estienne Pasquier*, in (1723), II, iii, 4). Cf. N. Catach (1968), p. 128-9. Ramus s'occupait de poésie mesurée dès les années 50, comme le prouve un passage des *Recherches de la France* dont voici quelques extraits: '...le Comte d'Alcinois en l'an mil cinq cens cinquante cinq, voulut honorer la seconde impression de mon (*i.e.*, Pasquier) Monophile de quelques vers Hendecasyllabes, dont les cinq derniers couloient assez doucement (...). Quelques années aprés devisant avecques Ramus, personnage de singuliere recommandation, mais aussi grandement desireux de nouveautez, il me somma d'en faire un autre essay de plus longue haleine que les deux precedens. Pour luy complaire je fis en l'an 1556. cette Elegie en vers Hexametres & Pentametres (...). Cette maniere de vers ne prit lors cours, ains aprés en avoir faict part à Ramus, je me contentay de les mettre entre les autres joyaux de mon estude, & les monstrer de fois à autres à mes amis. Neuf ou dix ans aprés, Jean Antoine de

nous pourrons compléter le schéma esquissé quelques pages plus haut, en y ajoutant les éléments propres aux langues vulgaires. Selon Ramus, la *généalogie de la poésie* se présente comme suit:

SCHEMA II

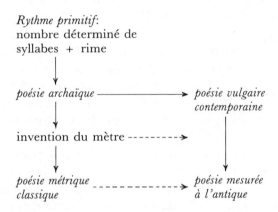

Ce schéma cadre exactement avec le fragment de la *Rhétorique* que nous allons aborder tout à l'heure. Nous pourrions encore compléter ce schéma en tenant compte, ici encore, des dires de Ramus dans le *Traitté des meurs et façons des anciens Gauloys*:

SCHEMA III

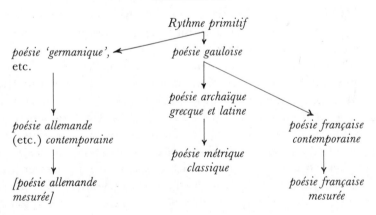

Baïf..etc.' Dans la suite, Pasquier se montre assez peu 'amy' de Baïf: *Recherches* VII, xi: 'Que nostre langue est capable des vers mesurez, tels que les Grecs & Romains', in (1723), I, p. 731sqq. Sur les *vers mesurés* de Baïf, cf. l'article de R. Hyatte, 'Meter and Rhythm in Jean-Antoine de Baïf's *Étrénes de poézie fransoęze* and the *vers mesurés à l'antique* of Other Poets in the Late Sixteenth Century', in *BHR* 43 (1981), p. 487-508. *Ibid.*, p. 490 (cf. p. 491-2): 'In *vers mesurés*, (however), ictus and tonic accent tend to coincide; consequently, the feet measured according to long and short syllables are transformed into rhythmic groupings of accented and unaccented syllables.' — On s'en doutait.

Ce schéma hypothétique demande quelques explications. A la différence du *Traitté* de 1559, la *Rhétorique* prétend offrir un aperçu 'international' de (l'histoire de) la littérature, comme nous le verrons bientôt. Dans le *Traitté*, Ramus s'était efforcé de faire ressortir autant que possible les mérites purement gaulois; lorsqu'il vient à dire quelques mots des civilisations voisines, c'est presque toujours dans un but comparatif sommaire lui permettant de mettre en relief la valeur de ses ancêtres. Etant donné qu'il se base ici essentiellement sur la chronique de César, il parle uniquement des peuples dont celui-ci fait état, passant sous silence les Espagnols, les Italiens, etc. Le plus souvent, il confronte les mérites respectifs des Germains et des Gaulois, pour en tirer les conclusions qu'on devine. Dans les paragraphes sur la grammaire et la rhétorique par exemple, ses remarques sur les 'prestations' germaniques ne sont pas dénuées de malice. A propos de la question de savoir si les Germains ont détenu 'les secrets de l'écriture', il confronte les divers témoignages (Tacite, Enée Sylvius Piccolomini, les Germains eux-mêmes) et s'arrête au plus négatif, celui de Tacite, qui nie que les Germains aient jamais connu l'usage de l'écriture[35].

Quant à la 'rhétorique germanique', Ramus concède que les Germains ont dû chanter la gloire de leurs dieux et de leurs rois, tout comme leurs voisins gaulois. Ils ont donc, eux aussi, pratiqué cette poésie laudative fortement cadencée dont Ramus attribuera l'usage à tous les peuples dans la *Rhétorique*[36]. Bien entendu, il ne s'étend pas sur les développements ultérieurs de la littérature allemande, ni à plus forte raison sur la possibilité d'une poésie allemande mesurée à l'antique. Le schéma que nous venons de donner a donc été construit à partir de données assez pauvres glanées dans les deux textes (le *Traitté*, la *Rhétorique*) et complétées par inférence; en tant que tel, il ne nous semble pas dénaturer le sens de la pensée de Ramus, mais au contraire révéler sous son vrai jour le fragment de la *Rhétorique* qu'on va lire ci-après. Ce fragment est d'un intérêt capital pour notre exposé de l'évolution de la rhétorique ramiste; Ramus en effet y prend en quelque sorte sa revanche sur les Romains 'impérialistes', qui avaient eu l'audace et l'injustice de chasser les 'professeurs' ainsi que les arts libéraux gaulois des anciennes écoles gauloises. Traitement pire que celui qu'ont dû essuyer les Grecs, car ceux-ci ont pu

---

[35] *De Mor.*, pp. 83-5; *Traitté*, ff. 56vo-57vo. Tac. *Germ.* 19, 1: 'litterarum secreta viri pariter ac foeminae ignorant.'

[36] *De Mor.*, p. 85; *Traitté*, f° 57vo: 'Mais quelle a esté [la Rhetorique] des Germains? Combien qu'ilz aient ignoré (comme il a esté deja declaré [*scil.*, f° 56vo]) les segretz des lettres: si est-ce (ainsi que Tacite escrit) qu'ilz celebroient en des cantiques anciens leurs Dieux & leurs Rois, & c'estoit la seule maniere d'annales & de memoires qu'ilz avoient: & je ne trouve rien plus touchant les disciplines des anciens Germains.' Cf. Tac. *Germ.* 2, 2.

continuer à pratiquer la philosophie, la grammaire et la rhétorique dans leur propre langue, là où les Gaulois ont été fraudés de toutes leurs disciplines 'indigènes', et forcés d'assimiler des *biens estrangers* dans des langues étrangères[37].

Adoptant désormais une perspective généalogique dans laquelle il entend rendre justice aux idiomes vernaculaires en affirmant que ceux-ci peuvent se prévaloir d'une préséance historique dans le domaine des lettres, Ramus jette les bases d'une *rhétorique véritablement générale*, 'internationale' dans laquelle les littératures 'vulgaires', anciennes et modernes, accèdent à une dignité égale à celle revendiquée pour les littératures prestigieuses de l'Antiquité classique.

Pourtant, sa fascination devant cette éblouissante culture antique reste entière, comme l'atteste la fin du fragment (qui marque en même temps la fin du chapitre *De rhythmo*), où Ramus exprime l'espoir qu''un jour' (*quando*) les poètes vulgaires seront capables eux aussi de produire des *vers mesurés*: dans ce passage, et également dans un passage similaire de la *Grammaire* de 1572 que nous avons déjà relevé, il est clair que Ramus considère la technique prosodique des Anciens comme étant supérieure à celle des langues vernaculaires[38], car étant le fruit d'une 'érudition' plus poussée. De la sorte, le fragment présente un curieux mélange d'admira-

---

[37] *De Mor.*, p. 112; *Traitté*, f° 76ʳᵒ: 'Que pleust à Dieu que les Romains, eussent retenu en pareil lieu & pareil nombre [eodem loco numeroque....habuissent] les Gaulloys comme les Grecz. L'empire a esté ravi aux Grecz, mais les lettres & les artz leur ont esté laissez. Le Grec a esté contraint ouir le droit en langage Latin, mais il a tousjours apris & enseigné en Grec la Grammaire, la Retorique, & la Philosophie. Quelle envye donques fusse (*sic*) aux Romains d'avoir chassé non seulement les juges Gaulloys de leur siege, mais aussi les professeurs, & mesmes les sciences, & disciplines Gaulloyses hors les escolles?' Cf. Du Bellay, *Deff.* I, 2.

[38] *Grammaire* (1572), p. 43-4 (déjà partiellement cité; cf. aussi *Gramm.* (1562), p. 36-7): '...Le moyen ce seroit que les poetes Francois saddonnassent a faire leurs vers non seullement par rithme & mesure de sons semblables, mais par certaine quantite de syllabes longues & breves, a la facon des poetes Grecs & Latins, alors ils apporteroient a la langue Francoyse cest ornement tant necessaire. (...) A ceste cause fauldroit supplier aux muses Francoyses dentreprendre ce labeur, non pas pour abolir la rithme, qui est fort plaisante & delectable, mais affin que leur patrie fust esgallee a la Graece & a lItalie touchant la prosodie en quantite & accent. Et hardiment le premier gentil esprit, qui remplira ses vers mesures dune bonne & riche poesie, il sera le premier poete des Francois, comme Homere & Livius [*scil.* Andronicus] ont este des Grecs & des Latins, *devant lesquels ny avoit ny en Grece, ny en Italie aultre poesie que de rithmes, comme nous avons dict ailleurs,* & pour monstrer que la France nest point destituee de la noblesse de tels esprits, escoutes icy ces deux poemes de ESTIENNE JODELLE,...' De toute évidence, Ramus renvoie ici au passage de la *Rhétorique* que nous citerons ci-après. Sur 'la prosodie en quantité & accent', cf. Attridge (1974), p. 53sqq. Ajoutons que Ramus, fidèle à ses présupposés méthodologiques, se défend de parler des règles de la quantité et de l'accent dans la *Rhétorique*: selon la loi καθ' αὑτό celles-ci doivent être traitées exclusivement dans la *Grammaire* grecque ou latine.

tion et de défi[39], caractéristique de cette génération d'humanistes défenseurs des droits de la culture autochtone:

> ...Tales rhythmi *naturales* sunt in omni natione atque gente: atque (ut loqui-
> tur Aristoteles) ἐκ τῶν αὐτοσχεδιασμάτων, é naturali & sponte fusa composi-
> tione. Sic enim *hodie* Francorum, Italorum, Hispanorum, Germanorum,
> omniumque omnino populorum rhythmi sunt, sine ulla longarum vel bre-
> vium syllabarum dimensione: & talia *quondam* in Graecia ante Homerum, &
> in Italia ante Andronicum poëmata fuerunt. Talis enim videatur poësis
> fuisse in illis (de quibus Ennius loquitur) versibus,
> — *quos olim Fauni vatesque canebant.*
> Atque haec *infantia* est poëticae dimensionis: & sic Quintilianus ait
> rhythmum, aurium mensura & similiter decurrentium spatiorum observa-
> tione esse generatum: *mox* in eo repertos esse pedes, eorumque locis certis
> ordinatorum dimensione, facta esse metra: ut in veteris & Graeciae & Italiae
> poëmatis, quae hodie leguntur, apparet, & in vernaculis linguis apparebit, si
> *quando* eruditionis uberiorem fructum nactae sint[40].

Nous avons souligné les mots qui matérialisent la préoccupation *historique*
de Ramus sur laquelle nous n'avons plus à insister, et relevé en note les
emprunts aux trois autorités classiques par excellence, ceux-là mêmes qui
dominent la section dans son ensemble: Aristote, Cicéron, Quintilien.

Avant d'étudier la place qu'occupent le mètre et le nombre oratoire
classiques dans le système de Ramus, examinons de quelle façon celui-ci
'mélange' l'une des citations que nous venons de relever à son propre

---

[39] Confrontation qui se poursuit au début du chapitre suivant, *De metro*: '(...) tametsi
Aristoteles negat ullius poëtae ante Homerum scripta extare: nec Romae ante Ennium
extitit quidquam satis dignum, quod iterum legatur, ait Cicero. Ergo haec de rhythmo.':
Rhet.prael. (1582), p. 32; cf. Arist. *Poet.* 1448b28-29, Cic. *Brut.* 18, 71 (fin). Rappelons que
dans l'édition originale (1567) il n'y avait pas de chapitres distincts *de rhythmo* et *de metro*.
La division en chapitres se présentait comme suit: (a) 'Figura dictionis in numero
poëtico'; (b) 'Figura dictionis in numero oratorio'; (c) Epizeuxis; etc. La coupure entre les
chap. *de rhythmo* et *de metro* telle qu'on la voit dans les éditions ultérieures est si arbitraire
qu'on soupçonne l'intervention d'une main autre que celle de Ramus. Est-ce celle de
l'éditeur A. Wechel?

[40] *Rh.prael.* (1582), p. 31-2. Voir Arist. *Poet.* 4, p. 1448b 20-23: 'L'instinct d'imitation
étant naturel en nous, ainsi que la mélodie [ἁρμονία] et le rythme [ῥυθμός] (car il est évident que les mètres ne sont que des parties des rythmes) dans le principe [ἐξ ἀρχῆς] ceux
qui étaient le mieux doués à cet égard firent petit à petit des progrès et la poésie naquit de
leurs improvisations [ἐκ τῶν αὐτοσχεδιασμάτων]'. En citant ce passage, Ramus rejoint
admirablement la définition [A] du début de la section. Ennius: Cic. *Brut.* 18, 71 (cf. *Or.*
51, 171; Quint. IX, 4, 115); Quint. IX, 4, 114. Cf. également le commentaire de Vasoli
sur l'intérêt que les Ramistes portent aux *vers mesurés*: 'Talon e Ramo attribuiranno [cosí]
particolare efficacia alle 'figure' e ai 'tropi'; e tra le figure daranno forte risalto all'uso del
'numerus', ossia alle varie forme metriche del discorso oratorio e poetico (..) Ciò spiega,
del resto, anche l'interesse di Ramo per i tentativi compiuti dal Baïf di costruire una sorta
di metrica 'matematica' che traducesse i ritmi del discorso in esatti rapporti numerici.
Questo atteggiamento di Ramo e di Talon resterà costante anche nella nuova edizione
della *Rhetorica* in due libri, del '62, e poi, nelle successive revisioni compiute nel '67 e nel
'69 dallo stesso Ramo,...': (1968), p. 483 n. 190.

texte, comment il l'adapte afin de la faire entrer dans son système; car comme nous l'avons déjà pu constater dans les chapitres précédents, de tels emprunts, très souvent, ne sont pas 'innocents', les citations n'étant pas adoptées à la lettre. En mettant une fois de plus en lumière ce 'travail' sur la citation, nous espérons illustrer notre thèse d'après laquelle la rhétorique ramiste s'est élaborée au moyen d'une manipulation consciente des termes et textes classiques.

On se rappelle que l'objet du chapitre 15 de la *Rhétorique* consiste en la description de la 'mesure poétique' (*dimensio poëtica*), la 'cadence' (*numerus poëticus*), dont l'enjeu dépasse de loin l'étalage d'une érudition humaniste 'neutre' ('good humanistic erudition') comme le voudrait W. Ong. Nous avons vu en effet qu'il s'agit d'une véritable mise en question, voire d'un renversement de la perspective classique — essentiellement 'cicéronienne' — respectée jusqu'ici. Le terme générique de *dimensio*, remis en honneur plus de vingt ans après que Talon s'en était servi dans les *Institutions Oratoires*, provient du vocabulaire de Quintilien. Ce dernier l'avait utilisé, on le sait, tout au début de la longue section du neuvième livre consacrée au nombre oratoire (IX, 4, 45); et quelque 70 paragraphes plus loin (IX, 4, 112sqq), il met l'orateur futur en garde contre une technique métrique trop poussée, où chaque membre de la période serait mesuré 'à la règle' ou pesé 'à la balance' (*dimetiri, perpendere*); il faut, avant tout, éviter l'affectation, en se souvenant du fait que nous avons affaire à un phénomène *naturel*, inhérent à la langue.

Dans ce contexte, Quintilien en vient à donner un petit aperçu 'historique', rappelant qu'il y avait du 'rythme' avant la découverte des pieds métriques et leur 'mise en système', en prose aussi bien qu'en poésie. C'est cet aperçu assez lapidaire que Ramus reprend; mais là où Quintilien avait parlé du sentiment inné de la *quantité* syllabique, Ramus entend discuter le 'rythme' primitif, non-quantitatif *par définition*, et de l'évolution (mystérieuse) de la versification non-quantitative à la versification métrique: la prosodie classique. Comparons les deux passages:

Quint. IX, 4, 114	*Ramus (1582), p. 31-32*
Quasi vero *numeri* non sint in compositione deprehensi, sicut *poëma* nemo dubitaverit impetu quodam initio fusum et aurium mensura et similiter decurrentium spatiorum observatione esse generatum, mox in eo repertos pedes. Satis igitur...etc.	...Atque haec infantia est poëticae dimensionis: & sic Quintilianus *ait rhythmum*, aurium mensura & similiter decurrentium spatiorum observatione esse generatum: mox in eo repertos esse pedes, eorumque locis certis ordinatorum dimensione, *facta esse metra*:... etc.

Selon Quintilien donc, il y avait 'des nombres' en grec et en latin. Les orateurs 'primitifs' ont dû se servir spontanément des cadences inhérentes à ces langues à cause du simple fait que les longues et les brèves sont là, à la portée de tout le monde; ce n'est que longtemps après qu'on s'est avisé de créer une technique sur la base de ces données: prise de conscience du parti qu'on peut tirer des ressources naturelles.

De la même façon, les poètes de jadis ont composé des poèmes bien avant de s'être aperçus de façon explicite qu'ils observaient en fait certaines 'règles' prosodiques, puisque les règles ont été découvertes *a posteriori*, sur la base d'une pratique irréfléchie[41].

Dans les deux cas donc, la *compositio* a pu naître du fait de l'existence des quantités, dont on n'avait même pas le choix de ne pas se servir. Ramus remplace hardiment le mot *poëma* par celui de *rhythmus*, tandis que quelques lignes plus haut, il avait précisé que ce rythme s'effectue *sine ulla longarum vel brevium syllabarum dimensione*. Autrement dit, le 'rythme' de Ramus n'a vraiment rien en commun avec le 'poème' de Quintilien, sinon une certaine régularité (créée par des moyens très divers). Dans ce rythme pourtant, composé d'un nombre déterminé de syllabes et de la rime, des pieds métriques auraient été *trouvés*, qui auraient ensuite été rangés en séquences métriques. Heureuse trouvaille que cette 'découverte' des pieds dans un système linguistique non-quantitatif! Et la preuve du bien-fondé de cet aperçu 'évolutionniste'? Mais bien sûr les expériences des poètes français contemporains; ainsi Baïf, Jodelle, Pasquier, toute l'avant-garde littéraire enfin!

Que le lecteur veuille bien nous pardonner ces quelques remarques ironiques. Nous savons trop bien que les problèmes auxquels Ramus se voyait confronté étaient de taille, et qu'il a eu raison malgré tout d'affirmer l'existence, dans la Grèce et l'Italie archaïques, des systèmes poétiques régis par des contraintes non-métriques[42]. Mais là n'était pas notre propos. Ce que nous avons voulu mettre en évidence, c'est que Ramus, 'constituendae doctrinae gratia', ne craint pas d'escamoter un mot, et ce faisant, de dénaturer le sens de tout le passage, dans une citation désignée explicitement comme telle: 'sic Quintilianus ait...'. On a là une preuve irréfutable de ce que la rhétorique ramiste a été développée grâce à cette manipulation très réfléchie que nous avons déjà soulignée plusieurs fois[43].

---

[41] Cf. déjà Cic. *Or.* 55, 183.

[42] Voir p. ex. R. de la Grasserie, 'Essai de rythmique comparée', in *Le Muséon* (Louvain) X (1891), p. 427 (cf. pp. 422-3): 'en effet si a partir d'une certaine époque la succession historique a bien été celle-ci: 1° la *quantité* syllabique, 2° l'*accent d'intensité*, 3° le *nombre de syllabes* avec la *sonorité* ou *rime*; en remontant en deçà du point de départ, on trouve une série en ordre inverse.' Cf. également la thèse de Fr. Kossmann, *Nederlandsch Versrythme*, La Haye 1922, p. 11sqq. M. Kossmann se montre souvent très proche de nos propres préoccupations: voir surtout son chapitre d'introduction.

[43] On ne s'étonne plus dès lors de voir que Ben Jonson, grand lecteur de la *Grammaire* et de la *Rhétorique* ramistes, attribue effectivement les considérations sur le 'rythme primitif'

Il nous reste à parler brièvement des autres chapitres concernant la *sonorum dimensio*. Le prochain, *de metro*, n'est guère différent des sections parallèles dans les versions antérieures. Ici comme ailleurs, la dichotomisation est poussée à un niveau de perfection quasiment inégalable. Ainsi, les pieds métriques sont divisés en pieds bissyllabiques, simples et mixtes, et en pieds trisyllabiques simples et mixtes. Le *carmen* est divisé en simple et composé, ce dernier à son tour en 'tétramètre' et 'polymètre', etc. etc.

Le chapitre 17, *de numeri oratorii origine & laude*, est composé d'une suite d'emprunts aux ouvrages de Cicéron et de Quintilien, et ne présente aucun intérêt, sinon du point de vue du 'système'[44]. Système *généalogique*, d'abord. Au début du chapitre Ramus, à la suite de Cicéron, prend soin de mettre en lumière la *naissance* de la prose oratoire, celle-ci ayant été créée à l'image du poème; plus en particulier, le nombre oratoire est une imitation partielle du mètre poétique, aux cadences infiniment plus discrètes[45]. Idée tout à fait traditionnelle, déjà présente dans les versions antérieures, mais explicitée ici pour la première fois en fonction de la perspective généalogique dont on connaît maintenant l'importance.

Système *terminologique général*, ensuite. Après avoir cité le long passage de Quintilien sur l'hyperbate (VIII, 6, 62-4) dont nous avons déjà parlé, Ramus glisse une remarque anodine à première vue, mais qui s'avérera être capitale dans l'économie de son système. Voici ce qu'il dit:

> Numerus oratorius rhythmi nil admodum habet, nisi forté in quadam repetitione, de qua suo loco: totus est in observatione pedum:...etc.
>
> *Rh.prael.* (1582), p. 36

On conviendra que la remarque est plutôt énigmatique; mais Ramus promet de revenir sur le sujet à l'endroit approprié. Ainsi ferons-nous, en

---

à Quintilien. Dans son *English Grammar*, publiée en 1640, il exprime sa confiance à l'égard des futurs *vers mesurés* anglais dans les termes suivants: '(..) And, as for the difficultie, that shall never withdraw, or put me off, from the Attempt (...). Especially when *Quintilian* hath observ'd to me, by this *naturall Rythme*, that we have the other *Artificiall*, as it were by certaine *Markes*, and *footing*[s], first traced, and found out.' Souligné par l'auteur. Cité in Attridge, (1974), p. 230; cf. *ibid.*, p. 127-8.

[44] Citations tantôt indiquées par des guillemets en marge (± 50%), tantôt sans indication particulière. Citations explicites: Quint. VIII, 6, 62-4 (hyperbate), IX, 4, 55, emprunté à son tour à Cic. *Or.* 70, 234; Cic. *Or.* 68, 228-9. Citations 'implicites', dans l'ordre de leur occurence: Cic. *Or.* 52, 174; Quint. IX, 4, 56; Cic. *Or.* 52, 175-6; 51, 171; 50, 168; 68, 228.

[45] *Rh.prael.* (1582), p. 35: 'Numerus poeticus expositus est. Oratorius, est numerus quidem non incertus, sed tamen & poetico, & sibiipsi perpetuó dissimilis. *Natus* autem est ex illo poetico, cuius voluptatem rhetores *imitati* sunt, cúm hîc animadvertissent poetas quidem populo placere, in oratoribus autem genus ἄρρυθμον & incompositum cum severitate audiri.' Cf. Cic. *Or.* 52, 174: 'Cum enim videret (*scil.* Isocrates) oratores cum severitate audiri, poetas autem cum voluptate, tum dicitur numeros secutus, quibus etiam in oratione uteretur, cum iucunditatis causa tum ut varietas occurreret satietati.' Voir aussi Cic. *De Orat.* III, 44, 173-4 ('a poëtica ad eloquentiam').

priant le lecteur de bien vouloir garder en mémoire les trois termes évoqués ici par Ramus: *nombre, rythme, répétition.*

Avant d'en arriver là, il faudra encore jeter un coup d'œil sur le dernier chapitre concernant la 'mesure des sons': chapitre 18, *de numeri oratorii observatione.* Il couvre plus de 5 pages, mais ne contient rien de nouveau: Ramus y répète avec beaucoup d'insistance sa vieille théorie, selon laquelle la *litterarum bonitas* (l'euphonie) l'emporte de loin sur le simple 'calcul' des pieds métriques[46]. A plusieurs reprises, il renvoie à ses propres commentaires des vingt principaux discours de Cicéron, et souligne à l'attention des novices que la *pratique* (*usus*) de celui-ci est en contradiction flagrante avec ses propres théories.

Il est grand temps de se tourner vers la seconde sous-section des figures de mots, où Ramus va parler de l'autre membre de la dichotomie [B]: *sonorum repetitio.*

§ 4. *Numerus, concinnitas*

Dans les chapitres 19 jusqu'à 27, Ramus discute les figures de mots proprement dites: anaphore, gradation, etc. Leur nombre reste identique à celui des versions antérieures, mais Ramus en change légèrement l'ordre de présentation, conforme à la nouvelle division qu'il va intercaler également dans le texte des *Scholae* (1569):

> Figura dictionis *in dimensione soni* eiusmodi est: sequitur quae est *in soni repetitione*: & quidem similis, aut dissimilis. Similis continué vel disiuncté. Continué, in eadem sententia, vel in diversis[47].

Cette division dichotomisée oblige Ramus à adapter la définition des figures individuelles. Relevons à titre d'exemple les définitions de l'*épizeuxe* et de l'*anaphore*:

> ...In eadem sententia appellatur Epizeuxis: quando nempe sonus idem iteratur in eadem sententia.

> Anaphora seu relatio est, quando sonus idem iteratur in principiis sententiarum[48].

Changement d'un intérêt mineur, sinon nul, sauf en ce qui concerne l'absence du mot *numerus*, omniprésent dans la *Rhetorique Françoise* et la *Rhetorica* de 1557! Or, étant donné que le mot *numerus* figure dans la défi-

---

[46] Voir notamment *Rh.prael.* (1582), pp. 39, 41.

[47] *Rh.prael.* (1582), p. 41. 'eiusmodi': expliquée dans les chap. [15-18] *précédents.* 'repetitio [soni] dissimilis': assonance. Voir *Scholae* (1569), col. 382. Cf. *supra*, chap. 3, § 2, *nota.*

[48] *Rh.prael.* (1582), pp. 41, 44. A comparer avec les définitions citées *supra*, chap. 6, § 2 (a), (b).

nition générale de la figure de mots[49], cette omission compromet la rigueur du système; car ce qui vaut pour le tout, vaut également pour les parties, d'après les principes méthodologiques élaborés depuis longtemps par Ramus lui-même. On le comprend, pourtant. En fait, nous avons affaire ici à *deux* principes méthodologiques dont Ramus a dû constater qu'ils étaient entrés en conflit au cours du développement progressif du système rhétorique: le principe que nous venons d'évoquer d'une part, et celui de l'*univocité* des termes, de l'autre. Le concept de 'nombre' en effet s'était chargé d'une ambiguïté dangereuse, et avait acquis une 'élasticité' telle qu'au terme du trajet il n'était très souvent rien d'autre qu'une simple métaphore. Bref, il n'avait pas échappé à ce que nous avons appelé 'le pervertissement sémantique'; et Ramus, Cicéronien fidèle après tout, n'a pas pu ne pas s'en apercevoir. Ayant donc au préalable sacrifié l'univocité à l'élégance du système, le voici qui à présent paraît préférer l'inverse. La lucidité dont il fait preuve dans l'élaboration de son système nous interdit de conclure à une manœuvre irréfléchie; il a dû peser le pour et le contre, et s'être décidé à accepter ce léger déséquilibre du système, choisissant entre deux désavantages celui qui lui semblait présenter le moindre inconvénient[50].

Quoi qu'il en soit, nous sommes confrontés au fait que le mot *numerus* fait défaut dans toutes les définitions des figures individuelles, *à une exception près*: dans la définition de l'*épistrophe*. On se rappelle que c'est précisément sous l'épistrophe que Fouquelin avait fait ressortir la *ryme* française; on se rappellera également que Richardson, dans ses *Prelections on Taleus his Rhetorick*, avait critiqué la division mètre / rythme chez Ramus en observant que dans le rythme, 'il y a en quelque sorte une *épistrophe*..', ce qui, comme nous l'avons vu, est effectivement indéniable.

Autrement dit, nous sommes ici confrontés à une fâcheuse 'doublure' dans le système. Ramus en a-t-il été conscient? Certainement. La présence du mot *numerus* (et encore du mot *rhythmus*) en est la preuve. Et c'est ici que la remarque énigmatique, relevée à la fin du paragraphe précédent, se trouvera à la fois justifiée et expliquée; il est par ailleurs bien évident que le fait même que Ramus a tenu à 'préparer' ses lecteurs constitue une autre preuve de sa lucidité dans la manipulation des concepts et des termes. On s'en convaincra en étudiant le passage qui suit:

---

[49] Voir le paragraphe précédent, début: définition [A].

[50] Nous sommes conscients du fait que notre interprétation ne repose sur aucune preuve tangible, et prions le lecteur soit de l'agréer comme telle, soit de la combattre avec des arguments meilleurs que ceux dont nous disposons. Ajoutons toutefois que dans ses articles sur la version posthume de la *Dialectique* française, C. Walton nous a montré un Ramus beaucoup plus 'socratique', c'est-à-dire beaucoup plus conscient du caractère approximatif, provisoire de sa méthode que le Ramus 'borné' tel que nous l'a présenté W. Ong: voir Walton (1970).

Epistrophe seu conversio est *numerus*, quo similis sonus in clausulis *iteratur*. Hîc autem *rhythmus quidem oratorius* persaepe resonat in membris paribus, quae idcirco iam olim πάρισα καὶ ἰσόκωλα nominata sunt: addita sunt etiam ἀντίθετα & ὁμοιόπτωτα: quae quamvis insint, nihil tamen ad orbem concinnitatis huius (ut Cicero appellat) efficiunt: sed totum efficitur similiter desinentium ἐπιστροφῇ, & conversione: quae ideo ὁμοιοτέλευτα dicuntur[51].

Dans la *Rhétorique* de 1548 il n'y avait pas trace d'un quelconque rapprochement de l'*épistrophe* et de l'*homéotéleute*; ce n'est que dans la version de 1557 que Talon souligne la parenté des deux figures[52]. Nous avons constaté que dans cette version, publiée après la *Rhetorique Françoise*, il en avait même 'rajouté' en insistant très fréquemment sur les effets merveilleux de la 'consonance', en particulier celle réalisée par l'homéotéleute, et nous avons vu là un effet de 'contamination', Talon s'étant laissé un peu trop inspirer par la version française qu'il paraît parfois avoir 'retraduite' en latin. Or, dans la version remaniée de Ramus, toutes les remarques de ce genre ont été éliminées, sauf à l'endroit de l'épistrophe. Manœuvre parallèle à l'élimination du terme *numerus* dans toutes les définitions des figures, sauf une. De la sorte en effet, la dangereuse 'fusion' des catégories poétiques et rhétoriques a été conjurée: le *nombre* est du ressort de la *dimensio*, les figures du ressort de la *repetitio*; celle-là est une procédure poétique — même dans la prose, les orateurs ayant 'volé' leur technique rythmique aux poètes —, celle-ci à la fois poétique et oratoire, mais foncièrement distincte de la première.

L'on ne saurait nier que la nouvelle version, ainsi élaborée, ne présente de grands avantages comparée à celle qui précède: Ramus a considérablement 'assaini' le système rhétorique au moyen d'une conceptualisation supérieure, tout en réservant une place de choix à la poétique des langues vernaculaires. Au sujet de la *concinnitas* pourtant, et en particulier en ce qui concerne la *rime* en poésie et l'*homéotéleute* en prose, il est obligé de tolérer une faille dans son système méticuleux: ici, les cloisons étanches entre la *dimensio* et la *repetitio* se montrent inopérantes, pour la simple raison que la *clausula* du rythme poétique (domaine de la *dimensio*) et l'épistrophe (domaine de la *repetitio*) se confondent. D'où la résurgence, au cœur de la catégorie de la *soni repetitio*, des termes *numerus* et *rhythmus* à côté de celui d'*iteratio* (synonyme de *repetitio*).

Il y a plusieurs observations à faire dans ce contexte. D'abord, au niveau terminologique, la substitution de *numerus quasi poëticus* (dont Talon s'était servi jusque là pour désigner le phénomène de la *concinnitas*[53]) par *rhythmus quidam oratorius*. Ce 'rythme oratoire', effectué

---

[51] *Rh.prael.* (1582), chap. 23, début: p. 45.

[52] Cf. *Rh.* (1550), p. 48-9; *Rh. 57*, p. 35-6. Cf. *supra*, chap. 6 § 2 (iv).

[53] Cf. *Rh.* (1550), p. 62; *Rh. 57*, p. 40. Cité *supra*, chap. 4 § 2 et chap. 6 § 2 (dernières citations).

par l'*isocole* et l'*homéotéleute*, est la variante en prose du rythme poétique, réalisé par le nombre égal de syllabes et la rime. Techniquement, les deux procédés sont interchangeables; mais il est clair que Ramus tient à maintenir la séparation entre prose et poésie, l'inscrivant en quelque sorte dans les termes mêmes. Ce premier point nous mène au second, à savoir que Ramus reste ici encore fidèle à la 'perspective généalogique' mise en place au début de la section; il prend soin en effet de souligner que les procédés effectuant la *concinnitas* — les gorgianismes — sont très *anciens* (presque aussi anciens que ceux du rythme primitif?): les 'membres égaux' sont appelés πάρισα καὶ ἰσόκωλα dès les temps les plus reculés: *iam olim.* Enfin, le parallèle exact qu'il établit entre rythme poétique et rythme oratoire l'oblige à écarter de la série des gorgianismes l'*homéoptote.* Elimination qui était restée implicite dans la *Rhétorique* de 1557, mais qui acquiert à présent un statut 'officiel' [54]: désormais, seuls l'*isocole*, et en premier lieu l'*homéotéleute* produisent la *concinnitas.* Comme nous l'avons déjà indiqué, le texte des *Scholae rhetoricae* de 1569 sera également modifié en conséquence: homologation conforme à la prière de Ramus adressée au lecteur dans la préface de se servir concurremment des deux textes (*Rhétorique* et *Scholae*) [55].

Les quelques observations qui précèdent nous montrent derechef jusqu'à quel point les modifications effectuées sont le fruit d'un effort réfléchi; tout a été fait dans un but bien précis, tout se répond très exactement. Les faiblesses mêmes que nous avons détectées dans le système n'échappent pas pour autant à la prise de Ramus, car loin d'être le résultat d'une quelconque négligence de sa part, elles sont tolérées, de façon délibérée, 'jusqu'à nouvel ordre', jusqu'au moment où Ramus aura trouvé moyen de les éliminer en ajustant son modèle. A n'en pas douter, si le temps lui avait été accordé, il serait resté fidèle à l'auto-portrait qu'il avait tracé dans l'admirable préface à la *Dialectique* de 1555:

> ...me voyant en plusieurs lieux esgaré grandement de mon but, je m'accuse moy-mesme de lascheté & paresse, comme ayant consumé si long temps laschement & paresseusement: Ainsi donques esmeu de ceste vergongne, je m'employe de plus en plus, & employe voiles & ventz par tout moyen de labeur & diligence desirant la perfection de l'œuvre... [56]

Le lecteur trouvera à la fin du chapitre le plan de cette dernière version de la rhétorique ramiste. C'est sur cette version que se basent les multi-

---

[54] *Rh. 57, ibid.*; on sait que Ramus avait rejeté l'*antithèse* dès les années '48-'49, mais que néanmoins elle figure encore parmi les gorgianismes dans la première version de la Rhétorique: *Rh.* (1550), *ibid.*

[55] *Scholae* (1569), col. 296, ll. 6-9: voir *supra*, chap. 3 § 2, *nota*. Préface: *Rh.prael.* (1582), p. 10, déjà cité.

[56] *Ed.* Dassonville (1964), p. 53.

ples commentaires et adaptations réalisés ultérieurement. Si nous essayons à présent de dresser le bilan des corrections et améliorations proposées par Ramus, nous devons constater tout d'abord qu'il a réussi en grande partie à repousser les ambiguïtés terminologiques — et partant conceptuelles — dont les versions antérieures, et singulièrement celle de 1557, étaient grevées. Il a en effet construit un système aux articulations vigoureuses, dichotomisé au maximum. Grâce à son 'dispositif' généalogique, il a non seulement éliminé la confusion entre poétique vernaculaire et rhétorique générale, mais encore réservé aux littératures des langues vulgaires une place tout à fait privilégiée: ce sont elles qui, encore et toujours détentrices du rythme primitif, plongent leurs racines dans le fond des capacités créatrices de l'espèce humaine, alors que les littératures dites classiques ne sont en fait que des 'produits dérivés'. Enfin et surtout, il a introduit un élément nouveau[57], vital dans l'économie de son système, renonçant ainsi, au niveau terminologique, au cadre cicéronien respecté jusqu'ici. Si l'on se rappelle à quel point la *Rhetorique Françoise*, destinée en principe à ne rendre compte que des faits littéraires *français*, était encore prisonnière d'une terminologie classique, on s'apercevra du pas de géant franchi maintenant par Ramus[58]. Ses recherches 'généalogiques' lui ont permis de briser le cercle magique des arts libéraux créés à Athènes et à Rome. Désormais, la conceptualisation classique ne suffit plus à ses besoins; et l'adoption du terme non-cicéronien *rhythmus* ainsi que son introduction à un endroit stratégique du système, portent témoignage de la réorganisation radicale et irréversible de la rhétorique ramiste.

Comme nous l'avons annoncé, nous terminons le présent chapitre en donnant le plan de la dernière *Rhétorique* de Ramus, suivi d'un 'agrandissement de détail' qui mettra en évidence l'articulation de la perspective généalogique à l'intérieur du système.

---

[57] Bien entendu, cet élément n'est 'nouveau' qu'à l'intérieur du système ramiste: nous avons vu que le terme *rhythmus* est familier aux grammairiens et poéticiens du Moyen Age de même qu'aux rhétoriciens renaissants: Strébée, Rapicio. Voir *supra*, II, chap. 4 et 6 § 4, B (a) (b).

[58] Il est vrai que cette terminologie avait déjà été soumise à une importante revalorisation sémantique au cours du développement de la rhétorique ramiste (années 1545-1557). Mais les termes eux-mêmes avaient été respectés; et jusque-là aucun terme non-cicéronien n'avait été introduit dans le système.

A. *Plan de la RHETORICA* (1567 etc.)

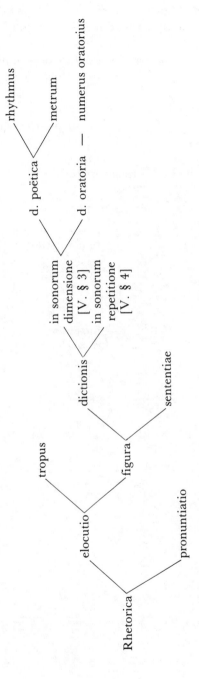

B. *Agrandissement de détail: généalogie de la littérature.*
*Voir aussi les schémas 1-3 du chapitre présent.

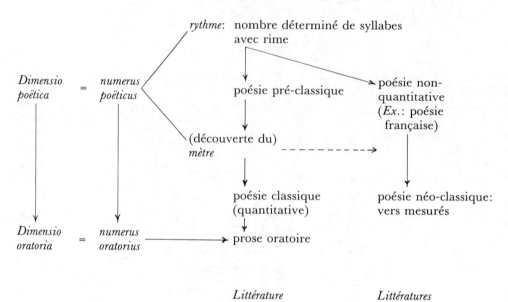

Littérature   Littératures
grecque et latine   vernaculaires

CHAPITRE IX

SUITE, ET FIN

§ 1. *La mort de Ramus*

La fin atroce de Ramus a beaucoup contribué à sa gloire: elle l'a promu au rang de martyr: martyr de la foi, de la science. Les biographes contemporains et futurs se sont délectés à évoquer les circonstances hallucinantes de l'assassinat[1]; ils nous assurent que certains des collègues de Ramus n'ont pas survécu au choc de la nouvelle: Denys Lambin par exemple serait tellement consterné qu'il en est tombé gravement malade, et est décédé un mois après[2]. Ils ont fourni la matière pour une scène dans la pièce de Christopher Marlowe (1564-1593), *The Massacre at Paris*[3]; jusqu'au XIXe siècle, ils ont alimenté les diverses hagiographies protestantes[4].

Pourquoi faire état de la mort de Ramus dans une étude consacrée à la rhétorique? D'abord, parce qu'elle marque vraiment un point d'arrêt dans l'évolution de la rhétorique ramiste: le *Commentaire* de Claude Mignault ou le *Tableau de Rhetorique* de Christophle de Savigny s'accommodent à la dernière version de la *Rhetorica*, traitée dans le chapitre précédent, tandis que les traductions ou adaptations d'autres 'ramistes' — citons Abraham Fraunce, Johann Freige, Johann Bilstein, Johann Heinrich Alsted — se basent également sur cette même version, sans y être scrupuleusement fidèles. Ensuite, parce qu'elle nous sert de prétexte à parler brièvement des biographies, et de l'apport que celles-ci peuvent constituer dans l'étude scientifique des ouvrages ramistes.

Commençons par considérer ce second point. Trois biographies de Ramus ont paru dans les dernières décennies du XVIe siècle: celle de Freige, jointe à la réédition des commentaires de Ramus sur les huit discours consulaires de Cicéron, publiée en 1575 à Bâle[5]; celle de Banos, en tête de l'édition posthume d'un ouvrage théologique de Ramus, les *Com-*

---

[1] Voir surtout N. Nancel, *P. Rami Vita*, *éd.cit.* (1975), p. 266sqq.

[2] C. Tollius, *o.c.* (1647), p. 55-6.

[3] Scène IX. La pièce fut représentée pour la première fois en 1593.

[4] Cf. p. ex. E. & E. Haag, *La France Protestante*, tome VI, Paris 1856, p. 329-339 (art. *La Ramée*); et bien sûr l'étude de Waddington (1855).

[5] [*P. Rami*] *Praelectiones in Ciceronis orationes octo consulares una cum ipsius Vita per Ioannem Thomam Freigium collecta,...* Bâle, P. Perna, 1575. Ong, *Inv.* (1958), no. 713. La *Vie* fut réimprimée e.a. à la fin de l'éd. 1599 des *Collectaneae Praefationes...* (Ong, *Inv.* (1958), no. 718), déjà citée.

mentaires sur la foi chrétienne[6]; elle est datée de Francfort, janvier 1976, et dédiée à Sir Philip Sidney (1554-1586), traducteur de Psaumes, auteur de recueils de sonnets et d'une importante *Defence of Poesy*; celle de Nancel enfin, publiée en 1599 mais rédigée vers 1581[7]. Ces trois *Vitae* ont fait autorité jusqu'au siècle dernier, malgré le fait que les deux premières ont été composées surtout à partir de sources 'livresques', c'est-à-dire sur la base d'une étude des ouvrages, préfaces ou lettres de Ramus et de Talon. La seule biographie basée sur un contact régulier de plus de vingt ans[8] est celle de Nancel, qui pour cette raison a le plus de droits à notre confiance.

Pourtant, ce qui risque de faire problème, c'est le caractère 'oratoire' des biographies. Les auteurs — Nancel aussi bien que les autres — se sont pliés aux règles du *genre* biographique, proche de celui de l'*éloge*. C'est dire que la volonté de 'magnifier' les 'exploits' de Ramus l'emporte très souvent sur le souci de la véracité; et l'on ne s'étonne guère dès lors de rencontrer à chaque pas les éléments de la topique laudative, telle qu'on la trouve par exemple dans les *Progymnasmata* d'Aphthone, l'un des manuels scolaires les plus répandus au XVIe siècle[9]. Ainsi, l'un des éléments standard de la topique est la *laudatio a morte*, laquelle clôt normalement l'éloge d'une personne... Il faudra donc toujours compter avec le côté *code* des biographies[10]. Ceci dit, il nous semble légitime de se servir

---

[6] *P. Rami Commentariorum de religione Christiana libri quatuor, nunquam antea editi; eiusdem Vita, a Theophilo Banosio descripta*, Francfort, A. Wechel, 1576. Ong, *Inv.* (1958), no. 637. Cf. *ibid.*, p. 391-2 (avec quelques références). *Réimpr.* 1577, 1583, 1594. Voir *Annexe* II. Cf. aussi l'excellent article de J. Moltmann, 'Zur Bedeutung des Petrus Ramus für Philosophie und Theologie im Calvinismus', in *Zeitschrift für Kirchengeschichte* 68 (1957), p. 295-318.

[7] Cf. l'introduction de P. Sharratt à son édition de l'ouvrage, *éd. cit.* (1975), p. 161-6.

[8] Sharratt, *éd. cit.* (1975), p. 161: '..Nancel has been first a student of Ramus, then his secretary, editor and collaborator, and his close friend for a period of twenty years and more.' Voir aussi J. J. Verdonk, *Petrus Ramus en de wiskunde* ('P.R. et les mathématiques'), Assen 1966, pp. 48sqq., 422sqq. (bibliogr.); également l'index, *s. n.*; P. Sharratt, 'Nicolas de Nancel (1539-1610)', in *Acta Conventus Neo-Latini Amstelodamensis* [1973], *éd.* P. Tuynman e.a., Munich 1979, p. 918-927.

[9] Sur la biographie comme genre épidictique, cf. Th. C. Burgess, 'Epideictic Literature', dans *Studies in Classical Philology* 3 (1902), p. 117sqq. ('The connection between the encomium and biography is still more intimate.'); sur l'exercice de l'éloge, voir C. G. Meerhoff, *Progymnasmata*, thèse pour le doctorat, non publiée, Amsterdam 1974, p. 70-82.

[10] L'éditeur d'Aphthone, Lorich, donne l'exemple d'un éloge de Démosthène, construit selon le schéma *exordium – a genere – a patria – a maioribus – ab educatione – a bonis animi – a bonis corporis – a bonis fortunae – a morte*. A comparer avec Nancel, *Vita*, début: [*exordium*] – *De Rami genere, et ortu, parentibus, et natali solo*; *De Rami cognomine – Rami educatio*, etc. Comme pour Démosthène, la naissance obscure de Ramus n'est qu'un titre de gloire en plus; Ramus 'illustre' sa patrie obscure, etc., etc. Cf. aussi Nancel, *ibid.* (1975), p. 174 et Th. Banos, *Vita*, in (1576), f° A3ro: 'Patria Petri Rami fuit Veromanduorum pagus, QWT, olim obscurus, sed in posterum celebris, qui Oratorem & Philosophum non minori laude quàm Arpinum alioquin ignobile, Ciceronem genuerit.' — Nous avons cité les *Progymnasmata* d'après l'éd. suivante: *Aphthonii Sophistae Progymnasmata. Partim à Rodolpho Agricola, partim à Ioanne Maria Catanaeo latinitate donata. Cum...scholiis Reinhardi Lorichii Hada-*

de ces biographies — à condition de le faire avec précaution — afin d'élucider tel point sous discussion; nous n'avons pas hésité à y recourir de temps en temps. Banos confirme opportunément le caractère didactique, voire simplificateur, de la *Rhetorica* de Talon[11]; Freige met en lumière la complémentarité des *Scholae rhetoricae* et de l'*ars rhetorica*, bien qu'il la présente de façon inversée, comme le démontre l'examen du passage parallèle chez Nancel[12]. Ce dernier nous informe de plusieurs ouvrages perdus de Ramus, par exemple la moitié des commentaires sur Cicéron; il nous renseigne sur la façon de travailler de Ramus, sur la collaboration intense avec les collègues et élèves; il soulève déjà la question de l'*authorship* de la *Rhetorica*[13]: question que nous avons écartée, mais qui continue d'être débattue[14]. Il relate les rapports de Ramus avec les poètes de la Pléiade[15]; curieusement, il ne dit *rien* à propos de la lutte de Ramus en faveur de la langue vulgaire, qu'il semble considérer — avec les deux autres biographes — comme une préoccupation négligeable de son héros. Dans les chapitres précédents, nous avons essayé de montrer que si cela est indéniable pour la plupart des ouvrages ramistes, il n'en est pas de même pour la *Rhétorique*, dont l'évolution dépend en grande partie du désir de concilier la rhétorique classique et la rhétorique vernaculaire[16]. Bref, les biographies doivent être maniées avec la plus grande circonspection; on aurait tort cependant de les ignorer tout à fait.

---

marii. Paris, J. Macé, 1573. Passage relevé: (1573), ff. 84ro-85ro ('Laus Demosthenis'). Le 'scholiaste' Lorich emprunte la *ratio amplificandi* à Bucoldianus, *De inventione...*(1534 etc.); il connaît également les traités du rhéteur Ménandre.

[11] Banos (1576), f° [8]^ro: '..Ut enim vasa oris angusti superfusam humoris copiam respuunt: sic tenella puerorum ingenia perspicuitatem & doctrinae amant compendia, confusasque regulas non recipiunt. Rhetoricam Audomaro Talaeo tradidit arte brevi describendam, quam ex Platone, Aristotele, Isocrate, Cicerone, Quintiliano conflavit.'

[12] Cf. *supra*, chap. 1 + n. 17 et chap. 4, n. 2.

[13] Nancel, *éd.* (1975), p. 216sqq.: *Rhetorice*; *Talaei laus*; *Ramus Rhetoricen Talaei sibi vendicat, quo iure*: N. [= *Nancelii*] *coniectura*. Il est vrai que ce passage de Nancel a prêté à beaucoup de confusion, comme nous l'avons vu. Niceron en fait déjà justice: *Mémoires...*, tome XII, Paris 1730 (*réimpr.* Genève 1971), p. 303 (art. *Pierre Ramus*): 'On trouve dans la Rhetorique d'Omer Talon, que quelques-uns ont attribuée mal-à-propos à Ramus, un avis au Lecteur de la façon de Ramus, qui suffit pour détruire l'imagination de ceux qui l'ont accusé de plagiarisme, prétendant qu'il avoit publié sous son nom la Rhetorique de Talon.' — Sur la collaboration parmi les ramistes, cf. aussi l'article de W. J. Ong, 'A Ramist Translation of Euripides', in *Manuscripta* 8 (1964), p. 18-28, notamment p. 23-5, avec référence à la *Vie* de Nancel ('An *esprit de corps* evidently existed at Presles, and survived into adult years.')

[14] Dernièrement par J. J. Murphy, dans son introduction à la traduction des *Rhetoricae Distinctiones* que nous avons lue en manuscrit.

[15] Nancel, *éd.* (1975), p. 254.

[16] Aucun des biographes ne mentionne la version française de la *Dialectique*, ni la *Rhetorique Françoise* de Fouquelin!

§ 2. *Claude Mignault et Christophle de Savigny*

En 1577, l'érudit dijonnais Claude Mignault (c. 1536-1606) publie un commentaire sur la dernière version de la *Rhetorica* ramiste auquel nous avons déjà fait allusion plusieurs fois: *Audomari Talaei Rhetorica, unà cum facillimis ad omnia praecepta eiusdem artis,* & *exempla illustranda, commentationibus. Per Claudium Minoem Divionensem, Regiae Burgundionum scholae in Academia Parisiensi disciplinarum liberalium Doctorem.* Paris, G. Beys, 1577. Le Commentaire comporte, outre un tableau synoptique dépliable, un index important (11 pages). En tant que tel, il peut être considéré à juste titre comme le pendant de l'édition commentée de la *Dialectique* de Ramus[17], et aurait pu s'intituler *P. Rami Rhetorica, Claudii Minois praelectionibus illustrata.* L'ouvrage a été commenté dernièrement par L. Terreaux au Congrès des études néo-latines à Tours[18]; les activités de Mignault ont fait l'objet d'un article important, paru dans la revue *History of the Universities*[19]. L'auteur de ce dernier article, Anthony Grafton, entend précisément démontrer qu'on doit chercher l'essence de la pédagogie de Mignault dans son adhésion au programme de Ramus[20]; Louis Terreaux de son côté conclut à propos du commentaire sur la *Rhétorique*: 'Mignault n'invente rien. Il applique fidèlement les principes du ramisme'[21]. Rien de plus vrai. Le *Commentaire* est environ deux fois plus long que le texte de Talon-Ramus[22]; partout, Mignault se montre le défenseur intrépide de la méthode ramiste: il invente des objections, et les réfute; ainsi, à propos de l'ordre de présentation des figures (figures de mots — figures de pensée), il combat d'abord le point de vue de Quintilien (IX, 1, 19) et réfute ensuite une seconde objection possible[23]. La Préface au commentaire ('Prooemium in hanc Technologiam Rhetoricam') est déjà une véritable profession de foi ramiste, où Mignault explicite longuement — laborieusement — les principes méthodologiques des 'frères' du Collège de Presles[24]. Partout, il puise dans les *scholae dialecticae* et les *scholae rhetoricae*

---

[17] Rappelons le sigle: *Rh.com.* (1577). Voir *supra* chap. 1 et 8, § 1.

[18] Conférence recueillie dans les *Acta Conventus Neo-Latini Turonensis* [1976], éd. J.-Cl. Margolin, Paris 1980, vol. II, p. 1257-67: 'Claude Mignault Commentateur de la 'Rhetorica' d'Omer Talon.' Cf. aussi Niceron, *Mémoires..*, tome XIV, Paris 1731, p. 81-99.

[19] Vol. I (1981), p. 37-70: 'Teacher, Text and Pupil in the Renaissance Class-room: A Case Study from a Parisian College', par A. Grafton. Celui-ci s'occupe tout d'abord d'un recueil de textes classiques criblés de notes d'un étudiant de Mignault. L'Université de Princeton possède ce recueil depuis 1978. Grafton n'a guère de peine à démontrer que dans ses commentaires des *Catilinaires*, du *De optimo genere oratorum* ou des *Partitiones Oratoriae* de Cicéron, Mignault doit beaucoup aux commentaires de Ramus et de Talon sur les mêmes textes: *ibid.* (1981), pp. 43, 46; notes 23, 24, 34-6, 42.

[20] *Ibid.* (1981), p. 46-7.

[21] *Art.cité* (1980), p. 1265; cf. Grafton (1981), *l.c.*

[22] Ong, *Inv.* (1958), pp. 88, 106.

[23] *Rh.com.* (1577), ff. 18vo-19ro, déjà relevé. Bilstein adoptera cette tactique: *o.c.* (1591).

[24] Analysée par Terreaux (1980), p. 1259sqq.; cf. Grafton (1981), notes 34-35.

de Ramus; fait évident, qui semble avoir échappé à l'attention des deux chercheurs précités. A propos de chaque passage de la *Rhetorica*, il donne les sources et/ou des références supplémentaires; de la sorte, son commentaire pourra apporter des renseignements utiles à l'éditeur futur de la dernière version de la Rhétorique ramiste — qui d'ailleurs ne s'est toujours pas manifesté...[25].

Pour notre propos actuel il suffira de relever quelques exemples de sa procédure, et de jeter un coup d'œil sur le tableau synoptique mis en annexe. Nous nous bornerons aux notes explicatives qui se rapportent à la section concernant les figures de mots; Mignault y exprime de loin en loin son opinion personnelle, et se montre attentif aux similarités et différences entre langues classiques et langues modernes:

1. A propos de la définition du *rythme*:

> Definitur Rhythmus ex adiunctis syllabis in clausulam similiter desinentibus, qui in Graecis & Latinis auctoribus, qui sunt (ut ita dicam) de meliore nota, non cernitur, sed tantùm in vulgaribus linguis usitatus est...[26]

L'ajout ne permet guère de doute quant à ses préférences personnelles! Un peu plus loin, il souligne la différence entre le *rythme* classique et les *rythmes* 'vulgaires' (au sens de '*poèmes*'):

> (...) Numerum eundem esse vult idem Marc. Tullius, quem Graeci ῥυθμὸν appellant: quo vocabulo & nos utimur lingua vernacula, cùm nostrorum poëtarum, qui Gallica scripsere lingua, poësim significamus.

2. A propos de la possibilité des *vers mesurés* dans les langues modernes:

> Metrum etiam esse posse in linguis vernaculis, nostri quidam poëtae Galli nuper ostenderunt, sed quem successum habere possit iste conatus, & studium revera nimiùm insolens, posteri viderint[27].

Mignault se révèle ici nettement moins optimiste que Ramus; on remarquera également le latin médiocre du passage.

3. On se rappelle que dans la définition de l'*épistrophe* Ramus avait conservé le terme *numerus*, omis partout ailleurs. Comme premier exemple de l'emploi de cette figure — qu'il identifie à l'*homéotéleute* — il avait cité un passage du discours *Pro Pompeio*: 'Ut eius voluntatibus non modo cives assens*erint*, socii obtemper*arint*, hostes obedi*erint*: sed etiam venti tempestatesque obsecund*arint*.' Dans son commentaire, Mignault se conforme parfaitement au système terminologique de Ramus; il ne se permet aucune observation à ce propos:

---

[25] Rappelons qu'à l'heure actuelle, il n'y a *aucune* édition critique de quelque version de la *Rhétorique* ramiste que ce soit, ni même de simple réédition photomécanique!

[26] *Rh.prael.* (1582), p. 31: voir chap. précédent, § 3. *Rh.com.* (1577), f⁰ 20ʳᵒ, n. 9.

[27] *Rh.prael.* (1582), p. 32; *Rh.com.* (1577), f⁰ 20ᵛᵒ, n. 14.

Laus Pompeij ex felicitate in bello maxima. Sonus idem ad finem incisorum auditur *non sine iucundo verborum numero*[28].

Voilà à quel point Mignault se montre l'adepte fidèle de Ramus: il explique les difficultés du texte en bon maître d'école. Il faudra pourtant se garder de sous-estimer son influence. Le Commentaire a connu en effet plusieurs réimpressions (1579, 1582, 1583, 1584, 1589, 1594, 1601): 'C'est le témoignage d'un succès éclatant' (Terreaux); on sait que Bilstein (1591) s'en servira à son tour[29]. Le *tableau synoptique* en annexe du commentaire ne présente guère de particularités: nous avons vu que de tels tableaux récapitulatifs avaient déjà paru avant, en latin et en français (celui de Fouquelin)[30]; le mérite de leur confection ne revient pas tant aux commentateurs qu'aux auteurs ramistes eux-mêmes qui, de par leur approche didactique, simplificatrice, construisent leurs ouvrages scolaires sur la base de ces schémas, le critère de la réussite de l'ouvrage étant précisément son aptitude à la dichotomisation! N'importe, Mignault présente le tableau comme le fruit de son assiduité personnelle: *Tabula in hanc Rhetoricam, studio ac labore Claudii Minois conscripta.*

Un schéma quasiment identique a été ajouté quelques années plus tard à la 'nouvelle version *française*' de la *Rhétorique* ramiste. Nous voulons parler bien entendu des *Tableaux accomplis de tous les arts liberaux* de Christophle de Savigny[31]. L'auteur de ces *Tableaux* peut s'enorgueillir d'avoir écrit une des premières 'encyclopédies' du monde post-médiéval en langue vernaculaire; précisons avec Peter Sharratt qu'il a présenté 'an amplified *Ramist* encyclopedia', 'in a summary though visually exciting form'[32]. Or, Savigny, en bon ramiste, a rédigé l'ouvrage en *collaboration* avec un autre élève de Ramus, Nicolas de Bergeron. Dans son article cité en note, Brunet va jusqu'à dénier la paternité de l'ouvrage à Savigny, pour ne l'attribuer qu'au seul Bergeron. Sans aller aussi loin que le savant bibliographe, nous devons constater que les *Tableaux* ont certainement été 'revus et corrigés' par ce dernier; l'*avis des imprimeurs* nous l'atteste sans équivoque:

---

[28] Cic. *De imperio Pompei* 16, 48; *Rh. prael.* (1582), p. 45; *Rh.com.* (1577), f⁰ 33ᵛᵒ, n. 2.

[29] A la suite de Murphy (1981), p. 244-5, nous ajoutons deux rééditions (1583, 1584) à la liste fournie par Ong et adoptée par Terreaux (1980), *l.c.*

[30] Voir *supra*, chap. 4, dernière note.

[31] Voir *supra*, chap. 5, § 2. Sur Savigny, voir Chr. G. Jöcher, *Allgem. Gelehrten-Lexikon*, Leipzig 1750-1 (*réimpr.* Hildesheim, 1961), tome IV, col. 166; J.-Ch. Brunet, *Manuel du Libraire*, Paris 1820, t. III, p. 295-6 (notamment sur les rapports entre N. Bergeron et Savigny); Brunet cite une édition postérieure des *Tableaux*: Paris, Libert, 1619, in-f⁰. Cf. aussi A. Cioranesco, *Bibliogr.*, Paris 1959, p. 640.

[32] P. Sharratt, 'Peter Ramus and the Reform of the University: the Divorce of Philosophy and Eloquence?'. in: *French Renaissance Studies, 1540-70, éd.* P. Sharratt, Edimbourg 1976, p. 14.

(...) *N*ous avons esté advertis que le tout estoit passé par la lime de monsieur
Bergeron, Advocat en Parlement, son [= à Savigny] bon conseil & plus
familier amy...

A cela s'ajoute que l'ouvrage, publié en 1587 à Paris chez J. & F. de
Gourmont, a obtenu le privilège dès le 27 juillet 1584; et Bergeron est
mort à la fin de la même année.

En général, les *Tableaux* se présentent comme suit: sur la page de gau-
che, le tableau de telle *ars*, fortement dichotomisé; en regard, la *partition*
de l'*ars* [33]. Ainsi, le troisième tableau présente la *Dialectique* d'après l'optique ramiste: elle n'a que deux 'parties', l'*Invention* et le *Jugement*. De
même, le dixième tableau (numéroté 13) offre une vue d'ensemble de la
Rhétorique: 'Rhetorique a 2. parties', savoir l'*Elocution* et la *Pronontiation*.
Le *Tableau de Rhetorique*, richement encadré, est la représentation schématique de la dernière version de la *Rhetorica* de Ramus, traduite en
français. Autrement dit, il n'est que la combinaison du schéma qui fait
suite à la *Rhetorique Françoise* de Fouquelin, et de la *Tabula* de Mignault. Il
est en effet hors de doute que Savigny s'est servi de la traduction antérieure de Fouquelin; dans les *Partitions de la Rhetorique* en regard, il copie
celle-ci mot pour mot, se contentant d'adapter le texte là où il faut, c'est-
à-dire dans la section concernant les figures de mots, laquelle seule avait
été remaniée de façon spectaculaire par Ramus, comme nous l'avons
montré dans le chapitre précédent. Bien entendu, Savigny offre une version *concentrée* de la traduction de Fouquelin; mais les phrases qu'il en
extrait sont des emprunts *littéraux*.

Nous invitons le lecteur à se reporter au § 3 du cinquième chapitre
pour faire la comparaison, nous bornant à imprimer en italiques les mots
ou les phrases ajoutés par Savigny, afin de mettre en relief la fidélité de
celui-ci à la dernière version latine. Citons le passage consacré à la *figure
de diction*:

> Figure de diction est une figure, qui rend l'oraison doulce & harmonieuse,
> par une resonnance de dictions, appelée par les anciens, nombre, de
> laquelle on s'apperçoit avec plaisir & delectation: Le nombre donc de Rhe-
> torique est une plaisante modulation & harmonie en l'oraison, qui se faict
> ou par une certaine mesure & quantité de syllabes, gardee en l'oraison: Ou
> par une douce resonnance & repetition[s] des dictions [*sic*] de semblable

---

[33] Dans une 'encyclopédie ramiste' contemporaine, Freige établira clairement — mais
en latin — la différence entre *distribution*, *partition* et *division*: dans la section *De Logica* du
Paedagogus (Bâle, 1582) développée par questions et réponses, on lit: 'Quid est distributio?
Est distinctio totius in partes (...) Quot sunt species Distributionis? Duae:
Partitio & Divisio. Quid est partitio? Est integri in sua membra distributio. Sic domus distribuitur in fundamentum, parietes, tectum (...) Quid est divisio? Est generis in species
distributio. Sic virtus distribuitur in Prudentiam, Iustitiam, Fortitudinem, Temperan-
tiam.': (1582), p. 138-9. Dans le même passage on trouve la définition de la distribution
par excellence: la *dichotomie*.

son: *L'observation des syllabes en l'oraison est toute poetique, & est appellée rythme, ou mettre*: Rythme au vers françois par l'observation de 2. 3. 4. 5. 6. 7. 8. 9. 10. 12. syllabes *sans quantité*: mais le metre ou vers & carme se faict par l'observation de syllabes longues, ou breves: Toutesfois le françois n'a faict encore gueres d'art icy.*

Comme Mignault, Savigny se montre plutôt sceptique quant à la possibilité des *vers mesurés* en français! Dans la suite en revanche, il reste scrupuleusement fidèle à la nouvelle *division* de la figure de mots telle qu'elle avait été inaugurée par Ramus; le début est de nouveau copié de Fouquelin:

> ...La repetition du son convient tant a la prose, qu'au carme, & d'icelle peut user l'orateur, & le Poete indifferemment, quand bon luy semble, *laquelle est semblable continuement en mesme sentence comme epizeuxe: En diverse sentence, comme anadiplose, & gradation: Separement en mesme lieu, comme anaphore, epistrophe, & symploce: En lieu meslé, comme epanalepse, & epanode: Repetition du son dissemblable comme paronomasie, & poliptote*[34].

Ensuite, Savigny fait passer en revue les figures individuelles; mais là où Ramus avait éliminé le terme *nombre* dans les définitions de celles-ci, Savigny s'en tient aux définitions de Fouquelin. Preuve flagrante qu'il ne s'est pas douté un instant de la portée réelle des remaniements faits par Ramus! Le résultat est un curieux *mélange de deux stades* de la rhétorique ramiste. Par ailleurs, Savigny omet le plus souvent les rapprochements fort pertinents entre telle figure et tel genre de rime qu'on trouve chez Fouquelin: *épizeuxe* et rime couronnée, *épistrophe* et rime plate ou croisée, etc.; une fois seulement il suit les observations de Fouquelin, lorsque celui-ci met en rapport la *paronomase* et la *rime équivoque*; mais le choix de Savigny ne semble guidé ici par aucune considération réfléchie:

> Epizeuxe donc *est un nombre* de Rhetorique, par lequel un mesme son est subsequemment repete: (...)
> Epanalepse *est un nombre*, par lequel le mesme son est repeté au commencement, & a la fin de la clausule: (...)
> Paronomasie, c'est a dire agnomination & allusion au mot, ou resemblance d'un mot a l'autre, laquelle est ou de tout le mot, ou de partie d'iceluy: La paronomasie & resemblance de tout le mot est appellée des poetes françois *equivoque*, laquelle ils font espece de rhythme, quand le son du mot mis en la fin du carme, est repeté a la fin du vers simbolisant en un, ou plusieurs mots de diverse signification:...etc[35].

---

[34] Cf. *Rh.fr.*, p. 42-3; *Rh.prael.* (1582), p. 41, cité *supra*, chap. 8, § 4.

[35] Cf. *Rh.fr.*, p. 66. Signalons au passage une adaptation similaire chez un rhétoricien de Montpellier, Pierre Sainct-Fleur, qui dans un ouvrage médiocre, *Institutionum Rhetoricarum libellus*, Paris 1577 ([1]1561), fait également un tri assez arbitraire dans les matières proposées dans la *Rhétorique* ramiste: toute la partie concernant les tropes et les figures est une version 'concentrée' de celle-ci. Sainct-Fleur retient le terme *numerus* dans la définition de l'anaphore, l'épistrophe, l'épanalepse, l'épanode et la gradation ('Anaphora, relatio, *numerus* est...etc.'): (1577), ff. 22vo-23ro. Cf. F. Buisson (1886[1]), p. 580.

En raison de ce manque quasi-total de discernement, le *Tableau* de Savigny est somme toute décevant; c'est un épitomé fabriqué trop hâtivement, qui ne tient aucun compte des progrès réalisés entre-temps par Ramus. Savigny adopte la nouvelle trame il est vrai, mais à son niveau le plus superficiel: les nouvelles divisions, dichotomisées au maximum. Il rejette ce qui fait tout le prix de la dernière version de la *Rhétorique*, à savoir *la perspective généalogique*, dans laquelle le nouveau système avait été 'enchâssé', et qui lui avait donné son sens.

Or — et c'est là l'essentiel de notre propos dans ce chapitre — tel paraît avoir été le sort de la plupart des adaptations ultérieures de la *Rhétorique*. Celles-ci retiennent toutes la trame superficielle — soit dans sa totalité, soit partiellement —, mais laissent de côté tout ce qui avait trait à la grande manœuvre de défense de la langue vernaculaire, qui précisément avait constitué la motivation profonde des remaniements effectués par Ramus. Tout porte à croire, en effet, que les efforts des ramistes 'pur sang' sont restés sans lendemain. C'est ce que nous permettra de constater également le paragraphe suivant.

§ 3. *La désagrégation de la* Rhétorique *ramiste*

Les *Tableaux* de Savigny trouvent leur pendant dans toute une série d''encyclopédies ramistes' écrites en latin: le *Paedagogus* (1582) de Freige, le *Syntagma Philippo-Rameum Artium Liberalium* (1594) de Bilstein, l'*Encyclopaedia* (1620) d'Alsted sont parmi les plus connues. Elles attestent le rayonnement du ramisme au-delà des frontières françaises. Certaines parties de ces encyclopédies ont été rédigées dans le but immédiat d'entrer dans un système encyclopédique. D'autres parties sont des versions concentrées d'ouvrages plus importants, écrits auparavant et non dans le but de les faire entrer dans un *syntagma* encyclopédique. Bien entendu, l'optique ramiste domine également ces ouvrages indépendants.

Ainsi, dans les trois cas considérés, il existe un ouvrage antérieur, plus détaillé, sur la base duquel le chapitre de l'encyclopédie qui est consacré à la rhétorique a été élaboré. Or, qu'il s'agisse de l'ouvrage détaillé ou du chapitre plus modeste, il est fort évident que les auteurs en question se sont laissés guider par la dernière version de la *Rhétorique* de Ramus.

Dans quelle mesure ces auteurs ont-ils été vraiment fidèles au dispositif créé par Ramus? Voilà la question à laquelle il importe avant tout de répondre dans ce paragraphe.

Nous avons vu que la *Rhetorica* de Johann Bilstein, professeur protestant à Bâle, est un savant mélange des ouvrages de Melanchthon, de

Ramus et du commentateur de celui-ci, Mignault[36]. Le 'mélange' a de quoi surprendre, car là où Ramus préconise la séparation de la dialectique et de la rhétorique au niveau théorique, Melanchthon reste plus ou moins fidèle à la tradition classique. Du point de vue méthodologique, les deux rhétoriques sont par conséquent incompatibles. Mais il est bien évident néanmoins qu'il est plus facile d'incorporer la rhétorique ramiste dans la rhétorique 'philippique' que l'inverse: Aussi est-ce à cette solution — la seule praticable — que s'est arrêté Bilstein. Dans la *Rhetorica* de ce dernier, on trouve donc le relevé des *genera causarum* (il y en a *quatre*, dont le genre didascalique!), des *status*, des *loci argumentorum*, etc.: toute la première partie de l'ouvrage (p. 1-23) est ainsi consacrée à la présentation de la doctrine de Melanchthon, et à sa justification au moyen d'une série d' 'objections' et de 'solutions' à la façon de Mignault. La seconde partie (p. 23-102) résume les préceptes de Ramus, également interrompus par des objections suivies de solutions; dans la plupart des cas en outre, les exemples profanes de Ramus ont été remplacés par des exemples bibliques, comme l'avait préconisé Melanchthon.

Avant de nous tourner vers l'adaptation de la théorie ramiste des figures, citons l'exemple caractéristique d'une 'objection' et de sa 'solution' à propos de l'emploi des *tropes*. *Objection*: Les tropes sont générateurs d'ambiguïté et d'obscurité: il est par conséquent inadmissible de les enseigner à la jeunesse. *Solution*: Si les tropes obscurcissaient vraiment le discours, les prophètes, le Christ et les apôtres ne s'en seraient certainement pas servis; or les Saintes Ecritures sont pleines de tropes; ceux-ci n'obscurcissent donc nullement le discours, mais l'éclairent (illustra*nt*) beaucoup, d'après le témoignage de tous les hommes de bon sens. (p. 28-29). On aura reconnu le style syllogistique cher à Melanchthon aussi bien qu'à Ramus.

La théorie des figures telle qu'elle est exposée par Bilstein est en fait l'adaptation de la version qu'en avait présentée Freige dans son *épitomé rhétorique* de 1580. La procédure par questions et réponses est identique, mais Bilstein a concentré la théorie plus encore que son prédécesseur. En revanche, il illustre la théorie par des exemples, qui manquent chez Freige[37]. Dans la section concernant les figures de mots (p. 68-82), Bil-

---

[36] Bilstein (1591). Voir *supra* chap. 8, § 3. Le *Syntagma* et la *Rhetorica* se trouvent à la B.N., cote Z. 19. 154 et X. 17851 respectivement. Cf. Buisson, (1886¹) p. 69; Murphy (1981), no. 128. Sur Bilstein, voir Jöcher (1750-1), t. I, col. 1094. F. Buisson, *l.c.*, le confond avec le Jésuite du même nom. Cette erreur n'est pas rectifiée dans le *Complément* de 1979.

[37] La section *De Rhetorica* du *Paedagogus* (1582) de Freige est encore plus 'nue': simple extrait de la *Rh.prael*. La théorie du 'rythme' y manque entièrement. Sur Freige, voir *Allgem. Deutsche Biographie*, tome VII, Leipzig 1878, p. 341-3. Cf. Buisson (1886¹), p. 297-8; *Complément* (1979), p. 106; Ong, *Inv.* (1958), p. 88; Murphy (1981), no. 377, B, E.

stein a *éliminé* partout le terme *numerus*, sauf à l'endroit d'une observation sur les pieds (p. 74). Le terme est absent dans la définition générale de la figure de mots, ainsi que dans les définitions du rythme et du mètre. Citons la première définition et la division qui suit:

> *Quid est figura dictionis?*
> Figura dictionis est, qua oratio dictionibus apté & iucundé inter se cohaerentibus figuratur.
> Figura dictionis est in syllabarum *dimensione*, vel *repetitione*[38].

De même, dans la définition de l'*épistrophe*, il a omis le terme *numerus*, tout en ajoutant un développement d'une page sur l'*homéoptote* et l'*homéotéleute*:

> *Quid est Epistrophe?*
> Epistrophe est figura dictionis, qua eadem syllaba aut vox in clausulis iteratur. Estque aut Homoeoptoton aut Homoeoteleuton[39].

Il est clair que Bilstein a ici très consciemment refusé de suivre la terminologie de Ramus, que Freige (1580) adopte encore servilement. La conséquence immédiate est de nouveau l'élimination de la 'perspective généalogique'. Or, dans le chapitre précédent nous avons vu que le système terminologique et le système généalogique sont indissociables chez Ramus.

Bilstein a été en fin de compte plus heureux que son prédécesseur et modèle Johann Thomas Freige qui lui aussi opère par prélèvement, mais ne montre aucun discernement dans les choix qu'il fait. Comme Bilstein après lui, Freige offre au public une rhétorique 'philippo-raméenne'. C'est dire qu'il parle également de l'invention et de la disposition, des genres oratoires, etc. La section consacrée à l'*elocutio* et à l'*actio* est une version concentrée de la dernière *Rhétorique* ramiste[40]; les pages concernant les figures de mots (p. 17-20) sont extraites de la section correspondante chez Ramus: Freige maintient partout le terme *numerus*, et jusque dans la définition de l'*épistrophe*; mais le terme a perdu sa raison d'être, car Freige omet tout ce qui chez Ramus avait eu trait au 'système généalogique'. Le résultat est bizarre, et aura certainement prêté à confusion chez ses pauvres élèves!

Johann-Heinrich Alsted (1588-1638)[41] s'est servi à son tour de la *Rhétorique* de Ramus. Alsted est à la fois plus ramiste et moins ramiste que Ramus: plus ramiste, en ce que la manie classificatrice et dichotomisante

---

[38] Bilstein (1591), p. 68.
[39] *Ibid.* (1591), p. 79.
[40] Freige (1580), *De Rhetorica*, p. 12-25 (fin).
[41] Sur Alsted, voir P. Bayle, *Dict. hist. et crit.*, Amsterdam/Leyde 1730, tome I, p. 165-6; *Allgem. Deutsche Biographie*, t. I, Leipzig 1875, p. 354-5; *Realencycl. für protest. Theol. und Kirche*, T. I, Leipzig 1896, p. 390-1; *Neue Deutsche Biogr.*, T. I, Berlin 1953, p. 206; *Relig. in Geschichte und Gegenw.*, 3e éd., T. I, Tübingen 1957, col. 247.

touche chez lui au délire; moins ramiste, parce qu'il abandonne le principe de clarté simplificatrice. Entre ses mains, la rhétorique ramiste éclate: il prend soin en effet de distinguer non seulement la logique de la rhétorique, mais encore l'art oratoire de la rhétorique, et la rhétorique de la poétique. Il a consacré des ouvrages spéciaux à l'art oratoire, qui occupe selon lui un domaine plus large que la rhétorique: celle-ci s'astreint, comme chez Ramus, à fournir des règles concernant l'ornementation du discours[42]. Les quatre *artes* mentionnées ci-dessus ont trouvé leur place — sous une forme concentrée — au second tome de la gigantesque *Encyclopédie*, consacré aux arts libéraux[43]. On y rencontre fréquemment des emprunts littéraux à la dernière *Rhétorique* de Ramus. Tout en se conformant à la trame générale de celle-ci, Alsted se permet de critiquer la méthode de son grand prédécesseur. Ainsi, il conserve la dichotomie de l'*elocutio* en tropes et en figures; il s'en tient également aux divisions proposées par Ramus, de même qu'au nombre exact des tropes et figures retenus, qu'il appelle 'primaires'; mais d'une part il ajoute à cette liste un grand nombre de tropes ou figures 'secondaires', et rejette d'autre part certains éléments admis par Ramus à l'intérieur du système.

La section concernant les figures offre un bon exemple de sa manière de procéder: d'abord, Alsted *sépare* le nombre oratoire et la figure de mots, quitte à affirmer à propos de la dernière: 'Itaque figura dictionis nihil aliud est quàm elocutionis harmonia quaedam et *numerus*'[44] et de reprendre également *ad verbum* le reste du passage de Ramus! Ensuite, il se refuse à parler du *nombre poétique* dans la *Rhétorique*, et relègue celui-ci à la *Poétique*[45]; dans le livre de l'*Encyclopédie* sur la *Poétique* on retrouve effectivement, de nouveau *verbatim*, les considérations de Ramus sur le rythme poétique[46]. De la sorte, le texte de la *Rhétorique* de 1567 est absorbé presque intégralement dans le système encyclopédique d'Alsted, mais de façon disséminée, désarticulée.

---

[42] *Orator*, Herborn 1612, *réimpr.* 1616; *Rhetorica*, Herborn 1616: voir Murphy (1981), no. 19, B, C, D. A propos de la *Rhetorica*, Ong remarque: 'Talon's name is listed among many sources on the verso of the title-page, but the Talon rhetoric controls this whole book.': *Inv.* (1958), p. 128. Exemplaire à l'Univ. Libre d'Amsterdam, cote XG 5626.

[43] *Cursus philosophici Encyclopaedia libris XXVII complectens*, Herborn 1620. Quelque deux mille pages en petits caractères, divisées en deux colonnes. Deux tomes en un volume in-4°. Exemplaire à l'Univ. Libre d'Amsterdam, cote XG 34.

[44] *Rhetorica* (1616), p. 226 = *Rh.prael.* (1582), p. 30.

[45] *Ibid.* (1616), p. 219: '...Numeri dico, non poëtici, sed oratorii. Cùm enim poëtica & oratoria sint distinctae facultates, non oportet alteram ab alterâ numerum emendicare. Hinc porrò videre est, Rhetores illos commisisse errorem muraenâ Tartessiâ grandiorem, qui in Schematologiâ Rhetoricâ de numero poëtico & variis carminum generibus praeceperunt.' (Lib. II, *De figuris*, cap. 5: *Numerus oratorius*). Tel est exactement le cas de Ramus et de Talon.

[46] 'Tales rhythmi naturales sunt in omni natione atque gente,...etc.': *Encycl.* (1620), T. II, col. 712 = *Rh.prael.* (1582), p. 31.

Dans ce cas encore, la conséquence en est que la 'perspective généalogique' est annihilée: car comme nous l'avons dit plusieurs fois déjà, dans la *Rhétorique* de Ramus la perspective généalogique et la terminologie *font système*, sont indissociables l'une de l'autre; or il est bien évident que lorsqu'on sépare la poétique de la rhétorique (en l'espèce: le nombre poétique et le nombre oratoire), ce système est compromis de façon irrémédiable.

Mais, objectera-t-on, pourquoi parler de tous ces 'Germains' dans une étude consacrée à la rhétorique et la poétique françaises? Cela nous paraît indispensable à plusieurs chefs. D'abord, nous avons voulu mettre en lumière l'influence énorme que la *Rhétorique* ramiste a exercée à l'extérieur: le texte de Ramus et le commentaire de Mignault ont été exploités partout, non seulement en France, mais dans tous les pays de l'Europe[47]; ils ont été sujets à l'*imitatio* et à l'*aemulatio*, tout comme les textes classiques sur lesquels s'était basé Ramus lui-même; c'est dire qu'ils ont été défigurés si l'on veut, mais de toute façon *transformés* en cours de route. Ensuite, nous avons voulu montrer que les projets encyclopédiques que nous venons de recenser se trouvent déjà en germe dans le système méthodologique de Ramus: comme nous l'avons fait remarquer, les *artes* ramistes sont toutes réductibles à des 'arbres diagrammatiques' (*tree diagrams*), étant donné qu'elles ont été construites selon le modèle définition / division dichotomisée; ce modèle est unique et universel, et par conséquent applicable aux disciplines que les ramistes eux-mêmes n'avaient pas encore 'reduites en art'.

Enfin et surtout, l'esquisse qui précède nous permettra d'avancer une hypothèse à propos du système ramiste 'premier', laquelle devra être confirmée ou infirmée par des recherches plus approfondies. Nous avons constaté que dans toutes les adaptations ultérieures, la *perspective généalogique* sur la base de laquelle le système terminologique avait été élaboré — qui avait *motivé* la mise en place de ce système — se trouve *éliminée* d'une façon ou d'une autre. Dans la *Rhétorique* ramiste, ce dispositif généalogique-et-terminologique avait été alimenté par la *mythologie gauloise*, celle exposée par Ramus dans le *Traitté* de 1559. Loin de se contredire en effet, les deux schémas (II et III) présentés au § 3 du chapitre précédent se complètent, et s'imbriquent parfaitement l'un dans l'autre. A son tour, cette mythologie était le prolongement et l'étayage 'conceptuel', historique, de *la lutte pour la langue vernaculaire*, orchestrée par Du Bellay en 1549 et reprise par les ramistes au moyen d'un appareil terminologique très sophistiqué. Cet appareil n'a pas son égal dans les systèmes rhétori-

---

[47] Le Commentaire à un moindre degré, certainement; mais il a de toute façon été utilisé par Bilstein, et probablement aussi par Savigny et Freige.

ques conçus à la même époque dans les autres pays de l'Europe; et nous avons vu par ailleurs qu'au cours de son élaboration, il a reçu l'apport de poéticiens français tels que Sebillet et Du Bellay.

Cela implique — si notre démonstration a été exacte — que l'évolution de la rhétorique ramiste s'explique par, et s'enracine dans, des conditions spatio-temporelles assez strictes: ce n'est qu'en France, et au début de la seconde moitié du XVIe siècle, qu'une telle évolution aura été possible. Voilà donc notre hypothèse: l'élimination de la perspective généalogique dans les adaptations ultérieures, qu'elles soient françaises, anglaises (Fraunce, par exemple), allemandes ou suisses, démontre *a contrario* le conditionnement historique de l'évolution de la rhétorique ramiste. Elle nous montre celle-ci dans sa *différence spécifique*.

Or, c'est cette spécificité du projet, créé par les efforts conjugués de Ramus, de Talon et de Fouquelin, que nous avons voulu mettre en évidence dans ce dernier chapitre. Ce chapitre servira ainsi de conclusion — provisoire — à notre aperçu de la rhétorique ramiste, dont l'évolution a été si riche et si variée, mais si mal comprise par les adeptes. Ceux-ci, en bons épigones, sont venus irrémédiablement trop tard.

LE MÊME ET L'AUTRE

> *Nombre* (...), se dit aussi de
> l'harmonie qui résulte d'un
> certain arrangement de paro-
> les, ou dans la prose, ou dans
> les vers. *Cette période a du nom-
> bre, manque de nombre.*
>
> Dictionnaire de l'Académie Fran-
> çoise

Notre recherche touche à sa fin. Nous avons vu avec quel acharnement les poéticiens et rhétoriciens du XVIe siècle ont essayé de 'transférer' la théorie classique du nombre oratoire dans leurs écrits concernant la prose et la poésie du vulgaire. La *translatio* directe qu'ils ont tenté d'effectuer a donné lieu à une série de manipulations terminologiques qui est sans doute unique dans l'histoire de la théorie littéraire en France. Elle atteste le fait qu'à cette époque les auteurs vernaculaires, en élaborant leurs théories, ne se sont ménagé *aucune* distance à l'égard des Anciens.

La prise de conscience de la *différence spécifique* de la littérature vernacu-laire par rapport à celle des Anciens se fera lentement. Le 'dogme' de l'imitation des Anciens garde sa puissance jusqu'au XIXe siècle. Parallè-lement, la tentation d'élaborer une théorie de la littérature française cal-quée sur la rhétorique classique (la théorie du nombre oratoire y com-prise) reste très réelle jusqu'au seuil du Romantisme, et même au-delà.

L'affirmation de la *différence* de la langue et de la littérature françaises s'énonce avec plus d'assurance après la constitution d'un *canon* de classi-ques français vers le milieu du XVIIe siècle. Ce canon — qui variera d'ailleurs avec le temps — a été la légitimation d'un *espace libre* de la litté-rature française à côté de l' 'espace' des *auctores* de l'Antiquité classique. Dans la création littéraire comme dans la théorie, l'on pourra se baser désormais non seulement sur la tradition antique, mais encore (et de plus en plus) sur une tradition proprement française.

Il ne faudrait pas s'y tromper: la délimitation d'un 'espace français' a été la grande affaire pour la plupart des théoriciens du XVIIe et du XVIIIe siècle. Il suffit de penser à l'*Art Poétique* de Boileau, où, au milieu des préceptes stylistiques de tout genre, on tombe sur un aperçu histori-que de la poésie française[1]. Selon Boileau et bon nombre de ses contem-

---

[1] N. Boileau-Despréaux, *Art Poétique*, Chant I, v. 113sqq. Cité *infra*.

porains ce sont Malherbe, Corneille, Racine et bien d'autres encore qui
ont prouvé une fois pour toutes l'excellence de la poésie française. Désormais, la seule question est de savoir si les classiques français sont égaux
ou supérieurs aux Anciens; ce sera l'un des enjeux de la 'Querelle des
Anciens et des Modernes'. Les 'mœurs polies' de la Cour de France, la
suprématie française dans le domaine politique et économique, l'élégance de la langue dont la 'jeunesse' même n'est qu'un titre de gloire en
plus[2], tout doit concourir à créer une 'idéologie' nouvelle où le prestige
de la littérature française a un rôle éminent à jouer.

A titre d'exemple, citons un passage qu'on trouve dans la préface à un
art poétique anonyme du XVIIe siècle:

> La Poësie Françoise, qu'on peut definir une maniere concise & forte de se
> bien exprimer par mesure, cadance & rime, est aujourd'huy au plus haut
> point de sa gloire; son Elevation passe tout ce que les Anciens ont dit des
> autres Poësies; & dans les Ouvrages des Grecs & des Latins on ne trouve
> rien qui égale l'excellence de nos Poëtes. La Decision avantageuse qu'on fit
> à Paris il y a quelque temps, par la Comparaison de nôtre Langue avec les
> Etrangeres, nous persuade assés que la POESIE FRANCOISE a des graces
> particulieres, une netteté & une politesse qui ne se rencontre point dans le
> Tasse, dans Virgile, ny dans Homere; c'est le sentiment même des Etrangers, qui ont étudié à fond nôtre Langue. Il faut être Poëte pour bien
> connoître ses beautez, & entendre le Grec, le Latin & les autres Langues
> pour luy donner la preference sur toutes les autres. Il suffit que Messieurs
> de l'Academie & quantité d'autres beaux Esprits de differente Nation ayent
> prononcé en sa faveur. On n'a plus besoin d'en venir à de nouvelles preuves
> pour nous obliger à luy donner nôtre voix & à la mettre en usage avec un
> peu plus d'exactitude & d'erudition, que ne font la plûpart de ceux qui se
> mêlent de faire des Vers François; l'on en doit mieux étudier les Regles
> pour se rendre capable d'entendre & d'imiter les bons Poëtes. (Etc.)[3]

Il serait facile de multiplier les exemples de ce genre. Comme on sait, la
constitution d'un canon d'auteurs français a été fatale pour la poésie
française de la Renaissance. Si l'on excepte Marot, auteur de 'badinages' élégants propres à plaire au public de Cour, tous les grands poètes de
la Renaissance ont été rayés de la liste des auteurs dignes d'être lus et
imités. Leur exil a duré jusqu'en plein âge romantique[4].

---

[2] Cf. la belle conférence de M. Fumaroli au quatrième Congrès biennal de la Société
internationale pour l'histoire de la Rhétorique tenu à Florence en juin 1983; elle sera
reproduite dans la revue *Rhetorica* II/2 (1984), *special issue*, sous le titre 'L'apologétique de
la langue française classique'.

[3] *L'art de la poësie françoise, ou la méthode de connoître & de faire toute sorte de vers...* Seconde
éd., Lyon, Th. Amaulry, 1681, *Préface*, ff. ā3^{vo}-ā4^{ro}.

[4] Voir p. ex. le célèbre *Lycée, ou Cours de littérature ancienne et moderne* de J.-F. de Laharpe,
Paris 1820 (¹Paris 1799-1805), t. IV, ii, 1, 1, en particulier p. 277sqq. (défauts de Ronsard). Cf. Wolfzettel (1982), III, 5 (p. 123sqq.): 'Konservativ-Klassizistische Literaturgeschichtsschreibung: von Laharpe bis Nisard'; *ibid.*, p. 130: 'Laharpe ist ...der enscheidende Wegbereiter jenes 'Mythos des 17. Jahrhunderts'...' Sur la 'fortune' de Ronsard

En histoire littéraire, on a tendance à imputer au seul Boileau cette élimination des poètes renaissants (et des poètes médiévaux!) du panthéon des classiques français. C'est oublier que l'*Art Poétique*, publié en 1674, présente en fait un témoignage tardif de conceptions littéraires formulées bien plus tôt. La *doctrine classique*, élaborée dès les années trente, a en effet non seulement codifié le 'bon usage' pour la poésie et pour la prose, elle a également fourni un *schéma historiographique* de la littérature française qui a fait autorité pendant des siècles.

Le succès de ce schéma est sans doute dû à sa simplicité, sa symétrie. Il a divisé la littérature en un *avant* et un *après*. Boileau s'en est fait l'écho avec le fameux 'enfin Malherbe vint': avant Malherbe, la poésie française était informe, balbutiante; après lui — et grâce à lui — elle a atteint, comme par enchantement, la maturité. Avec Malherbe s'ouvre par conséquent le *canon* des poètes français.

Or, cette version classiciste de l'histoire de la poésie avait été énoncée, quelque quarante ans plus tôt, par Jean-Louis Guez de Balzac, dans une épître latine à son ami Jean de Silhon (1537)[5]. Fait d'autant plus remarquable que c'est au même Balzac que fut accordé, vers la même époque, le rôle du 'Malherbe de la prose' (Voir *infra*). En outre, l'épître à Silhon a été largement mise à contribution dans une *Préface* aux œuvres de Balzac sur laquelle nous reviendrons bientôt. On n'exagère guère en affirmant que cette épître de Balzac est un texte-clé, qui constitue, avec l'*Art Poétique* de Boileau et la *Préface sur les Œuvres de M. de Balzac*, parue anonymement mais attribuée à l'abbé Cassagnes (1665), une 'constellation intertextuelle' du plus haut intérêt.

Dans la suite de notre exposé nous renonçons à développer cette problématique de l'intertextualité; nous nous bornerons à signaler les passages parallèles en note. Sans nous soucier désormais de la chronologie — la date de publication de tel ouvrage ne coïncidant pas avec la 'genèse' des conceptions formulées — nous parlerons d'abord de l'*Art Poétique* de Boileau, où l'on trouve exprimée de façon exemplaire la version classiciste de l'histoire de la poésie française; nous parlerons ensuite de la création d'un schéma historique pour la prose qui fait exactement pendant au schéma élaboré pour la poésie. Rappelons que la création de ces schémas est intimement liée à la légitimation d'un *espace libre* de la littérature

---

aux XVIIe-XIXe s., voir aussi M. Cardy, *The Literary Doctrines of Jean-François Marmontel* (*Studies on Voltaire and the Eighteenth Century*, 210), Oxford 1982, p. 72-3 + n. Ajoutons que l'histoire détaillée de la réception des auteurs de la Renaissance reste à écrire.

[5] Cf. la remarque de deux éminents dix-septiémistes à propos des 'sources' de Boileau: 'La recherche des sources, qu'il est à la mode de vilipender, peut encore, dans une perspective génétique, apporter du nouveau ou se prêter à des bilans: la dette de Boileau vis-à-vis de Guez de Balzac n'a jamais été appréciée.': B. Beugnot et R. Zuber, *Boileau — Visages anciens, visages nouveaux*, Montréal 1973, p. 109.

française, espace qui sera d'autant plus 'sacré' qu'il est forclos à tous ceux qui sont jugés indignes d'y avoir accès: l'exclusion des prédécesseurs 'balbutiants' est la condition *sine qua non* du bon fonctionnement du système classiciste, créé avant tout afin de prouver la *Literaturfähigkeit* de la langue française.

Voici donc d'abord le célèbre passage de l'*Art Poétique* auquel nous avons déjà fait allusion[6]:

> Durant les premiers ans du Parnasse François,
> Le caprice tout seul faisoit toutes les loix.
> La Rime, au bout des mots assemblez sans mesure,
> Tenoit lieu d'ornemens, de nombre et de césure[7].
> Villon sçeut le premier, dans ces siecles grossiers,
> Débroüiller l'art confus de nos vieux Romanciers.
> Marot bien-tost aprés fit fleurir les Ballades,
> Tourna des Triolets, rima des Mascarades[8],
> A des refrains reglez asservit les Rondeaux,
> Et montra pour rimer des chemins tout nouveaux.
> Ronsard qui le suivit, par une autre methode
> Reglant tout, broüilla tout, fit un art à sa mode[9]:

---

[6] Boileau, *Art Poétique*, ch. I, v. 113-142. Avec un manque de relativisme historique qui fait sourire aujourd'hui, Saintsbury s'exlame à propos de ce passage: '...an amount of crass ignorance [of literary history], or of impudent falsification, is amassed which is really curious, and almost creditable, at least to the audacity of the author's party-spirit, or the serenity of his indifference': G. Saintsbury, *A History of Criticism and of Literary Taste in Europe*, vol. II, Edimbourg/Londres 1922, p. 281. L'on comparera ces mots avec l'excellent aperçu qu'on trouve chez Wolfzettel (1982), I, 3 (p. 29-38): ' 'Doctrine classique' und Literaturgeschichtskonzeptionen im 17. Jahrhundert'. Voir déjà R. Barthes, 'Réflexions sur un manuel', dans *L'enseignement de la littérature*, éd. S. Doubrovsky et T. Todorov, Paris 1971, p. 170-177.

[7] Cf. J.-L. Guez de Balzac, l'*épître* latine à *Jean de Silhon*, in *Les Œuvres de Monsieur de Balzac divisées en deux tomes* (publiées par Valentin Conrart), Paris, L. Billaine, 1665 (*réimpr.* Genève 1971), Tome II, 2ᵉ partie, p. 64 col. B (Ioannes Lud. Balzacius Ioanni Silhonio S.P.D.), début: 'De vernaculis nostris versibus in eâ sum opinione, Silhoni, quâ Eminentissimus Valeta. Bardos fuisse, & Gallicos Faunos, & insanos Vates, & quidvis potiùs quàm veros & legitimos Poëtas, qui apud nos Poëticen attigêre, jam tum cùm in Italia floreret; adeò incomposito pede currebant eorum versus [imité d'Horace, *Sat.* I, 10, 1] & asperitatem plusquàm Gothicam redolebant.' Suivent des remarques sur Ronsard et sur Malherbe, avec une parenthèse à propos de Desportes. 'C'est dans ces *epistolae* que Balzac définit sa nouvelle esthétique', dit J. Jehasse, *Guez de Balzac et le génie romain*, Saint-Etienne 1977, p. 385.

[8] On sait que Marot n'a jamais fait ni 'triolets' ni 'mascarades', et qu'il n'a écrit qu'un petit nombre de ballades.

[9] A propos de ce vers Cl. Brossette, le jeune 'confident' de Boileau, remarque: 'Ronsard conseilloit d'emploïer indifféremment *tous les Dialectes*: Préface sur la Franciade. *Et ne se faut soucier*, dit-il ailleurs, *si les vocables sont Gascons, Poitevins, Normans, Manceaux, Lionnois, ou d'autres pays*. Abrégé de l'Art Poëtique.': *Œuvres de Mr. Boileau-Despréaux. Avec des éclaircissemens historiques, donnez par lui-même* (et les remarques de Cl. Brossette). Deux tomes, Genève 1716. Passage cité: t. I, p. 297; pour les citations de Ronsard, voir Chamard (1939¹), t. IV, p. 64. Sur cette édition importante des *Œuvres* de Boileau, cf. catal. B.N., t. XIV, col. 1180 (no. 32) et t. XX, col. 58. La critique moderne a peut-être été trop sévère à l'égard de Brossette: voir p. ex. R. Bray, *Boileau, l'homme et l'œuvre*, Paris 1942, p.

Et toutefois long-temps eut un heureux destin.
Mais sa Muse en François parlant Grec & Latin,
Vit dans l'âge suivant par un retour grotesque,
Tomber de ses grands mots le faste pedantesque[10].
Ce Poëte orgueilleux trébuché de si haut,
Rendit plus retenus Desportes et Bertaut[11].
Enfin Malherbe vint, et le premier en France,
Fit sentir dans les vers une juste cadence.
D'un mot mis en sa place enseigna le pouvoir,
Et reduisit la Muse aux regles du devoir.
Par ce sage Ecrivain la Langue reparée
N'offrit plus rien de rude à l'oreille épurée[12].
...
Tout reconnut ses loix, et ce guide fidele
Aux auteurs de ce temps sert encore de modele[13].

128; P. Clarac, *Boileau*, Paris 1964, p. 151-2. Ajoutons que Balzac et Cassagnes condamnent également les méthodes d'enrichissement du lexique préconisées par Ronsard: voir *infra*.

[10] Cf. Balzac, dans la même *épître à Silhon*: '...[redolebant.] Venêre non ita multò pòst, qui rudem & inconditum sonum, quantùm patiebantur ea tempora, mollivêre. Homines varia & multiplici lectione, ingenio fecundo, & alacri indole praediti [= les poètes de la Pléiade], sed qui non noverant, ac ne suspicabantur quidem, quae esset sincera illa rectè scribendi ratio, quique naturae bonitatem & robustissimas vires promiscuâ Latinorum Graecorumque imitatione corrumperent...'. Ensuite, à propos de Ronsard: '...Verborum infelicissimus novator, negligens juxtà atque audax, & torrentis instar, magnus aliquando, sed lutulentus semper fluit...Barbara & nostra, insolentia & in usu posita, discrimine habebat nullo...Si is ipse, de quo agitur, fato aliquo in hoc nostrum aevum delatus foret, proculdubiò admonitus melioribus exemplis, sibi plurima detereret, & ut erat facili & tractabili ingenio, in suis non pauca antiquè nimis, durè pleraque, innumera ignavè dicta fateretur.' ['lutulentus fluit', 'Si...detereret': Hor. *Sat.* I, 4, 11; I, 10, 50; I, 10, 68-9.] Ce passage est à rapprocher de la vingt-quatrième *dissertation critique* de Balzac, '*Comparaison de Ronsard, et de Malherbe. A Monseigneur de Pericard, Evesque d'Angoulesme*, dans *Œuvres, éd. cit.* (1665), II/1, p. 669-673. *Ibid.*, p. 670: 'C'est une grande source, il le faut avouër; mais c'est une source trouble & bouëuse (etc.)...Une audace insupportable à changer & à innover; une licence prodigieuse à former de mauvais mots, & de mauvaises locutions...'. Voir également le jugement de Balzac sur le style de Montaigne, *Diss. crit.* XX, et les excellentes remarques de J. Brody à ce propos: *Lectures de Montaigne*, Lexington (Kentucky) 1982, p. 14sqq. et notes; cf. Jehasse (1977), p. 452-3.

[11] Cf. Balzac, *Epître à Silhon, déjà citée*: 'Non negaverim in quibusdam Philippi Portaei, conatum aliquem apparere & primas quasi lineas Malherbianae artis...' (Parenthèse dans le passage concernant Malherbe: voir note suivante).

[12] Cf. Balzac, *ibid.*: '[...ignavè dicta fateretur.] Primus Franciscus Malherba aut imprimis viam vidit quà iretur ad carmen, atque hanc inter erroris & inscitiae caliginem ad veram lucem respexit primus, superbissimoque aurium judicio [cf. Cic. *Or.* 44, 150] satisfecit... Docuit quid esset purè & cum religione scribere. Docuit in vocibus & sententiis delectum, eloquentiae esse originem, atque adeò rerum verborumque collocationem aptam, ipsis rebus & verbis potiorem plerumque esse...' Ce passage est déjà rapproché du texte de Boileau par Brossette, *éd. cit.* (1716), t. I, p. 298. Le commentateur mentionne également la dissertation XXIV de Balzac. Cf. encore Fumaroli (1980), p. 699.

[13] Cf. Balzac, *ibid.*, toujours à propos de Malherbe: 'Perspicaci maximè & castigato judicio, plurima in se, in alios nimiùm penè multa inquirens [le commentaire sur Desportes!], finxit & emendavit civium suorum ingenia, tam felici successu, ut elegantiorum Auctorum turbam, qua nunc Gallia celebratur, una ipsius disciplina Galliae dederit (Et la

> Marchez donc sur ses pas, aimez sa pureté
> Et de son tour heureux imitez la clarté[14].

La *Literaturfähigkeit* de la langue française une fois déterminée dans le domaine de la poésie, il restait à l'établir également dans le domaine de la prose. C'est à ce propos qu'on fit appel à la théorie du nombre oratoire. On créa en effet un 'modèle' symétrique à celui suivi par Boileau, en affirmant que Monsieur X avait réussi à faire pour la prose ce que Malherbe avait fait pour la poésie, à savoir introduire dans la phrase 'une juste cadence'. Pour que la prose française accédât à la dignité de la prose antique il fallait établir que celle-là était susceptible d'avoir 'ses nombres' tout comme celle-ci. Comme on sait, dans un premier temps le rôle du 'Malherbe de la prose' fut accordé à J.-L. Guez de Balzac. C'est sans doute ce dernier que La Mothe le Vayer a à l'esprit lorsqu'il déclare dans ses *Considérations sur l'éloquence françoise de ce temps*, publiées dès 1638 à Paris:

> ...pour ce qui est des *nombres* & du *son* des periodes, il faut avouer que nôtre langage a reçu depuis peu tant de graces pour ce regard, que nous ne voions gueres de periodes mieux digerées, ni plus agreablement tournées dans Demosthene ou dans Ciceron, que sont celles de quelques-uns de nos Ecrivains... L'un d'entre eux, que je croi avoir le plus merité en cette partie, comme au reste des ornemens de nôtre Langue, a couru la fortune de tous ceux qui excellent en quelque profession, par l'envie qui s'est particulierement attachée à lui...[15]

Bientôt tout le monde tint pour acquise l'introduction des nombres oratoires dans la prose française. Et de nouveau, on eut recours à la métaphorisation afin de pouvoir les admettre dans la théorie littéraire. Pour certains théoriciens, le 'nombre' coïncide en quelque sorte avec le fameux *je ne scay quoy*; il en est ainsi chez Vaugelas et chez le père Rapin[16]. Le sensualiste Bernard Lamy, s'inspirant sans doute de la

---

suite)'. Dans la dernière partie de la lettre, Balzac vante les mérites de Malherbe, non seulement en tant que poète, mais également en tant que *prosateur*. Nous verrons que l'abbé de Cassagnes qui s'inspire largement de cette épître est d'un autre avis. Voir *infra*, note 26.

[14] L'abbé de Cassagnes vantera de même la Pureté et la Clarté de la prose balzacienne: voir *infra*.

[15] Fr. de la Mothe le Vayer, *Considérations...*, Paris, Cramoisy, 1638, p. 79; cf. *ibid.*, p. 81. Egalement cité par Norden, *o.c.* (1971[6]), p. 782n. 2. Sur le style 'nombreux' de Balzac, cf. aussi Jehasse (1977), p. 190: 'Richelieu loue 'les periodes accomplies de tous leurs nombres' et La Motte Aigron voit dans 'cet ordre mesme & ce nombre' les 'deux secrets' sans lesquels 'tous les ornemens de l'art, toutes les graces de la Nature' 'ne peuvent plaire qu'à demy'.' Voir également Fumaroli (1980), p. 701, et en général sur la 'Renaissance cicéronienne en langue française' *ibid.*, conclusion de la 3ᵉ partie, en particulier p. 669-70.

[16] Cl. Favre de Vaugelas, *Remarques sur la langue françoise*, Paris 1647, p. 592-3 ('le je ne scay pas ou le nombre'); R. Rapin, *Œuvres Compl.*, Amsterdam 1709, t. II, p. 153 ('le je ne sais quoi dans le nombre'). Cités par I. Söter, *La doctrine stylistique des rhétoriques du*

vieille théorie métaphysique du Nombre, disserte sur les affinités secrètes de l'homme-microcosme avec 'les nombres':

> Les sons peuvent exciter nos passions et l'on peut dire que chacune répond à un certain son qui répond à celui qui excite dans les esprits animaux le mouvement avec lequel elle est liée. C'est cette liaison qui est la cause de cette sympathie que nous avons avec les nombres...[17]

Dans la *Preface sur les Œuvres de M. de Balzac* (1665), l'abbé J. Cassagnes a réuni les éléments dont nous avons parlé jusqu'à présent: constitution d'un canon, élimination des prédécesseurs (médiévaux et renaissants), 'théorie' du nombre oratoire. Sa *Preface* peut être considérée comme l'expression la plus parfaite de la 'Renaissance cicéronienne' au grand siècle français.

Au commencement de la *Preface* on trouve une manœuvre identique à celle effectuée par Boileau dans l'*Art Poétique*: la déprécation des poètes médiévaux et renaissants qui permet de mettre en relief, *a contrario*, les mérites inédits de Balzac. 'Enfin Balzac vint', voilà le message. L'auteur fait plusieurs fois allusion à la *Deffence* de Du Bellay, qu'il citera d'ailleurs quelques pages plus loin (f° Aiv^vo). D'abord, l'abbé semble justifier l'élimination des poètes du passé en se référant à 'l'inconstance & l'injustice de l'Usage'; mais bientôt après, il prononce une condamnation définitive de la théorie et de la pratique prônées par les poètes de la Pléiade; 'la pluspart', dit-il, 'erroient dans les principes', de sorte que 'ces Escrivains meriteroient d'estre condamnez *mesme par leur Siecle*'. Voici la première partie du développement antithétique:

> C'est une chose assez connuë, que les plus polis Autheurs François, qui escrivoient avant notre Siecle, ont perdu cette grace qu'on avoit tant admirée; nous rencontrons dans leurs Livres une infinité de termes, & d'expressions dont nous sommes choquez, & quelques-uns de leurs ouvrages qui ont esté les delices des Rois & de leur Cour, sont maintenant le rebut des Provinces & du peuple. Qui est-ci qui s'amuse à lire ou Guillaume de Loris, ou Iean de Meun[18], si ce n'est par une curiosité semblable à celle que pou-

---

XVIIe siècle, Budapest 1937, pp. 27, 54. Cf. *ibid.*, p. 54-5: 'Nous savons dans quelle mesure l'idée du nombre fut confuse et incertaine même au XVIIe siècle...' Cet ouvrage aujourd'hui oublié mérite d'être étudié, malgré quelques imperfections évidentes. Voir en particulier chap. 1, §§ 2; 3; 4 ('L'unité de la Rhétorique et de la Poétique'), chap. 4, §§ 1 ('Les périodes'); 2 ('L'élément immatériel des théories. Nombre, arrangement, harmonie, 'je ne sais quoi' ').

[17] B. Lamy, *De l'art de parler*, 2e éd., Paris, A. Pralard, 1676 (^11672), p. 174. Cité par Sötér (1937), p. 57-8; cf. *ibid.*, p. 40-1 (les figures et les passions). Voir aussi R. Behrens, *Problematische Rhetorik*, Munich 1982, p. 158-60 ('Numeruslehre' de B. Lamy) et notes correspondantes.

[18] L'on se rappelle que Du Bellay avait exprimé — non sans réserves — son admiration pour les deux auteurs du *Roman de la Rose* dans la *Deffence* (II, 2 début): 'De tous les anciens poëtes Francoys, quasi un seul, Guillaume du Lauris & Jan de Meun, sont dignes d'être leuz, non tant pour ce qu'il y ait en eux beaucoup de choses qui se doyvent immiter

voient avoir les Romains, qui du temps d'Auguste lisoient les vers des Pres-
tres Saliens, qu'ils ne pouvoient entendre[19]? Ennius ne leur paroissoit peut-
estre pas si vieux, que Ronsard nous le paroist à cette heure; & dans le nombre infiny d'escrits qui ont paru sous les Regnes de François I. & de ses
enfans, il seroit malaisé, pour ne pas dire impossible, de choisir une seule
page, où selon nostre maniere, nous ne trouvions plusieurs choses à
changer[20].

Suivent les remarques sur la tyrannie de l'Usage, qui sont 'neutralisées'
à leur tour par l'attaque en règle contre la doctrine de l'enrichissement
du lexique telle qu'on la trouve chez Du Bellay et chez Ronsard:

> ...la pluspart, dis-je, erroient dans les principes; les uns croyoient qu'il
> estoit permis de faire, & d'inventer des mots, & donnoient à tout le monde
> une liberté qui n'appartient à personne; les autres pensoient qu'on pouvoit
> transporter toutes sortes de termes, d'une Langue à l'autre, & que pour les
> rendre François, c'estoit assez que de leur donner une terminaison
> Françoise; les autres qu'il faloit considerer les Idiomes des Provinces en nos-
> tre Langue, comme les Dialectes dans la Grecque, & que c'estoit autant de
> thresors qui faisoient ses richesses & son abondance; les autres, enfin, n'esti-
> moient devoir prendre pour juges du langage, que l'analogie & le raisonne-
> ment, sans considerer qu'en cette matiere la raison mesme n'est pas raison-
> nable, lors qu'elle s'opiniastre à contredire l'usage[21].

Voilà achevé le côté négatif du développement antithétique; aussitôt
après l'abbé Cassagnes amorce le côté positif, destiné à mettre en valeur
les immenses mérites de Balzac, père de la prose française. L'auteur pro-
fite de l'occasion pour souligner la supériorité des lettres françaises sur
celles des nations voisines:

---

des modernes, comme pour y voir quasi comme une premiere imaige de la Langue Francoyse, venerable pour son antiquité.': *éd.* (1970[4]), p. 92. ('La phrase est incorrecte',
remarque Chamard *ad loc.*).

[19] 'Prêtres Saliens': Quint. I, 6, 40, cité *supra*, II, chap. 6, § 5. Ici, la comparaison est
empruntée à l'*épître à Silhon* de Balzac: 'Neque tamen ignoro Poëtam non venustissimum
invenire etiamnum amatores, qui sciam Saliorum versus, vix sacerdotibus suis intellectos,
adultâ Republicâ, nec ampliùs balbutiente Populo Romano, fuisse apud quosdam in deli-
ciis. Fuit, Silhoni, Ennianus Populus saeculo Virgiliano, & post-habuêre quidam prae-
sentes opes antiquae paupertati.' (Cf. la phrase suivante chez Cassagnes). Les phrases se
trouvent dans le passage où Balzac attaque Ronsard [*Œuvres* (1665), II/2, p. 64-65]: voir
supra, n. 10.

[20] [Abbé J. Cassagnes], *Préface sur les Œuvres de M. de Balzac*, dans l'édition déjà citée des
Œuvres, Paris 1665 (*réimpr.* Genève 1971), ff. Ai[vo]-ii[ro]. La *Préface*, non signée, est attribuée à
l'abbé Cassagnes (ou Cassagne) par B. Gibert, *Jugemens...* (1725), p. 95 [Voir *infra*]. Cf.
catal. B.N., t. XXIV, col. 614. Voir aussi Fumaroli (1980), p. 353 + n. 318 ('L'abbé Cassagne...montrera [dans la prose de Balzac] un modèle de cicéronianisme.').

[21] *Ibid.* (1665), f[o] Aii[ro-vo]. Cf. Du Bellay, *Deff.* II, 6 ('D'inventer des motz & quelques
autres choses que doit observer le poëte Françoys'), II, 9; Ronsard, *Les Quatre premiers
livres des Odes* (1550), *Suravertissement au lecteur, éd.* Laumonier, I, p. 57-9 (emprunts
dialectaux); cf. Peletier du Mans, *Art Poëtique* (1555) I, 8 ('Des Moz, e d¢ l'eleccion e
innovacion d'iceus'), etc. On trouvera toutes les références dans l'excellent aperçu de
Chamard (1939[1]), t. IV, p. 51sqq. Pour d'autres études concernant le sujet, cf. *ibid.*, p.
50n. 1. Voir encore *supra*, n. 9, les remarques de Brossette sur Ronsard.

Monsieur de Balzac est venu en ce temps de confusion & de desordre, où
toutes les lectures qu'il faisoit, & toutes les actions qu'il entendoit, luy
devoient estre suspectes; où il avoit à se deffier de tous les Maistres, & de
tous les exemples; & où il ne pouvoit arriver à son but qu'en s'esloignant de
tous les chemins battus, ni marcher dans la bonne route qu'apres se l'estre
ouverte à luy-mesme. Il l'a ouverte en effet, & pour luy & pour les autres; il
y a fait entrer un grand nombre d'heureux genies, dont il estoit le guide & le
modele: Et si la France voit aujourd'huy que ses Escrivains sont plus
polis, & plus reguliers, que ceux d'Espagne & d'Italie, il faut qu'elle en
rende l'honneur à ce grand homme, dont la memoire luy doit estre en
veneration[22].

L'abbé poursuit son exposé en relevant les qualités du style balzacien: la
Pureté, la Clarté et l'Elégance. Cette élégance, affirme-t-il, a été singulièrement rehaussée par l'introduction des *nombres oratoires* dans la prose,
qui avaient été 'comme inconnus' en France avant cette date:

A cét avantage (*scil.* l'élégance) nous en pouvons joindre un autre qui
touche & ravit les Lecteurs, qui estoit comme inconnu en France avant ce
fameux Escrivain, & qui excita par ses premieres Lettres tant d'applaudissement, & d'admiration. On n'aura pas de peine à deviner, que je veux icy
parler des Nombres de l'Oraison, dont il a fortifié & enrichy nostre Langue.
 Les Anciens traittent fort exactement de cette partie de l'Elocution, ils
descendent jusqu'au dernier détail, ils comptent les pieds, & les syllabes, ils
enseignent quelles mesures sont les plus propres, pour le commencement,
pour le milieu, & pour la conclusion de la Periode; & enfin, ils font l'anato-
mie du stile avec autant de soin, que les Medecins font celle du corps
humain. Quoyque toutes ces sources soient publiques, ceux qui escrivoient
en nostre Langue n'en sçavoient pas mieux profiter,...(Etc.)[23]

Désormais, la prose française peut se mesurer en tout avec la prose d'art
classique. Et comme chez Cicéron, c'est le nombre oratoire qui sert de
critère permettant de séparer le bon grain de l'ivraie, en l'occurence, la
prose élégante de la prose grossière. Dès lors, l'abbé est en mesure de
procéder de la même façon que le fera Boileau, en proposant un aperçu
historique divisé en un *avant* et un *après*: *avant* Balzac, c'était le désert; à
proprement parler, l'histoire de la prose française ne commence qu'avec
lui. Balzac est le *premier* qui soit digne d'être imité, non seulement en

---

[22] *Ibid.* (1665), f° Aii^vo. Voir les remarques de Balzac sur l'art exemplaire de Malherbe,
ibid., t. II/2, p. 65, citées *supra*, n. 13.
[23] *Id.* (1665), f° Aiii^vo. Cf. ff. Diii^vo-iv^ro: 'Que s'il est necessaire de s'esloigner des Phrases poëtiques, il n'y a pas moins de necessité de s'esloigner des nombres de la Poësie...(et
la suite)'. Développement symétrique à celui qu'on trouve dans l'*Orator* et dans *De
Oratore* III. Ajoutons que dans une lettre à Jean de Silhon qui précède celle que nous
avons déjà eu l'occasion de citer, Balzac avait défendu avec ardeur le style isocratique et
cicéronien ('numerorum usus', 'exquisitior ornatus', 'Isocratis in compositione
diligentia & cura'): *ibid.* (1665), II/2, p. 64 col. A.

France mais 'dans tout le Septentrion'[24]. C'est donc lui qui ouvre le canon des prosateurs français.

Il en résulte que l'abbé, en possession du critère requis — le nombre oratoire —, s'estime justifié à déprécier systématiquement les prédécesseurs de Balzac. Guillaume du Vair, le Cardinal du Perron, Nicolas Coëffeteau font les frais de la constitution du canon des prosateurs; Calvin, Rabelais, Amyot et Montaigne ne sont même pas mentionnés[25]. L'on se rendra compte de la similarité de la procédure de Cassagne et de celle de Boileau en lisant la conclusion du petit catalogue de prosateurs qui, d'après l'abbé, 'n'avoient qu'un stile déréglé, ou, pour mieux dire,...n'avoient point de stile':

> Or la mesme obligation que nous avons à M. de Malherbe pour la Poësie, nous l'avons à M. De Balzac pour la Prose; il luy a prescrit des bornes & des regles, il luy a donné de la douceur & de la force, il a montré que l'Eloquence doit avoir ses accords, aussi bien que la Musique, & il a sceû mesler si adroitement cette diversité de sons & de cadences, qu'il n'est point de plus delicieux concert que celuy de ses paroles[26].

Ce double schéma historique, justifiant l'élimination de la quasi-totalité des auteurs français d'avant le siècle de Louis XIV, est devenu un véritable *topos* dans la plupart des traités de rhétorique, du XVIIe jusqu'au XIXe siècle[27]. Cependant, la 'tyrannie de l'Usage' aidant, le nom de

---

[24] *Ibid.* (1665), f° Aiv^vo: 'Considerons que si Du Bellay a dit que les Estrangers aimoient bien moins la Langue Françoise, que les François n'aimoient les Estrangeres [*Deff.* II, 11; *éd.* (1970⁴), p. 175]; nous pouvons dire le contraire à cette heure, que les Escrits de nos Autheurs celebres *font* les delices de l'Europe, & la lecture ordinaire de tout le Septentrion; & enfin, reconnoissons que celuy [= Balzac] qui a rendu tant d'esprits dignes d'estre imitez, est bien digne d'estre imité luy-mesme.' Cf. la préface à l'art poétique anonyme citée ci-dessus, p. 332.

[25] *Ibid.* (1665), ff. Aiii^vo-iv^ro: 'Ce n'estoient pas des fleuves propres à la navigation, & utiles au commerce, c'estoient des torrens qui ne faisoient que se precipiter & se desborder, ou c'estoient des estangs qui languissoient dans leur lict, & qui ne donnoient jamais de cours à leurs eaux croupissantes. J'avoüe que M. Du Vair merite beaucoup d'estime, ... mais en ce qui regarde les Nombres, il semble qu'il eut plûtost un foible soupçon, qu'une veritable connoissance, ...Etc.' A comparer avec les remarques de Balzac sur Ronsard: voir *supra*, n. 10.

[26] *Ibid.* (1665), f° Aiv^ro. Avant le passage que nous venons de citer, Cassagne condamne le style de la *prose* de Malherbe ('..il sembloit qu'en cessant de parler la Langue des Muses, il [= Malherbe] oubliast les regles qu'il avoit trouvées pour la situation & la structure, pour l'ordre & la liaison des paroles..[Il n'y a] rien que de discordant & de dissipé dans ses Traductions...'). Comme nous l'avons déjà remarqué, Cassagnes se sépare ici de Balzac.

[27] On pourrait multiplier les exemples. Voir e.a. l'abbé d'Olivet, *Prosodie Françoise*, La Haye 1770 (¹Paris 1736), p. 446 [Voir *infra*]; l'abbé H. Colin, *Traduction du traité de l'Orateur de Ciceron*, Paris 1737, *Préface*, p. 105sqq. ('Nombre dans le discours oratoire'). Colin cite Boileau ('Enfin Malherbe vint...etc.') et ajoute: 'Nous avons la même obligation à Balzac pour la Prose. Avant lui on ne connoissoit point la juste mesure des périodes. (Etc.)'. Cette *Préface* (124 pp.) est en fait un traité de rhétorique indépendant basé sur l'enseignement de Cicéron. L'ouvrage était très goûté au XVIIIe s. (*réimpr.* 1751, 1768):

Balzac fut remplacé après un certain temps par celui d'un autre orateur, un prédicateur le plus souvent: Bossuet, Bourdaloue, Fléchier, Massillon[28]. Il faudrait citer à ce propos tout le chapitre intitulé 'De la priorité et de l'influence de la poésie sur le style oratoire' qu'on trouve dans le célèbre *Essai sur l'éloquence de la chaire* du Cardinal J. S. Maury[29]. L'auteur n'accepte plus Balzac comme modèle du style oratoire; il reste néanmoins fidèle au schéma historique que nous venons d'esquisser. Voici le passage qui marque la fin du chapitre relevé, et les premiers mots du chapitre suivant:

> ...Les Orateurs arrivent [donc] toujours les premiers, après les Poètes, dans les sentiers du bon goût. Ainsi Pascal, qui fut parmi nous le premier écrivain classique en Prose, en surpassant Amiot, Montaigne, du Vair, Prosateurs d'une Langue qui manifestement n'avoit point encore de Poésie, Pascal, dis-je, se montra dès-lors un véritable et même un grand Orateur dans quelques-unes de ses Lettres Provinciales; et aussi-tôt l'influence du style poétique signalée par lui dans le style Oratoire, s'étendit des Ouvrages d'Eloquence à tous les autres genres d'écrits en Prose.
> Lingendes avoit beaucoup contribué par ses Sermons à cette heureuse harmonie de notre Langue Oratoire; mais il ne sçut pas en pressentir le perfectionnement: il la répudia en traduisant et en publiant ses discours dans l'idiome de Cicéron, auquel il se confia davantage, et qu'il se flattoit de sçavoir beaucoup mieux. Il ne crut pas que la Langue Françoise pût vivre aussi long-temps que ses Ouvrages, qu'elle fit bientôt oublier (...) *Enfin Bossuet parut*:...(Etc.)[30]

L'instauration d'un canon d'orateurs classiques, l'élimination des prosateurs antérieurs, la référence implicite au raccourci historique de Boileau, tout se retrouve dans ce passage. Or, s'il est vrai que Maury ne dit rien ici sur le nombre comme critère du style oratoire, il dédommage par contre son lecteur dans les chapitres qu'il consacre au *style nombreux* et à l'*harmonie du style*[31], où Bossuet et Massillon, Bourdaloue et Fléchier sont constamment cités en exemple:

---

voir Goujet, *Bibl.Fr.*, t. I (1741), p. 324-7; cf. T. II, p. 453. Enfin, voir Marmontel, *Eléments de Littérature*, *Introd.* ('Essai sur le goût'), *éd.* Paris 1825, t. I, p. 46-7, etc., etc.

[28] Cf. p. ex. l'abbé Girard, *Préceptes de rhétorique*, Paris 1816[5], III, 1 (harmonie du style, nombre oratoire), p. 210sqq.: Fléchier, Bossuet, Massillon. E.-N. Gérurez, *Cours de Littérature*, Paris 1842[2] (1841[1]; très nombreuses réimpr.: voir Catal. B.N.), p. 139: 'Les grands écrivains ont souvent employé...cette sorte d'harmonie imitative qui consiste dans le rapport des *nombres* avec la pensée. L'art de Fléchier l'a trouvée en la cherchant; le génie de Bossuet l'a souvent rencontrée sans la chercher jamais.' Ensuite, l'auteur cite Marmontel, *Eléments...*, art. *harmonie du style* [= *éd.* 1825, t. III, p. 29-30]. Ici encore, on pourrait citer un grand nombre d'autres exemples.

[29] Paris, 1810 (nouvelle éd.), t. I, chap. 17, p. 111sqq.

[30] Maury, *Essai* (1810), t. I, p. 117-8. A la p. 117 n. 1 Maury remarque: 'Je ne fais mention ici ni de Balzac ni de Voiture...; ni l'un ni l'autre ne peuvent être comptés parmi les modèles,...'

[31] *Ibid.* (1810), t. I, chap. 46 et 47, p. 447-62.

Bossuet déploye [néanmoins] dans ses Oraisons funèbres toute la majesté et la puissance du nombre. Massillon nous en fait goûter la facilité et le charme dans la beauté des périodes qui forment l'enchaînement de son style. Fléchier en étale dans sa diction toute la pompe et la richesse; mais il recherche cette cadence jusqu'à l'affectation et même jusqu'à l'excès que Cicéron appelle si bien le luxe du nombre, *numerus luxurians*[32].

*

L'étude de la théorie du nombre nous a permis de saisir une problématique qui a dominé l'époque renaissante, à savoir la confrontation entre langues classiques et langues modernes. Le sentiment d'avoir à rivaliser avec les prestigieux auteurs de l'Antiquité a motivé en grande partie la gigantesque manipulation de la théorie ancienne que nous avons mise en lumière au cours de notre travail. Nous avons vu, dans les pages qui précèdent, que la théorie du nombre a également joué un rôle non négligeable dans la constitution d'un panthéon des classiques français. Les quelques auteurs du XVIIe siècle que nous avons cités se sont montrés confiants quant à la possibilité d'introduire les *nombres* dans la prose française; ils ne se sont pas posé la question de savoir si la *différence spécifique* de la langue française s'opposait à la *translatio* des raffinements de la prose ancienne dans les langues modernes. Désireux avant tout de prouver l'égalité de la langue française et des langues classiques, ils ont été plus prompts à affirmer l'identité qu'à reconnaître la différence entre l'ancien et le moderne.

Ce n'est qu'au XVIIIe siècle, semble-t-il, qu'un groupe important de théoriciens se sont penchés sur le problème de la différence de la langue française par rapport aux langues anciennes. Celles-ci continuent donc de servir de références dans l'élaboration d'une théorie de la prose française, mais, de plus en plus, aux fins de faire ressortir ce qui *sépare* le français des langues classiques. A titre d'exemple, citons quelques passages de la *Rhetorique Françoise* (1765) de Crevier, encore fort estimée aujourd'hui[33]. Dans sa préface, l'auteur recense les ouvrages rhétoriques d'Aristote, de Cicéron et de Quintilien. Parlant du 'Traité intitulé *Orator*' que d'ailleurs il apprécie beaucoup, Crevier ajoute en note:

> Je ne parle point ici de la derniére partie de cet ouvrage de Cicéron, qui roule uniquement sur le nombre & l'harmonie de la phrase, & qui est propre à la langue Latine[34].

Dès le début de son ouvrage, Crevier tient donc à souligner la différence entre langue française et langue latine. Il y revient dans le chapitre qu'il

---

[32] *Ibid.* (1810), t. I, p. 455.
[33] Cf. A. Kibédi Varga (1970), p. 140.
[34] J.-B.-L. Crevier, *Rhetorique Françoise*, Paris 1765, t. I, p. XXVn.

consacre à l'harmonie dans le discours, dont, précise-t-il, la langue française est susceptible, mais d'une autre manière que les langues anciennes. Afin de mettre en relief l'existence de cette harmonie bien française, il analyse longuement la période qui ouvre une oraison funèbre de Fléchier, qu'il considère comme 'le plus harmonieux de nos Orateurs'[35]. Avant d'en arriver là, il compare sommairement la langue française avec les deux langues anciennes:

> Des mots combinés se forment les membres de phrase, & des membres de phrase la période: & partout doit régner l'harmonie. Elle se fera sentir dans les membres de phrase: la période en est la perfection. Mais il faut avouer qu'à cet égard la langue des Grecs & celle des Romains avoient sur la nôtre un grand avantage. (...) Dans leur prose ils ne s'astreignoient point comme dans leurs vers à une certaine mesure, & à un nombre réglé de pieds: mais ces pieds y étoient & s'y distinguoient, donnant ainsi à l'oreille *un plaisir que notre langue ne connoît point.*
>
> Mais si notre langue n'a point le charme de l'harmonie au degré où le possédoient ces langues délicieuses, conclurons-nous qu'elle en soit totalement privée? Non sans doute: ce seroit une injustice que nous ferions à nous-mêmes. Nos membres de phrase ont leur nombre, & notre période sa cadence, non pas aussi parfaitement que les langues Grecque & Latine, mais dans un degré qui en approche & qui y ressemble: ..(Etc.)[36]

Le *nombre* et la *cadence* de la période française sont donc bien autre chose que le nombre ou la cadence classiques; et ce n'est que par commodité que Crevier — et avec lui les autres rhétoriciens — continuent de se servir de ces termes consacrés par la tradition.

*

Il vaudrait la peine d'analyser de près les écrits de quelques illustres Académiciens qui se sont efforcés d'étudier dans quelle mesure la langue française possède la *quantité syllabique*. Ces écrits sont d'un accès difficile; il serait d'ailleurs hors de notre propos actuel d'en donner une analyse détaillée. Du moins pourrons-nous en présenter ici quelques éléments.

L'on comprendra que la question de savoir si, et dans quelle mesure, la langue française a des syllabes longues et brèves est intimement liée à une autre question, celle de savoir si l'on a vraiment le droit de parler du nombre oratoire dans une théorie de la prose française. Rollin, Marmontel, l'abbé Colin et l'abbé Batteux ont tous discuté ce problème; et tous

---

[35] Crevier met en parallèle Malherbe (toujours lui!) et Fléchier, reléguant parmi les 'écrivains du vieux temps' Guez de Balzac qui, ô ironie, se trouve ainsi en compagnie d'Amyot, de Coëffeteau et de Du Vair. A propos de Coëffeteau et de Balzac Crevier remarque que ce sont 'deux Auteurs que personne ne lit plus, & qui ont été regardés autrefois comme les maîtres & presque comme les fondateurs du style François': (1765), t. II, p. 21-2.

[36] *Ibid.* (1765), t. II, p. 12-3.

ont cité à ce propos le traité de l'abbé d'Olivet, intitulé *Prosodie Françoise*, qui a été très souvent réimprimé au XVIIIe et même au XIXe siècle[37]. Ce petit livre a donc suscité un vif intérêt. C'est surtout Charles Batteux qui y a puisé son inspiration; pendant des années, il s'est penché sur la question du nombre oratoire en français, non seulement dans *Les Beaux Arts réduits à un même principe* (1746), mais encore dans son *Cours de Belles-Lettres* (1747-8) et dans le traité *De la construction oratoire* (1763), qui se présente comme un recueil de lettres adressées à l'abbé D'Olivet et qu'on a rattaché ultérieurement au *Traité des Tropes* de Du Marsais[38].

Or, qu'a fait l'abbé d'Olivet? Il a formulé un plaidoyer en faveur de l'introduction de la quantité syllabique dans la prononciation soignée du français. Il y affirme que la *prosodie* est 'aujourd'hui' négligée par les Français, mais ajoute aussitôt que là où pour les Grecs et les Romains celle-ci était une 'obligation étroite', elle ne sera pour les Français qu'une 'délicatesse', qu'une 'beauté accessoire'[39]. Afin de prouver que cette prosodie est possible en français, il renvoie aux tentatives faites au XVIe siècle pour écrire en *vers mesurés*. D'Olivet connaît fort bien la théorie et la pratique des *vers mesurés*; il cite les œuvres de Jodelle, de Denisot, de Baïf, ainsi que les considérations de Pasquier et de Ramus[40]. Il a également

---

[37] Abbé J. Th. d'Olivet, *Prosodie Françoise*, Paris 1736¹. Nombreuses rééditions (voir catal. B.N.). Nous citerons d'après l'*éd.* 1770, dans laquelle trois traités de D'Olivet (dont la *Prosodie*) ont été réunis aux *Synonymes François* de l'abbé G. Girard (La Haye, 1770). Sur D'Olivet, voir Jöcher, *Gelehrtenlex.*, *Fortsetzung*, t. V (par H.-W. Rotermund), Brême 1816, cols. 1083-5 ('Von den Alten war Cicero der vornehmste, welchen er sich so eigen machte, daß er...mehrere seiner Schriften meisterhaft übersetzte.'). *Ibid.*, bibliogr. no. 7, sur la *Prosodie Fr.*: 'Sehr gelehrt und vollständig'. Sur le même ouvrage, voir aussi les remarques très élogieuses de Goujet, *Bibl. Fr.*, t. I (1741), p. 138-41; également Y. Le Hir, art. *versification* dans le *Dict. des Lettres franç.* (publié sous la direction de G. Grente), *XVIIIe siècle*, tome II, Paris 1960, p. 626-7 (Le Hir parle aussi de Batteux, L. Racine, Marmontel etc.). L'abbé Colin renvoie au traité de D'Olivet dans la *Traduction de l'Orateur...* (1737), déjà citée, pp. 328, 335-6. Sur le nombre oratoire en français cf. *ibid.*, pp. 105sqq., 325sqq. Ch. Rollin renvoie à D'Olivet dans sa monumentale *Histoire Ancienne*, Paris 1740, t. VI, chap. 3/2 ('Des rhéteurs latins'), art. *Cicéron*, p. 66; Ch. Batteux dans son livre *Les Beaux-Arts réduits à un même principe*, Paris 1746, III/i, 4, p. 179 (et ailleurs); Marmontel dans l'art. *harmonie du style*, *Eléments* (1825), t. III, p. 12.

[38] Voir en particulier *Beaux-Arts* (1746), III/i, 4; *Cours* (1747-8), II/i, 3, §§ 7-10 (§ 9: Du nombre oratoire); *Construction* (1763), lettres IX et X. Celles-ci ('Sur l'harmonie oratoire', 'Sur le nombre oratoire') ne sont que des versions amplifiées des chapitres correspondants du *Cours*.

[39] D'Olivet, *Prosodie Françoise*, La Haye 1770, p. 380.

[40] *Ibid.* (1770), p. 375-9. D'Olivet cite les deux versions de la *Grammaire* de Ramus (1562, 1572) où celui-ci parle de l'introduction des vers mesurés dans la poésie française. Cf. *supra*, III, chap. 8 § 3 et notes 34, 38 et 40. Ailleurs (p. 439-40) il cite l'*Harmonie Universelle* et les *Commentaires sur la Genèse* du père C. P. Marin Mersenne; sur cet auteur, cf. l'article récent de Denise Launay, 'Le thème du Retour à l'Antique et la musique religieuse en France au temps de la Contre-Réforme', dans *La pensée religieuse dans la littérature et la civilisation du XVIIe siècle en France* (Colloque Bamberg 1983), *éd.* M. Tietz et V. Kapp, Paris/Seattle/Tübingen 1984, p. 93-122. Il serait fort intéressant d'étudier l'évolution du 'mouvement quantitatif' en France, du XVIe au XVIIIe s.

pris connaissance des traités d'Erasme et de Théodore de Bèze concernant la prononciation correcte des langues classiques et de la langue française, respectivement[41].

Est-ce dire que D'Olivet croit à la possibilité des *vers mesurés* dans la langue française? Absolument pas. Il ne les croit ni possibles, ni même souhaitables. Il veut uniquement établir que 'notre prosodie' et 'notre quantité' ont été bien connues au XVIe siècle. Il dit en substance que les poètes de cette époque ont *cru* faire des poésies identiques à celles des Anciens ('à l'antique'), mais qu'*en fait* ils n'ont fait rien d'autre que d'appliquer les règles de la prosodie *française*, très différente de la prosodie classique:

> Un de nos Poëtes n'est [donc] pas maître d'arranger ses paroles comme bon lui semble, pour attraper la mesure dont il a besoin: & quand, par hasard, il auroit rencontré la mesure d'un vers Saphique, ou Alcaïque, ce n'est pas à dire qu'il pût en faire un second, ni à plus forte raison, une Ode entière, comme les Poëtes du seizieme siecle l'avoient entrepris. Parmi plus de mille vers mesurés, que j'ai eu la curiosité de lire, je n'en ai pas trouvé un seul de bon, ni même de supportable[42].

Qu'est-ce donc que cette quantité française? D'Olivet s'explique sur ce sujet dans le quatrième article de son traité, *De la Quantité*. Au début de l'article, il dit ceci:

> On a déjà vu qu'il ne falloit pas confondre Quantité & Accent: car l'Accent marque l'élévation ou l'abaissement de la voix, dans la prononciation d'une syllabe; au lieu que la Quantité marque le plus ou moins de temps qu'on emploie à la prononcer.
>
> Puisqu'on mesure la durée des syllabes, il y en a donc de longues & de breves, mais relativement les unes aux autres; en sorte que la longue est longue par rapport à la breve; & que la breve est breve par rapport à la longue. Quand nous prononçons *matin*, partie du jour, la premiere syllabe est breve, comparée à celle de *mâtin*, espece de chien[43].

Ce sont les ralentissements et les accélérations qui résultent de ce système que D'Olivet veut introduire dans la prononciation *soutenue* du français, en poésie aussi bien qu'en prose. Il présente une longue liste de mots dont il marque la 'quantité'; la liste des homonymes qu'il donne à la fin de l'article illustre le mieux son propos. En voici quelques échantillons[44]:

---

[41] *Ibid.* (1770), pp. 378, 387. Erasme, *De Pronuntiatione* (1528[1]); Bèze, *De francicae linguae recta pronuntiatione tractatus* (1584[1]). D'Olivet se réfère à Erasme afin d'établir qu' 'entre Accent et Quantité il n'y a nulle relation, nulle dépendance essentielle'; selon lui, cela vaut non seulement pour les langues anciennes, mais également pour les langues modernes. Il consacre quelques pages à l'*accent*, mais avoue qu'il risque de se perdre dans ce 'labyrinthe' (p. 388); pour lui, la *quantité* est 'le point capital de la prosodie' (p. 376).

[42] *Ibid.* (1770), p. 437.

[43] *Ibid.* (1770), p. 407.

[44] *Ibid.* (1770), p. 433-4. 'De peur qu'on ne s'y méprenne le latin accompagnera le françois' dit l'abbé au préalable.

ācre, acer	—	*ăcre*, jugerum
je goūte, gusto	—	*une goŭtte*, gutta
tāche, conatus	—	*tăche*, macula

De toute évidence, il est fort possible d'introduire cette espèce de quantité dans la prononciation française; il suffit de le *vouloir*, et de trouver
'élégante' une telle prononciation.

Dans le cinquième et dernier article de son traité, D'Olivet parle du
profit qu'on peut tirer de l'application des règles de la prosodie, dans la
poésie (§ 1) et dans la prose (§ 2). Dans les deux cas, il prend soin d'insister sur les *différences* entre le système ancien et le système moderne: le
rythme de la poésie française est autre chose que le *mètre* ancien[45], le *nombre*
dans le discours français n'entretient qu'un rapport d'analogie avec le
numerus classique[46]. Dans ses observations sur la poésie et la prose
françaises, qui sont à la fois prudentes et fines, D'Olivet se réfère constamment à l'*Orator* de Cicéron, et dans une moindre mesure au *Traité de
l'arrangement des mots* de Denys d'Halicarnasse, qui sera bientôt traduit
par son collègue l'abbé Batteux[47]. Mais il s'applique toujours à établir ce
qui rapproche et ce qui sépare la langue française des deux langues
anciennes. S'il est donc vrai, comme l'a pu remarquer Yves Le Hir, que
D'Olivet et les autres théoriciens de son époque ont eu 'les yeux rivés sur
les Latins et les Grecs'[48], ils ont procédé cependant d'une tout autre
façon que leurs devanciers renaissants; nous sommes ici bien loin des
manipulations effectuées par la plupart des théoriciens du XVIe siècle.

*

Au XVIIIe siècle, l'existence (virtuelle) des syllabes longues et brèves
en français n'était pas admise par tout le monde. Nous avons déjà cité la
Rhetorique Françoise de Crevier à ce propos. Dès les premières décennies du
siècle, Balthazar Gibert s'était insurgé contre l'amalgame des théories
anciennes et françaises. Dans le passage des *Jugemens des Savans* où il parle
de l'*Orator* de Cicéron, il avait lancé une violente diatribe contre l'abbé

---

[45] *Ibid.* (1770), p. 438-9.

[46] *Ibid.* (1770), p. 445sqq. A la p. 451, D'Olivet attaque le 'sénéquisme' à la mode:
'Rien de plus contraire à l'harmonie, que des repos trop fréquents, & qui ne gardent nulle
proportion entr'eux. Aujourd'hui pourtant c'est le style qu'on voudroit mettre à la mode.
On aime un tissu de petites phrases isolées, décousues, hachées, déchiquetées'. A l'appui
de son propre point de vue il cite, bien sûr, Cicéron (*Or.* 67, 226. Cf. 69, 230).

[47] *Traité de l'arrangement des mots, traduit du grec de Denys d'Halicarnasse, avec des Réflexions sur
la langue françoise, comparée avec la langue grecque; et la tragédie de Polyeucte de P. Corneille, avec des
remarques, par l'abbé Batteux,...pour servir de suite à ses 'Principes de littérature'.* Paris, Nyon,
1788. Cf. du même auteur les *Chefs-d'œuvre d'éloquence poétique, à l'usage des jeunes orateurs, ou
discours français tirés des auteurs tragiques les plus célèbres, suivi d'une table raisonnée dans laquelle on
définit et on indique les différentes figures qui s'y rencontrent...*, Toulouse 1820 (Paris 1780[1]).

[48] Y. Le Hir, *art.cité* (1960), p. 626.

Cassagnes et sa *Preface sur les Œuvres de M. de Balzac*[49]. A la clarté exemplaire de Cicéron, Gibert oppose sans ménagement la confusion qui règne dans l'écrit de l'abbé. Relevant le passage sur les *Nombres de l'Oraison* que nous avons cité ci-dessus[50], l'ancien recteur de l'Université et professeur de rhétorique au Collège de Mazarin remarque:

> ...A dire vrai, on trouve tout cela dans Ciceron. La question seroit de savoir si on peut en faire usage lorsqu'on écrit en François, & *il y a quelque distinction à faire*: car de croire qu'on le puisse sans réserve, comme l'a crû l'Abbé Cassagnes, ce n'est pas peu se tromper.

Par conséquent, Gibert n'accepte pas le reproche fait par Cassagnes à l'adresse des prosateurs d'avant Balzac[51]; comment auraient-ils pu 'profiter' de l'enseignement de Cicéron?, demande-t-il:

> ...C'est comme si on disoit, qu'*encore que nous eussions les regles des vers Latins ou des vers Grecs, nos Poëtes n'avoient pas eu l'esprit de s'en servir*. Ce seroit se moquer que de parler de la sorte, parce que la structure du vers, dans ces deux Langues, dépend d'un certain nombre de pieds composez de longues & de breves, ce que nous n'avons pas dans la nôtre. Il en est de même de tout ce que l'Auteur de la Préface observe que les Anciens ont dit des mesures de la Prose: ce sont de veritables pieds, semblabes à ceux qui entrent dans les vers; & par conséquent comment voudroit-on que nos Auteurs en eussent profité?[52]

Non, '*les mesures par longues & par breves n'ont pas lieu dans le François*'. Que reste-t-il donc en propre à la langue moderne? Il y a 'le tour de la phrase'; il y a les phrases qui par elles-mêmes ressemblent fort à des vers; il y a quelquefois du *rapport* entre certaines phrases, soit à cause de leur opposition, soit à cause de leur inégalité même, et du *mélange* que l'on fait des phrases plus longues avec les phrases plus courtes. L'auteur conclut:

> Ce sont les seules choses qui peuvent faire le nombre & l'harmonie dans le François, & néanmoins ç'est ce que l'Auteur de la Préface n'explique en aucun endroit; & quelque éloge qu'il fasse de cet ornement du discours, quelques loüanges qu'il donne à Balzac pour avoir montré le premier à s'en servir, il ne dit jamais distinctement ce qu'il faut faire pour y parvenir; il n'en donne que des idées vagues & confuses. On ne peut pas dire la même

---

[49] L'on se rappelle que les *Jugemens des savans sur les auteurs qui ont traité de la Rhetorique* constitue le huitième tome des *Jugemens* de Baillet dans l'édition hollandaise de 1725. Mais la première éd. date des années 1713-1719. Sur les *Jugemens* de Gibert, voir Fumaroli (1980), p. 2-3.

[50] Cf. *supra*, p. 339. *Préface* (1665), f° Aiii^vo; *Jugemens* (1725), p. 95.

[51] *Preface* (1665), *ibid.* (déjà partiellement cité *supra*): '...Quoyque toutes ces sources soient publiques [les 'sources' étant les traités anciens concernant le nombre oratoire], ceux qui escrivoient en nostre Langue n'en sçavoient pas mieux profiter, ils n'avoient qu'un stile déréglé, ou, pour mieux dire, ils n'avoient point de stile...' Cité par Gibert (1725), *ibid.*

[52] Gibert (1725), *ibid.* (Souligné par l'auteur).

chose de Ciceron: car comme ces dernieres sources de l'harmonie ont lieu dans toutes les Langues, il s'est attaché à les expliquer parfaitement, par rapport à la sienne[53].

De la sorte, Gibert met ses lecteurs en garde contre une *translatio* trop hâtive des procédés anciens dans les langues modernes. Parallèlement, il vante les mérites de l'*Orator* cicéronien, qu'il juge 'beau' mais aussi 'très-difficile'. Pour comprendre cet ouvrage, dit-il, il faut avoir un bon guide. Gibert recommande un commentateur qui a fait, selon lui, un travail 'immense & très-digne d'un habile homme'. Ce commentateur s'appelle Jacques-Louis d'Estrebay.

---

[53] Gibert (1725), p. 96.

BIBLIOGRAPHIE DE JACQUES-LOUIS D'ESTREBAY
(*Iacobus Lodoicus Strebaeus*)

Dans la bibliographie qui suit, nous relevons, dans l'ordre chronologique, les ouvrages de 'Strébée' que nous avons su retrouver. Nous indiquons le titre, le lieu et l'année de l'impression, l'imprimeur, le nombre de pages (ou de feuillets) et le format de chaque livre. Nous y ajoutons des remarques (Rem.), si cela nous paraît utile.

Puisqu'il s'agit en général d'ouvrages rares, nous indiquons l'endroit ou les endroits où ils pourront être consultés (LOC.), sans prétendre à cet égard à l'exhaustivité. Dans la mesure du possible, nous relevons également l'année ou les années de réimpression (REIMPR.), en précisant [entre crochets] l'endroit ou les endroits où telle réimpression pourra être consultée. Selon les cas, nous ajoutons, là encore, des remarques susceptibles de guider le chercheur. La liste des ouvrages de référence auxquels nous renvoyons se trouve à la fin de notre bibliographie.

Abréviations utilisées:

B.N.   Bibliothèque Nationale / Biblioteca Nazionale (Centrale)
B.M.   Bibliothèque Municipale
B.U.   Bibliothèque Universitaire
B.P.U.   Bibliothèque Publique et Universitaire
Sorb.   Bibliothèque de l'Université, Paris-Sorbonne
Maz.   Bibliothèque Mazarine, Paris
Ste.Gen.   Bibliothèque Sainte-Geneviève, Paris
Br.M.   British Museum / British Library, Londres
B.R.   Bibliothèque Royale / Koninklijke Bibliotheek

1. EDITION COMMENTÉE

a. *M. T. Ciceronis De partitione oratoria dialogus, Iacobi Lodoici commentariis illustratus.*
Paris, Michel Vascosan, 1536   IV + 76 ff. in-4°

LOC. Rome, B.N. ?

Rem. 1. *Préface* Ad Iac. Villonovanum, datée de Paris, le 15 juin 1535. Celle-ci semble indiquer qu'il s'agit du premier ouvrage de Strébée: voir le début. Strébée y critique le commentaire d'un érudit italien, G. Valla: voir 1 (b).

2. Du Bus, nos. 27, 38; Maittaire, *Ann.* V/1, p. 264.

3. Sur la page de titre, réparée, de l'exemplaire romain, la date manque.

REIMPR. 1538 [Paris, B.N.], 1539, 1540, 1541, 1542 [Laon, B.M.], 1543 [Paris, B.N.], 1547.

Rem. (1539) Maittaire, *Ann.* III, p. 304; (1540) Maittaire, *Ann.* III, p. 316, cf. Du Bus, no. 92; (1541) Murphy, p. 82; (1542) *Index*, notes mss., préface incomplète; (1543) Maittaire, *Ann.* III, p. 352, cf. Du Bus, no. 134; (1547) Maittaire, *Ann.* V/1, p. 264.

b. *M. Tul. Ciceronis De partitione oratoria dialogus, Iacobi Strebaei, ac Georgii Vallae commentariis illustratus.*
Lyon, Séb. Gryphe, 1536   236 pp. in-4°
LOC. Amsterdam, B.U.

Rem. (1536), p. 3-8: *Préface* de Strébée: voir 1 (a).

REIMPR. 1538 [Paris, B.N.], 1539 [Leyde, B.U.]

Rem. Le commentaire de Strébée a souvent été réuni à ceux d'autres savants: voir *infra*, remarques supplémentaires.

2. Ouvrage apologétique

Iacobi Lodoici Rhemi Defensio, in quendam ludimagistrum. Eiusdem Anticategoria.
Paris, Michel Vascosan, 1536   30 ff. non chiffrées, in-4°
LOC. Reims, B.M.; Rome, B.N.

Rem. 1. C'est une défense de l'ouvrage précédent (1, a), attaqué par 'homo gallus, id est civis meus, novus, iuvenis, mihi ignotus' (préface, f° Aii^{ro}).
2. *Ibid.*: nom d'auteur et titre répétés: I. L. *Strebaei* Defensio...
3. Cf. J. Voulté, *Epigr.* (1537), p. 92.
4. L'*Anticategoria* porte sur un commentaire sur la *Topique* de Cicéron publié par le même 'magister'.
5. Maittaire, *Ann.* V/2, p. 264; Panzer VIII, p. 197; cf. Boulliot, p. 404; Du Bus, no. 48.

REIMPR. —

3. Edition commentée

a. *M. T. Ciceronis ad M. Brutum Orator, illustratus Iacobi Lodoici Rhemi commentariis.*
Paris, Michel Vascosan, 1536   VI + 127 ff. in-4°
LOC. Reims, B.M.; Paris, B.N.

Rem. 1. *Privilège* daté de Paris, le 18 juillet 1536.
2. *Achevé d'imprimer* du 11 juin 1536.
3. *Préface* à l'évêque Gabriel Le Veneur, non datée.
4. Maittaire, *Ann.* II, p. 844; Panzer VIII, p. 197. Cf. Du Bus, no. 42.
5. Exemplaire de Reims avec notes mss.

b. *M. T. Ciceronis ad M. Brutum Orator, Iacobi Lodoici Strebaei commentariis ab authore ipso recognitis illustratus.*
Paris, Michel Vascosan, 1540   X + 224 + XX pp. in-4°
LOC. Paris, B.N.; Leyde, B.U.

Rem. 1. Comporte un *index*.
2. Du Bus, no. 88.

REIMPR. 1540, éd. *Tiletain*, 1541, 1543, [Paris, Sorb.], 1545 [Paris, Ste.Gen.]

Rem. 1. (1540) Boulliot, p. 403; (1540), (1543) Murphy, p. 81.
2. Le commentaire de Strébée a été souvent réuni à ceux d'autres savants. Voir *infra*, remarques supplémentaires, I; cf. Boulliot, Murphy, Catalogue B.N., Paris, Bakelants.

4. EDITION COMMENTÉE

M. T. Ciceronis Epistola ad Octavium, Iacobi Lodoici Rhemi commentariis illustrata.
Paris, Michel Vascosan, 1536   14 ff. in-4°

LOC. Paris, Sorb.

Rem. 1. *Epître* à l'éditeur datée le 6 octobre 1536. Reproduite par Maittaire,
   Ann. II, p. 846, note (a); traduite par Du Bus, I, p. 16-17 (cf. *ibid.*, I, p.
   121-22).
   2. Du Bus, no. 37; Beaulieux I, p. 83, cf. p. 275; Maittaire, *Ann.* II, p.
   846; Panzer VIII, p. 197; cf. Boulliot, p. 402.

REIMPR. 1539 [Paris, B.N., Sorb.], 1541, 1543, 1549, 1553 [Paris, B.N.]

Rem. (1541) Maittaire, *Hist.* II, p. 26, Maittaire, *Ann.* III, p. 328, cf. Du Bus,
   no. 107; (1543) Maittaire, *Ann. Suppl.* I, p. 266, cf. Du Bus, no. 141;
   (1549) Renouard.

5. MAGNUM OPUS

a. *Iacobi Lodoici Strebaei Rhemensis De electione et oratoria collocatione verborum libri duo,
ad Ioannem Venatorem Cardinalem.*
Paris, Michel Vascosan, 1538   IV + 134 ff. in-4°

LOC. Reims, B.M.; Paris, B.N., Sorb., Maz.; Edimbourg, B.U.

Rem. Du Bus, no. 64; Beaulieux I, p. 275; cf. Boulliot, p. 404; Maittaire, *Ann.*
   V/2, p. 264.

REIMPR. Bâle, R. Winter, 1539, in-8° [Paris, Musée Pédagogique]; Paris, M.
   Vascosan, 1540, in-4° [Reims, B.M.; Paris, Ste. Gen.; Rome, B.N.]
   Lyon, S. Gryphe, 1541, in-8° [Paris, B.N.; Sienne, B.M.]

Rem. (1540) Du Bus, no. 102; Maittaire, *Ann.* III, p. 316, V/2, p. 264. Cf.
   Boulliot, *ibid.*

b. *Iacobi Lodoici Strebaei remensis De electione et oratoria collocatione verborum, libri duo.
Item, Iovitae Rapicii brixiani De numero oratorio, libri quinque.*
Cologne, Birckmann, 1582   540 pp. in-8°

LOC. Reims, B.M.; Paris, B.N., Sorb., Maz.; Londres, Br.M.

Rem. Cf. Boulliot, *ibid.*

6. COMMENTAIRE / EDITION COMMENTÉE

a. *Iacobi Lodoici Strebaei In dialogos M. T. Ciceronis De Oratore ad Q. fratrem commentaria ad Franciscum Galliae regem.*
Paris, Michel Vascosan, 1540   II + 163 + VII ff. in-f°

LOC. Paris, B.N.; Troyes, B.M.

Rem. 1. Titre encadré; comporte un *index.*
   2. Vaste commentaire ligne-par-ligne, avec le rappel du début de la ligne
   commentée.
   3. Boulliot, p. 404.

REIMPR. Voir 6 (b).

b. *M. Tullii Ciceronis De Oratore ad Quintum fratrem dialogi tres, Iacobi Lodoici Strebaei Rhemensis copiosis et nunquam antea excussis commentariis illustrati...*
Paris, Michel Vascosan, 1540   62 + II + 163 + VII ff. in-f°

LOC. Paris, Maz., Sorb.

Rem. 1. Du Bus, no. 91; Beaulieux I, p. 84-5; Maittaire, *Ann.* III, p. 316; Catal. Reims, III, p. 26-7.
     2. Du Bus I, p. 9 et II, no. 9bis se trompe en affirmant que ce commentaire a paru en 1533.

REIMPR. 1557 (?)

Rem. 1. Brunet II, p. 33: 'Vascosan l'a réimprimé en 1557'.
     2. Le commentaire de Strébée a souvent été réuni à ceux d'autres savants; voir Boulliot, Murphy, Catal. B.N. Paris, Bakelants. Voir aussi *infra*, remarques supplémentaires, I.

7. EDITION CRITIQUE

Lucii Annei Senecae philosophi clarissimi Naturalium Quaestionum ad Lucilium libri septem, à Matthaeo Fortunato, Erasmo Roterodamo, & Lodoico Strebaeo diligentissime recogniti.
Paris, Michel Vascosan, 1540   104 ff. in-4°

LOC. Paris, B.N., Sorb.; Londres, Br.M.

Rem. 1. *Préface*: I. L. *Strebaeus* ad lectores, non datée.
     2. L'exemplaire londonais avec notes mss.
     3. Du Bus, no. 101; Maittaire, *Hist.* II, p. 25-6; manque chez Boulliot.

REIMPR. —

8. TRADUCTION

Aristotelis Politica ab Iacobo Lodoico Strebaeo nomine Ioannis Bertrandi senatoris iudicisque sapientissimi a Graeco conversa.
Paris, Michel Vascosan, 1542   XII + 320 pp. in-4°

LOC. La Haye, B.R.; Rome, B.N.; Londres, Br.M.

Rem. 1. *Privilège* daté de Paris, le 23 octobre 1542.
     2. Cranz, no. 108.056; Maittaire, *Ann.* V/1, p. 79; cf. Du Bus, I, p. 33 et II, no. 113; pour les exemplaires disponibles en France, cf. Renouard. Manque chez Boulliot.

REIMPR. 1547 [Paris, B.N.; Genève, P.B.U.], 1549, 1550 [Paris, Sorb.], 1551, 1554 [Paris, Maz.], 1566.

Rem. (1547) Ganoczy, no. 322; (1550) *index*; Du Bus, no. 253; (1554) Du Bus I, p. 49 et II, no. 335; Maittaire, *Hist.* II, p. 34; cf. Boulliot, p. 405-6. Cranz, no. 108.131 (1547); no. 108.161 (1549); no. 108.189 (1550); no.108. 504 (1566).

9. OUVRAGE APOLOGÉTIQUE

Quid inter Lodoicum Strebaeum et Ioachimum Perionium non conveniat in Politicωn Aristotelis interpretatione.
Paris, Michel Vascosan, 1543   55 ff. in-4°

LOC. Reims, B. M.; Paris, B.N., Maz.; Rome, B.N.

Rem. 1. *Privilège* daté de Paris, le 31 mai 1543. Celui-ci est également valable
   pour la traduction des *Economiques*: voir no. suivant.
  2. *Préface* de Strébée au lecteur, non datée.
  3. La première éd. de la traduction de Périon date de 1543: voir Cranz,
   no. 108.078.
  4. Périon répond avec l'*Oratio in Strebaeum: qua eius calumniis et convitiis respondet*. Paris, Th. Richard, 1551,   71 ff. in-4°.
  5. Du Bus, no. 152; Maittaire, *Ann.* III, p. 349; cf. Boulliot, p. 405; manque chez Cranz.

REIMPR. 1550 [Paris, Sorb.], 1554 [Paris, Maz.]

Rem. 1. (1550), (1554): Réimprimé en appendice à la traduction des *Politiques*.
   Voir no. précédent.
  2. (1550) Du Bus, no. 253; Cranz, no. 108.189; (1554) Du Bus, no. 335;
   manque chez Cranz.

10.TRADUCTION

a. *Aristotelis & Xenophontis Oeconomica, ab Iacobo Lodoico Strebaeo è graeco in latinum
conversa, ad Ioannem Bertrandum senatorem, & Lutetiae Parisiorum curiae praesidem.*
Paris, Michel Vascosan, 1543   V + 46 ff. in-4°

LOC. Reims, B.M.; Paris, Maz.

Rem. 1. Contient, outre la préface, les traductions suivantes:
   a) ff. 4-8ro: 'Aristotelis Oeconomicôn liber *unus* mutilus.'
   b) ff. 8ro-46ro: 'Xenophontis Oeconomicus.'
  2. *Privilège* daté de Paris, le 31 mai 1543. Voir no. 9, *rem.* 1.
  3. Du Bus, no. 128; Boulliot, p. 405; manque chez Cranz; manque chez
   U. Victor.

b. *Même titre*
Paris, Michel Vascosan, 1544   95 pp. in-4°

LOC. Paris, Ste.Gen.; Rome, B.N.; Londres, Br.M.

Rem. 1. *Seconde édition augmentée.* Contient, outre les textes mentionnés sous (a),
   une 'Locorum aliquot obscuriorum explicatio' (pp. 94-5).
  2. Cranz, no. 108.092; manque chez Boulliot et chez Du Bus.

REIMPR. 1549 [Paris, Sorb.], 1553 [Paris, Maz.], 1554 [Paris, B.N.]
    1551 [Munich, B.M.], 1561 [Laon, B.M.]: le pseudo-Aristote seule-
    ment.
    1551, 1553, 1561, 1596: Xénophon seulement.

Rem. 1. (1549) Du Bus, no. 225; (1554) Cranz, no. 108.282; (1551) [Arist.]
   Cranz. no. 108.217.
  2. La traduction de *Xénophon* a été recueillie dans l'éd. des Œuvres Complètes de celui-ci, publiées par S. Castellion à Bâle en 1551 et par H.
   Estienne à Genève en 1561 (etc.); ce dernier ajoute quelques notes
   marginales. Voir Catal. B.N. t. 228 (1979), nrs. 11, 56, 57, 60, 61;
   Catal. Br.M.; fichiers Reims, B.M. et Laon, B.M. Cf. Boulliot, p.
   405.

c. *Aristotelis* & *Xenophontis Oeconomica... Iacobo Lodoico Strebaeo interprete. Cum scholiis Leodegarii a Quercu.*
Paris, Th. Richard, 1558   42 ff in-4°

LOC. Paris, B.N.

Rem. 1. Léger Duchesne enseignait comme Strébée au Collège Ste-Barbe.
     2. Cranz, no. 108.357. Manque chez Boulliot.

d. *In Aristotelis Oeconomicum scholia, ex praelectionibus Leodegarii à Quercu.*
S.l., s.d. (Paris, Th. Richard, 1561?)

LOC. Laon, B.M.

Rem. 1. Les débuts de phrase mis en 'chapeau' montrent qu'il s'agit d'un commentaire basé sur la traduction de Strébée. Cf. (c).
     2. La page de titre manque.
     3. Relié avec Arist. *Oec.*, trad. Strébée, Paris, Th. Richard, 1561. Cf. (b), REIMPR.
     4. Manque chez Boulliot et chez Cranz.

e. *Aristotelis Stagiritae Oeconomicorum liber unus mutilus, Iacobo Lodoico Strebaeo interprete: cuius interpretationem Marcus Antonius Muretus locis aliquot emendavit.*
Rome, Héritiers A. Blado, 1577   4 ff. non chiffrés, in-4°

LOC. Paris, Maz.; Rome, B.N., Bibl. Vatican.

Rem. Boulliot, p. 405; Ascarelli, p. 12 (cf. p. 324); manque chez Cranz.
REIMPR. —

11. TRADUCTION

    Aristotelis De interpretatione liber, Iacobo Lodoico Strebaeo interprete.
Paris, Michel Vascosan, 1548   13 ff. in-4°

LOC. Toulouse, B.M. (?)

Rem. Renouard. Manque chez Du Bus, Boulliot et Cranz.

REIMPR. Voir no. 14.

12. TRADUCTION

    Aristotelis Partitionum posteriorum, sive demonstrantis scientiae libri II, Iacobo Lodoico Strebaeo interprete.
Paris, Michel Vascosan, 1548   45 ff. in-4°

LOC. Paris, B.N., Ste.Gen.

Rem. Du Bus, no. 211; manque chez Boulliot et chez Cranz.

REIMPR. Voir no. 14.

13. COMMENTAIRE ET TRADUCTION

a. *Iacobi Lodoici Strebaei In tres priores libros Aristotelis* Ἠθικῶν Νικομαχείων *commentaria.*
Paris, Michel Vascosan, 1549   164 ff. in -4°

LOC. Paris, B.N.; Genève, P.B.U.

Rem. Du Bus, no. 250; Ganoczy, nos. 298 (II), 321 (II); Maittaire, *Ann.* V/2, p. 264. Manque chez Boulliot et chez Cranz.

REIMPR. Voir (b)

b. *Moralium Nicomachiorum libri X, ab Iacobo Lodoico Strebaeo, Ioanne Bernardo Feliciano à graeco in latinum conversi. Eiusdem Strebaei in tres libros Aristotelis* Ἠθικῶν Νικομαχείων *commentaria.*
Paris, Michel Vascosan, 1550   124 + 164 ff. in-4°

LOC. Berlin, B.M.; Göttingen, B.U.; Munich, B.M.

Rem. Cranz, no. 108.192 ('Le commentaire de J.-L. Strebée avec titre spécial'); manque chez Du Bus et chez Boulliot.

REIMPR.—

14. TRADUCTION

a. *Porphyrii Institutio. Aristotelis Categoriae. Eiusdem* περὶ ἑρμηνείας *id est de interpretatione Liber. Analyticῶn priorum eiusdem .i. partitionum priorum Lib. II. Partitionum posteriorum, sive demonstrantis scientiae Lib. II. Iacobo Lodoico Strebaeo interprete.*
Paris, Michel Vascosan, 1550   12 ff. in-4°
                                                   (Porphyre seulement)

LOC. Genève, B.P.U.

Rem. 1. *Privilège* daté de Paris, le 17 février 1550.
      2. Chaque partie avec page de titre propre, avec la date d'impression 1551. Voir (b-e).
      3. Ganoczy, no. 321 (I); Maittaire, *Ann.* V/1, p. 73; cf. Du Bus, no. 276; manque chez Boulliot et chez Cranz.
      4. Le Catal. Reims, II, no. 10, relève une impression de *1548* qui manque aujourd'hui dans la collection.
      5. Voir nos. 11 et 12.

REIMPR. —

b. *Aristotelis Categoriae, ab Iacobo Lodoico Strebaeo a graeco in latinum conversae.*
Paris, Michel Vascosan, 1551   20 ff. in-4°

c. *Aristotelis de interpretatione liber, Iacobo Lodoico Strebaeo interprete.*
Paris, Michel Vascosan, 1551   28 pp. in-4°

d. *Analyticῶn priorum, id est partitionum priorum Aristotelis libri II. Iacobo Lodoico Strebaeo interprete.*
Paris, Michel Vascosan, 1551   69 ff. in-4°

e. *Aristotelis Partitionum posteriorum, sive demonstrantis scientiae Libri II, Iacobo Lodoico Strebaeo interprete.*
Paris, Michel Vascosan, 1551   45 ff. in-4°

Rem. Bakelants (1966), fasc. C. 1065, p. 3: 'Cet humaniste rémois [J.-L. Strebaeus] s'est surtout distingué comme traducteur d'œuvres d'Aristote.(..) Il est mort en 1550. Son rôle et son activité mériteraient une étude approfondie.'

15. ABRÉGÉ

Compendium libri secundi, tertii & quinti Institutionum Oratoriarum M. F. Quintiliani, Iacobo Lodoico Strebaeo authore. Editio secunda.
Paris, Thomas Richard, 1555   12 pp. in-4°

LOC. Londres, Br.M.

Rem. 1. La première édition semble perdue.
    2. *Préface* par *J. Rochon*; elle indique qu'il s'agit d'une publication posthume.
    3. Au verso de la page de titre: hexastichon de *J. Passerat*, de Troyes.
    4. L'exemplaire londonais comporte des notes mss.
    5. Murphy, p. 237; cf. Catal. Br.M.

REIMPR. 1565 [Paris, Maz.]; 1570 [Laon, B.M.]; *s.d.*[Paris, B.N.].

Rem. (1565) *Ed. septima*, Paris, Th. Richard; cf. Murphy, *ibid.*; (1570) Paris, Th. Brumen; (*s.d.*) Poitiers, E. de Marnef; De la Bouralière, p. 141, situe la date d'impression entre 1556 et 1568; Cf. *Index Aurel.* V, p. 50; Catal. B.N., *s.n.* Strebaeus, col. 321: 'Une note ms. au bas du titre porte: *impressus Parisiis, ann. 1575.* — Notes mss. interlinéaires.' Cf. Boulliot, p. 406.

REMARQUES SUPPLÉMENTAIRES

I. Deux éditions des œuvres rhétoriques complètes de Cicéron méritent une mention particulière, puisque les commentaires de Strébée y occupent une place importante:

a) *En habes lector in omnes De arte rhetorica M. Tul. Ciceronis libros, doctissimorum virorum commentaria...*
Bâle, R. Winter & Th. Platter, 1541   3 tomes en 1 volume, 564 ff. in-f°

LOC. Londres, Br.M.; Stockholm, B.R.; Valenciennes, B.M.; Wolfenbüttel, B. Herzog-August, etc.

Rem. 1. *Achevé d'imprimer* mars 1541.
    2. Description détaillée dans Bakelants (1967), fasc. C. 1127. Cf. Catal. Br. M.; Boulliot, pp. 403-4; Murphy, p. 95.
    3. L'ouvrage contient les commentaires de Strébée sur *De Oratore* (T. I, cols. 1-568), sur l'*Orator* (T. I, cols. 685-860) et sur les *Partitiones Oratoriae* (T. II, cols. 489-630).

REIMPR. 1542, 1546, 1551

Rem. (1542) Boulliot, p. 404; (1546) (1551) Murphy, *ibid.*

b) *In omnes De arte rhetorica M. Tullii Ciceronis libros,... doctissimorum virorum commentaria...*
Venise, Alde Manuce fils, 1546   378 ff. in-f°

LOC. Paris, Sorb.; Padoue, B. M. (Civica).

Rem. 1. Description détaillée dans Bakelants (1967), fasc. C. 1128.
    2. Contient les commentaires de Strébée mentionnés ci-dessus:
       Ire partie, cols. 1-402; cols. 489-613; IIe partie, cols. 347-446.

REIMPR. 1551 [Londres, Br.M.]

Rem. Cf. Catal. Br.M.

II. A propos de plusieurs commentaires de Strébée nous avons dit qu'ils ont été souvent réunis à ceux d'autres savants. Pour que le lecteur puisse apprécier l'ampleur de leur diffusion, nous donnons ci-après l'exemple du commentaire sur les *Partitions Oratoires* de Cicéron (exception faite des impressions déjà relevées):

Paris	O. Petit	1543
Paris	G. Richart	1543
Paris	J. Roigny	1543
Paris	M. Vascosan	1543
Paris	J. Loys	1545
Lyon	S. Gryphe	1545
Paris	M. Vascosan pour M. du Puys	1547
Paris	Th. Richard	1550
Paris	M. David	1550
Paris	M. Vascosan	1552
Lyon	S. Gryphe	1554
Paris	Th. Richard	1554
Paris	Th. Richard	1555
Paris	Veuve M. de la Porte	1556
Paris	Th. Richard	1556
Paris	Th. Richard	1557
Paris	Th. Richard	1558
Paris	Th. Richard	1562
Paris	G. Buon	1568
Cologne	P. Horst	1586
Cologne	M. Cholin	1588
Crémone	J. B. Pellizari & Chr. Draconius	1588

Rem. Voir Bakelants (1966), *passim*; Murphy, pp. 83-5; Boulliot, p. 404; Catal. B.N.; Catal. Br.M., etc. Cf. *supra*, no. 1.

Ouvrages de référence utilisés

F. Ascarelli, *Le Cinquecentine Romane*, Milan 1972

L. Bakelants, [*Bibliographie de*] *Bartholomaeus Latomus, V. Bibliotheca Belgica*, 237e-238e livraisons, Bruxelles 1966
[*Bibliographie de*] *Bartholomaeus Latomus, VI. Bibliotheca Belgica*, 239e-240e livraisons, Bruxelles 1967

Ch. Beaulieux, *Catalogue de la Réserve XVIe siècle (1501-1540) de la Bibliothèque de l'Université de Paris*, 2 vol., Paris 1910

Abbé J.-B.-J. Boulliot, *Biographie ardennaise, ou histoire des Ardennais...*, T. I, Paris 1830

A. de la Bouralière, *L'imprimerie et la librairie à Poitiers pendant le XVIe siècle*, Paris 1900

J.-Ch. Brunet, *Manuel du libraire et de l'amateur de livres...*, 6 tomes [avec] suppléments... 8 vol., Paris 1860-1880

Ch. du Bus, *Vie et Œuvres de Michel Vascosan, imprimeur à Paris.* Thèse [*manuscrite*] Ecole des Chartes, 2 vol., Paris 1906. Conservée à la Réserve de la B.N., Paris (Usuel Rés. Serv. C. 77)

Catalogue des Imprimés du Cabinet de Reims, t. II, Reims 1892, t. III, Reims 1894

F. E. Cranz, *A Bibliography of Aristotle Editions, 1501-1600* [Bibliotheca Bibliographia Aureliana, 38], Baden-Baden 1971

A. Ganoczy, *La bibliothèque de l'Académie de Calvin. Le catalogue de 1572 et ses enseignements*, Genève 1969

Index Aureliensis. Catalogus librorum sedecimo saeculo impressorum. Aureliae Aquensis 1964-

M. Maittaire, *Historia typographorum aliquot parisiensium, vitas et libros complectens*, 2 tomes en 1 vol., Londini 1717

M. Maittaire, *Annales Typographici ab artis inventae origine ad annum MDCLXIV*, 5 tomes, 2 tomes suppl., en 11 vol., Hagae-Comitum 1719; 1722-1789. *Réimpr.* Graz, 1965-67

J. J. Murphy, *Renaissance Rhetoric. A Short-Title Catalogue...* New York & London 1981

G. W. Panzer, *Annales Typographici*, 11 vol., Norimbergae 1793-1803. *Réimpr.* Hildesheim / New York 1963-1964

Ph. Renouard, *Imprimeurs et libraires parisiens du XVIe siècle. Manuscrit* conservé à la Réserve de la B.N.; en cours de publication: Paris, 1965-

U. Victor, [*Aristoteles*] ΟΙΚΟΝΟΜΙΚΟΣ. *Das erste Buch der Ökonomik...* Königstein / Ts., 1983

Addendum

F. E. Cranz, *A Bibliography of Aristotle Editions, 1501-1600. Second Edition with addenda and revisions by Charles B. Schmitt* [Bibliotheca Bibliographica Aureliana, 38*], Baden-Baden 1984

Nous avons été dans l'impossibilité de tenir compte de cette nouvelle édition qui comble bien des lacunes laissées dans la première. Pour Strébée, voir notamment les numéros 108.122A, 108.143B-F, 108.168A, 108.273H, 108.624F.

ANNEXE II

OUVRAGES DE RAMUS ET DE TALON DANS LE FONDS DES IMPRIMÉS ANCIENS DE LA BIBLIOTHÈQUE DE L'UNIVERSITÉ LIBRE À AMSTERDAM

La collection d'ouvrages de Ramus et de Talon que possède la bibliothèque de l'Université Libre d'Amsterdam est une des plus riches du monde. Elle est comparable à la collection de la Bibliothèque Nationale ou à celle de la British Library. Curieusement, M. Walter Ong ne l'a pas relevée dans son *Ramus and Talon Inventory* (1958), si complet par ailleurs.

Signalons également l'*Opération Ramus 1983* effectuée sous la direction de M. André Robinet, attaché au Centre d'histoire des sciences et des doctrines du CNRS à Paris: l'*Opération*, terminée à l'heure actuelle, a eu pour but de faire le relevé des ouvrages de Ramus conservés dans toutes les bibliothèques de France.

Ouvrages de Ramus

Titre	*Ong Inv.*
Aristotelicarum animadversionum liber nonus & decimus in posteriora analytica... Parisiis, Carolus Stephanus, 1553. 8°.	no. 25
Arithmeticae libri duo et geometriae septem et viginti; dudum quidem à Lazaro Schonero recogniti & aucti, nunc verò in postrema hac editione innumeris locis emendati & locupletati. Francofurti ad Moenum, typis & sumpt. Wechelianorum, apud Danielem & Davidem Aubrios & Clementem Schleichium, 1627. 4°.	no. 685
Ciceronianus, et Brutinae quaestiones. Edité par J. Th. Freigius. Basileae, per Petrum Pernam, 1577. 8°.	no. 709
Collectaneae Praefationes, Epistolae, Orationes. Edité par Nicolaus Bergeronus. Parisiis, Dionysius Vallensis, 1577. 8°.	no. 717
Collectaneae Praefationes, Epistolae, Orationes. Quibus adjunctae sunt P. Rami vita cum Testamento. Edité par Ioannes Hartmann. Marpurgi, P. Egenolphi, 1599. 8°.	no. 718
Commentariorum de religione christiana, libri quatuor; nunquam antea editi; ejusdem vita a Theophilo Banosio descripta. Francofurti, apud Adream Wechelum, 1576. 8°.	no. 637
Commentariorum de religione christiana, libri quatuor, ejusdem vita a Theophilo Banosio descripta. Francofurti, apud Adream Wechelum, 1577. 8°.	no. 638
Commentariorum de religione christiana libri quatuor; ejusdem vita e Theophilo Banosio descripta. Francofurti, apud haeredes Andreae Wecheli, 1583. 8°.	no. 639
Dialecticae libri duo, Audomari Talaei praelectionibus illustrati ... . Parisiis, apud Andream Wechelum, 1556. 8°.	no. 239

Titre *Ong Inv.*

Dialecticae libri duo; exemplis omnium artium & scientiarum illustrati, no. 257
non solùm divinis sed etiam mysticis, mathematicis, phisicis, medicis,
juridicis, poëticis & oratoriis; per Rolandum Makilmenaeum Scotum.
Londini excud. Thomas Vautrollerius, 1576. 8°.

Dialecticae libri duo; exemplis ... illustrati, ..., per Rolandum no. 267
Makilmenaeum ... .
Francofurti, apud Adream Wechelum, 1580. 8°.

Dialecticae libri duo, scholiis Guilielmi Tempelli .... illustrati; quibus no. 340
accessit, eodem auctore (i.e., Tempello), De Porphyrianis praedicabilibus
disputatio; item, Epistolae de P. Rami Dialectica contra Ioannis Piscatoris
responsionem defensio (ab eodem Guilielmo Tempello scripta) ... . Editio
tertia.
Francofordiae, Palthenius, sumpt. Petrus Fischerus, 1595. 8°.

Dialecticae lib. duo. Nunc primùm hac manuali forma editi. no. 344
Spirae, Bernardus Albinus, 1595. 12°.

Dialecticae libri duo. Nunc interùm hac manuali forma editi. no. 363
Spirae, Bernardus Albinus, 1599. 12°.

Dialecticae libro duo; quibus loco commentarii perpetui post certa capita no. 454
subjicitur, Guilielmi Amesii Demonstratio logicae verae, simul cum synopsi
ejusdem, ...
Cantabrigiae, ex off. Joann. Hayes. imp. G. Mordon, 1672. 8°.

Grammaire de P. de la Ramée ... ; reveue & enrichie en plusieurs endroits ... . no. 585
A Paris, chez Denys du Val, 1587. 8°.

Grammatica, ab eo demum recognita, et variis ipsius scholis et praelectionibus no. 522
breviter explicata; editio postrema, à superioribus longé diversa.
Francofurti, Andreas Wechelus, 1580. 8°.

Grammaticae Latinae libri II. Nunc primùm hac manuali forma editi. no. 533
Spirae, Bernardus Albinus, 1597. 12°.

Liber, de militia C. Julii Caesaris; cum praefatione, Joannis Thomae no. 507
Freigii.
Basileae, per Sebastianum Henricpetri, s.a. (c. 1574). 8°.
Préface datée février 1574.

Liber de moribus veterum Gallorum ... . no. 502
Parisiis, apud Andream Wechelum, 1562. 8°.

Liber, de moribus veterum Gallorum; cum praefatione, Joannis Thomae no. 503
Freigii.
Basileae, per Sebastianum Henricpetri, s.a. (c. 1574). 8°.
Préface datée janvier 1574.

Logica, das ist: Vernunfftkunst, nach der Hochberhümbten P. Rami Dialec- no. 317
tica, erstlich lateinisch, unnd folgends auff Teutsch zugericht und
verfertigt ... , durch Goswinum Wasserleiter ... .
Erfford, (gedr. durch Esaiam Mechler) in Verleg. Ottonis von
Risswick, 1590 8°.

Petri Rami Meetkonst, in XXVII boecken vervat; uut het Latijn in 't no. 617
Neerduyts overgheset by Dirck Hendricxz Houtman; oversien, verrijckt,
en verklaert, door d. Willebrordum Snellium ... .
t'Amstelredam, by Willem Jansz. Blaeuw, 1622. 4°.

Oratio de legatione. no. 493
Parisiis, apud Andream Wechelum, 1557. 8°.

Titre   *Ong Inv.*

Praelectiones in Ciceronis Orationes octo consulares; una cum ipsius vita,   no. 714
per Joann. Thomam Freigium collecta.
Basileae, Petrus Perna, 1580.   4°.
Praelectiones in P. Virgilii Maronis Georgicorum libros quatuor....   no. 481
Francofurti, Andreas Welchus, 1578.   8°.
Praelectiones in P. Virgilii Maronis Georgicorum libros IIII ...   no. 482
Francofurti, haeredes Andreae Wecheli, 1584.   8°.
A. Talaei Rhetorica e P. Rami ... praelectionibus observata; cui praefixa   no. 97
est epistola, ...
Francofurti, apud haeredes Andreae Wecheli, 1582.   8°.
Rhetorica. E. P. Rami...praelectionibus observata. Nunc primùm hac   no. 114
manuali forma edita.
Spirae, Bernardus Albinus, 1595.   12°.
Rhetorica, e P. Rami...praelectionibus observata. Recens in usum scholarum   no. 131
hac forma distinctiùs & emendatiùs excusa.
Genevae, Petrus Roverius, 1602.   16°.
Rudimenta grammatica, ex P. Rami ... postrema grammatica, breviter   no. 550
collecta; editio postrema superioribus longé diversa.
Francofurti, Andreas Wechel, 1580.   8°.
Scholae in liberales artes ... .   no. 695
Basileae, per Eusebium Episcopium, & Nicolai f. haeredes,
1569.   F°.
Scholae in liberales artes ... .   no. 696
Basileae, per Eusebium Episcopium, & Nicolai f. haeredes,
1578.   F°.
Scholae in tres primas liberales artes; videlicet 1 Grammaticae; 2 Rhetoricae   no. 697
... ; 3 Dialecticae ... ; recens emendatae per Joan. Piscatorem ... .
Francofurti, Andreas Wechelus, 1581.   8°.
Scholarum dialecticarum, seu animadversionum in Organum Aristotelis,   no. 30
libri XX; recens emendati per Joan. Piscatorem ... . Francofurti,
Andreas Wechel, 1581.   8°.
Scholarum dialecticarum, seu animadversionum in Organum Aristotelis,   no. 698
libri XX; recens emendati per Joan. Piscatorem Argentinensem.
Francofurti, Andreae Wecheli heredes, Claudius Marnius, &
Joan. Aubrius, 1594.   8°.
Scholarum mathematicarum, libri unus et triginta, à Lazaro Schonero   no. 705
recogniti & emendati.
Francofurti, apud Andreae Wecheli heredes, Claudium Mar-
nium, & Joannem Aubrium, 1599.   4°.
Scholarum metaphysicarum, libri quatuordecim, in totidem metaphysicos   no. 569
libros Aristotelis; recéns emendati per Joan. Piscatorem ... .
Francofurti, haeredes Andreae Wecheli, 1583.   8°.
Scholarum physicarum libri octo, in totidem acroamaticos libros Aristotelis;   no. 593
recéns emendati per Joannem Piscatorem ... .
Francofurti, haeredes Andreae Wecheli, 1583.   8°.
Scholarum rhetoricarum, seu quaestionum Brutinarum in Oratorem   no. 699
Ciceronis, lib. XX ... ; recens emendati per Joan. Piscatorem ... .
Francofurti, Andreas Wechel, 1581.   8°.

Titre   *Ong Inv.*

Via regia ad geometriam; the way to geometry; being necessary and usefull,   no. 618
for astronomers, geographers, land-meaters ... & *c.*; *written in Latine by*
Peter Ramus, and now translated and much enlarged by ... *William*
Bedwell.
London, pr. by Thomas Cotes, and are to be sold by Michael
Sparke, 1636.   4°.

M. T. Ciceronis De fato liber, Petri Rami ... *praelectionibus explicatus.*   no. 194
Parisiis, apud Andream Wechelum, 1565.   4°.

* *M. Tullii Ciceronis De lege agraria contra P. Servilium Rullum* ...   no. 204
orationes tres, Petri Rami ... *praelectionibus illustratae* ... .
Lutetiae, apud Ludovicum Grandinum, 1552.   4°.

M. T. Ciceronis De lege agraria contra P. Servilium Rullum ... *orationes*   no. 205
tres, Petri Rami ... *praelectionibus illustratae* ... .
Parisiis, apud Andream Wechelum, 1561.   4°.

M. T. Ciceronis De optimo genere oratorum; praefatio in contrarias   no. 486
Aeschinis & *Demosthenis orationes, P. Rami* ... *praelectionibus illustrata*
... . Parisiis, apud Andream Wechelum, 1557.   4°.

* *M. Tullii Ciceronis In L. Catilinam orationes IIII, Petri Rami* ... *prae-*   no. 206
lectionibus illustratae ... .
Lutetiae, apud Ludovicum Grandinum, 1553.   4°.

* *M. T. Ciceronis Pro Cajo Rabirio perduellionis reo oratio, Petri Rami* ...   no. 203
praelectionibus illustrata.
Lutetiae, ex typogr. Matthaei Davîdis, 1551.   4°.

P. Virgilii Maronis Bucolica, P. Rami...praelectionibus exposita: quibus   no. 475
poetae vita praeposita est. Ed. 3ª.
Lutetiae, A. Wechelus, 1572.   8°.

P. Virgilii Maronis Bucolica, P. Rami...praelectionibus exposita: quibus   no. 477
poetae vita praeposita est. Ed. 5ª.
Francofurdi, haeredes A. Wecheli, Cl. Marnius & I. Aubrius,
1590.   8°.

OUVRAGES DE TALON

Collectaneae Praefationes, Epistolae, Orationes. Edité par Nicolaus   no. 717
Bergeronus.
Parisiis, Dionysius Vallensis, 1577.   8°.

Collectaneae Praefationes, Epistolae, Orationes. Quibus adjunctae sunt   no. 718
P. Rami vita cum Testamento. Edité par Ioannes Hartmann.
Marpurgi, P. Egenolphi, 1599.   8°.

Rhetorica e P. Rami ... *praelectionibus observata; cui praefixa est epistola,* no. 97
... .
Francofurti, apud haeredes Andreae Wecheli, 1582.   8°.

Rhetorica. E P. Rami...praelectionibus observata. Nunc primùm hac   no. 114
manuali forma edita.
Spirae, Bernardus Albinus, 1595.   12°.

Rhetorica, e P. Rami...praelectionibus observata. Recens in usum scholarum   no. 131
hac forma distinctiùs & *emendatiùs excusa.*
Genevae, Petrus Roverius, 1602.   16°.

Titre	*Ong Inv.*
* *In Marci Tul. Ciceronis Partitiones oratorias annotationes collectae ex praelectionibus Audomari Talaei.*	no. 741
Lutetiae, ex typogr. Matthaei Davîdis, 1551. 4°.	
* *M. Tullii Ciceronis Paradoxa, ad Marcum Brutum, Audomari Talaei commentationibus explicata … .*	no. 743
Lutetiae, cura ac diligentia Caroli Stephani, 1551. 4°.	
Petri Rami, dialecticae libri duo, Audomari Talaei praelectionibus illustrati … .	no. 239
Parisiis, apud Andream Wechelum, 1556. 8°.	

* Les titres précédés d'un astérisque font partie d'un recueil factice qui a appartenu jadis à un nommé François Chambut ou Chambout (Franciscus Chambutus). Ce recueil a fait l'objet d'un article écrit par R. Barroux, 'Le premier cours de Ramus au Collège Royal d'après les notes manuscrites d'un auditeur'[1]. Contrairement à ce qu'estime M. Barroux, nous sommes convaincus de ce que les notes manuscrites n'ont pas pu être rédigées par 'un auditeur' (lequel serait F. Chambut) assistant à la leçon inaugurale de Ramus, mais qu'elles sont à attribuer bien plutôt à quelque secrétaire de Ramus lui-même. Nous avons cependant été incapables d'identifier la main par laquelle ces notes ont été écrites; d'après P. Sharratt, ce n'est pas celle de Nancel (Correspondance personnelle, été 1983).

Quoi qu'il en soit, ce précieux recueil qu'on croyait perdu au fond de quelque bibliothèque privée[2] est aujourd'hui de nouveau à la disposition du public.

---

[1] Publié dans *Mélanges d'histoire littéraire et de bibliographie offerts à Jean Bonnerot*, Paris 1954, p. 67-72; déjà cité *supra*, III, chap. 5, note 26. R. Barroux est l'auteur d'une thèse sur Ramus, dont on trouve le résumé dans les *Positions de thèses de l'Ecole Nationale des Chartes*, Paris, 1922, p. 13-20.

[2] P. Sharratt, 'The Present State of Studies on Ramus', in *Studi francesi* 16 (1972), p. 211.

BIBLIOGRAPHIE SÉLECTIVE*

I. Ouvrages anciens

R. Agricola, *De Inventione Dialectica, Lucubrationes*, Cologne 1539; *réimpr.* Nieuwkoop 1967

J.-H. Alsted, *Cursus philosophici Encyclopaedia libris XXVII complectens*, Herborn 1620

J.-H. Alsted, *Rhetorica*, Herborn 1616

[J. Amyot], *Projet de l'éloquence royale ...*, *s.l.*, *s.d.*; imprimé à Versailles 1805

B. Aneau, *Le Quintil Horatian sur la Defense et Illustration de la langue françoise*, Lyon, (1550). [Reproduit par H. Chamard et par E. Person dans leurs éditions de la *Deffence*: voir J. du Bellay]

B. Aneau (*trad.*), *S. Euchier a Valerian, Exhoratation rationale, retirant de la mondanite, & de la philosophie prophane, à Dieu & à l'estude des Sainctes Lettres, Traduicte en vers Francois [par B. Aneau] iouxte l'oraison latine, avec annotations de l'artifice rhetoric, & choses notables en icelle*, Lyon 1552

B. Aneau (*trad.*), *Trois premiers livres de la Metamorphose d'Ovide, traductz en vers François. Le premier et second, par Cl. Marot. Le tiers par B. Aneau. ...Avec une preparation de voie à la lecture des Poëtes fabuleux [par B. Aneau]*, Lyon 1556

J. Annius de Viterbe, *Antiquitatum variarum volumina XVII cum commentariis fratris Ioannis Annii Viterbensis*, Rome 1498

Aristote, *Poétique*, éd. et trad. J. Hardy, Paris 1969

Aristote, *Rhétorique*, éd. et trad. M. Dufour et A. Wartelle, 3 volumes, Paris 1932-1973

G. des Autelz, *Replique.., aux furieuses defenses de Louis Meigret*, Lyon 1550[1], 1551. Voir: A. Buck (1972)

G. des Autelz, *Mitistoire barragouyne de Fanfreluche et Gaudichon...*, Lyon 1551[1] (?), 1574

A. Baillet, *Jugemens des savans...*, Amsterdam 1725; *réimpr.* Hildesheim/New York 1972

Th. de Banos, *Petri Rami Vita*, dans P. Ramus, *Commentariorum de religione christiana libri quatuor*, Francfort 1576; *réimpr.* Francfort 1969

Abbé Ch. Batteux, *Les Beaux-Arts réduits à un même principe*, Paris 1746

G. Barzizza, *De Compositione*, dans *Opera*, éd. J. A. Furietti, Rome 1723, p. 1-14

J. de Beaune, *Discours comme une langue vulgaire se peult perpetuer*, Lyon 1548; *réimpr.* Genève 1972

J. Du Bellay, *La Deffence et Illustration de la langue Françoyse*, Paris 1549. Ed. H. Chamard, Paris 1904. Ed. H. Chamard, Paris 1948, 1970[4]. Ed. E. Person, Paris 1892[2] *Concordance*, établie par S. Hanon, *Etudes romanes de l'Université d'Odense*, vol. 6, Odense 1974

J. du Bellay, *Œuvres Poétiques*, éd. H. Chamard. 6 tomes en 7 volumes, Paris 1908-1931

P. Bembo, *De imitatione epistola*, Rome 1513, reproduite par G. Santangelo (*éd.*), *Le Epistole 'De Imitatione' di Giovanfrancesco Pico della Mirandola e di Pietro Bembo*, Florence 1954

P. Bembo, *Prose della volgar lingua*, Venise 1525; dans P. Bembo, *Prose e rime*, éd. C. Dionisotti, Turin 1978[2]

N. Bergeron (*éd.*), voir: Ramus, Talon (1577)

J. Bilstein, *Rhetorica, ex Philip. Melanchthone, Aud. Talaeo, & Cl. Minoë selecta, atque exemplis philosophicis & theologicis illustrata...*, Herborn 1591

J. Bilstein, *Syntagma Philippo-Rameum Artium Liberalium*, Bâle 1594

N. Boileau-Despréaux, *Œuvres... Avec des éclaircissemens historiques, donnez par lui-même* (et les remarques de Cl. Brossette), 2 volumes, Genève 1716

G. Bucoldianus, *De inventione et amplificatione oratoria: seu, usu locorum libri tres*, Strasbourg/ Lyon 1534

---

* Elle ne mentionne en général que les ouvrages cités plus d'une fois au cours du travail. Pour les autres études auxquelles nous renvoyons on consultera l'*index*.
Voir également la liste des ouvrages de référence à la fin de l'*Annexe I*.

J. Cassagnes, *Preface sur les Œuvres de M. de Balzac*, dans *Les Œuvres de M. [J.-L. Guez] de Balzac...*, Paris 1665, voir: J.-L. Guez de Balzac (1665)

M. de Castelnau, (*trad.*) voir: P. Ramus (1559, 1581)

M. T. Cicéron, *Brutus*, éd. et trad. J. Martha, Paris 1960

M. T. Cicéron, *De l'invention*, éd. et trad. H. M. Hubbell, Londres/Cambridge (Mass.) 1968

M. T. Cicéron, *Du meilleur genre d'orateurs*, éd. et trad. A. Yon, Paris 1964

M. T. Cicéron, *L'orateur*, éd. et trad. A. Yon, Paris 1964

M. T. Cicéron, *De l'orateur*, éd. et trad. E. Courbaud et H. Bornecque, 3 volumes. Paris 1928-1966

[M. T. Cicéron], *Rhétoriqe à Hérennius*, éd. et trad. H. Caplan, Londres/Cambridge (Mass.) 1968

abbé H. Colin, *Traduction du traité de l'Orateur de Cicéron, avec des notes*, Paris 1737

P. Cortesi, *De Cardinalatu libri III*, In castro cortesio, 1510

P. Cortesi, *De hominibus doctis dialogus* (1490), Florence 1734; éd. G. Ferrau', Palerme 1979

J.-B.-L. Crevier, *Rhetorique Françoise*, 2 volumes. Paris 1765

Discours non plus melancoliques que divers..., Poitiers 1557

E. Dolet, *Orationes duae in Tholosam*, Lyon 1534. [Contient les *Carmina*]

E. Dolet, *Dialogus, de imitatione ciceroniana, adversus Desiderium Erasmum Roterodamum, pro Christophoro Longolio*, Lyon 1535, reproduit par E. V. Telle (1974)

E. Dolet, *La maniere de bien traduire d'une langue en aultre...*, Lyon 1540; *réimpr.* Genève 1972

E. Dolet, *Préfaces françaises*, éd. Cl. Longeon, Genève 1979

D. Erasme, *Ciceronianus, sive de optimo genere dicendi [Dialogus cui titulus —]*, Bâle 1528

D. Erasme, *De recta latini graecique sermonis pronuntiatione dialogus*, Bâle 1528

D. Erasme, *Opera omnia emendatiora et auctiora*, éd. J. Clericus, 10 tomes en 11 volumes, Leyde 1703-1706; *réimpr.* Hildesheim 1962 [= *LB.*]

D. Erasme, *Opus epistolarum*, Ed. P. S. Allen, 12 volumes, Oxford 1906-1958

D. Erasme (*éd.*), Saint Eucher, *Epistola de philosophia christiana sive de contemptu mundi*, Louvain 1518, voir: B. Aneau (*trad.*), 1552

J.-L. d'Estrebay, voir: *Annexe I*

G. Fichet, *Rhetorica*, Paris 1471

A. Foclin, voir: A. Fouquelin

[G. Forget] *Rhetorique françoise faicte particulierement pour le Roy Henry 3., s.l., s.d.* (*ca.* 1580), voir: G. Camus (*éd.*)

A. Fouquelin, *Rhetorique Françoise*, Paris 1555¹, 1557²

A. Fouquelin, *In Auli Persii Flacci Satyras commentarius, ad Petrum Ramum...*, Paris 1555

A. Fraunce, *The Arcadian Rhetorike*, Londres 1588; *réimpr.* Menston 1969

J. Th. Freige, *Rhetorica, Poëtica, Logica, ad usum rudiorum in epitomen redactae*, Nuremberg 1580

J. Th. Freige, *Paedagogus*, Bâle 1582

J. Th. Freige, *Petri Rami Vita*, dans: Ramus, Talon (1599)

P. Galland, *Pro schola Parisiensi contra novam Academiam Petri Rami oratio*, Paris 1551

B. Gibert, *Jugemens des savans, sur les auteurs qui ont traité de la rhetorique...*, Amsterdam, 1725; *réimpr.* Hildesheim/New York 1972, voir: A. Baillet (1725)

Abbé Cl.-P. Goujet, *Bibliothèque Françoise, ou histoire de la littérature françoise*, 18 tomes, Paris 1741-1756²; *réimpr.* Genève 1966

Cl. Gruget (*trad.*), *Les Dialogues de Messire Speron Sperone Italien, traduitz en françoys...*, Paris 1551 [voir: Sp. Speroni]

J.-L. Guez de Balzac, *Les Œuvres...divisées en deux tomes* (publiées par V. Conrart), 2 volumes, Paris 1665; *réimpr.* Genève 1971

Isocrate, *Discours*, t. I. Ed. et trad. G. Mathieu et E. Bremond, Paris 1956

J.-Fr. Marmontel, *Eléments de littérature*, dans *Œuvres Choisies de Marmontel*, volumes IV et V (4 tomes), Paris 1825

Card. J. S. Maury, *Essai sur l'éloquence de la chaire*, (Nouvelle édition), Paris 1810

Ph. Melanchthon, *Elementa rhetorices* (Wittenberg 1531), dans *Opera Omnia*, éd. C. G. Bretschneider (*Corpus Reformatorum*), t. XIII, Brunsvick 1846, cols. 413-506

Cl. Mignault, voir: O. Talon, *Rhet.* (1577)

N. de Nancel, *Petri Rami Vita*, voir: P. Sharratt (*éd. et trad.*) (1975)

Abbé J. Th. d'Olivet, *Prosodie Françoise*, Paris 1736; La Haye 1770

G. W. Panzer, *Annales Typographici...*, 11 volumes. Nuremberg 1793-1803; *réimpr.* Hildesheim/New York 1963-1964 [voir: *Annexe I*]

E. Pasquier, *Œuvres Complètes*, 2 volumes. Amsterdam 1723; *réimpr.* Genève 1971 ['L'édition de Trévoux']

E. Pasquier, *Choix de lettres...*, éd. D. Thickett, Genève 1956

J. Peletier du Mans, 'Apologie a Louis Meigret Lionnoes', dans *Dialogue de l'ortografe...*, Poitiers 1550; *réimpr.* Genève 1964

J. Peletier du Mans, *Art Poëtiqu*..., Lyon 1555, éd. A. Boulanger, Paris 1930

J. Périon, *Pro Ciceronis Oratore contra Petrum Ramum, oratio*, Paris 1547

J. Périon, *Oratio in Strebaeum, qua eius calumniis et convitiis respondet. Eiusdem orationes II pro Aristotele in Petrum Ramum*, Paris 1551

J. Périon, *Dialogorum de linguae gallicae origine eiusque cum graeca cognatione libri IV*, Paris 1554; *réimpr.* Genève 1972

J. Picard, *De prisca celtopoedia libri quinque, quibus admiranda priscorum Gallorum doctrina et eruditio ostenditur, necnon litteras prius in Gallia fuisse quam vel in Graecia vel in Italia...*, Paris 1556

G. du Pont, *Art et science de rhetorique metriffiee...*, Toulouse 1539; *réimpr.* Genève 1972

M. F. Quintilien, *Institutions Oratoires*, éd. et trad. H. E. Butler, 4 volumes, Londres/ Cambridge (Mass.) 1969

P. de la Ramée, voir: P. Ramus

P. Ramus, *Aristotelicae animadversiones*, Paris 1543; *réimpr.* Stuttgart/Bad Cannstadt 1964 [Introd. W. Risse]

P. Ramus, *Dialecticae Institutiones*, Paris 1543; *réimpr.* Stuttgart/Bad Cannstadt 1964 [Introd. W. Risse]

P. Ramus, *Brutinae Quaestiones in Oratorem Ciceronis...*, Paris 1547; 1549[2]; 1552[3]

P. Ramus, *Rhetoricae Distinctiones in Quintilianum... Oratio...de studiis philosophiae et eloquentiae coniungendis*, Paris 1549; 1549; 1550 etc.

P. Ramus, *Arguments in Rhetoric against Quintilian (Rhetoricae Distinctiones in Quintilianum)*, Translated by Carole Newlands and James J. Murphy, with facing Latin Text. [Introd. J. J. Murphy] *A paraître*

P. Ramus, *M. T. Ciceronis Pro Caio Rabirio perduellionis reo oratio, P. Rami...praelectionibus illustrata*, Paris 1551

P. Ramus, *M. T. Ciceronis De lege agraria...orationes tres, P. Rami...praelectionibus illustratae*, Paris 1552

P. Ramus, *M. T. Ciceronis In L. Catilinam orationes IIII, P. Rami...praelectionibus illustratae*, Paris 1553

P. Ramus, *Dialectique*, Paris 1555; [1576; 1577]; *réimpr.* Genève 1972, éd. crit. M. Dassonville, Genève 1964

P. Ramus, *Ciceronianus*, Paris 1557

P. Ramus, *M. T. Ciceronis De optimo genere oratorum, praefatio in contrarias Aeschinis et Demosthenis orationes, P. Rami...praelectionibus illustrata*, Paris 1557

P. Ramus, *Liber de moribus veterum Gallorum*, Paris 1559

P. Ramus, *Traicte des façons et coustumes des anciens Galloys, traduit du latin de P. de la Ramée, par Michel de Castelnau*, Paris 1559

P. Ramus, *Gramere*, Paris 1562; *réimpr.* Genève 1972

P. Ramus, *A. Talaei Rhetorica, P. Rami...praelectionibus illustrata*, Paris 1567

P. Ramus, *Scholae in liberales artes...*, Bâle 1569; *réimpr.* Hildesheim/New York 1970 [Introd. W. J. Ong]

P. Ramus, *Grammaire*, Paris 1572; *réimpr.* Genève 1972

P. Ramus, *Ciceronianus, et Brutinae Quaestiones*, éd. J. Th. Freige, Bâle 1577

P. Ramus, voir: O. Talon, *Rhet.* (1577)

P. Ramus, [et O. Talon], *Collectaneae praefationes, epistolae, orationes*, ed. N. Bergeron, Paris 1577; *réimpr.* Genève 1971

P. Ramus, *Traitté des meurs et facons des anciens Gauloys, traduit du latin de M. Pierre de la Ramée, par Michel de Castelnau...*, Paris 1581

P. Ramus, *A. Talaei Rhetorica e P. Rami...praelectionibus observata. Cui praefixa est epistola [A. Wecheli]...*, Francfort 1582

P. Ramus, [et O. Talon], *Collectaneae praefationes, epistolae, orationes*, Marbourg 1599; *réimpr.* Hildesheim 1969 [Introd. W. J. Ong]

J. Rapicio, *De numero oratorio libri quinque...*, Venise 1554

A. Richardson, 'Prelections on Taleus his Rhetorick', dans *The Logicians School-Master: or, a Comment upon Ramus Logick...*, Londres 1657

M. Rigoley de Juvigny (*éd.*), *Les Bibliothéques Françoises de La Croix du Maine et de Du Verdier...*, 6 volumes, Paris 1772-1773; *réimpr.* Graz 1969

Sc. de Sainte-Marthe, *Eloges des François Illustres*, trad. G. Colletet, Paris 1644

Chr. de Savigny, *Tableaux accomplis de tous les arts liberaux*, Paris 1587

Th. Sebillet, *Art Poëtique François pour l'instruction des jeunes studieus...*, Paris 1548; *réimpr.* Genève 1972 (*éd.* 1555). Ed. F. Gaiffe, Paris 1910; *réimpr.* Paris/Genève 1932

Th. Sebillet, *L'Iphigene d'Euripide poete tragiq: tourne de Grec en Francois par l'auteur de l'Art poëtique*, Paris 1549 [voir: B. Weinberg (1950)]

Sp. Speroni, *I Dialogi...*, Venise 1542 [voir: Cl. Gruget (1551), P. Villey (1908), H. Harth (1975)]

I. L. Strebaeus, Voir *Annexe I*

O. Talon, *Institutiones Oratoriae*, Paris 1545

O. Talon, *Rhetorica...*, Paris 1548, 4ᵉ *éd.* Paris 1550

O. Talon, *M. T. Ciceronis De oratore ad Quintum fratrem dialogi tres, Audomari Talaei explicationibus illustrati...*, Paris 1553

O. Talon, *Rhetorica...*, Lyon 1557

[O. Talon], *Rhetorica, P. Rami...praelectionibus illustrata.*, Paris 1567

[O. Talon], *Rhetorica, una cum facillimis...commentationibus per Claudium Minoem...*, Paris 1577

O. Talon [et P. Ramus], *Collectaneae praefationes, epistolae, orationes*, éd. N. Bergeron, Paris 1577; *réimpr.* Genève 1971

[O. Talon], *Rhetorica e P. Rami...praelectionibus observata. Cui praefixa est epistola [A. Wecheli]...*, Francfort 1582

O. Talon [et P. Ramus], *Collectaneae praefationes, epistolae, orationes*, Marbourg 1599; *réimpr.* Hildesheim 1969 [Introd. W. J. Ong]

A. Thévet, *Les vrais pourtraits et vies des hommes illustres...*, Paris 1584

G. du Vair, voir: R. Radouant (*éd.*)

B. Varchi, *L'Ercolano*, Venise et Florence 1570; *ed. de' Classici Italiani XCV*, 2 volumes, Milan 1804; *réimpr.* Milan 1979

P. Vettori, *Commentarii...in tres libros Aristotelis de arte dicendi*, Florence 1548, Bâle 1549

II. *Ouvrages modernes*

H. Aebly, *Von der Imitation zur Originalität. Untersuchungen am Werke Joachim du Bellays*, Zurich 1942

D. Attridge, *Well-weighed Syllables. Elizabethan verse in classical metres*, Cambridge 1974

R. Baehr, 'Die literarhistorische Funktion und Bedeutung der 'Deffence et Illustration de la langue Francoyse' ', dans G. Schmidt et M. Tietz (*éds.*), *Stimmen der Romania. Festschrift...W. Th. Elwert*, Wiesbaden 1980, p. 43-59

R. Barroux, 'Le premier cours de Ramus au Collège Royal d'après les notes manuscrites d'un auditeur', dans *Mélanges d'histoire littéraire et de bibliographie offerts à Jean Bonnerot*, Paris 1954, p. 67-72

A. de Blignières, *Essai sur Amyot et les traducteurs français au XVIe siècle*, Paris 1851

A. Borst, *Der Turmbau von Babel. Geschichte der Meinungen über Ursprung und Vielfalt der Sprachen und Völker*, 6 volumes, Stuttgart 1957-1963

A. Boulanger (éd.), voir: J. Peletier du Mans (1555)

Abbé J.-B.-J. Boulliot, *Biographie ardennaise, ou histoire des Ardennais...*, 2 volumes. Paris 1830

Ch. Bruneau, 'La phrase des traducteurs au XVIe siècle', dans *Mélanges d'histoire littéraire de la Renaissance offerts à Henri Chamard*, Paris 1951, p. 275-284

F. Brunot, *Histoire de la langue française, t. II*, Paris 1927³

N. Bruyère, *Méthode et dialectique dans l'œuvre de La Ramée — Renaissance et âge classique*, Paris 1984 (à paraître chez J. Vrin)

A. Buck e.a., *Dichtungslehren der Romania aus der Zeit der Renaissance und des Barock*, Francfort 1972

A. Buck, *Die Rezeption der Antike in der romanischen Literaturen der Renaissance*, Berlin 1976

F. Buisson, *Répertoire des ouvrages pédagogiques du XVIe siècle*, Paris 1886; *réimpr.* Nieuwkoop 1968 (1962¹) [voir: *Répertoire*]

G. Camus (éd.), *Precetti di rettorica scritti per Enrico III re di Francia*, Modène 1887

G. Castor, *Pléiade Poetics. A Study in Sixteenth-Century Thought and Terminology*, Cambridge 1964

N. Catach, *L'orthographe française à l'époque de la Renaissance*, Genève 1968

T. Cave, *The Cornucopian Text — Problems of Writing in the French Renaissance*, Oxford 1979

H. Chamard, 'La date et l'auteur du 'Quintil Horatian' ', dans *Revue d'histoire littéraire de la France*, 5 (1898), p. 54-71

H. Chamard, *Histoire de la Pléiade*, 4 volumes, Paris 1939¹; *réimpr.* Paris, 1961-1963

H. Chamard (éd.), voir: J. du Bellay

R. Copley Christie, *Etienne Dolet: the Martyr of the Renaissance 1508-1546 — A Biography*, nouvelle éd., Londres 1899; *réimpr.* Nieuwkoop 1964

M. Dassonville, 'La collaboration de la Pléiade à la *Dialectique* de Pierre de la Ramée (1555)', dans *Bibliothèque d'Humanisme et Renaissance* 25 (1963), p. 337-348

M. Dassonville, 'De l'unité de la 'Deffence et Illustration de la langue Françoyse' ', dans *Bibliothèque d'Humanisme et Renaissance* 27 (1965), p. 96-107

M. Dassonville (éd.), voir: P. Ramus (1555)

Gen. Demerson, *Dorat en son temps. Culture classique et présence au monde*, Clermont-Ferrand 1983

Guy Demerson, *La mythologie classique dans l'œuvre lyrique de la Pléiade*, Genève 1972

C. Dionisotti, *Gli umanisti e il volgare fra Quattro e Cinquecento*, Florence 1968

G. Doutrepont, *Jean Lemaire de Belges et la Renaissance*, Bruxelles 1934; *réimpr.* Genève 1974

Cl.-G. Dubois, *Celtes et Gaulois au XVIe siècle*, Paris 1972

J. Dupèbe, 'Autour du collège de Presles', dans *Bibliothèque d'Humanisme et Renaissance*, 42 (1980), p. 123-137

P. A. Duhamel, 'The Logic and Rhetoric of Peter Ramus', dans *Modern Philology* 46 (1949), p. 163-171

L. Febvre, *Le problème de l'incroyance au XVIe siècle. La religion de Rabelais*, Paris 1968 (1942¹)

M. W. Ferguson, 'The Exile's Defense: Du Bellay's 'La Deffence et Illustration de la langue Françoyse' ', dans *Publications of the Modern Language Association of America* 93 (1978), p. 275-289

M. W. Ferguson, *Trials of Desire: Renaissance Defenses of Poetry*, New Haven (Conn.) 1983

M. Fumaroli, 'Genèse de l'épistolographie classique: rhétorique humaniste de la lettre, de Pétrarque à Juste Lipse', dans *Revue d'histoire littéraire de la France* 78 (1978), p. 886-905

M. Fumaroli, *L'âge de l'éloquence. Rhétorique et 'res literaria' de la Renaissance au seuil de l'époque classique*, Genève 1980

F. Gaiffe (éd.), voir: Th. Sebillet

E. Garin, *L'educazione in Europa 1400/1600*, Rome/Bari 1976 (1957¹)

E. Garin, *Moyen Age et Renaissance*, Paris 1969

H. Gillot, *La Querelle des Anciens et des Modernes en France*, Nancy 1914; *réimpr.* Genève 1968

H. Gmelin, 'Das Prinzip der *Imitatio* in den romanischen Literaturen der Renaissance', dans *Romanische Forschungen* 46 (1932), p. 83-360

A. L. Gordon, 'Daniel d'Auge, interprète de la *Poétique* d'Aristote en France avant Scaliger et plagiaire d'Alessandro Lionardi', dans *Bibliothèque d'Humanisme et Renaissance* 28 (1966), p. 377-392

A. L. Gordon, *Ronsard et la rhétorique*, Genève 1970

A. L. Gordon, 'Pierre de Courcelles et sa rhétorique', dans *Bibliothèque d'Humanisme et Renaissance* 43 (1981), p. 471-485

A. Grafton, 'Teacher, Text and Pupil in the Renaissance Classroom: A Case Study from a Parisian College', dans *History of the Universities* 1 (1981), p. 37-70

R. Griffin, *Coronation of the Poet. Joachim du Bellay's Debt to the Trivium*, Berkeley/Los Angeles 1969

S. Hanon, voir: J. du Bellay

H. Harth (*éd.* et *trad.*), *Sperone Speroni, Dialogo delle Lingue*. Ed., trad. et introd. par H. Harth, Munich 1975

H. Hartmann, *Guillaume des Autels (1529-1581?), ein französicher Dichter und Humanist*, Zurich 1907; *réimpr.* Genève 1969

R. Hooykaas, *Humanisme, science et Réforme. Pierre de la Ramée, 1515-1572*, Leyde 1958

W. S. Howell, *Logic and Rhetoric in England, 1500-1700*, Princeton 1956

E. Huguet, *Dictionnaire de la langue française du XVIe siècle*, 7 volumes, Paris 1925-1967

J. Jehasse, *Guez de Balzac et le génie romain*, Saint-Etienne 1977

M.-R. Jung, *Hercule dans la littérature française du XVIe siècle*, Genève 1966

H. W. Klein, *Latein und Volgare in Italien*, Munich 1957

P. Klopsch, *Einführung in die mittellateinische Verslehre*, Darmstadt 1972

P. Klopsch, *Einführung in die Dichtungslehren des lateinischen Mittelalters*, Darmstadt 1980

W. Krömer, 'Die Ursprünge und die Rolle der Sprachtheorie in Du Bellays 'Deffence et Illustration de la langue Françoyse' ', dans *Romanische Forschungen* 79 (1967), p. 589-602

H. J. Lange, *Aemulatio veterum sive de optimo genere dicendi...*, Berne/Francfort 1974

E. Langlois, *Recueil d'arts de seconde rhétorique*, Paris 1902; *réimpr.* Genève 1974

H. Lausberg, *Handbuch der literarischen Rhetorik*, 2 volumes, Munich 1960

F. L. Lawrence, 'The Rhetorical Tradition in French Renaissance Poetics', dans *Revue belge de philologie et d'histoire* 51 (1973), p. 508-516

R. E. Leake, Jr., 'The Relationship of two Ramist Rhetorics: Omer Talons's *Rhetorica* and Antoine Fouquelin's *Rhetorique Francoise*', dans *Bibliothèque d'Humanisme et Renaissance* 30 (1968), p. 85-108

R. E. Leake, Jr., 'Antoine Fouquelin and the Pléiade', dans *Bibliothèque d'Humanisme et Renaissance* 32 (1970), p. 379-394

A. D. Leeman, *Orationis Ratio. The Stylistic Theories and Practice of the Roman Orators, Historians and Philosophers*, 2 volumes, Amsterdam 1963

C. Lenient, *De ciceroniano bello apud recentiores*, Paris 1855

C. Lenient, *La satire en France ou la littérature militante au XVIe siècle*, 2 volumes, Paris 1866

Cl. Longeon, *Bibliographie des œuvres d'Etienne Dolet...*, Genève 1980

Cl. Longeon (*éd.*), voir: Etienne Dolet

M. Marti, 'Sperone Speroni retore e prosatore', dans *Convivium, nouvelle série*, 1 (1954), p. 31-46

C. G. Meerhoff, 'De ontwikkelingsgang van de ramistische rhetorica', dans *Handelingen van het 37e nederlandse filologencongres* (avril 1982), Amsterdam/Maarssen 1983, p. 281-290

J. Monfasani, *George of Trebizond. A Biography and a Study of his Rhetoric and Logic*, Leyde 1976

J. J. Murphy, *Renaissance Rhetoric — A Short-Title Catalogue...*, New York/Londres 1981

J. J. Murphy (*éd.*), *Renaissance Eloquence. Studies in the Theory and Practice of Renaissance Rhetoric*, Berkeley/Los Angeles/Londres 1983

J. J. Murphy (*trad.*), voir: P. Ramus (1549)

C. Newlands (*trad.*), voir: P. Ramus (1549)

M. G. Nicolau, *L'origine du 'cursus' rythmique et les débuts de l'accent d'intensité en latin*, Paris 1930

E. Norden, *Die antike Kunstprosa. Vom VI. Jahrhundert v. Chr. bis in die Zeit der Renaissance*, 2 volumes, Darmstadt 1971⁶

C. P. Norton, 'Translation Theory in Renaissance France: Etienne Dolet and the Rhetorical Tradition', dans *Renaissance and Reformation / Renaissance et Réforme* 10 (1974), p. 1-13

G. P. Norton, 'Translation Theory in Renaissance France: the Poetic Controversy', dans *Renaissance and Reformation / Renaissance et Réforme* 11 (1975), p. 30-44

W. J. Ong, S. J., 'Fouquelin's French Rhetoric and the Ramist Vernacular Tradition', dans *Studies in Philology* 51 (1954), p. 127-142

W. J. Ong, S. J., *Ramus, Method, and the Decay of Dialogue*, Cambridge (Mass.) 1958 [= Ong, *Ramus*]

W. J. Ong, S. J., *Ramus and Talon Inventory...*, Cambridge (Mass.) 1958 [= Ong, *Inv.*]

W. J. Ong, S. J., 'Ramist Method and the Commercial Mind', dans W. J. Ong, *Rhetoric, Romance, and Technology*, Ithaca/Londres 1971, p. 165-189

W. J. Ong, S. J., 'Ramus éducateur — Les procédés scolaires et la nature de la réalité', dans *Pédagogues et Juristes* (Congrès Tours 1960), Paris 1963, p. 207-221. Trad. anglaise dans Ong (1971), p. 142-164

W. J. Ong, S. J., Voir: P. Ramus et O. Talon (1569; *réimpr.* 1970 et 1599; *réimpr.* 1969)

Ch. Perelman et L. Olbrechts-Tyteca, 'Logique et rhétorique', dans *Rhétorique et philosophie*, Paris 1952, p. 1-43

E. Person (*éd.*), Voir: J. du Bellay

G. W. Pigman III, 'Imitation and the Renaissance Sense of the Past: the Reception of Erasmus' *Ciceronianus*', dans *Journal of Medieval and Renaissance Studies* 9 (1979), p. 155-177

G. W. Pigman III, 'Versions of Imitation in the Renaissance', dans *Renaissance Quarterly* 33 (1980), p. 1-32

R. Radouant (*éd.*), *Gaullaume du Vair, 'De l'Eloquence françoise'. Edition critique précédée d'une étude sur le Traité de Du Vair*, Paris [1908]

R. Radouant, 'L'union de l'éloquence et de la philosophie au temps de Ramus', dans *Revue d'histoire littéraire de la France* 31 (1924), p. 161-192

Répertoire des ouvrages pédagogiques du XVIe siècle — Complément (1886-1894), Paris, Institut National de Recherche Pédagogique, 1979 [Voir: F. Buisson]

F. Rigolot, *Poétique et Onomastique*, Genève 1977

W. Risse, Voir: P. Ramus (1543; *réimpr.* 1964)

R. Sabbadini, *Storia del ciceronianismo...*, Turin 1885

Ch. B. Schmitt, *Cicero Scepticus. A Study of the Influence of the 'Academica' in the Renaissance*, La Haye 1972

Ch. B. Schmitt, *Aristotle and the Renaissance*, Cambridge (Mass.) / Londres 1983

I. Scott, *Controversies over the Imitation of Cicero...*, New York 1910

P. Sharratt, 'The Present State of Studies on Ramus', dans *Studi Francesi* 16 (1972), p. 201-213

P. Sharratt, 'Peter Ramus and Imitation: Image, Sign and Sacrament', dans *Yale French Studies* 47 (1972), p. 19-32

P. Sharratt, 'Peter Ramus and the Reform of the University: the Divorce of Philosophy and Eloquence?', dans P. Sharratt (*éd.*), *French Renaissance Studies 1540-70*, Edimbourg 1976, p. 4-20

P. Sharratt (*éd. et trad.*), 'Nicolaus Nancelius, *Petri Rami Vita*', dans *Humanistica Lovaniensia* 24 (1975), p. 161-278

P. Sharratt, 'Nicolas de Nancel (1539-1610), dans P. Tuynman (*éd.*), *Acta Conventus Neo-Latini Amstelodamensis* (1973), Munich 1979, p. 918-927

P. Sharratt, 'Ramus, philosophe indigné', dans *Bulletin de l'association Guillaume Budé* (1982), p. 187-206

F. Simone, 'Une entreprise oubliée des humanistes français...', dans A. H. T. Levi (*éd.*), *Humanism in France...*, New York 1970, p. 106-131

F. Simone, 'Historiographie et mythographie dans la culture française du XVIe siècle: analyse d'un texte oublié', dans *Actes du Colloque sur l'Humanisme lyonnais au XVIe siècle*, Grenoble 1974, p. 125-148

I. Sötér, *La doctrine stylistique des rhétoriques du XVIIe siècle*, Budapest 1937

A. Stegmann, 'Les observations sur Aristote du bénédictin J. Périon', dans *Platon et Aristote à la Renaissance*, Paris 1976, p. 377-389

R. Sturel, *Jacques Amyot traducteur des 'Vies Parallèles' de Plutarque*, Paris 1909

E. V. Telle, *L'Erasmianus sive Ciceronianus d'Etienne Dolet (1535)*, Genève 1974

L. Terreaux, 'Claude Mignault commentateur de la *Rhetorica* d'Omer Talon', dans J.-Cl. Margolin (*éd.*), *Acta Conventus Neo-Latini Turonensis* (1976), Paris 1980, p. 1257-1267

E. N. Tigerstedt, 'Ioannes Annius and *Graecia Mendax*', dans Ch. Henderson, Jr. (*éd.*), *Classical, Mediaeval and Renaissance Studies in Honor of Berthold Louis Ullman*, Rome 1964, vol. II, p. 293-310

P. Tuynman, 'Erasmus: functionele rhetorica bij een christen-ciceroniaan', dans *Lampas* 9 (1976), p. 163-195

G. Vallese, *Studi da Dante ad Erasmo di letteratura umanistica*, Naples 1970

G. Vallese, *Studi di Umanesimo*, Naples 1972²

A. Kibédi Varga, *Rhétorique et littérature. Etudes de structures classiques*, Paris 1970

C. Vasoli, 'Retorica e dialettica in Pietro Ramo', dans *Testi umanistici su la retorica* (Archivio di Filosofia III, 1953), p. 93-142

C. Vasoli, *La dialettica e la retorica dell'Umanesimo. 'Invenzione' e 'Metodo' nella cultura del XV e XVI secolo*, Milan 1968

C. Vasoli, 'Ramo e la Pléiade', dans *Atti dei convegni Lincei 32* (1977), p. 77-84

P. Villey, *Les sources italiennes de la 'Deffense et Illustration de la langue françoyse' de Joachim du Bellay*, Paris 1908; *réimpr.* Paris 1969

Ch. Waddington, *Ramus: sa vie ses écrits et ses opinions*, Paris 1855; *réimpr.* Genève 1969

C. Walton, 'Ramus and Socrates', dans *Proceedings of the American Philosophical Society 114* (1970), p. 119-139

C. Walton, 'Ramus and the Art of Judgment', dans *Philosophy and Rhetoric 3* (1970), p. 152-164

B. Weinberg, *Critical Prefaces of the French Renaissance*, Illinois 1950

F. Wolfzettel, *Einführung in die französische Literaturgeschichtsschreibung*, Darmstadt 1982

A. Yon (*éd.*), Voir: M. T. Cicéron, *Orator*

M. Young, *Guillaume des Autelz — A Study of his Life and Works*, Genève 1961

P. Zumthor, 'Du rythme à la rime', dans *Langue, texte, énigme*, Paris 1975, p. 125-143

INDEX DES NOMS

---

* Dans l'*index* nous ne faisons pas de distinction entre personne historique (réelle) et personnage fictionnel (dans tel dialogue de Speroni).

INDEX DES IMPRIMEURS ET LIBRAIRES DU XVIe SIÈCLE

N.B. *Voir aussi Annexe II*